OFFICE QUÉBÉCOIS
DE LA LANGUE FRANÇAISE

LE FRANÇAIS
AU BUREAU

LES PUBLICATIONS DU QUÉBEC
1000, route de l'Église, bureau 500, Québec (Québec) G1V 3V9

VENTE ET DISTRIBUTION
Téléphone : 418 643-5150 ou, sans frais, 1 800 463-2100
www.publicationsduquebec.gouv.qc.ca

Catalogage avant publication de
Bibliothèque et Archives nationales du Québec
et Bibliothèque et Archives Canada

Guilloton, Noëlle

    Le français au bureau
    Septième édition.

    Édition originale par Hélène Cajolet-Laganière. Québec : Office de la langue
française, 1977.

    Comprend des références bibliographiques et un index.

    ISBN 978-2-551-25242-8

    1. Correspondance commerciale. 2. Français (Langue) - Français commercial.
3. Français (Langue) - Grammaire. 4. Vocabulaire. I. Germain, Martine. II. Office
québécois de la langue française. III. Cajolet-Laganière, Hélène. Français au bureau.
IV. Titre.

HF5728.F7C26 2014   808.06'6651   C2014-941103-0

SEPTIÈME ÉDITION

**OFFICE QUÉBÉCOIS
DE LA LANGUE FRANÇAISE**

LE FRANÇAIS
AU BUREAU

NOËLLE GUILLOTON
HÉLÈNE CAJOLET-LAGANIÈRE

Édition revue et augmentée par
MARTINE GERMAIN ▪ **NOËLLE GUILLOTON**

LES PUBLICATIONS DU QUÉBEC

Publication réalisée par
la Direction générale des services linguistiques
en collaboration avec la Direction des communications
de l'Office québécois de la langue française

Conception, recherche et rédaction
Noëlle Guilloton, terminologue agréée
Martine Germain, Office québécois de la langue française

Édition produite par
Les Publications du Québec
5e étage, bureau 500
1000, route de l'Église
Québec (Québec) G1V 3V9

Les Publications du Québec
Charge de projet,
direction artistique
et charge de production

Graphisme
Bleuoutremer (couverture)
Graphissimo (grille intérieure)

Infographie
Alphatek

Illustrations
Illustration BLI
Illustrations © QA International 2004. Tous droits réservés. www.qa-international.com

Dépôt légal – 2014
Bibliothèque nationale du Québec, 2014
Bibliothèque nationale du Canada
ISBN 978-2-551-25242-8

© Gouvernement du Québec

Préface

Le français au bureau existe depuis près de quarante ans, et son succès ne s'est jamais démenti. D'une édition à l'autre, il a évolué jusqu'à devenir *le* grand guide linguistique des Québécois et des Québécoises. En témoignent les centaines de milliers d'exemplaires vendus depuis ses débuts! Incontestablement, l'ouvrage répond aux besoins du public en matière de correction et d'enrichissement de la langue française. Ainsi, c'est avec une réelle fierté que je présente la nouvelle édition que voici, la septième.

Cette édition vise à rendre les explications encore plus précises qu'auparavant, et le défi a été relevé avec brio. La mise à jour s'est accomplie sans atteinte au caractère fondamental de l'ouvrage. Les auteures, ainsi que leurs collaborateurs et collaboratrices, ont conjugué leurs efforts et mis leurs compétences au service de tous et de toutes. Les modifications apportées à l'ouvrage tiennent compte plus que jamais des questions et des commentaires reçus au quotidien par les langagiers de l'Office. La nouvelle édition du *Français au bureau* saura assurément satisfaire aux exigences du plus grand nombre.

Je ne pourrais d'ailleurs passer sous silence l'une des améliorations apportées au guide, qui plaira sans contredit. *Le français au bureau* se présente désormais parallèlement en version papier et en version numérique. La nouvelle édition s'est adaptée au mode de vie actuel, qui exige que l'information soit accessible partout. Les lecteurs et les lectrices pourront encore feuilleter l'ouvrage papier au gré de leur curiosité, mais ils pourront aussi consulter *Le français au bureau* en un clin d'œil sur un ordinateur ou sur un appareil mobile.

En somme, parce que *Le français au bureau* est le fruit d'un travail longuement mûri et validé par les linguistes de l'Office, qui ont comparé et analysé plusieurs ouvrages spécialisés, il est devenu cet outil phare qui fait autorité auprès de tous ceux et celles qui ont à cœur l'atteinte d'une maîtrise toujours plus grande de notre langue.

Le président-directeur général
de l'Office québécois de la langue française
et président de la Commission de toponymie,

Robert Vézina

Le français au bureau
et ses auteures... d'hier à aujourd'hui

1977-1979
Première édition
112 pages

Hélène Cajolet-Laganière est professeure titulaire à l'Université de Sherbrooke. Durant près de vingt ans, elle a été linguiste-conseil à l'Office de la langue française et est à l'origine du *Français au bureau*, publié pour la première fois en 1977. Elle est directrice éditoriale du dictionnaire *Usito* et auteure de nombreuses publications linguistiques. L'Office québécois de la langue française lui a décerné le prix Camille-Laurin en 2014.

1996
Quatrième édition
400 pages

Noëlle Guilloton est terminologue agréée. Elle a travaillé pendant plus de trente ans à l'Office québécois de la langue française comme conseillère linguistique et conseillère en communication. Elle est coauteure du *Français au bureau* depuis la quatrième édition et auteure de *Mots pratiques, mots magiques* ainsi que de *Arrêts sur images*.

2005
Sixième édition
754 pages

Martine Germain est linguiste à l'Office québécois de la langue française où elle coordonne le module du contrôle de la qualité, de la formation et de la diffusion. Elle encadre l'équipe des réviseurs linguistiques de l'Office et anime des ateliers portant sur les outils d'aide à la maîtrise du français. Elle est coauteure de la sixième et de la septième édition du *Français au bureau*.

Remerciements

Nous remercions, outre les personnes qui ont prêté leur concours aux éditions antérieures, toutes celles qui, dans l'Administration et les entreprises, nous ont fait part de leurs suggestions et de leurs commentaires constructifs visant à rendre cette septième édition du grand guide linguistique *Le français au bureau* encore plus conforme à leurs besoins et mieux adaptée aux nouvelles réalités du monde du travail.

Nous remercions aussi les membres du personnel de l'Office québécois de la langue française qui, à plus d'un titre, ont apporté leur contribution à la présente édition, et en particulier :

- mesdames **Danielle Turcotte**, directrice générale des services linguistiques, et **Guylaine Cloutier**, directrice des travaux terminolinguistiques, gestionnaires qui ont facilité la réalisation de cette édition ;

- madame **Audray Julie Charron**, pour sa collaboration, notamment, à la mise à jour de chapitres de la partie qui traite des communications professionnelles ;

- madame **Élaine Lajoie**, pour sa participation à la mise à jour des chapitres sur la lettre et l'adressage ;

- mesdames **Marie-Ève Arbour** et **Hélène de Combles de Nayves**, pour leur contribution à l'enrichissement du chapitre traitant de la féminisation et de la rédaction épicène ;

- madame **Esther Poisson** et monsieur **Denis Juneau**, pour la mise à jour de la liste des mots et expressions à connaître, et ce dernier pour la relecture des chapitres sur la révision et la correction d'épreuves, les majuscules, la ponctuation et les références bibliographiques, ainsi que du répertoire de difficultés grammaticales et orthographiques ;

- madame **Chantal Robinson**, bibliothécaire, qui a mis à jour le chapitre sur les références bibliographiques et a revu la bibliographie sélective ;

- madame **Jocelyne Bougie**, pour ses recherches sur le protocole, la relecture du chapitre sur la révision et la correction d'épreuves, de même que pour la correction des épreuves ;

- mesdames **Lisanne Côté, Yolande Perron** et **Roselyne Turcotte**, pour leurs recherches linguistiques et terminologiques;

- madame **Élaine Lajoie** et monsieur **Micaël Levesque**, pour la relecture de modèles de curriculum vitæ;

- madame **Stéphanie Desrochers**, pour la relecture du chapitre sur l'écriture Web, notamment;

- monsieur **Azim Mandjee**, pour ses conseils en matière de technologies de l'information;

- mesdames **Francine Ouellet** et **Michelle Vézina**, pour leurs conseils concernant le chapitre sur la lettre.

Nous remercions également :

- madame **Marie-Ève Bisson** ainsi que messieurs **Serge Labrecque** et **Julien Brière**, de la Commission de toponymie, pour leurs conseils sur tout ce qui concerne les cas toponymiques dans l'ouvrage;

- mesdames **Marie-France Courteau** et **Marie-Josée Lefebvre**, enseignantes, pour leurs réponses à diverses questions concernant le secrétariat;

- madame **Juliette Champagne**, ancienne sous-ministre adjointe et chef du Protocole au ministère des Relations internationales, de la Francophonie et du Commerce extérieur, ainsi que monsieur **Daniel Cloutier**, chef du Protocole et directeur des relations interparlementaires et internationales et du protocole de l'Assemblée nationale.

Table des matières

Introduction

Le présent ouvrage est destiné à tous ceux et celles qui ont à cœur la qualité de la langue française. La septième édition que voici a été revue, augmentée et mise à jour en fonction des besoins exprimés par notre lectorat dans un sondage mené en 2008, ainsi que des nombreux commentaires reçus à l'Office québécois de la langue française, notamment. Toujours riche d'explications et d'exemples pratiques, elle tient compte de l'évolution de la langue et des nouveaux modes de communication. Sa structure a été repensée pour mieux correspondre aux principaux sujets qui intéressent le grand public.

La première partie est essentiellement consacrée à la **grammaire**, à l'**orthographe** et au **vocabulaire**. Un **répertoire de difficultés** grammaticales et orthographiques a été conçu et rédigé pour expliquer les difficultés de la langue – qu'elles soient anciennes ou nouvelles, écrites ou orales – auxquelles on se heurte le plus fréquemment ; celles-ci sont illustrées d'exemples adaptés, inspirés de contextes qu'on rencontre au bureau. Une **liste alphabétique de mots et d'expressions** à connaître permet de repérer rapidement lesquels il vaut mieux éviter dans une situation de communication officielle – formulaires compris – et ceux qu'il faut retenir et qui appartiennent à la langue standard.

La deuxième partie porte sur les **règles** et les **usages typographiques** : emploi des **majuscules**, **ponctuation**, **abréviations**, mise en relief des mots, écriture des nombres, coupure, division des textes, pagination de documents imprimés, classement alphabétique, polices de caractères, présentation des références bibliographiques des documents imprimés et numériques, révision linguistique et correction d'épreuves. Chacune des sections comporte de multiples exemples inspirés de contextes professionnels.

La troisième partie s'intéresse aux **communications professionnelles**, dont les **documents numériques** et notamment le **courriel**, la présentation assistée par ordinateur et l'**écriture Web**. Elle traite également en détail des règles et des pratiques actuelles de la **correspondance** en matière de présentation de la lettre et d'adressage. Elle donne une soixantaine de **modèles de lettres** commerciales et administratives. Elle aborde aussi la composition de divers autres écrits en usage dans l'Administration et les affaires, comme les formules de vœux et les curriculum vitæ, ainsi que d'une quinzaine de **formulaires** administratifs et commerciaux, le tout illustré de nombreux exemples. Elle parle finalement du protocole, du protocole téléphonique et de la téléphonie cellulaire.

La quatrième partie est consacrée à la **féminisation** des titres et des textes. On y expose les procédés qui s'appliquent à la **rédaction épicène**, avec exemples à l'appui, et une **liste** actualisée propose plusieurs centaines de noms de métiers et de fonctions, de titres et d'appellations de personnes au féminin.

La cinquième partie porte sur la **toponymie**. Elle se compose de quatre listes : noms de villes et autres noms géographiques ; noms de voies de communication, ou odonymes, et d'espaces urbains ; noms d'arrondissements ; noms d'habitants, ou gentilés, dont il a paru utile de rappeler la graphie. Signalons en outre que tout le contenu toponymique du *Français au bureau* est conforme aux règles d'écriture et aux avis énoncés par la Commission de toponymie.

À la fin de l'ouvrage, le **vocabulaire technique illustré** reproduit notamment certaines illustrations des dictionnaires thématiques visuels publiés par les éditions Québec Amérique, et renseigne en un clin d'œil sur les termes désignant les principaux objets dont on se sert au bureau.

L'**index général** a encore été enrichi pour faciliter une consultation rapide de l'ouvrage. Il est précédé d'une **bibliographie sélective**.

Pour faciliter le repérage des nouvelles sections, nous présentons ci-après la liste des nouveautés. Celles-ci sont signalées dans le texte par l'icône ✚.

Par ailleurs, tous les exemples de lettres et certains écrits administratifs sont téléchargeables gratuitement sur le site des Publications du Québec. Lorsqu'il est possible de télécharger un document, c'est l'icône ⬇ qui le signale.

Avec cette édition, nous offrons à nos lecteurs et lectrices la possibilité de nous écrire à l'adresse **fab@oqlf.gouv.qc.ca** pour nous faire part de suggestions et de commentaires.

Le présent ouvrage est certes une référence à jour, mais le site de l'Office québécois de la langue française, la Banque de dépannage linguistique et *Le grand dictionnaire terminologique* sont également des sources que l'on peut consulter pour vérifier l'emploi de certains mots ou de certains accords particuliers.

Nous espérons ainsi offrir au public un guide toujours plus pratique, plus facile à consulter, et suffisamment complet pour que celles et ceux qui travaillent en français puissent y trouver eux-mêmes réponse à la plupart de leurs questions, en y gagnant en sécurité et en autonomie linguistiques.

Les auteures

✚ Nouveautés

Les nouveautés sont signalées par ✚.

Tous les chapitres de la septième édition du grand guide linguistique *Le français au bureau* ont été revus et augmentés. Des sections ont été déplacées, et de nouveaux chapitres et articles ont été rédigés. De nombreux ajouts ont été apportés au fil des pages. Lorsque ceux-ci ne sont que des éclaircissements, des exemples ou de nouveaux emplois figurant dans des sections déjà existantes, nous avons préféré ne pas les signaler par une icône dans l'ouvrage pour ne pas surcharger la mise en pages, ni les inclure dans la liste ci-dessous.

RÉPERTOIRE DE DIFFICULTÉS GRAMMATICALES ET ORTHOGRAPHIQUES

- À jour au, à jour le
- Liste d'adjectifs de couleur
- Adjectif attribut d'un sujet sous-entendu
- Article et nom de pays
- Article et noms propres étrangers
- Assurer et s'assurer
- Compris, inclus, incluant
- Considérer comme
- Dernier (modifications)
- En
- Feu
- Gens
- Principaux mots commençant par un *h* aspiré, dont plusieurs ont des dérivés
- Le plus, le mieux, le moins
- Marques de véhicules automobiles

- Maximum, minimum et maximal, minimal
- Ne explétif
- Nota bene
- Ou
- Participe passé avec l'auxiliaire *avoir* (tableau)
- Participe passé avec l'auxiliaire *être* (tableau)
- Participe passé sans auxiliaire (tableau)
- Liste de verbes essentiellement pronominaux
- Personne morale
- Préfixes
- Le trait d'union dans les mots composés d'un préfixe ou d'un élément grec ou latin
- Prochain (modifications)
- Pronoms et impératif
- Quelquefois et quelques fois
- Rive
- Tant… que
- Taux de
- Titre d'œuvre ou de périodique
- Vous de politesse

MAJUSCULES

- Majuscule elliptique (modifications)
- Bourse
- Grades militaires
- Municipalité régionale de comté
- Régimes politiques
- Réunion, rencontre, séance, session

PONCTUATION

- Espace insécable

ABRÉVIATIONS, SIGLES, ACRONYMES ET SYMBOLES

- Féminin des abréviations
- Italique ou romain pour les abréviations
- Titres de fonction et appellations d'emploi
- Grades militaires canadiens
- Sigles et italique
- Rapport et proportion
- Dates coordonnées (indication de la date et de l'heure)
- Calendrier (premier jour de la semaine)

ÉCRITURE DES NOMBRES

- Chiffres romains
- Grands nombres

COUPURE

- Coupure dans les titres et les appellations

DIVISION DES TEXTES

- Espacement avec les titres et les sous-titres

PAGINATION DE DOCUMENTS IMPRIMÉS

CLASSEMENT ALPHABÉTIQUE

- Noms de personnes
- Exemple d'ordre de tri normalisé

RÉFÉRENCES BIBLIOGRAPHIQUES

- Double référence avec changement de titre
- Communication extraite d'actes
- Catalogue industriel
- Vidéo consultée en ligne
- Photographie

- Livre audio
- Communiqué
- Documents cartographiques
- Documents numériques
- Logiciels bibliographiques
- Quelques formules et abréviations en usage
  dans les références bibliographiques

RÉVISION LINGUISTIQUE ET CORRECTION D'ÉPREUVES

- Introduction
- Révision, correction et rectifications de l'orthographe

DOCUMENTS NUMÉRIQUES

- Adresse URL, adresse Web et adresse de courrier électronique
- Nétiquette
- Courriel bilingue
- Exemples de courriels
- Présentation assistée par ordinateur
- Écriture Web

LETTRE

- Différentes situations (dans la salutation)
- Synthèse de la vedette, de l'appel et de la salutation

EXEMPLES DE LETTRES

- Signataire occupant une fonction unique ou un poste de direction
- Signataire occupant une fonction similaire à celle d'une autre personne
- Refus d'écrire une lettre de recommandation
- Demande d'attestation d'emploi
- Attestation d'emploi
- Contestation d'un avertissement

- Demande de congé de maternité
- Demande de congé parental
- Préavis de retour au travail après un congé parental
- Demande de congé à l'occasion d'une naissance
- Demande de congé de paternité
- Demande de congé d'adoption
- Demande de congé sabbatique
- Demande de prise de retraite progressive
- Avis de départ à la retraite
- Condoléances
- Résiliation de contrat
- Résiliation de contrat avant terme
- Mise en demeure

ÉCRITS ADMINISTRATIFS DIVERS

- Formules de vœux
- Mise en mémoire de documents dans une base de données par un employeur (section sur le curriculum vitæ)
- Verbes utiles à la rédaction de curriculum vitæ
- Exemple d'un courriel de transmission d'un curriculum vitæ et d'une lettre d'accompagnement
- Nouveaux exemples de curriculum vitæ
- Organigramme
- Exemples d'abréviations et de signes utiles à la prise de notes dans des réunions
- Avis de nomination et exemple

FORMULAIRES ADMINISTRATIFS ET COMMERCIAUX

- Chèque

ADRESSAGE

- Correspondance adressée à deux personnes
- Correspondance adressée à un groupe

PROTOCOLE ET ACTIVITÉS PUBLIQUES

TÉLÉPHONIE

- Emploi de l'article avec un numéro de téléphone
- Écriture des numéros qui se terminent par 11
- Téléphonie cellulaire

TOPONYMIE

- Quelques définitions

GRAMMAIRE, ORTHOGRAPHE ET VOCABULAIRE

RÉPERTOIRE DE DIFFICULTÉS GRAMMATICALES ET
ORTHOGRAPHIQUES • MOTS ET
EXPRESSIONS À CONNAÎTRE

Répertoire de difficultés grammaticales et orthographiques

Ce petit répertoire alphabétique de difficultés grammaticales et orthographiques ne peut pas remplacer grammaires et dictionnaires des difficultés de la langue, qui sont des ouvrages plus complets. Il ne traite succinctement que de certains points qui font l'objet de demandes fréquentes auprès des services de consultation de l'Office québécois de la langue française. Le découpage des difficultés et la façon dont les questions sont abordées tiennent compte dans la mesure du possible, autant pour les brèves explications que pour les exemples fournis, des situations de communication propres au travail de bureau. Plusieurs de ces sujets sont traités de façon plus systématique dans d'autres ouvrages, auxquels il est conseillé de se référer au besoin. Il est particulièrement utile de consulter la Banque de dépannage linguistique et *Le grand dictionnaire terminologique* de l'Office québécois de la langue française, qui sont gratuitement à la disposition du public dans le site de l'Office : **www.oqlf.gouv.qc.ca**.

 ## À JOUR AU, À JOUR LE

Pour indiquer la date de mise à jour d'un document dans une page de titre ou sur une couverture de document administratif, juridique ou à caractère officiel, deux formules sont possibles : *à jour le 31 mars 2015* et *à jour au 31 mars 2015*.

La présence de la préposition *à* devant l'indication du jour, autrefois habituelle, est aujourd'hui considérée comme vieillie. Ainsi, on écrit *nous sommes le 10 mai* de préférence à *nous sommes au 10 mai*. Toutefois, dans une page de titre d'un document commercial ou administratif par exemple, l'emploi de *à* devant l'indication de la date est encore courant.

> **À jour le 31 mars 2015** (usage actuel)
> **À jour au 31 mars 2015** (usage encore admis)

ACQUIS et ACQUIT

Acquis peut être un nom, un adjectif ou le participe passé du verbe *acquérir*. Il fait référence à la notion d'« acquisition ». On l'emploie notamment dans des expressions comme *tenir pour acquis*, *considérer comme acquis* (et non pas *prendre pour acquis*, qui est un calque de l'anglais ; voir aussi p. 192).

> **Il s'agit là d'un acquis précieux.** (nom)
> **Les connaissances acquises au cours de ce stage seront utiles.** (adjectif)
> **L'expérience qu'il a acquise lui sera reconnue.** (participe passé)
> **La fidélité de notre clientèle ne doit pas être considérée comme définitivement acquise.** (expression)

Le nom *acquit* a le sens d'« acquittement ». On l'emploie notamment dans la mention *Pour acquit* qu'on appose sur certains formulaires, ainsi que dans l'expression *par acquit de conscience*.

ADJECTIF DE COULEUR

Les adjectifs désignant la couleur s'accordent en genre et en nombre avec le nom auquel ils se rapportent, y compris avec le nom *couleur*. Il en va de même des participes dérivés d'adjectifs ou de noms de couleurs. (Voir aussi COULEUR.)

> **des livres blancs**
> **des feuilles blanchâtres**
> **des cloisons fauves**
> **des chemises orangées**
> **un minerai de couleur noire**
> **des cheveux châtains, une mèche châtain** ou **châtaine**
> (*châtain* peut rester invariable en genre)

Les adjectifs de couleur sont invariables s'ils sont composés (c'est-à-dire qu'il s'agit de deux adjectifs de couleur liés par un trait d'union), ou modifiés par un autre adjectif ou par un nom.

> **des murs bleu-vert**
>
> **des chemises jaune pâle et vert foncé**
>
> **des couvertures bleu marine** (et non pas *bleu marin*)

Les adjectifs de couleur restent également invariables lorsqu'ils sont juxtaposés ou coordonnés pour qualifier un seul nom.

> **une brochure vert et bleu** (avec du vert et du bleu)
>
> **des brochures vert et bleu** (chacune comporte du vert et du bleu)
>
> **des brochures vertes et bleues** (certaines sont vertes, d'autres sont bleues)

Toutefois, certains grammairiens acceptent désormais l'accord, considérant que chacun des adjectifs qualifie le nom, indépendamment l'un de l'autre.

> **La couverture du livre en question est noire et blanche.**

Sont également invariables les noms considérés comme des adjectifs de couleur par référence à la couleur caractéristique de la chose.

> **des chemises marron**
>
> **des échantillons moutarde**
>
> **des cloisons pastel**
>
> **des revêtements de sol feuille-morte**

 Liste d'adjectifs de couleur

Masculin singulier	Masculin pluriel	Féminin singulier	Féminin pluriel
abricot	abricot	abricot	abricot
absinthe	absinthe	absinthe	absinthe
acajou	acajou	acajou	acajou
acier	acier	acier	acier
aigue-marine	aigue-marine	aigue-marine	aigue-marine
albâtre	albâtre	albâtre	albâtre

Masculin singulier	Masculin pluriel	Féminin singulier	Féminin pluriel
alezan	alezans	alezane	alezanes
amande	amande	amande	amande
amarante	amarante	amarante	amarante
ambre	ambre	ambre	ambre
ambré	ambrés	ambrée	ambrées
améthyste	améthyste	améthyste	améthyste
anthracite	anthracite	anthracite	anthracite
ardoise	ardoise	ardoise	ardoise
argent	argent	argent	argent
argenté	argentés	argentée	argentées
argile	argile	argile	argile
atoca	atoca	atoca	atoca
aubergine	aubergine	aubergine	aubergine
auburn	auburn	auburn	auburn
aurore	aurore	aurore	aurore
avocat	avocat	avocat	avocat
azur	azur	azur	azur
banane	banane	banane	banane
basané	basanés	basanée	basanées
beige	beiges	beige	beiges
bis	bis	bise	bises
bistre	bistre	bistre	bistre
bistré	bistrés	bistrée	bistrées
blafard	blafards	blafarde	blafardes
blanc	blancs	blanche	blanches
blanchâtre	blanchâtres	blanchâtre	blanchâtres
blême	blêmes	blême	blêmes
bleu	bleus	bleue	bleues
bleu marine	bleu marine	bleu marine	bleu marine
blond	blonds	blonde	blondes
bordeaux	bordeaux	bordeaux	bordeaux
bourgogne	bourgogne	bourgogne	bourgogne
brique	brique	brique	brique

Masculin singulier	Masculin pluriel	Féminin singulier	Féminin pluriel
bronze	bronze	bronze	bronze
brun	bruns	brune	brunes
caca d'oie	caca d'oie	caca d'oie	caca d'oie
cacao	cacao	cacao	cacao
cachou	cachou	cachou	cachou
café	café	café	café
café au lait	café au lait	café au lait	café au lait
canari	canari	canari	canari
cannelle	cannelle	cannelle	cannelle
caramel	caramel	caramel	caramel
carmin	carmin	carmin	carmin
carotte	carotte	carotte	carotte
cerise	cerise	cerise	cerise
chair	chair	chair	chair
chamois	chamois	chamois	chamois
champagne	champagne	champagne	champagne
châtain	châtains	châtain *ou* châtaine	châtains *ou* châtaines
chocolat	chocolat	chocolat	chocolat
citron	citron	citron	citron
cognac	cognac	cognac	cognac
coquelicot	coquelicot	coquelicot	coquelicot
corail	corail	corail	corail
cramoisi	cramoisis	cramoisie	cramoisies
crème	crème	crème	crème
cuivre	cuivre	cuivre	cuivre
cuivré	cuivrés	cuivrée	cuivrées
doré	dorés	dorée	dorées
ébène	ébène	ébène	ébène
écarlate	écarlates	écarlate	écarlates
écru	écrus	écrue	écrues
émeraude	émeraude	émeraude	émeraude
étain	étain	étain	étain

Masculin singulier	Masculin pluriel	Féminin singulier	Féminin pluriel
fauve	fauves	fauve	fauves
fraise	fraise	fraise	fraise
framboise	framboise	framboise	framboise
fuchsia	fuchsia	fuchsia	fuchsia
glauque	glauques	glauque	glauques
grège	grèges	grège	grèges
grenat	grenat	grenat	grenat
gris	gris	grise	grises
groseille	groseille	groseille	groseille
hâlé	hâlés	hâlée	hâlées
incarnat	incarnats	incarnate	incarnates
indigo	indigo	indigo	indigo
ivoire	ivoire	ivoire	ivoire
jade	jade	jade	jade
jaune	jaunes	jaune	jaunes
jonquille	jonquille	jonquille	jonquille
kaki	kaki	kaki	kaki
lavande	lavande	lavande	lavande
lie-de-vin	lie-de-vin	lie-de-vin	lie-de-vin
lilas	lilas	lilas	lilas
livide	livides	livide	livides
magenta	magenta	magenta	magenta
maïs	maïs	maïs	maïs
marine	marine	marine	marine
marron	marron	marron	marron
mauve	mauves	mauve	mauves
melon	melon	melon	melon
miel	miel	miel	miel
moutarde	moutarde	moutarde	moutarde
muscade	muscade	muscade	muscade
noir	noirs	noire	noires
noisette	noisette	noisette	noisette

Masculin singulier	Masculin pluriel	Féminin singulier	Féminin pluriel
ocre	ocre	ocre	ocre
olive	olive	olive	olive
opalin	opalins	opaline	opalines
or	or	or	or
orange	orange	orange	orange
orangé	orangés	orangée	orangées
paille	paille	paille	paille
paprika	paprika	paprika	paprika
pastel	pastel	pastel	pastel
pêche	pêche	pêche	pêche
pers	pers	perse	perses
pervenche	pervenche	pervenche	pervenche
pistache	pistache	pistache	pistache
pourpre	pourpres	pourpre	pourpres
primevère	primevère	primevère	primevère
prune	prune	prune	prune
rose	roses	rose	roses
rouge	rouges	rouge	rouges
rouille	rouille	rouille	rouille
roux	roux	rousse	rousses
rubis	rubis	rubis	rubis
sable	sable	sable	sable
safran	safran	safran	safran
sarcelle	sarcelle	sarcelle	sarcelle
saumon	saumon	saumon	saumon
tabac	tabac	tabac	tabac
tangerine	tangerine	tangerine	tangerine
taupe	taupe	taupe	taupe
turquoise	turquoise	turquoise	turquoise
vermeil	vermeils	vermeille	vermeilles
vert	verts	verte	vertes
violet	violets	violette	violettes

ADJECTIF ATTRIBUT D'UN SUJET SOUS-ENTENDU

L'adjectif attribut s'accorde normalement en genre et en nombre avec le sujet qu'il caractérise.

> **Les administrateurs ont décidé de rester neutres.**

Lorsque le sujet n'est pas clairement exprimé dans la phrase, l'adjectif attribut s'accorde en genre et en nombre avec le sujet implicite. C'est alors le contexte qui détermine l'accord de l'adjectif.

> **L'important, c'est d'être actives, même si nous ne sommes pas sportives.** (Le contexte indiquerait que ce sont des femmes qui parlent.)
>
> **Soyez consciente des risques que vous prenez.**
> (Si l'on s'adresse à une femme avec le *vous* de politesse.)
> **Soyez conscientes des risques que vous prenez.**
> (Si l'on s'adresse à plusieurs femmes.)

L'adjectif attribut peut parfois s'accorder de différentes façons, parce qu'on peut déterminer plus d'un sujet implicite possible d'après le contexte. On l'accorde alors avec l'un des sujets implicites possibles, au choix.

> **L'important, c'est d'être actif, même si on n'est pas sportif.**
> (Si le pronom *on* est employé comme indéfini, dans le sens de « quiconque, tout le monde » : l'attribut est donc au singulier. Voir aussi ON.)
> **L'important, c'est d'être actifs, même si on n'est pas sportifs.**
> (Si le pronom *on* remplace *nous* ou *vous* au masculin, *ils* et *elles* : l'attribut est donc au masculin pluriel. Voir aussi ON.)
>
> **Il faut être prêt à toute éventualité.** (Si le contexte indique que c'est une seule personne qui parle ou s'il s'agit d'une généralité.)
> **Il faut être prêts à toute éventualité.** (Si le contexte indique que ce sont plusieurs personnes qui parlent.)
>
> **Il faut rester neutre.** (généralité)
> **Il faut rester neutres.** (contexte où plusieurs personnes se prononcent)

ADJECTIF EMPLOYÉ ADVERBIALEMENT

Certains adjectifs peuvent être employés comme adverbes (on les appelle parfois *adverbes adjectivaux*) ; ils ne varient jamais en genre et restent souvent invariables en nombre.

> **des légumes tranchés fin** ou **fins**
> **des cheveux coupés court** (invariable de préférence)
> **des objets posés droit**
> **des crayons taillés pointu**

Dans des formules avec le verbe *ouvrir*, l'adjectif *grand* employé adverbialement varie généralement, mais l'invariabilité est admise.

> **ouvrir toute grande la porte**
> **ouvrir les portes toutes grandes**
> **ouvrir tout grand les portes**
>
> **La porte est grande ouverte.**
> **garder la porte grande ouverte**

De tels adjectifs employés adverbialement sont parfois étroitement unis au verbe et restent invariables.

> **des appareils qui coûtent cher**
> **des marchandises qui pèsent lourd**
> **des produits qui sentent bon**
> **Ils ont vu trop grand.**
> **Elles travaillent dur.**

ADJECTIF EMPLOYÉ À LA FORME IMPERSONNELLE

Dans la correspondance, les enveloppes peuvent porter des mentions comme CONFIDENTIEL, RECOMMANDÉ, PERSONNEL, URGENT, en capitales. Dans ce contexte, ces adjectifs s'écrivent toujours au masculin singulier. (Voir aussi p. 770.)

Il en va de même pour le mot VENDU qu'on voit sur des écriteaux devant des maisons, par exemple. On peut sous-entendre la forme neutre « c'est vendu », et les adjectifs qui s'accordent avec un pronom neutre s'écrivent au masculin singulier. La règle s'applique aussi aux mentions OCCUPÉ, RÉSERVÉ, OUVERT, FERMÉ et COMPLET (devant un hôtel, équivalent français de *No Vacancy*).

ADJECTIF QUALIFICATIF

L'adjectif qualificatif épithète s'accorde en genre et en nombre avec le nom ou le pronom auquel il se rapporte.

Les adjectifs coordonnés se rapportant chacun à une seule des réalités exprimées par un nom au pluriel s'écrivent au singulier.

> **les populations francophone et anglophone**
>
> **les gouvernements fédéral et provincial** (s'il n'est question que d'un gouvernement provincial)

La coordination d'un adjectif singulier et d'un adjectif pluriel n'est pas attestée dans les grammaires, mais elle est admise, et assez largement usitée et consacrée dans certains contextes.

> **les gouvernements fédéral et provinciaux**
>
> **une rencontre des premiers ministres fédéral et provinciaux**

Deux adjectifs coordonnés au singulier peuvent se rapporter à un nom qui s'écrit au singulier ou au pluriel, le plus souvent selon le nombre de l'article (ou du déterminant).

> **les élèves des premier et deuxième cycles** (Le nom est au pluriel parce que l'article est au pluriel.)
>
> **les élèves du premier et du deuxième cycle** (Le nom est le plus souvent au singulier parce que les articles sont au singulier ; un nom au pluriel serait cependant admis.)
>
> **les élèves des classes de première et de deuxième année**
> (Ellipse de l'article au singulier et de *année* après *première* : le singulier est le plus courant, mais le pluriel serait admis.)

S'il n'y a pas d'article, l'accord se fait selon le sens ; le singulier et le pluriel sont parfois également possibles (surtout dans le cas d'adjectifs numéraux ordinaux).

> **les élèves des classes de 2e, 3e et 4e année** (Pas d'article : le singulier est le plus courant, mais le pluriel serait admis : **des classes de 2e, 3e et 4e années.**)
>
> **les élèves des quatrième et cinquième secondaire** (Expression elliptique pour *quatrième et cinquième années du secondaire*, c'est-à-dire de l'enseignement secondaire.)
>
> **de la 2e à la 4e année**

Noter qu'avec le nom *terme* qualifié de *court*, de *moyen* ou de *long* dans certaines expressions, l'accord se fait selon le sens et en tenant compte des ellipses.

> **à court ou à long terme** (soit à court terme, soit à long terme)
> **à court et à moyen termes** (il y a deux termes, l'un court, l'autre moyen)
> **à court et à moyen terme** (ellipse de *terme* après *court*)
> **à long et moyen terme** (ellipse de *terme* et de *à*)

Si les noms sont de genres différents, l'adjectif se met au masculin pluriel ; il est alors préférable d'écrire le nom masculin près de l'adjectif.

> **la loi et le règlement relatifs à...**
> **les premiers candidats et candidates**

L'adjectif ou le participe passé qui suit un complément du nom s'accorde selon le sens. Voir aussi les articles COLLECTIF et COMPLÉMENT DU NOM de ce répertoire.

> **des cuisses de poulet surgelées** (ce sont les cuisses de poulet qui ont été surgelées)
> **des boîtes de poisson surgelé** (c'est d'abord le poisson qui est surgelé)
> **un bifteck de côte grillé**
> **une rouelle de jambon frais**
> **une darne de saumon grillée**
> **une escalope de porc attendrie**

Il est donc conseillé d'analyser la phrase, de trouver à quel nom se rapporte logiquement le participe passé employé comme adjectif et de l'accorder en conséquence.

> **le nombre de jours de travail consacrés à...** (ce sont les jours qui sont consacrés)
> **le nombre de jours de travail additionné au nombre de...**
> (c'est le nombre qui est additionné)
> **le nombre de jours de travail continu** (c'est le travail qui est continu)

ADJECTIF VERBAL

L'adjectif verbal est un participe présent (c'est-à-dire une forme d'un verbe) qui devient un adjectif, d'où son nom d'*adjectif verbal*. Il s'accorde avec le nom auquel il se rapporte.

> **des travaux fatigants**
> **des fonctions exigeantes**

Certains adjectifs verbaux présentent des particularités orthographiques qui les distinguent des participes présents correspondants. Ainsi, il ne faut pas confondre, par exemple, les adjectifs verbaux *communicant, différent, excellent, précédent* avec, respectivement, les participes présents *communiquant, différant, excellant, précédant*.

On est en présence d'un participe présent lorsque le mot en question est précédé de la préposition *en*, qu'il est accompagné (ou pourrait l'être dans le contexte) d'un complément direct, indirect ou circonstanciel, ou encore lorsqu'il est accompagné de la négation *ne* ou *ne... pas*, ou d'un adverbe.

> **Elle réussit un tour de force, convainquant les plus incrédules.**
> (participe présent avec complément direct)
> **En ne négligeant pas cet aspect de la question, vous avez des chances de réussir.** (participe présent précédé de la préposition *en*, négation, complément direct)
> **Une indemnité équivalant à trois mois de loyer lui sera versée.** (participe présent avec complément indirect) ou **Une indemnité équivalente à trois mois de loyer...** (adjectif verbal et son complément)
> **Les personnes résidant sur ce territoire...** (participe présent avec complément circonstanciel)
>
> **En communiquant efficacement, on peut réussir à les convaincre.**
> (participe présent précédé de *en* et suivi d'un adverbe)
> **C'est le principe des vases communicants.** (adjectif verbal)

De plus, un participe présent peut se mettre à la forme négative.

> **Les chefs ne communiquant pas avec leur équipe, l'information n'a pas circulé.**
> **Les résultats ne différant pas de ceux de l'année dernière, on a dû procéder autrement.**

Un adjectif verbal, quant à lui, peut se mettre au féminin.

> **Voilà des orateurs convaincants.**
> (adjectif verbal, peut se mettre au féminin : **des oratrices convaincantes**)
> **Ce sondage ne tient compte que des électeurs votants.**
> (adjectif verbal, pourrait se mettre au féminin : **des électrices votantes**)
> **On lui versera donc une indemnité équivalente.** (adjectif verbal au féminin)

> **Le comité a émis des opinions divergentes sur cette question.**
> (féminin, adjectif verbal ; au masculin : **des avis divergents**)
>
> **Le local se compose de trois pièces communicantes.**
> (adjectif verbal accordé au féminin pluriel)

AINSI QUE

Quand *ainsi que* liant deux ou plusieurs noms sujets exprime une idée d'addition, de coordination (ce qui équivaut à *et*), le verbe se met au pluriel. L'élément introduit par *ainsi que* n'est pas entre deux virgules.

> **Ce rapport ainsi que cette étude seront publiés.**
> **L'étude, le rapport et ses recommandations ainsi que le budget seront publiés la semaine prochaine.**

Quand *ainsi que* exprime une idée de comparaison, le verbe s'accorde avec le premier élément. Le deuxième élément s'écrit généralement entre deux virgules.

> **Ce rapport, ainsi que celui qui l'a précédé, a été publié sans délai.**

APRÈS QUE

Cette locution conjonctive se construit avec le passé antérieur de l'indicatif, ou plus rarement avec le passé composé ou d'autres temps de l'indicatif. Sa construction avec le subjonctif est critiquée ; en effet, la proposition introduite par *après que* indique quelque chose de certain, qui s'est bel et bien passé ou qui se passera.

> **après qu'ils furent commandés...**
> **après qu'ils seront commandés...**
> **après qu'ils sont commandés...**
> **après qu'ils ont été commandés...** (et non pas *après qu'ils fussent commandés*, ni *après qu'ils soient commandés*, ni *après qu'ils aient été commandés*)

La locution *avant que* demande cependant le subjonctif, car l'action exprimée par la subordonnée n'est pas encore réalisée.

> **Nous ne commencerons pas le travail avant que le contrat (ne) soit signé.**

ARTICLE et NOM DE PAYS

Les noms de pays, ainsi que les noms de continents, de provinces, de montagnes, de mers, de lacs ou de cours d'eau, sont généralement précédés de l'article défini, ou déterminant défini, *le, la* ou *les*.

> **Le nouveau ministre connaît bien la France.**
> **Le Canada fait partie de l'Amérique du Nord.**
> **La vue sur les Laurentides est magnifique à cet endroit.**
> **Le Saint-Laurent est l'un des plus grands fleuves du monde.**

Quelques noms de pays s'emploient cependant systématiquement sans article. C'est le cas notamment de Bahreïn, Chypre, Cuba, Djibouti, Haïti, Israël, Madagascar, Malte, Maurice, Monaco, Oman, Sainte-Lucie, Saint-Marin, Saint-Vincent-et-les-Grenadines, Sao Tomé-et-Principe, Singapour et Trinité-et-Tobago.

> **Ma collègue revient demain de Cuba.**
> **Une équipe d'ingénieurs de l'entreprise est allée en mission à Haïti.**
> **Le premier ministre d'Israël a fait une déclaration remarquée.**

Même si la plupart des noms de pays (ou de continents, de provinces) sont généralement précédés d'un article, cet article a tendance à être omis dans certains contextes. C'est le cas lorsqu'un nom singulier féminin, ou masculin commençant par une voyelle, est précédé de la préposition *de* et que cette préposition marque l'origine, la provenance.

> **Ce traiteur sert d'excellents vins de France et d'Italie.**
> **La présidente est rentrée d'Amérique du Sud hier.**
> **Notre client d'Ontario vient de nous répondre.**

Lorsque le nom de pays ou de continent est masculin et commence par une consonne ou qu'il est pluriel, l'article est maintenu.

> **Le nouveau technicien informatique est originaire du Sénégal.**
> **Ces appareils viennent des États-Unis.**

Cette règle ne s'applique cependant que lorsque la préposition *de* marque l'origine. Lorsqu'elle indique un autre rapport (une relation d'appartenance, par exemple), un article s'insère entre le nom de pays et la préposition.

> **Le drapeau bleu, blanc, rouge est l'emblème de la France.**
> **Une collaboration vient d'être établie avec le Centre des sciences de l'Ontario.**
> **Le premier ministre de la Grande-Bretagne s'est adressé à la nation.**
> **L'économie de l'Indonésie est en croissance.**
> **Le gouvernement de la Tunisie a déclenché des élections.**

L'article devant le nom de pays est aussi omis dans quelques autres contextes. Lorsqu'ils sont précédés de *roi* ou de *reine*, les noms de pays singuliers qui sont féminins ou qui commencent par une voyelle ou un *h* aspiré ne sont pas précédés de l'article. De même, les noms de régions qui suivent un titre de noblesse ou une indication de territoire ne sont souvent pas précédés de l'article eux non plus.

> **Cette suggestion avait beaucoup plu à la reine de Hollande.**
> **Philippe le Bon était duc de Bourgogne.**
> **Le duché de Brabant couvrait une partie de la Belgique.**

 ## ARTICLE et NOMS PROPRES ÉTRANGERS

Certains noms propres étrangers ne sont pas toujours traduits en français. Se pose alors le problème de l'article, féminin ou masculin, à utiliser devant ces noms. Lorsque le générique du nom propre a un genre dans sa langue d'origine, il peut conserver le même genre en français. Mais souvent, on emploie l'article correspondant au nom équivalent en français.

> **Le système de classification de la Library of Congress est utilisé par les bibliothèques universitaires nord-américaines, notamment.**
> (Le nom anglais *library* a pour équivalent français le nom féminin *bibliothèque*; d'ailleurs on rencontre aussi la traduction *Bibliothèque du Congrès*.)
>
> **La General Motors a engagé 200 nouveaux salariés depuis le début de l'année.** (Le nom anglais *company* – sous-entendu ici – a pour équivalent français le nom féminin *compagnie* ou *société*.)
>
> **La BBC vient de produire un documentaire sur la sécurité alimentaire.**
> (Le sigle *BBC* désigne la British Broadcasting Corporation; l'équivalent français du mot anglais *corporation* est le nom féminin *société*.)
>
> **Elle enseigne depuis cinq ans à la London School of Economics.**
> (Le mot anglais *school* a pour équivalent français le nom féminin *école*.)
>
> **La Deutsche Bank est la plus importante banque allemande.**
> (Le mot allemand *Bank* a pour équivalent français le nom féminin *banque*.)

On peut généralement élider l'article devant les noms propres étrangers qui commencent par une voyelle, sauf devant les mots anglais commençant par un *y* et devant le mot *University* (noter toutefois qu'on traduit généralement les noms d'universités, voir p. 273).

> **Le prix des actions de l'American Broadcasting Corporation a monté en flèche au cours de la dernière semaine.**
> **Les importations de l'All Star Company...**
> **C'est un article d'un chercheur de la University of Wisconsin.**

Lorsqu'un article précède le nom d'une publication qu'on écrit en italique, l'article est généralement écrit en français et en romain. On le met cependant en italique lorsqu'il fait partie du nom de la publication et qu'on doit écrire celui-ci au complet.

> **Notre revue de presse recense aussi le *Globe and Mail*.**
> **La bibliothèque reçoit l'édition du samedi du *New York Times*.**
> (et non pas *de The New York Times*)
> **Ce pigiste collabore régulièrement au mensuel *The New Grove*.**
> (Pour des raisons de syntaxe et de fluidité, il convient parfois de faire précéder le nom de la publication en langue étrangère d'un générique en français.)

 ## ASSURER et S'ASSURER

Le verbe *assurer* entre dans de multiples constructions. Il peut aussi s'employer à la forme pronominale : *s'assurer*. Il commande toujours l'indicatif et s'emploie, selon le cas, avec les auxiliaires *avoir* ou *être*; l'accord de son participe passé suit les règles générales, comme l'illustrent les exemples ci-dessous.

Assurer quelqu'un ou assurer quelqu'un de quelque chose

> **Il les a assurés de sa loyauté indéfectible.**

Assurer quelque chose ou assurer quelque chose à quelqu'un

> **La sécurité est assurée par une entreprise spécialisée.**
> **La collaboration que le technicien leur a assurée a été déterminante.**
> **La distribution du courrier est assurée à l'ensemble du personnel.**

Le français au bureau Grammaire, orthographe et vocabulaire
RÉPERTOIRE DE DIFFICULTÉS GRAMMATICALES ET ORTHOGRAPHIQUES

27

Assurer (à) quelqu'un que

Bien noter que cette construction commande l'indicatif.

> **J'ai assuré à la directrice que je viendrai.** (et non pas *que je vienne*)
>
> **Je lui ai assuré qu'il fera partie de l'équipe.** (et non pas *qu'il fasse*)
>
> **Nous leur avons assuré que nous respecterions l'entente.**
> (c'est-à-dire nous avons assuré à eux)
>
> **Nous les avons assurés que l'entente était toujours valide.**
> (c'est-à-dire nous avons assuré eux)
>
> **Il nous a assuré (ou assurés) qu'il était volontaire.**
> (Dans ce contexte, la tendance est à l'invariabilité du participe passé : il a assuré
> à nous ≈ il a affirmé à nous, *nous* est complément indirect ; mais l'accord est admis :
> il a assuré nous ≈ il a convaincu nous, *nous* est complément direct.)

S'assurer

Le verbe pronominal *s'assurer* a plusieurs acceptions. Employé au sens de
« vérifier, se rendre certain de quelque chose », il est suivi d'un verbe à l'indicatif
ou au conditionnel et non au subjonctif. En effet, avec ce verbe dont le sens implique
la certitude d'un fait, il est normal d'employer l'indicatif, qui est précisément
le mode de la certitude, du fait, du réel ; le subjonctif ici serait contradictoire, car
c'est le mode de l'incertitude, de l'hypothèse, du virtuel.

> **Ils s'assureront qu'il a compris les consignes.** (et non *qu'il ait compris
> les consignes*)
>
> **Assurez-vous que la porte est bien fermée.** (et non *que la porte soit bien fermée*)
>
> **Nous ne nous sommes pas assurés que tout était conforme
> au règlement.** (et non *que tout soit conforme*)
>
> **Elles s'assurent ainsi qu'elles seront citées correctement.**
> (et non *qu'elles soient*)
>
> **Les organisateurs se sont assurés que tous pourraient participer
> à la discussion.** (et non *que tous puissent participer*)

Outre la conjonction *que*, on peut employer *s'assurer* avec la préposition *de*,
suivie d'un nom ou d'un infinitif. *S'assurer* peut aussi être suivi de la conjonction *si*,
emploi toutefois rare.

> **Elle s'est assurée de la qualité des travaux avant d'autoriser le paiement
> des honoraires.**
>
> **De cette façon, je m'assure de faire le bon choix.**
>
> **Assurez-vous si les témoins disent la vérité.** (construction rare)

AUCUN

L'adjectif indéfini *aucun* s'emploie principalement au singulier. Il se met cependant au pluriel avec les noms qui sont toujours au pluriel, comme *archives*, *frais*, *funérailles*, *représailles*, *honoraires* et *ciseaux* (au sens d'« instrument à deux branches mobiles, croisées et tranchantes »).

> **Aucunes archives n'ont été détruites.**
> **Aucuns frais ne seront remboursés.**
>
> **Il n'y a aucuns frais supplémentaires.**
> **Elle n'a facturé aucuns honoraires.**
> **On n'a exercé aucunes représailles contre eux.**
> **Il ne reste aucuns ciseaux de ce modèle.**

Aucun se met aussi au pluriel devant un nom qui a un singulier, mais qui est employé dans un contexte où il ne peut être qu'au pluriel.

> **Il n'y a actuellement aucune vacance dans notre entreprise.**
> (*vacance* au singulier a le sens de « poste vacant »)
> **Ce bourreau de travail n'a pris aucunes vacances depuis deux ans.**
> (*vacances* au pluriel a le sens de « temps de repos ». On dirait toutefois plus couramment : **Ce bourreau de travail n'a pas pris de vacances depuis deux ans.**)
> **Cette entreprise n'a effectué aucuns travaux publics.**

Il faut noter qu'*aucun* se construit avec *ne*, mais sans l'adverbe de négation *pas*.

> **À ce jour, nous n'avons reçu aucun document.** (et non *À ce jour, nous n'avons pas reçu aucun document.*)

AUSSITÔT et AUSSI TÔT

Aussitôt signifie « tout de suite, au moment même » ; suivi de *que*, il a le sens de « dès que ».

> **Le dossier a aussitôt été remis à qui de droit.**
> **Veuillez me le renvoyer aussitôt que possible.**

Aussi tôt s'oppose à *aussi tard*.

> **Il est arrivé aussi tôt que vous.**
> **Venez aussi tôt que possible.**
> (À l'inverse, on pourrait dire **Venez aussi tard que possible**. La construction avec
> **aussitôt** dans le sens de « dès que » serait également correcte ici.)

AVOIR POUR OBJET, POUR OBJECTIF ou POUR BUT

Dans l'expression *avoir pour objet*, le mot *objet* est toujours au singulier (ce qui, soit dit en passant, est aussi le cas dans la mention de l'objet d'une lettre). Le sujet de cette expression est généralement une chose.

> **La présente lettre a pour objet de rappeler certaines conditions**
> **d'exécution du contrat.**
> **Ces nouvelles mesures ont pour objet l'égalité professionnelle**
> **et le développement des ressources humaines.**

Dans le cas d'une personne, on emploie plutôt l'expression *avoir pour but*, dans laquelle *but* s'écrit le plus souvent au singulier.

> **En appliquant cette politique, la ministre a pour but de promouvoir**
> **l'égalité professionnelle.**
> **En appliquant cette politique, la ministre a pour buts la promotion**
> **de l'égalité professionnelle et le développement des ressources humaines.**

Dans l'expression *avoir pour objectif*, le mot *objectif* peut se mettre au pluriel pour souligner la pluralité des divers objectifs.

> **Le programme d'aide au personnel a pour objectifs la prévention […],**
> **l'orientation […] et l'assistance […].**

BEAUCOUP DE

Le déterminant indéfini *beaucoup de* peut être suivi d'un nom au singulier ou au pluriel. L'accord du verbe peut se faire au singulier ou au pluriel selon le sens de la phrase ; il se fait le plus souvent avec le nom. (Voir aussi COLLECTIF.)

> **Beaucoup de monde a manifesté son intérêt.**
> **Beaucoup de gens ont manifesté leur intérêt.**

Beaucoup de patience vous sera demandée tout au long de ce travail.
Beaucoup d'efforts seront nécessaires pour y arriver.
Beaucoup de papiers éparpillés donne une impression de désordre.
(C'est-à-dire le fait qu'il y ait beaucoup de papiers éparpillés donne une impression
de désordre.)
Beaucoup de documents dispersés ont été enfin rassemblés.

beaucoup de détails
beaucoup de chance
beaucoup d'argent
beaucoup de plaisir

CADRE

Le mot *cadre* est le second élément de certains noms composés dans lesquels il a
le sens général de « structure » : *loi-cadre*, *programme-cadre*, *plan-cadre*. Ces
noms sont attestés dans les dictionnaires avec un trait d'union, et leurs deux
éléments prennent un *s* au pluriel.

une loi-cadre, des lois-cadres
des programmes-cadres
des plans-cadres

Le mot *cadre* a aussi le sens de « personne qui fait partie du personnel d'encadrement ». Dans ce sens, il est épicène (c'est-à-dire qu'il a la même forme au
masculin et au féminin) ; c'est l'article ou le déterminant qui indique s'il s'agit
d'une femme : la cadre, une cadre.

Mme Lise Gagnon est une cadre d'expérience.

De manière générale, le mode de formation avec l'élément *femme* pour féminiser
les appellations de fonction n'est pas celui que recommande l'Office québécois
de la langue française, mais si, dans un contexte au pluriel, on veut indiquer
clairement que des cadres sont des femmes (car les articles ou déterminants
pluriels *les* et *des* ne peuvent pas l'indiquer), on peut faire précéder *cadres* de
femmes. Dans ce cas, le mot *cadres* est en apposition. Les deux mots ne sont pas
liés par un trait d'union et tous deux prennent un *s*.

des femmes cadres

CECI, CELA et CELA DIT

Les pronoms démonstratifs *ceci* et *cela* ne sont pas interchangeables.

Ceci annonce une déclaration, une explication, une énumération, c'est-à-dire ce qui va suivre, va être dit ou écrit. Dans les exemples ci-dessous, le démonstratif *ceci* est placé dans la première des deux propositions de la phrase et précède donc la déclaration à laquelle il se rapporte.

> **Rappelez bien ceci au personnel : il est interdit de partir avant 16 h 30.**
> **Ceci est clair : il ne renoncera jamais à l'héritage.**

Le pronom démonstratif *cela*, au contraire, sert à rappeler ce qui précède, ce qui vient d'être dit ou écrit. Il est donc placé dans la seconde partie de la phrase, après l'énoncé qu'il rappelle.

> **Le personnel n'est pas autorisé à partir avant 16 h 30 : rappelez-lui bien cela.**
> **Elle pourra prendre ses vacances comme prévu : cela, je le lui ai promis.**

La locution *cela dit* peut s'employer pour résumer ce qui vient d'être dit avant que ne soit apportée une restriction à cet énoncé. En toute logique, elle reste préférable à la locution *ceci dit*, moins fréquente mais cependant admise.

> **Elle pourra prendre ses vacances comme je le lui ai promis ; cela dit, elle devra être présente au bureau pour la rédaction du rapport d'activité.**
>
> **Nous avons déjà fait de nombreuses compressions ; cela dit, il faudra encore réduire les frais d'exploitation si nous voulons que l'entreprise devienne rentable.**

CENT

Lorsqu'il est adjectif numéral cardinal, *cent* prend un *s* quand il est multiplié par un nombre qui le précède et qu'il n'est pas suivi immédiatement d'un autre adjectif numéral. (Voir aussi VINGT, MILLE et RECTIFICATIONS DE L'ORTHOGRAPHE.)

> **deux cents dollars** (*deux* multiplie *cent* ; aucun adjectif numéral ne suit)
> **deux cent cinquante dollars** (*deux* multiplie *cent* ; *cinquante*, adjectif numéral, suit)

> **deux cent mille dollars** (*mille* est un adjectif numéral)
> **deux cents millions de dollars** (*million* est un nom)
> **deux cents milliards de dollars** (*milliard* est un nom)
> **Deux cents des nouveaux exemplaires ont déjà été expédiés.**
>
> **mille cent dollars** (1100 $; *mille* ne multiplie pas *cent*, l'un et l'autre s'additionnent)
> **onze cents dollars** (1100 $; *onze* multiplie *cent*)

Lorsqu'il est adjectif numéral ordinal, c'est-à-dire qu'il exprime l'ordre, le rang, *cent* est employé pour *centième* et reste invariable. Dans ce cas toutefois, on emploie plus souvent les chiffres.

> **la cent quatre-vingt-septième séance de...**
> **page deux cent** (la deux centième page)
> **l'année mille neuf cent cinquante**
> **Elle habite au deux cent de la rue des Érables.**
> **Nous possédons l'exemplaire qui porte le numéro deux cent.**

CENTRE-VILLE

Pour désigner le quartier central d'une ville, on emploie le mot *centre-ville*, forme abrégée de « centre de la ville », même s'il n'est pas attesté dans tous les dictionnaires. Ce mot s'écrit avec un trait d'union et chaque élément prend un *s* au pluriel.

> **le centre-ville**
> **des centres-villes**

C'EST et CE SONT, QUE CE SOIT et QUE CE SOIENT

C'est, ou *c'était*, s'emploie devant un attribut, nom ou pronom, singulier ainsi que devant les pronoms *nous* et *vous*.

> **C'est la raison pour laquelle je vous écris.**
> **C'était vous qui aviez raison.**

Ce sont, ou *c'étaient*, s'emploie devant un attribut pluriel et, en concurrence avec *c'est*, ou *c'était*, devant les pronoms *eux* et *elles*.

> **Ce sont les raisons qui motivent notre décision.**
> **Ce sont elles qui participeront au colloque.** (ou C'est elles qui...)

Lorsque, dans la tournure *c'est... que*, ce qui suit *c'est* n'est pas un attribut, il faut éviter d'employer *ce sont*.

> **C'est de ces décisions qu'il sera question.** (Et non pas *Ce sont de ces décisions...*, parce qu'on dit : Il sera question *de ces décisions* ; *décisions* n'est pas un attribut ; éviter aussi *C'est de ces décisions dont il sera question*. Voir aussi l'article DONT.)

Lorsque la locution *c'est* ou *c'était* introduit une énumération et que le premier mot de cette énumération est singulier, on laisse souvent la locution au singulier, mais le pluriel est aussi possible.

> **C'est sa compétence, son expérience et sa détermination qui ont convaincu le comité.** (ou Ce sont sa compétence, son expérience et sa détermination qui ont convaincu le comité.)

Par contre, si cette énumération explique un mot qui précède, il vaut mieux utiliser le pluriel.

> **En Amérique du Nord, les Grands Lacs sont au nombre de cinq ;**
> **ce sont le lac Ontario, le lac Érié, le lac Huron, le lac Michigan**
> **et le lac Supérieur.**

Lorsque *c'est* ou *c'était* introduit une quantité et qu'il est suivi d'un nombre, on le laisse habituellement au singulier. Le pluriel est toutefois acceptable lorsqu'on veut mettre l'accent sur la pluralité exprimée par le nombre.

> **C'est neuf heures qui sonnent.**
> **C'est trois semaines qu'il doit attendre avant d'avoir les résultats**
> **du concours.**
> **C'était cent dollars qu'on leur réclamait encore.**
> **Ce sont six longs mois de travail acharné.**

Enfin, on ne peut utiliser que le singulier lorsque *c'est* ou *c'était* est suivi d'une préposition et d'un nom ou d'un pronom.

> **C'est par ses collègues qu'il a appris l'heureuse nouvelle.**
> **Ces gens sont intéressants ; c'est avec eux que j'aimerais travailler.**

On peut écrire *que ce soit* ou *que ce soient*, en choisissant de faire l'accord avec le pronom relatif ayant pour antécédent un nom pluriel, ou avec le pronom *ce*, équivalant à *cela*. Dans bien des contextes, l'emploi du nom singulier est préférable et résout la difficulté. Voir aussi l'article QUELQUE et QUEL QUE de ce répertoire.

> **Il est inutile de faire quelques démarches que ce soit.**
> (accord avec le pronom *ce*)
> **Il est inutile de faire quelques démarches que ce soient.**
> (équivaut à *quelques démarches, quelles qu'elles soient*)
> **Il est inutile de faire quelque démarche que ce soit.**

CHAQUE et CHACUN

Chaque est un adjectif indéfini qui accompagne un nom ; *chacun* et *chacune* sont des pronoms indéfinis. Ces mots ne s'emploient qu'au singulier.

> **Chaque dossier sera examiné avec soin.**
> **Chacun des dossiers sera examiné attentivement.**
> **Ces appareils coûtent plusieurs centaines de dollars chacun.**
> (de préférence à *chaque*, qui est critiqué)

Lorsque deux éléments sont juxtaposés ou coordonnés, l'accord du verbe se fait le plus souvent au singulier, mais le pluriel est aussi admis.

> **Chaque directrice, chaque directeur, chaque chef de service a été prié de...**
> **Chaque directrice et chaque directeur a été prié de...** (ou ont été priés de...)
> **Chacun et chacune a été prié de...** (ou ont été priés de...)

Après *chacun des* ou *chacune des*, le verbe se met au singulier.

> **Chacun des dossiers sera examiné avec soin.**

Il faut éviter d'employer *chaque* avec un adjectif numéral et un nom pluriel. Pour exprimer la périodicité, on emploie dans ce cas *tous les*, *toutes les*.

> **Les livraisons se font tous les trois jours.**
> (et non pas *chaque trois jours*, ni *à chaque trois jours*, ni *à tous les trois jours*)

CHARNIÈRES

On entend généralement par *charnières* (aussi appelées *joncteurs* ou *marqueurs de relation*) les éléments qui lient entre elles les diverses parties d'un énoncé. Ces charnières peuvent être implicites et consister en des mots qui font référence à ce qui a déjà été écrit : ce peut être des articles définis, des adjectifs démonstratifs et possessifs, des pronoms ou certains adverbes. Les charnières qu'on peut qualifier d'explicites, quant à elles, sont des mots, des groupes de mots ou des locutions qui lient les idées ou les paragraphes de façon tangible. Il faut toutefois se rappeler que c'est d'abord le lien entre les idées qui assure la cohésion d'un texte.

Voici, sous forme de liste, des charnières explicites groupées sous certains mots ou locutions vedettes dont elles constituent des séries d'équivalents approximatifs. Ne sont cependant pas reprises ici de nombreuses prépositions, conjonctions et formules épistolaires (voir p. 529-533) qui peuvent aussi servir de charnières. Cette liste est extraite de *Rédaction technique, administrative et scientifique*, d'Hélène Cajolet-Laganière, Pierre Collinge et Gérard Laganière, 1997, p. 421-425.

À cette fin

À cet effet,...
Pour atteindre
  ce résultat,...

À notre (mon) avis

En ce qui nous (me)
  concerne,...
Pour notre (ma) part,...
Personnellement,...
Quant à nous (moi),...
À notre (mon) sens,...
Selon nous (moi),...

À première vue

Au premier abord,...
De prime abord,...

Au sujet de

Quant à...
Relativement à...
En ce qui regarde...
En ce qui touche...
En ce qui concerne...
En ce qui a trait à...
À propos de...
Pour ce qui est de...
En matière de...
En liaison avec...
De ce point de vue,...
Du point de vue de...
À cet égard,...
À ce sujet,...
À ce propos,...
Dans cet ordre d'idées,...
Sur ce point,...

Car

En effet,...
C'est que...
C'est qu'en effet...
De fait,...

**Contrairement
à ce qui précède**

À l'opposé de
  ce qui précède,...
À l'encontre de ce
  qui vient d'être dit,...

D'ailleurs

Par ailleurs,...
D'un autre côté,...
À un autre point de vue,...

D'ailleurs (suite)

Par contre,...
Dans un autre ordre
  d'idées,...
En revanche,...
D'autre part,...
Du reste,...

D'après ce qui précède

Selon ce qui précède,...
Conformément
  à ce qui précède,...
À la lumière de
  ce qui précède,...
Comme nous l'avons
  dit plus haut,...
Comme nous l'avons
  dit ci-dessus,...
Comme nous
  l'avons mentionné
  antérieurement,...
Selon nos conclusions
  précédentes,...
Nous avons vu plus
  haut que...
Dans les circonstances,...
Dans ces conditions,...
Compte tenu de
  ce qui précède,...
En raison de ce
  qui précède,...

D'une part

En premier lieu,...
En tout premier lieu,...
Tout d'abord,...

D'autre part

En second lieu,...
Ensuite,...

Dans ce cas

Si tel est le cas,...
Dans cette hypothèse,...
Dans une telle
  hypothèse,...

De plus

En outre,...
En plus,...
Par surcroît,...
De surcroît,...
De même,...
Également,...
Qui plus est,...

De toute façon

En tout état de cause,...
En toute hypothèse,...
De toute manière,...
Quoi qu'il en soit,...
En tout cas,...
Le cas échéant,...

En général

Généralement,...
Habituellement,...
Ordinairement,...
En principe,...
En théorie,...
Théoriquement,...
En règle générale,...
D'une manière
  générale,...
D'une façon générale,...

En réalité

En fait,...
À vrai dire,...
Effectivement,...

En résumé

Bref,...
En un mot,...
Pour tout dire,...
Somme toute,...
En d'autres termes,...
En somme,...
Tout compte fait,...
En définitive,...
Au fond,...
Tout bien considéré,...
Au total,...
Dans l'ensemble,...
Essentiellement,...
En substance,...

Enfin

Pour terminer,...
En terminant,...
Finalement,...
En dernier lieu,...
En conclusion,...
Pour conclure,...
En fin de compte,...

Mais à bien considérer les choses

Mais réflexion faite
Mais à tout prendre

Non seulement, mais encore,

Non seulement,
  mais aussi,...
Non seulement,
  mais en outre,...

Notamment	Par conséquent (suite)	Sans doute (suite)
En particulier,…	Ainsi(,)…	Certainement,…
Particulièrement,…	Donc,…	Bien sûr,…
Entre autres choses,…		Certes,…
Principalement,…	**Pourtant**	En vérité,…
Surtout,…		Vraiment,…
Entre autres,…	Néanmoins,…	
	Toutefois,…	**Sous réserve de**
	Cependant,…	À l'exception de
Par conséquent	Au contraire,…	ce qui précède,…
Aussi(,)…	Au demeurant,…	Excepté ce qui vient
C'est pourquoi…		d'être dit,…
En conséquence,…	**Sans doute**	Hormis ces quelques
Pour cette raison,…		points,…
Pour ces motifs,…	Assurément,…	Sauf ce qui vient
Pour ces raisons,…	Évidemment,…	d'être dit,…
	Naturellement,…	Sauf en ce qui a trait à…,

CHEVAL

Le pluriel du mot *cheval* est bien *chevaux* ; en effet, la plupart des mots terminés en *-al* font leur pluriel en *-aux*.

> **des chevaux de course**
> **des chevaux-vapeur**
> **des queues de chevaux sauvages** (voir l'article COMPLÉMENT DU NOM, p. 43)

Dans certaines expressions, *cheval* est le plus souvent au singulier.

> **des queues de cheval**
> **des crins de cheval**
> **des fers à cheval**
> **Ils ont fait de ces revendications leur cheval de bataille.** (expression figurée)
> **C'est un de leurs chevaux de bataille.** (expression figurée ; rare au pluriel)

Dans d'autres expressions, on emploie toujours *chevaux*.

> **Il est encore monté sur ses grands chevaux.**
> (*Monter sur ses grands chevaux* est une expression figurée et figée.)

CHEZ

Le mot *chez* est une préposition qui a servi à former certains noms. On n'emploie de trait d'union après *chez* que dans ces noms composés invariables : *un chez-moi, un chez-toi, des chez-soi,* etc.

> **Chacun est rentré chez soi.** (préposition *chez* suivie du pronom personnel *soi*)
> **Chacun apprécie son chez-soi.** (un chez-soi)

La préposition *chez* s'emploie devant un pronom ou une appellation de personne, mais pas devant un nom de lieu ni d'établissement (dans ces derniers cas, on emploie la préposition *à*).

> **aller chez un fournisseur, chez un client, chez le coiffeur**
> **aller à la pharmacie, à l'entrepôt**

Chez peut s'employer devant un nom d'entreprise ou de commerce si ce nom est constitué d'un nom de personne.

> **Elle travaille chez Bombardier.**

S'il s'agit d'un sigle, l'usage hésite entre *à* et *chez*.

> **Il travaille à** (ou chez) **IBM.**

Si le nom d'entreprise est formé d'éléments autres que des noms de personnes, la préposition *à* est préférable.

> **Elles travaillent à Hydro-Québec et à Air Canada.**

Si le nom commence par un article, une préposition ou un nom commun, on ne peut pas employer *chez*.

> **Ils travaillent à La Baie.**
> **Elles travaillent au Club Prisco.** (nom de l'entreprise : Club [nom commun] Prisco)

Le français au bureau Grammaire, orthographe et vocabulaire
RÉPERTOIRE DE DIFFICULTÉS GRAMMATICALES ET ORTHOGRAPHIQUES

39

CI-ANNEXÉ, CI-INCLUS et CI-JOINT

Ces locutions sont variables ou invariables, selon qu'elles sont des adjectifs ou des adverbes.

Lorsqu'elles sont placées en tête de phrase, elles sont adverbes et invariables.

> **Ci-joint les photocopies promises.**

C'est aussi le cas lorsqu'elles sont placées dans le corps de la phrase et qu'elles précèdent immédiatement un nom.

> **Vous trouverez ci-inclus copie de la note mentionnée plus haut.**
> (Il est inutile de mettre l'adverbe entre virgules.)

Elles peuvent aussi, en tant qu'adverbes, être séparées du verbe par un nom complément direct.

> **La note dont vous trouverez copie ci-inclus a été envoyée à tout le personnel.** (Équivaut à **dont vous trouverez ci-inclus copie.** *Copie* est un complément direct.)
>
> **Les contrats, dont nous vous remettons deux copies ci-joint, seront signés demain.** (Équivaut à **dont nous vous remettons ci-joint deux copies.** *Copies* est un complément direct.)

Lorsque ces locutions sont placées après un nom précédé d'un déterminant, elles sont adjectifs et variables.

> **Veuillez remplir les formulaires ci-joints.**
> **Les deux copies ci-incluses doivent être affichées au tableau.**

Lorsque, dans le corps d'une phrase, elles sont placées devant un nom précédé d'un déterminant, on peut les considérer soit comme adverbes, soit comme adjectifs. Elles sont alors soit invariables, soit variables.

> **Vous trouverez ci-inclus** (ou **ci-incluse**) **la liste de nos publications.**
> **Je vous fais parvenir ci-joint** (ou **ci-joints**) **deux DVD de démonstration.**
> **Veuillez trouver ci-annexé** (ou **ci-annexée**) **ma demande d'emploi.**

CIBLE et CLÉ

Les noms composés avec *cible* et *clé* (qui peut aussi s'écrire *clef*, bien que cette graphie soit en régression) ne prennent généralement pas de trait d'union, car chacun des deux noms conserve sa signification propre (*clé* a alors le sens d'« essentiel, qui fournit la solution »). Les deux noms sont donc en apposition et le second a une valeur adjectivale, souvent d'attribut ; comme ils désignent une même réalité, ils prennent tous les deux, le cas échéant, la marque du pluriel.

> **un marché cible, des marchés cibles** (un marché qui est une cible ; des marchés qui sont des cibles)
>
> **un groupe cible, des groupes cibles**
>
> **un public cible, des publics cibles**
>
> **un élément clé, des éléments clés** (un élément qui est une clé, qui fournit la solution ; des éléments qui sont des clés)
>
> **une industrie clé, des industries clés**
>
> **une position(-)clé, des positions(-)clés**
>
> **un poste(-)clé, des postes(-)clés**
>
> **un témoin(-)clé, des témoins(-)clés**
>
> **un mot-clé, des mots-clés** (Dans le domaine documentaire, c'est un véritable nom composé, qui s'écrit avec un trait d'union ; dans d'autres contextes, on le voit écrit sans trait d'union.)

Le mot *clé* est le plus souvent au pluriel dans l'expression *clés en main*.

> **acheter une usine clés en main**

COLLECTIF

Un nom collectif est un nom singulier qui représente un ensemble d'éléments. L'accord du verbe qui a pour sujet un collectif suivi d'un complément se fait soit avec le collectif, soit avec son complément, selon le sens ou l'intention quant à l'état ou à l'action exprimée par le verbe.

Si le collectif est précédé d'un article défini, d'un adjectif possessif ou d'un adjectif démonstratif, l'accord se fait généralement avec le collectif, et le verbe est au singulier.

> **La pile de dossiers a baissé.**
> **Leur série de questions l'a embarrassé.**
> **Ce groupe de spécialistes jouit d'une bonne réputation.**

Après un collectif précédé de *un* ou *une*, l'accord se fait le plus souvent avec le complément, mais le singulier est souvent possible.

> **Une centaine de personnes seront consultées.** (Plus fréquent que :
> **Une centaine de personnes sera consultée.**)
> **Une foule d'admirateurs, qui s'était dirigée vers le stade,**
> **a été contenue par le service d'ordre.** (C'est plutôt la foule qui s'est dirigée
> et c'est elle qui a été contenue…)

Après *la majorité de, la totalité de*, le verbe se met généralement au singulier, mais l'accord avec le complément au pluriel est possible si l'on veut insister sur la pluralité, sur le nombre et non pas sur la collectivité, sur l'ensemble comme un tout.

> **La majorité des experts s'entend sur cette question.**
> **La majorité des élèves ont fait des progrès en orthographe.**
> **La grande majorité des personnes consultées s'est prononcée**
> **en faveur de ce projet.**
> **La totalité des appareils est en bon état.**

Après *une majorité de, une minorité de, une quantité de, quantité de*, l'accord du verbe se fait généralement avec le complément.

> **Une grande quantité de demandes nous sont parvenues.**
> **Quantité de disquettes sont inutilisables.**

Après *la majeure partie de, du* ou *des*, l'accord du verbe se fait avec le complément.

> **La majeure partie des documents sont en français.**
> **La majeure partie du personnel est de cet avis.**

Après les collectifs *la plupart des, beaucoup de, bien des, une infinité de, trop de, combien de, tant de* ou *nombre de*, l'accord du verbe se fait avec le complément exprimé ou sous-entendu.

> **La plupart des spécialistes s'entendent sur ce point.**
> **Nombre de rapports ont été adressés à la commission.**
> **Une infinité de suggestions ont été faites ; la plupart étaient**
> **très pertinentes.**
> **Nous avons reçu plus de mille réponses ; beaucoup d'entre elles sont**
> **exactes.** (ou Nous avons reçu plus de mille réponses dont beaucoup sont exactes.)

Après d'autres collectifs ou d'autres noms exprimant une quantité (comme *dizaine*, *nombre*, *pile*, *tas*) suivis d'un complément, l'accord se fait souvent avec ce complément, mais, en fonction du sens, le singulier est souvent possible.

> **La dizaine de personnes qui ont** (ou **qui a**) **répondu à l'appel…**
> **Des milliers de lettres sont envoyées tous les ans aux clients potentiels.**
> **Le nombre de programmes qui ont été offerts doit s'ajouter au**
> **nombre de ceux qui ont été vendus.**
> **Le nombre d'heures supplémentaires autorisées** (ou **autorisé**)**…**
> (Le sens permet d'autoriser un certain nombre d'heures aussi bien que des heures
> supplémentaires en général.)
> **Le nombre de simples consultations ajouté au nombre de recherches**
> **approfondies donne un total de clics satisfaisant.** (Un nombre ajouté
> à un autre donne un total : seul le singulier est possible dans ce sens.)

Il faut cependant tenir compte du sens donné aux divers éléments de la phrase. Dans bien des cas, les deux accords sont possibles s'ils sont cohérents avec le sens du verbe.

> **La pile de dossiers qu'il a transportée…**
> **La pile de dossiers qu'il a consultés…**
> **La pile de dossiers qu'il a jetée** ou **jetés…**

Après un collectif ou une expression exprimant la quantité comme *la plupart*, *un grand nombre*, *beaucoup*, *plusieurs*, ayant pour complément le pronom *nous* ou *vous*, le verbe se met presque toujours à la troisième personne du pluriel. Toutefois, après *la plupart d'entre nous*, le verbe peut se mettre à la première personne du pluriel pour souligner que la personne qui parle ou écrit s'inclut dans le groupe.

> **Beaucoup d'entre vous se sont sentis personnellement visés.**
> **La plupart d'entre nous sont ravis de la décision prise.**
> **La plupart d'entre nous sommes engagés dans cette action.**

Après *un maximum de* et *un minimum de* suivi d'un complément au pluriel, le verbe peut s'accorder avec *maximum* ou *minimum*, au singulier, ou avec le complément, au pluriel.

> **Un maximum de dix jours peut être cumulé** (ou **peuvent être cumulés**)
> **à cette fin.**
> **Un minimum d'inscriptions est nécessaire** (ou **sont nécessaires**)
> **pour que l'activité ait lieu.**

Voir aussi l'article POURCENTAGE et FRACTION.

COMPLÉMENT DU NOM

C'est le sens qui détermine si le complément du nom, ou complément déterminatif, est au singulier ou au pluriel. L'usage est parfois flottant.

Ce complément reste au singulier s'il désigne l'espèce, la classe, la matière ou la nature, ou encore une abstraction ou une réalité non dénombrable.

> **des cuisses de grenouille**
> **des chefs de service**
> **des directeurs et directrices d'école**
> **des salles de classe** (c'est-à-dire des salles pour la classe, où on fait la classe)
> **des offres de service** (même si on dit « offrir ses services » ; **des offres de services,**
> si on veut insister sur la pluralité des services offerts)
> **des offres, des demandes d'emploi**
> **des demandeurs d'emploi**
> **des rapports de force**
> **des styles de vie**
> **des débuts d'année**
> **des fins de semaine**
> **des ouvrages de référence**
> **des plans d'action**
> **des rapports d'activité** (des rapports sur l'activité [collectif, abstrait] de la société)
> ou **des rapports d'activités** (des rapports sur les activités de la société)

Avec les mots *gelée, jus, liqueur, sirop*, le complément est le plus souvent consigné au singulier.

> **du jus d'orange**
> **de la gelée de pomme**

Ce complément est au pluriel, même si le premier nom est au singulier, lorsque l'idée de pluralité s'impose, et qu'il y a nécessairement plusieurs éléments.

> **une femme d'affaires**
> **une salle de conférences**
> **une salle de réunion(s)**
> **un état de choses**
> **un échange de vues**
> **la création d'emplois**
> **un autre ordre d'idées**
> **une dégustation de vins et (de) fromages**

Si le premier nom est au pluriel et que le complément est accompagné d'un qualificatif ou d'un autre complément, le pluriel tend à s'imposer.

> **des mères de familles monoparentales**
> **des articles de revues étrangères**
> **des directeurs et directrices d'écoles secondaires**
> **des chefs d'État francophones** (Ce sont les personnes qui sont francophones.)
> **des chefs d'États francophones** (Ce sont les États qui sont francophones.)

Avec les mots *compote*, *confiture*, *marmelade*, *pâte*, etc., le complément est le plus souvent consigné au pluriel.

> **de la compote de pommes**
> **de la confiture de fraises**
> **de la pâte d'amandes**
> **du beurre d'arachides** (ou **du beurre d'arachide** ; le singulier est admis)

Après les mots *espèce*, *genre*, *type*, *sorte*, *variété*, *catégorie*, *forme*, *classe*, etc., au pluriel, le complément est généralement au pluriel s'il est concret ou qu'il désigne une réalité qu'on peut compter, et au singulier s'il a une valeur abstraite qu'on ne peut pas compter.

> **des catégories de personnes**
> **des types d'appareils**
> **des genres de caractères, de fautes**
> **plusieurs espèces de courage**
> **différents genres d'humour**
> **des classes d'âge**

Après ces mots au singulier, le complément est le plus souvent au singulier. (Pour l'accord, voir les mots traités dans ce répertoire.)

> **une variété de pomme**
> **une sorte de formulaire**
> **une catégorie d'emplois, une classe d'emplois** (mise en évidence des divers emplois regroupés dans une catégorie, une classe)
> **des catégories d'emplois, des classes d'emplois**
> **une catégorie d'emploi** (si on donne au complément, *d'emploi*, une valeur adjectivale : « relative à l'emploi, en matière d'emploi »)

Pour l'accord du verbe après certains compléments du nom, voir l'article COLLECTIF de ce répertoire. Pour l'accord de l'adjectif ou du participe passé après un complément du nom, voir l'article ADJECTIF QUALIFICATIF.

 ## COMPRIS, INCLUS, INCLUANT

Dans le sens de « contenu dans quelque chose », les adjectifs ou participes passés *compris* et *inclus* sont synonymes.

> **Le service est compris** (ou **inclus**) **dans la facture du traiteur.**
> **L'addition s'est élevée à 120 $, taxes et pourboire compris** (ou **inclus**).
> **Ce jouet coûte 19,95 $, piles non comprises** (ou **non incluses**).

La locution *y compris* est synonyme de la locution *y inclus*, mais cette dernière est moins courante. Les deux sont invariables quand elles sont placées devant un nom, un pronom ou un adjectif, car on les considère alors comme des prépositions, mais elles s'accordent lorsqu'elles sont placées après.

> **Le rapport d'activité, y compris** (ou **y inclus**) **les annexes,**
> **sera consultable en ligne.**
> **Le rapport d'activité, annexes (y) comprises** ou **(y) incluses,**
> **sera consultable en ligne.**

La préposition *jusque(s)* se combine avec *y compris, inclus, inclusivement* pour indiquer que la limite extrême introduite par *jusque(s)* fait partie du nombre (de jours, de pages, etc.).

> **Lire le document jusque(s) et y compris la page cinquante.**
> **L'offre est valable jusqu'au 23 décembre inclus.**

C'est sous l'influence de l'anglais *including* que le participe présent *incluant* est employé comme synonyme de *compris* ou d'*inclus*. Cet emploi est critiqué : il vaut mieux l'éviter.

> **Tous les rapports, y compris ceux de l'année dernière, seront archivés.**
> (et non pas *Tous les rapports, incluant ceux de l'année dernière, seront archivés,* car ce ne sont pas tous les rapports qui incluent ceux de l'année dernière)
>
> **Prière d'indiquer le nombre de pages, bordereau compris.** (ou **bordereau inclus**, et non pas *incluant le bordereau*, car il ne s'agit pas d'indiquer le nombre de pages qui incluent le bordereau)

On peut cependant employer le verbe *inclure* au participe présent à condition de lui donner sa véritable valeur.

> **Le forfait incluant le service, les taxes et le pourboire est très avantageux.**
> (Le forfait qui inclut le service, les taxes et le pourboire est très avantageux.)
>
> **En incluant les taxes et le service, l'addition s'élève à 200 $.**

CONCORDANCE OU CORRESPONDANCE DES TEMPS

Les règles de la concordance – appelée maintenant *correspondance* – des temps déterminent quel temps du verbe il convient d'employer en fonction du rapport temporel existant entre deux propositions, ou, le plus souvent, dans une subordonnée en fonction du temps employé dans la principale, et en fonction du sens de la phrase. Ainsi, le verbe de la subordonnée se met au présent, au futur ou au passé, selon que l'action de ce verbe se passe pendant, après ou avant celle du verbe de la principale.

Ces règles sont moins strictes qu'autrefois, d'autant plus que certains temps verbaux (l'imparfait du subjonctif aux première et deuxième personnes, notamment) ne sont plus guère employés.

- Il doit y avoir concordance entre le verbe de la proposition principale et celui de la subordonnée au subjonctif.

Si le verbe de la principale est au présent (de l'indicatif ou du conditionnel), le verbe de la subordonnée se met au présent. Si l'action de la subordonnée s'est passée avant celle de la principale, le verbe de la subordonnée est au passé du subjonctif.

> **La direction <u>souhaite</u> que le personnel <u>soit</u> informé régulièrement.**
> **La direction <u>souhaiterait</u> que le personnel <u>soit</u> informé régulièrement.**
> **La direction <u>doute</u> que le personnel <u>ait</u> été informé régulièrement.**
> (L'action de la subordonnée précède celle de la principale.)

Si le verbe de la principale est au passé (de l'indicatif ou du conditionnel), le verbe de la subordonnée se met en principe à l'imparfait du subjonctif. Si l'action de la subordonnée s'est passée avant celle de la principale, le verbe de la subordonnée est en principe au plus-que-parfait du subjonctif. Dans ces cas, il est toutefois admis d'employer le présent ou le passé du subjonctif.

> **La direction avait souhaité que le personnel fût** (ou **soit**) **informé régulièrement.** (*fût*, imparfait, ou *soit*, présent du subjonctif)
>
> **La direction aurait souhaité que le personnel eût été** (ou **ait été**, ou **soit**) **informé régulièrement.** (*eût été*, plus-que-parfait, ou *ait été*, passé, ou *soit*, présent du subjonctif)

- Il doit aussi y avoir concordance entre le verbe de la proposition principale et celui d'une subordonnée de condition introduite par *si*. (Voir aussi p. 154.)

Quand le verbe de la proposition principale est au présent ou au futur, la subordonnée introduite par *si* est au présent de l'indicatif. Quand ce verbe est au conditionnel présent, la subordonnée est à l'imparfait de l'indicatif. Quand il est au conditionnel passé, la subordonnée se met au plus-que-parfait de l'indicatif.

> **La direction informera le personnel si la situation change.**
> **La direction informerait le personnel si la situation changeait.**
> **La direction aurait informé le personnel si la situation avait changé.**

La subordonnée de condition introduite par *si* n'est jamais au futur ni au conditionnel (à la différence d'une interrogation indirecte ou d'une subordonnée de concession, voir p. 154).

> **Si la situation changeait, la direction en informerait le personnel.**
> (et non *si la situation changerait* ; subordonnée de condition)
>
> **Le personnel a demandé à la direction si la situation changerait.**
> (interrogation indirecte ; verbe au conditionnel après *si*)
>
> **Si une telle situation serait éminemment souhaitable, elle n'en demeure pas moins tout à fait improbable.** (La proposition introduite par *si* exprime une concession ; elle a le sens de « s'il est vrai que ».)

- La concordance des temps s'applique également dans le discours indirect.

CONSEIL

Le mot *conseil* entre dans la composition de certains noms de professions et d'entreprises ; il a le sens de « conseiller, conseillère ». Il suit immédiatement ces noms auxquels il est lié par un trait d'union.

> **un avocat-conseil**
> **un ingénieur-conseil**
> **un médecin-conseil**
> **un cabinet-conseil**
> **une société-conseil**

Au pluriel, on met un *s* aux deux noms.

> **des avocats-conseils**
> **des ingénieurs-conseils**
> **des médecins-conseils**
> **des cabinets-conseils**
> **des sociétés-conseils**

Le cas échéant, seul le premier élément se met au féminin.

> **une avocate-conseil, des avocates-conseils**
> **une ingénieure-conseil, des ingénieures-conseils**
> **une médecin-conseil**

✚ CONSIDÉRER COMME

Le verbe *considérer* se construit avec *comme* pour introduire l'attribut du sujet ou de l'objet direct (que ce soit un nom, un adjectif ou un participe).

> **Elle l'a toujours considérée comme son adjointe.**
> **Les policiers le considèrent comme un témoin important dans cette affaire.**
> **Nous considérons ce dossier comme prioritaire.**
> **C'est elle qu'on a toujours considérée comme la plus compétente en la matière.**
> **Cette étape a été considérée comme cruciale pour l'atteinte de nos objectifs.**

On note cependant que la construction directe (sans *comme*) est assez répandue, surtout avec un adjectif ou un attribut, mais cette construction est critiquée : *on le considère compétent, une promesse considérée sacrée.*

Cet emploi elliptique s'explique sans doute par une analogie avec des verbes de sens proche comme *juger, croire* ou *estimer* (*cet homme a été jugé coupable, on l'a cru innocent, cette démarche est estimée indispensable*). Une influence de l'anglais (*to consider something* ou *someone* + attribut) n'est pas non plus à écarter.

De plus, dans certains contextes, une telle construction (sans *comme*) introduit un risque de confusion quant au sens à donner au verbe *considérer*. En effet, dans la construction directe *considérer* + nom + adjectif, *considérer* est normalement compris au sens d'« examiner, étudier », qui est un des sens de ce verbe, alors qu'on aurait voulu lui donner le sens de « juger, tenir pour ».

> **Je considère cet incident comme préoccupant.** (et non *Je considère cet incident préoccupant*, car on pourrait penser à tort que cela équivaut à dire : J'examine cet incident préoccupant)
>
> **Il considère cette hypothèse comme fantaisiste.** (et non *Il considère cette hypothèse fantaisiste*, car on pourrait penser à tort que cela équivaut à dire : Il étudie cette hypothèse fantaisiste)

COULEUR

Le mot *couleur* figure dans de nombreuses expressions ; il est soit au singulier, soit au pluriel.

Il est au singulier lorsqu'il est en apposition.

> **des photos couleur**
> **des téléviseurs couleur, des imprimantes couleur**
> **des gens de couleur**
> **des vestes couleur café-au-lait**

Il est aussi au singulier dans la construction *de couleur*.

> **des crayons de couleur bleus et verts** (accord avec le syntagme *crayons de couleur*)
> **des cartons de couleur verte** (Accord avec *couleur* ; cette formulation peut être jugée redondante : **des cartons verts** suffit généralement.)
> **deux vélos de montagne, de couleur grise, à 21 vitesses**
> **des draps blancs et de couleur**
> **changer de couleur**

Il est généralement au pluriel lorsqu'il est précédé de la préposition *en*, sauf dans l'expression *haut en couleur*.

> **un film en couleurs** (ou **en couleur** ; la couleur s'oppose ici au noir et blanc)
>
> **une photo en couleurs** (ou **en couleur** ; la couleur s'oppose ici au noir et blanc)
>
> **rêver en couleurs**
>
> **des personnages hauts en couleur**

Les noms simples de couleurs et les noms communs de choses pris comme noms simples de couleurs prennent la marque du pluriel. (Voir aussi ADJECTIF DE COULEUR.)

> **des rouges, des bleus, des jaunes**
>
> **des marrons, des grenats, des indigos**

Les noms de couleurs composés de plusieurs mots unis par un trait d'union ou par *et* sont invariables.

> **des lie-de-vin**
>
> **des vert-de-gris**
>
> **des poivre et sel**

DE... À

Pour indiquer une quantité approximative ou deux limites dans le temps ou l'espace, on emploie la construction *de... à*. L'ellipse de la préposition *de* est toutefois possible, mais il est préférable de la maintenir si la construction de la phrase le permet. Dans certains contextes, ce *de* se confond avec une autre préposition *de*. Il faut noter que l'ellipse de l'unité de mesure ou de l'élément commun est aussi possible à condition qu'elle ne crée pas d'ambiguïté.

> **Ce pays compte de six à sept millions d'habitants.** (de préférence à *Ce pays compte six à sept millions d'habitants.*)
>
> **un salaire de 15 à 20 dollars de l'heure** (Les deux *de* se confondent ici ; on n'écrira pas *un salaire de de 15 à 20 dollars...*)
>
> **Les vingt à vingt-cinq candidatures que nous avons reçues...**
>
> **une salle de 1200 à 1300 places** (ou **de 12 à 1300 places**)
>
> **une augmentation de 5 à 6 %** (ou **de 5 % à 6 %**)

Un trait d'union (ou un tiret) peut remplacer *de... à* dans l'expression d'horaires, par exemple :

Heures d'ouverture : 9 h – 21 h (de préférence à *Heures d'ouverture : 9 h à 21 h*)

On ne peut en principe utiliser *de... à* (ou *à* seulement) devant deux nombres consécutifs que lorsque ces deux nombres sont fractionnables. Dans le cas contraire, on emploie *ou*.

de deux à trois pages de notes (nombres consécutifs fractionnables :
il peut y en avoir deux pages et demie)
Nous avons retenu cinq ou six candidatures. (et non pas *cinq à six candidatures*,
car ces nombres consécutifs ne sont pas fractionnables ; on ne peut pas avoir
cinq candidatures et demie)

Dans le contexte de l'interprétation des lois, la mention d'une série d'articles de loi comprend le premier et le dernier ; il est donc superflu d'ajouter *inclusivement*. Toutefois, dans les autres contextes, il est utile de préciser *inclusivement* ou *exclusivement* si on craint l'ambiguïté.

sous réserve des articles 20 à 30
pages 15 à 20 inclusivement
de la page 18 à la page 25 exclusivement
p. 28-35
n°s 2 à 8 incl. (ou excl.)

Pour indiquer un choix entre plusieurs adjectifs numéraux, on emploie généralement la conjonction *ou*. On peut aussi juxtaposer les adjectifs sans conjonction en les séparant par une virgule ; cette dernière construction appartient cependant davantage à la langue familière.

Nous avons consacré sept ou huit heures à ce dossier.
Nous avons passé sept, huit heures sur ce dossier.

Il est admis de faire l'ellipse de *à* dans l'expression *d'ici à*. C'est même la construction la plus courante, mais *d'ici à* est plus soutenu.

Veuillez nous renvoyer ce formulaire d'ici à une semaine.
D'ici deux jours, nous serons fixés sur cette question.

DE MÊME QUE

Lorsque deux sujets sont liés par *de même que* équivalant à *et*, avec une idée d'addition, le verbe est au pluriel. L'élément introduit par *de même que* n'est pas entre deux virgules.

> **Le siège social de même que la succursale de Lévis
> suivront cette politique.**

Lorsque deux sujets sont liés par *de même que* exprimant la comparaison et signifiant « de la même manière que », le verbe s'accorde avec le premier sujet et reste au singulier. En principe, l'élément introduit par *de même que* s'écrit alors entre virgules.

> **Le rapport d'activité de cette année, de même que ceux des années
> précédentes, peut être consulté à la bibliothèque.** (On pourrait faire
> l'inversion : De même que ceux des années précédentes, le rapport d'activité
> de cette année peut être consulté à la bibliothèque.)

DEMI et MI-

Placé après le nom auquel il est joint par *et*, *demi* s'accorde en genre seulement avec le nom auquel il se rapporte. Comme *demi* désigne la moitié de l'unité exprimée par le nom, il est toujours au singulier.

> **cinq fois et demie**
> **deux heures et demie**
> **dix kilomètres et demi**
> **midi et demi**
> **minuit et demi** (le nom *minuit* a autrefois été féminin ; la forme *minuit et demie*
> est sortie de l'usage standard)
> **un appartement de quatre pièces et demie** (couramment et elliptiquement
> **un quatre pièces et demie, un quatre et demie, un 4 ½**)

Placé devant le nom, l'élément *demi* est invariable et lié au nom par un trait d'union.

> **les demi-finales du championnat**
> **plusieurs demi-heures**

La locution adverbiale *à demi* est invariable. Elle est suivie d'un trait d'union devant un nom, mais pas devant un adjectif ni devant un participe passé.

> **se comprendre à demi-mot**
> **Les cartouches d'encre sont à demi pleines.**

L'élément *mi* joint au nom ou à l'adjectif par un trait d'union est invariable.

> **travailler à mi-temps**
> **les deux mi-temps**
> **une jupe mi-longue**

DERNIER

L'adjectif *dernier* s'accorde avec le ou les noms de jours ou de mois auxquels il se rapporte. Lorsqu'il est question de plusieurs jours ou de plusieurs mois passés, il se met au pluriel.

> **lundi dernier**
> **jeudi et vendredi derniers**
> **en mars et en avril derniers**

Quand, dans l'écriture d'une date, il est important de faire mention de l'année (ce qui n'est pas toujours le cas), il est préférable de l'indiquer précisément, en chiffres.

> **Le 14 novembre 2015**
> **Les 14 et 15 novembre 2015**

Toutefois, on peut dans certains cas avoir recours à l'adjectif *dernier*. Pour accorder cet adjectif, certains grammairiens indiquent qu'il est logique de tenir compte du moment où le texte est rédigé, même si d'autres grammairiens préconisent l'accord au pluriel dans tous les cas où il est question de plusieurs jours.

Ainsi, par exemple, si on est le 14 novembre 2015 et qu'on veuille parler des 9 et 10 du même mois, on pourra accorder *dernier* avec les jours (dans ce contexte, eux seuls peuvent être « derniers » ; novembre est le mois courant).

> **les 9 et 10 novembre derniers**
> **du 8 au 12 novembre derniers**

Et si, toujours en date du 14 novembre 2015, on voulait parler des 21 et 22 octobre, on accorderait *dernier* avec le mois (on considère alors que c'est le mois qui est dernier).

> **les 21 et 22 octobre dernier** (ou, plus rarement, **derniers**)

Si les dates s'échelonnent sur deux mois, *dernier* se rapporte aux jours et, selon les cas, aussi aux mois et s'écrit au pluriel.

> **les 30, 31 octobre et 1ᵉʳ novembre derniers** (on est en novembre ou en décembre)
> **du 30 octobre au 4 novembre derniers** (on est en novembre ou en décembre)

Quoi qu'il en soit, il est possible de simplifier cet accord et de faire dans tous les cas l'accord avec les jours, au pluriel.

> **les 11 et 16 janvier derniers**
> **du 12 février au 11 mars derniers**

DES MIEUX, DES MOINS et DES PLUS

Conformément à l'usage moderne, après *des mieux*, *des moins*, *des plus*, l'adjectif ou le participe passé qui se rapporte à un nom est toujours au pluriel et s'accorde en genre avec ce nom.

> **Nous avons reçu une documentation des plus complètes.**
> (une documentation parmi les plus complètes)
> **Cette hypothèse est des moins plausibles.**
> **Voilà une spécialiste des plus compétentes et des mieux préparées.**

Lorsque l'adjectif ou le participe se rapporte à un infinitif, à un pronom neutre ou à toute une proposition, il reste invariable.

> **Cela est des plus incertain.** (extrêmement incertain)
> **Dans les circonstances, voyager lui est des plus pénible.**

DONT

Le pronom relatif *dont* équivaut à *de qui, de quoi, duquel*, etc. Pour éviter le pléonasme, on ne peut employer la préposition *de* dans une proposition principale qui commence par *C'est…* si la subordonnée est introduite par *dont*. De la même façon, si on emploie la préposition *de* devant l'antécédent dans la proposition principale, c'est le pronom relatif *que* qu'on emploie ensuite dans la subordonnée, et non pas *dont*, pour éviter aussi le pléonasme.

> **C'est lui dont nous parlons.**
>
> **C'est de lui que nous parlons.** (et non pas *C'est de lui dont nous parlons*)
>
> **C'est de ces points qu'il sera question.** (et non pas *C'est de ces points dont il…*)

Lorsqu'on emploie *dont*, il faut bien veiller à respecter la correction syntaxique de toute la phrase.

> **ce dont il s'agit** (et non pas *ce qu'il s'agit*, car il s'agit de cela)
>
> **ce dont on ne s'est pas rendu compte** (et non pas *ce qu'on ne s'est pas rendu compte*, car on se rend compte de cela)
>
> **les documents dont nous avons besoin** (et non pas *que nous avons [de] besoin*)
>
> **Précisez-nous ce dont vous avez besoin.**
>
> **Voilà un ouvrage dont la qualité typographique est remarquable.**
> (et non pas *Voilà un ouvrage dont sa qualité typographique…*)
>
> **D'après la façon dont la situation a été décrite, il y a lieu de s'inquiéter.**
> (et non pas *… la façon que…*)

Il faut notamment éviter d'employer *dont* avec, dans la proposition relative, un complément construit avec une préposition (*de, sur*) ou le pronom *en*.

> **Les membres du comité, dont je connais la plupart, viennent des régions.** (et non pas *dont j'en connais la plupart*)
>
> **Cette question de l'importance de laquelle je doute.** (et non pas *dont je doute de l'importance*)
>
> **Le ministre de l'allocution duquel (ou de qui) j'avais écrit le texte a été retenu à Québec.** (et non pas *dont j'avais écrit le texte de l'allocution*)
>
> **L'entreprise sur le site de laquelle figure cette promotion est établie au Québec.** (et non pas *L'entreprise dont cette promotion figure sur le site…*)

On emploie la virgule **devant les propositions relatives explicatives** (ou qualificatives, ou non déterminatives), c'est-à-dire celles qui ne sont pas indispensables au sens de la phrase, qui ne limitent pas le sens de l'antécédent. Elles peuvent être introduites par les pronoms relatifs *qui, que* ou *dont*, notamment.

De fait, les relatives explicatives sont généralement des incises, écrites entre deux virgules. On n'emploie pas de virgule **devant les propositions relatives déterminatives**, qui sont indispensables au sens de la phrase.

> **Le rapport d'activité 2015-2016, dont nous venons de prendre connaissance, est riche en données sur cette question.**
> (relative explicative)
>
> **Le rapport d'activité dont nous avons parlé n'est pas celui de 2015-2016.**
> (relative déterminative)

DU et DÛ

Du est un article défini contracté ou un article partitif qui a le sens de « de le » (l'équivalent féminin en est *de la*). *Dû* peut être un nom masculin qui ne s'emploie qu'au singulier, ou un adjectif masculin singulier, ou le participe passé masculin singulier du verbe *devoir* (qui font *dus* au masculin pluriel et *due* ou *dues* au féminin).

> **Nous attendons la réponse du ministre.** (article défini contracté)
> **Il lui reste encore du travail.** (article partitif)
> **Elles ont réclamé leur dû.** (nom)
> **Envoyer un colis en port dû.** (adjectif)
> **Le montant de la facture est dû avant la fin du mois.** (participe passé)
> **Nous avons dû les convaincre.** (participe passé)
> **La panne est due à un court-circuit.** (participe passé)
> **Beaucoup d'accidents sont dus à la fatigue.** (participe passé)

L'adjectif et le participe passé *dû* peuvent se rapporter à un nom, mais pas à toute une proposition. La construction *dû à* en tête de phrase ou de proposition est un calque de l'anglais *due to* à éviter. Il faut la remplacer, selon le contexte, par *à cause de*, *grâce à*, *en raison de*, *par suite de*.

> **Cet excellent résultat est dû à l'engagement de tous et toutes.**
> (*dû* se rapporte au nom *résultat*)
>
> **En raison d'un malentendu, la rencontre n'a pas eu lieu.**
> (et non pas *Dû à un malentendu...*)

Il faut éviter aussi les anglicismes *passé dû*, calque de *past due*, et *être dû pour*, calque de *to be due for*.

> **des intérêts échus** (et non pas *passés dus*)
> **une somme en souffrance** (et non pas *passée due*)

> **Nous étions destinés à travailler ensemble.** (ou **Nous devions travailler ensemble**, et non pas *Nous étions dus pour travailler ensemble*.)
>
> **Il est temps qu'il prenne des vacances.** (ou **Il faudrait qu'il prenne des vacances**, ou **Il a bien besoin de vacances**, et non pas *Il est dû pour des vacances*.)
>
> **Sa décision est attendue pour la fin du mois.** (et non pas *Sa décision est due pour la fin du mois.*)
>
> **Il se dit mûr pour un poste de cadre.** (et non pas *dû pour un poste de cadre*)

ÉLISION

L'élision est l'effacement de la voyelle finale d'un mot lorsque celui-ci est suivi d'un mot commençant par une voyelle ou un *h* muet (voir aussi p. 73). L'élision est marquée à l'écrit par l'apostrophe, qui remplace la voyelle élidée. L'élision ne touche que des mots grammaticaux, habituellement courts, et que les voyelles *a*, *e* et *i*.

Dans certains cas, l'élision est obligatoire, dans d'autres, elle est facultative et dans d'autres encore, elle est interdite.

Élisions obligatoires

La voyelle *a* est élidée dans l'article défini *la* et dans le pronom personnel *la* placé devant le verbe.

> **l'harmonie**
> **l'arrivée**
> **Il l'a aidée.**
> **Elle l'héberge.** (mais **Sa timidité la handicape**, car le *h* est aspiré)

La voyelle *i* est élidée dans la conjonction *si* devant les pronoms *il* et *ils*.

> **s'il vous plaît** (et non *si il vous plaît*)
> **s'ils arrivent** (et non *si ils arrivent*)

La voyelle *e* connaît des cas d'élision beaucoup plus nombreux. Elle s'élide dans l'article défini *le* et le pronom personnel *le* placé devant le verbe.

> **l'avion**
> **l'hiver**
> **Nous l'avons rencontré.**

Il y a aussi élision du *e* dans les pronoms *je*, *me*, *te*, *se* et *ce* placés devant le verbe.

> **j'espère**
> **vous m'étonnez**
> **Il t'adresse ses vœux.**
> **Elle s'appelle comme vous.**
> **C'est l'heure.**

La préposition *de* et l'adverbe de négation *ne* s'élident également devant une voyelle ou un *h* muet.

> **un prix d'ami**
> **un temps d'hiver**
> **Elle n'habite plus ici.**
> **Il n'essaiera pas.**
> **la mer d'Irlande**
>
> **n'avoir d'yeux que pour...** (on prononce [djø] [dieu] et non pas [dɔzjø] [*dezieu*])

Le mot *que* et les conjonctions qui l'incluent (*après que*, *avant que*, *bien que*, *quoi que*, etc.) s'élident aussi. La préposition *jusque* également.

> **Il faut qu'ils viennent.**
> **les mesures qu'Hydro-Québec a prises**
> **Jusqu'ici, tout va bien.**

Pour *lorsque*, *puisque* et *quoique*, certains grammairiens n'acceptent l'apostrophe que devant *il*, *elle*, *on*, *un*, *une*, *en*. Devant *avec*, *aussi*, *aucun*, *enfin*, elle tend à se généraliser. Devant les autres mots, l'élision est facultative.

> **Nous vous préviendrons lorsqu'un poste sera vacant.**
> **Puisqu'aucune autre solution n'est envisageable,**
> **nous nous rallions à celle-ci.**
> **Quoique extrêmement surpris de la nouvelle, il resta impassible.**

Il y a normalement élision devant les prénoms et les noms propres de personnes qui commencent par une voyelle ou un *h* muet, mais il arrive qu'on ne la fasse pas devant un nom ou un prénom courts (voir aussi p. 74 et ci-dessous **Noms propres étrangers**).

> **le bureau d'Alexandre**
> **le livre d'Anne-Marie**
> **le poste qu'Yves occupe** (ou que Yves occupe)

Les noms de marques de commerce qui commencent par une voyelle commandent aussi l'élision.

> **L'Evia 3000 est un tout nouveau modèle.**
> **La popularité de l'iNap augmente sans cesse.**

Élisions facultatives

En général, l'élision est facultative devant le **nom des lettres**, que ce soit des consonnes ou des voyelles. Cependant, on élide souvent la lettre *e* de l'article *le* devant le nom des consonnes dont la prononciation commence par [a] (la lettre *h*), par [ɛ] [è] (les lettres *f, l, m, n, r, s*) ou par [i] (la lettre *x*). Cette élision est moins fréquente avec le *e* de la préposition *de*.

> **Dans ce texte, le typographe a indiqué l'*a* long et l'*o* ouvert.**
> (ou le *a* long et le *o* ouvert)
> **On consulte le dictionnaire pour savoir si l'*h* est muet**
> **ou si l'*h* est aspiré.** (ou si le *h* est muet ou si le *h* est aspiré)
> **Dans le mot *exhumation*, l'*x* est suivi de *h*.**

L'élision est facultative devant les mots cités, les titres d'ouvrages, de films, de pièces et devant les noms d'entreprises (voir aussi ci-dessous **Noms propres étrangers**).

> **L'emploi de *avoir* et de *être* comme auxiliaires est régi par des règles.**
> **l'auteur d'*Antigone*, celui d'*Au bonheur des dames***
> **les vols d'Air Canada**

Élisions interdites

Il n'y a pas d'élision devant le ***h* dit aspiré**. C'est le cas de la plupart des noms propres qui commencent par un *h*. Pour les noms communs, il y a plusieurs exceptions : on écrit, par exemple, *le héros* mais *l'héroïne*. C'est pourquoi il est recommandé de consulter un dictionnaire pour savoir s'il s'agit d'un *h* muet ou d'un *h* aspiré et dans quels cas il y a élision ; certains dictionnaires indiquent le *h* aspiré par une apostrophe, et d'autres l'indiquent par un astérisque. Voir aussi H MUET et H ASPIRÉ, p. 73.

> **la Hongrie**
> **la Hollande**
> **le hibou**

Il n'y a pas d'élision devant les **numéraux** suivants et leurs dérivés : *huit*, *huitième*, *onze*, *onzième*. Pour *un* et pour des explications supplémentaires, voir p. 395.

> **Il n'y a que huit participants à cette réunion, alors que l'on y en attendait plus de onze.**

Il n'y a pas d'élision devant les **mots étrangers** commençant par *y* : *yacht*, *yankee*, *yaourt*, *yogourt*, *yen*, *yogi*, *yiddish*, *yucca*, *youyou*, par exemple (voir aussi ci-dessous **Noms propres étrangers**).

> **le yaourt, le yogourt**
> **les propriétaires de yachts**

Parmi les mots commençant par *ou*, il n'y a pas d'élision devant les mots *oui* et *ouistiti*, mais elle est facultative devant *ouate*.

> **Le oui l'a emporté.**
> **Le ouistiti est un petit primate.**
> **de la ouate ou de l'ouate**

Après *presque* et *quelque*, on ne fait pas d'élision sauf dans *presqu'île* et *quelqu'un*, *quelqu'une*.

> **A-t-il été retardé par quelque incident ?**
> **Il est arrivé presque à la même heure que moi.**

On ne fait généralement pas d'élision quand un prénom n'est représenté que par son **initiale**.

> **un film de A. Forcier**
> **sous la responsabilité de É. Lajoie**

Par ailleurs, comme l'**apostrophe** ne peut pas se trouver en fin de ligne, on ne fait pas non plus l'élision si, par exemple sur une affiche, le nom propre et le mot qui précède ne se trouvent pas sur la même ligne.

> **Film**
> **d'Alice Germain**
>
> ou
>
> **Film**
> **de**
> **Alice Germain**

On ne fait généralement pas l'élision devant un **autonyme** (c'est-à-dire un préfixe, un suffixe, un mot qui se réfère à lui-même, qui désigne sa propre forme linguistique) ne comportant qu'une syllabe, même s'il commence par une voyelle ou un *h* muet. On traite donc un tel autonyme comme s'il commençait par une consonne.

> **Le *-esse* de *mairesse* figure dans une quarantaine d'autres noms féminins.** (et non *l'-esse*)
> **Ici, le *et* sert à renchérir.** (et non *l'et*)

Il est cependant plus fréquent de faire l'élision devant les autonymes consistant en un mot de plus d'une syllabe, un mot étranger ou un énoncé.

> **On sait qu'*écolier* est issu du latin *scholaris*.** (ou plus rarement **que** *écolier*)
> **Vous pourriez remplacer l'*underground* de votre phrase par un mot français.** (ou le *underground*)
> **Le *Ah que je suis malheureux!* qui commence le poème est mélodramatique.** (ou plus rarement l'*Ah que je suis malheureux!*)

Noms propres étrangers

On peut généralement élider l'article devant les noms propres étrangers qui commencent par une voyelle, sauf devant les mots anglais commençant par un *y* et devant le mot *University* (noter toutefois qu'on traduit généralement les noms d'universités).

> **La valeur des actions de l'American Broadcasting Corporation a monté en flèche au cours de la dernière semaine.**
> **Il a été pressenti par les entraîneurs de l'équipe de football de la University of Wisconsin ou de l'Université du Wisconsin.**

EMPRUNTS LINGUISTIQUES

L'emprunt linguistique consiste, pour les utilisateurs d'une langue, à adopter en tout ou en partie une prononciation, un mot, un sens ou une tournure de phrase d'une autre langue. Le calque, traduction littérale d'un mot ou d'une expression dans une autre langue, est un type d'emprunt. Le terme *emprunt* désigne également le mot emprunté.

Au Québec, le traitement des emprunts linguistiques, tout particulièrement des anglicismes, a toujours été une composante essentielle de l'action de francisation.

Dans sa politique sur l'emprunt, l'Office québécois de la langue française définit les principes et les critères d'analyse qui déterminent l'acceptabilité des emprunts et sur lesquels se fonde son intervention linguistique. Pour obtenir plus de renseignements, particulièrement sur la typologie proposée, les règles de traitement terminologique ou les définitions des principaux termes utilisés, on se reportera à la publication à partir de laquelle la politique a été conçue et qui présente une analyse très complète [LOUBIER, Christiane. *Les emprunts : traitement en situation d'aménagement linguistique*, Sainte-Foy, Les Publications du Québec, 2003, 105 p. (Office québécois de la langue française/Langues et sociétés ; 41)].

Un des principes directeurs de la politique est de favoriser l'adaptation (graphique, morphologique et phonétique) des emprunts au système linguistique du français. Cette adaptation s'impose comme une mesure de francisation et d'implantation terminologique, car on a constaté que plus un emprunt est aménagé en fonction du système linguistique de la langue emprunteuse, plus son intégration socio-linguistique est facilitée.

Conformément à la politique de l'emprunt de l'Office, voici certaines règles d'adaptation pour les emprunts acceptés en français. On tiendra compte évidemment des facteurs sociolinguistiques de viabilité et d'implantabilité des formes adaptées, en l'occurrence du fait que certaines graphies étrangères sont solidement implantées dans l'usage du français (par exemple : **designer** ne sera pas francisé en *disagneur*, ni **Web** en *ouèbe*). Ces règles s'inspirent largement des rectifications proposées par le Conseil supérieur de la langue française et publiées au *Journal officiel de la République française* en 1990. Voir aussi l'article RECTIFICATIONS DE L'ORTHO-GRAPHE, p. 146, ainsi que la Banque de dépannage linguistique de l'Office québécois de la langue française (bdl.oqlf.gouv.qc.ca).

Règles générales d'adaptation

Lorsqu'il existe différentes variantes d'adaptation phonétique selon les territoires géographiques, la variante québécoise est privilégiée, mais les autres formes sont admises. Par exemple, les dictionnaires européens attestent **jazzy** (*y* prononcé [i]), alors qu'en français du Québec on relève l'usage de **jazzé**.

Lorsqu'il existe plusieurs graphies francisées d'un emprunt, on préférera la graphie la plus adaptée, la plus proche du français ou la plus simple. Les autres graphies seront notées comme variantes en usage. Ainsi, on privilégiera **musli** (plutôt que *muesli*), **kouglof** (plutôt que *kougelhof*).

Certaines séries nouvelles d'emprunts seront adaptées par recours à un modèle français de dérivation. C'est le cas des formes anglaises en *-er* que l'on francisera en **-eur** ou en **-euse** et des formes en *-ing* que l'on francisera en **-age** (*listing* devient **listage**, *doping* devient **dopage**). La finale française **-eur** sera de règle lorsqu'il existe un verbe en plus du substantif (**surfeur**, verbe **surfer**), ou lorsque la prononciation du *-er* anglais est celle de **-eur** en français (*container* devient **conteneur**, *rocker* devient **rockeur**).

L'intégration des emprunts acceptés sera renforcée, autant que possible, par l'application de la règle générale du genre et du nombre des mots français, quel que soit le genre ou le nombre de la forme dans la langue prêteuse.

> **un Attikamek, des Attikameks**
> **un Inuit, des Inuits** (*Inuit* est le pluriel d'*Inuk* en inuktitut)
> **un ravioli, des raviolis** (*ravioli* est déjà un pluriel en italien)
> **un aléa, des aléas** (en latin, *alea* fait *aleæ* au pluriel)
> **un produit cacher, des produits cachers**
> **une boucherie cachère, des boucheries cachères**

Dans le cas du genre, on observe une distribution aléatoire du féminin et du masculin selon le degré d'intégration des emprunts et encore plus selon les collectivités linguistiques. Lorsqu'il existe une variation du genre selon les territoires géographiques, on préférera l'usage québécois. Les autres usages seront signalés comme variantes, par exemple **féta** est utilisé au masculin en français du Québec alors qu'il est employé au féminin en français européen, surtout en France.

Pour l'accentuation, les emprunts, y compris les mots d'origine latine, suivront la règle des mots français, sauf s'ils sont présentés comme une citation. Les accents seront ajoutés (*é*, *è*) à la forme écrite de façon à rendre compte de la prononciation. Les autres graphies seront considérées comme des variantes.

> **allégretto**
> **aréna**
> **artéfact**
> **diésel**
> **féta**
> **imprésario**
> **placébo**
> **référendum**

D'une manière générale, selon la viabilité des formes, on francisera les emprunts en les adaptant à l'alphabet et à la graphie du français de manière à en simplifier la lecture et la prononciation. On cherchera ainsi à éviter les signes diacritiques étrangers qui viennent obscurcir la graphie et la prononciation. La graphie s'adapte, la plupart du temps, par la suppression des phonèmes inexistants ou par le remplacement de ces phonèmes étrangers par des phonèmes qui se rapprochent le plus de ceux du système du français ; par exemple *volapük* devient **volapuk**, *maelström* devient **malstrom**. La double graphie reste possible, mais on donnera la préférence à la plus francisée, si elle est proposée.

 ## EN

Le pronom *en* (qu'il faut distinguer de son homonyme, la préposition *en*) remplace un complément introduit par *de* représentant le plus souvent une chose ou un animal ; il est toutefois admis que *en* représente une personne. Il peut s'agir d'un complément du nom, de l'adjectif ou du verbe.

> **Boréal en a publié la traduction française.** (*en* remplace un complément du nom : Boréal a publié la traduction française de ce roman.)
>
> **Voici les nouveaux diplômés que nous venons d'engager : j'en suis très satisfait.** (*en* remplace un complément de l'adjectif : Je suis très satisfait des nouveaux diplômés.)
>
> **Des films ? Ce réalisateur n'en tourne plus beaucoup.** (*en* remplace un complément direct du verbe : Ce réalisateur ne tourne plus beaucoup de films.)
>
> **Si vous avez de gros ennuis, il vaut peut-être mieux en parler.** (*en* remplace un complément indirect du verbe : Si vous avez de gros ennuis, il vaut peut-être mieux parler de ces ennuis.)
>
> **Il part pour Paris ? J'en arrive justement.** (*en* remplace un complément du verbe : Il part pour Paris ? J'arrive justement de Paris.)

Avec un verbe à l'impératif, le pronom *en* suit immédiatement le verbe et est relié à lui par un trait d'union. Si le verbe conjugué se termine par *e*, on lui ajoute un *s* euphonique.

> **Prenez-en davantage.**
> **Donnes-en une de plus !**

Lorsqu'il y a un autre pronom rattaché au verbe, *en* se place toujours en dernier, soit après un trait d'union, soit après une apostrophe (avec les pronoms *me* et *te*).

> **Faites-nous-en parvenir un exemplaire.** (et non pas *faites-en-nous…*)
> **Envoyez-m'en quelques-uns.** (et non pas *Envoyez-moi-z-en…*)

Noter que, lorsque la phrase est négative, le pronom *en* est placé avant le verbe à l'impératif.

> **N'en mangez surtout pas !**
> **S'il vous plaît, n'en tenez pas compte.**

Voir aussi PARTICIPE PASSÉ avec *en,* S EUPHONIQUE et DONT.

EN COLLABORATION AVEC

La construction *en collaboration avec* s'emploie pour signifier que deux ou plusieurs personnes ou organismes ont travaillé ensemble à une œuvre commune. Elle est souvent juxtaposée, entre deux virgules, à un sujet, mais a une fonction de complément. Le verbe qui suit ne s'accorde évidemment qu'avec le sujet.

> **Le directeur commercial, en collaboration avec la directrice**
> **des communications, doit préparer un projet de...**
> **Télé-Québec, en collaboration avec l'Office québécois de la langue**
> **française, organise...**

D'autres formulations, entraînant d'autres accords, sont aussi possibles :

> **Le directeur commercial et la directrice des communications doivent,**
> **en collaboration, préparer un projet de...**
> **Le directeur commercial et la directrice des communications doivent**
> **collaborer à la préparation d'un projet de...**
> **Télé-Québec et l'Office québécois de la langue française collaborent**
> **à l'organisation de...**
> **L'Office québécois de la langue française collabore avec Télé-Québec**
> **à l'organisation de...**

Par ailleurs, il faut noter qu'on doit éviter le pléonasme *collaborer ensemble*.

Avec des formulations comme *combiné à* ou *joint à*, l'accord suit le même principe.

> **Le manque de personnel, combiné aux compressions budgétaires,**
> **a gravement nui à la réalisation du projet.**
> **La détermination du comité d'organisation, jointe à l'enthousiasme**
> **du public, a été la clé du succès de la soirée.**

ENTRE AUTRES

L'expression *entre autres* (qui s'écrit sans apostrophe ni trait d'union et où *autres* est toujours au pluriel) s'emploie quand on veut désigner tout particulièrement une personne ou une chose parmi d'autres; elle signifie justement « parmi d'autres, notamment, en particulier ». En principe, elle est en rapport avec un nom ou un pronom exprimé immédiatement avant ou après. Le fait de l'employer sans rapport direct avec un nom ou un pronom peut nuire à la clarté de l'énoncé.

> **Entre autres qualités, elle a fait preuve de conscience professionnelle et de ténacité.**
>
> **Elle a fait preuve de qualités essentielles, entre autres la conscience professionnelle et la ténacité.**
>
> **Elle a fait preuve, entre autres qualités, de conscience professionnelle et de ténacité.**
>
> **Elle a fait preuve, entre autres, de conscience professionnelle et de ténacité.**

ESPÈCE DE

L'article ou l'adjectif démonstratif qui précède le mot *espèce* s'accorde toujours avec lui, c'est-à-dire au féminin, quel que soit le genre du complément qui suit.

> **une espèce de classeur**
>
> **cette espèce de tableau**
> **Cet écrivain est une espèce de magicien du verbe.**

Si *espèce de* est au singulier, le complément est le plus souvent au singulier. Après *espèces de*, au pluriel, le complément se met généralement au pluriel; il reste cependant au singulier s'il est abstrait.

> **plusieurs espèces de plantes tropicales**
> **diverses espèces de marchandises**
> **Il y a deux espèces de courage.**

Toutefois, si *espèce* est au singulier et son complément au pluriel, l'accord de l'adjectif, du participe passé ou du verbe se fait avec ce complément lorsque celui-ci représente l'idée principale et que *espèce de* a le sens plutôt péjoratif de « quelque chose comme » ou qu'il désigne une catégorie qu'on a du mal à définir ou à classer. Il en va de même dans ce cas avec un complément masculin singulier.

> **une espèce d'appareils qui se sont avérés absolument inutilisables**
> **une espèce de graphique tracé rapidement**

Par contre, si le mot *espèce* a son sens plein, celui de « sorte », de « classe », et surtout s'il est précédé d'un adjectif démonstratif, c'est lui qui détermine l'accord de l'adjectif, du participe passé ou du verbe.

> **Cette espèce de verres est particulièrement délicate.**

ET/OU

La tournure *et/ou*, qui indique à la fois une addition et un choix, peut être ambiguë, et il est préférable de l'éviter, bien qu'elle soit parfois employée par commodité dans certains textes techniques. Dans la majorité des cas, la conjonction *ou* employée seule suffit à exprimer la possibilité de choix ou d'addition ; c'est d'ailleurs le sens de *ou* en logique et en mathématiques.

> **Il y a sûrement des ajouts ou des corrections à apporter à ce texte.**
> (Il peut y avoir et des ajouts et des corrections.)

Toutefois, si on veut éviter toute ambiguïté, on peut avoir recours à une formule plus explicite.

> **Les congressistes peuvent se réunir dans la salle A ou dans la salle B,**
> **ou dans les deux.**
> **Invitez la présidente et la vice-présidente, ou l'une des deux.**

EXPRÈS et EXPRESS

Il ne faut pas confondre *exprès* et *express*.

L'adjectif *exprès* (dont on prononce le *s* final), *expresse* au féminin, signifie « nettement exprimé, formel, explicite ».

> **un ordre exprès**
> **une demande expresse**

Dans le sens de « remis ou à remettre sans délai ou par livraison spéciale au destinataire », *exprès* est un adjectif ou un nom masculin invariable. Le nom *exprès* désignait autrefois l'agent des services postaux chargé de porter un envoi à son destinataire. *Exprès* s'emploie donc dans des expressions comme *lettre exprès*, *colis exprès*, ainsi que dans la mention EXPRÈS ou PAR EXPRÈS.

> **des lettres exprès**
> **un exprès**
> **envoyer une lettre par exprès**

Exprès (dont on ne prononce pas le *s* final) est un adverbe qui signifie « à dessein, intentionnellement ».

> **Il l'a fait exprès.**
> **Nous y sommes allés exprès pour le voir.**
> **un fait exprès**

L'adjectif *express* qualifie ce qui s'accomplit très vite ou désigne principalement un moyen de transport. Il qualifie ou, comme nom, désigne également un café obtenu par le passage de vapeur d'eau sous pression à travers du café moulu (de l'italien *espresso*).

> **une mission express**
> **un potage express**
> **une voie express**
> **un train express**
> **Il faut prendre l'express de 20 h 35.**
> **un café express** (ou un café expresso)
> **boire un express au comptoir** (ou un expresso)

 FEU
....

L'adjectif *feu*, qui signifie « qui est mort depuis peu de temps », appartient au style littéraire ou juridique, mais peut aussi être employé de façon plaisante. Actuellement, on le rencontre le plus souvent dans les chroniques nécrologiques et les avis de décès.

Feu varie quand il est placé entre le déterminant et le nom.

> **ses feus grands-parents**
> **une fille de la feue Georgette Leblanc**

Feu ne varie pas quand il précède le déterminant ou qu'il n'y a pas de déterminant.

> ***Feu la mère de madame*** (titre d'une comédie de Feydeau)
> **Elle a contribué au succès de feu ses deux époux.**
> **la succession de feu Mme Georgette Leblanc**
> **l'influence de feu la D^{re} Leblanc**

FINI

En tête de phrase, le participe passé *fini* peut être invariable ou s'accorder. On peut dans tous les cas mettre une virgule entre le participe passé et le nom.

> **Fini les frontières** (équivalant à *c'est fini, les frontières*)
> **Finies les frontières** (équivalant à *les frontières sont finies*)
> **Fini, les vacances!** (ou **Finies, les vacances!**)

FORMATION DES NOMS D'ÉTABLISSEMENTS ET DE LIEUX

Pour former un nom d'établissement ou de lieu, public ou privé, construit ou non, il convient de respecter certaines règles syntaxiques, typographiques et toponymiques dont voici un bref rappel. (Voir aussi l'article TRAIT D'UNION, p. 165, le chapitre MAJUSCULES, p. 201-276, l'article ORGANISMES UNIQUES en particulier, p. 249, et les listes de toponymes, d'odonymes et de noms d'arrondissements, p. 870-887.)

Une dénomination se compose généralement d'un élément générique, qui désigne le type d'établissement ou de lieu dont il s'agit, et d'un élément spécifique ou distinctif, qui peut être lui-même un nom de personne ou un nom géographique, entre autres. Les deux éléments peuvent – ou doivent, selon le cas – être joints par la préposition *de* ou un article défini contracté (*du*, *des*). Si l'élément spécifique est composé, chacun des mots qui le composent prend la majuscule, et ces mots sont liés par des traits d'union.

Si le spécifique est un nom de personne ou de personnage non précédé d'un titre, un nom commun sans article ou une expression sans article, il est juxtaposé au générique sans préposition. Il faut noter qu'on ne devrait pas donner à un établissement ou à un lieu le nom d'une personne vivante ni le nom d'une personne décédée depuis moins d'un an.

> **la bibliothèque Louis-Joseph-Papineau** (Le spécifique est un nom
> de personne en apposition; traits d'union, que la personne soit décédée ou non.)
> **la salle Guillaume-Couture** (voir ci-dessus)

> **le centre commercial Fleur-de-Lys** (Le spécifique est un nom commun
> en apposition, sans article.)
> **le pavillon Pierre-et-Marie-Curie**
> **la résidence Sans-Souci** (spécifique formé d'une expression composée)
> **le foyer Notre-Dame**

Si le spécifique est un toponyme (nom de ville, de cours d'eau ou d'autre réalité géographique), un nom commun précédé d'un article ou un nom propre de personne précédé d'un titre, il est lié au générique par la préposition *de* ou par un article défini contracté (*du*, *des*).

> **le centre culturel de Saint-Georges** (Le spécifique est un nom de ville ;
> il est lié au générique par la préposition *de*.)
> **l'aréna de Montréal-Nord** (même explication que ci-dessus)
> **le camping de la Rivière-Rouge** (Le spécifique composé est un nom
> géographique : emploi de la préposition *de* ; éviter *camping Rivière-Rouge*.)
> **le parc de la Brunante** (Le spécifique est un nom commun employé avec
> un article ; on doit employer la préposition *de*, et éviter *parc La Brunante*.)
> **l'amphithéâtre du Docteur-Penfield** (Le spécifique composé est un nom
> de personne précédé de son titre ; on emploie l'article contracté *du*.)
> **le CLSC des Aboiteaux** (et non pas *le CLSC Les Aboiteaux*)

Lorsqu'un nom d'église reprend le nom de la paroisse où elle se situe, ce nom d'église peut être introduit par la préposition *de*, mais l'usage plus général veut qu'une église porte le nom de son patron ou de sa patronne, en apposition, sans particule de liaison.

> **l'église Sainte-Cécile**
> **l'église Notre-Dame-des-Miracles**
> **la cathédrale Saint-Pierre**
> **l'église Saint-Roch** ou **l'église de Saint-Roch, à Québec**
> (**Saint-Roch** est le nom de l'église, de la paroisse et du quartier)

Lorsque le distinctif est composé d'un nom religieux appartenant aussi à la langue générale, il est lié au générique par la particule *de* (ou *du*).

> **la basilique du Sacré-Cœur**
> **l'église des Saints-Noms-de-Jésus-et-de-Marie**

Les noms d'arrondissements se construisent aussi avec la préposition *de* (voir les règles d'écriture et la liste, p. 885).

Le français au bureau   Grammaire, orthographe et vocabulaire
RÉPERTOIRE DE DIFFICULTÉS GRAMMATICALES ET ORTHOGRAPHIQUES

71

GENRE DE

Le complément de *genre de* est le plus souvent au singulier quand *genre* est lui-même au singulier, et au pluriel quand *genre* est au pluriel. Le verbe qui suit s'accorde en conséquence.

> **Ce genre d'appareil est très pratique.**
> **Ces genres d'appareils sont très pratiques.**
> **C'est le genre de personne qui nous convient.**

Toutefois, si *genre* est au singulier et son complément au pluriel, l'accord se fait avec ce complément pluriel lorsque celui-ci représente l'idée principale. Si un complément au féminin singulier représente l'idée principale, l'accord se fait également avec ce complément.

> **C'est le genre de personnes qui ont toujours raison.**
> **Ils ont fait un genre de recherches tout à fait inutiles.**
> **C'est un genre de questions fort embarrassantes.**
> **un genre d'entreprise très lucrative**

Quand le mot *genre* a son sens plein, celui de « catégorie », et surtout quand il est précédé d'un adjectif démonstratif, c'est lui qui détermine l'accord.

> **Ce genre de recherches a été mis au point dernièrement.**

GENS

Selon le contexte, le mot *gens*, qui se prononce [ʒã] [jan] et non [ʒãs] [jans], peut désigner un ensemble formé d'un nombre indéterminé de personnes (*les gens riches et célèbres*) ou encore les humains en général (*les gens trouvent cela ridicule*). Curieusement, bien que ce nom soit généralement masculin, on le considère parfois comme un nom féminin, pour des raisons historiques. L'accord avec *gens* est donc complexe, mais ce nom a dans bien des contextes une connotation vieillie, ce qui fait qu'on l'emploie de moins en moins.

De nos jours, lorsqu'un adjectif épithète précède immédiatement le mot *gens*, on l'accorde au féminin si la forme féminine de cet adjectif diffère de sa forme masculine.

> **Il aimait discuter avec les bonnes gens de la paroisse.**
> **Les petites gens de ce quartier travaillaient très dur pour vivre.**

Toutefois, si l'adjectif qui précède directement *gens* a une forme identique aux deux genres, le nom *gens* est masculin.

> **un groupe de jeunes gens bien élevés** (*jeunes gens* est une locution nominale qui désigne des jeunes filles et garçons ou est le pluriel de *jeune homme*)
> **Tous ces braves gens faisaient de leur mieux.** (et non *Toutes ces braves gens*)
> **Quels honnêtes gens que les membres de cette famille!** (et non *Quelles honnêtes gens*)

Les adjectifs placés après *gens*, quelles que soient leur forme et leur fonction, sont au masculin. Il en est de même des pronoms associés à *gens*.

> **As-tu rencontré des gens intéressants à cette soirée?**
> **Les vieilles gens sont souvent inquiets et ils sont parfois méfiants.**

Quand *tous* et *quels* précèdent *gens*, ceux-ci sont habituellement masculins, à moins qu'un adjectif épithète féminin s'intercale entre l'un d'eux et *gens*.

> **Tous ces gens pensent-ils venir à la fête?**
> **Quels braves gens extraordinaires!**
> **Toutes ces bonnes gens ont demandé à se faire servir rapidement.**

L'adjectif qui le précède est masculin dans tous les cas où *gens* est accompagné d'un complément déterminatif avec lequel il forme un nom composé.

> **Les plus importants gens d'affaires de la région sont invités à cette conférence.**
> **de brillants gens de lettres**

L'adjectif en apposition, même s'il précède *gens*, est masculin.

> **Insatisfaits, tous ces gens ont demandé à être remboursés.**

Comme le nombre de personnes que le mot *gens* sous-entend est indéterminé, on ne peut le faire précéder d'un adjectif numéral tel que *dix*, *vingt* ou *cent cinquante*. On peut compter les personnes mais pas les gens. On ne peut pas non plus faire précéder *gens* de *plusieurs*, qui signifie « un certain nombre ».

Cependant, il est possible d'exprimer, au moyen d'adverbes ou d'expressions suivis de la préposition *de*, une quantité lorsqu'il est question de gens. Le nombre sera toujours indéterminé, mais un jugement viendra nécessairement y ajouter une nuance de sens. On peut en effet dire *peu* ou *trop de gens*, ce qui évoque un nombre indéterminé, mais considéré dans le premier cas comme minime et dans l'autre comme excessif. On dira aussi correctement qu'il y a *beaucoup*, *nombre*, *plein*, *quantité*, *tant*, *tellement*, *une foule*, *une multitude de gens*; on dira aussi *bien des gens*. D'autres locutions, entre autres *la plupart* et *la majorité des gens* ainsi que *tous les gens*, précisent la valeur qu'on veut donner à un nombre indéterminé de personnes.

> **Plusieurs personnes que nous connaissons** (et non *gens*) **font affaire avec cette entreprise et semblent satisfaites.**
>
> **Huit cents personnes** (et non *gens*) **ont assisté à la conférence.**

Il est à noter que, dans certains dictionnaires de difficultés, on indique qu'un numéral peut déterminer le terme *gens* lorsque ce dernier forme avec un adjectif antéposé ou un complément une locution nominale. Les expressions *trois jeunes gens* ou *vingt gens de lettres* seraient ainsi correctes. L'utilisation des déterminations numérales telles qu'*une dizaine de* ou *une trentaine de* devant *gens* fait quant à elle l'objet d'opinions divergentes chez les grammairiens.

H MUET et H ASPIRÉ

Le *h* (ou l'*h*) muet n'a aucune valeur dans la prononciation. Devant un *h* muet, on fait l'élision, c'est-à-dire qu'on supprime la voyelle finale du mot qui le précède et qu'on la remplace par une apostrophe. Le *h* muet permet de faire la liaison avec le mot précédent. On considère que les mots qui commencent par un *h* muet commencent par une voyelle du point de vue phonétique et se comportent comme tels par rapport aux mots qui les précèdent.

> **l'homme du** XXIe **siècle**
>
> **l'héroïne du roman**
>
> **l'huissier** (et non pas *le huissier*; à **l'huissier**, et non pas *au huissier*)
>
> **les hommes, les héroïnes, les huissiers** [lɛzɔm] [lèzom] ou [lezɔm] [lézom], [lɛzeʀɔin] [lèzéroine] ou [lezeʀɔin] [lézéroine], [lɛzɥisje] [lèzuisié] ou [lezɥisje] [lézuisié]
>
> **l'hydrogène, l'hydroélectricité**

Le *h* (ou l'*h*) aspiré est différent. Il ne s'entend pas, mais empêche l'élision et la liaison. On considère que les mots qui commencent par un *h* aspiré commencent par une voyelle du point de vue phonétique, mais se comportent par rapport aux mots qui les précèdent comme s'ils commençaient par une consonne.

> **la hache**
>
> **le handicap**
>
> **les personnes handicapées** (se prononce [pɛRsɔnã] [personnan], et non pas [pɛRsɔnzã] [personnzan])
>
> **le haricot, les haricots** (se prononce [lɛaRiko] [lèarico] ou [leaRiko] [léarico], et non pas [lɛzaRiko] [lèzarico] ni [lezaRiko] [lézarico])
>
> **le haut-parleur, les haut-parleurs** (se prononce [lɛopaRlœR] [lèoparleur] ou [leopaRlœR] [léoparleur], et non pas [lɛzopaRlœR] [lèzoparleur] ni [lezopaRlœR] [lézoparleur])
>
> **la hernie** (sa hernie, et non pas *son hernie*)
>
> **les héros** [lɛeRo] [lèéro] ou [leeRo] [lééro]

On peut savoir si un mot commence par un *h* muet ou un *h* aspiré en consultant un dictionnaire. Dans *Le petit Robert*, par exemple, la transcription phonétique d'un *h* aspiré est indiquée par une apostrophe; dans *Le petit Larousse*, le *h* aspiré est indiqué par un astérisque devant l'entrée. (Voir aussi la liste ci-dessous.)

En ce qui concerne les noms propres et les prénoms commençant par un *h*, l'usage varie, et il vaut mieux consulter une grammaire complète ou un dictionnaire de prononciation. Dans les noms de lieux et de personnes des pays de langue germanique (allemand, anglais, néerlandais, etc.) ainsi que de ceux de langue espagnole et des pays arabes ou orientaux, c'est le *h* aspiré qui est en usage, mais il y a des exceptions pour les noms très connus ou d'un emploi courant.

> **les livres d'Huguette, d'Hubert, d'Henri** (Plus courant que *de Huguette, de Hubert, de Henri*. Toutefois, on fait la liaison dans *Saint-Hubert, Saint-Hippolyte* et *Saint-Hyacinthe*, mais pas dans *Saint-Henri*.)
>
> **une composition d'Hector Berlioz**
>
> **les habitants de Hambourg**
>
> **la baie d'Hudson**
>
> **la municipalité d'Hemmingford** ou de Hemmingford
>
> **les vedettes d'Hollywood**
>
> **la population d'Haïti**
>
> **la Hollande**
>
> **le règne de Hirohito**

Un nom d'entreprise formé d'un élément commençant par un *h* suit la même règle que cet élément.

> **les installations d'Hydro-Québec** (car on dirait et on écrirait *d'hydroélectricité*)

⊕ Principaux mots commençant par un *h* aspiré, dont plusieurs ont des dérivés

hache	hagard	haie
haillon	haine	haïr
hall	halo	halte
hamac	hamburger	hameau
hamster	hanche	handicap
hangar	hanter	happer
harceler	hardi	harem
hareng	harfang	hargne
haricot	harnais	harpe
hasard	hâte	hausse
haut	havre	hennir
hérisser	hernie	héron
héros (mais non héroïne)	hêtre	heurter
hibou	hic	hideur
hiérarchie	hiéroglyphe	hippie
hisser	hocher	hockey
hollande	homard	honte
hoquet	horde	hors
hotte	houblon	houle
housse	huard	hublot
huche	huer	huit
humer	hurler	huron
husky	hutte	hyène

IMPÉRATIF et INFINITIF

Dans des textes administratifs, techniques ou commerciaux, on a parfois le choix d'employer soit l'impératif, soit l'infinitif. Les deux modes sont corrects, mais le choix de l'un ou de l'autre comporte des nuances et entraîne le respect de règles de concordance avec les autres éléments de la phrase. Il faut surtout veiller à utiliser d'une manière uniforme, dans un même texte ou document, l'infinitif ou l'impératif. (Voir aussi le chapitre **PONCTUATION**, p. 277.)

L'emploi de l'**infinitif** convient aux avis de sécurité, aux simples indications techniques, aux instructions très courtes, aux modes d'emploi généraux ou aux consignes qui s'adressent à un lectorat indifférencié (bordereaux de transmission et de messages téléphoniques, feuilles de route, recettes, panneaux indicateurs ou de sécurité, notamment). Le texte à l'infinitif est impersonnel, neutre, distant, moins prescriptif que l'impératif. Lorsqu'on emploie l'infinitif, il faut aussi dépersonnaliser les pronoms et les adjectifs possessifs ou les employer à la troisième personne (éviter les *vous, votre, vos*), et employer des tournures impersonnelles. La formule de politesse *s'il vous plaît* et son abréviation *SVP* ne peuvent pas s'employer avec l'infinitif; on leur préfère alors *prière de*.

> AVANT D'OUVRIR, COUPER LE COURANT
>
> **Ne pas mettre en marche**
>
> **Éteindre et débrancher l'appareil après usage**
>
> **À conserver au frais**
>
> **Découper suivant le pointillé**
>
> **Fermer la porte**
>
> **POUSSER/TIRER** (POUSSEZ/TIREZ est également correct.)
>
> **Défense de stationner** (et non pas *Ne pas stationner SVP*)
>
> **Ne rien laisser dans la salle**
>
> **Prière de remplir le (ou son) formulaire d'appréciation à la fin de la séance.** (mais non pas *S'il vous plaît* [ni *SVP*] *remplir le formulaire...*)
>
> **Pour bénéficier de ces avantages, on doit en faire la demande avant le 31 décembre.** (formule non infinitive, mais impersonnelle)
>
> **Pour en savoir plus, consulter la Banque de dépannage linguistique.** (L'impératif est aussi possible; voir ci-dessous; mais pas la construction : *Pour en savoir plus, nous vous invitons à consulter...*, car ce ne sont pas les mêmes personnes qui font les actions exprimées par *savoir* et par *invitons*.)
>
> **Commencer par l'emploi le plus récent.** (et non pas *par votre emploi le plus récent*)
>
> **Les personnes intéressées doivent faire parvenir leur candidature à l'adresse ci-dessous.** (formule non infinitive, mais à la troisième personne)

Le mode **impératif** informe sur un ton plus personnel, plus proche du public lecteur. Il convient pour donner des instructions ou des conseils à suivre personnellement. Les formulaires où on demande explicitement de répondre à une série de questions précises (demande d'emploi, par exemple) sont généralement à l'impératif. De même, le texte des affiches de sécurité (à distinguer des panneaux de sécurité) est à l'impératif, dans un style direct, parfois familier, et accompagné d'une illustration. Les recettes sont de plus en plus souvent à l'impératif.

Avec l'impératif, on emploie les pronoms personnels et les adjectifs possessifs à la deuxième personne (*vous, votre, vos*). L'expression *s'il vous plaît* et son abréviation d'un usage plus familier *SVP* ne s'emploient qu'avec l'impératif et se placent en principe à la fin de la phrase.

> **Vous avez terminé ? Éteignez l'appareil et débranchez-le.**
> (ou Éteignez et débranchez l'appareil.)
>
> **Veuillez remplir votre formulaire d'appréciation à la fin de la séance.**
>
> **N'oubliez pas vos documents dans la salle.**
>
> **Si le poste vous intéresse, faites parvenir votre candidature à l'adresse ci-dessous.**
>
> **Si vous désirez bénéficier de ces avantages, faites-en la demande avant le 31 décembre.**
>
> **Respectez le silence des lieux, s'il vous plaît !**
>
> **Pour en savoir plus, consultez *Le grand dictionnaire terminologique*.**
> (L'infinitif est aussi possible ; voir ci-dessus.)
>
> **Faites-moi parvenir vos commentaires, SVP.** (et non pas *SVP me faire parvenir vos commentaires*, et aussi de préférence à *SVP faites-moi parvenir vos commentaires*)

INTERNET, INTRANET et EXTRANET

On rencontre le mot invariable ***Internet***, nom du « réseau des réseaux » informatique, employé avec ou sans article, et avec ou sans majuscule. À l'origine, la graphie avec majuscule s'est imposée pour souligner le caractère unique d'Internet. On le considère alors comme un nom propre (tout comme le mot *Web,* d'ailleurs). Plus récemment, la graphie avec minuscule s'est répandue, signe que cet emprunt à l'anglais commence à s'intégrer à la langue française (on le traite comme un nom commun). Actuellement, les deux graphies coexistent, que le terme soit utilisé seul ou en apposition (par exemple : *un site Internet*). C'est une question de point de vue : si l'on considère Internet comme une entité unique (nom propre), on choisit la majuscule, et si l'on considère l'internet comme un média parmi d'autres (la télévision, la radio, la presse, etc.), on choisit la minuscule (nom commun). Pour l'instant, l'Office québécois de la langue française continue à donner la préférence à la graphie avec majuscule.

Utilisé en apposition, le terme *Internet* conserve la majuscule et reste invariable au pluriel (par exemple : *des protocoles Internet*). En français, l'utilisation de l'article n'est pas nécessaire devant le mot *Internet*, qui est considéré comme un nom propre. Toutefois, sous l'influence de l'anglais, on rencontre de plus en plus l'article défini devant *Internet*. On doit admettre cette pratique puisque *Internet* peut être considéré comme une forme abrégée du terme *réseau Internet* qui, lui, demande l'article. Enfin, l'utilisation de l'article peut aussi constituer l'expression stylistique du fait qu'Internet est considéré comme le réseau des réseaux.

> **Avez-vous consulté le *Vocabulaire d'Internet* ?**
> **Internet permet de faire des recherches et de se documenter.**
> **Parmi les sites Internet, il y a les sites Web, les sites FTP et les sites Telnet.**

Quant aux **prépositions** à employer avec le nom *Internet*, tout dépend du verbe. On peut dire qu'on fait des recherches **sur** ou **dans** Internet. Avec le verbe *naviguer*, on hésite parfois entre les prépositions *dans* et *sur*. Comme le cyberespace rappelle davantage l'espace aérien que l'étendue marine, il serait plus logique de dire qu'on navigue *dans* Internet. De plus, le double sens de *sur* peut prêter à confusion : si on parle d'un renseignement sur Internet, on ne sait pas s'il s'agit d'un renseignement à propos d'Internet ou d'un renseignement trouvé dans le réseau Internet. Avec le verbe *surfer*, qui signifie « naviguer dans Internet de façon plaisante », on emploie la préposition *sur*. La préposition *par* convient aussi dans certains contextes.

> **Il passe son temps à naviguer dans Internet.**
> **C'est par Internet que j'ai trouvé cette offre d'emploi.**
> (On pourrait aussi dire : **C'est dans Internet que j'ai trouvé cette offre d'emploi.**)

Les termes **intranet** et **extranet**, qui désignent des réseaux à usage plus restreint (privé ou commercial), sont considérés comme des noms communs ; ils s'écrivent avec des minuscules initiales et prennent un *s* au pluriel. On les emploie avec un article. *Intranet* et *extranet* employés en apposition avec un autre nom sont invariables, mais on peut aussi les considérer comme des adjectifs et les accorder en nombre.

> **Les intranets linguistiques sont de plus en plus fréquents et utiles.**
> **De nombreuses entreprises mettent des extranets à la disposition de leur clientèle.**
> **Le jury a dû choisir entre plusieurs sites intranet (ou intranets) très intéressants.**

> **un réseau intranet, des réseaux intranet** (ou **intranets**)
> **un réseau extranet, des réseaux extranet** (ou **extranets**)
> **un site extranet, des sites extranet** (ou **extranets**)

Voir aussi le chapitre **DOCUMENTS NUMÉRIQUES**.

JOURS DE LA SEMAINE

Les noms des jours de la semaine prennent un *s* au pluriel. Ils s'écrivent sans majuscule.

> **Le comité se réunit tous les mercredis.**
> **les premier et troisième lundis de septembre**
> **Les jeudis et vendredis, les magasins ferment à 21 heures.**
> (au sens de « tous les jeudis et tous les vendredis »)
> **Notre bureau est fermé les samedis et dimanches.**

Dans bien des cas cependant, l'emploi du singulier générique suffit.

> **Notre bureau est fermé le samedi et le dimanche.**

Voir aussi l'article MATIN, MIDI, APRÈS-MIDI et SOIR.

LEDIT

Dans la langue juridique, l'adjectif *dit* peut être joint à un article défini simple ou contracté, pour former un adjectif démonstratif. Il faut toutefois éviter les formes *cedit*, *cette dite*, *cesdits*, etc., qui seraient des pléonasmes.

> **ledit, ladite, lesdits, lesdites**
> **audit, à ladite, auxdits, auxdites**
> **dudit, de ladite, desdits, desdites**

Les adjectifs et les noms *susdit*, *susdite*, *susdits*, *susdites* s'écrivent en un mot, ainsi que *susmentionné*, *susnommé* et *suscrit*. La plupart des autres composés avec *sus-* s'écrivent en deux mots avec un trait d'union ; il est bon d'en vérifier l'orthographe dans un dictionnaire.

LE PLUS, LE MIEUX, LE MOINS

L'article défini qui fait partie des locutions comparatives *le plus*, *le mieux* et *le moins* peut varier en genre et en nombre dans certains cas, ou rester invariable dans d'autres contextes. Son accord dépend de ce qui fait l'objet de la comparaison.

Lorsque *le plus*, *le mieux* ou *moins* détermine un verbe ou un adverbe, l'article est invariable.

> **C'est dans un climat de confiance qu'elles travaillent le mieux.**
> **Les responsables ont agi le plus rapidement possible.**

Quand *le plus*, *le mieux* ou *le moins* détermine un adjectif ou un participe employé adjectivement et que l'on compare différents êtres ou objets entre eux, l'article *le* s'accorde en genre et en nombre avec le nom auquel il se rapporte. C'est notamment le cas lorsqu'on peut ajouter *de tous* ou *de toutes* après l'adjectif ou le participe.

> **Il a profité des clauses les plus intéressantes du contrat.**
> **De tous les candidats et candidates, c'est cette technicienne**
> **qui était la mieux préparée.**
> **Notre ancienne méthode de travail s'est révélée la moins efficace.**
> **Cette promotion constitue la plus belle des récompenses.**

Toutefois, lorsque *le plus*, *le mieux* ou *le moins* détermine un adjectif ou un participe et que l'on compare différents états, différents degrés d'un même objet ou d'un même être (à divers moments, par exemple), l'article est invariable.

> **C'est dans ces circonstances-là qu'elles sont le plus précieuses.**
> **Voici les réalisations dont je suis le plus fière.**

Cependant, cette dernière règle est souvent négligée, tant dans la langue parlée que dans la langue écrite, même chez les grands auteurs. On a tendance à accorder l'article dans tous les cas lorsque *le plus*, *le mieux* et *le moins* déterminent un adjectif ou un participe. Il est tout de même préférable de respecter la règle dans le style soigné.

Par ailleurs, l'article reste toujours invariable quand *le plus*, *le moins*, *le mieux* modifient un verbe ou un adverbe.

> **Il s'agit des langues le plus rarement enseignées.**
> **Ce sont les raisons qu'on invoque le moins souvent.**

Le français au bureau Grammaire, orthographe et vocabulaire
RÉPERTOIRE DE DIFFICULTÉS GRAMMATICALES ET ORTHOGRAPHIQUES

81

LEUR

Leur peut être un adjectif possessif, un pronom possessif ou un pronom personnel.

Leur, adjectif possessif, s'accorde en genre et en nombre avec le nom qu'il précède. Dans certains contextes, qu'on emploie *leur* ou *leurs*, une ambiguïté persiste ; le singulier indique que ce qui est possédé est unique pour chacun ou est possédé en commun, et le pluriel indique soit que chacun possède plusieurs choses, soit que chacun possède une chose, ce qui fait plusieurs choses au total.

Dans les cas où il ne doit pas y avoir d'ambiguïté, il est préférable d'employer *chacun* ou *chaque*.

> **Ils ont payé leur facture.** (Ils avaient une seule facture pour tous ou une facture chacun.)
> **Ils ont payé leurs factures.** (Chacun avait plusieurs factures ou chacun avait la sienne, ce qui fait plusieurs factures au total.)
>
> **Chacun a payé sa facture.** (aucune ambiguïté)
> **Chacun a payé ses factures.**
>
> **Les secrétaires sont responsables de leur ordinateur.**
> **Les secrétaires sont responsables de leurs ordinateurs.**
> **Chaque secrétaire est responsable de son ordinateur.**
>
> **Les étudiants et étudiantes doivent se munir de leur formulaire d'inscription.**
> **Les étudiants et étudiantes doivent se munir de leurs formulaires d'inscription.**

Leur est un pronom possessif variable généralement précédé d'un article défini : *le leur, la leur, les leurs*.

Leur devant un verbe est un pronom personnel complément invariable ; il a le sens de « à eux, à elles ».

> **Les nouvelles leur ont été annoncées ce matin.**

MARQUES DE VÉHICULES AUTOMOBILES

Les noms de marques des véhicules automobiles prennent le genre du générique sous-jacent. Ainsi, les marques d'automobiles sont généralement au féminin, par référence au genre des noms *automobile* et *voiture*.

> **Cette petite Mazda 3 est facile à conduire.**
> **J'aime bien ma Focus.**
> **Le pauvre, il a des ennuis avec sa Mercedes !**

Au Québec toutefois, l'usage est parfois flottant ; si le féminin est toujours possible, on trouve aussi le masculin dans certains cas. Cela s'explique peut-être par le fait que le nom *automobile*, réduction de *véhicule automobile*, a longtemps été masculin.

> **Il s'est acheté un gros Chevrolet 1992.** (ou une grosse Chevrolet 1992)
> **Il tient à son Chrysler comme à la prunelle de ses yeux.** (ou sa Chrysler)

S'il est question d'un camion ou d'un véhicule utilitaire, par exemple un véhicule utilitaire sport (VUS), le masculin est normal, car les génériques sous-jacents *camion* et *véhicule utilitaire* sont de genre masculin. On aura bien sûr le féminin dans le cas où l'on fait plutôt référence à une camionnette.

> **Le nouveau Santa Fe de Hyundai présente un profil plus élancé.**
> **Un modèle comme le Pathfinder de Nissan vous intéresserait peut-être.**
> **La Dakota de Dodge a été redessinée.** (Le nom générique sous-jacent est ici *camionnette*.)
> **Elle a enfin acheté une Sienna de Toyota.** (Le nom générique sous-jacent est ici *minifourgonnette*.)

MATIN, MIDI, APRÈS-MIDI et SOIR

Les mots *matin*, *midi*, *après-midi* et *soir* restent traditionnellement invariables quand ils suivent un nom de jour au pluriel, car on sous-entend alors *au matin, à midi, dans l'après-midi, au soir*. Cependant, il est de plus en plus admis d'accorder *matin* et *soir* ; pour *midi*, on conseille encore l'invariabilité. Quant au mot composé *après-midi*, traditionnellement invariable, il est maintenant admis de l'accorder au pluriel, et c'est ce que proposent les rectifications de l'orthographe : *des après-midis*.

> **Elle est en conférence téléphonique tous les mardis matin.** (ou matins)
> **Le bureau reste ouvert les jeudis et vendredis soir.** (ou soirs)
> **Il doit faire un rapport tous les vendredis après-midi.** (ou après-midis)
> **Tous les mercredis midi, ils animent un atelier.**

Voir aussi l'article JOURS DE LA SEMAINE.

MAXIMUM, MINIMUM et MAXIMAL, MINIMAL

Maximum et *minimum*, noms

Les noms *maximum* et *minimum* peuvent s'écrire de deux façons au pluriel : *maximums* et *minimums* (pluriel régulier français de ces mots) ou *maxima* et *minima* (pluriel latin de ces mots, aussi admis en français). Même si ces deux formes sont correctes, il vaut mieux employer les formes françaises régulières *maximums* et *minimums*. Les formes latines *maxima* et *minima* sont d'ailleurs plus rares.

> **Les maximums prévus ont été atteints.** (préférable à *les maxima prévus*)
> **Les maximums et les minimums observés étaient plus élevés que nous l'avions espéré.** (préférable à *les maxima et les minima*)

On peut également appliquer cette règle au nom d'origine latine *optimum* : au pluriel, *optimums* est préférable à *optima*.

> **Les optimums sont très difficiles à maintenir.** (préférable à *les optima*)

Maximum, maximal et *minimum, minimal*, adjectifs

Les adjectifs *maximal* et *maximum* signifient tous deux « qui constitue le degré le plus élevé ». Ils peuvent donc, en théorie, s'employer dans les mêmes contextes.

Cependant, il vaut mieux n'employer le mot *maximum* que comme substantif et préférer l'emploi de l'adjectif *maximal* à celui de *maximum*. On évite ainsi les questions que soulèvent les différentes formes que peut prendre l'adjectif *maximum* au féminin (*une peine maximum* ou *maxima*) et au pluriel (*des effectifs maximums* ou *maxima*). L'adjectif *maximal* quant à lui prend les formes suivantes : *un effort maximal, une peine maximale, des délais maximaux, des fréquences maximales*.

> **Marc dépasse souvent la vitesse maximale sur l'autoroute.**
> (préférable à *la vitesse maximum*)
> **Les températures maximales n'ont pas été atteintes.**
> (préférable à *les températures maximums*)
> **La durée maximale d'un tel congé est de six mois.**
> (préférable à *la durée maximum*)

Pour les mêmes raisons, on emploie l'adjectif *minimal* de préférence à l'adjectif *minimum*, ainsi que l'adjectif *optimal* de préférence à l'adjectif *optimum*.

> **L'âge minimal exigé est de 16 ans.** (préférable à *l'âge minimum*)
> **Dans les conditions optimales, ce genre de travail est très facile.**
> (préférable à *les conditions optimums*)

Maximum et *minimum* dans des locutions

La locution ***au maximum*** signifie « au plus haut degré, au plus haut point » ou « tout au plus ».

> **Lorsqu'il s'est présenté au micro, sa nervosité était au maximum.**
> **Elle devra se concentrer au maximum si elle veut bien réussir.**
> **Les articles soumis au comité doivent compter de dix à douze pages, treize au maximum.**

La locution ***au minimum*** signifie « au plus bas degré » ou « au moins ».

> **À la veille de ses vacances, sa motivation et sa concentration étaient au minimum.**
> **Philippe essayait de ne s'inquiéter qu'au minimum, mais il n'y arrivait pas.**
> **Il y avait au minimum 300 personnes présentes.**

Même si ces deux locutions sont opposées par le sens, on peut se demander laquelle des deux convient le mieux après un verbe exprimant une idée de diminution (comme *diminuer, réduire, limiter, restreindre*). Certains auteurs recommandent d'éviter la locution *au maximum* et de préférer *au minimum* dans ce contexte ; mais d'autres, au contraire, soutiennent que la locution *au maximum* est plus logique et plus claire. En fait, la locution *au maximum* met l'accent sur l'action (donc sur le fait de diminuer), alors que la locution *au minimum* met l'accent sur le résultat de cette action. Les deux locutions sont donc correctes lorsqu'il y a une idée de diminution. Dans la langue soignée, cependant, il vaut peut-être mieux employer *au minimum*.

> **Pour pouvoir repartir en voyage, je devrai diminuer mes dépenses au maximum.** (accent mis sur l'action de diminuer)
> **Il a limité sa consommation d'alcool au minimum depuis quelques semaines.** (accent mis sur le résultat de la restriction)
> **De cette façon, les possibilités d'échec seront réduites au minimum.**
> (langue soignée)

Les expressions *un grand maximum*, *au grand maximum* et *au gros maximum* sont généralement considérées comme pléonastiques. En effet, on a vu que la locution *au maximum* peut signifier, selon le contexte, « au plus, tout au plus », « dans le pire des cas », « au plus haut degré » ou « le plus possible ». Cette locution est formée du mot d'origine latine *maximum*, « le plus grand », qui correspond au superlatif de *magnus* « grand ». Il y a donc redondance puisque l'idée de « grandeur, importance » est présente à la fois dans les adjectifs *grand* et *gros*, et dans le mot *maximum*.

Asseoir cent personnes dans cette salle, c'est un maximum.
(de préférence à *Asseoir cent personnes dans cette salle, c'est un grand maximum.*)

Elle finira de payer son hypothèque au plus tard dans cinq ans.
(de préférence à *Elle finira de payer son hypothèque au grand maximum dans cinq ans.*)

Pour se rendre à la gare, il faut vingt minutes tout au plus.
(de préférence à *Pour se rendre à la gare, il faut vingt minutes au gros maximum.*)

Cet ordinateur vaut au maximum 500 $.
(de préférence à *Cet ordinateur vaut au gros maximum 500 $.*)

La Direction des communications souhaite que la brochure comporte au plus seize pages. (de préférence à *La Direction des communications souhaite que la brochure comporte seize pages au gros maximum.*)

Toute l'équipe entend faire son maximum pour que les travaux soient terminés à temps. (de préférence à *Toute l'équipe entend faire son grand maximum pour que les travaux soient terminés à temps.*)

Cependant, ces expressions pourraient parfois être considérées comme des superlatifs intensifs et non comme des pléonasmes. Sur le plan grammatical, un superlatif exprime une qualité portée à un très haut degré ou au plus haut degré. Ici, le superlatif viserait à renforcer l'idée que le maximum mentionné correspond vraiment au plus haut degré ou au point le plus élevé qu'on puisse imaginer.

Le nom *minimum*, quant à lui, peut être qualifié de *strict*. On a ainsi les formulations : *réduire au strict minimum*, *se limiter au strict minimum*, *se borner au strict minimum*. Même si *strict* a dans ces cas le sens de « qui constitue la limite inférieure d'une quantité, qui est réduit à sa valeur la plus faible », et qu'il a comme synonyme *minimal*, ces formulations sont acceptées comme intensives.

Dans leurs réponses, ils se sont bornés au strict minimum.

Vu le prix demandé, on a réduit au strict minimum le nombre d'inscriptions.

Accord avec *un maximum de*, *un minimum de*

Après *un maximum de* et *un minimum de* suivi d'un complément au pluriel, le verbe peut s'accorder avec *maximum*, au singulier, ou avec le complément, au pluriel. (Voir aussi COLLECTIF.)

> **Un maximum de dix jours peut être cumulé**
> (ou **peuvent être cumulés**) **à cette fin.**
> **Un minimum d'inscriptions est nécessaire**
> (ou **sont nécessaires**) **pour que l'activité ait lieu.**

MÊME

Lorsqu'il est adjectif, *même* s'accorde avec le nom ou le pronom auquel il se rapporte. Il est joint aux pronoms personnels par un trait d'union (*moi-même*, *vous-même[s]*, *elles-mêmes*, etc.).

> **Nous avons les mêmes articles au même prix.**
> **Les élèves eux-mêmes sont enthousiastes.**
>
> **Vous pouvez le faire vous-mêmes.** (Le pronom *vous* représente plusieurs personnes.)
> **Vous pouvez le faire vous-même.** (Situation de vouvoiement : le pronom *vous* représente une seule personne.)
>
> **Nous avons nous-même analysé les données de l'enquête.**
> (*Nous* d'autorité : il n'y a qu'une seule personne qui parle, donc accord au singulier ;
> voir NOUS DE MAJESTÉ ou D'AUTORITÉ, NOUS DE MODESTIE et NOUS DE SOCIÉTÉ.
> Si plusieurs auteurs parlaient ensemble, on écrirait évidemment **nous-mêmes**.)

Comme adverbe, il est invariable. Il se rapporte à un verbe, à un adjectif ou à un autre adverbe ; il peut aussi précéder un article, un adjectif démonstratif, un adjectif numéral ou un pronom.

> **Interdit aux enfants, même accompagnés.**
> **Même les élèves exigeants ont été satisfaits.**
> **Même ceux et celles qui n'avaient pas de billet ont pu entrer.**
> **Elles accepteront même aujourd'hui.**

Placé immédiatement après un nom, *même* peut être adjectif ou adverbe.

> **Les élèves mêmes ont été satisfaits.** (équivaut à *les élèves eux-mêmes*)
> **Les élèves même ont été satisfaits.** (équivaut à *même les élèves*)

On écrit sans trait d'union *cela même*, *ici même*, *là même*, *par là même*. On ne met pas non plus de trait d'union entre les pronoms démonstratifs *celui-là*, *celle-là*, *ceux-là*, *celles-là* et l'adverbe ou l'adjectif *même*.

MILLE

L'adjectif numéral cardinal *mille* est invariable. Le nom masculin *mille* synonyme de *millier* est également invariable ; il ne faut cependant pas confondre *mille* avec *millier*, qui, lui, est variable, comme le sont *million* et *milliard*.

> **mille mercis**
> **plus de deux mille dollars**
> **gagner des mille et des cents**
> **les mille et un problèmes soulevés**
> **avoir mille et une choses à faire**
>
> **Des spectateurs, il y en avait des dizaines de mille.**
> **Il y avait des dizaines de milliers de spectateurs.**

Le nom *mille* est variable lorsqu'il s'agit de la mesure de distance.

> **parcourir des milles en autobus**
> **rouler à cent milles à l'heure**
> **des milles marins**
> **des milles nautiques**

Dans les textes juridiques ainsi que dans certains écrits à caractère solennel (invitations notamment), la date et l'heure sont le plus souvent écrites en toutes lettres (voir aussi p. 342). Autrefois, il était d'usage d'écrire *mil* devant un autre nombre, à partir de l'année 1001 (*mil* venant du latin singulier *mille*, et *mille* du pluriel *millia*). La graphie *mille* est maintenant tout aussi correcte, voire préférable, dans tous les cas.

> **Le huit mars mille neuf cent quatre-vingt-seize à onze heures trente...**
> **À vingt heures, le trente et un décembre de l'an mil huit cent cinquante...**

MOINS DE DEUX

Après l'expression *moins de deux*, le verbe se met généralement au pluriel, parce que le nom qui suit le numéral *deux* est au pluriel. L'accord se fait aussi en genre avec ce nom.

> **Moins de deux semaines se sont écoulées.**

Lorsqu'un nom d'objet ou d'unité est précédé d'un nombre, ce nom prend la marque du pluriel dès que le nombre est égal ou supérieur à deux.

> **1,5 million**
> **1,85 mètre**
> **2 mètres**

Voir aussi, dans ce répertoire, les articles PLUS D'UN, PLUS D'UNE ainsi que POURCENTAGE et FRACTION.

MOTS COMPOSÉS

Le pluriel des noms composés suit la règle générale suivante : les éléments qui sont des verbes ou des adverbes restent invariables, tandis que ceux qui sont des noms ou des adjectifs prennent la marque du pluriel si le sens le permet.

À la suite des rectifications orthographiques préconisées par le Conseil supérieur de la langue française de France en 1990, on observe toutefois une tendance à souder les éléments de certains noms composés, notamment de ceux qui comprennent un élément verbal ou certains préfixes, et à accorder moins systématiquement les éléments en tenant compte de leur sens.

> **un pèse-lettre, des pèse-lettres** (élément verbal invariable, nom variable)
> **un lave-glace, des lave-glaces** (élément verbal invariable, nom variable)
>
> **un tire-bouchon, des tire-bouchons** (élément verbal invariable, nom variable)
> **un tirebouchon, des tirebouchons** (éléments soudés selon les rectifications de l'orthographe)
>
> **un chauffe-eau, des chauffe-eau** ou **des chauffe-eaux** (élément verbal invariable, nom invariable selon l'orthographe traditionnelle ou variable selon les rectifications de l'orthographe)
>
> **un haut-parleur, des haut-parleurs** (adverbe invariable, nom variable, trait d'union selon l'orthographe traditionnelle)
> **un hautparleur, des hautparleurs** (éléments soudés selon les rectifications de l'orthographe)
>
> **un en-tête, des en-têtes** (trait d'union selon l'orthographe traditionnelle)
> **un entête, des entêtes** (éléments soudés selon les rectifications de l'orthographe)
>
> **un micro-ordinateur, des micro-ordinateurs** (trait d'union selon l'orthographe traditionnelle)
> **un microordinateur, des microordinateurs** (éléments soudés selon les rectifications de l'orthographe)

un non-lieu, des non-lieux (adverbe invariable, nom variable)

un chef-d'œuvre, des chefs-d'œuvre

une pause-café, des pauses-café (des pauses pour le ou du café ; peut aussi s'écrire pause café, pauses café)

un timbre-poste, des timbres-poste (des timbres pour la poste)

une soirée-bénéfice, des soirées-bénéfice (des soirées à bénéfice ; au bénéfice de…)

un concert midi, des concerts midi (ce n'est pas un mot composé ; *midi* a le sens d'« à midi »)

un terre-plein, des terre-pleins (des [endroits] pleins de terre ; trait d'union selon l'orthographe traditionnelle)

un terreplein, des terrepleins (éléments soudés selon les rectifications de l'orthographe)

un dîner-débat, des dîners-débats (des dîners qui sont aussi des débats)

un souper-conférence, des soupers-conférences

un déjeuner-causerie, des déjeuners-causeries

un café-théâtre, des cafés-théâtres

un procès-verbal, des procès-verbaux

un compte rendu, des comptes rendus

Les dictionnaires consignent généralement les nouvelles graphies, et les grammaires en font état. Il est recommandé de consulter ces ouvrages. (Voir aussi l'article RECTIFICATIONS DE L'ORTHOGRAPHE, p. 146.)

NATAL

L'adjectif *natal* a son pluriel en *-als*.

des pays natals

Toutefois, les composés de *natal* qui appartiennent à la langue médicale font le plus souvent leur pluriel en *-aux*.

des soins néonataux ou **néonatals**
des examens périnataux ou **périnatals**
des cours prénataux ou **prénatals**
des exercices postnataux ou **postnatals**

NE EXPLÉTIF

Le *ne* explétif s'emploie presque exclusivement à l'écrit, dans la langue soignée. Il n'ajoute rien au sens ni à la syntaxe de la phrase et n'est pas essentiel, mais on le rencontre dans différents types de constructions. Dans tous les exemples qui suivent, on pourrait l'omettre sans altérer le sens des énoncés.

Le *ne* explétif s'emploie avec des adverbes de comparaison comme *davantage*, *plus*, *moins*, *mieux*, *meilleur*, *pire*, *moindre*, utilisés avec *que* pour introduire une proposition subordonnée.

> **Les conséquences de leur décision sont pires qu'ils ne l'avaient imaginé.**
> (ou qu'ils l'avaient imaginé)
>
> **Elle est moins autoritaire qu'elle ne le semble.** (ou qu'elle le semble ;
> ou qu'elle semble)

On le trouve aussi dans certaines subordonnées introduites par des verbes comme *craindre*, *avoir peur*, *redouter*, *empêcher*, *éviter* et par d'autres verbes ou expressions de même sens. Toutefois, si le verbe de la principale est à la forme négative, le *ne* explétif disparaît.

> **Nous tenterons d'éviter qu'il n'apprenne** (ou **qu'il apprenne**) **la nouvelle par les médias.**
>
> **Vous craignez donc que la direction ne soit obligée** (ou **que la direction soit obligée**) **de refuser cette offre.**
>
> **La crise étant résolue, je ne crains plus qu'elle soit forcée de rentrer avant la fin de ses vacances.**

On utilise également le *ne* explétif avec certaines locutions conjonctives comme *avant que*, *à moins que*.

> **Il faudrait que vous répondiez avant que quelqu'un d'autre ne se prononce.** (ou avant que quelqu'un d'autre se prononce)
>
> **Je participerai au congrès à moins que d'autres obligations ne m'en empêchent.** (ou à moins que d'autres obligations m'en empêchent)
>
> **On devra s'équiper d'ordinateurs neufs, à moins qu'on n'en reçoive d'occasion.** (ou à moins qu'on en reçoive. Voir aussi ON.)

Par contre, la présence du *ne* explétif après la locution conjonctive *sans que* constitue, de l'avis des grammairiens, une erreur. Le sens de la préposition *sans* permet, à lui seul, l'expression d'une nuance négative.

> **Je crois que nous pouvons régler ce conflit sans que les parents interviennent.** (et non *sans que les parents n'interviennent*)
>
> **Vous pouvez travailler seuls sans qu'on vous dise constamment quoi faire.** (et non *sans qu'on ne vous dise constamment quoi faire*)

NOMS D'ENTREPRISES (FORMATION ET ACCORD)

Le nom d'entreprise, naguère appelé couramment et de manière générique *raison sociale*, comporte généralement deux parties :

- une partie générique, qui sert à désigner l'activité générale d'une entreprise (cet élément doit en principe respecter les règles d'écriture de la langue française);

- une partie spécifique, qui sert à distinguer nettement une entreprise d'une autre. Dans certains cas, cette partie spécifique peut être utilisée seule. Pour les aspects typographiques, l'emploi des majuscules notamment, voir aussi ENTREPRISES, SOCIÉTÉS COMMERCIALES, INDUSTRIELLES ET FINANCIÈRES, p. 223.

Dans un texte, on fait accorder les verbes, les participes passés et les adjectifs qui se rapportent aux noms d'entreprises.

Si le nom d'entreprise n'est formé que d'un spécifique, l'accord peut se faire avec le premier mot, s'il s'agit d'un nom commun, ou avec le mot *société* ou *entreprise* sous-entendu. Si un tel nom d'entreprise commence par un article (avec majuscule initiale), on fait l'accord en fonction de cet article, qui se contracte au besoin.

> **Air Canada est décidé à...** (accord avec le premier mot)
> **Air Canada est décidée à...** (accord avec le mot *société* sous-entendu)
> **Hydro-Québec est intervenue...**
> **Soquam s'est équipée de...**
> **Depuis vingt ans, La Capitale s'est efforcée de...**
> **Pour la mode, Les mille et une nuits sont fort réputées.**
> **Pour la mode, pensez aux Mille et une nuits.** (et non pas *à Les mille...*)

Il en va de même lorsqu'un nom d'entreprise formé d'un générique et d'un spécifique commence par un article (bien que l'article soit déconseillé dans la formulation de ce type de nom d'entreprise).

> **Pour répondre à ces besoins, Les publications Prodomo fournissent...**
> **Il faut s'adresser directement aux Publications Prodomo.**
> (et non pas *à Les publications...*)

Si le nom d'entreprise ne commence pas par un article, on doit tout de même le faire précéder d'un article, contracté au besoin et sans majuscule, dans le corps d'une phrase.

> **Pour mieux servir leurs clients, les Chaussures Modelor se sont associées à…**
>
> **Voilà six mois que les Ensembles Urbi sont engagés dans ce projet.**
>
> **C'est pourquoi l'Atelier de nettoyage Sinet vous donnera toute satisfaction.**
>
> **Il a adressé une plainte aux Éditions ABC.**
>
> **C'est la présidente du Groupe Intertex qui a prononcé la conférence d'ouverture.**

L'usage veut cependant que certains génériques au singulier qui ne désignent pas un type d'établissement, mais plutôt un produit ou un service, soient employés sans article.

> **La décision de Gaz Métro a été bien accueillie.**
>
> **La nouvelle politique d'Air Transit sera rendue publique demain.**

Par ailleurs, certains noms composés ou hybrides implantent un usage qui déroge à ces principes (absence d'article devant les noms communs, combinaison de majuscules et de minuscules, etc.).

> **La mission de Bibliothèque et Archives nationales du Québec (BAnQ) consiste à…**
>
> **BAnQ rassemble, conserve et diffuse…**

Si le nom d'entreprise se compose de patronymes ou s'il comporte les expressions *et Associés, et Compagnie, et Cie, et Fils*, etc., l'accord se fait au pluriel. Il peut aussi se faire au singulier avec un élément à caractère générique en apposition.

> **Allaire & Bédard informent leur aimable clientèle de…**
>
> **Nicole Duchesne et Cie sont heureuses de…**
>
> **Roy, Ducharme et Associés, société d'import-export, a installé ses bureaux à…**
>
> **La société d'import-export Roy, Ducharme et Associés a installé ses bureaux à…**

Comme dans le dernier exemple ci-dessus, on peut aussi faire précéder le nom d'entreprise d'un terme générique approprié, sans majuscule ; le nom d'entreprise est alors en apposition ou précédé de la préposition *de*.

> **La boutique L'impromptu est ouverte…**
> **La société Air Transit a annoncé…**
> **La société des Pneus Sécur ouvre une nouvelle succursale.**

Ce procédé s'applique notamment aux cas où le nom d'entreprise commence par un article contracté ou par une préposition, ou lorsque le nom d'entreprise est, en fait, un numéro.

> **La boutique Aux délices des tropiques offre…**
> **Le restaurant Chez la mère Catherine est réputé pour…**
> **L'entreprise 1234-5678 QUÉBEC INC. a été fondée…**

Dans certains contextes, un mot générique (*société*, *entreprise*, *agence*, *organisme*, etc.) peut être nécessaire soit pour remplacer le nom d'entreprise, soit pour faciliter la reprise de ce nom d'entreprise par un pronom.

> **Bombardier a innové dans plusieurs domaines.**
> **[…] Cette société vient de recevoir le prix d'excellence…**
> ou
> **La société Bombardier a innové dans plusieurs domaines.**
> **[…] Elle vient de recevoir le prix d'excellence…**
> ou encore
> **Bombardier a innové dans plusieurs domaines. […] On vient de lui**
> **décerner le prix d'excellence… ou bien Le prix d'excellence… vient**
> **de lui être décerné.**

Il faut noter enfin que certains noms d'entreprises dérogent à ces règles d'écriture et, notamment, font un usage excessif des majuscules. Dans les textes juridiques, il convient de reproduire exactement les noms que les entreprises ont enregistrés, mais dans les autres textes, on peut opter pour la cohérence, la simplicité et l'uniformité, et appliquer les règles générales. Dans les textes où figurent de nombreux noms d'entreprises, c'est une position raisonnable, surtout s'il n'est pas possible de vérifier l'usage dans chaque cas.

Pour l'emploi de *à* et de *chez* devant un nom d'entreprise, voir l'article CHEZ de ce répertoire.

NON-

Les noms composés avec l'adverbe *non* s'écrivent avec un trait d'union. Le dernier élément prend un *s* au pluriel.

> **la non-conformité**
> **la non-ingérence**
> **le point de non-retour**
> **les non-fumeurs**
> **une salle non-fumeurs**
> **des cours pour non-francophones**

Les adjectifs et les participes passés précédés de cet adverbe ne sont en principe pas liés à lui par un trait d'union, l'adverbe *non* gardant traditionnellement sa fonction. Toutefois, plus l'emploi de ces formes devient fréquent dans la langue moderne, plus on les considère comme lexicalisées, c'est-à-dire comme de véritables mots composés, et plus on a tendance à les écrire avec un trait d'union.

Les dictionnaires usuels, qu'il est recommandé de consulter, les consignent souvent sous cette forme. Si le mot qu'on cherche n'est pas attesté dans ces dictionnaires, on lui fait suivre la règle générale.

> **des décisions nulles et non avenues**
> **une entreprise non rentable**
>
> **les personnes non admissibles à...**
> **un organisme non gouvernemental**
> **des étudiants non francophones**
>
> **une méthode non-conformiste**
> **des manifestations non-violentes**
> **les pays non-engagés**

 NOTA BENE

La locution latine *nota bene*, qui peut être abrégée en *nota*, s'emploie pour attirer l'attention sur une observation importante. Elle a été formée à partir du verbe *notare* « noter, remarquer » et de l'adverbe *bene* « bien ». *Nota bene* peut aussi être un nom masculin (un nota bene) et a pour synonymes *note* et *remarque*.

Nota bene s'écrit sans trait d'union et sans accents aigus sur les *e* de *bene*, bien que ce mot se prononce [bene] [béné]. L'expression, qu'elle soit employée comme locution ou comme nom, est toujours invariable. Elle s'écrit généralement en romain, mais est parfois en italique dans des textes soignés.

La meilleure façon d'abréger *nota bene* est d'écrire les initiales des deux mots en majuscules suivies d'un point et de les séparer par une espace insécable (N. B.), car on garde généralement entre les éléments d'une abréviation les espaces qui existent entre les mots dont elle est issue.

Après la mention *nota bene* ou son abréviation, on peut employer soit le tiret précédé d'un point, comme pour le post-scriptum, soit les deux-points. Dans les deux cas, le mot qui suit le signe de ponctuation doit commencer par une majuscule.

> **Nota bene : Le nom *agenda* est un anglicisme sémantique au sens d'« ordre du jour ».**
>
> **Nota bene. – Vous devez absolument enregistrer vos droits auprès d'un notaire.**
>
> **N. B. : Tous les noms des patients cités dans cet article sont fictifs.**
>
> **N. B. – Les participants à cette étude étaient âgés de 18 à 35 ans.**
>
> **L'éditeur doute de la pertinence des nombreux nota bene (ou *nota bene*) de cet ouvrage.**

Enfin, on peut employer le nota bene dans divers types de documents, notamment dans un rapport, une étude, un article ou un manuel, mais il n'est pas d'usage dans la correspondance. Dans une lettre, si besoin est, on emploie plutôt le post-scriptum, toujours dans le but d'attirer l'attention sur une remarque et non pas de réparer un oubli.

NOUS DE MAJESTÉ ou D'AUTORITÉ, NOUS DE MODESTIE et NOUS DE SOCIÉTÉ

Le pronom personnel *nous* est employé dans le style administratif quand on veut parler au nom d'un organisme ou d'une personne morale, c'est-à-dire au nom de plusieurs personnes physiques. C'est ce qu'on appelle parfois le *nous de société* ; il s'agit là d'un véritable pluriel. L'adjectif, le participe ou le nom qui se rapporte au pronom se met alors au masculin pluriel.

> **Nous sommes persuadés que vous donnerez suite à ce rappel.**
>
> **Nous avons été déçus de ne pas recevoir d'accusé de réception.**
>
> **Nous ne sommes pas responsables des dommages qui pourraient survenir.**
>
> **Nous sommes propriétaires de l'immeuble en question.**

Il arrive cependant que le pronom *nous* ne remplace qu'une seule personne ; c'est ce qu'on appelle, selon les contextes, *pluriel de modestie*, ou *pluriel de majesté* ou *d'autorité*. C'est le *nous* qu'une personne emploie à la place de *je* pour parler d'elle-même dans la préface d'un livre, par exemple. Dans ce cas, l'adjectif ou le participe reste au singulier; il s'écrit au masculin ou au féminin, selon le cas.

> **Nous avons été obligée de restreindre la recherche.** (La personne qui parle est une femme.)
>
> **Nous nous sommes résolu à publier toutes les données détaillées.** (La personne qui parle est un homme.)
>
> **Nous sommes sûr que nos lecteurs et lectrices comprendront…**
>
> **Nous avons nous-même analysé les résultats du sondage.** (Pluriel de modestie : l'adjectif *même* s'accorde avec *nous*, l'auteur ou l'auteure, ici au singulier.)
>
> **En foi de quoi, nous, X…, expert agréé, certifions que…**

NUL et NUL AUTRE

L'adjectif indéfini *nul* s'accorde avec le nom auquel il se rapporte et qu'il précède, mais comme il a le sens d'« aucun », il ne se met au pluriel que devant un nom qui n'a pas de singulier ou qui a un sens particulier au pluriel.

> **sans nul doute**
> **Cette démarche ne mène nulle part.**
> **Nulles archives n'ont été conservées.**
> **nuls frais supplémentaires**

L'adjectif qualificatif *nul* a le sens de « qui n'existe pas, qui est sans valeur »; c'est une épithète qui suit le nom ou un attribut.

> **Ce contrat est nul.**
> **des propositions nulles et non avenues**

Nul peut être suivi du pronom *autre*; il s'accorde alors généralement avec le nom que remplace *autre*.

> **un travail semblable à nul autre**
> **une responsabilité comparable à nulle autre**
> **Les parties qui s'affrontaient n'étaient nuls (ou nulles) autres que le syndic et le promoteur.** (accord soit avec *syndic* et *promoteur*, soit avec *parties*)

Dans la construction *à nul autre pareil*, le plus souvent *nul* s'accorde en genre uniquement avec le nom que remplace le pronom *autre* (à moins que ce mot ne s'emploie qu'au pluriel), et l'adjectif qualificatif *pareil* s'accorde en genre et en nombre avec le nom que remplace *autre*.

> **des expositions à nulle autre pareilles**
> (c'est-à-dire des expositions pareilles à nulle autre, à aucune autre exposition)
>
> **des jardins à nul autre pareils**
> (c'est-à-dire des jardins pareils à nul autre, à aucun autre jardin)
>
> **des funérailles à nulles autres pareilles** (*funérailles* ne s'emploie qu'au pluriel)

Nul, nulle peut aussi être un pronom indéfini; il s'emploie comme sujet, au singulier seulement.

> **Nul n'est censé ignorer la loi.**
> **Nulle d'entre elles ne s'est désistée.**

ON

Le verbe qui suit le pronom indéfini *on* est toujours au singulier. *On* équivaut à *quelqu'un*, *tout le monde*, *quiconque*. Cependant, l'accord en genre et en nombre des adjectifs et des participes passés avec *on* peut se faire soit au féminin si *on* représente une femme, soit au pluriel s'il représente des femmes ou des hommes et des femmes.

> **On est forcé de se poser la question.**
> **Quand on est une femme, on se sent obligée de s'y intéresser.**
> **On a été rassemblés dans l'amphithéâtre.**

On n'exclut pas toujours la personne qui parle. *On* est fréquemment employé pour *nous* à l'oral dans un registre familier. À l'écrit, il est toutefois préférable d'employer *nous*.

> **On a été consultés (ou consultées) à plusieurs reprises.** (oral familier)
> **Nous avons été consultés (ou consultées) à plusieurs reprises.**
> **Nous, on est toujours prêts (ou prêtes) à participer.** (oral familier)
> **Nous, nous sommes toujours prêts (ou prêtes) à participer.**

On peut être remplacé par *l'on* pour des raisons d'euphonie, notamment après *et*, *ou*, *où*, *que*, *si*, mais *L'on* en tête de phrase est une tournure vieillie.

Avec *on* devant un verbe, un adverbe ou une préposition commençant par une voyelle, il faut éviter de confondre la forme affirmative et la forme négative, qu'il n'est pas toujours facile de distinguer à l'oral. En effet, qu'on fasse la liaison avec *on* ou avec la négation *n'*, la prononciation est la même. À l'écrit, on peut vérifier si la phrase est à la forme affirmative ou à la forme négative en remplaçant *on* par un autre pronom ; s'il s'agit de la forme négative, il ne faut pas oublier l'adverbe de négation élidé *n'*.

> **On entend.** (Il entend : forme affirmative)
>
> **On n'entend rien.** (Il n'entend rien : forme négative avec la négation *n'*)
>
> **On y va.** (Comme « Il y va. »)
>
> **On n'y va jamais.** (Comme « Il n'y va jamais. »)
>
> **On en a plus.** (Le *s* de *plus* est sonore quand *plus* signifie « davantage ».)
>
> **On n'en a plus.** (Le *s* de *plus* est muet dans les locutions négatives *ne plus*, *non plus*, et devant une consonne.)

Noter qu'un *ne* explétif peut aussi s'employer après *on*, sous sa forme pleine ou élidée (*ne* ou *n'*). (Voir aussi NE EXPLÉTIF.)

> **On doit présenter sa carte à moins qu'on ne soit un invité d'honneur.**
> (Mais, le *ne* explétif étant facultatif, on peut aussi écrire : **à moins qu'on soit…**)
>
> **Vous pourrez mettre ces papiers au recyclage, à moins qu'on n'en ait encore besoin, bien sûr.** (Mais, le *ne* explétif étant facultatif, on peut aussi écrire : **à moins qu'on en ait…**)

Le *on* de modestie est comparable au *nous* de modestie ; comme ce dernier, il peut être employé pour *je* dans l'expression écrite soignée, notamment. Si *on* représente une femme, l'accord du participe passé ou de l'adjectif se fait au féminin.

> **Dans le présent ouvrage, on s'est efforcé de traiter de façon concise et pratique des règles et des usages de la correspondance commerciale et administrative.** (ou … **on s'est efforcée** si c'est une femme qui s'exprime)

Dans un même texte ou contexte, le pronom *on* doit toujours faire référence à la même réalité ou aux mêmes éléments, pour éviter toute ambiguïté. Dans certains cas, on peut employer un autre pronom (*nous*, par exemple) ou une autre construction.

> **Nous avons vu précédemment qu'aux États-Unis on a procédé à diverses études qui confirment ces résultats.**
>
> ou
>
> **On a vu précédemment qu'aux États-Unis diverses études ont confirmé ces résultats.** (Plutôt que *On a vu précédemment qu'aux États-Unis on a procédé à diverses études qui confirment ces résultats*, pour éviter une ambiguïté, les deux *on* ne désignant pas les mêmes personnes.)

L'adjectif possessif correspondant à *on* est *son*, *sa*, *ses*. Dans l'usage familier, c'est *notre*, *nos*.

> **On rédige maintenant son courrier à l'ordinateur.**
>
> **On a éteint notre ordinateur à la fin de la journée.**
> (familier, au lieu de **Nous avons éteint notre ordinateur…**)

 OU

Accord du verbe avec des sujets unis par *ou*

La règle générale avec des sujets unis par une conjonction de coordination est d'accorder le verbe avec l'ensemble des sujets, c'est-à-dire de mettre le verbe au pluriel même si les sujets sont au singulier. Toutefois, avec la conjonction *ou*, il faut considérer le sens qui prévaut dans le contexte ; *ou* peut en effet exprimer soit une idée d'addition, soit une idée d'exclusion.

Lorsque les sujets sont au singulier et qu'ils peuvent tous deux faire l'action exprimée par le verbe, l'accord se fait au pluriel ; c'est alors l'idée d'**addition** qui prévaut puisque les deux sujets peuvent faire l'action.

> **Le directeur ou le chef de service doivent être présents à la réunion de demain.**
>
> **Ma collègue ou moi pourrons vous aider à distribuer les documents.**
>
> **L'étudiant ou l'étudiante s'inscriront obligatoirement à l'activité.**
> (contexte de rédaction épicène : l'accord au pluriel est cependant rare ici ; voir le chapitre **FÉMINISATION DES NOMS ET RÉDACTION ÉPICÈNE**, p. 823)

Lorsque les sujets sont au singulier et qu'un seul d'entre eux peut exécuter l'action exprimée par le verbe, l'accord se fait au singulier ; c'est l'idée d'**exclusion** qui domine et qui impose l'accord avec un seul des sujets.

> **La directrice ou son adjointe prendra la parole la première.**
>
> **L'étudiant ou l'étudiante qui obtiendra la meilleure note participera à la finale.**
>
> **Le technicien ou la technicienne assume les responsabilités suivantes :** (accord au singulier le plus fréquent en contexte de rédaction épicène)

Lorsque les sujets sont au singulier et que le deuxième sujet est entre virgules, le verbe est au singulier, et ce, même si les deux sujets peuvent faire l'action exprimée par le verbe ; il y a alors généralement une idée de rectification exprimée par le second élément.

> **Sa persévérance, ou plutôt sa patience, lui a valu l'admiration de ses collègues.**

De même, lorsque le sujet est suivi d'un synonyme placé entre virgules, le verbe doit être au singulier.

> **La bernache du Canada, ou outarde, est un oiseau migrateur.**

Enfin, si l'un ou l'autre des sujets est au pluriel, le verbe s'accorde obligatoirement au pluriel, et ce, même si seul l'un des deux peut faire l'action.

> **Tes collègues ou toi pourrez représenter l'entreprise.**
>
> **La police ou les pompiers peuvent intervenir en premier.**

Accord de l'adjectif avec des noms unis par *ou*

Avec deux noms unis par *ou*, l'accord de l'adjectif se fait d'après le sens. Si l'adjectif ne qualifie qu'un seul nom, l'accord se fait avec ce nom.

> **Il est probable que le candidat de Gatineau ou celui de Sherbrooke sera premier.** (Un seul des deux pourra être premier.)
>
> **des boîtes de plastique ou de carton ondulé** (*Ondulé* ne qualifie que *carton*.)

Par contre, l'adjectif s'accorde au pluriel si l'adjectif peut qualifier les deux noms.

> **La directrice ou son adjointe sont habilitées à répondre aux médias.**
> **Une robe ou un tailleur noirs s'imposent pour la cérémonie.**

PAR

La préposition *par* est suivie du singulier quand elle indique la distribution, c'est-à-dire quand on pourrait la remplacer par *pour chaque* : il s'agit d'un rapport de division.

> **trois fois par semaine**
> **un exemplaire par personne**
> **cinq dépliants par enveloppe**
> **des centaines d'arbres par kilomètre carré**
> **un supplément de 50 $ par bureau**
> **Il y a vingt articles par caisse.**
> **faire dix fautes par page**
> **On compte dix appareils par service.**

La préposition *par* est suivie du pluriel dans des expressions où le sens est plutôt celui de « dans certains », « selon les », « en », ce qui est souvent le cas dans les tableaux.

> **par moments**
> **ranger par catégories**
> **classer par séries**
> **répartir par matières**
> **diviser un livre par chapitres**
> **Consommation de produits laitiers par groupes d'âge**
> **Répartition des nouveaux appareils par services**

Il faut noter que *par* suivi d'un adverbe est lié à celui-ci par un trait d'union dans les cas suivants : *par-deçà, par-dedans, par-dehors, par-delà, par-derrière, par-dessous, par-dessus, par-devant, par-devers, par-ci, par-là* (et dans l'expression *par-ci par-là*).

Mais on ne met pas de trait d'union dans : *par ailleurs, par en haut, par en bas, par ici, par là.*

PARTI et PARTIE

Il faut distinguer les noms *parti* et *partie*.

Partie, nom féminin, peut notamment être employé avec certains verbes dans des expressions ou des locutions qui signifient « constituer une part ou une partie, participer ». *Partie* reste invariable dans *avoir affaire à forte partie, faire partie de, prendre à partie, être juge et partie, avoir partie liée, en tout ou en partie*.

> **Ils font partie d'un groupe dynamique.**
> **Ils sont à la fois juge et partie.**
> **Les candidats ont été pris à partie.**

Dans d'autres cas, *partie* s'écrit selon le sens au singulier ou au pluriel. Dans *être partie à* ou *dans*, le singulier indique que le sujet pluriel forme une même partie (*partie* est alors un collectif), et le pluriel signifie que les éléments qui composent le sujet pluriel sont autant de parties.

> **Ils sont partie prenante** (ou **parties prenantes**) **dans ce projet.**
> **les contrats auxquels elles sont parties** (Il s'agit de deux ou de plusieurs parties.)
> **les contrats auxquels elles sont partie** (Il s'agit de la même partie.)

Parti est un nom masculin qui, dans certaines expressions ou locutions comme *prendre parti pour, tirer parti de, prendre son parti de, prendre le parti de*, reste également invariable.

> **Elles ont pris parti pour leurs collègues.**
> **Ils ont su tirer parti de la situation.**
> **Tant pis, nous en avons pris notre parti.**
> **Il vaut mieux prendre le parti d'en rire.**
> **Ces décisions dénotent certains partis pris.** (On écrit **un parti pris, du parti pris, des partis pris.**)

PARTICIPE PASSÉ

L'accord des participes passés est expliqué en détail dans toutes les grammaires et dans tous les dictionnaires des difficultés de la langue, auxquels il est conseillé de se reporter. Les tableaux ci-dessous en donnent une vue d'ensemble, et les principales difficultés sont traitées plus bas à la suite des tableaux.

Participe passé avec l'auxiliaire *avoir*

	Variable	Invariable
Règle générale de l'accord du participe passé employé avec l'auxiliaire *avoir*	Le participe passé s'accorde avec le complément direct (CD) si celui-ci est placé avant le verbe. Ces étudiantes, je les ai **reçues** hier. Les lettres que je lui ai **écrites** sont restées sans réponse.	Le participe passé est invariable si le CD est placé après le verbe ou s'il n'y en a pas. J'ai **lu** avec intérêt son dernier rapport. À quelle heure avez-vous **dîné** ? Elle leur a **parlé** du projet.
Participe passé des verbes impersonnels ou employés impersonnellement		Le participe passé est toujours invariable. Il a **plu** toute la journée. L'abri a bien supporté les froids qu'il a **fait** en janvier. Il a participé à l'organisation des festivités qu'il y a **eu** cet été.
Participe passé des verbes intransitifs employés avec *avoir*	Si le verbe intransitif s'éloigne de son sens premier et devient transitif, il s'accorde avec le CD s'il est placé devant. Il minimise les efforts que cette recherche lui a **coûtés**. Ses plus belles années, il les a **vécues** ici. Il m'a fait part des dangers qu'il a **courus**.	Le participe passé des verbes intransitifs, c'est-à-dire qui n'ont pas de complément d'objet, est invariable. C'est 130 kg qu'il a **pesé** avant de suivre un régime. Les deux années qu'il a **vécu** ici l'ont aidé. Il ne vaut plus les 10 000 $ qu'il a **valu** en 2005.

	Variable	**Invariable**
Participe passé dont l'objet direct est *l'*	Si *l'* représente un nom, le participe passé s'accorde avec ce nom. Il a retrouvé la salle telle qu'il l'avait **laissée**. Parfois, les deux accords sont possibles : Cette région est aussi belle que je l'avais **imaginée** ou **imaginé**.	Si *l'* représente une idée exprimée par une proposition ou une phrase, le participe passé est invariable. Elle est plus autonome que je ne l'avais **pensé**. Il est parti depuis cinq jours et je ne l'ai **appris** qu'hier.
Participe passé suivi d'un infinitif	Le participe passé s'accorde si le pronom objet direct le précède et qu'il fait logiquement l'action exprimée par l'infinitif. Les outardes que j'ai **vues** migrer reviendront. Ces choristes, je les ai **entendus** chanter.	Le participe passé est invariable si le pronom objet direct est CD de l'infinitif. Les canards que j'ai **vu** abattre étaient d'une espèce commune. Leurs cadeaux, je les ai **envoyé** chercher par Pierre.
Participe passé suivi d'un infinitif sous-entendu	Le participe passé s'accorde s'il a un CD qui le précède. Elle récoltait les fleurs qu'elle avait **voulues**. Les effets que nous avions **prévus** se sont tous produits.	Le participe passé est invariable lorsque son CD est un infinitif sous-entendu. Elle a fourni à son personnel toute l'information qu'elle a **voulu**. (sous-entendu *donner*). Nous avons fait les escales que nous avions **prévu**. (sous-entendu *faire*).

Participe passé avec l'auxiliaire *être*

	Variable	Invariable
Règle générale de l'accord du participe passé employé avec l'auxiliaire *être*	Le participe passé s'accorde avec le sujet. Elle est **sortie** avec eux. Ils ont été **accusés** à tort. Elle a besoin d'être **encouragée**.	
Participe passé des verbes essentiellement pronominaux	Le participe passé s'accorde avec le sujet. Elle s'est **absentée** un an. Pourquoi **vous** êtes-vous **abstenus** de m'en parler? Ils ne se sont pas **souciés** des conséquences.	
Participe passé des verbes occasionnellement pronominaux	Le participe passé s'accorde avec le complément direct (CD) si ce dernier est placé avant le verbe. Ils se sont **insultés**. Elle s'est **reconnue** dans ce personnage. J'ai conservé les lettres que nous nous sommes **écrites**.	Le participe passé est invariable si le CD est placé après le verbe ou s'il n'y en a pas. Ils se sont **acheté** un ordinateur. Elle s'est **menti** en faisant ce choix.
Sens des verbes pronominaux	Variable	Invariable
Verbe pronominal de sens réciproque – Le sujet désigne plusieurs êtres qui agissent les uns sur les autres.	Le participe passé s'accorde si le pronom est CD. Les dirigeants **se sont consultés** à ce sujet.	Le participe passé ne s'accorde pas si le pronom est complément indirect (CI). Elles **se sont téléphoné** tous les jours.

Sens des verbes pronominaux	Variable	Invariable
Verbe pronominal de sens réfléchi – Le sujet désigne l'être qui exerce une action et qui la subit.	Le participe passé s'accorde si le pronom est CD. Elle **s'est levée** très tôt.	Le participe passé ne s'accorde pas si le pronom est CI. Elle **s'est lavé** la tête. Elle **s'est parlé** toute seule.
Verbe pronominal de sens indistinct ou subjectif – Il est difficile de départager la part d'activité et de passivité du sujet. – Le pronom réfléchi n'assume aucune fonction syntaxique dans la phrase.	Le participe passé s'accorde généralement avec le sujet. Elle **s'est pliée** à toutes ses volontés. Elle **s'est doutée** que quelque chose n'allait pas. Ils **se sont plaints** de son comportement.	Le participe passé des verbes qui n'ont jamais de CD reste invariable. Elles **se sont plu** à concevoir un programme. Ils **se sont déplu** dans cet endroit.
Verbe pronominal de sens passif – Le sujet subit l'action évoquée par le verbe sans exercer lui-même l'action. – Le pronom réfléchi n'assume aucune fonction syntaxique dans la phrase.	Le participe passé s'accorde avec le sujet. L'épidémie **s'est déclarée** en fin d'année. Ces luxueuses villas **se sont vendues** facilement. Ses problèmes **se sont réglés** rapidement.	

Participe passé sans auxiliaire

	Variable	**Invariable**
Accord du participe passé employé sans auxiliaire	Le participe passé s'accorde en genre et en nombre avec le nom qu'il qualifie.	
	Les jours **passés** à travailler seront payés.	
	Elle semble **exténuée**.	
Ci-joint, ci-inclus, ci-annexé	Les locutions sont variables lorsqu'elles qualifient un nom (emploi adjectival).	Les locutions sont invariables lorsqu'elles sont placées en début de phrase ou lorsqu'elles précèdent, dans le corps de la phrase, un nom sans déterminant (emploi adverbial).
	Les notes **ci-jointes** vous seront utiles.	
	Parfois, les deux accords sont possibles : Veuillez trouver **ci-annexé** (ou **ci-annexée**) ma demande d'emploi.	**Ci-joint** les photocopies promises.
		Vous trouverez **ci-inclus** copie du rapport.
Comme prévu, comme convenu		Les locutions sont invariables.
		Comme prévu, cette tablette se vend très bien.
		La réalisation du plan s'exécute **comme convenu**.
Fini **employé en début de phrase**	Le participe passé *fini* s'accorde souvent avec le sujet (de même que le participe passé *terminé*).	Le participe passé peut également rester invariable (l'invariabilité est moins fréquente pour *terminé*).
	Finies les vacances !	**Fini** les papiers !
	Terminée, la vie de célibataire !	

Participe passé employé comme préposition : *étant donné*, *excepté*, *mis à part*, *passé*, *vu*, *(y) compris*	Variable	Invariable
	Ces participes passés s'accordent avec le sujet lorsqu'ils sont employés comme adjectifs qualificatifs, placés après le nom ou le pronom.	Ces participes passés sont invariables lorsqu'ils sont employés comme prépositions, placés devant un nom ou un pronom.
	Les vacances **passées**, le reste de l'été semble s'éterniser.	Il est rentré **passé** dix heures hier soir.
	La situation **vue** sous cet angle n'apparaît pas problématique.	**Mis à part** quelques personnes, tout le monde se connaissait.

Voici également certains cas particuliers à retenir.

Constructions figées

Étant donné, excepté, mis à part, passé, vu, (y) compris peuvent s'employer dans des constructions figées ; ils sont considérés comme des prépositions et restent alors invariables quand ils précèdent le nom ou le pronom auquel ils se rapportent. *Passé* peut aussi être variable, mais la plupart des ouvrages de référence optent pour l'invariabilité.

> **Passé cette date, l'offre ne sera plus valable.**
> (ou, plus rarement, **Passée cette date**...)
> **On ne peut plus accéder au local <u>passé</u> vingt heures.**
> **Je serai absent le mois prochain, <u>excepté</u> la dernière semaine.**
> **Tous les membres du personnel assistaient à la réunion, <u>excepté</u> ceux et celles qui devaient assurer la permanence du service.**
> **<u>Vu</u> l'importance des travaux, d'autres ressources sont nécessaires.**
> **<u>Étant donné</u> les circonstances, la mission est annulée.**
>
> **Tout est fourni, y <u>compris</u> les piles.**
> **Tout est fourni, les piles y <u>comprises</u> (ou les piles comprises).**

Verbes impersonnels

Le participe passé des verbes impersonnels et des verbes employés impersonnellement est toujours invariable.

> **Les dégâts qu'il y a <u>eu</u> le mois dernier ont été réparés.**
> **La quantité de matériaux qu'il a <u>fallu</u> a dépassé les prévisions.**
> **De ces livres, il s'est <u>vendu</u> des milliers d'exemplaires.**

Avec *en*

Lorsque le complément direct est représenté par le pronom adverbial *en*, avec le sens partitif de « de cela, de ces choses » et considéré comme neutre, le participe passé reste généralement invariable. Le participe passé est également invariable quand il est suivi d'un infinitif.

> **Elle a envoyé plus de lettres qu'elle n'en a <u>reçu</u>.**
> **Des pétitions, nous en avons <u>vu</u> arriver par dizaines.**

Lorsque *en* n'est pas complément direct, ce n'est pas lui qui commande l'accord ; les règles habituelles s'appliquent donc alors.

> **Nos clients sont satisfaits : voici les appréciations que nous en avons reçues.** (Qu'est-ce que nous avons reçu? *que*, complément direct, mis pour *appréciations*; *en* est ici complément indirect, il répond à la question *de qui?*)

Avec le pronom *l'*

Lorsque le complément direct est le pronom personnel élidé *l'*, mis pour *le*, représentant une idée exprimée par une proposition ou une phrase, le participe passé reste invariable. (Il ne faut toutefois pas confondre ce pronom neutre avec celui qui représente un nom, masculin ou féminin, et qui commande l'accord.)

> **La recherche est plus longue que je ne l'avais <u>prévu</u>.**
> (C'est-à-dire que je n'avais prévu qu'elle serait; ce n'est pas *la recherche* que j'avais prévue.)
> **Les recherches sont plus longues que nous ne l'avions <u>prévu</u>.**
> (même explication que ci-dessus)
> **Nous avons pu mener la recherche de la façon dont nous l'avions <u>préparée</u>.** (Qu'est-ce que nous avions préparé? *l'*, mis pour *la recherche*, donc accord au féminin singulier.)

Constructions elliptiques

Le participe passé reste aussi invariable dans certaines constructions elliptiques.

> **La recherche est plus longue que <u>prévu</u>.** (plus longue que c'était prévu)
> **Les recherches sont plus longues que <u>prévu</u>.** (Le participe passé ne se rapporte pas au nom *recherches* comme ce serait le cas des deux adjectifs dans « plus longues que coûteuses » ou « plus longues qu'ardues ».)

Suivi d'un infinitif

Le participe passé suivi d'un infinitif s'accorde si le complément direct est placé avant le groupe verbal qui comprend le participe passé et s'il fait l'action exprimée par l'infinitif (étant en quelque sorte le sujet de cet infinitif), que le verbe soit pronominal ou non.

> **Les relations que nous avons <u>senties</u> se détériorer...** (Nous avons senti quoi ? *que,* mis pour *les relations.* Qu'est-ce qui se détériore ? les relations.)
>
> **Nous les avons <u>entendus</u> discuter de cette question.** (Ce sont eux qui discutent.)
>
> **Ces avocates, on ne les avait jamais <u>entendues</u> dire cela.** (Ce sont les avocates qui disent.)
>
> **Ces vérités, on ne les avait jamais <u>entendu</u> dire.** (On n'avait jamais entendu dire quoi ? *les,* mis pour *ces vérités.* Ce ne sont pas ces vérités qui disent ; *ces vérités* est complément direct de l'infinitif *dire.*)
>
> **Les locaux que nous avons <u>voulu</u> louer...** (Ce ne sont pas les locaux qui louent ; *les locaux* est complément direct de l'infinitif.)
>
> **Ce sont des paroles que nous avons <u>entendu</u> prononcer par le directeur.** (Ce ne sont pas les paroles qui prononcent.)
>
> **La nouvelle édition qu'on nous a <u>demandé</u> de préfacer...** (On nous a demandé quoi ? de préfacer : c'est l'infinitif qui est le complément ; le participe passé reste invariable.)
>
> **Ils s'étaient <u>imaginé</u> remporter le premier prix.** (Ils avaient imaginé quoi ? le fait de remporter le premier prix.)

Ne pas confondre avec :

> **Ils s'étaient <u>imaginés</u> les meilleurs.**
> (Ils avaient imaginé qui ? *s',* mis pour *se,* c'est-à-dire eux-mêmes.)

Faire et *se faire*

Le participe passé de *faire* et de *se faire* est toujours invariable devant un infinitif.

> **Les recherches que nous avons <u>fait</u> publier ont eu du succès.**
> **Elles se sont <u>fait</u> demander les raisons de leur geste.**

Laisser et se *laisser*

Le participe passé *laissé* devant un infinitif suit en principe la règle d'accord des autres participes suivis d'un infinitif. (Voir plus haut.) Il est cependant de plus en plus admis de le considérer comme invariable, par analogie avec le participe passé de *faire* et de *se faire*. C'est notamment la position du Conseil supérieur de la langue française de France, qui, dans ses rectifications de l'orthographe, préconise l'invariabilité dans ce cas (voir aussi l'article RECTIFICATIONS DE L'ORTHOGRAPHE, p. 146).

> **les caisses qu'il a <u>laissées</u> tomber** (Il a laissé quoi ? qu', mis pour *les caisses*.
> Ce sont les caisses qui tombent, donc accord du participe passé ; l'invariabilité serait admise.)
>
> **Ils se sont <u>laissé</u> convaincre par ces arguments.** (Ils ont laissé qui ?
> *se*, qui représente *ils*. Mais le complément direct, *se*, ne fait pas l'action exprimée
> par l'infinitif *convaincre* ; *laissé* reste donc invariable.)
>
> **Elles les ont <u>laissés</u> parler.** (Elles ont laissé qui ? *les*, mis ici pour un nom
> masculin pluriel. C'est *les*, complément direct, qui fait l'action exprimée par l'infinitif,
> *parler* ; l'invariabilité serait admise.)

Suivi d'un infinitif sous-entendu

Le participe passé de verbes d'opinion (*cru, dû, pensé, permis, pu, voulu*, principalement) peut être suivi d'un infinitif sous-entendu. Ce participe passé reste invariable, car aucun élément qui le précède n'est son complément direct. Celui-ci est l'infinitif sous-entendu.

> **Nous avons compilé toutes les données que nous avons <u>pu</u>.**
> (L'infinitif *compiler* est sous-entendu.)
>
> **Ils ont exploité toutes les ressources qu'ils ont <u>voulu</u>.**
> (L'infinitif *exploiter* est sous-entendu ; ils ont voulu quoi ? exploiter.)

Avec *on*

Après le pronom sujet *on*, le participe passé conjugué avec l'auxiliaire *être* s'accorde en genre et en nombre avec les personnes englobées par ce pronom. (Voir aussi l'article qui porte sur le pronom ON, p. 97.)

> **On s'est <u>assuré</u> de l'exactitude des données.**
> (*On* ne représente qu'une personne, l'auteur.)
>
> **On a été <u>enchantés</u> de sa nomination.** (*On* représente *nous*, masculin pluriel.)
>
> **On est <u>surprises</u> de cette décision.** (*On* représente un féminin pluriel.)

Verbes pronominaux

Verbes essentiellement pronominaux

Le participe passé des verbes qui n'existent qu'à la voix pronominale, c'est-à-dire obligatoirement avec un pronom réfléchi – verbes essentiellement pronominaux – s'accorde en genre et en nombre avec le sujet du verbe (voir la liste non exhaustive ci-dessous).

> **Ils se sont <u>absentés</u>.** (Verbe *s'absenter*; le verbe *absenter* n'existe pas.)
>
> **Elles s'étaient <u>souvenues</u> des moindres détails.** (Verbe *se souvenir*; il n'y a pas de verbe *souvenir*.)

absenter (s')	abstenir (s')	accouder (s')
accroupir (s')	acoquiner (s')	affairer (s')
agenouiller (s')	amouracher (s')	amuïr (s')
arroger (s')	autocensurer (s')	autodétruire (s')
autoproclamer (s')	blottir (se)	contorsionner (se)
défier (se)	déhancher (se)	démener (se)
dénuer (se)	déprendre (se)	désertifier (se)
désister (se)	dévergonder (se)	duveter (se)
ébattre (s')	ébrouer (s')	écrier (s')
écrouler (s')	efforcer (s')	égosiller (s')
emparer (s')	empresser (s')	encorder (s')
endimancher (s')	enfuir (s')	engouer (s')
enquérir (s')	ensuivre (s')	entraider (s')
entredéchirer (s')	entredétruire (s')	entremettre (s')
entretuer (s')	envoler (s')	époumoner (s')
éprendre (s')	esclaffer (s')	escrimer (s')
évader (s')	évanouir (s')	évertuer (s')
exclamer (s')	extasier (s')	fier (se)
formaliser (se)	gargariser (se)	immiscer (s')
ingénier (s')	insurger (s')	interpénétrer (s')
lexicaliser (se)	méconduire (se)	méfier (se)
méprendre (se)	morfondre (se)	mutiner (se)
obstiner (s')	pâmer (se)	parjurer (se)

pavaner (se)	prélasser (se)	rabougrir (se)
ramifier (se)	raviser (se)	rebeller (se)
rebiffer (se)	récrier (se)	réfugier (se)
réincarner (se)	renfrogner (se)	rengorger (se)
repentir (se)	scléroser (se)	suicider (se)
tapir (se)	targuer (se)	toquer (se)
vautrer (se)		

Verbes pronominaux non réfléchis

L'accord en genre et en nombre avec le sujet est aussi la règle pour les verbes pronominaux dont l'action ne se reporte pas sur le sujet et qu'on appelle *verbes pronominaux non réfléchis*.

> **Ils se sont aperçus de l'erreur.** (Verbe *s'apercevoir*, non réfléchi, ne signifie pas « apercevoir soi ».)
>
> **Elles se sont plaintes de la mauvaise qualité de l'air.** (Verbe *se plaindre*, non réfléchi.)

Verbes transitifs et intransitifs employés pronominalement

Le participe passé des verbes transitifs et intransitifs employés pronominalement s'accorde en genre et en nombre avec le complément direct, s'il précède le verbe, car l'auxiliaire *être* est généralement mis pour *avoir*. Ce complément direct peut être soit le pronom *se*, soit un nom.

> **Ils se sont vus tout de suite.** (Ils ont vu qui? *se*, mis pour *ils*. *Se* est complément direct.)
>
> **Elle s'est fixé des objectifs ambitieux.** (Elle s'est fixé quoi? *des objectifs* : le complément direct est placé après; pas d'accord.)
>
> **les objectifs ambitieux que s'est fixés la ministre** (La ministre [sujet inversé] s'est fixé quoi? [ou a fixé quoi à elle?] *que*, mis pour *les objectifs* : le complément direct est placé avant le participe passé, ce dernier s'accorde donc avec lui.)
>
> **Elles se sont parlé à plusieurs reprises.** (*Se* est complément indirect : elles ont parlé à qui? à *elles*; pas d'accord.)

Verbes pronominaux *se rire*, *se plaire* et autres

Le participe passé des verbes pronominaux *se rire*, *se plaire*, *se déplaire*, *se complaire*, *se nuire*, *se parler*, *se rendre compte*, *se succéder*, *se suffire*, *s'en vouloir* reste invariable, car ces verbes n'ont jamais de complément direct. Avec ces verbes, le pronom *se* est complément indirect, répondant à la question *à qui?* ou *à quoi?*.

> **Elles se sont plu à concevoir un nouveau programme.** (Le pronom *se* n'est pas complément direct ici.)
>
> **Les chefs de service se sont succédé à ce poste.** (Ils ont succédé les uns aux autres : *se* est complément indirect.)
>
> **Les secrétaires s'en étaient rendu compte.** (On considère que *compte* est une sorte de complément direct du verbe.)

Verbes exprimant la mesure, la quantité, la durée

Le complément direct (qui répond généralement à la question *quoi ?*) et certains compléments circonstanciels de mesure, de quantité ou de durée (répondant aux questions *combien ?, combien de temps ?, comment ?*) sont parfois difficiles à distinguer. C'est notamment le cas avec les verbes *coûter, valoir, peser, mesurer, courir, vivre, dormir, régner, durer, reposer* employés intransitivement.

> **les centaines de dollars que cet appareil a coûté** (Cet appareil a coûté combien ?)
>
> **les efforts que cette recherche a coûtés** (Cette recherche a coûté quoi ?)
>
> **les dix tonnes que ce conteneur aurait pesé** (Ce conteneur aurait pesé combien ?)
>
> **les conteneurs que le transporteur avait pesés** (Le transporteur avait pesé quoi ?)
>
> **la semaine qu'a duré le congrès** (Le congrès a duré combien de temps ?)
>
> **les quarante-deux kilomètres qu'elles ont couru** (Elles ont couru combien ?)
>
> **les marathons qu'elles ont courus** (Elles ont couru quoi ?)

Cependant, le verbe *avoir* et les verbes *dépenser, gagner, investir, parier, perdre, placer, prendre* et *rapporter* sont transitifs directs, c'est-à-dire qu'ils sont généralement accompagnés d'un complément direct. L'accord du participe passé se fait donc avec ce complément direct s'il est placé avant.

> **les cinquante ans qu'il a eus cette année**
>
> **les milliers de dollars que j'avais si difficilement gagnés**
>
> **les précieuses minutes qu'il a perdues**
>
> **les cinq kilos qu'elle a perdus**
>
> **les économies qu'il a placées**
>
> **les fonds qu'elle a investis**

L'expression de grandeurs ou de mesures peut même être complément direct de verbes comme *ajouter, calculer, couper, enlever, passer, prendre, supprimer* ; l'accord du participe passé se fait donc avec ce complément s'il est placé avant.

Le français au bureau
Grammaire, orthographe et vocabulaire
RÉPERTOIRE DE DIFFICULTÉS GRAMMATICALES ET ORTHOGRAPHIQUES
115

les **500 grammes qu'on a <u>ajoutés</u>** (Qu'est-ce qu'on a ajouté ? ou On a ajouté quoi ?)
les **cent dollars qu'on a <u>calculés</u>**
les **dix centimètres qu'on a <u>coupés</u>**
les **deux jours qu'on a <u>passés</u> à...**
les **trois minutes qu'on a <u>supprimées</u>**

Avec un attribut du complément direct

Lorsque le complément direct a un attribut et que le participe passé est suivi de cet attribut, l'accord du participe passé se fait généralement avec le complément direct placé avant lui, mais l'invariabilité est admise.

les recherches qu'on avait <u>crues</u> (ou <u>cru</u>) terminées

Toutefois, si l'attribut du complément direct est suivi d'un infinitif complément, le participe passé et l'attribut sont invariables.

les documents que nous avons <u>jugés</u> (ou <u>jugé</u>) nécessaires
(même cas que ci-dessus)
les documents que nous avons <u>jugé</u> nécessaire de vous envoyer
(*nécessaire*, attribut du complément direct *que*, mis pour *documents*, est suivi d'un infinitif complément, *de vous envoyer*)

les données qu'on avait <u>déclaré</u> être inexactes

PAS DE et PLUS DE

Après les négations *pas de*, *plus de*, le nom peut être au singulier ou au pluriel, selon qu'il serait au singulier ou au pluriel si la phrase était affirmative. Dans certains contextes, le singulier et le pluriel sont possibles.

Nous n'avons pas de nouvelles de lui.
(À l'affirmative : Nous avons des nouvelles de lui.)
Nous n'avons plus de budget à consacrer à ces travaux.
(À l'affirmative : Nous avons du budget...)
Il n'y a pas de mots pour décrire cette situation.
Il n'y a pas de solution à ce problème.
Il n'a plus de dossier (ou de dossiers) en retard.

PASSÉ SIMPLE

Le passé simple exprime un fait complètement achevé au moment où on parle. Il a pour ainsi dire disparu de la langue parlée, mais on l'emploie encore à l'écrit, non seulement dans les textes littéraires, mais aussi dans les textes scientifiques et journalistiques. On le conjugue surtout à la troisième personne du singulier et du pluriel. Aux autres personnes, notamment aux deux premières personnes du pluriel, on le remplace généralement par le passé composé ou, plus rarement, par l'imparfait.

> **À toutes les questions, il répondit qu'il ne savait pas.** (*répondit* : passé simple)
> **À toutes les questions, il a répondu qu'il ne savait pas.**
> (*a répondu* : passé composé)
> **À toutes les questions, il répondait qu'il ne savait pas.** (*répondait* : imparfait)

PÉRIODICITÉ

Pour exprimer la périodicité d'une chose, la fréquence à laquelle elle survient, ou sa durée, on a souvent recours à des adjectifs. Voici un rappel des plus courants.

une fois par jour	**quotidien**
une fois par semaine	**hebdomadaire**
une fois par mois	**mensuel**
une fois par année	**annuel**
deux fois par jour	**biquotidien**
deux fois par semaine	**bihebdomadaire**
deux fois par mois	**bimensuel** ou **semi-mensuel**
deux fois par année	**semestriel**
toutes les deux semaines	**quinzomadaire**
tous les deux mois	**bimestriel**
tous les deux ans	**bisannuel** ou **biennal**
tous les trois mois	**trimestriel**
tous les trois ans	**triennal**
tous les quatre ans	**quadriennal**
tous les cinq ans	**quinquennal**

Par ailleurs, on emploie souvent, pour exprimer la périodicité, l'adjectif indéfini *chaque* suivi d'un nom, ou l'adjectif indéfini *tous* suivi d'un article et d'un nom.

> **Chaque matin, il distribue le courrier.** (plutôt que *à chaque matin*)
> **Tous les matins, il distribue le courrier.** (plutôt que *à tous les matins*)
> **Il va à la banque tous les deux jours.** (plutôt que *à chaque deux jours*)

Les noms *quatorzaine* et *quinzaine* désignent respectivement un espace de quatorze jours ou un espace de quinze jours, ce qui, dans les faits, revient au même (tout comme *huit jours* peut être synonyme d'*une semaine*, qui n'en compte que sept). Donc, pour dire qu'on reçoit son salaire toutes les deux semaines, on peut employer l'expression *paie à la quatorzaine* ou, de façon plus moderne, *paie à la quinzaine*, ou encore tout simplement le mot *quinzaine*, dont le sens de « salaire de deux semaines » est attesté dans les dictionnaires. Le terme *quinzomadaire* désigne une publication qui paraît toutes les deux semaines.

 PERSONNE MORALE

Par **personne morale**, on entend une « entité dotée, dans les conditions prévues par la loi, de la personnalité juridique, et donc capable, à l'instar d'une personne physique, d'être titulaire de droits et d'obligations ». Des noms comme *client*, *commanditaire*, *employeur*, *exportateur*, *fabricant*, *fournisseur*, *importateur*, *manufacturier* et *partenaire* sont parfois employés pour désigner des personnes morales, c'est-à-dire des entreprises, des sociétés, et non des personnes physiques, hommes ou femmes. Dans ces cas, l'emploi du masculin et du singulier est le plus courant, mais le féminin est admis en tenant compte du contexte et notamment de l'apposition, et le pluriel est possible.

> **Les représentants de l'employeur se sont présentés à la table de négociation.**
>
> **Cette entreprise est devenue notre principal fournisseur de services informatiques.**
>
> **La société d'État Hydro-Québec, fière commanditaire du Congrès mondial de l'énergie, est engagée...** (Le masculin aurait aussi été possible : **fier commanditaire**, mais en raison de l'accord d'*engagée* et de l'apposition à *société d'État*, il est préférable d'accorder *fier* au féminin.)
>
> **Merci aux Éditions ABC, partenaires principales du festival, qui ont collaboré...**
>
> **L'entreprise Informatiquatout, partenaire majeur de l'activité, veut...** (Le féminin est aussi possible : **partenaire majeure**, *partenaire* étant en apposition à *entreprise*.)
>
> **Les Chaussures Modelor sont le principal commanditaire de...**
>
> **Ces organisations sont des acteurs économiques importants.**
>
> **La SAQ est un grand importateur de vins...**
>
> **En tant que grande importatrice, la SAQ...**

Toutefois, lorsque ces noms sont utilisés pour nommer des hommes ou des femmes, il va de soi que les deux formes s'appliquent, par exemple : *les clients et les clientes, les clients et clientes* (ou, si le contexte s'y prête, le collectif *la clientèle*), *les fournisseurs et les fournisseuses, les fournisseurs et fournisseuses*.

> **Les employeurs et (les) employeuses étaient très nombreux au dernier Salon de l'emploi du commerce de détail.**
>
> **Ils ont reçu une centaine de plaintes de clientes et (de) clients insatisfaits.**

Par ailleurs, ces noms sont aussi employés comme épithètes pour caractériser aussi bien des personnes morales que des personnes physiques. Dans ces emplois, on fait l'accord grammatical avec le nom caractérisé.

> **Ils ont fait appel à plusieurs pays fournisseurs.**
> (personne morale)
>
> **La société cliente conserve le droit de refuser toute modification.**
> (personne morale)
>
> **Ce système permet à l'entreprise employeuse de réduire ses coûts.**
> (personne morale)
>
> **Elles ont formé un regroupement de commerçantes employeuses.**
> (personne physique)

PERSONNEL et EFFECTIF

Le mot *effectif*, emprunté au domaine militaire, s'emploie en gestion pour désigner le nombre de personnes qui constituent un groupe défini. Il peut s'employer au singulier ou au pluriel. Lorsqu'il s'agit de l'évaluation précise du nombre de personnes qui participent à une association, à un groupement, à un parti politique, etc., on a tendance à employer le singulier. Lorsqu'il s'agit plutôt d'une évaluation approximative, on a tendance à employer le pluriel.

> **L'effectif de l'hôpital est resté stable cette année.**
> **Les effectifs doubleront probablement au cours des trois prochaines années.**

Le mot *personnel* est différent. C'est un mot au singulier qui représente plusieurs individus, un ensemble de personnes : c'est un collectif. On le voit parfois au pluriel, mais il ne devrait l'être que dans des contextes particuliers, lorsqu'il est important de préciser qu'il y a plusieurs catégories de personnel. L'usage courant n'admet en effet que le singulier, et on parle en général du personnel de l'école, de l'hôpital, de l'entreprise, même s'il est évident que, dans une école par exemple, il y a le personnel enseignant, le personnel administratif, le personnel d'entretien.

> **Le personnel de l'école sera invité à donner son avis sur cette question.**
>
> **Le personnel enseignant, le personnel administratif et le personnel d'entretien seront invités à donner leur avis sur cette question.**
>
> **La consultation de ces trois personnels** (ou, de préférence, **catégories de personnel** ou **groupes**) **importe beaucoup à la direction de l'établissement.**

PEU

Faut-il accorder le verbe au singulier ou au pluriel dans des phrases qui ont pour sujet *peu*, *peu de* ou *le peu de* ?

Peu employé seul signifie « un petit nombre de personnes ou de choses », et le verbe dont il est le sujet s'accorde au pluriel.

> **Il y avait beaucoup de candidats, mais peu ont réussi.**
>
> **Les députés ont renoncé à ce projet, car peu y étaient favorables.**
>
> **Ils publient beaucoup de communiqués, mais il y en a peu qui sont repris par les médias.**

Lorsque *peu de* est suivi d'un substantif, le verbe s'accorde avec ce substantif.

> **On estime que peu de monde se déplacera à cette occasion.**
>
> **On estime que peu de personnes se déplaceront à cette occasion.**
>
> **Peu d'étudiants ont échoué à cet examen.**

L'expression *le peu de* peut avoir deux sens : « l'insuffisance, le manque de » ou bien « la quantité nécessaire, suffisante ».

Le verbe qui accompagne *le peu de* au sens de « le manque de » reste au singulier.

> **Le peu de règles de grammaire qu'ils connaissaient a nui à leur succès.**
>
> **Le peu d'inscriptions à ce programme a entraîné son annulation.**

Le peu de signatures d'appui que les responsables ont recueilli les a incités à tout abandonner. (accord du participe passé *recueilli* avec *le peu* au sens de « manque, insuffisance », au singulier ; le peu… a incité les responsables)

Le verbe qui accompagne *le peu de* au sens de « la quantité suffisante de » s'accorde avec le nom qui suit cette expression.

Le peu de notions que cet apprenti a acquises sont suffisantes pour qu'il débute.

Le peu de règles de grammaire qu'ils connaissaient leur ont permis de réussir à l'examen.

Le peu de votes favorables que le comité d'organisation a reçus l'ont encouragé à poursuivre son action. (accord du participe passé *reçu* avec *votes* ; *le peu* a ici le sens de « quantité suffisante » ; les votes favorables… ont encouragé)

Certains auteurs proposent de faire l'accord avec *le peu* si la petite quantité est l'idée dominante et avec le nom complément dans les autres cas (où *le peu de* n'a que le sens de « quelques »).

PLUS D'UN, PLUS D'UNE

Après *plus d'un* ou *plus d'une*, qu'il s'agisse de l'adjectif ou du pronom indéfini, le verbe se met généralement au singulier. Cependant, quand *plus d'un* ou *plus d'une* est répété, le verbe se met au pluriel.

Plus d'une candidate a évité cette erreur.

Plus d'un s'en est plaint.

Plus d'une erreur, plus d'une omission nuisent à la qualité de ce rapport.

Si le verbe qui suit *plus d'un* ou *plus d'une* exprime une action réciproque, ce verbe pronominal se met au pluriel.

Plus d'un se seraient battus pour l'avoir.

Lorsque *plus d'un* ou *plus d'une* est suivi d'un complément au pluriel, le verbe peut se mettre au singulier ou au pluriel.

Plus d'un de ses travaux a été remarqué (ou ont été remarqués).

Avec l'expression *plus de deux*, le verbe se met toujours au pluriel. C'est aussi généralement le cas avec l'expression *moins de deux*. (Voir MOINS DE DEUX, p. 87.)

Rappelons que lorsqu'un nom d'objet ou d'unité est précédé d'un nombre, ce nom prend la marque du pluriel dès que le nombre est égal ou supérieur à deux.

> **1,5 million**
> **1,85 mètre**
> **2 mètres**

POSSIBLE

Possible est variable quand il est adjectif et qu'il qualifie un nom ; il s'accorde alors avec ce nom.

> **Nous lui avons posé toutes les questions possibles.** (qui étaient possibles)

Possible est invariable quand il est immédiatement précédé d'un superlatif comme *le moins*, *le plus*, *le mieux*. Dans ce cas, *possible* ne se rapporte pas à un nom ; il remplace plutôt la proposition « qu'il est possible » et c'est pourquoi il demeure invariable. Si *possible* suit immédiatement le nom dépendant du superlatif, l'accord est admis, mais l'invariabilité est préférable.

> **Elle a répondu aux questions le mieux possible.**
> **Il faut distribuer le plus possible de dépliants.**
> **Il faut distribuer le plus de dépliants possible.** (c'est-à-dire qu'il est possible de distribuer ; de préférence à *Il faut distribuer le plus de dépliants possibles.*)
> **Il faut choisir les meilleurs textes possible.** (c'est-à-dire qu'il est possible de choisir, de préférence à *les meilleurs textes possibles*, c'est-à-dire qui sont possibles)

Si *possible* suit un adjectif pluriel au superlatif, il peut s'accorder ou rester invariable, mais l'accord est préférable.

> **Nous avons acheté des ordinateurs, les plus puissants possibles.**
> (c'est-à-dire les plus puissants qui soient possibles ; **possible** serait aussi admis : c'est-à-dire les plus puissants qu'il soit possible d'acheter)
> **Il faut choisir les textes les meilleurs possibles** (ou **les meilleurs possible**).

POURCENTAGE et FRACTION

Après l'expression d'un pourcentage ou d'une fraction suivie d'un complément, le verbe peut se mettre au singulier ou au pluriel selon le sens ou l'importance qu'on accorde à la proportion exprimée par la fraction ou le pourcentage, ou à l'ensemble exprimé par le complément.

> **La moitié des dossiers seront archivés** (ou **sera archivée**).
> **Plus du tiers des cas ont été déclarés** (ou **a été déclaré**).
> **Trois quarts de la récolte a été perdue** (ou **ont été perdus**).

Un complément au singulier entraîne un verbe au singulier.

> **Il semble que 25 % de l'électorat a voté contre.**

Et en général un complément au pluriel entraîne un verbe au pluriel.

> **Il ressort que 40 % des spécialistes sont de cet avis.**

Toutefois, lorsque *la majorité de* ou *la minorité de* sont pris au sens mathématique très précis, ce sont généralement eux qui commandent l'accord.

> **La majorité des personnes présentes est favorable à la proposition.**

Lorsqu'une fraction ou un pourcentage est précédé d'un article ou d'un adjectif au pluriel, l'accord se fait au pluriel, de même qu'après l'expression *sur cent*, *sur dix*, *sur vingt*, etc. (sauf évidemment après *un sur cent*, *sur dix*, *sur vingt*).

> **les 15 % de profit qui restent**
> **Ces dix pour cent doivent être répartis.**
> **Les deux tiers du territoire sont protégés.**
> **Quinze élèves sur cent ont obtenu cette note.**
> **À peine un participant sur cent a rempli le questionnaire.**

Le participe passé s'accorde avec le pourcentage ou avec son complément selon le sens.

> **Soixante-quinze pour cent de la clientèle que le Service de la publicité a consultée se sont montrés favorables à la nouvelle marque.**
> (C'est toute la clientèle qui a été consultée.)

> **Les soixante-quinze pour cent de la clientèle que le Service de la publicité a consultés se sont montrés favorables à la nouvelle marque.** (On n'a consulté que soixante-quinze pour cent de la clientèle.)

Si le complément est sous-entendu et qu'il est singulier, l'accord se fait avec l'expression de pourcentage ou la fraction, donc au masculin (singulier pour les pourcentages inférieurs à 2 %, pluriel dans les autres cas). Si le complément sous-entendu est un pluriel et qu'il s'agit de personnes, l'accord se fait en genre et en nombre avec lui.

> **Cette fois encore, 1 % sert à…**
> **Pour ce qui est du budget de l'année prochaine, 20 % seront réservés à…**
> **Parmi les personnes qui ont répondu à l'appel, 70 % ont été affectées au…**
> **Les membres présents, dont la moitié représentent les régions, ont manifesté leur soutien à cette proposition.** (Le complément de *la moitié*, qui est *des membres*, est sous-entendu ; l'accord se fait avec lui, au pluriel.)

Par ailleurs, noter qu'il est préférable d'éviter de commencer une phrase par un nombre écrit en chiffres et qu'il y a un espacement entre le nombre et le symbole pour cent (%).

> **Quelque 70 % des réponses ont été jugées valables.**
> (ou **Soixante-dix pour cent des réponses…**)

Voir aussi l'article COLLECTIF.

 PRÉFIXES

Voir aussi, ci-dessous, un tableau récapitulatif.

anti-

Les mots formés avec le préfixe *anti-*, qu'ils soient noms, adjectifs ou adverbes, s'écrivent généralement en un seul mot, sans trait d'union.

> **un antihistaminique**
> **des antidépresseurs**
> **des positions antinucléaires**
> **le contrôle antidopage**
> **anticonstitutionnellement**

Cependant, on met un trait d'union quand l'élément qui suit *anti-* commence par la voyelle *i* ou quand il s'agit d'un nom composé (lui-même avec ou sans trait d'union).

> **une politique anti-inflationniste**
> **des anti-inflammatoires**
> **un système anti-sous-marin**
>
> **un anti-logiciel espion**

Le trait d'union est maintenu également lorsque *anti-* précède un sigle ou un nom propre.

> **une manifestation anti-FMI**
> **des propos anti-Américains**

Lorsqu'ils sont employés comme adjectifs, les composés avec *anti-* demeurent souvent au singulier. On ne les accorde au pluriel que lorsque le second élément renvoie à une idée de pluralité.

> **des phares antibrouillard** (des phares contre le brouillard)
> **des peintures antirouille** (des peintures contre la rouille)
> **des campagnes antitabac** (des campagnes contre le tabac)
> **un dispositif antiradar, des dispositifs antiradars**

inter-

Le préfixe *inter-* se soude au mot qui suit, sans trait d'union.

> **une interface, des interfaces**
> **un intertitre, des intertitres**
> **des interrelations**
> **un appel interurbain**
> **des échanges intercontinentaux**
> **des relations interprofessionnelles**

Lorsqu'un adjectif est formé du préfixe *inter-* et d'un nom, il est d'usage de mettre cet adjectif au pluriel quand il renvoie à plusieurs éléments, même si le nom auquel il se rapporte est singulier.

> **un comité interentreprises**
> **une rencontre interclubs**

Lorsque *inter-* marque la réciprocité, il faut éviter les pléonasmes causés par l'emploi de la préposition *entre* dans le même membre de phrase.

> **Ces deux groupes sont en interrelation.**
> (et non pas *il y a interrelation entre ces deux groupes*)
> **la communication entre les parties**
> (et non pas *l'intercommunication entre les parties*)

post-

Ce préfixe se soude au mot qui suit. (Voir aussi l'article RECTIFICATIONS DE L'ORTHOGRAPHE, p. 146.)

> **postdater**
> **postdoctoral**
> **postindustriel**
> **postmoderne**
> **postnatal**
> **postsynchronisation**

Devant les mots qui commencent par un *t*, la plupart des dictionnaires mettent un trait d'union, mais certains les soudent comme les autres mots.

> **post-traumatique** (ou, plus rarement, **posttraumatique**)

Les noms composés avec *post-* d'après des expressions latines s'écrivent avec un trait d'union.

> **post-scriptum**
> **post-partum**
> **post mortem** (locution adjectivale : **Le testament est un acte juridique post mortem.**)

pré-

Ce préfixe se soude aux nombreux mots qu'il sert à former, sans trait d'union, que l'élément qui le suit commence par une voyelle ou par une consonne.

> **préétabli**
> **préexistant**
> **préindustriel**
> **préopératoire**
> **prépaiement**
> **préretraite**
> **préalable**

Dans les noms composés *pré-bois* et *pré-salé*, l'élément *pré* n'est pas un préfixe, mais le nom masculin qui a le sens de « pâturage ».

re-

Le préfixe *re-* sert à indiquer le retour à un état antérieur (*renouer, reboucher*), un changement de direction (*retourner, rejeter*), un renforcement (*rechercher, rehausser*), la répétition (*redire, refaire, renvoyer*), etc. Dans ce dernier sens, on peut l'appliquer à de nombreux verbes ou noms, que les dictionnaires ne peuvent tous citer. Devant une voyelle, *re-* devient *r-* ou *ré-* (on a ainsi les verbes *récrire* ou *réécrire*, mais le nom *réécriture* seulement; les verbes *réanimer* et *ranimer*, qui ont des sens différents, mais le nom *réanimation* seulement), et devant un *s*, on emploie *re-*, *ré-* ou *res-* (*resaler, résonner, ressaisir*). Comme l'usage n'est pas toujours fixé, la consultation d'un dictionnaire s'impose, pour vérifier autant la forme du mot que son sens exact.

En effet, il faut éviter d'employer un verbe composé avec le préfixe *re-* lorsque le sens ne l'exige pas, par exemple, ne pas employer *rejoindre* au lieu de *joindre*, *relier* au lieu de *lier*, *rentrer* au lieu d'*entrer*, *reconduire* au lieu de *conduire*, *rajouter* au lieu d'*ajouter*, *rapporter* au lieu d'*apporter*, *réchauffer* au lieu d'*échauffer*, *retrouver* au lieu de *trouver*, *regrouper* au lieu de *grouper*, *rechercher* au lieu de *chercher*, *rouvrir* au lieu d'*ouvrir*. Les confondre et toujours employer la forme en *re-* serait se priver d'un moyen d'expression fort utile. (Il ne faut pas confondre non plus l'adjectif *irréconciliable*, dérivé du verbe *réconcilier*, et l'adjectif *inconciliable*, dérivé du verbe *concilier*.)

> **Je n'ai pas réussi à vous joindre au téléphone.** (et non pas *à vous rejoindre*)
> **C'est elle qui entre en scène la première.** (et non pas *qui rentre en scène*)
> **Les élèves qui sont entrés au secondaire cette année...**
> (et non pas *qui sont rentrés*)
> **La veille de son départ, il lui a proposé d'aller la conduire à l'aéroport.**
> (et non pas *d'aller la reconduire*)

> **Avant un match, il est bon de faire des exercices d'échauffement.**
> (et non pas *des exercices de réchauffement*)
>
> **Cette règle se trouve à la page 120.** (et non pas *se retrouve*)
>
> **Les documents à consulter sont groupés dans ce classeur.**
> (et non pas *sont regroupés*; mais **Les documents étaient éparpillés, on les a regroupés.**)
>
> **J'ai dû chercher ce mot dans un dictionnaire.**
> (et non *rechercher*, à moins qu'il ne s'agisse d'une nouvelle consultation sur le même mot)
>
> **Il n'a pas pu ouvrir la boîte de l'appareil lorsqu'il l'a reçue.**
> (et non *rouvrir*, ni à plus forte raison *réouvrir*, qui est un barbarisme.
> Mais le nom dérivé est *réouverture*.)
>
> **Les intérêts des parties en présence semblent inconciliables.** (et non pas
> *irréconciliables*; mais **Ils sont maintenant devenus des adversaires irréconciliables.**)

Il faut aussi éviter d'employer dans la même phrase un verbe composé avec *re-* marquant la répétition et la locution adverbiale *de nouveau*, ce qui constituerait une redondance.

> **Il est revenu hier** ou **Il est venu de nouveau hier.**
> (et non pas *Il est revenu de nouveau hier.*)

sous-

Le préfixe *sous-* peut marquer une position inférieure, une subordination, une subdivision ou une insuffisance, notamment. Les mots composés avec *sous* s'écrivent tous avec un trait d'union et la plupart d'entre eux prennent la marque du pluriel. Les dictionnaires consignent certaines exceptions, mais selon les rectifications de l'orthographe il est admis de mettre un *s* au pluriel dans tous les cas.

> **un sous-domaine, des sous-domaines**
> **un sous-ministre, des sous-ministres**
> **un sous-main, des sous-main(s)**
> **un sous-verre, des sous-verre(s)**
> **sous-évaluer**
> **des enfants sous-alimentés**
> **des personnes sous-payées**

Toutefois, certains mots formés avec le préfixe *sous* s'écrivent en un seul mot, sans trait d'union, parce qu'ils viennent du latin. Ce sont *souscrire*, *soustraire* et *soussigné*, ainsi que leurs dérivés (*souscription*, *soustraction*, etc.).

> **Je soussignée, Marie Lafleur, autorise ma sœur, Julie Lafleur, à...**
> (le nom propre en apposition est encadré de virgules)
>
> **Nous soussignés déclarons que...** (*soussignés* n'est pas entre virgules)

super-

Super peut être un nom, un adjectif ou un préfixe.

Comme nom masculin, c'est l'abréviation de *supercarburant*.

> **Dans votre nouvelle voiture, mettez-vous du super ou de l'ordinaire ?**

Comme adjectif invariable, épithète placée après le nom ou attribut, *super* appartient au registre familier et a le sens de « supérieur, épatant, formidable ». Certains auteurs accordent *super* en nombre.

> **une soirée super**
> **des filles super** (ou, plus rarement, **supers**)
> **Ils ont été super !** (ou, plus rarement, **supers**)

Comme préfixe, *super* exprime le plus haut degré ou la supériorité. Il sert à former de nombreux noms et adjectifs appartenant à la langue technique ou publicitaire. Les mots composés avec *super* s'écrivent sans trait d'union, à de rares exceptions près, dont *super-huit* (ou *super-8*) ainsi que certains mots familiers de création récente, pour lesquels l'usage est flottant. En cas de doute, on peut opter pour l'agglutination (écriture en un seul mot), conforme à l'évolution de l'orthographe.

> **un avion supersonique, un supersonique**
> **des superordinateurs**
> **des supermolécules**
> **des supermarchés**
> **des superpuissances**
> **Elle est superchic** (ou **super-chic**).
> **Il est super-sympa.**

sur-

Le préfixe *sur* marque l'excès ou signifie « au-dessus », « par-dessus ». Tous les mots formés avec ce préfixe, qu'ils soient des noms, des verbes ou des adjectifs, s'écrivent sans trait d'union.

> **la surabondance**
> **une surdose** (en anglais : *overdose*)
> **surestimer**
> **surfin**

> **le surlendemain**
>
> **surmonter**
>
> **la surproduction**
>
> **Cette compagnie aérienne abuse de la surréservation.**
> (en anglais : *overbooking*)

Les dictionnaires ne mentionnent qu'une exception, le nom *surplace*, qui peut s'écrire en un seul mot ou avec un trait d'union dans l'expression *faire du surplace* ou *faire du sur-place*.

Le trait d'union dans les mots composés d'un préfixe ou d'un élément grec ou latin

Voici une vue d'ensemble de l'emploi du trait d'union dans les mots composés d'un préfixe ou d'un élément grec ou latin. On y trouve les différents cas de soudure, généralement préconisés par les propositions de rectifications de l'orthographe. On y donne également les raisons de l'emploi du trait d'union lorsqu'il est nécessaire, c'est-à-dire pour éviter des difficultés de prononciation lorsque deux voyelles peuvent être lues comme une seule unité graphique (*a* et *i*, *a* et *u*, *o* et *i*, *o* et *u*) et pour éviter des difficultés de lecture lorsque deux voyelles identiques se suivent.

Quant à l'accord des mots composés, en règle générale, on met au besoin la marque du pluriel aux composés soudés et au second élément des composés qui comportent un trait d'union.

Élément	Sans trait d'union	Avec trait d'union
agro- (ou **agri-**) « champ »	Les éléments sont généralement soudés. **agrotourisme, agricole**	Le trait d'union est obligatoire lorsque le second élément commence par *i* ou *u*. **agro-industrie**
anti- « contre »	Les éléments sont généralement soudés. **antidopage**	Le trait d'union est préférable lorsque deux voyelles identiques se suivent. **anti-inflammatoire** Le trait d'union est obligatoire lorsque le second élément est un nom propre ou un sigle. **anti-Américains, anti-FMI**

Élément	Sans trait d'union	Avec trait d'union
archi- « très »	Les éléments sont soudés si *archi-* exprime la supériorité hiérarchique. **archiduchesse**	Le trait d'union est facultatif dans les composés occasionnels où *archi-* a le sens de « très ». **archifacile** (ou **archi-facile**) Le trait d'union est préférable lorsque deux voyelles identiques se suivent. **archi-intéressant**
audio- (ou **audi-**) « entendre »	Les éléments sont généralement soudés. **audiovisuel, audimètre**	Le trait d'union est préférable lorsque deux voyelles identiques se suivent. **audio-oral**
auto- « soi-même, lui-même »	Les éléments sont généralement soudés. **autonettoyant**	Le trait d'union est obligatoire lorsque le second élément commence par *i* ou *u*. **auto-infection** Le trait d'union est préférable lorsque deux voyelles identiques se suivent. **auto-orientable** Le trait d'union est obligatoire lorsque *auto* est le second élément d'un mot composé et signifie « automobile ». **siège-auto**
bi- (ou **bis-**) « deux fois »	Les éléments sont soudés. **bimoteur, bisannuel**	
bio- « vie »	Les éléments sont généralement soudés. **biocarburant**	Le trait d'union est obligatoire lorsque le second élément commence par *i* ou *u*. **bio-industrie** Le trait d'union est préférable lorsque deux voyelles identiques se suivent. **bio-ordinateur**

Le français au bureau Grammaire, orthographe et vocabulaire
RÉPERTOIRE DE DIFFICULTÉS GRAMMATICALES ET ORTHOGRAPHIQUES

131

Élément	Sans trait d'union	Avec trait d'union
cardio- (ou **cardi-**, **cardia-**) « cœur »	Les éléments sont généralement soudés. **cardiomusculaire, cardiatomie**	Le trait d'union est obligatoire lorsque le second élément commence par *i* ou *u*. **cardio-imagerie** Le trait d'union est préférable lorsque deux voyelles identiques se suivent. **cardio-œsophagien**
co- « avec, en même temps »	Les éléments sont généralement soudés. **coprésident**	Le trait d'union est obligatoire lorsque le second élément commence par *i* (sauf *coïncider*, *coïncidence* et *coïnculpé*, dont le tréma justifie la soudure) ou *u*. **co-intervention**
cyber- « cybernétique »	Les éléments sont soudés si le second est un nom commun. **cyberentreprise**	Le trait d'union est obligatoire lorsque le second élément est un nom propre. **cyber-Canada**
cyclo- (ou **cycl-**) « cercle » ou « cycle »	Les éléments sont soudés. **cyclotourisme, cyclamate**	Le trait d'union est facultatif dans : **cyclo-taxi** (ou **cyclotaxi**), **cyclo-pousse** (ou **cyclopousse**)
di- « double »	Les éléments sont soudés. **dioxyde**	
éco- « habitat », « écologie »	Les éléments sont généralement soudés. **écotourisme**	Le trait d'union est obligatoire lorsque le second élément commence par *i* ou *u*. **éco-industrie**
ex- « hors de », « antérieur »	Les éléments sont soudés si *ex-* signifie « hors de ». **expropriation** En deux mots dans : **ex cathedra, ex æquo, ex abrupto**	Avec trait d'union si *ex-* exprime l'antériorité. **ex-officier**

Élément	Sans trait d'union	Avec trait d'union
extra- « à l'extérieur de »	Les éléments sont généralement soudés. **extraconjugal**	Exception : **extra-muros** (ou **extra muros**) Le trait d'union est obligatoire lorsque le second élément débute par *i* ou *u*. **extra-utérin** Le trait d'union est préférable lorsque deux voyelles identiques se suivent. **extra-atmosphérique**
géo- « Terre »	Les éléments sont généralement soudés. **géophysicien**	Le trait d'union est obligatoire lorsque le second élément débute par *i* ou *u*. **géo-industrie**
hydro- (ou **hydr-**) « eau »	Les éléments sont généralement soudés. **hydrofuge, hydravion**	Le trait d'union est obligatoire lorsque le second élément débute par *i* ou *u*. **hydro-injecteur**
hyper- « au-dessus », « très »	Les éléments sont soudés si *hyper-* exprime un degré élevé d'excès. **hypertexte**	Le trait d'union est facultatif dans les composés occasionnels. **hyper-froid** (ou **hyperfroid**)
hypo- « au-dessous »	Les éléments sont soudés. **hypocalorique**	
infra- « en dessous »	Les éléments sont généralement soudés. **infrarouge**	Le trait d'union est obligatoire lorsque le second élément commence par *i* ou *u*. **infra-intellectuel**
inter- « entre »	Les éléments sont soudés. **interface**	

Le français au bureau Grammaire, orthographe et vocabulaire
RÉPERTOIRE DE DIFFICULTÉS GRAMMATICALES ET ORTHOGRAPHIQUES

133

Élément	Sans trait d'union	Avec trait d'union
intra- « à l'intérieur de »	Les éléments sont généralement soudés. **intraveineux**	Exception : **intra-muros** Le trait d'union est obligatoire lorsque le second élément commence par *i* ou *u*. **intra-utérin**
macro- « long, grand »	Les éléments sont généralement soudés. **macromoléculaire**	Le trait d'union est obligatoire lorsque le second élément commence par *i* ou *u*. **macro-instruction** Le trait d'union est préférable lorsque deux voyelles identiques se suivent. **macro-ordinateur**
maxi- « de larges dimensions », « de grande taille », « de bonne longueur », « de grande importance, très grand »	Les éléments sont généralement soudés. **maxilong**	Le trait d'union est préférable lorsque deux voyelles identiques se suivent. **maxi-imperméable**
méga- « grand »	Les éléments sont généralement soudés. **mégaoctet**	Le trait d'union est obligatoire lorsque le second élément commence par *i* ou *u*. **méga-uretère**
méta- « au milieu, avec, après, qui englobe »	Les éléments sont soudés. **métaphysique**	
mi- « au milieu »		Toujours avec un trait d'union. **mi-session**

Élément	Sans trait d'union	Avec trait d'union
micro- « petit »	Les éléments sont généralement soudés. **microfibre**	Le trait d'union est obligatoire lorsque le second élément commence par *i* ou *u*. **micro-informatique** Le trait d'union est préférable lorsque deux voyelles identiques se suivent. **micro-ordinateur**
mini- « moins », « très petit, court, bref »	Les éléments sont généralement soudés. **minigolf**	Le trait d'union est préférable lorsque deux voyelles identiques se suivent. **mini-icône**
mono- « seul, unique »	Les éléments sont généralement soudés. **monoparental**	Le trait d'union est obligatoire lorsque le second élément commence par *i* ou *u*. **mono-insaturé**
multi- « plusieurs »	Les éléments sont généralement soudés. **multiethnique**	Le trait d'union est préférable lorsque deux voyelles identiques se suivent. **multi-instrumentiste**
néo- « nouveau »	Les éléments sont généralement soudés. **néocapitalisme**	Le trait d'union est obligatoire lorsque le second élément commence par *i* ou *u*. **néo-impressionnisme** Le trait d'union est obligatoire dans les gentilés et leurs adjectifs correspondants. **Néo-Zélandais, néo-écossais**
omni- « tout, chaque »	Les éléments sont soudés. **omnipraticien**	
pan- « tout »	Les éléments sont soudés. **panaméricain**	

Élément	Sans trait d'union	Avec trait d'union
para- « à côté de »	Les éléments sont généralement soudés. **paramédical**	Le trait d'union est obligatoire lorsque le second élément commence par *i* ou *u*. **para-universitaire**
péri- « autour »	Les éléments sont généralement soudés. **périnatal**	Le trait d'union est préférable lorsque deux voyelles identiques se suivent. **péri-informatique**
photo- « lumière », « photographie »	Les éléments sont généralement soudés. **photocopieur**	Le trait d'union est obligatoire lorsque le second élément commence par *i* ou *u*. **photo-interprétation** Le trait d'union est préférable lorsque deux voyelles identiques se suivent. **photo-oxydation**
pluri- « plusieurs »	Les éléments sont soudés. **plurilatéral**	
poly- « en abondance, nombreux »	Les éléments sont soudés. **polyclinique**	
post- « après »	Les éléments sont généralement soudés. **postdater**	Le trait d'union est facultatif devant les mots qui commencent par *t*. **post-test** (ou **posttest**) Dans les expressions latines, *post-* est suivi soit d'un trait d'union, soit d'un espacement. **post-scriptum, post mortem**
pré- « en avant »	Les éléments sont soudés. **préadolescence**	

Élément	Sans trait d'union	Avec trait d'union
pro- « en faveur de », « à la place de »	Sans ou avec trait d'union. **propalestinien** (ou **pro-palestinien**)	Le trait d'union est obligatoire lorsque le second élément commence par *i* ou *u*. **pro-indochinois** Le trait d'union est obligatoire lorsque le second élément est un nom propre ou un sigle. **pro-Américains, pro-ONU**
pseudo- « est semblable à », « faux, menteur »	Les éléments sont généralement soudés quand *pseudo-* signifie « est semblable à ». **pseudobulbaire** Parfois *pseud-* devant une voyelle. **pseudarthrose**	Le trait d'union est obligatoire lorsque le second élément débute par *i* ou *u*. **pseudo-instruction** Le trait d'union est obligatoire dans les composés occasionnels où *pseudo-* exprime une idée de fausseté. **pseudo-philosophe**
psycho- (ou **psych-**) « âme »	Les éléments sont soudés. **psychomoteur, psychiatre**	
radio- « rayonnement »	Les éléments sont généralement soudés. **radiodiffusion**	Le trait d'union est obligatoire lorsque le second élément commence par *i* ou *u*. **radio-isotope** Le trait d'union est préférable lorsque deux voyelles identiques se suivent. **radio-oncologue**
re- (ou **ré-**, **res-**) « répétition », « retour à un état antérieur »	Les éléments sont soudés. **reconsidérer, réanimation, resservir**	

Élément	Sans trait d'union	Avec trait d'union
rétro- « en arrière, derrière »	Les éléments sont généralement soudés. **rétroactif**	Le trait d'union est obligatoire lorsque le second élément commence par *i* ou *u*. **rétro-information**
simili- « semblable »	Les éléments sont généralement soudés. **similimarbre**	Le trait d'union est préférable lorsque deux voyelles identiques se suivent. **simili-ivoire**
super- « au-dessus »	Les éléments sont généralement soudés. **supersonique**	Exception : **super-huit** Le trait d'union est facultatif dans les composés occasionnels. **super-chic** (ou **superchic**)
supra- « au-delà »	Les éléments sont soudés. **supranational**	
sur- « au-dessus »	Les éléments sont soudés. **surabondance**	
sus « au-dessus, plus haut »	Les éléments sont soudés lorsque *sus* est joint à un participe et que le composé renvoie à un élément dont il a été question précédemment. **susnommé**	Les éléments sont généralement joints par un trait d'union. **sus-maxillaire**
télé- « à distance », « télévision »	Les éléments sont soudés. **téléchargement**	
tri- « trois »	Les éléments sont soudés. **tricentenaire**	
turbo- « mouvement circulaire »	Les éléments sont soudés. **turbomoteur**	

Élément	Sans trait d'union	Avec trait d'union
ultra- « au-delà de »	Les éléments sont généralement soudés. **ultrason**	Exception : **ultra-petita** Le trait d'union est facultatif dans les composés occasionnels. **ultra-compliqué** (ou **ultracompliqué**)
uni- « un »	Les éléments sont soudés. **unijambiste**	
vice- « à la place de »		Toujours avec un trait d'union. **vice-présidence**
vidéo- « voir »	Les éléments sont soudés. **vidéosurveillance**	

PROCHAIN

L'adjectif *prochain* s'accorde avec le ou les noms de jours ou de mois auxquels il se rapporte.

> **lundi prochain**
> **jeudi et vendredi prochains**
> **en mars et en avril prochains**

Quand, dans l'écriture d'une date, il est important de faire mention de l'année (ce qui n'est pas toujours le cas), il est préférable de l'indiquer précisément, en chiffres.

> **Le 20 juin 2015**
> **Les 20 et 21 juin 2015**
> **en juin et en juillet 2015**

Toutefois, on peut dans certains cas avoir recours à l'adjectif *prochain*. Pour accorder cet adjectif, certains grammairiens indiquent qu'il est logique de tenir compte du moment où le texte est rédigé, même si d'autres grammairiens préconisent l'accord au pluriel dans tous les cas où il est question de plusieurs jours.

Ainsi, par exemple, si on est le 10 juin 2015 et qu'on veuille parler des 20 et 21 du même mois, on accorde *prochain* avec les jours (dans ce contexte, eux seuls peuvent être « prochains »; juin est le mois courant).

> **les 20 et 21 juin prochains**
> **du 20 au 25 juin prochains**

Et si, toujours en date du 20 juin 2015, on voulait parler des 21 et 22 juillet, on accorderait *prochain* avec le mois, donc au singulier (on considère alors que c'est le mois qui est prochain).

> **les 21 et 22 juillet prochain** (ou, plus rarement, **prochains**)

Si les dates s'échelonnent sur deux mois, *prochain* se rapporte aux jours – et dans certains cas aux mois – et s'écrit au pluriel.

> **les 30, 31 juillet et 1ᵉʳ août prochains** (on est en juin, par exemple)
> **du 30 juillet au 4 août prochains** (on est en juin, par exemple)

➕ Quoi qu'il en soit, il est possible de simplifier cet accord et de faire, dans tous les cas, accorder *prochain* avec les jours, au pluriel.

> **les 11 et 16 janvier prochains**
> **du 12 février au 11 mars prochains**

➕ ## PRONOMS ET IMPÉRATIF

Lorsqu'un verbe à l'impératif est suivi de pronoms compléments, il n'est pas toujours facile de déterminer l'ordre dans lequel ceux-ci doivent figurer. L'emploi des pronoms *en* et *y* peut également présenter des difficultés quant à leur position et aux liaisons lorsqu'ils accompagnent un verbe à l'impératif.

Dans une phrase affirmative, lorsqu'un verbe à l'impératif est employé avec deux pronoms, celui qui est complément direct se place immédiatement après le verbe, suivi du pronom complément indirect. Il y a un trait d'union entre le verbe et les pronoms.

> **Ce livre nous appartient : rendez-le-nous.** (Rendez-nous quoi ? *ce livre* : *le*, mis pour *livre*, est complément direct ; Rendez ce livre à qui ? à *nous*, complément indirect)
>
> **Cette lettre est pour elles. Adressez-la-leur.** (Adressez-leur quoi ? *cette lettre* : *la*, mis pour *lettre*, est complément direct ; Adressez la lettre à qui ? à *elles*, exprimé par *leur*, complément indirect)
>
> **J'aimerais le savoir ; dites-le-moi le plus tôt possible.**
>
> **Repose-toi bien en fin de semaine !**

Toutefois, lorsque le deuxième pronom est complément de l'infinitif qui le suit, ce dernier n'est pas lié à ce pronom par un trait d'union.

> **Laisse-le nous prouver le bien-fondé de cette décision.**
> (*nous* est complément indirect de *prouver*)

Au contraire, dans une phrase négative qui comporte deux pronoms et un verbe à l'impératif, les deux pronoms se placent devant le verbe, et le complément direct se trouve en seconde position. Il n'y a pas de trait d'union entre l'impératif et les pronoms.

> **Ces places sont trop chères. Ne nous les réserve pas.**
> (et non pas *Réserve-nous-les pas*)
>
> **Je ne veux pas connaître le résultat tout de suite. Ne me le dites pas.**
> (et non pas *Dites-moi-le pas* ni *Dites-le-moi pas*)

Cette règle ne s'applique cependant pas avec les pronoms *lui* et *leur*, qui se placent en second lieu.

> **Ce cadeau ne lui est pas destiné. Ne le lui montre pas.**
>
> **Ces gens-là ont vraiment besoin de notre aide. Ne la leur refusons pas.**

Quant aux pronoms *en* et *y*, ils se placent toujours en seconde position lorsqu'ils sont employés dans une phrase à l'impératif avec un autre pronom, que cette phrase soit affirmative ou négative. On notera que les pronoms sont liés par un trait d'union dans les phrases affirmatives, mais pas dans les phrases négatives.

> **Les dépliants sont sur la table. Offrez-leur-en.**
>
> **Cette balustrade est solide. Appuyez-vous-y.**
>
> **Mes enfants ne devraient pas manger autant de sucreries. Ne leur en donnez plus.**
>
> **Cette offre n'est pas valable. Ne vous y fiez pas.**

Par ailleurs, c'est l'apostrophe et non le trait d'union qu'on emploie entre les pronoms *moi* et *toi* (qui sont alors élidés), et les pronoms *en* et *y*.

> **Ce sujet est très intéressant. Parlez-m'en plus longuement demain.**

On rencontre parfois l'inversion de l'ordre habituel des pronoms dans une phrase impérative, surtout à l'oral. C'est un usage à éviter.

> **Ce stylo est à moi. Donne-le-moi.** (et non pas *donne-moi-le*)
>
> **Nous avons acheté des meubles ici il y a déjà trois semaines.**
> **Livrez-les-nous dès que possible.** (et non pas *livrez-nous-les*)

Une autre construction à éviter, à l'oral, consiste à faire une liaison injustifiée avec le son [z] entre les pronoms *toi* ou *moi* et le pronom *en*. À l'impératif, on trouve le *s* de liaison à la fin d'un verbe suivi des pronoms *en* ou *y*, mais jamais entre deux pronoms.

> **Quelles belles pommes ! Donnez-m'en un kilo.** (et non pas *donnez-moi-z-en*)
> **Votre idée m'intéresse, parlez-m'en.** (et non pas *parlez-moi-z-en*)

QUAND, QUANT À et TANT QU'À

Il ne faut pas confondre *quand*, conjonction, qui est synonyme de *lorsque*, et *quant à*, locution prépositive, qui signifie « pour ce qui est de, en ce qui concerne ».

> **Quand il est arrivé, tout était prêt.** (C'est-à-dire « Lorsqu'il est arrivé... ».
> Il ne faut pas se laisser induire en erreur par le son [t] commandé par la liaison.)
>
> **Quant à moi, je suis satisfaite.** (C'est-à-dire « En ce qui me concerne... ».
> Et non pas *Quand à moi*, ni *Tant qu'à moi*... Voir ci-dessous.)

La conjonction *quand* n'est que rarement suivie de la préposition *à*. On ne rencontre cette construction que dans les textes littéraires, en cas d'inversion ou d'insertion d'un complément.

> **Quand à la nuit succède le jour...**
> (ou « Lorsque à la nuit succède le jour... » ; inversion de « Quand le jour succède
> à la nuit... »)
>
> **Quand, à la fin du jour, les animaux vont boire...**
> (ou « Lorsque, à la fin du jour, les animaux vont boire... » : complément inséré)

Il ne faut pas confondre non plus *quant à* et *tant qu'à*. La construction *tant qu'à* a le sens de « puisqu'il faut, s'il faut aller jusque-là »; elle s'emploie devant un infinitif, qui peut être précédé d'un pronom.

> **Tant qu'à travailler, essayons d'y trouver du plaisir.**
> (C'est-à-dire « Puisqu'il faut travailler... ». Ne pas confondre avec « Quant à travailler, il n'en est pas question. », qui signifie « Pour ce qui est de travailler... ».)
> **Tant qu'à faire, prenez aussi ce livre-là!**
> **Prenez aussi ce livre-là, tant qu'à y être!**

QUELQUE et QUEL QUE

Le mot *quelque* est adverbe, donc invariable, quand il a le sens d'« environ ».

> **Nous en avons vendu quelque trois mille exemplaires.**

Quelque... que s'accorde en fonction du ou des mots intercalés.

> **pour quelque motif que ce soit...** (Un nom seul est placé après *quelque* : accord avec ce nom.)
> **quelques renseignements que vous demanderez...**
>
> **quelques frais supplémentaires que ce soit** ou **que ce soient**
> (Un nom et un adjectif sont placés après *quelque* : accord de *quelque* avec le nom. Le verbe s'accorde soit avec le pronom *ce*, mis pour *cela*, soit avec le nom *frais* : quelques frais, quels qu'ils soient.)
> **quelques avantages précieux que cette association nous procure...**
>
> **quelque rapidement que vous procédiez...** (Un adverbe, un participe passé ou un adjectif seul est placé après *quelque* : ce dernier est invariable; il a le sens de « si ».)
> **Quelque spécialisés qu'ils soient, ces ouvrages ne répondent pas à nos besoins.**

Le mot *quelque* peut aussi être un adjectif indéfini qui a le sens de « plusieurs, un certain nombre de » ou d'« un certain, une certaine ». Il s'accorde alors avec le nom auquel il se rapporte. Il est toujours au pluriel dans *et quelques*.

> **Nous vous en envoyons quelques exemplaires.**
> **Cette demande nous est parvenue il y a quelque temps.**
> **Il aurait dû avoir quelque idée sur la question.**
> **Il aurait dû avoir quelques idées sur la question.**

> **pour trois cents dollars et quelques**
> **pour trois cents et quelques dollars**

Le pronom relatif indéfini *quel que* (*quelle que, quels que, quelles que*) est suivi d'un pronom personnel ou d'un verbe d'état (*être, paraître, sembler, devenir, demeurer, rester*) ou encore de *pouvoir* ou de *devoir* au subjonctif. L'élément *quel* s'accorde avec le nom qu'il remplace.

> **Je respecterai votre décision, quelle qu'elle soit.**
> **Quelles que puissent être vos raisons, vous ne pouvez refuser.**
> **Quelle que soit la solution que vous choisirez, nous l'appliquerons.**
> **Nous lui confierons le premier dossier, quel qu'il soit.**

QUELQUEFOIS et QUELQUES FOIS

Il ne faut pas confondre *quelquefois* et *quelques fois*. Ces homophones ont un sens similaire, mais n'ont ni la même graphie, ni la même nature grammaticale.

L'adverbe *quelquefois*, écrit en un seul mot et sans *s* après *quelque*, signifie « de temps en temps, parfois, à l'occasion ». Il modifie le plus souvent un verbe. Il s'abrège en *qqf.* (avec un point).

> **Il m'arrive quelquefois, quand je suis très fatiguée, de dormir près de**
> **dix heures d'affilée.**
> **Ses enfants vont quelquefois lui rendre visite le dimanche soir.**
> **Il était quelquefois absent pendant plusieurs jours.**

Les expressions *si quelquefois* et *quelquefois que* (suivi du conditionnel), employées au sens de « au cas où, par hasard », sont considérées comme familières; on les remplacera, dans la langue soutenue, par des expressions comme *au cas où, au cas où par hasard*, ou par *si par hasard, si jamais* (uniquement pour remplacer *si quelquefois*).

> **Si jamais tu le rencontrais, souhaite-lui bon voyage de ma part.**
> (plutôt que *Si quelquefois tu le rencontrais*)
> **J'ai apporté mon parapluie, au cas où il pleuvrait pendant notre**
> **promenade.** (plutôt que J'ai apporté mon parapluie, *quelquefois qu'il pleuvrait*)

L'expression *quelques fois*, en deux mots, est formée de l'adjectif *quelque* au pluriel qui signifie « un petit nombre de » et du nom *fois*; le groupe nominal *quelques fois* signifie donc « à un petit nombre de reprises ».

> **Il m'est arrivé de dormir plus de dix heures d'affilée quelques fois au cours des vacances de Noël.**
>
> **Ses enfants vont lui rendre visite quelques fois par an.**
>
> **Les quelques fois où il a été absent, personne ne s'en est rendu compte.**

QUI (ACCORD DU VERBE APRÈS *QUI*)

Lorsque le pronom relatif *qui* a pour antécédent un pronom démonstratif (*celui*, *celle*, *ceux*, *celles*) qui est attribut d'un verbe à la 1re ou à la 2e personne dont le sujet est un pronom personnel, deux cas peuvent se présenter pour l'accord du verbe de la proposition relative. En effet, cet accord peut se faire soit avec le pronom démonstratif attribut (c'est-à-dire à la 3e personne), soit avec le pronom personnel sujet (c'est-à-dire à la 1re ou à la 2e personne).

Si le verbe de la proposition principale est interrogatif ou négatif, l'accord se fait avec l'attribut (le pronom démonstratif).

> **Êtes-vous celui qui a reçu cette demande?**
>
> **Nous ne sommes pas celles qui ont terminé le travail.**

Si le verbe de la proposition principale est affirmatif, l'accord du verbe de la proposition relative se fait le plus souvent avec l'attribut antécédent de *qui* lorsque celui-ci est soit un pronom démonstratif (*celui*, *celle*, *ceux*, *celles*), soit un nom précédé d'un article défini ou d'un démonstratif. Toutefois, l'accord avec le pronom personnel est aussi admis.

> **Vous êtes celle qui est la plus apte à assumer ces fonctions.**
> (Plus fréquent que Vous êtes celle qui êtes la plus apte à assumer ces fonctions.)
>
> **Nous sommes ceux qui ont effectué cette étude.**
> (Plus fréquent que Nous sommes ceux qui avons effectué cette étude.)
>
> **Vous êtes de ceux qui savent se décider rapidement.**
> (Plus fréquent que Vous êtes de ceux qui savez vous décider rapidement.)
>
> **Vous êtes la candidate qui a retenu notre attention.**
> (Plus fréquent que Vous êtes la candidate qui avez retenu notre attention.)

Si l'attribut antécédent de *qui* est un nombre sans article ni démonstratif (*deux, trois*, etc.), l'accord du verbe de la proposition relative se fait habituellement avec le pronom personnel.

> **Nous sommes dix qui avons voté pour cette proposition.**

Dans tous les autres cas, l'usage est indécis et les deux accords sont admis, notamment quand l'attribut est *le seul, le premier, le dernier*, ou qu'il est précédé d'un article indéfini. Voir aussi l'article UN DES et UN DE CES.

> **Vous êtes la première qui êtes (ou est) arrivée à cette conclusion.**
> **Nous sommes les seuls qui acceptons (ou acceptent) l'invitation.**
> **Vous êtes des spécialistes qui connaissent (ou connaissez) le sujet à fond.**

QUOIQUE et QUOI QUE

La conjonction *quoique*, qui a le sens de « bien que, encore que », est suivie d'un verbe généralement au subjonctif, d'un adjectif, d'un participe passé ou d'un complément. *Quoique* ne s'élide que devant *il, ils, elle, elles, on, un* et *une*.

> **Quoiqu'elle soit surchargée, elle a accepté cette responsabilité.**
> **Ils ont voté pour lui, quoique avec réticence.**
> **Elle sera présente, quoique invitée tardivement.**

Le conditionnel ou l'indicatif sont possibles après *quoique* dans certaines propositions qui présentent une objection plutôt qu'une simple concession. *Quoique* signifie alors « cependant, mais ».

> **C'est lui qui va rédiger le compte rendu, quoiqu'il préférerait en être dispensé.**

La locution pronominale *quoi que* a le sens de « quelle que soit la chose que » ou « une chose quelconque ». Le verbe qui la suit est au subjonctif. On fait l'élision du *e* final de *que* devant toutes les voyelles.

> **Quoi que vous décidiez, nous vous soutiendrons.**
> **Lui a-t-on réclamé quoi que ce soit ?**
> **Quoi qu'il en pense, il n'a rien dit.**

RECTIFICATIONS DE L'ORTHOGRAPHE

Présentation générale

« Les rectifications de l'orthographe » présentées par le Conseil supérieur de la langue française de France ont été publiées au *Journal officiel de la République française* le 6 décembre 1990. L'Académie française les a par la suite approuvées, sans toutefois les imposer ni toutes les consigner dans son dictionnaire, préférant soumettre leur application à l'épreuve du temps. En bref, il s'agit de nouvelles règles orthographiques qui portent notamment sur :

- le trait d'union dans les numéraux formant un nombre complexe (lier par des traits d'union tous les éléments des nombres écrits en lettres : *mille-trois-cent-vingt-et-un*, par exemple);

- le singulier et le pluriel de noms composés comportant un trait d'union (écrire *un abat-jour*, *des abat-jours*; *un après-midi*, *des après-midis*, par exemple);

- le tréma et les accents grave et circonflexe (déplacer le tréma : *aigüe*; remplacer l'accent aigu par l'accent grave sur certains temps de certains verbes : *je cèderai*, *je considèrerais*, par exemple; supprimer l'accent circonflexe sur le *i* et le *u* lorsqu'il n'a pas pour fonction de distinguer des sens ou des temps de verbes : *connaitre*, *voute*, par exemple);

- les verbes en *-eler*, *-eter* (pour qu'ils s'écrivent tous, sauf *appeler* et *jeter*, avec un accent grave et un seul *l* ou un seul *t*, sur le modèle de *peler* et *acheter* : *j'étiquète*, *elle ruissèle*, par exemple);

- le participe passé du verbe *laisser* suivi d'un infinitif (qui devient invariable : *je les ai laissé partir*, par exemple);

- le singulier et le pluriel des mots empruntés (auxquels on fait suivre la règle générale : *un scénario*, *des scénarios*; *un graffiti*, *des graffitis*, par exemple);

- certaines graphies de mots composés (dont on soude les éléments : *piquenique*, *hautparleur*, *chauvesouris*, *pingpong*, par exemple);

- certaines anomalies (qui se trouvent rectifiées : *assoir*, *nénufar*, *charriot*, *exéma*, *ognon*, *joailler*, par exemple).

En outre, certaines recommandations s'adressent aux lexicographes et créateurs de néologismes. Elles portent essentiellement sur l'emploi du trait d'union, sur l'accentuation des néologismes, sur la formation de mots composés (cas de soudure et cas de justification du trait d'union) et sur la francisation de la graphie des mots empruntés (accentuation, singulier ou pluriel).

Pour le détail des règles et la liste des mots rectifiés, on peut consulter la Banque de dépannage linguistique de l'Office québécois de la langue française à l'adresse **bdl.oqlf.gouv.qc.ca**. Pour consulter le texte intégral des rectifications de l'orthographe, voir aussi le site de l'Office québécois de la langue française : **www.oqlf.gouv.qc.ca/ressources/bibliotheque**.

Rectifications ou réforme ?

Il convient de parler de *rectifications de l'orthographe* et non de *réforme de l'orthographe* ni de *nouvelle orthographe*. En effet, une réforme est un changement profond. Or, les rectifications touchent à peu près un mot par page, ce qui est minime. De même, l'expression *nouvelle orthographe* laisse entendre qu'il s'agit d'une réforme orthographique d'envergure, ce qui n'est pas le cas.

Obligatoires ?

Les rectifications de l'orthographe, bien qu'elles soient officielles, sont des recommandations, des propositions ; elles ne sont pas obligatoires. Nul n'est obligé de les appliquer. On peut donc continuer de rédiger uniquement en orthographe traditionnelle. On peut aussi, si on le désire, rédiger uniquement en orthographe rectifiée, ou n'appliquer qu'une partie des rectifications. Ainsi, dans un même texte peuvent coexister graphies nouvelles et graphies traditionnelles. On pourrait par exemple avoir *aout* et *coût* (suppression de l'accent circonflexe sur le *u* lorsqu'il n'a pas pour fonction de distinguer des sens ou des temps de verbes), et le texte serait exempt de fautes, car les deux graphies sont acceptées. Cependant, dans un même texte, il faut s'assurer de l'uniformisation de la graphie d'un même mot. Si l'on écrit *aout*, on devra continuer de l'écrire de cette façon tout au long du document.

Note aux lecteurs

Pour indiquer aux lecteurs et aux lectrices que le texte (ou certains mots lorsque ce n'est pas le cas du texte au complet) est conforme aux rectifications de l'orthographe, il est permis de rédiger une courte note en bas de page ou au début du document, précisant que les rectifications de l'orthographe sont appliquées dans ce texte (ou dans quelques mots).

Au bureau

Le choix d'adopter les rectifications de l'orthographe au sein d'une entreprise, d'un organisme ou d'un ministère relève de cette entreprise, de cet organisme ou de ce ministère. Il serait souhaitable qu'une position claire quant à l'application ou non des rectifications orthographiques – ou de certaines d'entre elles – soit prise dans l'organisation, et que l'ensemble du personnel soit mis au courant de cette position.

Ouvrages de référence

Un certain nombre de dictionnaires, grammaires et logiciels de correction ont consigné en tout ou en partie les rectifications de l'orthographe. Les dictionnaires usuels restent des sources auxquelles il est conseillé de se fier.

Position de l'Office québécois de la langue française

Dès 1991, l'Office québécois de la langue française s'est déclaré, de façon générale, favorable à l'application des rectifications de l'orthographe, mais, étant donné les réticences, voire l'opposition, qu'elles soulevaient à l'époque dans divers milieux en France et ailleurs, il n'a pas voulu faire cavalier seul et imposer cette nouvelle norme au public québécois.

Depuis lors, l'Office suit l'évolution de l'accueil réservé aux rectifications dans la documentation ainsi que dans la société québécoise et la francophonie, et il les prend en considération dans certains de ses travaux, notamment dans *Le grand dictionnaire terminologique*, où l'Office applique déjà les graphies nouvelles dans le cas des néologismes et des emprunts. (Voir EMPRUNTS LINGUISTIQUES, p. 62.) En effet, il tient compte des « recommandations aux lexicographes et créateurs de néologismes » lorsqu'il crée ou accepte des mots nouveaux ou lorsqu'il doit se prononcer sur des emprunts faits à des langues étrangères. Parmi ces recommandations, l'Office a retenu celles qui portent sur la formation des mots composés (soudure des éléments : *cogestion*, *motomarine*, *hypertexte*, ou emploi du trait d'union : *extra-utérin*, *italo-français*) et sur les emprunts (qu'on francise en les adaptant à l'alphabet et à la graphie du français, quant à l'accentuation et à la règle générale du pluriel : *listage*, *surfeur*, *malstrom*, *féta*, *raviolis*, *Inuits*). Par conséquent, les néologismes qui sont intégrés dans *Le grand dictionnaire terminologique* reflètent ces nouvelles orientations en matière de graphie des termes.

Bien que les rectifications orthographiques aient été proposées il y a déjà plus de vingt ans, l'utilisation effective des nouvelles graphies n'est pas encore généralisée. Le flottement dans l'emploi des graphies que l'on observe dans les dictionnaires usuels montre d'ailleurs que nous sommes dans une période de transition, et c'est la raison pour laquelle l'Office estime que **ni les graphies traditionnelles ni les nouvelles graphies proposées ne doivent être considérées comme fautives.**

RÉSIDENT et RÉSIDANT

Les mots *résident* et *résidant* sont souvent employés en concurrence. Noter que le participe présent est toujours *résidant*, mais que leur présentation dans les dictionnaires peut prêter à confusion. Voici ce qu'il faut retenir :

- Dans la langue administrative et juridique, l'Office québécois de la langue française conseille d'employer les termes *résident*, nom masculin, et *résidente*, nom féminin, pour désigner une personne qui réside en un lieu donné, de préférence à *résidant*, *résidante*.

- *Résident* et *résidente* désignent aussi une personne établie dans un autre pays que son pays d'origine et un ou une médecin qui fait une spécialisation.

- Dans d'autres contextes, et notamment dans les textes qui traitent de géographie, c'est le mot ou le terme *habitant* qu'on emploie pour désigner une personne qui habite en un lieu déterminé.

> **Les artistes résidant au centre culturel organisent une exposition.**
> (participe présent)
> **Les résidents de cet immeuble apprécient son calme.** (nom)
> **Les résidents américains au Canada ont pu voter.** (nom)
> **Elle vient d'obtenir le statut de résidente permanente.** (nom)
> **C'est le médecin résident qui l'a examiné.** (nom en apposition)
>
> **Les habitants de ce pays ont un niveau de vie élevé.** (nom)

 RIVE

Le mot *rive* désigne une portion ou une bande de terre qui borde un cours d'eau important (fleuve, rivière) ou une étendue d'eau (lac, étang). Il s'emploie souvent accompagné d'un mot qui le situe dans l'espace : *nord*, *sud*, *droite*, *gauche*, etc., et il peut entrer dans la composition de toponymes.

Rive au sens physique

Dans tous les autres cas, le mot *rive* a un sens strictement physique et on ne l'utilise que par rapport à un cours d'eau. On écrira alors *rive sud* ou *rive nord* sans majuscule et sans trait d'union, souvent avec la préposition *sur*. On écrit ainsi également *rive droite* et *rive gauche*. Pour déterminer ces dernières, on se place dos à la source.

> **La ville de Sorel-Tracy est située sur la rive sud.** (*du fleuve* est ici sous-entendu)
> **habiter sur la rive sud** (*du fleuve* ou *de la rivière* est ici sous-entendu)
> **habiter sur la rive nord du fleuve**
> **Le pont de Québec relie la rive sud et la rive nord.**
> **La ville de Québec est située sur la rive nord.** (*du fleuve* est ici sous-entendu)
> **être situé sur la rive droite de la Seine**
> **habiter rive gauche**

Rive-Sud

Un nom de lieu très connu composé avec *rive* est *Rive-Sud*. Ce nom propre désigne l'entité sociogéographique formée par l'ensemble des municipalités situées au sud de l'île de Montréal. Toutefois, par extension, on peut également employer *Rive-Sud* pour désigner l'ensemble des municipalités situées en face d'une ville sur la rive sud du cours d'eau qui la borde, comme la Rive-Sud en face de Québec.

On écrit ainsi *Rive-Sud* avec des majuscules et un trait d'union lorsque l'on veut parler, dans la région de Montréal, de l'ensemble des municipalités, comme Boucherville, Longueuil et Saint-Lambert, ou, dans la région de Québec, des villes situées sur la rive sud du fleuve Saint-Laurent, comme Lévis et les villes existant avant la fusion, par exemple, Charny, Saint-Romuald, Saint-Nicolas.

> **les maires de la Rive-Sud**
> **habiter la Rive-Sud**
> **La ville de Lévis fait partie de la Rive-Sud.**

On évitera d'écrire *Rive-Sud de Montréal* et *Rive-Sud de Québec*, même si ces formes sont très répandues dans l'usage, et on emploiera plutôt *Rive-Sud (Montréal)* ou encore *Rive-Sud, dans la région de Montréal*, ou *Rive-Sud (Québec)* ou encore *Rive-Sud, dans la région de Québec*, quand le contexte ne précise pas de quelle région il s'agit.

Rive-Nord

Un nom de lieu très connu composé avec *rive* est *Rive-Nord*. Ce nom propre désigne l'entité sociogéographique formée par l'ensemble des municipalités situées au nord de l'île de Montréal. Toutefois, par extension, on peut également employer *Rive-Nord* pour désigner l'ensemble des municipalités situées en face d'une ville sur la rive nord du cours d'eau qui la borde.

On écrit *Rive-Nord* avec des majuscules et un trait d'union lorsque l'on veut parler, dans la région de Montréal, de l'ensemble des municipalités, comme Repentigny, Saint-Jérôme et Terrebonne, situées sur la rive nord du Saint-Laurent.

> **les maires de la Rive-Nord**
> **habiter la Rive-Nord**

On évitera d'écrire *Rive-Nord de Montréal* même si cette forme est très répandue dans l'usage, et on emploiera plutôt *Rive-Nord (Montréal)* ou encore *Rive-Nord, dans la région de Montréal*, quand le contexte ne précise pas de quelle région il s'agit. On considère Laval tantôt comme faisant partie de la Rive-Nord, tantôt comme n'en faisant pas partie.

Le français au bureau Grammaire, orthographe et vocabulaire
RÉPERTOIRE DE DIFFICULTÉS GRAMMATICALES ET ORTHOGRAPHIQUES

151

Dans la région de Québec, *Rive-Nord* n'est pas une expression consacrée, comme c'est le cas pour *Rive-Sud*.

Couronne

Les expressions *couronne nord* et *couronne sud* sont parfois employées pour désigner la banlieue nord et la banlieue sud de Montréal. Ces appellations sont à éviter ; elles sont impropres car une couronne est un cercle. De plus, ces « couronnes » ne sont pas des régions dûment constituées. Pour parler de ces réalités urbaines, il vaut mieux opter pour les appellations populaires des grands secteurs *Rive-Nord* et *Rive-Sud*, ou encore pour les noms officiels des municipalités qui les composent.

S EUPHONIQUE

Pour faciliter la liaison, on ajoute un s *euphonique au singulier de l'impératif des verbes en* -er *et de certains autres qui se terminent par une voyelle, devant les pronoms adverbiaux* en *et* y *compléments du verbe et non suivis immédiatement d'un infinitif. Un trait d'union lie le verbe au pronom adverbial. (Voir aussi* PRONOMS ET IMPÉRATIF.)

> **Expliques-en les causes.** (*en* n'est pas suivi d'un infinitif)
>
> **Aies-en la certitude.** (même remarque que ci-dessus)
>
> **Parles-en à tes collègues.** (même remarque que ci-dessus)
>
> **Donnes-en en échange.** (Le premier *en* est le pronom qui a le sens de « de cela », le second est une préposition.)
>
> **Parle en toute confiance.** (*en* est ici une préposition et non pas un pronom adverbial)
>
> **Va en distribuer.** (*en* est suivi d'un infinitif)
>
> **Vas-y sans tarder.** (*y* n'est pas immédiatement suivi d'un infinitif, mais de l'expression *sans tarder*)
>
> **Retourne y annoncer la nouvelle.** (*y* est suivi d'un infinitif)
>
> **Retournes-y tout de suite.** (*y* est complément du verbe et n'est pas suivi d'un infinitif)

SANS

Le nom qui suit la préposition *sans* (indiquant l'absence, la privation) peut être au singulier ou au pluriel, selon le sens et la logique de la phrase ou de l'expression. De façon générale, il est au singulier si c'est un nom abstrait ou s'il indique l'unité. Dans certains cas, le singulier et le pluriel sont admis ; on consultera avec profit un dictionnaire pour vérifier les usages consacrés.

> **le chevalier sans peur et sans reproche**
> **sans objet**
> **sans lieu ni date**
> **La réunion s'est déroulée sans interruption de 9 h à 15 h 30.**
>
> **Cette lettre sera postée aujourd'hui sans faute.** (*faute* reste au singulier dans le sens d'« à coup sûr »)
> **une dictée sans fautes** (ici, *fautes* est au pluriel, car il a le sens d'« erreurs » et on considère qu'il pourrait y avoir plusieurs fautes dans la dictée)
> **un accueil sans cérémonie(s)**
> **un résultat obtenu sans effort, mais sans mérite non plus** (sans efforts est aussi admis)
> **sans douleur** (sans douleurs est également attesté)
> **une ambition sans limite(s)**
> **être sans ressources** (sans ressource est également attesté)
> **Sans commentaire !** (au singulier lorsqu'il s'agit d'une réplique, mais **sans commentaires** est attesté dans d'autres contextes)
> **sans aucuns frais** (*frais* ne s'emploie qu'au pluriel)
> **une maladie sans séquelles** (*séquelles* s'emploie le plus souvent au pluriel)

La préposition *sans* sert à former des noms et des adjectifs composés invariables qui s'écrivent avec un trait d'union.

> **un sans-abri, une sans-abri, des sans-abri**
> **les sans-emploi**
> **faire des sans-faute**
> **des allures sans-gêne**

La locution *sans que* se construit avec le subjonctif et n'est pas suivie du *ne* explétif. (On qualifie le mot *ne* d'*explétif* lorsqu'il n'est pas indispensable et qu'il n'a pas son rôle habituel de négation.) Voir aussi NE EXPLÉTIF.

> **La réunion a été annulée sans qu'il soit prévenu.**
> (et non pas *sans qu'il ne soit prévenu*)
> **Elle ne viendra pas sans qu'on l'invite.**

SE SENTIR et SE VOIR

Les verbes *se sentir* et *se voir* sont suivis de l'infinitif quand la phrase indique une action, et du participe passé quand la phrase indique un état (c'est alors un équivalent expressif du verbe *être*, dont il ne faut cependant pas abuser).

> **Elles se sentent ressusciter.** (Elles font l'action de ressusciter.)
>
> **Elles se sont vues continuer malgré tout.** (Pour l'accord du participe passé, voir ci-dessous.)
>
> **Elles se sentent critiquées injustement.** (Elles subissent la critique, elles sont dans l'état de critiquées.)
>
> **Elles se voient désormais privées de ce droit.**
>
> **Ces crédits se verront affectés à la recherche.**
>
> **Elles se voient rappeler à l'ordre.** (action accomplie par autrui : on les rappelle à l'ordre)
>
> **Elles se voient rappelées à l'ordre.** (état : elles sont rappelées à l'ordre)
>
> **Elles se verront refuser l'entrée de la salle.** (action accomplie par autrui : on leur refuse l'entrée)

Lorsque *se sentir* et *se voir* sont employés au passé, l'accord de *senti* et de *vu* est différent selon que ces mots sont suivis soit d'un adjectif ou d'un participe passé, soit d'un infinitif.

Quand ils sont suivis d'un adjectif ou d'un participe passé, *senti* et *vu* s'accordent avec le sujet.

> **Elles se sont senties obligées de répondre.**
>
> **Elles se sont senties acceptées par le groupe.**
>
> **Elles se sont vues récompensées de leurs efforts.**
>
> **Après tous ces efforts, elles se sont senties très fatiguées.**

Quand ils sont suivis d'un infinitif, *senti* et *vu* s'accordent avec le sujet (représenté par le pronom complément direct *se*) si celui-ci fait l'action exprimée par l'infinitif. Si ce n'est pas le sujet qui fait l'action exprimée par l'infinitif, *senti* et *vu* sont invariables.

> **Elles se sont senties renaître.** (Ce sont elles qui renaissent.)
>
> **Elles se sont vues accéder aux plus hauts postes.** (Ce sont elles qui accèdent.)
>
> **Elles se sont senti condamner sans raison.** (Ce ne sont pas elles qui condamnent.)
>
> **Elles se sont vu décerner le premier prix.**
>
> **Elles se sont vu accorder un droit de réponse.**
>
> **Elles se sont vu citer en justice.**

Voir aussi l'article PARTICIPE PASSÉ dans ce répertoire.

SI (MODE DU VERBE APRÈS *SI*)

Dans une proposition introduite par *si* qui exprime une condition, le verbe est à l'indicatif.

> **Ils assisteraient au colloque s'ils le pouvaient.**
> **Si vous acceptiez, nous en serions ravis.**

Toutefois, il n'est pas toujours exact de répéter que « les scies (*si*) n'aiment pas les raies (*-rais*) ». En effet, dans une proposition introduite par *si* qui exprime non pas une condition, mais une concession, le verbe peut être au futur ou au conditionnel, et donc se terminer par *-rai*, *-ra*, *-ront*, *-rais*, *-rait*, *-raient*, etc. On peut analyser cette construction appartenant à un registre de langue très soutenu comme une ellipse de *s'[il est vrai que]*, *s'[il faut admettre que]*, *si [on estime que]*.

> **Si cela semblera toujours incroyable à plusieurs, il n'en reste pas moins que c'est la pure vérité.** (s'il est vrai que cela semblera toujours incroyable…)
> **Si le texte dans son entier serait trop long, on pourrait tout de même en retenir une partie.** (s'il faut admettre que le texte dans son entier serait trop long…)

Lorsque *si* introduit une interrogation indirecte, le conditionnel est correct.

> **Nous aimerions savoir si vous seriez disposé à entrer en fonction le mois prochain.**
> **Je lui ai demandé s'il voudrait me remplacer.**
> (ou à l'indicatif, avec une nuance de sens : … s'il voulait me remplacer)

Après la conjonction *que* remplaçant un second *si* lorsque deux propositions conditionnelles sont coordonnées, on emploie généralement le subjonctif, mais l'indicatif est admis.

> **Si vous déposez une plainte par écrit et que vous ne receviez** (ou recevez) **pas d'accusé de réception dans les dix jours…**
> (équivaut à Si vous déposez une plainte par écrit et si vous ne recevez pas…)

Voir aussi les règles de la concordance ou correspondance des temps, p. 46.

SOIT

La conjonction *soit* peut servir à introduire une explication ou une équivalence. Elle signifie alors « c'est-à-dire » et est invariable. Elle est aussi invariable quand elle marque l'alternative et équivaut à « ou bien... ou bien ».

> **deux appareils à 150 $, soit 300 $ au total**
> **Voici le matériel nécessaire, soit un ordinateur et une imprimante.**
>
> **Il faut soit réparer ce télécopieur, soit le changer.**

La conjonction *soit* peut aussi introduire une hypothèse ou une donnée dans un raisonnement. Elle signifie alors « supposons ». C'est le seul cas où la conjonction *soit* pourrait se mettre au pluriel, mais ce pluriel est désuet.

> **Soit deux droites parallèles AB et CD...**
> (de préférence à *Soient deux droites parallèles...*)

SORTE DE

Si *sorte de* est au singulier, le complément est généralement au singulier. Après *sortes de*, au pluriel, le complément se met généralement au pluriel ; il reste toutefois au singulier s'il est abstrait.

> **une sorte de marqueur**
> **plusieurs sortes de meubles de bureau**
> **deux sortes de concurrence**

Après *sorte de* suivi d'un complément, l'adjectif ou le verbe s'accordent généralement avec ce complément, mais l'accord peut aussi se faire avec le nom *sorte* si on veut insister sur le sens d'« espèce, variété, type ».

> **une sorte de fournitures importées** (*importées* caractérise les fournitures)
> **une sorte d'outils très utile** (insistance sur le fait que c'est cette sorte qui est utile)
> **Cette sorte de frais ne sont pas remboursables.** (ou **n'est pas remboursable**)

156 Grammaire, orthographe et vocabulaire
RÉPERTOIRE DE DIFFICULTÉS GRAMMATICALES ET ORTHOGRAPHIQUES
Le français au bureau

STANDARD

Le mot *standard*, emprunté à l'anglais, est un nom masculin qui a le sens de « type, ensemble de caractéristiques » ou de « dispositif d'un réseau téléphonique permettant de mettre des lignes en relation ». Il ne faut cependant pas le confondre avec les mots *norme*, *niveau* ou *degré*, ni employer les expressions *standard de vie*, *standard de qualité*, *standard d'excellence*, etc.

> **des standards téléphoniques**
> **Les standards de jazz sont des modèles pour les musiciens.**

L'adjectif *standard*, comme beaucoup d'adjectifs empruntés qui se prêtent mal à l'accord en genre, reste invariable en genre. En revanche, il prend le plus souvent la marque du pluriel, conformément aux principes d'intégration des mots d'origine étrangère, mais l'invariabilité reste admise.

> **des échanges standards** ou **standard**
> **des modèles standards** ou **standard**
> **des pièces standards** ou **standard**
> **la langue française standard** (*Standard* se dit de la langue la plus couramment employée dans une communauté linguistique, qui correspond à l'usage dominant jugé normal, sans tenir compte des variations géographiques ou sociales [d'après le *Trésor de la langue française*].)

SUBJONCTIF

Le mode subjonctif exprime le doute, l'incertitude, le souhait, l'ordre, la nécessité, la volonté, la crainte, le regret, la supposition, le résultat recherché, l'éventualité, etc., c'est-à-dire ce qui est envisagé, mais qui n'est pas réalisé de façon sûre.

Certaines locutions formées avec le mot *que* sont toujours suivies du subjonctif : *afin que*, *avant que*, *bien que*, *en attendant que*, *jusqu'à ce que*, *pour que*, etc. Pour *quoique*, consulter l'article p. 145.

D'autres locutions sont suivies soit du subjonctif, soit de l'indicatif, selon le sens de la phrase.

> **Nous vous enverrons le tout de façon que vous le receviez à temps.**
> **Les appareils ont été disposés à l'envers, de façon qu'ils sont inutilisables.**
> (c'est-à-dire de telle façon qu'ils sont inutilisables, ou de telle sorte qu'ils sont inutilisables ; cet emploi de l'indicatif, qui marque la conséquence, n'est pas très fréquent)

Si une proposition principale est négative, interrogative ou hypothétique, la proposition relative est normalement au subjonctif.

> **Il n'y a que cette proposition qui soit acceptable.**
> **En connaissez-vous d'autres qui aient la même compétence?**

Certaines propositions relatives peuvent se construire avec le subjonctif; elles comportent alors le sens de *tel que* (*telle que*, *tels que*, *telles que*). L'indicatif (y compris le conditionnel) reste toutefois possible.

> **Nous sommes à la recherche d'une personne qui sache se servir**
> **d'un tableur.** (une personne telle qu'elle sache se servir… Évidemment, on peut
> aussi écrire **Nous sommes à la recherche d'une personne qui sait** [ou **qui saurait**]
> se servir d'un tableur.)

Il y a des contextes où le conditionnel, le futur et le présent de l'indicatif ainsi que le subjonctif peuvent s'employer, avec des nuances de sens indiquant une plus ou moins grande éventualité dans la réalisation de l'action.

> **Choisissez un appareil qui pourrait s'installer facilement.** (conditionnel)
> **Choisissez un appareil qui puisse s'installer facilement.** (présent du subjonctif)
> **Choisissez un appareil qui pourra s'installer facilement.** (futur de l'indicatif)
> **Choisissez un appareil qui peut s'installer facilement.** (présent de l'indicatif)

On emploie plus souvent le subjonctif que l'indicatif après un superlatif ou l'équivalent d'un superlatif, notamment *le seul* (*la seule*) *qui*, *le seul que*, *le seul dont*, *l'unique qui*, *le premier qui*, *le dernier que*, *le meilleur que*, ainsi qu'après *il n'y a que… qui* (*que*, *dont*, etc.) et *il y a peu de… que*.

> **C'est le seul ordinateur qui nous convienne.**
> **Il s'agit de la première imprimante qui soit dotée de cette fonction.**
> **Voilà le meilleur rapport que j'aie lu.**
> **Il n'y a que cette solution qui puisse les satisfaire.**

Lorsqu'on emploie les locutions *si… et que* pour éviter la répétition de deux *si* en tête de deux propositions coordonnées, *que* est généralement suivi du subjonctif, mais l'indicatif est admis.

> **Si vous recevez un appareil défectueux et que vous ne le signaliez**
> **(ou signalez) pas immédiatement…** (équivaut à **Si vous recevez un appareil**
> **défectueux et si vous ne le signalez pas immédiatement…**)

SYNTHÈSE

Le nom *synthèse* est souvent employé comme complément déterminatif introduit par la préposition *de*.

> **une note de synthèse**
> **un article de synthèse**
> **un rapport de synthèse**
> **des documents de synthèse**

Il peut aussi parfois être juxtaposé à d'autres noms sans trait d'union ou entrer dans la composition d'autres noms auxquels il est lié par un trait d'union.

> **une étude synthèse, des études synthèses**
> **un tableau-synthèse, des tableaux-synthèses**
> **un document-synthèse, des documents-synthèses**
> **un livre-synthèse, des livres-synthèses**

Il faut noter que, dans le domaine de l'éducation, *épreuve-synthèse* et *examen-synthèse* sont à éviter. On doit leur préférer notamment, selon le cas, *épreuve de fin d'étape*, *examen de fin d'étape*, *épreuve de contrôle* ou *contrôle*.

T EUPHONIQUE

La lettre *t* précédée et suivie d'un trait d'union est une lettre euphonique qui permet la liaison dans les formes interrogatives surtout. Elle ne peut précéder que les pronoms *elle*, *il*, *on*.

> **Que fera-t-elle?**
> **Où va-t-il?**
> **Qu'y a-t-il?**
> **Qu'en dira-t-on?** (à ne pas confondre avec *les qu'en-dira-t-on*)
> **Convainc-t-il toujours son auditoire?**
> **Ne voilà-t-il pas un nouvel argument?**

On ne met pas de *t* euphonique après un verbe qui se termine par un *d*, qui d'ailleurs se prononce [t].

> **Répond-il?**
> **Entend-elle?**

Il ne faut pas confondre le *t* euphonique avec le *t* qui résulte de l'élision des pronoms personnels *te* ou *toi* (à l'impératif notamment) et qui est suivi d'une apostrophe.

> **Va-t'en.**
> **Prends-t'en plusieurs.** (et non pas *Prends-en-toi* ni *Prends-toi-z-en*)
> **Ne t'y fie pas.**
> **Mets-t'y sans tarder.** (et non pas *Mets-y-toi* ni *Mets-toi-z-y*)
> **Nous t'envoyons le rapport immédiatement.**

TANT... QUE

La construction *tant... que* peut établir une comparaison. Dans ce cas, il faut que la structure de la phrase respecte la symétrie de cette comparaison. La répétition d'un élément est souvent nécessaire pour obtenir la symétrie en question.

> **Cette formation aborde tant les aspects théoriques**
> **que les aspects techniques.**
> ou
> **Cette formation aborde les aspects tant théoriques que techniques.**
> (et non pas *Cette formation aborde tant les aspects théoriques que techniques.*)
>
> **Elle a raison tant sur le plan personnel que du point de vue professionnel.**
> ou
> **Elle a raison sur le plan tant personnel que professionnel.**
> ou
> **Elle a raison du point de vue tant personnel que professionnel.**
> (et non pas *Elle a raison tant sur le plan personnel que professionnel*,
> ni *Elle a raison sur le plan tant personnel que du point de vue professionnel*)

TAUX DE

Le complément qui suit *taux de* peut être au singulier ou au pluriel, selon le sens.

Il est au singulier lorsqu'il s'agit d'une abstraction ou de réalités qu'on ne peut pas compter.

> **le taux de fécondité, le taux de natalité, le taux de mortalité**
> **le taux de croissance, le taux de chômage, le taux d'émigration**
> **un taux d'intérêt**

Il est au pluriel lorsqu'il s'agit de réalités qu'on peut compter.

> **un taux de pannes**
> **le taux de lipides**

Dans certains cas, le singulier ou le pluriel sont possibles.

> **le taux de taxe(s)**
> **le taux de déchet(s)**

L'accord de l'adjectif qui suit le complément se fait selon le sens.

> **un taux d'erreurs acceptable** (C'est le taux qui est acceptable.)
> **le taux d'ondes stationnaires** (Ce sont les ondes qui sont stationnaires.)

TEL et TEL QUE

L'adjectif *tel* s'accorde avec le ou les noms ou pronoms auxquels il se rapporte et qui le suivent.

> **Tel est l'état de la situation.**
> **Telle est la situation.**
> **Les publications de notre organisme, tels les rapports de recherche**
> **et les études, sont distribuées gratuitement.**
>
> **Ce ne sont pas des éditions définitives ; il ne faut donc pas**
> **les considérer comme telles.**
>
> **agir de telle ou telle façon**
> **s'adresser à tel ou tel représentant qui sera sur place**
> **telle et telle solution sont envisageables** (ou est envisageable)

Dans une comparaison ou une énumération introduite par *tel que*, *tel* s'accorde avec le nom qui précède.

> **Des publications telles que rapports de recherche et rapports**
> **d'activité sont destinées à un public restreint.**
> **Des livres de référence tels que grammaires et encyclopédies**
> **devraient se trouver sur tous les bureaux.**

Lorsque l'adjectif *tel* est employé avec *que* pour former la locution conjonctive *tel que* introduisant une proposition, *tel* doit également se rapporter à un nom ou à un pronom et s'accorder avec lui.

> **Tels que je les connais, ils ont dû accepter.**
> **Ces machines ne sont pas fonctionnelles telles qu'elles ont été installées.**
> **La situation, telle qu'elle nous a été décrite, semble grave.**
> **Nous avons expédié les documents tels que nous les avions reçus.**

La construction elliptique formée de *tel que* suivi d'un participe passé est admise, à condition que l'adjectif *tel* se rapporte bien à un nom ou à un pronom, et qu'il ne renvoie pas à toute une proposition. Dans la langue soutenue, il est cependant préférable de maintenir le sujet et l'auxiliaire.

> **La situation, telle que décrite, semble grave.**
> **La situation, telle qu'elle a été décrite, semble grave.** (préférable)

C'est généralement la conjonction *comme* qu'on emploie pour faire référence à toute une proposition. On peut aussi avoir recours à *ainsi que*, *conformément à*, etc. L'emploi de *tel que* dans ce cas est à éviter.

> **Comme promis, je vous envoie la liste de nos publications.**
> (et non pas *Tel que promis...*)
> **Le rapport n'a pas été remis comme prévu.** (et non pas *tel que prévu*)
> **Conformément à la décision du conseil, la politique de...**
> (et non pas *Tel que décidé par le conseil, la politique de...*)
> **Comme nous en avons convenu, je vous fais parvenir...**
> (ou **Comme nous en sommes convenus** et non pas *Tel que convenu...*)
> **À votre demande** (et non pas *Tel que demandé*, sur un message joint à un document,
> par exemple)

Dans la construction *tel quel*, les deux éléments, *tel* et *quel*, s'accordent avec le nom auquel ils se rapportent. Par ailleurs, il faut éviter d'employer *tel que* au lieu de *tel quel*.

> **La proposition a été adoptée telle quelle.** (et non pas *La proposition a été*
> *adoptée tel quel* ni *La proposition a été adoptée telle que. Telle* et *quelle* s'accordent
> avec le nom féminin singulier *proposition*.)
> **Les ordinateurs seront mis en vente tels quels.** (*tels* et *quels* s'accordent
> avec le nom masculin pluriel *ordinateurs*)

TITRE D'ŒUVRE OU DE PÉRIODIQUE

L'accord du verbe avec un titre d'œuvre ou de périodique suit les mêmes règles générales que l'accord avec un nom d'entreprise. Voir NOMS D'ENTREPRISES (FORMATION ET ACCORD). Si ce titre est composé d'un nom commun avec déterminant (article), l'accord se fait souvent en genre et en nombre avec le nom commun ou avec le générique qui le précède, mais il peut aussi se faire au masculin singulier (emploi autonymique, avec le titre en lui-même, c'est-à-dire sans tenir compte des éléments du titre) ou avec un générique exprimé ou sous-entendu. L'usage est donc souvent flottant.

> ***Les Échos du Saint-Laurent* sont distribués dans toute la région.**
> (accord avec le nom commun *échos*)
>
> **Le quotidien *Les Nouvelles* consacre un article à...**
> (accord avec le générique *quotidien*)
>
> ***La Nation*, fondée au début du xxᵉ siècle...**
> (accord avec le nom commun *nation*)
>
> ***La Tribune* est imprimé à...**
> (accord avec autonyme, ou avec le générique *journal* sous-entendu)
>
> ***La Tribune* est imprimée à...**
> (accord au féminin avec le mot *tribune* et son déterminant)

Si le titre d'œuvre ou de périodique ne commence pas lui-même par un déterminant, on le fait souvent précéder d'un déterminant (accordé en genre et en nombre) lorsqu'on l'insère dans une phrase, surtout lorsque le titre concerne un genre (revue, bulletin, lettres, mémoires, anthologie, dictionnaire, etc.) ou un sujet général (aventures, voyage, histoire, portrait, etc.).

> **Dans la *Revue québécoise de linguistique*...**
>
> **Dans le *Dictionnaire des synonymes*...**
>
> **Dans ses *Poèmes des quatre côtés*, Jacques Brault traite de traduction poétique.**
>
> **Dans *Bashir Lazhar*, d'Évelyne de la Chenelière,...** (nom de personnage, pas de déterminant dans ce cas)

L'accord se fait alors en conformité avec le déterminant. S'il n'y a pas de déterminant, l'accord se fait soit au masculin singulier, soit avec un générique exprimé ou sous-entendu.

> **Le recueil *Dictées pour tous* est particulièrement bien présenté.**
> (accord avec le générique *recueil* et le déterminant, au masculin singulier)
>
> **Les *Dictées pour tous* sont particulièrement bien présentées.**
> (accord avec le premier mot du titre – qui désigne un genre ou un sujet général – et son déterminant, ici au féminin pluriel)
>
> ***Dictées pour tous* est particulièrement bien présenté.**
> (accord avec un générique [*livre*, *ouvrage* ou *recueil*] sous-entendu, ou valeur autonymique)

TOUT

Tout, déterminant, adjectif ou pronom

Le mot *tout* peut être un déterminant indéfini qui a le sens de « chaque, n'importe quel » ou de « sans exception », ou un adjectif qualificatif signifiant « entier, véritable, unique ». Il peut aussi être un pronom indéfini. Dans ces cas, il est variable.

> **Tous les dossiers seront reclassés.**
> **Tous seront reclassés.**
> **Pour tout renseignement, prière de s'adresser à...**
> **C'est toute une histoire.**
> **Nous vous avons tout montré.**

Beaucoup d'expressions et de locutions formées avec *tout* s'écrivent le plus souvent au singulier. *Tout, toute* y ont le sens de « n'importe quel, n'importe quelle ».

> **en tout cas**
> **à tout prix**
> **à tout propos**
> **de toute façon**
> **à toute heure**
> **en toute saison**

Certaines expressions et locutions s'écrivent le plus souvent au pluriel, avec *tous* et *toutes*, dans le sens de « tous les, toutes les ».

> **de tous côtés**
> **à tous égards**
> **en toutes lettres**
> **de toutes pièces**
> **toutes proportions gardées**
> **en tous sens**
> **tous azimuts**

D'autres expressions et locutions peuvent s'écrire au singulier ou au pluriel, selon le sens qu'on y donne à *tout*.

> **en tout genre, en tous genres**
> **à tout moment, à tous moments**
> **de toute sorte, de toutes sortes**
> **à tout point de vue, à tous points de vue**
> **à ou de tout âge, à ou de tous âges**

Tout, adverbe

Le mot *tout* peut aussi être un adverbe qui signifie « tout à fait, complètement, entièrement ». Il est normalement invariable. Cependant, lorsqu'il est suivi d'un adjectif ou d'un participe passé féminin commençant par une consonne ou un *h* aspiré, il devient variable. On peut vérifier dans un dictionnaire si un mot commence par un *h* aspiré ou par un *h* muet (il y est le plus souvent marqué par un astérisque ou une apostrophe). Voir aussi l'article H MUET et H ASPIRÉ, p. 73.

> **Il est tout heureux.**
> **Elles sont tout heureuses.**
> **Elles sont toutes honteuses.** (suivi d'un *h* aspiré)
> **Elles sont tout étonnées.**
> **Elles sont tout en haut de la liste.**
> **Elle est toute confuse.** (suivi d'une consonne)
> **Ils sont tout près de réussir.**
> **Nous avons reçu de tout nouveaux ordinateurs.**
> **De tout petits changements ont été apportés au système.**
> **les tout derniers jours de l'exercice**

Les expressions *au tout début, le tout début, les tout débuts, à la toute fin* sont encore parfois critiquées, car l'adverbe *tout* y modifie un nom. On peut leur préférer, selon le contexte : *tout au début, les tout premiers débuts, les premières années, les premiers jours de, les tout premiers* (ou *derniers*) *jours de, tout à la fin*, etc.

Tout, nom

Le mot *tout* peut aussi être un nom masculin qui s'écrit *touts* au pluriel.

> **Nous prendrons le tout.**
> **Ces lots forment des touts bien distincts.**

Tout, élément de formation

Dans les noms et les adjectifs composés qui commencent par l'élément *tout*, celui-ci est soit un adverbe, et il reste invariable ou varie suivant la règle énoncée plus haut (voir ***Tout,*** adverbe), soit un adjectif, et il varie.

> **les tout-petits**
> **des autorités toutes-puissantes**
> **des véhicules tout-terrain** ou **tout-terrains**
> **des tout-terrain, des tout-terrains**

TOUT AUTRE

Dans l'expression *tout autre*, lorsque *tout* signifie « n'importe quel » et se rapporte à un nom ou à un pronom, il est adjectif, donc variable. Le nom qui suit *tout autre* pourrait s'intercaler entre *tout* et *autre* : c'est un moyen commode de reconnaître qu'il est adjectif.

> **Toute autre solution serait préférable.** (c'est-à-dire : Toute solution autre…)
> **Pour toute autre demande, adressez-vous à…** (c'est-à-dire : Toute demande autre…)

Tout suivi de *autre* est adverbe quand il signifie « complètement, tout à fait ». On ne peut pas le séparer de *autre*. *Tout* adverbe est invariable.

> **Il s'agit de tout autre chose.**
> **D'habitude, elle est tout autre.**
> **Voilà une tout autre affaire !**
> **Les vraies raisons sont tout autres.**
> **Comme c'est une tout autre demande, il faut soumettre un nouveau dossier.** (c'est-à-dire : une demande complètement autre)

TRAIT D'UNION

Les mots composés qui comportent un trait d'union sont fort nombreux, et l'usage semble souvent capricieux. Certaines des rectifications orthographiques proposées par le Conseil supérieur de la langue française de France en 1990 portent d'ailleurs sur cette question et proposent même de souder les éléments dans plusieurs cas. La consultation des dictionnaires reste indispensable, même si tous ne consignent pas les mêmes graphies et que plusieurs graphies sont fréquemment en concurrence. Le trait d'union est généralement la marque de la lexicalisation, c'est-à-dire de la reconnaissance d'un mot figé sous cette forme, avec une unité de sens. La soudure des éléments marque une plus grande lexicalisation encore (*audiovisuel*, *faitout*, *millefeuille*, *socioéconomique*, *récréotouristique*, etc.). Voir aussi l'article RECTIFICATIONS DE L'ORTHOGRAPHE, p. 146.

Le trait d'union s'impose dans les mots composés pour éviter la rencontre de voyelles qui poserait des difficultés de lecture. Seul le dernier élément peut prendre la marque du pluriel.

> **auto-immunisation** (pour éviter *oi*)
> **auto-induction**

bio-industrie (trait d'union pour éviter *oi*, mais **biotechnologie** en un mot, car la soudure n'occasionne pas de difficulté de prononciation)

gastro-intestinal

génito-urinaire (pour éviter *ou*)

intra-urbain (pour éviter *au*)

intra-utérin

micro-informatique (trait d'union pour éviter *oi*, mais **microélectronique** et **microprocesseur** en un mot, car la soudure n'occasionne pas de difficulté de prononciation ; on peut écrire **microordinateur**, selon les rectifications de l'orthographe, ou **micro-ordinateur** selon l'orthographe traditionnelle)

micro-intervalle

néo-impressionnisme

photo-interprétation

primo-infection

sacro-iliaque

Le trait d'union est également maintenu dans les adjectifs et les noms composés géographiques.

afro-américain

anglo-saxon

franco-québécois

gréco-romain

Dans les noms de lieux (ou toponymes), de voies de communication (ou odonymes) et les noms d'établissements – ainsi que dans les noms de manifestations, de prix, etc. –, les éléments spécifiques qui sont composés de deux ou de plusieurs éléments comportent un ou des traits d'union. S'il s'agit d'un nom de personne, on met un trait d'union entre les prénoms et entre le ou les prénoms et le patronyme, que la personne soit décédée ou non. Une règle toponymique veut cependant qu'on ne donne pas à un établissement ou à un lieu le nom d'une personne vivante ni le nom d'une personne décédée depuis moins d'un an (voir aussi l'article FORMATION DES NOMS D'ÉTABLISSEMENTS ET DE LIEUX, p. 69).

la rivière Jacques-Cartier

le boulevard Sir-Wilfrid-Laurier

l'école Joseph-François-Perrault

le prix Georges-Émile-Lapalme

TYPE

On emploie le nom *type* juxtaposé à un autre nom pour qualifier quelque chose de représentatif, avec le sens d'« exemple », de « modèle ». Dans cet emploi, on ne met pas de trait d'union entre *type* et le nom qui précède.

> **une lettre type**
> **un cas type**

Toutefois, on trouve le trait d'union dans certains mots considérés maintenant comme des noms composés. En cas de doute, il est bon de consulter un dictionnaire. Si le nom qu'il accompagne est au pluriel, *type* s'accorde avec ce nom comme le ferait un adjectif.

> **un écart-type** ou **un écart type** (en statistique, « racine carrée de la variance »)
> **des écarts-types** ou **des écarts types**

Après l'expression *type de* suivie d'un complément, qui peut être selon le sens au singulier ou au pluriel, l'accord du verbe ainsi que celui de l'adjectif ou du participe passé se font généralement avec le complément.

> **Un certain type d'appareils ont été commandés expressément pour lui.**
> **Il s'agit d'un type de travaux qui exigent peu de ressources.**
> **Voilà un type de travail qui me convient.**
> **différents types de vêtements**

Cependant, si *type de* est précédé d'un démonstratif, l'accord se fait avec *type*.

> **Ce type de demandes est fréquent.**

UN DES et UN DE CES

Après *un des, une des, un de ces, une de ces, un de ceux-là, une de celles-là…* *qui, que*, l'accord du verbe se fait selon le sens, au singulier ou au pluriel.

L'accord se fait au pluriel si on veut insister sur la pluralité, ce qui est le cas le plus fréquent. L'accord est au singulier si le sens l'impose et que le pluriel est impossible ; on met souvent alors une virgule devant *qui* ou *que* (proposition relative explicative).

> **Cette candidate possède l'un des meilleurs dossiers qui ont été présentés.**
>
> **Nous consultons l'une des spécialistes de la question, qui nous a été fortement recommandée.**
>
> **Nous devons vous renvoyer un de ces appareils, qui ne nous donne pas satisfaction.**

La construction *un de ces, une de ces* suivie d'un nom s'emploie dans la langue courante pour indiquer une grande intensité. Le nom se met normalement au pluriel, même s'il s'agit d'un nom non comptable, mais on le laisse au singulier, à l'oral surtout pour des raisons d'euphonie, s'il se termine en *-ail* ou en *-al*.

> **Elle nous a fait une de ces peurs !**
>
> **Il avait un de ces mal de tête !**
>
> **Cela a exigé un de ces travail !**

VILLE

Le genre des noms de villes témoigne d'un usage assez flottant et il varie en fonction des contextes.

Sont toujours féminins les noms qui commencent par un article féminin et souvent ceux qui se terminent par *e* ou *es*. On peut aussi faire l'accord au féminin avec le mot *ville* (ou *Ville* s'il s'agit de la personne morale) exprimé ou sous-entendu.

> **La Tuque est située…**
>
> **La Malbaie s'est étendue…**
>
> **Les Bergeronnes sont issues d'un regroupement municipal.**
>
> **Victoriaville est désignée…**
>
> **Montréal vue par les enfants**
>
> **Montréal a été l'organisatrice des Jeux olympiques de 1976.**
>
> **Saint-Jérôme, ville fleurie, a été honorée de…**
>
> **Le représentant de la Ville a dit combien Trois-Rivières était fière de cette initiative.**

Toutefois, le masculin tend actuellement à se généraliser. Il s'impose évidemment si le nom de ville commence par un article ou un mot masculin. L'accord se fait habituellement au pluriel avec un nom pluriel comprenant un article.

> **Sherbrooke s'est équipé de…**
>
> **Gaspé est reconnu pour…**

> **Gatineau est un chef de file en...**
> **Montréal a été choisi parmi...**
> **Trois-Rivières est situé sur la rive nord du Saint-Laurent.**
> **Havre-Saint-Pierre a été fondé...**
> **Le Gardeur est considéré comme...**
> **Les Méchins sont situés...**

C'est le masculin qu'on emploie avec les adjectifs *vieux* et *tout* qui précèdent le nom de la ville.

> **le Vieux-Québec est doté de...**
> **Ils ont quadrillé tout Sainte-Foy.**
> **le Tout-Jonquière est animé...**

VINGT

L'adjectif numéral cardinal *vingt* varie lorsqu'il est multiplié et qu'il n'est pas suivi d'un autre nombre.

> **tous les vingt ans**
> **Nous vous en avons commandé quatre-vingts.**
> **deux cent quatre-vingts places**
>
> **quatre-vingts dollars**
> **quatre-vingt-cinq dollars**
> **quatre-vingt mille dollars**
> **quatre-vingts milliers de dollars** (Le mot *millier* est un nom.)
> **quatre-vingts millions de dollars** (Le mot *million* est un nom.)
>
> **cent vingt pages** (*cent* ne multiplie pas *vingt*)
> **mille vingt billets**

Lorsque *vingt* est adjectif numéral ordinal, signifiant « vingtième », il reste invariable. On écrit cependant plus souvent ces nombres en chiffres.

> **les années quatre-vingt** (les années 80, mais pas *les années '80*)
> **la page trois cent quatre-vingt**
> **Veuillez vous rendre au quatre-vingt de la rue des Érables.**

VOIR

Le verbe *voir* est parfois employé comme un auxiliaire, suivi soit d'un infinitif, soit d'un participe passé selon qu'on insiste sur l'action ou sur l'état. Le fait de remplacer un verbe en *-er* par un verbe d'une autre terminaison aide à faire un choix entre les deux. (Voir aussi SE SENTIR et SE VOIR.)

> **Voici les sujets que nous aimerions voir traiter au cours du colloque.**
> (ou **voir débattre**)
>
> **Indiquez-nous quels travaux vous souhaiteriez voir terminés avant votre départ.** (ou **voir finis**)
>
> **les termes qu'il souhaite voir préciser**
> (ou **voir définir**; c'est-à-dire qu'il souhaite qu'on précise [action])
> **les termes qu'il souhaite voir précisés**
> (ou **voir définis**; c'est-à-dire qu'il souhaite voir être précisés [état])

 ## VOUS DE POLITESSE

Lorsqu'on emploie le pronom *vous* par politesse pour s'adresser à une seule personne, l'adjectif ou le participe qui se rapporte à ce *vous* reste au singulier.

> **Monsieur,**
> **Vous êtes invité à participer au...**
>
> **Soyez assurée, Madame la Directrice, que je ferai tout en mon pouvoir pour...**

L'adjectif, épithète ou attribut, ou le participe qui se rapporte au *vous* de politesse s'accorde toutefois en genre selon le sexe de la personne désignée par ce pronom.

> **Vous voilà convaincu de vos chances de succès.** (*vous* désigne un homme)
>
> **Je vous ai sollicitée pour faire partie de ce jury.** (*vous* désigne une femme)

L'accord de l'adjectif *même* juxtaposé au pronom *vous* de politesse et lié à celui-ci par un trait d'union se fait au singulier.

> **Vous pouvez faire cette démarche vous-même.** (On s'adresse ici à une seule personne; si le *vous* était un véritable pluriel, désignant donc plusieurs personnes, *même* serait au pluriel : **Vous pouvez faire cette démarche vous-mêmes.**)

Mots et expressions à connaître

La liste ci-dessous est un simple aide-mémoire qui ne fait pas de distinctions entre les diverses formes à éviter (impropriétés, solécismes, anglicismes, etc.). Les formes « à retenir » correspondent à un **usage standard de la langue, dans un contexte de travail, administratif ou commercial** ; il s'agit donc d'une **langue soignée**. Le choix de la forme à retenir parmi celles qui sont proposées (colonne de droite) doit évidemment se faire en tenant compte des nuances de sens désirées. Il faut noter que certaines formes à éviter dans le sens indiqué (celui de la forme à retenir) pourraient être correctes dans d'autres sens. Par exemple, *admission* est un mot français qui possède plusieurs sens, mais il faut éviter de l'employer dans le sens d'« entrée » ou de « droits d'entrée dans une salle ».

Pour avoir davantage d'explications sur l'emploi de ces mots et expressions, il est conseillé de consulter la **Banque de dépannage linguistique** et *Le grand dictionnaire terminologique* que l'Office québécois de la langue française met gratuitement à la disposition du public dans son site Internet à l'adresse **www.oqlf.gouv.qc.ca**.

À éviter	À retenir
#	**n^o, N^o**
#P.O.	**numéro de bon de commande**
#SKU	**UGS n^o** (unité de gestion des stocks)
A	
À :	**Destinataire :** **Destinataires :**
abreuvoir	**fontaine**
abrévier	**abréger**
année *académique*	année **scolaire** année **universitaire**

À éviter	À retenir
Il veut *s'accaparer* le marché.	Il veut **accaparer** le marché. Il veut **s'emparer du** marché.
Il *s'en est accaparé.*	Il **l'a accaparé.**
employer un mot dans son *acceptation* courante	employer un mot dans son **acception** courante
à date, jusqu'à date	**à ce jour** **jusqu'à maintenant** **jusqu'ici** **jusqu'à présent**
mettre un ouvrage *à date*	mettre un ouvrage **à jour**
admission	**entrée**
Pas d'admission	**Défense d'entrer** **Accès interdit**
Pas d'admission sans affaires	**Entrée interdite sans autorisation**
prix d'admission	**entrée** **prix d'entrée**
adresser l'auditoire	**s'adresser à, parler à** l'auditoire **faire, prononcer un discours**
adresser un problème, un sujet	**traiter, aborder** un problème, un sujet
être en affaire(s)	**être dans les affaires** **faire des affaires**
faire affaire(s) au Québec	**être établi** au Québec
affidavit	**déclaration sous serment**
l'*agenda* de la réunion	l'**ordre du jour** de la réunion
vendeur *agressif*	**bon** vendeur vendeur **dynamique**
On *leur* a aidé à finir le travail.	On **les** a aidés à finir le travail.
Ils *lui* ont aidé à finir le travail.	Ils **l'**ont aidé à finir le travail.
ajusteur d'assurances	**expert** ou **experte** d'assurances, **en assurance(s), en sinistre(s)**
la nouvelle *à l'effet que...*	la nouvelle **voulant que...,** **selon laquelle...**
faire des *altérations*	faire des **retouches**, des **modifications**
choisir entre deux *alternatives*	choisir entre deux **possibilités,** deux **solutions**

À éviter	À retenir
hésiter entre *deux alternatives*	hésiter **devant une alternative,** entre **deux partis**
10 h a.m.	**10 h** **10 heures du matin** **10:00** (dans un tableau)
anticiper une amélioration	**s'attendre à, prévoir** une amélioration
être *anxieux* de connaître les résultats	**être impatient, avoir hâte** de connaître les résultats
un *appel conférence*	une **conférence téléphonique**
une *application*	une **demande d'emploi** une **candidature**
appliquer à un poste	**poser sa candidature** à un poste
un *appointement*	un **rendez-vous**
J'*apprécierais* que vous…	Je **souhaiterais** que vous… Je **vous serais reconnaissant de**… Je **vous saurais gré de**…
J'*apprécierais* rencontrer M. Roy.	Je **souhaiterais,** je **souhaite** rencontrer… Je **désirerais,** je **désire** rencontrer… Je **serais heureux de** rencontrer…
Vos commentaires seront *appréciés*.	Vos commentaires seront **(les) bienvenus.** **Nous serons ravis d'avoir** vos commentaires.
les *argents*	les **sommes, montants, crédits, fonds** **l'argent**
avoir *un argument, une argumentation* avec…	avoir **une discussion** avec…
les *arriérages*	les **arrérages** **l'arriéré**
L'*assemblée* est levée.	La **séance** est levée.
assigner quelqu'un à un travail	**affecter** quelqu'un à un travail **assigner un travail** à quelqu'un
assumer que	**présumer que** **supposer que**
à tous les jours	**tous les jours**

À éviter	À retenir
à toutes fins pratiques	**en pratique** **pratiquement** **en fait**
Vous trouverez ci-*attaché*…	Vous trouverez ci-**joint**, ci-**annexé**…
Voir les documents *attachés*.	Voir les documents **joints**.
Aucun frais ne sera remboursé.	**Aucuns frais ne seront remboursés.**
L'*audience* a applaudi la conférencière.	L'**auditoire** a applaudi la conférencière.
On a senti un malaise dans l'*audience*.	On a senti un malaise dans l'**assistance**.
chèque *au montant de* 100 $	chèque **de** 100 $
au niveau des finances	**en ce qui concerne les** finances **en matière de** finances **pour ce qui est des** finances **sur le plan des** finances
au plan financier	**sur le** plan financier
au plan de l'efficacité	**sur le** plan de l'efficacité
pour *aussi peu que* 20 $	pour **la modique somme de** 20 $ pour **seulement** 20 $
aux quatre heures	**toutes les** quatre heures
Cette information s'est *avérée* fausse, vraie.	Cette information s'est **révélée** fausse, vraie.
aviseur légal	**conseiller juridique, conseillère juridique**
aviseur technique	**conseiller** technique, **conseillère** technique
comité *aviseur*	comité **consultatif** comité **conseil**

B

À éviter	À retenir
dans le *background*	dans le **fond** dans le **décor** **en arrière-plan**
avoir un *background* intéressant	avoir **un dossier, un bagage, une expérience professionnelle, des connaissances, des antécédents** intéressants
Quel est le *background*?	Quel est **le contexte**?, **l'historique**?, **le milieu**?, **le climat**?

À éviter	À retenir
back order (sur un bordereau de livraison)	**livraison différée**
articles, commande *back order*	articles, commande **en souffrance, en retard**
être *back order*	être **en rupture de stock**
un *badge* de congressiste	un **porte-nom** de congressiste
la *balance* de la commande, du texte	le **reste** de la commande, du texte
la *balance* d'un compte	le **solde** d'un compte
un *bed and breakfast*	un **gîte touristique**, un **couette et café** (L'appellation Gîte du passant est une marque de commerce.)
toucher un *bénéfice* en vertu de…	toucher **une indemnité, une prestation** en vertu de…
bénéfices marginaux	**avantages sociaux**
Cette mesure va *bénéficier* à beaucoup de gens.	Cette mesure va **profiter** à beaucoup de gens.
Bienvenue! (en réponse à « Merci! »)	**De rien. Il n'y a pas de quoi. Je vous (t') en prie.**
offrir un *billet de saison* à un bon client	offrir **un abonnement, une carte d'abonnement** à un bon client
le *Black Friday*	le **Vendredi fou**, le **Mégasolde d'avant Noël**
un *blanc de chèque*	une **formule de chèque** un **chèque**
avoir un *blanc* de mémoire	avoir un **trou** de mémoire
un *bloc à appartements*, un *bloc-appartements*	un **immeuble résidentiel** un **immeuble d'habitation** un **immeuble**
appeler d'une *boîte* téléphonique	appeler d'une **cabine** téléphonique
bon de réquisition	**demande d'achat, de fournitures, de matériel, de service bon de magasin**
Bon matin!	**Bonjour!**
Boxing Day	**Après-Noël lendemain de Noël soldes de l'Après-Noël, d'après Noël**

176 Grammaire, orthographe et vocabulaire
MOTS ET EXPRESSIONS À CONNAÎTRE
Le français au bureau

À éviter	À retenir
notre *branche à* Sherbrooke	notre **succursale de** Sherbrooke
avant le *break* de 10 h	avant la **pause**, la **pause-café** de 10 h
bris de contrat	**rupture** de contrat
Il y a un *bug* dans le système.	Il y a un **bogue** dans le système.
bumper quelqu'un	**supplanter**, **évincer** quelqu'un
bumping	**supplantation** **évincement**
bureau-chef	**siège social**
bureau des directeurs, bureau de direction, bureau des gouverneurs	**conseil d'administration**

C

À éviter	À retenir
année *de calendrier*	année **civile**
jour *de calendrier*	jour **civil**
cancellation	**annulation**
canceller un chèque	**annuler** un chèque
canceller un rendez-vous	**annuler** un rendez-vous
carte d'affaires	**carte professionnelle** **carte de visite**
casier postal	**case postale**
la *cédule* de…	le **calendrier**, l'**horaire**, le **programme** de…
céduler une activité au programme	**inscrire** une activité au programme
céduler une réunion	**prévoir**, **fixer** une réunion
centre d'achats	**centre commercial**
certificat-cadeau	**chèque-cadeau** **bon-cadeau**
se présenter à la *chambre* 112	se présenter au **bureau**, à la **salle** 112
Il ne faut pas prendre de *chance*.	Il ne faut pas prendre de **risque**. Il ne faut prendre **aucun risque**.
Il y a *de bonnes chances* qu'il soit en retard.	Il y a **un grand risque** qu'il soit en retard. **Il risque fort d'être** en retard.
sans charge supplémentaire	**sans supplément** **sans frais supplémentaires** **tous frais compris** **tout compris**

À éviter	À retenir
charger 100 $	**demander** 100 $
charger un article	**facturer, faire payer** un article
Il a oublié de *charger* le café.	Il a oublié de **compter** le café.
appel à *charges renversées*	appel à **frais virés**
Chargez cela à mon compte.	**Mettez** cela **sur** mon compte. **Portez** cela à mon compte.
le *chiffre (shift)* de jour	le **poste** de jour le **quart** de jour l'**équipe** de jour
être sur le chiffre (shift) de...	être **affecté au poste de...** être **de...** **travailler de...** être **affecté à l'équipe de...**
ci-bas	**ci-dessous** **ci-après**
ci-haut	**ci-dessus** **plus haut** **précédemment**
circulaire (publicité)	**dépliant** **prospectus** **cahier publicitaire**
numéro *civique*	**numéro (d'immeuble)**
gagner 100 $ *clair*	gagner 100 $ **net**
clairer quelqu'un	**congédier** quelqu'un
clairer toutes ses dettes	**payer, rembourser** toutes ses dettes
clause nonobstant	**disposition de dérogation**
clause *orphelin*	clause **de disparité de traitement**
personnel *clérical*	personnel **de bureau**
travail *clérical*	travail **de bureau**
corriger une erreur *cléricale*	corriger une erreur **matérielle**, une erreur **d'écriture**, une **faute de frappe**, une **faute** ou une erreur **de copiste**
client facture originale	**facture originale** **exemplaire du client**
client par	**signature du client**

À éviter	À retenir
client quantité	**quantité commandée** **quantité demandée**
une *cocarde* de congressiste	un **porte-nom** de congressiste
expédier quelque chose *COD*	expédier quelque chose **contre remboursement** **payable à la livraison**
la *collecte* des impôts	la **perception** des impôts
collecter des impôts, des taxes	**percevoir** des impôts, des taxes
combler un poste	**pourvoir** un poste **pourvoir à** un poste
commande client	**numéro de commande du client**
faire passer un *commercial*	faire passer un **message publicitaire**
compagnie de finance	**société de prêts** **société de crédit** **société de financement** **établissement de crédit**
le *complètement* d'un formulaire	le **fait de remplir** un formulaire **les zones remplies d'un formulaire** **les renseignements inscrits sur** un formulaire
compléter un formulaire	**remplir** un formulaire
la *complétion* des travaux	l'**achèvement** des travaux
Compliments de la saison	**Joyeux Noël et bonne année** **Meilleurs vœux pour Noël** **et la nouvelle année** **Joyeuses fêtes** (ou **Joyeuses Fêtes**)
compte de taxes	**avis d'imposition**
comptes payables	**comptes fournisseurs**
comptes recevables	**comptes clients**
compte tenu que	**compte tenu de** **compte tenu du fait que**
être *confiant que*	être **convaincu, sûr, persuadé que** **avoir bon espoir que**
dans la *conjecture* économique actuelle	dans la **conjoncture** économique actuelle

À éviter	À retenir
comité *conjoint*	comité **mixte** comité **paritaire**
avoir des *connexions*	avoir des **relations**
un chiffre *conservateur*, des chiffres *conservateurs*	un chiffre **prudent**, des chiffres **prudents** un chiffre **modéré**, des chiffres **modérés**
construction (signalisation routière)	**travaux**
contracteur et *sous-contracteur*	**entrepreneur** et **sous-traitant** **entrepreneuse** et **sous-traitante**
À la suite de cette affaire, il a été *contraint malgré lui* de démissionner.	À la suite de cette affaire, il a été **contraint** de démissionner.
participer à *une convention*	participer à **un congrès**
acheter deux *copies* d'un journal	acheter deux **exemplaires** d'un journal
citoyen *corporatif*	**entreprise citoyenne** **dirigeant citoyen**
client *corporatif*	**société, entreprise cliente**
droit *corporatif*	droit **commercial** droit **des entreprises**
nom *corporatif*	nom **d'entreprise**
profil *corporatif*	profil **d'entreprise**
tarif *corporatif*	tarif **d'entreprise**
image *corporative*	image **de marque** image **de la société, de l'entreprise** **réputation de la société**
affaires *corporatives*	affaires **de l'entreprise, de la société**
établir *une cotation* (pour des biens ou des services, en réponse à une demande)	établir **un devis**
couper des postes, des emplois	**supprimer** des postes, des emplois
coupure de poste, d'emploi	**suppression** de poste, d'emploi
coupure de budget	**diminution** de budget
coupures budgétaires	**restrictions** budgétaires **compressions** budgétaires
cueillette de données, de fonds	**collecte** de données, de fonds

À éviter	À retenir
D	
écrire à la *dactylo*	écrire à la **machine (à écrire)**
De :	**Expéditeur :** ou **Expéditeurs :** **Expéditrice :** ou **Expéditrices :** **Expéditeur ou expéditrice :** **Exp. :** (sur une enveloppe)
en avoir *de besoin*	en avoir **besoin**
durant la dernière *décade*	durant la dernière **décennie**
de d'autres	**d'autres**
un *déductible* de 200 $	une **franchise** de 200 $
— Êtes-vous d'accord? — *Définitivement!*	— Êtes-vous d'accord? — **Certainement!** — **Absolument!** — **Bien sûr!** (*Définitivement* signifie « d'une manière définitive, pour toujours ».)
défrayer les dépenses de quelqu'un	**défrayer quelqu'un, lui payer ses dépenses, lui rembourser ses frais**
degré d'instruction	**scolarité études niveau de scolarité**
demander une question	**poser** une question
acheter *le démonstrateur*	acheter **l'article en démonstration, en montre, la voiture d'essai**
subir une *démotion*	subir une **rétrogradation**, un **déclassement** (selon le contexte)
département de service	**atelier de réparation**
Adressez-vous au *département* des jouets.	Adressez-vous au **rayon** des jouets.
Département des pièces	**Service** des pièces
dépendamment des circonstances	**selon** les circonstances
dépendant de votre décision	**en fonction de** votre décision **selon** la décision que vous prendrez
avoir des *dépendants*	avoir des **personnes à charge**
dépenses *encourues*	dépenses **engagées frais engagés**

À éviter	À retenir
construire un nouveau *développement*	construire un nouveau **lotissement**
développeur (immobilier)	**promoteur (immobilier), promotrice (immobilière)** **lotisseur, lotisseuse**
directeur (d'un conseil d'administration)	**administrateur, administratrice** **membre** (d'un conseil d'administration)
Ils *se sont divorcés* il y a deux ans.	Ils **ont divorcé** il y a deux ans.
J'ai vu *docteur* (ou *D*ʳ) Gagnon.	J'ai vu **le docteur** (ou **le D**ʳ) Gagnon.
le commerce *domestique*	le commerce **intérieur**
les vols *domestiques*	les vols **intérieurs**
la date *due* pour votre paiement	l'**échéance** de votre paiement la **date d'échéance** de votre paiement
Duo-Tang (marque de commerce)	**classeur à attaches** **reliure à attaches**
éviter la *duplication* des tâches	éviter **le chevauchement,** **le dédoublement** des tâches

E	
taux *d'échange*	taux **de change**
effectif au…	**en vigueur le, à partir du…**
date *effective*	date **d'entrée en vigueur** date **d'entrée en application** date **d'effet** **prise d'effet**
ne pas *élaborer*	ne pas **donner de détails, de précisions** ne pas **s'étendre**
être *éligible* à une indemnité	être **admissible** à une indemnité
être *éligible* pour un emploi, un concours	être **admissible à** un emploi, un concours
émettre un reçu, un permis	**délivrer, donner** un reçu, un permis
mettre l'*emphase* sur	mettre l'**accent sur, insister sur** **faire ressortir** **mettre en valeur, en relief**
empowerment, empouvoirement	**autonomisation** **habilitation** **responsabilisation** **prise en main** **prise en charge**

À éviter	À retenir
être *en* affaire(s)	être **dans les** affaires **faire des** affaires
en autant que	**dans la mesure où** **pour autant que**
la personne *en charge*	la personne **responsable** **le ou la responsable**
être *en charge* de...	être **responsable** de... être **chargé** de... **avoir la charge** de... **avoir la responsabilité** de...
rappeler *en dedans de* quinze minutes	rappeler **d'ici à**, **avant** quinze minutes
en définitif	**en définitive** **tout bien considéré**
être *en devoir*	être **de service, de garde**
écrire *à l'endos* d'une feuille	écrire **au verso** d'une feuille
signer *à l'endos* d'un chèque	**endosser** un chèque
lire une indication *à l'endos* d'une boîte	lire une indication **au dos** d'une boîte
endosser une décision	**approuver, appuyer** une décision
le règlement *en force*	le règlement **en vigueur**
appareil *en ordre*	appareil **en bon état** appareil **en état de marche**
passeport *en ordre*	passeport **en règle**
en rapport avec ce travail	**au sujet de** ce travail **pour ce qui est de** ce travail **en ce qui concerne** ce travail
La ligne est *engagée*.	La ligne est **occupée**.
courrier *enregistré*	courrier **recommandé**
les *enregistrements* d'un véhicule	le **certificat d'immatriculation** d'un véhicule
s'*enregistrer* à l'hôtel	s'**inscrire** à l'hôtel
période d'*entraînement* (au travail)	période d'**essai, d'apprentissage** **stage (de formation)**
entrepreneurship	**entrepreneuriat** **esprit d'entreprise**
enveloppe-retour	**enveloppe-réponse**

À éviter	À retenir
un parcours *erratique*	un parcours **irrégulier, inégal**
espace à bureaux à louer	**bureaux, local pour bureau(x), local administratif, local commercial** à louer
estimé budgétaire	**prévisions** budgétaires
un *estimé* des ventes	une **estimation** des ventes
demander un *estimé* à un entrepreneur	demander un **devis**, une **estimation** à un entrepreneur
l'*étampe* du Service de révision	le **timbre**, le **tampon**, le **cachet** du Service de révision
étamper un document	**timbrer, tamponner** un document **apposer un timbre, un tampon, un cachet** sur un document
message à *être distribué* au personnel	message à **distribuer** au personnel
étude légale	**cabinet d'avocat(s) étude de notaire(s)**
l'*exécutif*	**le conseil** ou **le comité de direction le bureau**
secrétaire *exécutif, exécutive*	secrétaire **de direction** secrétaire **administratif, administrative**
vice-président *exécutif*, vice-présidente *exécutive*	vice-président **directeur**, vice-présidente **directrice**
exempt *taxe fédérale*	exempt **de taxe fédérale exemption : taxe fédérale**
extension 24	**poste** 24
extensionner un délai	**prolonger** un délai
F	
pour seulement trois paiements *faciles*	pour seulement trois paiements **modiques**
date *facturée*	date **de facturation**
faire application	faire **une demande d'emploi poser sa candidature postuler**
faire un retour d'appel	**rappeler répondre à un** (ou **des**) **appel(s) répondre à un** (ou **des**) **message(s) téléphonique(s)**

À éviter	À retenir
trouver *un faux prétexte*	trouver **un prétexte, une fausse raison**
fax	**télécopie** **télécopieur**
faxer	**télécopier**
Félicitation !	**Félicitations !**
fermer la ligne	**raccrocher**
figurer le coût de…	**estimer, prévoir, calculer** le coût de…
ranger un dossier dans *la filière*	ranger un dossier dans **le classeur**
une version *finale*	une version **définitive**
année *fiscale*	année **financière, budgétaire** **exercice financier, exercice**
un chèque *sans fonds*	un chèque **sans provision**
forger une signature	**contrefaire, imiter** une signature
Deux sociétés *se sont fusionnées.*	Deux sociétés **ont fusionné.**
dans le futur	**à l'avenir**
G	
Elle a *gagné son point.*	Elle a **eu gain de cause.** Elle a **convaincu ses interlocuteurs.**
vente de *garage*	**vente-débarras**
Gardez la ligne !	**Ne quittez pas !** **Un instant, s'il vous plaît !**
gérant d'artiste	**imprésario** **agent** ou **agente** d'artiste
gérant de banque	**directeur** ou **directrice** de banque
le *gérant* ou la *gérante de département*	le ou la **chef de rayon**
le *gérant* ou la *gérante des ventes*	le ou la **chef** des ventes le **directeur commercial,** la **directrice commerciale** le **directeur** ou la **directrice** des ventes
sous sa *gouverne*	sous sa **direction** ou sous sa **présidence**
Grâce aux taux d'intérêt élevés, cette entreprise a fait faillite.	**À cause** ou **en raison des** taux d'intérêt élevés, cette entreprise a fait faillite.
pour un *grand total* de…	pour un **total** de…

À éviter	À retenir
H	
heures d'affaires	**heures d'accueil** **heures d'ouverture** **heures de bureau**
mettre sur le *hold*	mettre **en garde** mettre **en attente**
une situation *hors de notre contrôle*	une situation **indépendante de notre volonté** une situation **imprévisible**
être *hors d'ordre*	**présenter une proposition non recevable** **poser une question irrecevable** **ne pas avoir la parole**
I	
carte d'*identification*	carte d'**identité**
Veuillez vous *identifier*.	Veuillez vous **nommer**. Veuillez vous **présenter**. Veuillez **établir votre identité**.
identifier trois produits	**nommer, citer, indiquer, énumérer** trois produits
identifier des objectifs	**déterminer** des objectifs
identifier les raisons…	**donner, préciser, trouver** les raisons…
identifier des différences	**établir, trouver** des différences
Vous n'êtes pas sans *ignorer*…	Vous **n'ignorez pas**… Vous n'êtes pas sans **savoir**… Vous **savez sans doute, probablement**…
Il me (nous) fait plaisir de…	**J'ai (Nous avons) le plaisir de**… **C'est avec plaisir que je (nous)**…
imputabilité des gestionnaires	**responsabilité** des gestionnaires **responsabilisation** des gestionnaires **obligation de rendre compte**
Les gestionnaires sont *imputables à*…	Les gestionnaires sont **responsables devant**… Les gestionnaires sont **comptables à**…
une conduite *inappropriée*	une conduite **déplacée, inconvenante**

À éviter	À retenir
un moment *inapproprié*	un moment **inopportun**, un **mauvais** moment
des propos *inappropriés*	des propos **déplacés, incorrects**
Pour votre information	**À titre d'information** **À titre de renseignement** **À titre documentaire**
entrer par *infraction* dans un local	entrer par **effraction** dans un local
initialer une note, un document	**parapher** ou **parafer** une note, un document **apposer ses initiales sur** une note, **sur** un document
initier une recherche	**commencer, entamer, entreprendre, lancer** une recherche
les personnes *intéressées à* participer	les personnes **désireuses de** participer les personnes **qui souhaitent, qui désirent** participer
les personnes *intéressées au* dossier	les personnes **qui s'intéressent au** dossier les personnes **que le dossier intéresse**
avoir un article *en inventaire*	avoir un article **en stock, en magasin**
faire la rotation des *inventaires*	faire la rotation des **stocks**
un *item* de discussion	un **sujet** de discussion
mettre un *item* à l'ordre du jour	mettre une **question**, un **point**, un **sujet** à l'ordre du jour
Plusieurs *items* sont en solde.	Plusieurs **articles** sont en solde.
les *items* d'un budget	les **articles** d'un budget
les *items* d'un livre de comptes	les **postes** d'un livre de comptes

J

À éviter	À retenir
joindre un parti	**adhérer à** un parti
*jouir d'*une mauvaise réputation	**avoir** une mauvaise réputation (mais **jouir d'une bonne réputation**)
commis *junior*	**commis, commise** commis **débutant**, commise **débutante** **second** commis, **seconde** commise
Les jurys se sont retirés pour délibérer.	**Les jurés** se sont retirés pour délibérer. **Le jury** s'est retiré pour délibérer.

À éviter	À retenir
être *justifié de* faire quelque chose	être **en (bon) droit de, avoir raison de,** **avoir de bonnes raisons pour,** être **fondé à,** être **autorisé à** faire quelque chose
L	
format *légal*	**grand** format, format 8 ½ × 14
le Service *légal*	le Service **juridique**
une secrétaire *légale*	une secrétaire **juridique**
une poursuite *légale*	une poursuite **judiciaire**
une *levée de fonds*	une **campagne de financement** une **collecte de fonds** une **souscription**
Licence complète	**Permis d'alcool** **Vin, bière et spiritueux**
la *licence* de la voiture	la **plaque d'immatriculation** de la voiture
avoir *ses licences* à 16 ans	avoir **son permis de conduire** à 16 ans
Restaurant *licencié*	**Vin, bière et spiritueux** Restaurant **avec permis d'alcool**
Épicerie *licenciée*	**Bière, vin et cidre**
couper la *ligne*	couper la **communication**
travailler dans telle ou telle *ligne*	**exercer** telle ou telle **profession** **avoir** telle ou telle **spécialité** travailler dans tel ou tel **domaine**
La *ligne d'affaires* de cette entreprise	le **secteur d'activité** de cette entreprise
le prix de *liste*	le prix **courant**
le *livre des minutes*	le **registre des procès-verbaux**
demander le *local* 37	demander le **poste** 37
loger un appel (domaine judiciaire)	**interjeter appel** **faire appel** **en appeler**
loger un appel (téléphonique)	**faire** un appel (téléphonique) **téléphoner, appeler**
loger un grief	**déposer, présenter** un grief
loger une plainte	**déposer** une plainte **porter plainte**

À éviter	À retenir
à l'année, *à la journée*, *à la semaine longue*	**à longueur d'année, de journée, de semaine** **toute l'année, la journée, la semaine**
un appel *longue distance*, un *longue distance*	un appel **interurbain**, un **interurbain** **une communication internationale**
M	
La *malle* est arrivée.	Le **courrier** est arrivé.
envoyer une lettre par la *malle*	envoyer une lettre par la **poste**
maller une lettre	**poster** une lettre **mettre** une lettre **à la poste**
manufacturier de meubles	**fabricant** de meubles
manufacturier d'automobiles, d'ordinateurs	**constructeur automobile** **constructeur** d'automobiles, d'ordinateurs
C'est notre *meilleur vendeur*.	C'est notre **succès de vente**, notre **succès de librairie**, notre **article à succès**.
le *membership* de l'association	l'**effectif**, les **membres**, le **nombre de membres** de l'association
le prix littéraire qu'il *s'est mérité*	le prix littéraire qu'il **a reçu, obtenu** le prix littéraire **qui lui a été décerné**
se mériter un trophée, un prix	**gagner, remporter** un trophée, un prix
le Montréal *métropolitain*	l'**agglomération montréalaise** **l'agglomération de Montréal**
les *minutes* de la réunion, de la séance	le **compte rendu**, le **procès-verbal** de la réunion, de la séance
les clauses *monétaires* de la convention collective	les clauses **salariales** de la convention collective
avoir le *monopole exclusif* de…	avoir le **monopole** de…
une salle de *montre*	une salle d'**exposition**
N	
nil (sur un formulaire)	**néant**
au niveau du travail	**pour ce qui est du** travail **en ce qui concerne, touche** le travail **en matière de** travail **du point de vue du** travail **dans le domaine du** travail

À éviter	À retenir
au niveau financier	**sur le plan** financier
non applicable, NA	**sans objet, S. O., s. o.**
donner sa *notice*	donner, remettre sa **démission**
numéro *civique*	**numéro (d'immeuble)**
O	
s'objecter à	**s'opposer à** **être, protester contre** **se prononcer, s'élever contre**
Quelle est votre *occupation* ?	Quelle est votre **profession** ?
un *officier du syndicat*	un **membre du bureau** un **dirigeant syndical**, une **dirigeante syndicale**
les bénéfices d'*opération*	les bénéfices d'**exploitation**
les coûts d'*opération*	les **frais d'exploitation, de production, de fabrication**
machine, station, usine, système en *opération*	machine en **marche** station en **service** usine en **activité** système **qui fonctionne**
l'*opération* de l'usine, ses *opérations*	l'**exploitation** de l'usine, ses **activités**
opérer un commerce	**tenir, exploiter, diriger** un commerce
profiter de l'*opportunité* de...	profiter de l'**occasion** de...
situation présentant des *opportunités*	situation présentant des **avantages**, des **possibilités**, des **perspectives d'avenir**
originer de...	**provenir de...** **prendre naissance à...** **remonter à...** **émaner de...**
il y a une *ouverture*	il y a un **emploi vacant**, une **vacance**, un **poste offert**
de nouvelles *ouvertures*	de nouveaux **débouchés**
P	
paie de vacances	**indemnité de vacances**
paiemaître	**payeur, payeuse**

À éviter	À retenir
pamphlet (publicitaire)	**brochure** **dépliant** (publicitaire) **prospectus**
deux *par* cinq (dimensions)	deux **sur** cinq
24 h *par jour*	24 h **sur 24** **jour et nuit** **en permanence** **sans interruption**
7 jours *par semaine*	7 jours **sur 7** **tous les jours** **en permanence** **sans interruption**
une profession *paralégale*	une profession **parajuridique**
C'est *pareil comme* avant.	C'est **comme** avant.
un ordinateur *pareil comme* le mien	un ordinateur **comme** le mien, **pareil au** mien
Il ne l'a pas fait *par exprès*.	Il ne l'a pas fait **exprès**.
parler que	**dire que** **parler de**
entendre *parler que*	entendre **dire que** entendre **parler de**
partir à son compte	**s'établir** à son compte
partir une entreprise, un commerce	**fonder, créer, lancer, monter** une entreprise **ouvrir** un commerce
passé date	**périmé** **expiré**
passé dû	**échu** (délai) **en souffrance** (marchandise, quittance, compte) **arriéré** (intérêt, dette, paiement dû)
2 % sur compte *passé* 30 jours	2 % sur compte **impayé après** 30 jours
passer une loi, un règlement	**prendre** une loi, un règlement **adopter** (par un vote)
éviter le *patronage*	éviter le **favoritisme**
payable sur livraison	**payable à la** livraison **contre remboursement**

À éviter	À retenir
payable sur réception de la facture	**payable à la** réception de la facture
les *payeurs de taxes*	les **contribuables**
des avantages *pécuniers*	des avantages **pécuniaires**
recevoir un *per diem*	recevoir une **indemnité quotidienne** (ou **journalière**), une **indemnité forfaitaire quotidienne, une allocation quotidienne** (ou **journalière**), un **forfait quotidien**
place d'affaires	**établissement** **bureau** **maison de commerce**
la principale place d'affaires de l'entreprise	**le siège social** de l'entreprise
placer un appel	**faire** un appel **appeler** **téléphoner** **donner un coup de téléphone**
placer un grief	**formuler** un grief
placer une commande	**passer** une commande **commander**
travailler au deuxième *plancher*	travailler au deuxième **étage**
la deuxième *plus grande ville* du monde	la deuxième **ville (en importance)** du monde
le deuxième *plus gros producteur* de blé	le deuxième **producteur** de blé
10 h p.m.	**22 h** **10 heures du soir** **22:00** (dans un tableau)
poinçonner à 8 h 30	**pointer** à 8 h 30
soulever un point d'ordre	**en appeler d'un règlement** **faire appel au règlement** **invoquer le règlement**
poll	**bureau de vote** **bureau de scrutin**
Post-it	**papillon adhésif (amovible)** **papillon**
faire le *post mortem* de...	faire le **bilan**, l'**analyse (rétrospective)**, l'**autopsie** de... **revenir sur**...

À éviter	À retenir
pour fins d'évaluation	**aux fins d'** (ou **de l'**) **évaluation** **pour évaluation**
reçu *pour fins d'impôt*	reçu **fiscal**, reçu **officiel**
pour les fins de la réunion	**pour les besoins de** la réunion, **pour** la réunion
enveloppe *préadressée et préaffranchie*	**enveloppe-réponse affranchie** ou **timbrée**
prendre le vote	**mettre aux voix** **passer, procéder au** vote
prendre pour acquis	**tenir** pour acquis, pour **admis** **considérer comme** acquis, **comme admis** **admettre au départ** **présupposer** **présumer**
prime de séparation	**indemnité de cessation d'emploi, de départ, de fin d'emploi**
le *prix de liste*	le **prix courant**
les *publicistes* de cette agence	les **publicitaires** de cette agence
puncher à 9 h	**pointer** à 9 h
purchase order, *PO*	**bon de commande bulletin de commande commande**
Q	
avoir *les qualifications* nécessaires	avoir la **compétence professionnelle** nécessaire, **la qualification** nécessaire
question d'*ordre*	question **relative au règlement** question **sur un point de règlement** question **invoquant le règlement**
question *hors d'ordre*	question **irrecevable**
Il *a quitté.*	Il **est parti.**
R	
rapport d'impôt	**déclaration de revenus déclaration d'impôt(s)**
se rapporter à son supérieur	**rendre des comptes** à son supérieur **rendre compte** à son supérieur **faire rapport** à son supérieur

À éviter	À retenir
se rapporter au travail	**se présenter** au travail
Reçu paiement	**Pour acquit** **Paiement reçu** **Payé**
Référant à votre lettre du…	**En réponse à** votre lettre du… **Pour faire suite à** votre lettre du…
médecin *référant*	médecin **traitant** médecin **orienteur**
organisme *référant*	organisme **orienteur**
cette affaire a été *référée* à…	cette affaire a été **confiée** à…
référer un malade à un spécialiste	**diriger** un malade vers un spécialiste **envoyer** un malade chez un spécialiste
référer une question à un comité	**soumettre, renvoyer** une question à un comité
lettre de *référence(s)*	lettre de **recommandation**
l'horaire *régulier* (de travail)	l'horaire **normal, habituel** (de travail)
le personnel *régulier*	le personnel **permanent**
le prix *régulier*	le prix **courant**
salaire *régulier*	salaire **normal** salaire **de base**
assemblée *régulière*	assemblée **ordinaire**
rejoindre quelqu'un par téléphone	**joindre** quelqu'un par téléphone
relocaliser des sinistrés	**reloger** des sinistrés
rencontrer des exigences	**se conformer, satisfaire** à des exigences
rencontrer des objectifs	**atteindre** des objectifs
rencontrer une échéance	**respecter** une échéance
avoir beaucoup de dépenses à *rencontrer*	devoir **faire face** à beaucoup de dépenses
augmenter la *rénumération*	augmenter la **rémunération**
rénumérer le personnel	**rémunérer** le personnel
faire *renverser les charges*	**appeler à frais virés**, faire **virer les frais**
Avez-vous été répondu ?	**Avez-vous été servi ?** **Est-ce qu'on vous a répondu ?** **Est-ce qu'on s'occupe de vous ?**

À éviter	À retenir
réquisition	**demande d'achat, de matériel, de fournitures, de service**
être responsable *pour* la panne	être responsable **de** la panne
Cette décision *a résulté en* une perte financière.	Cette décision **a occasionné, a entraîné** une perte financière.
retenue (téléphone)	**garde** **bouton de garde, de mise en attente**
adresse de *retour*	adresse de **l'expéditeur**
faire un retour d'appel	**rendre un appel (téléphonique)** **rappeler**
retourner un appel (téléphonique)	**rappeler** **rendre** un appel (téléphonique) **répondre à** un appel **répondre à** un message téléphonique

s	
Sans préjudice	**Sous toutes réserves** **Sous réserve de tous droits**
sauver de l'argent	**économiser** (de l'argent) **épargner** (de l'argent) **faire des économies**
sauver du temps	**gagner** du temps
seconder une proposition	**appuyer** une proposition
secondeur	**second proposeur, seconde proposeuse** **coproposant, coproposante**
cadre *senior*	cadre **supérieur**, cadre **supérieure**
commis *senior*	commis **principal**, commise **principale** **premier** commis, **première** commise
d'après la *séniorité*	d'après l'**ancienneté**
séparation	**cessation d'emploi** **départ**
Je vous *serais* gré de...	Je vous **saurais** gré de...
Nous vous *serions* gré de...	Nous vous **saurions** gré de...
servir un avertissement	**donner, signifier** un avertissement
Signalez 9.	**Faites le 9.**
signaler un numéro de téléphone	**composer, faire** un numéro de téléphone

À éviter	À retenir
L'entreprise a *signé* de nouveaux employés.	L'entreprise a **engagé**, a **recruté** de nouveaux employés.
le *site* d'une nouvelle usine	l'**emplacement** d'une nouvelle usine
SKU (stock keeping unit)	**UGS (unité de gestion des stocks)** **article de point de stock** **unité de stock** **article stock**
soulever un point d'ordre	**en appeler d'un règlement** **faire appel au règlement** **invoquer le règlement**
sous-contracteur	**sous-traitant, sous-traitante**
La situation est *sous contrôle*.	**On maîtrise la situation.** **On a la situation bien en main.**
Tout est *sous contrôle*.	**Tout se déroule bien.** **Tout est rentré dans l'ordre.** **Nous avons tout prévu.**
Le projet est *sous* étude.	Le projet est **à l'**étude.
être sous l'impression que	**avoir** l'impression que **croire, penser, sentir, estimer** que
malade *sous* observation	malade **en** observation
assemblée, séance *spéciale*	assemblée, séance **extraordinaire**
Il y a du *statique* sur la ligne.	Il y a du **brouillage** sur la ligne.
statut civil	**état civil**
statut marital	**état matrimonial**
storage	**entreposage** **garde-meubles** **entrepôt**
subpoena	**citation à comparaître**
Suite à notre conversation	**Pour faire suite à** notre conversation **À la suite de** notre conversation (formules à préférer dans un style soigné)
Suite à votre demande	**En réponse à** votre demande **Pour donner suite à** votre demande (formules à préférer dans un style soigné)
Prix *sujets à changement sans préavis*	Prix **indiqués sous réserve de modifications**

À éviter	À retenir
avoir le *support* de…	avoir l'**appui**, l'**aide** de… **être soutenu, aidé, encouragé par**…
supporter un athlète	**parrainer, commanditer** un athlète **aider, soutenir financièrement** un athlète
supporter une candidature	**appuyer, soutenir** une candidature
supporter une œuvre	**soutenir** une œuvre
être *sur* un comité, un jury	être **membre d'**un comité, **d'**un jury **faire partie d'**un comité, **d'**un jury
siéger *sur* le conseil d'administration	siéger **au** conseil d'administration
être *sur* l'horaire variable	**avoir un** horaire variable **bénéficier de** l'horaire variable
sur les heures de travail	**pendant** les heures de travail
On se fie *sur* vous.	On se fie **à** vous.
sur semaine	**en** semaine
faire du *surtemps*	faire **des heures supplémentaires**

T

À éviter	À retenir
technicalité	**détail de procédure** **point de détail**
tel que convenu, prévu, promis	**comme** convenu, prévu, promis
recevoir un *téléphone*	recevoir un **appel (téléphonique)**, **un coup de téléphone**
feuille de *temps*	feuille de **présence** **fiche de présence**
temps double	**salaire majoré de 100 %** **heures majorées de 100 %**
temps et demi	**salaire majoré de 50 %** **heures majorées de 50 %**
temps simple	**salaire normal** **salaire de base**
faire du *temps supplémentaire*	faire des **heures supplémentaires**
un calendrier de travail *tentatif*	un calendrier de travail **provisoire,** **temporaire, transitoire** **un projet de** calendrier de travail
tentativement	**à titre d'essai** **provisoirement**

À éviter	À retenir
termes et conditions	**conditions générales de vente**
transiger avec une société	**traiter, négocier** avec une société **être en relation d'affaires** avec une société
U	
attendre *un bon dix* minutes	attendre **dix bonnes** minutes
faire partie de l'*union*	faire partie du **syndicat** **être syndiqué, syndiquée**
unité (dans une adresse)	**appartement** **bureau** **porte**
V	
varia	**questions diverses** **divers** **autres sujets**
représentant *des ventes*	**représentant (de commerce)**, **représentante (de commerce)**
acheter un article en *vente*	acheter un article **en solde, en réclame,** **en promotion, au rabais**
vente de garage	**vente-débarras**
vente de trottoir, vente-trottoir	**braderie**
le *verbatim* de l'intervention	le **mot à mot** de l'intervention **la transcription** de l'intervention
versus (*vs*)	**contre (c.)** **par opposition à** **par rapport à** **comparé à** **opposé à**

Majuscules

Règles générales

Dans le domaine typographique, on peut distinguer majuscules et capitales (voire grandes capitales, petites capitales et capitales initiales). Au sens strict, la capitale est une lettre imprimée qui s'oppose au bas de casse et qui sert à écrire des mots, des titres, des textes en entier. La grande capitale, qui est la capitale la plus usuelle, sert notamment à écrire la première lettre d'un mot ou d'un texte dont le reste serait écrit en petites capitales. Par exemple, dans un dictionnaire, les entrées sont généralement écrites en capitales ; si l'entrée est un nom propre, la première lettre est une grande capitale et les autres lettres sont des petites capitales. Voir des exemples de ces différents types de lettres p. 380-381.

La majuscule a la même utilité que la grande capitale et s'oppose à la minuscule ; elle peut être manuscrite ou imprimée. Le mot *majuscule* convient couramment dans tous les contextes ; c'est celui que nous employons dans le présent ouvrage.

La majuscule a deux fonctions : une fonction démarcative et une fonction distinctive ; on parle donc plus simplement, selon le cas, de majuscule de position ou de majuscule de signification.

Majuscule de position

La majuscule de position est commandée par la place qu'occupe un mot dans un texte, par exemple en tête de phrase ou après un point, après la plupart des points d'interrogation ou d'exclamation, après les points de suspension qui terminent une phrase ou après le deux-points qui annonce une citation (voir le chapitre PONCTUATION, p. 277).

Dans les imprimés administratifs, les titres, sous-titres et têtes de rubrique prennent la majuscule. Les alinéas d'une énumération qui commencent par des lettres ou des numéros peuvent aussi prendre une majuscule de position. Celle-ci s'impose notamment si les lettres et les chiffres sont suivis d'un point (voir aussi p. 206 et 408).

> **Quand faut-il consulter un dictionnaire ? Au moindre doute.**
>
> **Le témoin a fait la déclaration suivante : « Personne d'autre n'est venu au bureau pendant la soirée. »**

En poésie, la règle générale veut que chaque vers débute par une majuscule. Certains poètes modernes ne suivent cependant pas cette habitude classique ; il convient alors de respecter la conception des auteurs.

Majuscule de signification

La majuscule de signification, lettre de renfort du mot, est utilisée pour les noms propres et pour certains noms communs qui, en raison de leur sens ou du contexte dans lequel ils sont employés, deviennent des noms propres ou sont considérés comme tels. Elle sert aussi dans certains cas à supprimer une ambiguïté.

L'emploi de la majuscule de signification présente toutefois quelques difficultés : il ne s'agit pas toujours d'une règle figée, et son usage, comme celui de la langue en général, évolue. Cet usage est même parfois flottant, voire hésitant, et les codes typographiques eux-mêmes divergent sur bien des points : dans ce cas, on peut s'en tenir aux formes le plus souvent attestées, les plus simples, ou à celles dont la justification (par analogie, notamment) est la plus aisée. Il est évidemment souhaitable d'en arriver à une certaine uniformité dans les textes en matière de majuscules.

L'important est en outre d'éviter deux écueils : l'abus des majuscules, qu'on appelle ironiquement la « majusculite », qui en vient à enlever aux majuscules toute véritable signification, et, à l'inverse, l'omission des majuscules qui prive l'écrit d'un important moyen d'expression. On donne souvent à la majuscule de signification la fonction de mettre en valeur quelque chose ou d'honorer une personne physique ou morale, par déférence : c'est là un point de vue subjectif qu'il est bien difficile de codifier, car chacun et chacune dispose d'une certaine latitude en la matière.

De façon générale, on observe que, dans les écrits soignés, les majuscules obligatoires sont facilement respectées. Ce qu'il convient surtout d'éviter, ce sont les majuscules superflues.

ACCENTS SUR LES MAJUSCULES

Conformément à tous les codes typographiques et à un avis de recommandation de l'Office québécois de la langue française, les majuscules prennent les accents, le tréma et la cédille lorsque les minuscules équivalentes en comportent. Pour l'usage en ce qui concerne les abréviations et les sigles, voir p. 318 et 334.

 ## MAJUSCULE ELLIPTIQUE

La majuscule elliptique, ainsi qualifiée parce qu'elle marque une ellipse, c'est-à-dire l'omission de certains éléments de dénominations, sert à éviter des ambiguïtés et à distinguer noms propres (ou considérés comme tels dans le contexte) et noms communs. Elle est souvent facultative.

Personne morale

Ainsi, lorsqu'une dénomination à caractère officiel commençant par un nom commun (*association*, *commission*, *cour*, *ministère*, *régie*, *société*, *syndicat*, *banque*, *caisse*, etc.) est libellée avec ellipse d'un ou de plusieurs mots, on peut mettre une majuscule elliptique au premier mot de la dénomination qui porte ainsi son caractère propre. Il faut pour cela que ce premier mot soit précédé d'un **article défini** (*le*, *la*, *au*, *du*) – et non pas d'un indéfini, d'un démonstratif ni d'un possessif – et que le contexte indique qu'il s'agit bien de la personne morale. C'est souvent le cas pour *ministère* ou *société*, notamment.

> **La Société d'investissement Francab a tenu une assemblée générale extraordinaire la semaine dernière. [...] Tous les actionnaires de la Société (ou de la société) seront appelés à [...] Dans cette société [...] pour assurer l'avenir de leur société.**

> **L'Association québécoise de bibliophilie vient d'élire une nouvelle présidente. [...] Mme Leblanc, présidente sortante de l'Association, a émis le vœu...**

Unité administrative

La majuscule elliptique ne s'applique pas aux noms d'unités administratives (*direction*, *service*, *division*, etc.), car ces dernières n'ont pas de personnalité morale.

> **Le Service des achats a une nouvelle politique relative au matériel informatique. Selon cette politique, le service doit... Il faut s'adresser à ce service pour...**

Par contre, dans des contextes non officiels, il est admis de mettre une majuscule elliptique aux éléments spécifiques des unités administratives dont on ne cite pas la dénomination complète. Il ne faut cependant pas abuser de cet usage, qui donne lieu à une personnification non justifiée.

La décision des Ressources humaines a été annoncée hier.
(au lieu de la dénomination complète : **La décision de la Direction** [ou **du Service**]
des ressources humaines…)

Les Ventes et la Publicité s'occuperont du dossier.
(au lieu de la dénomination complète : **Le Service des ventes et le Service**
de la publicité…)

On lui a recommandé de s'adresser au Personnel.
(au lieu de la dénomination complète : **au Service du personnel**)

Nom de fonction

On n'emploie pas cette majuscule elliptique dans un titre ni dans un nom de fonction, même dans le cas où on ne reprend pas intégralement le nom de l'unité administrative dont le ou la titulaire du poste est responsable.

le directeur des relations publiques
(et non pas *le directeur de la Direction des relations publiques*,
ni *le directeur des Relations publiques*)

la vice-présidente à la recherche-développement
le chef du Service de l'information

Loi

Dans les contextes où il est question d'une loi, on peut avoir recours à la majuscule elliptique pour éviter une ambiguïté, si le titre de la loi a été cité antérieurement et que le mot *loi* est immédiatement précédé de l'article défini (voir aussi p. 239).

Voici une présentation de la Loi sur la protection du consommateur.
[…] Si on interprète bien la Loi, on voit que…

La Charte de la langue française a été adoptée en 1977. […] La Charte
fait du français la langue officielle du Québec. L'Assemblée nationale
a voulu souligner la solennité du sujet en utilisant, d'une part,
le mot *charte* dans le titre de cette loi fondamentale et, d'autre part,
en donnant indirectement une priorité aux principes généraux
de cette charte par l'article 213.

Titre de publication

Il est possible de reprendre le titre d'une publication par le premier mot, qu'on écrit alors avec une majuscule elliptique. Ce mot (*vocabulaire, guide, répertoire, revue, annales,* etc.) doit dans ce cas être précédé d'un article défini, et il est préférable de l'écrire en italique, comme on le fait pour le titre complet.

> Le *Vocabulaire du collimage et du loisir créatif* est consultable
> en ligne. [...] Le *Vocabulaire* présente et définit tous les termes
> nécessaires à ces activités artisanales. [...] Découvrez ce vocabulaire
> en cliquant dans le site de l'Office.

> La *Revue québécoise de droit international* a été fondée en 1984. [...]
> La *Revue* a pour mission de [...] Cette revue largement diffusée dans
> Internet offre aux annonceurs divers types d'espaces publicitaires.

Dénominations diverses

Les appellations de réunions du type *conférence, congrès, colloque, forum,* etc., peuvent aussi être reprises avec une majuscule elliptique, si elles sont précédées d'un article défini.

> La Conférence internationale sur la population et le développement
> s'est tenue au Caire. [...] Faisant suite au Sommet de la Terre de Rio,
> la Conférence (ou la conférence) avait pour objectif de consolider les
> principes du développement durable. [...] La fin de cette conférence
> a été marquée par la signature de...

> Le Forum mondial de la langue française se tiendra du 2 au 6 juillet
> [...] Le Forum (ou le forum) sera un lieu d'échanges... C'est à ce forum
> que nous organiserons une table ronde sur la néologie.

Il est aussi possible d'avoir recours à la majuscule elliptique pour des dénominations officielles, administratives ou institutionnelles de divers types. Il faut toutefois s'assurer qu'elle sert à lever une ambiguïté ou, du moins, à faciliter la lecture et la compréhension du texte, et se garder d'en abuser.

> Le Programme de promotion de saines habitudes de vie a été lancé
> au printemps. C'est un programme conjoint [...] La raison d'être
> du programme (ou du Programme)...

> L'Institut commercial supérieur de Montréal tiendra une opération
> portes ouvertes les 10 et 11 mai. [...] Les nouveaux locaux de l'institut
> (ou de l'Institut) accueilleront le public dès 9 h.

> **Conformément à la Politique gouvernementale sur l'action communautaire [...] La politique (ou la Politique) harmonisera les diverses actions menées par...** (Noter que dans la référence bibliographique du document, le titre de celui-ci – qui reprend le nom de la politique – s'écrit en italique.)

MAJUSCULE OU MINUSCULE DANS LES DIVISIONS ET LES ÉNUMÉRATIONS

En principe, les titres et les sous-titres marquant la **division** d'un texte commencent par une majuscule (majuscule de position). Voir aussi le chapitre qui traite de la division des textes, p. 406, et celui qui traite de la ponctuation, p. 277.

Pour ce qui est des **énumérations**, plusieurs cas peuvent se présenter :

1) Si les éléments de l'énumération sont disposés verticalement, ils peuvent commencer soit par une minuscule, soit par une majuscule. En général, si la lettre ou le chiffre de l'énumération est suivi d'un point, ou d'un point et d'un tiret, le mot qui suit prend la majuscule. Si la lettre – de préférence en italique – ou le chiffre est suivi d'une parenthèse fermante – qui, elle, est en romain –, le mot qui suit commence par une majuscule ou une minuscule. Après un adverbe ordinal (1º, 2º, 3º, etc.), on met généralement une minuscule.

   Il importe aussi de tenir compte du signe de ponctuation qui termine et sépare les divers éléments de l'énumération : après le point, la majuscule est obligatoire ; après le point-virgule, on met une majuscule ou une minuscule ; après la virgule, la minuscule est obligatoire. Les éléments d'une même énumération doivent être uniformes. Voir aussi la partie qui traite de la ponctuation devant et après les éléments d'une énumération, p. 300.

2) Si les éléments de l'énumération forment un seul alinéa et sont donc intégrés à la structure normale de la phrase (énumération horizontale), ils commencent par une minuscule.

Voici des exemples de disposition :

> **Une énumération peut être disposée de la façon suivante :**
>
> | | | | | | | | |
> |---|---|---|---|---|---|---|---|
> | I. | *ou* | 1. | *ou* | A. | **Majuscule** | ; *ou* | . |
> | II. | *ou* | 2. | *ou* | B. | **Majuscule** | ; *ou* | . |
> | III. | *ou* | 3. | *ou* | C. | **Majuscule** | . | |
>
> **Une énumération peut aussi être disposée de la façon suivante :**
>
> | | | | | | | | |
> |---|---|---|---|---|---|---|---|
> | I. – | *ou* | 1. – | *ou* | A. – | **Majuscule** | ; *ou* | . |
> | II. – | *ou* | 2. – | *ou* | B. – | **Majuscule** | ; *ou* | . |
> | III. – | *ou* | 3. – | *ou* | C. – | **Majuscule** | . | |

Une énumération peut aussi être disposée de la façon suivante :

1) *ou* *a)* Majuscule *ou* minuscule ; *ou* .
2) *ou* *b)* Majuscule *ou* minuscule ; *ou* .
3) *ou* *c)* Majuscule *ou* minuscule .

Une énumération peut aussi être disposée de la façon suivante :

1º minuscule   , *ou* ;
2º minuscule   , *ou* ;
3º minuscule   .

Une énumération peut aussi être disposée de la façon suivante, avec des signes proposés par le logiciel de traitement de texte ou le logiciel de présentation assistée par ordinateur (puces de formes variées) :

• Majuscule   , *ou* ; *ou* . *ou*   *sans signe de ponctuation*
  ou minuscule   *si l'élément est très court*
• Majuscule   , *ou* ; *ou* . *ou*   *sans signe de ponctuation*
  ou minuscule   *si l'élément est très court*
• Majuscule   . *ou*   *sans signe de ponctuation*
  ou minuscule   *si l'élément est très court*

Une énumération horizontale est disposée de la façon suivante :
1) minuscule ; 2) minuscule ; 3) minuscule .

Noter que le dernier élément de ce genre d'énumération verticale ou horizontale n'est pas précédé de la conjonction de coordination *et*.

Majuscule aux noms et appellations

La majuscule étant le signe distinctif du nom propre, la première lettre d'un nom propre est toujours une majuscule. Par noms propres, on entend essentiellement les noms de personnes et les noms de lieux. Toutefois, différentes catégories de noms communs et d'appellations composées, employés dans un sens absolu ou revêtant une signification particulière, peuvent être assimilés à des noms propres, et donc prendre la majuscule. Dans ce cas, la majuscule est mise au premier mot sur lequel porte le caractère propre de l'appellation. L'adjectif qui précède ce mot prend généralement aussi la majuscule.

Par ailleurs, la majuscule est généralement liée au statut des sociétés et des organismes. (Voir ORGANISMES UNIQUES, p. 249, et ENTREPRISES, SOCIÉTÉS COMMERCIALES, INDUSTRIELLES ET FINANCIÈRES, p. 223.) Ainsi, l'usage s'est établi d'employer la majuscule au premier mot des dénominations de groupements chaque fois qu'on veut marquer le caractère unique des réalités qu'elles désignent, ce qui en fait des noms propres plutôt que des noms communs. Il va de soi que, cette notion d'unicité étant relative à l'étendue du territoire envisagé (pays, région, ville) et à l'importance qu'on accorde à telle société ou à tel organisme, tout jugement sur ce point comporte une part de subjectivité. Aussi l'usage en cette matière est-il particulièrement flottant : faute de principes absolus, on ne peut dégager que des tendances. L'important est de suivre des règles d'écriture cohérentes, raisonnées, et de respecter les trois principes suivants :

- Il faut éviter de multiplier les majuscules et, dans la mesure du possible, il ne faut employer qu'une seule majuscule par appellation, à moins qu'il ne s'agisse d'une dénomination complexe incluant une autre dénomination avec majuscule initiale. Les noms propres qui font partie d'une dénomination gardent bien sûr leur majuscule.

- Il ne faut pas se laisser induire en erreur par les sigles, dont toutes les lettres sont des majuscules, lorsqu'on écrit les dénominations en toutes lettres.

- Il faut se garder de calquer l'usage anglais, qui met une majuscule à tous les mots significatifs d'une dénomination.

L'emploi de la majuscule dans diverses catégories de noms et d'appellations est traité ci-dessous, selon l'ordre alphabétique. Certains renvois sont prévus, mais, pour une liste complète des cas, voir l'index en fin d'ouvrage (p. 925).

ACCORD, voir ENTENTES ET TEXTES JURIDIQUES ET POLITIQUES
ACTE, voir ENTENTES ET TEXTES JURIDIQUES ET POLITIQUES

ADMINISTRATION

Lorsque le mot **administration** est écrit avec une majuscule initiale, il désigne l'**administration publique**, c'est-à-dire l'ensemble des activités visant à appliquer les lois, à mettre en œuvre les politiques et à assurer le fonctionnement des services publics. Il est alors employé absolument, c'est-à-dire ici qu'il n'est pas accompagné de l'adjectif *publique* ; il peut cependant être accompagné d'un adjectif de pays.

> **Le français est la langue des communications dans l'Administration.**
>
> **L'Administration québécoise donne de plus en plus de services en ligne.** (ou L'administration publique québécoise)
>
> **L'Administration en ligne consiste en l'ensemble des services publics accessibles par l'intermédiaire d'Internet.**

Dans les autres cas, c'est-à-dire lorsqu'il est accompagné de l'adjectif *publique* ou d'un autre adjectif qui n'est pas un adjectif de pays, ou encore qu'il a un autre sens, le mot *administration* s'écrit avec une minuscule.

> **Ce cas est prévu par la Loi sur l'administration publique.**
>
> **Ce gestionnaire a commencé sa carrière dans le monde des affaires et l'a poursuivie dans l'administration publique fédérale.**
>
> **L'ensemble des services et des fonctionnaires d'une municipalité forme l'administration municipale.**
>
> **Il a fait carrière dans diverses administrations.**
> (au sens de « organisme ou service public »)
>
> **Ils ont confié l'administration de leur fortune à un comptable.**
>
> **L'administration de ce médicament doit se faire dans des conditions très précises.**

Par ailleurs, il faut noter que les ministères et les organismes qui font partie de l'**Administration gouvernementale** – terme figurant dans la Loi sur la justice administrative – sont ceux dont le gouvernement ou un ministre nomme la majorité des membres et dont le personnel est nommé et rémunéré suivant la Loi de la fonction publique. Il ne faut pas confondre le terme *Administration gouverne-mentale* avec le terme *administration publique* (voir ci-dessus).

En outre, on remarque que le terme **fonction publique** ne prend pas de majuscule, car contrairement à *administration*, cette désignation ne comporte jamais de risque d'ambiguïté.

> **Les jeunes sont encore sous-représentés dans la fonction publique.**

ALLÉGORIES

Les **allégories** et les **abstractions personnifiées** prennent une majuscule initiale. Ce procédé littéraire doit cependant être utilisé avec mesure.

> **Cette pièce met en scène un terrible duel où s'affrontent l'Amour et la Mort.**
>
> **La roue de la Fortune a de nouveau tourné.**

Les mêmes mots **amour**, **mort**, **fortune**, etc., s'écrivent sans majuscule lorsqu'ils sont employés comme simples noms communs.

> **Selon cet auteur, l'amour est plus fort que la mort.**
>
> **Il faut faire contre mauvaise fortune bon cœur.**

ANIMAUX, voir ESPÈCES ANIMALES ET VÉGÉTALES

ASSOCIATIONS

Les dénominations des **associations** et des **formations** ayant un but scientifique, culturel, sportif, social, professionnel ou politique prennent en principe une majuscule au premier nom et à l'adjectif qui le précède, si tel est le cas. Le nom des **membres des partis politiques** prend une minuscule.

> **l'Armée du salut**
>
> **l'Association québécoise des professeures et professeurs de français**
>
> **le Barreau du Québec** (mais **un membre du barreau, consulter le barreau**)
>
> **le Centre culturel haïtien**
>
> **la Chambre de commerce de Rouyn-Noranda**
>
> **le Club optimiste Laflèche** (Au pluriel, il serait logique d'écrire cette appellation tout en minuscules : **Les clubs optimistes de la Montérégie organisent...**)
>
> **la Croix-Rouge**
>
> **la Fédération canadienne d'athlétisme**
>
> **la Fondation Jean-Lapointe** (Conformément à l'usage habituel dans ce genre de dénomination, les éléments des noms propres de personnes, que celles-ci soient vivantes ou décédées, sont liés par un trait d'union.)
>
> **la Fondation Jules-et-Paul-Émile-Léger**
>
> **la Fondation des maladies du cœur et de l'AVC**
>
> **la fondation Fibrose kystique Québec** (le mot *fondation* ne fait pas partie de l'appellation)
>
> **la Ligue nationale de hockey**
>
> **le Nouveau Parti démocratique**
>
> **l'Orchestre symphonique de Montréal**
>
> **l'Ordre des infirmières et infirmiers du Québec**
>
> **le Parti conservateur**
>
> **le Parti libéral**
>
> **le Parti québécois**
>
> **l'Union des producteurs agricoles**

> **un conservateur**
> **une libérale**
> **les péquistes**
> **les socialistes**

ASTRES et PLANÈTES

Les noms d'**astres**, de **planètes**, d'**étoiles** et de **constellations** prennent une majuscule initiale au premier nom ainsi qu'à l'adjectif qui le précède. Noter en passant que la tendance actuelle est de donner à ces types de noms le genre du nom générique sous-jacent. Ainsi, ces noms sont pour la plupart de genre féminin, par référence aux noms *planète*, *étoile* et *constellation*. Ce genre féminin est visible dans l'accord des participes associés à ces noms.

> **la Voie lactée**
> **l'Étoile polaire**
> **la Grande Ourse**
>
> **la planète Mars**
> **Pour certains, Mars est devenue une destination envisageable.**
> **la comète de Halley**

Les mots **soleil**, **terre**, **lune** s'écrivent avec une majuscule lorsqu'ils désignent l'astre, la planète ou le satellite lui-même, notamment dans les contextes scientifiques.

> **Autour du Soleil gravitent plusieurs planètes, dont la Terre.**
> **L'oxygène est indispensable à la vie sur la Terre.**
> **l'azimut du Soleil**
> **une éclipse de Lune**
> **Armstrong est le premier homme qui a marché sur la Lune.**

Ils s'écrivent avec une minuscule dans les autres cas.

> **un coucher de soleil**
> **prendre un bain de soleil**
> **avoir les pieds sur terre**
> **la pleine lune**
> **être dans la lune**

Les noms des **signes du zodiaque** (d'après les douze constellations que le Soleil semble traverser en une année) prennent aussi une majuscule.

> le Verseau, la Balance
> Elle est Capricorne.
> Il est Poissons, ascendant Gémeaux.

BÂTIMENTS, MONUMENTS et LIEUX PUBLICS

Lorsqu'un bâtiment, un monument ou un lieu public porte un nom particulier à caractère évocateur (donc différent du nom habituel du type de bâtiment ou de lieu en question) et que c'est un nom simple, celui-ci est considéré comme un nom propre et prend la majuscule.

> le Biodôme
> le Colisée
> la Ronde

Lorsqu'une dénomination est composée d'un nom commun générique et d'un nom propre ou d'un complément déterminatif qui joue le rôle de spécifique, le générique garde en principe la minuscule ; les principaux éléments du spécifique sont liés par des traits d'union. Certaines appellations consacrées dérogent toutefois à ces règles.

> l'aréna Maurice-Richard
> la basilique Notre-Dame
> le centre Marcel-De La Sablonnière
> le centre sportif Claude-Robillard
> la chapelle historique du Bon-Pasteur
> le château Ramezay
> le complexe Desjardins
> l'édifice Camille-Laurin
> la gare du Palais
> l'immeuble Fontaine
> le jardin botanique de Montréal
> le jardin des Oliviers
> la Maison-Blanche (Les majuscules et le trait d'union viennent ici d'un usage consacré.)
> la maison de la culture de Notre-Dame-de-Grâce
> la maison de la culture Marie-Uguay

la **Maison de Radio-Canada** (Le mot *maison* a ici un sens particulier qu'indique la majuscule.)

le **monument Alphonse-et-Dorimène-Desjardins**

le **monument de la Bataille-de-Trois-Rivières**

le **Monument-National** (Les majuscules et le trait d'union viennent ici d'un usage consacré.)

l'**oratoire Saint-Joseph-du-Mont-Royal**

l'**Oratoire** (forme elliptique)

le **parc La Fontaine**

le **pavillon Marie-Victorin**

la **piscine municipale**

la **salle Wilfrid-Pelletier**

le **stade olympique** (mais on le voit souvent écrit *Stade olympique*)

la **station de métro Berri-UQAM**

la **tour de la Bourse**

Des noms de bâtiments peuvent aussi devenir, selon le contexte, des noms d'organismes, d'entreprises ou de personnes morales. Les règles d'écriture diffèrent alors.

Le gala se déroulera au théâtre Denise-Pelletier. (bâtiment)

Le Théâtre du Trident lance une campagne de financement. (personne morale)

Ce film est à l'affiche au cinéma Beaubien. (bâtiment)

Le Cinéma Beaubien est une entreprise d'économie sociale. (personne morale)

Il faut noter que le mot **place** ne peut désigner un immeuble ni un ensemble immobilier. Il désigne plutôt un espace découvert et assez vaste, sur lequel débouchent ou que traversent ou contournent une ou plusieurs voies de communication et qui, parfois, est entouré de constructions ou peut comporter un monument, une fontaine, des arbres ou autres éléments de verdure. Le nom des places suit les règles d'écriture des odonymes, c'est-à-dire des voies de communication (voir p. 245).

la **place d'Armes**

la **place D'Youville**

la **place Jacques-Cartier**

la **place Royale**

La dénomination des **immeubles** et des **ensembles immobiliers** qui comporte erronément le nom *place* doit avoir ses éléments liés par un ou des traits d'union.

> **Place-Bonaventure**
> **Place-des-Arts**
> **Place-Laval**
> **Place-Ville-Marie**

Les appellations **palais** (ou **centre**) **des congrès** et **palais des sports**, tout comme **palais de justice**, sont des noms communs qui ne prennent normalement pas de majuscules. Toutefois, on constate que le nom de certains établissements comporte des majuscules qui dérogent aussi aux règles de formation des noms d'entreprises ; cela constitue un usage abusif.

> **le palais des congrès**
>
> **le Palais des Congrès de Montréal** (il serait préférable d'écrire : **le palais des congrès de Montréal**, ou **le Palais des congrès de Montréal** si on considère la personne morale)
>
> **le Centre des congrès de Québec** (si on considère la personne morale ; sinon : **le centre des congrès de Québec**)

 BOURSE

Bourse, au sens de « marché financier », s'écrit avec une majuscule s'il est déterminé par un nom propre.

> **la Bourse de Montréal**
> **la Bourse de Hong Kong**
> **la Bourse de Toronto**

Les dénominations de bourses désignant un marché financier en particulier peuvent être reprises avec une majuscule elliptique, si elles sont précédées d'un article défini.

> **Aujourd'hui, la Bourse d'Amsterdam était en nette hausse dès son ouverture, mais à la clôture, elle n'avait pas réussi à conserver les gains enregistrés.**
>
> **La baisse de la Bourse a démontré que l'optimisme matinal des courtiers néerlandais était une erreur de prévision.**

Lorsque **bourse**, toujours au sens de « marché financier », n'est pas déterminé par un nom propre ou qu'il n'est pas utilisé de façon elliptique, il convient de l'écrire avec une minuscule initiale.

> **Cette société est cotée en bourse depuis trois ans maintenant.**
>
> **Nous croyons toujours à un rebond des bourses européennes.**
>
> **Avez-vous déjà entendu parler de la bourse du carbone ?**

Malgré tout, la forme avec majuscule initiale dans tous les cas ne peut pas être considérée comme fautive. Il faut tenir compte du fait que cette graphie est actuellement donnée par les dictionnaires de langue française généralement consultés.

CAMPAGNE, voir PROGRAMME, PLAN, POLITIQUE, OPÉRATION, CAMPAGNE

CAPITALE NATIONALE

La graphie de **capitale nationale** varie en fonction de ce que cette appellation désigne.

Si l'on parle de la région administrative, on met une majuscule à *capitale* et à *nationale*, et un trait d'union lie les deux mots. Cette région administrative comprend la ville de Québec et six MRC (municipalités régionales de comté), soit celles de Charlevoix, de Charlevoix-Est, de L'Île-d'Orléans, de La Côte-de-Beaupré, de Portneuf et de La Jacques-Cartier.

> **Le territoire de la région de la Capitale-Nationale s'étend de Deschambault-Grondines à Baie-Sainte-Catherine.**
>
> **Le Bureau de la Capitale-Nationale travaille en collaboration avec les ministères à vocation économique.**

Si l'on parle d'une ville ayant le statut de capitale nationale, les deux mots s'écrivent avec une minuscule et sans trait d'union.

> **Québec est la capitale nationale du Québec.**
>
> **La Commission de la capitale nationale du Québec a participé à la mise en lumière du cap Diamant.**

CÉGEP, voir ÉTABLISSEMENTS D'ENSEIGNEMENT
CÉPAGES, voir VINS, SPIRITUEUX, BIÈRES, COQUETELS ET CÉPAGES

CONGRÈS, COLLOQUE, CONFÉRENCE

Lorsqu'elles désignent des manifestations particulières, les dénominations d'activités scientifiques (**congrès, colloque, conférence, forum, symposium,** etc.) prennent la majuscule au premier nom, qu'il soit précédé ou non d'un adjectif numéral ordinal. Cet adjectif est écrit en chiffres romains, en chiffres arabes ou en lettres ; s'il est écrit en lettres, l'initiale du numéral ordinal est minuscule, car il est difficile d'établir si celui-ci fait partie intégrante du nom de la manifestation. La majuscule au nom indique qu'il s'agit de l'appellation propre à la manifestation.

> **le XXXIIe Congrès international de géographie, le 32e Congrès international de géographie** ou **le trente-deuxième Congrès international de géographie**
>
> **la VIIe Journée scientifique de Realiter, la 7e Journée scientifique de Realiter** ou **la septième Journée scientifique de Realiter**
>
> **le VIe Symposium de chirurgie laparoscopique, le 6e Symposium de chirurgie laparoscopique** ou **le sixième Symposium de chirurgie laparoscopique**
>
> **Le premier Forum mondial de la langue française s'est tenu à Québec en juillet 2012.**
>
> **le Congrès international de bioéthique**
> **le XIVe Colloque de psychomécanique du langage**
> **la Conférence mondiale sur les sciences de la vie**
> **le XVe Sommet de la Francophonie**

Lorsque le nombre en chiffres romains est trop long ou difficilement lisible, on l'écrit plutôt en chiffres arabes.

> **le 47e Congrès international francophone de médecine légale**
> (et non *le XLVIIe Congrès international francophone de médecine légale*)

La dénomination peut comporter d'autres majuscules associées par exemple à un nom propre ou à un nom d'association.

> **le Congrès annuel de l'Association québécoise pour la maîtrise de l'énergie**
>
> **le Colloque du Groupe de recherche interculturelle de l'Université de Sherbrooke**

Les noms *congrès*, *colloque*, *conférence*, etc., prennent la minuscule lorsqu'ils sont employés comme nom commun. (Voir aussi MAJUSCULE ELLIPTIQUE, p. 203.)

> **Il présentera une communication à ce colloque.**
>
> **Elle ne participe qu'à des congrès de grande envergure.**

Le nom *congrès* est aussi utilisé pour désigner le corps législatif des États-Unis, composé de la Chambre des représentants et du Sénat. Dans cet emploi, *congrès* prend la majuscule.

> **Le président espère obtenir l'appui du Congrès.**

CONSEIL, COMITÉ, COMMISSION, GROUPE DE TRAVAIL

Si la dénomination commençant par le mot **conseil** désigne un organisme qui a un caractère unique dans un État, à l'échelle d'un gouvernement ou, à plus forte raison, à l'échelle internationale, ce mot prend la majuscule. L'adjectif qui le précède, s'il fait partie de la dénomination (**grand**, **haut**), prend lui aussi la majuscule.

> **le Conseil du statut de la femme**
>
> **le Conseil du patronat du Québec**
>
> **le Conseil des ministres, un nouveau Conseil des ministres**
>
> **le Conseil exécutif** (autre appellation du Conseil des ministres au Québec)
>
> **le Conseil de l'Europe**
>
> **le Conseil de sécurité des Nations unies** (La graphie en usage à l'ONU est cependant **Conseil de sécurité des Nations Unies**.)
>
> **le Conseil supérieur de l'éducation**
>
> **le Grand Conseil des Cris**
>
> **le Haut Conseil de la Francophonie**

Au sens d'« ensemble des moyens financiers dont dispose un État » ou de « service financier d'exécution du budget, assurant la corrélation des dépenses et des recettes publiques » (*Le petit Robert*), le mot *trésor* prend une majuscule. C'est l'usage retenu par le Conseil du Trésor du Canada, mais pas par le Conseil du trésor du Québec.

> **le Conseil du trésor, le Conseil du Trésor**
> **le Secrétariat du Conseil du trésor** (au Québec)

S'il s'agit d'un groupe de personnes formé à l'intérieur d'une société ou d'un organisme pour participer à sa gestion (**conseil, conseil de direction, conseil d'administration, conseil municipal**, etc.), le mot *conseil* ne prend pas de majuscule.

> **Cette question relève du conseil de direction.**
> **Le conseil d'administration de la Société informatique Ordi**
> **s'est réuni hier.**
> **Le président a informé le conseil de la gravité de la situation.**
> **Le bureau de l'association s'est rangé à l'avis du conseil.**
> **Les membres du conseil d'administration ont voté…**
> **La dernière réunion du conseil municipal a été houleuse.**
> **En octobre, il y aura des élections au conseil d'établissement.**

Il en va en principe de même pour les noms de comités qui n'ont pas un caractère unique dans l'ensemble du secteur public ou privé. Le mot **comité** ne prend donc pas de majuscule, à moins que la clarté du texte ne l'exige, ou qu'il ne s'agisse d'un organisme unique dont on cite le nom officiel.

> **Elle est présidente du comité d'égalité professionnelle.**
> **Le comité des plaintes se réunit tous les mois.**
> **Les membres du comité de parents de l'école Hertel**
> **ont fait circuler une pétition.**
> **Le comité de déontologie de notre association fera connaître**
> **sa décision prochainement.**
> **Le mandat du comité consultatif sur la réorganisation administrative**
> **est très large.**
>
> **Le Comité des priorités est présidé par le premier ministre.**
> **le Comité ministériel du développement social, éducatif et culturel**
> **le Comité international de la Croix-Rouge (le CICR)**

> **La question sera soumise au Comité de terminologie
> de la Société Radio-Canada.**
>
> **Le Comité olympique canadien se penchera sur ce problème.**
>
> **le Comité mixte spécial du Sénat et de la Chambre des communes**
> (appelé officiellement **comité Beaudoin-Dobbie**)

De la même façon, les mots **commission** et **groupe de travail** ne prennent la majuscule que dans une dénomination officielle.

> **la Commission des droits de la personne**
>
> **la Commission d'enquête sur le crime organisé**
>
> **la Commission parlementaire sur l'avenir politique et constitutionnel
> du Québec** (appelée officiellement **commission Bélanger-Campeau**)
>
> **le Groupe de travail sur le journalisme et l'avenir de l'information
> au Québec**

CONVENTION, voir ENTENTES ET TEXTES JURIDIQUES ET POLITIQUES
DÉCRET, voir LOI, CHARTE, RÈGLEMENT, DÉCRET

DIEU, DIVINITÉS, SAINTS et HÉROS DE LA MYTHOLOGIE

Les noms et expressions qui désignent le dieu et les personnages sacrés des religions monothéistes s'écrivent avec une majuscule initiale.

> **Dieu, la Providence, le Créateur, la Trinité**
>
> **un prie-Dieu, des prie-Dieu**
>
> **le Prophète** (Mahomet)
>
> **(le) Bouddha**

Dans des contextes de polythéisme, c'est-à-dire où il est fait référence à une doctrine qui admet l'existence de plusieurs dieux, le mot **dieu** commence par une minuscule. Il en va de même dans plusieurs expressions courantes.

> **les dieux égyptiens et les dieux grecs**
>
> **Il est beau comme un dieu !**
>
> **être dans le secret des dieux**

Les noms désignant certains êtres surnaturels ainsi que les dieux et les héros de la mythologie s'écrivent avec une majuscule initiale, puisqu'il s'agit de noms propres.

> **Jupiter, Mercure**
> **Vénus, la déesse Athéna**
> **Œdipe** (La lettre double *œ*, qu'on appelle aussi parfois *digramme* ou *ligature*, dont le nom est « o-e liés », ne doit pas être séparée en français. La majuscule aussi est double dans tous les cas : *Œdipe, Œuvre, Œnologie, Œil, SŒUR, FŒTUS*, etc. Il en va de même pour « a-e liés », qu'on peut trouver dans *curriculum vitæ* et *cæcum*, par exemple.)
> **les trois Grâces**
> **les Muses**
> **les Walkyries**

Dans le nom des saints, l'adjectif **saint** ou **sainte** ne prend pas la majuscule quand il s'agit du saint lui-même ou de la sainte elle-même et que *saint* ou *sainte* précède son nom ou son prénom. Toutefois, il prend la majuscule dans les noms propres composés et dans les noms de fêtes.

> **Le patron des traducteurs et des traductrices est saint Jérôme.**
> (Mais : La Saint-Jérôme est la fête des traducteurs et des traductrices ; on la célèbre le 30 septembre.)
>
> **l'Esprit-Saint** ou **l'Esprit saint**
> **le Saint-Esprit**
>
> **la Sainte Vierge**

DIRECTION, voir UNITÉS ADMINISTRATIVES D'ENTREPRISES, D'ORGANISMES ET D'UNIVERSITÉS
DISTINCTIONS, voir PRIX, DISTINCTIONS ET TROPHÉES
ÉCOLES, voir ÉTABLISSEMENTS D'ENSEIGNEMENT
ÉDITION, voir ENTREPRISES, SOCIÉTÉS COMMERCIALES, INDUSTRIELLES ET FINANCIÈRES et MANIFESTATIONS COMMERCIALES, CULTURELLES OU SPORTIVES

ÉGLISE

Le mot **église** prend la majuscule lorsqu'il désigne la doctrine spirituelle ou morale, l'ensemble des fidèles ou un groupe constituant une entité administrative ou morale. Cependant, lorsque le mot *église* désigne le lieu du culte, le bâtiment, il s'écrit avec une minuscule.

> **les Églises catholique, orthodoxe et protestante**
> **les préceptes de l'Église**
>
> **L'église Sainte-Catherine est un édifice imposant.**
> **L'évêque a consacré une nouvelle église.**

Il faut noter que, lorsque l'église reprend le nom de la paroisse où elle se situe, le nom de l'église peut être introduit par la préposition *de*.

> **l'église de Saint-Roch, à Québec** (Saint-Roch est le nom de la paroisse et du quartier)
>
> **l'église Saint-Roch** (nom du saint en apposition sans préposition)

Lorsque l'église ne reprend pas le nom de la paroisse où elle se situe, le nom de l'église ne doit pas être introduit par la préposition *de*.

> **l'église Saint-Joseph** (pour désigner une église placée sous le patronage de saint Joseph et située dans la paroisse fictive de Notre-Dame-des-Miracles)

ENTENTES et TEXTES JURIDIQUES ET POLITIQUES

En principe, les noms qui désignent des ententes comme **accord, acte, alliance, convention, pacte, protocole, traité** gardent la minuscule dans la dénomination de l'entente elle-même si celle-ci comporte un nom propre. Il est à noter que ces dénominations s'écrivent généralement en romain, c'est-à-dire en caractères droits, et ne se mettent pas entre guillemets.

> **le pacte de Varsovie**
> **le protocole de Kyoto**
> **le traité de l'Atlantique Nord**

Par contre, s'ils sont suivis d'un adjectif, ces noms prennent une majuscule initiale ; si un adjectif précède le nom, les deux éléments (nom et adjectif) prennent la majuscule.

> **le Pacte atlantique**
> **l'Entente cordiale**
> **la Triple-Entente** (Le trait d'union est particulier à ce nom précis.)

Dans les cas où on cite complètement et exactement le nom de l'entente en question, on met la majuscule au premier nom de ce titre, ainsi qu'aux noms propres qu'il comprend. Voir aussi MAJUSCULE ELLIPTIQUE, p. 203.

> **l'Accord de libre-échange nord-américain (ALENA)**
> (mais : **Certains aimeraient qu'on révise cet accord de libre-échange,**
> ou **l'Accord de libre-échange,** en optant pour une majuscule elliptique)
> **l'Acte de l'Amérique du Nord britannique**
> **l'Acte de Québec**
> **l'Accord général sur les tarifs douaniers et le commerce**
> **la Convention de la Baie-James et du Nord québécois**
> **la Convention internationale des droits de l'enfant**
> **la Convention de Genève relative au traitement des prisonniers de guerre**
> **la Déclaration universelle des droits de l'homme**
> **le Protocole de Kyoto à la Convention-cadre des Nations unies**
> **concernant les changements climatiques**

Lorsqu'il s'agit explicitement de la publication du texte de l'entente, dans une référence bibliographique par exemple, le nom – qui devient le titre de la publication – se met en italique.

> **La bibliothèque possède un exemplaire de la *Convention sur**
> *la protection et la promotion de la diversité des expressions**
> *culturelles* publié par l'Unesco en 2005.**

Il en va de même du mot **rapport**. Dans ce cas, il s'agit souvent d'une publication : le titre du rapport est alors en italique.

> **le *Rapport de la Commission parlementaire sur l'avenir politique**
> *et constitutionnel du Québec* (titre exact du rapport, incluant en outre**
> l'appellation officielle d'un organisme ; voir aussi p. 217 et 249)

> **le rapport Parent** (Ce n'est pas son titre officiel.)

Le mot **code** prend une majuscule lorsqu'il désigne un ensemble de lois et de dispositions légales bien précis. Dans les contextes où il est question d'un code, on peut avoir recours à la majuscule elliptique pour éviter une ambiguïté, si le titre exact du code a été cité antérieurement et que le mot *code* est immédiatement précédé de l'article défini (voir aussi p. 204).

> **le Code civil**
> **le Code civil du Québec**

> **le Code criminel**
> **le Code de procédure civile**
> **le Code des professions**
> **le Code du travail**
> **le Code de la sécurité routière**
> **Le législateur a modifié le Code de la sécurité routière.**
> **[...] Le Code permet maintenant de...**

Le mot **discours** commence par une minuscule, à moins qu'il ne s'agisse du titre d'une publication ou d'un document. Dans ce dernier cas, ou s'il s'agit d'une œuvre, il s'écrit en italique.

> **le discours du trône**
> **le discours du budget**
> **le *Discours sur l'universalité de la langue française*, de Rivarol**

ENTREPRISES, SOCIÉTÉS COMMERCIALES, INDUSTRIELLES ET FINANCIÈRES

La dénomination des entreprises et de ces sociétés suit certaines règles de formation bien précises. Un **nom d'entreprise**, souvent encore appelé *raison sociale*, est généralement formé de deux éléments : un générique, qui sert à dénommer de façon générale une entreprise, et un spécifique, qui sert à distinguer nettement une entreprise d'une autre.

En principe, à part les noms de personnes et les noms de lieux qu'un nom d'entreprise peut comprendre, seule la première lettre du générique et la première lettre du spécifique sont des majuscules, à moins bien sûr que le nom d'entreprise au complet ne soit écrit en majuscules. L'article qui précède le générique ne fait généralement pas partie du nom d'entreprise.

Rappelons en outre que l'élément générique – qui précède généralement le spécifique – doit être en français, et que l'élément spécifique peut être dans une autre langue.

> **la Société informatique des Laurentides**
> **le Cabinet-conseil Excelor**
> **la Caisse populaire du Quartier-Chinois**

> **la Banque Nationale**
> **les Chantiers maritimes de Lauzon**
> **les Ateliers Mountainview**

Dans le cas où un générique a la même forme en français et en anglais (*garage*, *restaurant*, *communications*, etc.), il doit obligatoirement précéder le spécifique.

> **le Garage Speedway**
> **le Restaurant Buon Appetito**

Dans certains contextes (contrats, en-têtes, etc.), une indication du statut juridique de l'entreprise (**ltée** ou **l^{tée}**, **inc.**, en minuscules, ou **SEC**, **SENC**, en majuscules [abréviations respectives de *société en commandite* et de *société en nom collectif*]) suit le nom d'entreprise.

> **l'Entreprise de construction L'ancrage SENC**
> **Chauffage et climatisation Néoclima SEC**

Si un terme générique précède une dénomination, mais n'en fait pas partie, il ne prend pas de majuscule.

> **la société Thompson Canada** (le mot *société* ne fait pas partie de la dénomination)
> **l'entreprise Éconor**
>
> **publié par les éditions Les heures bleues**
> (*éditions* ne fait pas partie du nom de la maison d'édition)
>
> **avec l'autorisation des Éditions du Boréal**
> (*Éditions* fait partie du nom de la maison d'édition)

Lorsqu'un nom d'entreprise formé d'un générique et d'un spécifique commence par un article (bien que l'article soit déconseillé dans la formulation de ce type de nom), cet article prend la majuscule (mais pas le nom qui le suit) et se contracte au besoin.

> **C'est pourquoi Les publications Prodomo lancent…**
> **Il faut s'adresser directement aux Publications Prodomo.**
> **Consulter le site des Publications Prodomo.**

Pour l'accord avec les noms d'entreprises, voir p. 91.

ÉPONYMES

Un éponyme est un mot formé à partir d'un nom propre. Au fil du temps, on a utilisé le nom propre d'origine, qui peut être le nom d'une personne, d'un personnage mythique ou d'un lieu, pour désigner une invention, un fait, un objet, un lieu, une théorie, un art, une époque, etc., d'où l'origine de l'éponyme. Considérés comme noms communs, la plupart des éponymes ne prennent pas de majuscule initiale. Ils peuvent prendre la marque du pluriel ou du féminin au besoin.

> **un sandwich** (de John Montagu, comte de Sandwich, en Angleterre)
> **une poubelle** (du préfet de Paris Eugène René Poubelle)
> **du parmesan** (de la ville de Parme, en Italie)

Certains éponymes sont plus précisément des antonomases. L'antonomase est une figure de style qui permet de désigner une personne en employant un nom propre plutôt qu'un nom commun (avec minuscule initiale) ou, inversement, un nom commun plutôt qu'un nom propre (avec majuscule initiale).

> **un séraphin, un harpagon** (une personne avare)
> **la Ville Lumière** (Paris)

ÉPOQUES, FAITS, DATES, LIEUX HISTORIQUES

Les mots **âge**, **époque** et **ère** suivis d'un adjectif ou d'un complément ne prennent pas de majuscule ni de trait d'union.

> **l'âge de la pierre taillée**
> **l'âge d'or**
> **le Moyen Âge** (ou le moyen âge)
> (Dans ce cas notamment, l'usage des majuscules est fluctuant.)
>
> **l'époque révolutionnaire**
> **la Belle Époque**
>
> **l'ère atomique**
> **l'ère du Verseau**

On met cependant une majuscule à certains noms historiques (au nom lui-même ainsi qu'à l'adjectif qui le précède) qui désignent de grandes divisions ou de grands événements. Un nom historique prend une majuscule quand il est suivi d'un adjectif, et ce dernier prend une minuscule.

> **les Temps modernes**
> **la Conquête**
> **le Régime français**
>
> **Mai 68** (sans trait d'union)
> **le Quatorze Juillet** ou **le 14 Juillet** (nom de la fête nationale française ;
> sans trait d'union)
>
> **le 11 Septembre, commémorer le 11 Septembre** (attentats à New York
> en 2001 ; sans trait d'union. Mais : **les attentats du 11 septembre 2001**, car il s'agit
> alors de la date complète et non de l'appellation elliptique.)
>
> **le Jeudi noir** (le jeudi 24 octobre 1929, krach et début de la dépression économique
> des années 30)
>
> **la Révolution tranquille**
> **la révolution industrielle** (ce n'est pas un nom historique)
>
> **la Seconde Guerre mondiale**
> **la Grande Guerre**

Cependant, le nom ne prend pas de majuscule s'il est accompagné d'un complément de nom, qui, lui, s'écrit alors avec une majuscule.

> **la guerre du Golfe**
> **la guerre des Six Jours**
>
> **la crise d'Octobre**
>
> **la révolte** ou **la rébellion des Patriotes**
> **la révolution de 1830**
>
> **les plaines d'Abraham**
> **le parc des Champs-de-Bataille**

ESPÈCES ANIMALES ET VÉGÉTALES

Dans les textes de botanique et de zoologie, le nom des espèces animales et végétales, ainsi que celui des ordres, des classes, des genres et des familles, prend la majuscule. Il s'agit là d'une règle générale qui s'applique aussi aux planètes, par exemple (voir p. 211).

> **les Vertébrés**
> **l'Ornithorynque**
> **l'Érable**
> **le Fou de Bassan**
> **le Saumon de l'Atlantique**

Si le nom comprend un substantif et un adjectif, deux cas sont possibles, conformément à une règle typographique qui veut que, dans les dénominations historiques ou géographiques, l'adjectif qui précède le premier nom prenne la majuscule :

a) L'adjectif suit le substantif et s'écrit avec une minuscule :

> **l'Oie blanche**
> **le Pin sylvestre**

b) L'adjectif précède le substantif et prend alors la majuscule :

> **le Grand Héron bleu**
> **la Petite Ciguë**

Dans les textes généraux, cependant, ces noms s'écrivent entièrement en minuscules.

> **Au printemps et à l'automne, ce cap est le rendez-vous**
> **de centaines de milliers d'oies blanches.**
> **Une poète a joliment surnommé l'érable « l'arbre confiseur ».**

Les noms de races d'animaux s'écrivent avec une minuscule initiale.

> **un labrador** (chien)
> **un chartreux** (chat)
> **un charolais, un bœuf charolais**
> **une holstein, des holsteins, une vache holstein** (ou, ce qui est admis dans le cas d'une apposition, **Holstein**)
> **un camargue** (cheval)

Les noms des **variétés de fruits et de légumes** qui sont, à l'origine, des noms propres, s'écrivent avec une minuscule initiale lorsque ces variétés sont dénommées par métonymie, c'est-à-dire lorsqu'on n'emploie que le nom de la variété pour désigner le fruit lui-même. (Pour les noms de cépages, voir p. 275.)

la pomme McIntosh, la mcIntosh, des mcIntosh
une granny smith, des granny(s) smith
une pomme Spartan, des pommes Spartan, une spartan, des spartans
des goldens
une laitue Boston, une boston

une courge spaghetti, des courges spaghettis (Les deux éléments sont des noms communs.)
une pomme cannelle, des pommes cannelles (noms communs)
un champignon portobello, des champignons portobellos,
un portobello, des portobellos (*portobello* est d'origine inconnue ; il n'est pas considéré comme un nom propre)

Les noms d'autres espèces animales ou végétales – comestibles ou non – suivent la même règle. Voir aussi PRODUITS et VINS, SPIRITUEUX, BIÈRES, COQUETELS ET CÉPAGES.

Les termes scientifiques latins prennent une majuscule au premier nom, ainsi que, souvent, à l'élément spécifique s'il est dérivé d'un nom propre. Ils s'écrivent en italique et s'emploient sans article.

Acer saccharum (érable à sucre)
Rosa Gallica officinalis (rose de Provins)

ÉTABLISSEMENTS D'ENSEIGNEMENT

Les noms des établissements d'enseignement et des organismes scolaires peuvent poser certaines difficultés en matière de majuscules. En effet, il n'est pas toujours facile de savoir s'il faut appliquer la règle typographique générale, qui consiste à écrire le nom générique (**école**, **collège**, **cégep**, etc.) tout en minuscules, ou s'il convient de faire ressortir la personnalité morale de l'établissement et de mettre une majuscule à ce nom générique.

Si donc il s'agit d'un texte courant sans portée juridique, on écrit le nom générique avec une minuscule initiale. Il en va de même s'il s'agit du bâtiment et des activités qui s'y déroulent, si le nom n'est pas employé dans sa forme officielle, si le nom générique est au pluriel, ou encore s'il est précédé d'un article indéfini (*un*, *une*, *des*) ou d'un adjectif possessif ou démonstratif.

le cégep André-Laurendeau
le cégep de Bois-de-Boulogne

> le cégep du Vieux-Montréal
>
> le cégep de Granby
>
> le collège Saint-Charles-Garnier
>
> Il est professeur de français au collège André-Grasset.
>
> Elle va entrer au cégep de Limoilou l'année prochaine.
>
> Les écoles des Pommiers et de la Source ont été choisies pour mettre ce projet sur pied.
>
> Il faut passer devant l'école Jacques-Cartier.
>
> La fenêtre donne sur la cour du collège Stanislas.
>
> Veuillez vous adresser à l'une ou l'autre de ces commissions scolaires.
>
> Mes enfants fréquentent l'école Jonathan.
>
> Notre école primaire est très active.

Les noms d'écoles sont formés du mot générique *école* suivi d'un spécifique, composé lui-même d'un ou de plusieurs éléments. Les divers éléments du spécifique sont liés par des traits d'union (exception faite de la particule patronymique et du patronyme lui-même), et les noms et les adjectifs prennent la majuscule. Si le spécifique n'est pas un nom propre de personne, ou si c'est un nom propre précédé d'un titre, ce spécifique est lié au générique par la préposition *de* (*du*, *des*). Dans le cas de noms existants qui ne comportent pas cette préposition, il est conseillé de consulter la Commission de toponymie, qui mène un travail d'uniformisation et de normalisation de l'écriture des noms d'écoles.

Dans l'affichage et la signalisation, le mot *école* prend généralement une majuscule de position.

> école Saint-Gabriel
>
> école Calixa-Lavallée (nom propre de personne ; trait d'union entre le prénom et le patronyme)
>
> école Jean-De Brébeuf (nom propre de personne ; trait d'union entre le prénom et la particule patronymique qui prend ici une majuscule, mais pas de trait d'union entre la particule patronymique et le patronyme lui-même)
>
> école du Curé-D'Auteuil (nom propre de personne précédé d'un titre ; trait d'union entre les deux ; et non *école Curé-D'Auteuil*)
>
> école de Saint-Denis-de-Brompton (nom de lieu ; trait d'union entre les éléments ; et non *école Saint-Denis-de-Brompton*)
>
> école du Tournesol (présence de l'article défini contracté, c'est-à-dire de la préposition *de* et de l'article défini *le* ; et non *école Le Tournesol*)
>
> école du Bois-Joli (Les éléments du spécifique sont liés par un trait d'union, et le nom et l'adjectif prennent une majuscule ; et non *école Bois-Joli*.)
>
> école des Prés-Verts
>
> école du Harfang-des-Neiges
>
> école primaire de l'Arc-en-Ciel (et non *école primaire L'Arc-en-Ciel*)

> **école secondaire des Sentiers** (et non *école secondaire Les Sentiers*)
> **école secondaire de l'Essor** (et non *école secondaire L'Essor*)

On n'ajoute pas de traits d'union pour lier les éléments des toponymes de langue anglaise qui n'en comportent pas, à l'exception des noms de personnes. Il est conseillé de vérifier leur graphie dans les répertoires officiels. On n'en ajoute pas non plus aux autres spécifiques de langue anglaise.

> **école professionnelle des métiers de Thetford Mines**
> **école Twin Oaks**
> **école John-F.-Kennedy**

Si le contexte indique plutôt que l'établissement est considéré comme une personne morale dont on cite le nom officiel, la majuscule s'impose : c'est généralement le cas dans un contrat, un procès-verbal, un règlement, par exemple, mais rarement dans les autres types de textes.

> **le Cégep Édouard-Montpetit**
> **le Cégep de Bois-de-Boulogne**
> **le Cégep du Vieux-Montréal**
> **le Collège François-de-Laval** (anciennement le **Petit Séminaire de Québec**)
> **le Séminaire de Sherbrooke**
> **la Commission scolaire du Pays-des-Bleuets**
> **la Commission scolaire de Laval**

Le nom des universités et des grandes écoles (appartenant à l'enseignement supérieur) garde toutefois la majuscule initiale dans tous les contextes.

> **l'École des hautes études commerciales** (grande école ; sigle : **les HEC** ;
> **HEC Montréal**)
> **l'École nationale d'administration publique** (grande école)
> **l'École polytechnique** (grande école)

Il faut noter qu'une école primaire ou secondaire publique n'est pratiquement jamais considérée comme une personne morale, et que son nom ne suit pas les règles de formation des dénominations sociales.

> **l'école Marie-Favery** (école primaire publique)
> **l'École du Plein-Soleil** (école privée, lorsqu'elle est considérée comme
> une personne morale)

Cas particuliers

Le nom **antenne** désigne un établissement qui assure des services d'enseignement à l'extérieur de l'établissement principal auquel il est subordonné. Ce nom, qui s'écrit avec une minuscule initiale, ne figure pas nécessairement dans le nom officiel de l'établissement.

> **Ce centre d'études collégiales est une antenne du Cégep de La Pocatière.**
>
> **l'antenne du Centre interuniversitaire québécois de statistiques sociales**

Le nom **campus** désigne un établissement scolaire comprenant généralement les bâtiments destinés à l'enseignement, les résidences des étudiants et les diverses installations d'une université ou d'un collège situés sur une même étendue de terrain et formant ainsi une unité en soi. Il s'écrit avec une minuscule initiale.

> **le Cégep de Limoilou, campus de Charlesbourg**
> **le campus de Charlesbourg du cégep (ou Cégep) de Limoilou**

Le mot **pavillon** peut désigner un bâtiment situé dans l'enceinte générale d'un établissement d'enseignement ou une aile d'un bâtiment faisant partie d'un établissement d'enseignement, mais il ne peut pas être utilisé pour désigner l'établissement lui-même. Il s'écrit donc avec une minuscule initiale.

> **La conférence a lieu au pavillon Jean-Brillant.**

Pour les noms d'universités, voir p. 272. Voir aussi MAJUSCULE ELLIPTIQUE, p. 203.

ÉTABLISSEMENTS DE SANTÉ

Les dénominations des établissements de santé faisant référence à des personnes morales s'apparentent à des dénominations sociales ; le terme générique (**hôpital**, **centre hospitalier**, etc.) commence par une majuscule.

> **L'Hôpital Honoré-Mercier a passé un contrat avec**
> **la Société d'entretien Plunet.**
>
> **l'Hôpital de Montréal pour enfants**
> **l'Institut de cardiologie de Montréal**
> **la Clinique médicale Cartier**
> **le Centre hospitalier de l'Université de Montréal, le CHUM**

> **L'humanisme, la compétence et le dynamisme sont les valeurs sur lesquelles s'appuie la mission du Centre de réadaptation Lucie-Bruneau.**

Certains types d'établissements de santé sont correctement désignés par des sigles : les **centres locaux de services communautaires (CLSC)**, par exemple.

> **le CLSC de Côte-des-Neiges**
> **le CLSC des Aboiteaux**
> **le CLSC des Pays-d'en-Haut**

Toutefois, dans les contextes où c'est le lieu, l'immeuble ou le bâtiment qui est désigné, on peut utiliser la minuscule.

> **Y a-t-il un parc de stationnement à côté de l'hôpital de l'Enfant-Jésus ?**
> **Il a été transporté d'urgence à l'hôpital Notre-Dame.**

Il faut éviter d'employer les mots *site* et *campus* pour désigner un hôpital. Quant au mot **pavillon**, il peut désigner un bâtiment situé dans l'enceinte générale d'un hôpital ou une aile d'un bâtiment faisant partie d'un hôpital.

> **L'accès au bureau d'admission se fait par le pavillon La Fontaine.**

Voir aussi ENTREPRISES, SOCIÉTÉS COMMERCIALES, INDUSTRIELLES ET FINANCIÈRES.

ÉTAT

Le mot **état** prend toujours une majuscule lorsqu'il désigne un territoire, le gouvernement d'un pays ou la communauté nationale, même si le contexte laisse entendre qu'il s'agit d'un nom commun.

> **Elle passe ses vacances dans l'État de New York.**
> **des États souverains**
> **les États membres de la Francophonie**
>
> **Les États-Unis sont constitués de cinquante États, d'un district fédéral et de territoires extérieurs.**
>
> **des chefs d'État, un secret d'État, une société d'État**
> **les affaires de l'État**

Dans les autres sens du mot, *état* garde la minuscule.

> **un état de la situation, l'état des lieux**
> **la grâce d'état, l'état de grâce**

ÉVÉNEMENTS, voir MANIFESTATIONS COMMERCIALES, CULTURELLES OU SPORTIVES

FÊTES RELIGIEUSES, CIVILES OU NATIONALES

Ces noms, ainsi que ceux de certains jours fériés, s'écrivent généralement avec une majuscule au nom spécifique, c'est-à-dire celui qui les caractérise (autre que, en principe, le mot **fête** ou **jour**), et à l'adjectif ou à la préposition qui, le cas échéant, le précède. Les noms des jours de la semaine qui désignent des fêtes prennent la majuscule s'ils n'ont pas de complément.

> **le jour de l'An** (ou le jour de l'an)
> **le Nouvel An** (ou le nouvel an)
> **le Premier de l'an** (ici, *premier* est un nom)
> **le lendemain du jour de l'An**
> **le jour des Rois**
> **la fête des Rois**
> **le jour du Drapeau**
> **l'Épiphanie**
> **la Saint-Valentin**
> **le Mardi gras**
> **le mercredi des Cendres**
> **les Cendres**
> **la Mi-Carême**
> **la Saint-Patrick**
> **l'Annonciation**
> **les Rameaux**
> **le dimanche des Rameaux**
> **le Jeudi saint**
> **le Vendredi saint**
> **le Samedi saint**
> **Pâques** (soit masculin singulier : **Pâques a été ensoleillé cette année** ;
> soit féminin pluriel : **Joyeuses Pâques !**)
> **la Pâque** ou **la pâque** (fête juive et fête orthodoxe)
> **le lundi de Pâques**
> **la Pentecôte**
> **le 1ᵉʳ Mai, le Premier Mai**

la fête des Travailleurs
la Journée internationale des travailleurs
la Journée nationale des patriotes (a remplacé la fête de Dollard)
la fête de la Reine
la fête des Mères
la fête des Pères
la Saint-Jean-Baptiste, la Saint-Jean
la fête nationale du Québec
la fête du Canada
le 14 Juillet
l'Assomption
le 15 Août
la fête nationale des Acadiens
la fête du Travail
l'Action de grâce (ou l'Action de grâces)
l'Halloween
la Toussaint
le jour des Morts
le jour du Souvenir
l'Armistice
le 11 Novembre
la Sainte-Catherine
le Vendredi fou (et non *le Black Friday* ni *le Vendredi noir*)
la Saint-Nicolas
le jour du Souvenir acadien
Noël
l'Après-Noël, le lendemain de Noël (le 26 décembre, en anglais *Boxing Day*)
la Saint-Sylvestre
les fêtes, le temps des fêtes (parfois les Fêtes, le temps des Fêtes)

Les noms des temps liturgiques gardent généralement la minuscule.

le carême
le ramadan
l'avent

FONCTION PUBLIQUE, voir ADMINISTRATION
FRUITS, voir ESPÈCES ANIMALES ET VÉGÉTALES

GOUVERNEMENT

Le mot **gouvernement**, accompagné ou non d'un adjectif ou d'un complément, s'écrit en principe avec une minuscule dans les contextes où il désigne l'action de gouverner, le pouvoir qui gouverne un État ou ceux et celles qui détiennent ce pouvoir. Le mot **opposition** garde lui aussi la minuscule.

> **C'est le gouvernement québécois qui a pris cette décision.**
> **Cette mesure découle de la nouvelle politique du gouvernement.**
> **Le gouvernement a dû tenir compte des critiques de l'opposition.**
> **Ce rôle incombe au chef de l'opposition officielle.**

Toutefois, lorsque *gouvernement* est suivi d'un complément désignant un pays ou un territoire, il peut être considéré comme formant une dénomination officielle, un nom propre désignant la personne morale qui détient le pouvoir politique. Il s'écrit alors avec une majuscule. Dans ce cas, **Gouvernement du Québec** ne doit pas se traduire.

> **Le Gouvernement du Québec participera aux discussions.**
> **C'est le Gouvernement du Québec qui détient ces droits d'auteur.**
> **La signature officielle (du) Gouvernement du Québec est accompagnée du drapeau fleurdelisé.**

Par ailleurs, il faut se garder de confondre *gouvernement* et *administration* (*publique*) ou *Administration*. En effet, c'est l'Administration qui, par ses ministères et ses organismes, est chargée d'appliquer les décisions du gouvernement qui, lui, détient le pouvoir exécutif. (Voir aussi ADMINISTRATION.)

> **les informaticiens de l'administration publique** (et non pas *du gouvernement*)
> **Elle travaille dans l'Administration depuis vingt ans.**
> (et non pas *pour le gouvernement*)

GRADES MILITAIRES

Un grade militaire est assimilable à un titre de fonction ; on l'écrit donc avec une majuscule lorsqu'on s'adresse à la personne par écrit, par exemple dans l'appel et la salutation d'une lettre. Dans ce cas, la préposition ou la particule (*sous*, *vice*) qui précède le nom prend aussi la majuscule. S'il s'agit d'une appellation composée, chacun des noms correspondant à une fonction prend la majuscule.

Monsieur le Général,
Monsieur le Sous-Lieutenant,
Monsieur le Vice-Amiral,
Monsieur le Brigadier-Général,
Monsieur l'Adjudant-Maître,
Monsieur le Caporal-Chef,
Monsieur le Capitaine de vaisseau,

En règle générale, dans le corps d'un texte, lorsqu'on ne s'adresse pas à la personne mais que l'on parle simplement de quelqu'un, on garde la minuscule initiale, que le grade soit accompagné ou non du nom de la personne. Il faut toutefois noter que, dans les Forces canadiennes et au ministère de la Défense nationale du Canada, on a tendance à mettre une majuscule initiale aux grades militaires lorsqu'ils sont accompagnés du nom d'une personne.

Vous aurez sans doute l'occasion d'en discuter avec le colonel.
Plusieurs lieutenants ont participé à cette mission.
Le vice-amiral Simard fera certainement partie du projet.
Le soldat Lemieux et le sergent Bouchard seront décorés le 1er juillet.

HISTOIRE

Le mot **histoire** commence le plus souvent par une minuscule. Toutefois, il prend parfois la majuscule lorsqu'il est employé absolument, c'est-à-dire sans complément ni qualificatif, au sens de « science du passé », dans une sorte de personnification. Dans certains contextes, la majuscule permet d'éviter une ambiguïté. Voir aussi ÉPOQUES, FAITS, DATES, LIEUX HISTORIQUES, p. 225.

suivre des cours d'histoire
l'histoire des sciences

L'histoire (ou L'Histoire) jugera.
Cette histoire ne passera sûrement pas à l'Histoire !
Les grands personnages de l'Histoire (titre de livre)

HÔPITAL, voir ÉTABLISSEMENTS DE SANTÉ

HÔTEL DE VILLE, HÔTEL DU PARLEMENT

Le mot **hôtel de ville** prend des majuscules s'il désigne l'autorité ou l'administration municipale ; il s'écrit en minuscules s'il s'agit du bâtiment.

> **une décision de l'Hôtel de Ville**
> **passer devant l'hôtel de ville**

L'appellation **hôtel du Parlement** s'écrit avec un *h* minuscule et un *p* majuscule, car le mot *parlement* a ici un caractère d'institution (voir l'article ci-dessous). On trouve ce même usage dans **hôtel de la Monnaie**, par exemple. Dans l'adresse de l'Assemblée nationale, la mention **Hôtel du Parlement** a une majuscule de position (voir autre exemple p. 776).

> **L'hôtel du Parlement est situé sur la colline Parlementaire à Québec.**
>
> **Monsieur Jean Desbiens**
> **Direction du protocole et de l'accueil**
> **Assemblée nationale**
> **Hôtel du Parlement, bureau 1.250**
> **Québec (Québec) G1A 1A3**

INSTITUTIONS

Les noms communs qui, dans certains contextes, sont employés dans un sens absolu ou désignent des réalités officialisées ayant le caractère d'institutions prennent la majuscule.

> **l'Administration** (au sens d'« ensemble des services publics » ;
> voir plus haut ADMINISTRATION)
> **la Bourse** (voir plus haut BOURSE)
> **le Cabinet**
> **la Confédération**
> **la Couronne**
> **la Faculté** (au sens vieilli de « la médecine »)
> **la Francophonie** (surtout dans les appellations officielles d'organismes
> et de manifestations ; mais : **la francophonie canadienne**)
> **l'Hexagone**
> **le Parlement**

> **le Pentagone**
> **la Nation**
> **la République**
> **le Trésor**
> **l'Université** (au sens de « corps enseignant »)

INTERNET, INTRANET, EXTRANET, WEB

Le mot **Internet**, nom du « réseau des réseaux » informatique, est considéré comme un nom propre qui désigne une réalité unique. On l'écrit donc avec un *i* majuscule et il n'est généralement pas précédé de l'article.

> **faire une recherche dans Internet**

Les termes **intranet** et **extranet**, qui désignent des réseaux à usage plus restreint (privé ou commercial), sont considérés comme des noms communs ; ils s'écrivent avec des minuscules initiales et prennent un *s* au pluriel. On les emploie avec un article.

> **Les intranets linguistiques sont utiles dans les entreprises.**
> **Notre extranet sera inauguré cette semaine.**

Le terme **Web**, qui désigne le système basé sur l'utilisation de l'hypertexte, permettant la recherche d'information dans Internet, l'accès à cette information et sa visualisation, a une valeur de nom propre. À l'origine, la graphie avec majuscule s'est imposée pour souligner le caractère unique du Web. Plus récemment, la graphie avec minuscule a fait son apparition dans la presse francophone et dans Internet, *web* étant alors considéré comme un nom commun. Actuellement, les deux graphies coexistent, que le terme soit utilisé seul ou en apposition (*page Web*, par exemple), mais l'Office opte encore pour la graphie avec majuscule.

> **Les documents Web doivent respecter des règles typographiques**
> **de base.**

Voir aussi le chapitre **DOCUMENTS NUMÉRIQUES**, p. 467.

JOURNÉE, SEMAINE, QUINZAINE, MOIS, ANNÉE

Les noms **journée**, **semaine**, **quinzaine**, **mois** et **année** sont employés pour former des dénominations de manifestations culturelles et autres. On met alors une majuscule à ces noms et une minuscule aux autres mots, sauf lorsqu'il s'agit de noms ayant le statut de nom propre.

> la Journée mondiale de l'alimentation
> la Journée nationale des patriotes (fête qui a remplacé la fête de Dollard)
> la Journée des musées montréalais
> la Journée sans achat
> la Semaine québécoise des personnes handicapées
> la Semaine nationale de l'action bénévole
> la Quinzaine de la poésie
> le Mois de la photo
> l'Année internationale de l'eau douce
> la Journée internationale Nelson-Mandela (le 18 juillet)
> la Journée nationale des Autochtones
> Le 20 mars est la Journée internationale de la Francophonie.

Il ne faut pas confondre cet emploi de **journée** avec celui de **jour** dans le nom des fêtes civiles ou religieuses. Dans ce dernier cas, *jour* est l'élément générique de la dénomination et prend la minuscule (voir aussi l'article FÊTES RELIGIEUSES, CIVILES OU NATIONALES, p. 233).

> le jour des Rois
> le jour du Souvenir

LIEUX PUBLICS, voir BÂTIMENTS, MONUMENTS ET LIEUX PUBLICS

LOI, CHARTE, RÈGLEMENT, DÉCRET

Les mots **loi** et **charte** prennent une majuscule lorsqu'on cite le titre exact d'une loi ou d'une charte et une minuscule initiale dans tous les cas où on n'en cite pas le titre exact. On peut cependant avoir recours à la majuscule elliptique pour éviter une ambiguïté, si le titre a été cité antérieurement et que le mot *loi* ou *charte* est précédé d'un article défini. En principe, les titres de loi s'écrivent en romain plutôt qu'en italique, et on ne les met pas entre guillemets. Il faut noter à ce sujet que lorsqu'il est question d'une loi (ou d'une charte, d'un règlement ou d'un décret) dans un texte, il s'agit le plus souvent d'une « disposition prise par le pouvoir législatif » et non pas du document qui en reproduit le texte ; c'est pourquoi le nom de la loi s'écrit en romain (voir aussi p. 431). Dans une référence bibliographique, le titre d'une loi, d'une charte, d'un règlement ou d'un décret s'écrit en italique.

l'ensemble des lois adoptées au cours de la session

le projet de loi n° 101 (et non pas *la loi 101*, car seuls les projets de loi sont numérotés)

Nul n'est censé ignorer la loi.

De nombreux organismes souhaitent l'adoption d'une charte des droits de l'enfant.

les chartes québécoise et canadienne relatives aux droits de la personne

la Loi sur l'aménagement et l'urbanisme

La Charte de la langue française proclame que le français est la langue officielle du Québec. [...] L'article 5 de la Charte prévoit en outre que... (mais on écrirait : Au Québec, une charte du français a été adoptée... ; ou La société québécoise a voulu une charte de la langue française pour...)

Voici une présentation de la Loi sur la protection du consommateur. [...] Si on interprète bien la Loi, on voit que... Selon les termes de cette loi... Ladite loi prévoit...

Le texte de la Loi sur la protection du territoire agricole est en vente dans les librairies partenaires des Publications du Québec.

Le mot **règlement** suit la même règle que *loi* et *charte*. Toutefois, le mot **article** prend toujours une minuscule.

L'article 8 du Règlement sur le déneigement des voies de communication...

le Règlement modifiant le Règlement sur les déchets dangereux (titre d'un règlement qui en inclut un autre)

Le règlement que le conseil municipal vient de prendre...

Dans le présent règlement...

Le mot **décret** suit également la même règle et son titre exact prend un *d* majuscule.

le Décret sur la distribution du recueil annuel des lois du Québec

MANIFESTATIONS COMMERCIALES, CULTURELLES OU SPORTIVES

Les dénominations de festivals, de salons, de foires, de congrès, de championnats, d'années ou de périodes de l'année consacrées à un thème particulier, etc., prennent une majuscule au premier nom et à l'adjectif qualificatif antéposé.

> les **Championnats** du monde d'échecs
> le **Congrès** international de bioéthique
> la **Coupe Stanley** (désignation du championnat)
> la **Coupe du monde de ski**
> le **Critérium** cycliste des Laurentides
> l'**Exposition** universelle de Montréal
> l'**Exposition** agricole et alimentaire de Saint-Hyacinthe
> l'**Expo-sciences** régionale
> le **Festival** des films du monde de Montréal
> les **Floralies**
> la **Foire** de l'emploi
> le **Grand Prix** de Montréal
> les **Jeux olympiques**, les **Olympiques** (mais les jeux, de préférence à *les Jeux* avec majuscule elliptique)
> les **Jeux** de la Francophonie
> la **Journée** internationale des femmes
> le **Marathon** canadien de ski de fond
> le **Salon** du livre de l'Outaouais
> le **Tour** de l'île de Montréal
> le **Tournoi** international de hockey pee-wee
> la **Traversée** internationale du lac Saint-Jean

Lorsque ces dénominations sont précédées d'un adjectif numéral ordinal (souvent en chiffres romains), elles conservent la majuscule. On voit souvent employer dans ce cas le mot *édition* précédé d'un adjectif numéral ordinal. Il s'agit là d'une métaphore dont il ne faut pas abuser. Il est préférable et plus court de numéroter directement la manifestation en question.

> la XXIe **Biennale** de la langue française
> la 8e **Foire** rurale de Berthier
> le 40e **Salon** de l'auto
> le XXe **Festival** international de jazz de Montréal
> ou le 20e **Festival** international de jazz de Montréal
> (de préférence à *la 20e édition du Festival international de jazz de Montréal*)

La majuscule demeure lorsque ces dénominations sont employées au pluriel.

> **Il a participé à tous les Festivals d'été de Québec depuis quinze ans.**
> **Les deux dernières Journées internationales des femmes ont connu**
> **un franc succès.**

Toutefois, lorsqu'on parle de plusieurs manifestations différentes mais de même type, l'appellation devient un nom commun, puisqu'elle n'a plus un caractère unique ; on emploie alors la minuscule.

> **Cette écrivaine participe aux salons du livre de Montréal**
> **et de Québec.**
> **Aucun accident ne s'est produit au cours des cinq derniers**
> **grands prix européens.**

La dénomination d'une exposition d'œuvres d'art qui porte un titre prend une minuscule au mot *exposition* et une majuscule au premier mot du titre, ainsi qu'aux noms propres qui le composent, bien sûr. Ce titre s'écrit en italique ou entre guillemets.

> **Les invitations au vernissage de l'exposition *Les arbres en majesté***
> **ont été envoyées ce matin. (ou de l'exposition « Les arbres en**
> **majesté »)**

Voir aussi CONGRÈS, COLLOQUE, CONFÉRENCE.

MINISTÈRE, MINISTRE

L'usage veut qu'on mette une majuscule à la désignation du ou des domaines que gère le ministère, le mot **ministère** lui-même commençant par une minuscule.

> **le ministère des Finances**
> **le ministère des Relations internationales** (seul le nom du domaine
> prend la majuscule)
> **le ministère de la Santé et des Services sociaux**
> **le ministère de l'Éducation, du Loisir et du Sport**

Il en va de même pour **ministère d'État**.

> **le ministère d'État à la Francophonie**

Si le domaine que gère le ministère est désigné par un nom composé, seul le premier élément de ce mot prend la majuscule.

> **le ministère de la Main-d'œuvre** (ancien nom)
> **le ministère du Bien-être social** (ancien nom)

Dans les cas, assez rares, où le domaine que gère le ministère comporte un adjectif antéposé, cet adjectif prend lui aussi la majuscule.

> **le ministère des Anciens Combattants**

Si, dans un texte, on fait l'ellipse du déterminatif (par exemple « des Affaires municipales ») et qu'on craint l'ambiguïté, le mot *ministère* peut prendre la majuscule, portant ainsi le caractère propre de la dénomination, à condition qu'il soit précédé de l'article défini.

> **L'Assemblée nationale a demandé au ministère des Affaires municipales de... Le ministère (ou Ministère) accepte de...**

Le mot **cabinet**, qui, dans un ministère, désigne le service chargé de la préparation des affaires gouvernementales et administratives, garde la minuscule initiale. Il en va de même lorsque *cabinet* désigne l'ensemble des ministres ; dans ce cas et pour éviter une ambiguïté, il peut cependant prendre une majuscule indiquant qu'il s'agit d'un corps à caractère unique dans l'État. Voir aussi ORGANISMES UNIQUES, p. 249.

> **un chef de cabinet**
> **le cabinet de la ministre des Relations internationales**
> **Le premier ministre a réuni son cabinet ce matin.**
> **Le Cabinet s'est réuni d'urgence ce matin.**

Le mot **ministre** suit la même règle de base que le mot *ministère* : lorsque ce mot est suivi du champ d'action du ministre, il commence par une minuscule, et les compléments de ce mot s'écrivent avec une majuscule initiale. Cette règle vaut également pour le mot **sous-ministre**.

> **la ministre de la Culture et des Communications**
> **le sous-ministre des Affaires municipales**

Lorsqu'on s'adresse directement à un ministre ou à un sous-ministre, ces mots prennent la majuscule (voir p. 268).

MONSIEUR, MADAME, voir TITRES ET APPELLATIONS DE CONVENANCE
MONUMENTS, voir BÂTIMENTS, MONUMENTS ET LIEUX PUBLICS
MUNICIPALITÉ, voir VILLE

 MUNICIPALITÉ RÉGIONALE DE COMTÉ

Le terme **municipalité régionale de comté** s'écrit entièrement en minuscules lorsqu'il désigne un territoire regroupant des municipalités sur lequel s'exerce une autorité fixée par la loi d'application générale. Dans certains cas, il désigne également des territoires non organisés.

> **La municipalité régionale de comté de Kamouraska est située dans la région du Bas-Saint-Laurent.**
>
> **Le territoire de la municipalité régionale de comté de Charlevoix est vaste.**
>
> **La Baie-des-Chaleurs, en Gaspésie, se compose des municipalités régionales de comté de Bonaventure et d'Avignon.**

Cependant, lorsqu'il s'agit de la réalité administrative, qui est considérée comme une personne morale, *municipalité régionale de comté* prend une majuscule initiale à *municipalité*.

> **La Municipalité régionale de comté d'Acton financera une partie du projet.**
>
> **Le conseil de la Municipalité régionale de comté d'Abitibi a adopté la résolution…**

Par ailleurs, on emploie aussi couramment le sigle **MRC** dans le corps d'un texte, en tant que générique devant le nom officiel spécifique.

> **la MRC de Brome-Missisquoi** (nom officiel spécifique : **Brome-Missisquoi**)
>
> **la MRC de La Haute-Côte-Nord** (nom officiel spécifique : **La Haute-Côte-Nord**)
>
> **la MRC des Jardins-de-Napierville** (nom officiel spécifique : **Les Jardins-de-Napierville**)

MUSÉE

Il est d'usage de mettre une majuscule au mot **musée** pour insister sur la personnalité morale de l'établissement, surtout s'il appartient au domaine privé, ou sur son caractère unique.

> le Musée national des beaux-arts du Québec
> le Musée des beaux-arts de Montréal
> le Musée de la civilisation
> le Musée canadien des civilisations
> le Musée François-Pilote
> le Musée McCord d'histoire canadienne

C'est toujours la règle à suivre lorsque *musée* est qualifié par un ou des adjectifs sans autre élément distinctif.

> le Musée ferroviaire canadien
> le Musée océanographique

Il faut toutefois noter que c'est la minuscule qu'on voit au mot *musée* dans de nombreux codes typographiques classiques ; le nom du domaine auquel le musée est consacré s'écrit alors avec une majuscule.

> le musée de l'Amérique française
> le musée des Arts décoratifs
> le musée de la Philatélie
> le musée du Louvre
> le musée d'Orsay
> le musée Rodin

NOMS DE RUES, ou ODONYMES

Les odonymes sont formés d'un élément générique, qui désigne le type de voie de communication, et d'un élément spécifique, qui distingue chaque voie des autres. Le spécifique prend toujours la majuscule (s'il est composé, ses éléments principaux prennent la majuscule et sont liés par des traits d'union), mais le générique commence par une minuscule dans un texte suivi et dans une adresse.

> **Son bureau est situé au 350 du boulevard de l'Hôtel-de-Ville.**
> **On fait actuellement des travaux sur l'autoroute Jean-Lesage.**
> **Le rassemblement a lieu place Royale.**
> **3575, rue Jacques-Cartier**

Le générique prend une majuscule si le spécifique est un adjectif numéral ordinal ou un adjectif qualificatif.

> **la 10ᵉ Avenue**
> **la Grande Allée**

Sur les plaques de rue et les panneaux de signalisation, le générique prend une majuscule de position.

> **Boulevard Charest Ouest** (plaque de rue)

NOMS GÉOGRAPHIQUES, ou TOPONYMES

Les noms géographiques peuvent être simples ou composés. Ils comprennent les toponymes (ou noms de lieux), qui désignent des continents, des pays, des régions, des villes, des océans, des fleuves, des montagnes, des réalités géographiques et des lieux variés, ainsi que les odonymes, qui désignent des voies de communication.

Les **noms géographiques simples** prennent la majuscule.

> **l'Amérique**
> **le Québec**
> **la Gaspésie**
> **Longueuil**
> **Regina**

Les noms de lieux qui sont traditionnellement au pluriel prennent la marque du pluriel. Ils prennent généralement aussi la marque du pluriel s'ils désignent des entités géographiques ou politiques distinctes. Toutefois, dans ce dernier cas, l'usage est souvent indécis et l'invariabilité est admise.

> les **Amériques**
> les **Laurentides**
> les **Antilles**
> les **deux Corées** (ou **Corée**)

Les **noms géographiques composés** désignant une entité politique ou administrative s'écrivent généralement avec un trait d'union (s'ils sont français ou francisés) et une majuscule à chaque élément (nom ou adjectif).

> les **États-Unis**
> le **Royaume-Uni**
> la **Nouvelle-Écosse**
> **Salaberry-de-Valleyfield**
>
> **La Tuque** (On ne met cependant pas de trait d'union entre l'article et le nom qui le suit.)
> **La Nouvelle-Orléans** (nom officiel en anglais : **New Orleans**)
>
> **New York** (Ce nom n'est pas francisé.)
> **l'Arabie saoudite** (sans trait d'union : forme officielle reconnue par l'ONU)
> **la Côte d'Ivoire** (sans trait d'union : forme officielle reconnue par l'ONU)

Les noms géographiques composés d'un nom commun générique et d'un élément
distinctif (adjectif ou complément) ne prennent de majuscule qu'à l'élément distinctif
(qui peut parfois être employé seul).

> **l'océan Atlantique, l'Atlantique**
> **l'hémisphère Nord** (Voir aussi POINTS CARDINAUX, p. 256.)
> **la mer de Chine méridionale**
> **la mer Rouge**
> **le mont Royal**
> **la route Verte**
> **les montagnes Rocheuses, les Rocheuses**
> **la cordillère des Andes, les Andes**
> **la baie James**
> **la baie de Fundy**
> **la véloroute des Bleuets**
> **la colline Parlementaire** (à Québec)
> **la colline du Parlement** (à Ottawa)

Les noms géographiques composés désignant une entité naturelle prennent une
majuscule aux noms et adjectifs formant leur spécifique, mais généralement pas

de trait d'union, sauf dans les noms de saints et de personnes, les noms composés d'un terme ou d'un toponyme qui comporte déjà un trait d'union et dans certaines expressions.

> **le lac des Courants Verts**
> **le mont de la Sentinelle Solitaire**
> **le lac Saint-Jean**
> **la rivière Jacques-Cartier**
> **l'île au Pique-Nique**
> **la rivière Qui-Mène-du-Train**
> **l'anse de Rivière-à-Claude**

Lorsque les toponymes commencent par l'article *le* ou *les*, celui-ci prend aussi la majuscule, mais il se contracte après une préposition (sauf s'il s'agit d'un patronyme, ce qui est un cas rare).

> **Les Éboulements**
> **Il revient des Éboulements, qui offrent un magnifique panorama**
> **sur le fleuve.**
>
> **Les Boules**
> **La réunion se déroulera aux Boules.**
>
> **Les Escoumins**
> **Les Escoumins sont un site d'observation de la baleine bleue.**
>
> **Le Bic**
> **Elles ont organisé une excursion dans le parc national du Bic.**
>
> **Les Coteaux**
> **Le maire des Coteaux a inauguré le monument.**
>
> **Elle a déménagé à Le Gardeur.** (Le Gardeur est, à l'origine, un patronyme.)

Les appellations employées par antonomase (périphrase descriptive ou caractéristique) pour désigner un État, un territoire ou une ville prennent une majuscule initiale aux noms qui les composent, ainsi qu'aux adjectifs qui les précèdent.

> **Sherbrooke, ou la Reine des Cantons-de-l'Est**
> **Paris est appelée la Ville Lumière, et Rome, la Ville éternelle.**
> **l'Amérique, surnommée le Nouveau Monde**

Il faut de plus distinguer les **toponymes naturels** et les **toponymes administratifs**, qui, désignant des réalités différentes, ne s'écrivent pas de la même façon.

Les toponymes naturels suivent les règles générales énoncées ci-dessus.

> **Les rives du lac Saint-Jean sont agréables.**
> (Le mot *lac* désigne ici l'étendue d'eau.)
> **La baie James est située au sud de la baie d'Hudson.**
> (Le mot *baie* désigne ici l'échancrure du littoral, le petit golfe.)
> **Le mont Royal a 259 mètres d'altitude.**
> (Le mot *mont* désigne ici la colline elle-même.)

Les toponymes administratifs prennent une majuscule à chaque élément, sauf aux particules de liaison, et des traits d'union entre les éléments.

> **la Côte-Nord**
> **Le Centre-du-Québec est une région administrative situé sur la rive sud du Saint-Laurent.**
> **le développement de la Baie-James** (Le mot *baie* fait partie du nom propre de la région.)
> **la population de Mont-Royal** (Le mot *mont* fait partie du nom propre de la ville.)

Certains toponymes sont **surcomposés**, c'est-à-dire formés de deux toponymes dont l'un est composé. Ils prennent un ou des traits d'union, et les deux toponymes sont liés par un tiret (qui est plutôt assimilé ici à un grand trait d'union), sans espace avant ni après ce tiret (voir aussi le chapitre qui porte sur la ponctuation, p. 277).

> **la région du Saguenay–Lac-Saint-Jean** (Le mot *lac* fait partie du nom propre de la région.)
> **Gaspésie–Îles-de-la-Madeleine, région administrative n° 11**

ODONYMES, voir NOMS DE RUES, ou ODONYMES
OPÉRATION, voir PROGRAMME, PLAN, POLITIQUE, OPÉRATION, CAMPAGNE
ORDRES RELIGIEUX, voir RELIGIONS ; TITRES, CONGRÉGATIONS ET ORDRES RELIGIEUX

ORGANISMES UNIQUES

Les dénominations déterminées par des noms communs ou qualifiées par un adjectif et désignant des organismes uniques dans un État ou sur le plan international, ou donnant à ceux-ci un sens particulier et bien spécialisé, prennent une majuscule au premier mot qui fait partie de la dénomination et, éventuellement, à l'adjectif qui le précède. Cet usage est conforme à la règle générale en matière de majuscules.

l'Académie française
l'Agence de l'efficacité énergétique
l'Assemblée nationale

la Banque mondiale

Bibliothèque et Archives nationales du Québec
La Grande Bibliothèque abrite les collections de Bibliothèque et Archives nationales du Québec.

la Bourse de Montréal

le Bureau de normalisation du Québec (mais **le bureau du député, le bureau de la présidente**)
le Bureau international du travail

le Centre de recherche sur la biomasse
la Chambre des communes, les Communes
le Comité international olympique
(Voir aussi l'article CONSEIL, COMITÉ, COMMISSION, GROUPE DE TRAVAIL, p. 217.)
la Commission des droits de la personne
(Voir aussi l'article CONSEIL, COMITÉ, COMMISSION, GROUPE DE TRAVAIL, p. 217.)
le Conseil québécois de la famille
(Voir aussi l'article CONSEIL, COMITÉ, COMMISSION, GROUPE DE TRAVAIL, p. 217.)

la Cour d'appel
la Cour des petites créances
la Cour du Québec
la Cour supérieure
la Cour suprême
la cour municipale (Il ne s'agit pas d'un organisme unique ; on écrit ainsi : **la cour municipale de Saint-Jean-sur-Richelieu, la cour municipale de Montréal**, etc.)

la Délégation générale à la langue française et aux langues de France
le Directeur général des élections (assimilé à un organisme ; s'il s'agit de la personne, *d* ou *D* selon le cas ; voir p. 202 et suivantes)

la Fédération des travailleurs et travailleuses du Québec
la Fondation Jules-et-Paul-Émile-Léger
le Fonds monétaire international

le Grand Conseil des Cris

le Haut-Commissariat aux réfugiés (*haut-commissariat* est un nom composé qui
s'écrit avec un trait d'union. L'adjectif et le nom qui le composent prennent la majuscule.)

le Haut Conseil de la Francophonie

l'Institut Armand-Frappier

l'Institut de recherches cliniques de Montréal
(Pour les noms d'établissements de santé, voir p. 231.)

l'Institut national des sports

l'Office franco-québécois pour la jeunesse

l'Office québécois de la langue française

l'Organisation internationale de normalisation (ISO)

l'Organisation de coopération et de développement économiques

l'Organisation des Nations unies pour l'éducation, la science
et la culture (UNESCO)

l'Organisation internationale de la Francophonie

l'Organisation mondiale de la santé

le Parlement (voir aussi p. 237)

la Régie du bâtiment

la Régie de l'assurance maladie du Québec

le Secrétariat à la condition féminine

le Secrétariat aux affaires autochtones

le Sénat

la Société canadienne d'hypothèques et de logement

la Société des alcools du Québec

la Sûreté du Québec

le Tribunal des professions

l'Union européenne

Si, à l'intérieur de la dénomination de l'organisme, on trouve un nom ayant valeur
de nom propre, ce nom prend lui aussi une majuscule initiale. C'est le cas du mot
nation, qui signifie « État », dans les dénominations suivantes.

l'Assemblée des Premières Nations
(*Premières Nations* est considéré comme un nom propre.)

la Société des Nations

l'Organisation des Nations unies (Il est à noter cependant que la graphie
en usage à l'ONU est *Organisation des Nations Unies*, avec un *u* majuscule.)

Les noms communs *bureau, centre, office, organisation, secrétariat, société*, etc., ne prennent pas de majuscule lorsqu'ils sont employés de façon générale ou qu'ils sont précédés d'un article indéfini.

> **Un office a été créé pour conduire la politique québécoise en matière de…**
> **C'est à ce secrétariat qu'il faut adresser les dossiers de candidature.**

Voir aussi MINISTÈRE, MINISTRE.

PARTIS POLITIQUES, voir ASSOCIATIONS
PÉRIODIQUES, voir TITRES D'ŒUVRES ET DE PÉRIODIQUES

PERSONNAGES

Les noms de personnages ne prennent la majuscule qu'à l'élément qui les caractérise. Le titre qui le précède est en minuscules.

> **le père Noël, des pères Noël**
> **le père Fouettard**
> **le bonhomme Sept-Heures**
> **la fée Clochette**
> **dame Nature, dame Fortune** (ou dame nature, dame fortune)

PERSONNES

Les noms de personnes (patronymes ou noms de famille, prénoms, pseudonymes, surnoms adoptés par l'usage, appellations métonymiques, etc.), et notamment de personnages souverains (rois et reines, empereurs et impératrices, papes, etc.), prennent la majuscule.

> **Jean-Baptiste Poquelin, dit Molière**
> **Jean Papineau-Couture**
> **Élisabeth Vigée-Lebrun**
>
> **Alexandre le Grand**
>
> **Monsieur (ou M.) Tout-le-monde**
> **les Filles du roi**
> **les Pères de la Confédération**
> **les Casques bleus**

Les noms de dynasties prennent la majuscule, et les noms dynastiques français ou francisés prennent la marque du pluriel.

> **les Capétiens**
> **les Tudors**
> **les Borgia** (italien, non francisé)

L'article (**le** ou **la**) qui fait partie intégrante des noms de famille prend également la majuscule. Toutefois, la particule **de** ou **d'** qui précède un nom noble ou non, et qu'on appelle *particule nobiliaire* ou *particule patronymique*, s'écrit avec une minuscule, sauf si elle suit une préposition. Lorsque la particule et l'article sont contractés, comme dans **des** ou **du**, et que le patronyme est employé sans prénom ni titre ou qu'il suit une préposition, on lui met une majuscule. Le titre qui précède le nom propre garde la minuscule.

> **Jean de La Fontaine**
> **les fables de La Fontaine**
> **Pierre Le Moyne d'Iberville**
>
> **Jeanne d'Arc**
>
> **Samuel de Champlain**
> **le sieur de Maisonneuve**
>
> **le général de Gaulle, les mémoires de De Gaulle**
> **Joachim du Bellay, les poèmes de Du Bellay**
> **Dollard des Ormeaux, l'exploit de Des Ormeaux**
> **une allusion à Des Grieux**

Les patronymes d'origine étrangère (néerlandaise, italienne, etc.) qui comportent l'article **De**, **Del**, **Den** ou **Di**, parfois précédé ou suivi d'un autre article ou d'une préposition, font souvent exception et prennent la majuscule. Il vaut toutefois mieux vérifier pour chaque cas, dans la mesure du possible.

> **Vittorio De Sica**
> **Charles De Koninck**
> **Mario Del Monaco**
> **Alfredo Di Stefano**
> **H. Van Den Budenmayer**
> **Henry Van de Velde**
> **Peter van de Sande**

Par ailleurs, conformément aux règles de la Commission de toponymie, les particules nobiliaires prennent la majuscule dans les toponymes et les odonymes.

> **1250, boulevard De Maisonneuve**

PEUPLES, RACES, HABITANTS

Les noms qui désignent un peuple, une race ou les habitants d'une région prennent une majuscule. (Voir aussi la liste des gentilés, p. 888.)

> **une Québécoise**
> **les Montréalais**
> **le Québécois Robert Lepage**
> **les Sud-Américains** (nom composé : chaque élément prend une majuscule)
> **les Anglo-Saxons**
> **les Blancs**
> **les Amérindiens**
> **les Indiens cris**
> **les Inuits**
> **les Innus**

L'élément de formation *néo-* (qui vient de *nouveau, nouvelle*) s'écrit avec une majuscule s'il forme un nom ; l'élément qui suit prend également la majuscule.

> **les Néo-Brunswickois** (habitants du Nouveau-Brunswick)
> **les Néo-Écossais** (habitants de la Nouvelle-Écosse)
> **les Néo-Zélandaises**

Il faut noter à ce propos que les Néo-Québécois et Néo-Québécoises étaient les habitants de la région qu'on appelait naguère Nouveau-Québec, mais qui porte maintenant le nom de Nord-du-Québec ; les néo-Québécois et néo-Québécoises sont les personnes nouvellement établies au Québec.

> **Cet organisme facilite l'insertion des néo-Québécois.**

Les **adjectifs qualificatifs** correspondant aux noms de peuples, de races et d'habitants s'écrivent en minuscules.

> **l'économie québécoise**
> **l'humour anglo-saxon**
> **l'agglomération trifluvienne**
> **la musique latino-américaine**
> **les bandes amérindiennes**
> **la politique néo-brunswickoise**
> **les traditions néo-écossaises**
> **la flore néo-zélandaise**
> **l'Afrique noire**

Dans certaines constructions, on emploie correctement, comme attribut, l'adjectif ou le nom.

> **Elle est française et il est allemand.** (adjectif)
> **Elle est Française et il est Allemand.** (nom)

Autre cas un peu particulier, dans l'expression un **Canadien français**, *Canadien* est un nom de peuple : il prend la majuscule ; *français* est un adjectif : il ne prend pas de majuscule. Quant à l'adjectif composé **canadien-français**, il ne prend pas de majuscule. Ces expressions tendent à sortir de l'usage et à être remplacées par *Franco-Canadien/franco-canadien*, *Canadien francophone*, *francophone du Canada*, etc.

> **Son livre s'intitule *Histoire des Canadiens français*.**
> **les anciens combattants canadiens-français**
> **les archives canadiennes-françaises**

Au Canada et au Québec, le terme **autochtone** peut parfois être considéré comme un nom propre et prendre la majuscule (*les Autochtones*) quand il désigne l'entité sociopolitique que forme l'ensemble des autochtones. (Avis de l'Office de la langue française, *Gazette officielle du Québec*, 24 avril 1993.) En tant qu'adjectif, *autochtone* garde évidemment la minuscule.

> **les autochtones** ou **les Autochtones**
> **les affaires autochtones**
> **le ministère des Affaires autochtones** (Ontario)

Métis (et **Métisse** au féminin) est considéré comme un nom propre et prend donc la majuscule au sens d'« autochtone du Canada d'ascendance mixte indienne et européenne, peuplant historiquement certaines régions déterminées des Prairies canadiennes ». (Avis de l'Office de la langue française, *Gazette officielle du Québec*, 24 avril 1993.) En tant qu'adjectif, *métis* (et *métisse*) garde évidemment la minuscule.

> **Les Métis sont un groupe autochtone.**
> **Louis Riel était un chef métis.**

Les noms de **langues** ou de groupes de locuteurs s'écrivent aussi en minuscules.

> **enseigner le français**
> **Pour ce poste, la connaissance de l'espagnol ou du portugais est un atout.**
>
> **les francophones** (commence par une minuscule, car il ne s'agit pas d'un nom de peuple ni de race)
> **les anglophones**
> **les allophones**

POINTS CARDINAUX

Les points cardinaux sont invariables. Ils commencent par une minuscule lorsqu'ils désignent une orientation ; ils ont alors une valeur adjectivale.

> **le mur ouest**
> **la côte sud**
> **la frontière est**
> **les quartiers nord**
> **prendre une route en direction nord**

Ils commencent aussi par une minuscule lorsqu'ils indiquent une direction ou une situation relativement à un lieu. Le point cardinal peut alors être suivi d'un complément déterminatif introduit par la préposition *de* ou *du*.

> **le vent du sud**
> **parcourir un pays d'est en ouest**

> **Il habite dans l'est de la ville.**
>
> **Le nord du Québec est peu peuplé.**

Les points cardinaux composés sont liés par des traits d'union. Entre deux composés, on met un tiret court sans espaces.

> **le nord-ouest des États-Unis**
> **une façade orientée sud-sud-est**
> **Le Saint-Laurent coule dans un axe sud-ouest–nord-est.**

Dans l'expression de la latitude et de la longitude, les noms des points cardinaux peuvent s'abréger en **N., S., E., O.** (ou **W.** s'il y a risque de confusion entre l'abréviation *O.* et le zéro).

> **36° de latitude nord** (ou **Nord**, ou **N.**)

Les points cardinaux prennent toujours une majuscule lorsqu'ils sont rattachés à une voie de communication, ou odonyme. En plus d'indiquer la direction, le point cardinal fait partie intégrante de l'odonyme et ne peut pas, à ce titre, être traduit. Il faut par ailleurs noter que le point cardinal ne fait jamais vraiment partie des noms d'autoroutes ; il n'y figure que pour indiquer une direction.

> **la rue Sherbrooke Ouest**
> **750, boulevard Charest Est**
>
> **l'autoroute 15, direction sud**

Ils s'écrivent aussi avec une majuscule lorsqu'ils font partie d'un nom géographique (ou toponyme), lorsqu'ils désignent une région bien délimitée ou qu'ils ont une fonction de nom propre.

> **le pôle Nord**
> **l'hémisphère Nord, l'hémisphère Sud**
> **l'Afrique du Sud**
> **l'Europe de l'Est**
> **l'Ouest canadien**
> **le Sud-Est asiatique**
>
> **la tour Est** (élément distinctif du nom d'un immeuble ; voir aussi p. 760)

> **Elle passe ses fins de semaine dans le Nord.** (c'est-à-dire la région
> des Laurentides)
> **Il est parti en expédition dans le Grand-Nord.** (nom d'une région du Canada)
> **la Société de transport de la Côte-Nord**
> **Elle est directrice des ventes pour la région de l'Est.** (Le point cardinal
> désigne la région ; il est ici en apposition au mot *région*.)

POLITIQUE, voir PROGRAMME, PLAN, POLITIQUE, OPÉRATION, CAMPAGNE

PRIX, DISTINCTIONS et TROPHÉES

Les prix, les distinctions et les trophées prennent une majuscule au premier nom (générique) et à l'adjectif qui le précède, si ce nom est suivi d'un complément déterminatif ou d'un adjectif.

> **les Prix du Québec**
> **le Prix de la langue française**
> **le Prix du Gouverneur général** (Le *g* majuscule est ici une marque de déférence.)
> **le Prix du Lieutenant-gouverneur** (Le *l* majuscule est ici une marque de déférence.)
> **le Grand Prix de la critique**
> **le Prix du 3-Juillet-1608** (Les éléments qui composent la date sont ici liés par des
> traits d'union, comme dans un nom de rue. La majuscule au nom du mois indique que,
> par la date, on désigne un événement ou sa commémoration.)
> **l'Oscar du meilleur film en langue étrangère**
> **le Mérite touristique**
> **les Mérites du français au travail**

Dans les expressions **prix orange** (récompense) et **prix citron** (critique), qui tendent à devenir des noms communs, le mot *prix* est toujours en minuscules, mais la majuscule à *citron* et à *orange* est admise surtout si le nom du prix n'a pas d'autre déterminant ou qu'il est précédé de l'article défini. Au pluriel, *citron* et *orange* demeurent invariables.

> **Il a reçu un prix citron pour son manque d'amabilité**
> **envers les journalistes.**
> **L'organisme va remettre son prix orange de la disponibilité**
> **à ces bénévoles.**
> **Le prix Orange qui lui a été décerné faisait l'unanimité.**

Si le nom (générique) est immédiatement suivi d'un nom propre, il garde la minuscule. Si ce nom propre est un nom de personne, le ou les prénoms et le patronyme sont liés par un trait d'union (que la personne soit vivante ou décédée).

> **le prix Nobel de la paix**
> **le prix Goncourt, le Goncourt**
>
> **le prix Robert-Cliche**
> **le prix Paul-Émile-Borduas**
>
> **un prix Gémeaux**
> **les prix Juno**
> **la coupe Stanley** (désignation du trophée)

Pour les décorations, les usages québécois et canadien diffèrent des usages européens.

> **la Croix de Victoria** (usage canadien)
> **la croix de la Légion d'honneur** (usage français)
> **la Médaille militaire**
>
> **l'Ordre national du Québec** (usage québécois)
> **l'Ordre du Canada**
> **l'Ordre des francophones d'Amérique** (usage québécois)
> **l'ordre de la Libération** (usage français)

Les noms de trophées peuvent devenir des noms communs et perdre leur majuscule; ainsi, ils se lexicalisent et prennent la marque du pluriel, le cas échéant. L'usage en la matière est fluctuant; la majuscule et la minuscule restent en concurrence dans certains cas.

> **un oscar, des oscars**
> **un césar, des césars**
> **un jupiter, des jupiters**
>
> **un Jutra, un prix Jutra, des Jutra, des prix Jutra**
> **un Félix** ou **un félix**
> **un Molière, des Molières**

Lorsque le trophée a un nom pluriel, il peut difficilement devenir nom commun. Ce nom reste invariable et garde généralement la majuscule. La majuscule tend à se maintenir surtout dans les cas où il faut éviter une ambiguïté entre le nom du trophée et un nom commun. Pour ces noms de trophées, la marque du pluriel est facultative, et il y a des usages consacrés.

> **un Gémeaux**
> **Elle a eu le Gémeaux de...**
> **Cette romancière a reçu la Plume d'or décernée par les bibliothécaires.**
> **Le Masque de la mise en scène a été remis à Claude Tremblay,**
> **qui avait été sélectionné pour deux Masques cette année.**
> **Pour récompenser les communicateurs et communicatrices,**
> **on a créé les prix Zénith.**
> **Les Greniers (ou les Grenier) d'or sont des trophées que Normand**
> **Grenier destine au monde de la communication, de la mercatique**
> **et de la publicité.**

Lorsque, par métonymie, on désigne le lauréat ou la lauréate d'un prix, ce mot s'écrit avec une majuscule.

> **La conférencière de ce soir est le nouveau Prix Robert-Cliche.**

Les grades de *chevalier*, *officier*, *grand officier*, etc., correspondant à des distinctions honorifiques s'écrivent couramment en minuscules. Dans des contextes très protocolaires, ils peuvent prendre une majuscule initiale.

> **Ce grand écrivain vient d'être fait officier de l'Ordre de la Pléiade.**
> **Mme Anne Lacour est chevalière de l'Ordre national du Québec.**

PRODUITS

La majuscule est de rigueur pour les noms de marques qui ne sont pas encore devenus des noms communs (voir aussi VÉHICULES et VINS, SPIRITUEUX, BIÈRES, COQUETELS ET CÉPAGES).

> **le logiciel Textor**
> **le système d'exploitation Linux**
>
> **une Rolls-Royce**
>
> **arborer une Rolex, une Cartier**
>
> **un Campari, des Campari**
> **un Grand Marnier, des Grand Marnier**
> **des Fruibec**

> **du nylon** (nom de marque devenu nom commun)
> **un caméscope, des caméscopes** (nom de marque devenu nom commun)
> **une aspirine, des aspirines** (nom de marque devenu nom commun)
> **des Coton-Tige** ou **des cotons-tiges** (usage flottant)

Les noms de produits s'écrivent en romain, c'est-à-dire en caractères droits.

Les noms de produits alimentaires issus de noms géographiques s'écrivent en minuscules et prennent la marque du pluriel.

> **du brie, un brie, des bries** (L'emploi du nom *fromage* en apposition [*un fromage brie*] est inusité.)
> **un** ou **une forêt-noire, des forêts-noires** (L'emploi du nom *gâteau* en apposition [*un gâteau forêt-noire*] est superflu.)
> **des paris-brest(s)**
> **une portion d'oka**

Si le nom géographique est précédé d'un générique de produit et d'une préposition, ce nom géographique conserve sa majuscule.

> **un fromage d'Oka** (mais de l'oka)
> **du piment d'Espelette**
> **une huître de Belon, des huîtres de Belon** (mais une belon, des belons)

Les marques de produits alimentaires s'écrivent évidemment avec une ou des majuscules.

> **Le Pied-de-Vent est un fromage des Îles-de-la-Madeleine.**

Voir aussi ESPÈCES ANIMALES ET VÉGÉTALES

PROGRAMME, PLAN, POLITIQUE, OPÉRATION, CAMPAGNE

Les mots **programme**, **plan**, **politique**, **opération** et **campagne** prennent la majuscule lorsqu'ils sont suivis d'un adjectif ou d'un complément et qu'on en cite le nom officiel. Ces appellations s'écrivent en romain. Par contre, ces mêmes appellations s'écrivent en italique dans une référence bibliographique. Voir aussi MAJUSCULE ELLIPTIQUE, p. 203.

> **le Programme d'égalité professionnelle**
> **le Plan de développement des ressources humaines**
> **le Plan quinquennal 2015-2020**
> **la Politique gouvernementale relative à l'emploi et à la qualité**
> **de la langue française dans l'Administration**
> **la Campagne de l'œillet**

Lorsque le nom officiel du programme, du plan, de la politique, de l'opération ou de la campagne est placé en apposition, le mot *programme*, *plan*, *politique*, *opération* ou *campagne*, qui ne fait pas partie de la dénomination officielle, s'écrit en minuscules.

> **l'opération Adoptez une rivière**
> **le programme Jeunesse et plein air**
> **la campagne Entraide**

RACES, voir PEUPLES, RACES, HABITANTS
RAPPORT, voir ENTENTES ET TEXTES JURIDIQUES ET POLITIQUES

 RÉGIMES POLITIQUES

Comme n'importe quel nom commun, les termes désignant une forme de gouvernement (*empire*, *fédération*, *monarchie*, *principauté*, *royaume*, *communauté*, etc.) s'écrivent avec une minuscule quand ils renvoient à plusieurs entités ou à une entité indéfinie.

> **les grandes monarchies du monde**
> **Dans une république, le pouvoir est détenu par des représentants élus.**

Les termes désignant une forme de gouvernement font cependant l'objet d'un traitement spécifique quand ils renvoient à une entité unique : ils s'écrivent parfois tout en minuscules, parfois avec une majuscule initiale.

Quand le nom du régime politique est accompagné d'un adjectif, il prend la majuscule.

> **la Confédération canadienne**
> **l'Empire britannique**
> **la Communauté européenne**
> **la Ve République, la 5e République**

L'adjectif prend lui aussi la majuscule lorsqu'il précède le nom du régime politique.

> **les politiques antisémites du Troisième Reich**
> **le droit des femmes sous l'Ancien Régime**
> **le style Second Empire**
> **la Cinquième République**

Le nom du régime politique s'écrit tout en minuscules lorsqu'il est suivi d'un nom propre. Évidemment, ce nom propre prend, lui, la majuscule.

> **la république de Weimar** (régime politique allemand de 1919 à 1933)

Il est admis que les termes désignant des régimes politiques qui entrent dans la composition des noms de pays ou de territoires suivent les mêmes règles.

> **la République dominicaine**
> **la République démocratique du Congo**
> **la Principauté de Monaco**
> **le Grand-Duché de Luxembourg**
> **la Communauté française** (de Belgique, aussi appelée la Fédération Wallonie-Bruxelles)
> **le *Journal officiel de la République française***

RÈGLEMENT, voir LOI, CHARTE, RÈGLEMENT, DÉCRET

RELIGIONS ; TITRES, CONGRÉGATIONS ET ORDRES RELIGIEUX

Les noms de religions s'écrivent généralement avec une minuscule initiale.

> **Le christianisme, le judaïsme et l'islam sont les trois grandes religions monothéistes.**
>
> **le protestantisme**
> **le catholicisme**
> **le bouddhisme**

On met toutefois la majuscule lorsque ces noms désignent non pas la doctrine religieuse, mais les peuples qui y adhèrent ou la civilisation qui y est rattachée.

> **l'histoire de l'Islam**

Le nom des adeptes d'une doctrine religieuse s'écrit avec une minuscule initiale.

> **les musulmans**
> **les luthériens**
> **les chrétiens**

Les titres donnés aux personnes exerçant des fonctions religieuses s'écrivent eux aussi, généralement, avec une minuscule initiale.

> **un prêtre**
> **un évêque**
> **un pasteur, une pasteure**
> **un rabbin**

Toutefois, lorsqu'on s'adresse directement à une personne exerçant une fonction religieuse (lorsqu'on lui écrit une lettre, par exemple), le titre de cette personne s'écrit avec une majuscule initiale.

> **Je vous prie d'agréer, Monsieur le Cardinal, l'expression**
> **de ma respectueuse considération.**

Les noms des congrégations et ordres religieux qui commencent par le mot **ordre** ou par le mot **congrégation** prennent une majuscule au mot distinctif seulement.

> **l'ordre des Frères prêcheurs**, ou **l'ordre des Prêcheurs**,
> ou **l'ordre des Dominicains**
> **l'ordre de Saint-Benoît**
> **la congrégation de Notre-Dame**
> **la congrégation de Sainte-Croix**

Ceux qui ne commencent pas par le mot *ordre* ni par le mot *congrégation* prennent une majuscule au premier nom et à l'adjectif qui le précède, si tel est le cas.

> **les Filles de la charité**
> **les Frères des écoles chrétiennes**
> **les Petites Sœurs des pauvres**
> **les Sœurs grises**
> **la Société de Jésus**, ou **les Jésuites** (l'ordre lui-même)

La désignation des membres des congrégations et des ordres religieux prend une minuscule.

> **un jésuite, des jésuites**
> **un dominicain, une dominicaine**
> **une sœur de la Charité**
> **un père mariste**
> **le frère Marie-Victorin**
>
> **Son oncle est jésuite.**
> **Certains trappistes fabriquent des bières réputées.**

 RÉUNION, RENCONTRE, SÉANCE, SESSION

On ne met généralement pas de majuscule aux mots **réunion**, **rencontre**, **séance**, **session**, **assemblée**, etc. Ces activités n'ont pas de caractère unique et elles sont souvent précédées d'un nombre ordinal en chiffres ou en lettres (dixième, 3e, 14e, etc.). Elles peuvent aussi être accompagnées d'un adjectif : *extraordinaire*, *plénière*, *mensuelle*, *ad hoc*, etc., ou d'une date.

> **Vous trouverez ci-joint l'ordre du jour de la 5e (ou cinquième)**
> **réunion du Comité d'éthique.**
> **Au cours de la séance du 20 juin, des décisions importantes ont été prises.**
> **Une assemblée générale extraordinaire est convoquée pour débattre**
> **de cette question.**
> **La rencontre annuelle des responsables de la sécurité se tiendra en mars.**

Le mot **rencontre** peut aussi désigner une activité ou une manifestation scientifique. Dans ce cas, on l'écrit souvent avec une majuscule.

> **Les Rencontres parlementaires, qui rassemblent élus et experts,**
> **sont des conférences de haut niveau.**
> mais
> **Les 6es rencontres parlementaires sur l'énergie se dérouleront**
> **à Bruxelles. (ou Les sixièmes rencontres parlementaires...)**

TITRES D'ŒUVRES ET DE PÉRIODIQUES

Les **titres** d'œuvres d'art, d'émissions, de films, de livres et d'ouvrages divers s'écrivent avec une majuscule au premier mot du titre, ainsi qu'aux noms propres figurant dans ce titre, que celui-ci forme ou non une phrase, et même si les éléments sont liés par la conjonction *et*. Cette règle simple, qui est de plus en plus suivie, diffère quelque peu des règles traditionnelles assez complexes et subtiles exposées dans certains codes typographiques. Elle a l'avantage d'éviter de multiplier les majuscules. Par ailleurs, l'emploi de l'italique ou du soulignement, en plus de la majuscule initiale, suffit à indiquer clairement qu'il s'agit d'un titre d'œuvre. On peut appliquer cette règle aussi bien dans les textes que dans les bibliographies. Elle est en outre conforme aux règles de catalogage.

On écrit les titres en italique ou on les souligne. Les guillemets ne sont plus admis pour les titres d'œuvres que dans les textes manuscrits ; les titres de parties d'œuvres sont cependant mis entre guillemets (voir p. 377 et 380).

> *Jeunes filles au piano* (tableau d'Auguste Renoir)
> *Les bourgeois de Calais* (monument)
> *D'un soleil à l'autre* (magazine radiophonique)
> *La grande fugue* (œuvre de Beethoven)
> *La belle noiseuse* (film français)
> *Mon oncle Antoine* (film québécois)
> *Les oranges sont vertes* (pièce de théâtre)
>
> *Grand dictionnaire encyclopédique de la jeunesse*
> *Le bon usage*
> *Le petit Larousse illustré 2014*, un exemplaire du *Petit Larousse 2014*
> consulter *Le petit Robert*, se fier au *Petit Robert*
>
> *Le droit et la famille*
> *Chauffage et climatisation*
>
> Le poème de Gaston Miron « La marche à l'amour » fait partie de son recueil *L'homme rapaillé*.

S'il s'agit d'un titre composé de deux éléments unis par *ou* et dont le second fait fonction de sous-titre, la première lettre de chacun des éléments prend la majuscule.

> *Knock ou Le triomphe de la médecine*
> *La folle journée ou Le mariage de Figaro*

Lorsque, dans une phrase, l'article qui commence le titre est contracté (*au*, *aux*, *du*, *des*), on met la majuscule au premier mot cité du titre.

> **Connaissez-vous le guide linguistique *Le français au bureau*?**
> **Voici la septième édition du *Français au bureau*.**

Les **sous-titres** commencent par une minuscule (dans le cas d'un mot) et s'écrivent aussi en italique. Ils suivent le titre et en sont séparés par un deux-points.

> *Noms et lieux du Québec : dictionnaire illustré*
> *Mots pratiques, mots magiques : 140 questions de langue au fil des saisons*

Les titres de **journaux** et de **périodiques** prennent, de façon générale, la majuscule à l'article (s'il fait bien partie du titre), à l'adjectif qui précède le premier nom, ainsi qu'au premier nom et bien sûr à tous les noms propres. Ils s'écrivent en italique ou on les souligne ; les guillemets ne sont plus employés que dans les textes manuscrits.

> *Le Devoir*
> *La Tribune*
> *Le Journal de Québec*
> *Le Nouvel Observateur*
> *L'Écho régional* (L'adjectif est après le nom.)
> la *Revue québécoise de linguistique* (L'article ne fait pas partie du titre.)
> *Langues et sociétés*
> le *Journal de l'habitation* (L'article ne fait pas partie du titre.)
> *La revue de l'Histoire*

Les noms de sites de journaux et de périodiques qui sont des adresses Web semblables aux noms des journaux et des périodiques en question s'écrivent généralement en romain, comme tous les noms de sites.

> www.lapresse.ca
> www.ledevoir.com
> www.lemonde.fr
> fr.chatelaine.com

Les noms des éditions numériques de ces journaux et périodiques peuvent s'écrire en italique comme les noms des éditions imprimées. L'usage est flottant.

> lapresse.ca ou *lapresse.ca*
> Le Devoir.com ou *Le Devoir.com*
> Le Monde.fr ou *Le Monde.fr*

Voir aussi RÉFÉRENCES BIBLIOGRAPHIQUES, p. 421, et DOCUMENTS NUMÉRIQUES, p. 467.

TITRES et APPELLATIONS DE CONVENANCE

On met une majuscule aux titres et appellations de convenance lorsqu'on s'adresse aux personnes elles-mêmes, dans l'appel et la salutation d'une lettre, ou sur une carte d'invitation. On peut considérer que le titre remplace alors le nom de la personne. Dans ce contexte, l'adjectif, la préposition ou la particule (**premier, première, sous, vice**) qui précède le nom prend aussi la majuscule. S'il s'agit d'une appellation composée, chacun des noms correspondant à une fonction prend la majuscule. Dans ce cas, on n'abrège pas **Monsieur** ni **Madame**.

> **Monsieur le Premier Ministre,**
> **Monsieur le Chef de l'opposition,**
> **Madame la Vice-Première Ministre,**
> **Monsieur le Sous-Ministre,**
> **Madame la Sous-Ministre associée,**
> **Monsieur le Chef de cabinet,**
> **Monsieur le Maire,**
> **Madame la Présidente,**
> **Madame la Vice-Présidente aux finances,**
> **Monsieur le Premier Vice-Président,**
> **Monsieur le Directeur général,**
> **Monsieur le Président-Directeur général,**
> **Madame la Vice-Présidente et Directrice générale,**
> **Madame la Directrice des communications,**
> **Madame la Secrétaire-Trésorière,**
> **Mesdames les Conseillères municipales,**
> **Messieurs les Conseillers municipaux,**

Il ne faut pas confondre ces majuscules de signification avec la **majuscule de position** qu'on met à ces titres et appellations lorsqu'ils commencent une ligne, par exemple dans une adresse, dans une signature ou sur une carte professionnelle.

Dans ce cas, la majuscule se met à la première lettre de la ligne ainsi que, bien
sûr, aux noms propres et aux appellations qui en comportent normalement.
Voir aussi p. 201-202.

> Madame Brigitte Lafrance
> Présidente-directrice générale
> Société ABC
>
> Monsieur André Leroux
> Secrétaire-trésorier
> Ville de Baie-Comeau
> 115, rue de l'Église
> Baie-Comeau (Québec) J3F 4G7
>
> Madame Nicole Lambert
> Ministre des Affaires municipales
>
> Monsieur Paul Leclerc
> Sous-ministre adjoint
> Ministère de la Sécurité publique
>
> Marie-Claire Audet
> Traductrice agréée

Dans le corps d'un texte, et notamment si le titre est **accompagné du nom de
la personne**, mais qu'on ne s'adresse pas à elle, on garde la minuscule initiale;
par ailleurs, les titres de civilité **monsieur, madame, mademoiselle** (ce dernier ne
s'emploie plus que pour une toute jeune fille ou pour une femme qui tient à ce titre)
sont le plus souvent abrégés, ou restent en minuscules s'ils ne sont pas abrégés.

> Mme Jeanne Ménard, ministre des Finances et présidente
> du Conseil du trésor, a prononcé une allocution.
> Le ministre du Revenu, M. Luc Richard, donnera une conférence de presse.
> M. John Smith, premier ministre de Grande-Bretagne,
> est actuellement en visite officielle au Canada.
> J'ai transmis votre demande à Mme Judith Berger, qui y donnera suite.
> Notre directeur général participera à ce congrès.
> Le ministre de l'Environnement a inauguré...
> La ministre a dévoilé sa nouvelle politique relative à...
> Le conférencier sera le révérend père Richard Houde.
> La maison de la culture présente une exposition des œuvres
> du frère Jérôme.
> Son nom de religieuse était sœur Marie-des-Anges.

> **M. le ministre nous fera l'honneur de présider la cérémonie.**
>
> **Le consul général de France leur a remis les insignes**
> **de la Légion d'honneur.**
>
> **Le prince de Galles est en visite officielle à Ottawa.**

La formule qui consiste à faire suivre immédiatement le titre du patronyme est admise dans le cas de **juge** et de **président** ou **présidente**. Dans le cas de **ministre**, cet usage appartient surtout au style journalistique.

> **Il faut attendre la décision de la juge Racine.**
>
> **Le président Simpson a fait une nouvelle déclaration.**
>
> **Une dépêche de dernière heure nous apprend que le ministre Dupré**
> **vient de démissionner.**
>
> **Le premier ministre Tremblay a été interviewé au téléjournal.**

Dans le corps d'un texte, si une **appellation honorifique** comprend **deux titres**, conformément à certains usages protocolaires, seul le premier titre prend la majuscule, tout comme l'adjectif possessif (*son*, *sa*, *votre*) qui le précède.

> **Sa Majesté la reine Élisabeth II**, ou **S. M. la reine Élisabeth II**
>
> **Son Éminence le cardinal**
>
> **Sa Sainteté le pape**
>
> **Son Excellence l'ambassadeur de Belgique**

Cependant, si le titre honorifique est suivi d'un adjectif, ou d'un adverbe et d'un adjectif, chacun des mots prend une majuscule.

> **Son Altesse Royale**
>
> **Son Altesse Impériale**
>
> **Son Altesse Sérénissime**
>
> **Sa Majesté Très Chrétienne**

Les titres de civilité sont réservés aux personnes vivantes ou décédées depuis peu.

> **Un monument honore la mémoire de Camille Laurin.** (et non pas
> *du docteur Camille Laurin*, ni *de monsieur Camille Laurin*)

UNITÉS ADMINISTRATIVES D'ENTREPRISES, D'ORGANISMES ET D'UNIVERSITÉS

La dénomination des unités administratives d'entreprises ou d'organismes (**vice-présidence, direction générale, direction, service, division, section**, etc.) et d'universités (**faculté, département, école, chaire**, etc.) qui ont leur place dans l'organigramme, c'est-à-dire qui font partie intégrante de l'organisation, prend la majuscule. Elle conserve cependant la minuscule lorsque l'unité désignée est considérée comme un nom commun, représentant de toute une catégorie d'unités semblables. La majuscule elliptique ne s'applique pas à ces dénominations (voir aussi p. 203).

> **la Vice-présidence aux finances** (*vice-présidence* est suivi de la préposition *à* ou *aux*)
> **la Direction générale du développement pédagogique**
> **la Direction des ressources humaines**
> **la Direction régionale de l'Outaouais**
> **le Service de la recherche et de la planification**
> **la Division des consultations**
> **la Section des enquêtes**
> **le Service de radiologie**
> **la Faculté de médecine**
> **le Département d'histoire**
> **l'École de bibliothéconomie** (partie d'une université)
> **la Chaire de recherche du Canada en économie sociale**
>
> **Les directions fonctionnelles de l'entreprise...**
> **Parmi les facultés touchées...**
> **Les services de la comptabilité et de la paie...**
> **Le point fort de cette entreprise est le service à la clientèle.**
> (activité ici, et non pas unité administrative)

Il n'est pas recommandé de juxtaposer sans préposition le générique d'une unité administrative (**direction, service**, etc.) et le nom de l'activité dont elle s'occupe pour en faire une dénomination officielle. Une telle pratique, qui s'apparente au style télégraphique, rend la lecture et l'énonciation difficiles. Cette construction peut cependant figurer dans un organigramme ou sur une carte professionnelle si le manque de place l'impose. On met alors un tiret précédé et suivi d'un espacement entre le générique et le spécifique. Ce dernier prend généralement, dans ce cas, une majuscule de position.

> **la Vice-présidence à la recherche et à l'ingénierie**
> dans un organigramme ou sur une carte professionnelle, en cas de manque de place :
> **Vice-présidence – Recherche et ingénierie**
>
> **la Direction générale des relations publiques et des communications**
> dans un organigramme ou sur une carte professionnelle, en cas de manque de place :
> **Direction générale – Relations publiques et communications**
>
> **le Service de la mercatique et de la publicité**
> dans un organigramme ou sur une carte professionnelle, en cas de manque de place :
> **Service – Mercatique et publicité**

En principe, ce type de juxtaposition ne convient pas non plus aux appellations de fonction. Il est en effet déconseillé d'écrire : *le vice-président – Finances* ou *la directrice générale – Relations publiques et communications*. Cette construction peut cependant figurer dans un organigramme ou sur une carte professionnelle si le manque de place l'impose. De façon générale, il est préférable d'employer les prépositions nécessaires dans l'appellation : **le vice-président aux finances, la directrice générale des relations publiques et des communications**.

Voir aussi **Carte professionnelle**, p. 701.

UNIVERSITÉ

Le mot **université** prend toujours la majuscule quand il est employé dans l'appellation d'une université du Québec ou du Canada, que le nom propre qui suit ce mot soit juxtaposé ou lié à celui-ci par une préposition.

> **l'Université du Québec à Trois-Rivières**
> **l'Université de Sherbrooke**
> **l'Université de Moncton**
> **l'Université Concordia**
> **l'Université McGill**
> **l'Université Laval**
>
> **Nos bureaux sont situés près de l'Université de Montréal.**

Selon les codes typographiques, les noms d'universités françaises s'écrivent avec un *u* minuscule. L'usage semble cependant flottant, tout comme celui du trait d'union dans le distinctif.

> **l'université Paris III-Sorbonne nouvelle**
> ou **l'université Sorbonne Nouvelle-Paris 3**
> **l'université Paul-Valéry**
> **l'université de Rennes I**
> **l'Université Pierre et Marie Curie**

Au pluriel, *université* est un nom commun et s'écrit sans majuscule.

> **les universités Laval et McGill**
> **les universités de Montréal et de Sherbrooke**
> (formulation qui peut être ambiguë, car il y a plusieurs universités à Montréal)
>
> **On envisage la fondation d'une université du troisième âge dans la région.**
> (nom commun)

Par ailleurs, il n'est pas toujours facile d'intégrer dans un texte français un nom d'université ou de grande école d'une autre langue. L'usage est flottant, et il faut tenir compte de la langue en question, du public auquel le texte s'adresse et du contexte ; dans bien des cas, on peut le traduire en tout ou en partie, et le mot *université* prend généralement une majuscule.

> **l'Université de Californie à Los Angeles**
> (University of California in Los Angeles, UCLA)
>
> **l'Université de Princeton** (Princeton University)
>
> **l'Université de Salamanque** (Universidad de Salamanca, en Espagne)
>
> **l'Université Harvard** (Harvard University)
>
> **l'Université Libanaise** (nom en français de cet établissement situé à Beyrouth)

Certaines appellations consacrées et connues ne se traduisent cependant pas.

> **le Massachusetts Institute of Technology, le MIT** (ne se traduit pas)
> **la London School of Economics** (ne se traduit pas)

VÉHICULES

Les noms génériques de modèles désignant le genre, le poids, la capacité, la puissance ou le système de propulsion de voitures, de bateaux, d'avions, de motos, d'engins spatiaux et autres véhicules s'écrivent avec une minuscule initiale.

> **un coupé**
> **une décapotable**
> **une semi-remorque**
> **un** ou **une quatre-quatre** (on écrit aussi **un** ou **une 4 × 4**; on sous-entend
> soit *véhicule*, soit *automobile* ou *voiture*)
> **une six-cylindres**

Les noms de marques ou de séries, ainsi que le nom propre donné à un bateau, par exemple, prennent la majuscule. Les noms propres de bateaux et d'engins spatiaux sont souvent écrits en italique. Voir aussi l'emploi de l'italique, p. 378.

> **un Marinoni** (vélo)
> **une Honda Civic, une Camaro**
> **une motoneige Bombardier**
> **une Harley-Davidson**
> **le robot Spirit** ou **le robot** *Spirit*
> **la sonde Mars Odyssey** ou **la sonde** *Mars Odyssey*
> **le Titanic** ou **le** *Titanic*

VILLE

Le mot **ville** s'écrit entièrement en minuscules au sens d'« agglomération plus ou moins importante, caractérisée par un habitat concentré, dont les activités sont axées sur l'industrie, le commerce, les services et l'administration ».

> **Gatineau est une ville dynamique.**
> **La ville de Sept-Îles est située sur la rive nord du golfe du Saint-Laurent.**

Cependant, lorsqu'il s'agit de la réalité administrative, de l'administration municipale, qui est considérée comme une personne morale, il prend une majuscule.

> **La Ville de Montréal a appuyé le ministre dans ce projet.**
> **Ces travaux ont été financés par la Ville.**
> **C'est le greffier de la Ville de Québec qui est responsable de ce dossier.**
> **Il a posé sa candidature pour travailler à la Ville de Longueuil.**

Il en va de même pour le mot **municipalité**, au sens d'« administration municipale » ou de « corps municipal », sauf s'il est employé au pluriel. Il s'écrit cependant avec une minuscule au sens de « territoire ».

> Cette décision relève de la Municipalité de Lac-au-Saumon.
> La Municipalité a voté l'adoption de ce règlement.
> Trois municipalités appuient cette position.
>
> La municipalité de Lac-au-Saumon est située dans le Bas-Saint-Laurent.

Même si la ville ou la municipalité est considérée comme une personne morale, on écrit le nom de la ville ou celui de la municipalité avec une minuscule initiale lorsque ces mots sont précédés d'un article indéfini (*un, une, des*) ou d'un adjectif possessif ou démonstratif.

> Le règlement sera modifié par votre municipalité.

Les appellations employées par antonomase (périphrase descriptive ou caractéristique) pour désigner une ville prennent une majuscule initiale aux noms qui les composent, ainsi qu'aux adjectifs qui les précèdent.

> Sherbrooke, surnommée la Reine des Cantons-de-l'Est
> Paris est appelée la Ville Lumière, et Rome, la Ville éternelle.
> New York, la Grosse Pomme

VINS, SPIRITUEUX, BIÈRES, COQUETELS et CÉPAGES

Les noms de **vins** et de **spiritueux** qui sont, à l'origine, des noms géographiques ne prennent pas la majuscule. Celle-ci est cependant maintenue au nom de la région lorsqu'il détermine le nom du produit, ainsi que, bien sûr, dans le cas des vins, au nom du domaine ou de la propriété, qui s'apparente à une marque. Il faut noter que le pluriel de ces mots est souvent fluctuant. On observe toutefois une tendance à mettre la marque du pluriel aux noms simples et à laisser invariables les noms géographiques composés.

> des cognacs
> des scotchs
> des manhattans
> des bourgognes aligotés
> des pineaux des Charentes
> un vieux bordeaux (mais un vin de Bordeaux)
> un porto de type vintage
> des saint-émilion(s)
> des pouilly-fuissé

> **une bouteille de sauternes** (mais **une bouteille de Château d'Yquem**, nom de domaine, de propriété)
> **un côtes-du-rhône**
> **un champagne** (mais **un Veuve Clicquot**, nom assimilé à une marque)

Le mot **whisky**, d'origine gaélique, ne vient pas d'un nom géographique. Il commence toujours par une minuscule.

> **un whisky écossais**
> **des whiskys** (pluriel francisé recommandé, de préférence au pluriel anglais *whiskies*)

Les noms de **bières** génériques ou de types de bières s'écrivent en minuscules, mais les noms de marques prennent évidemment la majuscule.

> **préférer les ales aux stouts**
>
> **commander une Boréale, une Belle Gueule, une Molson**

Les noms de **coquetels** sont souvent fantaisistes et ne suivent pas de règle bien précise quant à leur genre et à leur graphie. Ils s'écrivent généralement en minuscules et certains, qui sont lexicalisés, prennent la marque du pluriel. Certains sont francisés, et ce sont ces formes qu'il convient d'adopter. Pour en savoir plus, il est conseillé de consulter des ouvrages spécialisés.

> **un planteur**
> **un whisky-citron**
> **une vodka-tomate**
> **un gimlet**, ou **gin-citron**
> **un mojito, des mojitos**
> **un** ou **une margarita, des margaritas**
> **un bloody mary, des bloody mary** (invariable)

Les noms de **cépages** (c'est-à-dire de variétés de plants de vigne cultivée : chardonnay, gamay, muscadet, pinot, riesling, sangiovese, etc.) prennent une minuscule initiale.

> **Je préfère le merlot au cabernet-sauvignon, mais j'aime encore plus la syrah.**
> **Il a acheté une bouteille de gewurztraminer.**

Ponctuation

La ponctuation est un système de signes conventionnels servant à indiquer les divisions d'un texte, à noter certains rapports syntaxiques (ce qu'on appelle la ponctuation grammaticale) ou certaines nuances affectives (ce qu'on appelle la ponctuation expressive) ; c'est aussi le fait, la manière d'utiliser ces signes.

Signes de ponctuation

Les **signes de ponctuation** sont : le point (.) ; le point-virgule (;) ; le deux-points (:) ; les points de suspension (…) ; le point d'interrogation (?) ; le point d'exclamation (!) ; la virgule (,) ; les parenthèses ( ) ; les guillemets (« », " ") ; les tirets (– –) et les crochets ([ ]). Certains autres signes remplissent également des fonctions typographiques : la barre oblique (/) ; la perluète ou esperluette (**&**) et l'astérisque (*****), notamment.

Les signes de ponctuation ne doivent jamais être rejetés au début de la ligne suivante.

Voici quelques précisions sur l'emploi des signes de ponctuation et de certains signes annexes. Pour savoir quel espacement accompagne les divers signes de ponctuation, voir p. 304-313. Pour la ponctuation après les éléments d'une énumération, voir p. 300.

POINT

Le point indique la fin d'une phrase ; le point final se confond avec les points de suspension et le point abréviatif.

> **Tout le matériel informatique a été renouvelé : ordinateurs, imprimantes, numériseurs, vidéoprojecteurs, etc.**

Le point final ne se confond cependant pas avec un point d'exclamation ou un point d'interrogation qui appartient à un titre d'œuvre. Voir aussi le chapitre MISE EN RELIEF, p. 374.

> **Vous trouverez la terminologie du cyclisme dans le lexique *À vos vélos!*.**

On ne met pas de point après un nom propre, un nom d'entreprise ni une signature, dans un en-tête de lettre ni sur une carte professionnelle (voir aussi p. 701).

Les **consignes** et les **inscriptions** qui figurent sur les enseignes, les écriteaux, les affiches, etc., s'écrivent aussi sans point final.

> **Prière de refermer la porte**
> **Casque obligatoire**
> **Entrée libre**

Les **slogans** s'écrivent sans point final, mais peuvent se terminer par une ponctuation expressive : point d'exclamation, point d'interrogation ou points de suspension.

> **Dire le monde en français**
> **En français, naturellement !**

En revanche, dans le cas de **coordonnées écrites en continu** (adresses, numéros de téléphone et de télécopie, site Web, etc., dans un en-tête de lettre par exemple), on peut séparer les diverses mentions ou séries de mentions par un point ou un point-virgule pour permettre de bien les distinguer (voir p. 517); c'est aussi le cas dans les références bibliographiques, où figurent notamment virgules et points.

On ne met généralement pas de point après un **titre** ni un **sous-titre** centrés. Après un **sous-titre non centré**, le point est facultatif. Si un titre fait plus d'une ligne et comporte déjà une ponctuation forte (point, point d'interrogation, point d'exclamation), il faut un point final.

> **Comment choisir le meilleur matériel informatique en fonction des besoins des diverses catégories de personnel ? Étude de quelques cas.**

On met aussi un point après un **appel de note** qui termine une phrase, même si l'appel de note suit un point abréviatif. Voir aussi p. 303, **Ponctuation et appels de note.**

> **Ce chapitre porte sur les signes de ponctuation : point, virgule, point-virgule, deux-points, etc.[1]**

POINT-VIRGULE

Le point-virgule sépare les parties d'une phrase ; comme son nom l'indique, il tient à la fois du point et de la virgule. Plus précisément, on l'emploie soit pour séparer des propositions d'une certaine longueur comportant déjà des virgules, soit pour séparer deux propositions indépendantes, juxtaposées et étroitement unies par le sens.

> **Cette lettre doit partir aujourd'hui, car le temps presse ; tout retard serait fâcheux et risquerait d'occasionner des frais supplémentaires.**

On emploie également le point-virgule à la fin des différents éléments d'une **énumération**, que ceux-ci fassent partie d'un même alinéa ou qu'ils soient présentés en alinéas séparés. Le dernier élément d'une énumération comportant des tirets, des chiffres ou des lettres d'ordre n'est pas précédé de la conjonction de coordination *et*. Pour la ponctuation après les éléments d'une énumération, voir p. 300.

> **Les arguments invoqués furent les suivants : 1) la situation financière et les ressources matérielles ; 2) l'importance de la clientèle ; 3) les succès de vente, les exportations et les commandes.**

DEUX-POINTS

Le deux-points (qu'on nomme aussi *les deux points* ou *les deux-points*) introduit un exemple, une citation, une énumération, un discours direct, une explication, une définition, un sous-titre, notamment. On ne doit pas répéter le deux-points dans une même phrase, à moins que le second fasse partie d'une citation. Le deux-points est généralement suivi d'une minuscule. Voir aussi **Ponctuation devant et après les éléments d'une énumération**, p. 300, et l'emploi de la majuscule ou de la minuscule dans les divisions et les énumérations, p. 206.

> **Cette réunion confirme notre décision : il faut mettre l'accent sur un nouvel aspect du développement régional.**
>
> **Certaines fournitures sont comprises : stylo, bloc de papier, trombones et correcteur.**
>
> *Noms et lieux du Québec : si chaque lieu m'était conté*

Dans un texte, on ne met de majuscule après le deux-points que dans le cas d'une citation complète entre guillemets et dans le cas où ce signe annonce plusieurs propositions complètes, notamment dans les énumérations verticales.

> **Il lui répondit : « L'union fait la force ! »**
>
> **Voici un rappel des recommandations d'usage :**
> - **Enregistrer les données ;**
> - **Fermer le logiciel ;**
> - **Éteindre l'ordinateur.**

Dans des énumérations verticales, il est possible que des éléments contiennent eux aussi un deux-points.

> **Les nutriments essentiels sont :**
> – **les protides : poissons, viandes, légumineuses ;**
> – **les lipides : huiles, matières grasses animales et végétales ;**
> – **les glucides : sucres.**

Dans une lettre, la mention **Objet :** est suivie d'une majuscule (assimilée à une majuscule de position), tout comme les mentions **Pièce(s) jointe(s)** et **Copie conforme** écrites en toutes lettres.

> **Objet : Convocation à une entrevue**
> **Pièce jointe : Formulaire d'inscription**
> **Copie conforme : Personnel administratif**

Dans une note de service, les diverses mentions (DESTINATAIRE :, DATE :, etc.) comportent aussi un deux-points suivi d'une majuscule (assimilée à une majuscule de position).

> **DESTINATAIRE : Le personnel de la Direction des communications**
> **DATE :**   **Le 16 janvier 2015**

Dans un **formulaire**, les têtes de rubriques ou de colonnes ne sont généralement pas suivies d'un deux-points. Cependant, si cette ponctuation s'avère nécessaire, il faut l'appliquer systématiquement. Dans les énumérations présentées verticalement, le deux-points est suivi soit d'une majuscule, soit d'une minuscule, selon le cas (voir p. 206 et 300).

Référence	Désignation	Quantité	Prix

POINTS DE SUSPENSION

Les points de suspension vont toujours par trois, même derrière un autre signe de ponctuation. Ils indiquent le plus souvent que l'idée exprimée demeure incomplète, que la phrase est laissée en suspens. L'abréviation usuelle **etc.** ne doit pas être suivie par les points de suspension, car cela constituerait un pléonasme. Le point final de la phrase et le point abréviatif se confondent avec eux.

> **Et alors?... Plus rien!**
>
> **Vous avez vraiment renoncé à...?**
>
> **Il ne savait plus que faire..., ni que dire...**
>
> **Vous pouvez toujours vous reporter au guide, p. 123 à 145 incl...**

Placés **entre crochets** [...], les points de suspension indiquent une coupe qui a été effectuée dans un texte par une autre personne que l'auteur du texte.

> **« La virgule est le signe de ponctuation qui exprime le plus la subtilité, la finesse d'esprit, l'acuité de l'intelligence, [...] elle marque une pause de faible durée à l'intérieur d'une phrase. » (Jean-Pierre Colignon, *Un point, c'est tout!*)**

> **« La ponctuation est un système de signes conventionnels […]. »**
> (Certains auteurs suppriment le point final dans ce cas.)
>
> **« Les signes de ponctuation ne doivent jamais être rejetés au début**
> **de la ligne suivante. […] Pour savoir quel espacement accompagne**
> **les divers signes de ponctuation, consulter le tableau. »** (Suppression
> d'une ou de plusieurs phrases complètes après une phrase elle-même complète.)

POINT D'INTERROGATION

Le point d'interrogation termine les phrases interrogatives directes, mais pas les interrogations indirectes. Un mot seul, même s'il n'est pas interrogatif, peut aussi être suivi du point d'interrogation. Après un point d'interrogation, on emploie la majuscule si on considère que ce signe de ponctuation marque la fin de la phrase ; sinon, on emploie la minuscule.

> **Avez-vous bien reçu notre rapport ?**
>
> **Je me demande si nos clients ont bien reçu notre rapport.**
> (phrase interrogative indirecte)
>
> **Voulez-vous nous faire l'honneur de présider la cérémonie ?**
>
> **Allô ? Vous m'entendez ?**
>
> **Vous venez souvent ici ? en voiture ?** (*ici* ne termine pas complètement
> la phrase ; celle-ci se continue par *en voiture*.)

Dans la **correspondance** notamment, on emploie parfois une formule interrogative qu'on qualifie d'oratoire ; il est préférable, dans ce cas aussi, de terminer la phrase par un point d'interrogation.

> **Auriez-vous l'obligeance de faire parvenir ma demande à qui de droit ?**
>
> **Voudriez-vous transmettre mes meilleurs souvenirs au personnel qui**
> **m'a si aimablement accueilli ?**

Le point d'interrogation est collé au mot qui le précède ou est précédé d'une espace fine si une telle espace est disponible (voir le tableau, p. 308).

POINT D'EXCLAMATION

Les emplois du point d'exclamation sont nombreux ; celui-ci s'emploie le plus souvent après un mot, une locution, une phrase exprimant un sentiment (joie, surprise, indignation, étonnement, ironie), ou après une interjection, une interpellation, un ordre. Après un point d'exclamation, on emploie la majuscule si on considère que ce signe de ponctuation marque la fin d'une phrase ; sinon, on emploie la minuscule.

> **Quelle nouvelle !**
>
> **Silence !**
>
> **Eh bien ! Vous voilà enfin !**
>
> **Allez-y ! et bonne chance !**

Le point d'exclamation est collé au mot qui le précède ou est précédé d'une espace fine si une telle espace est disponible (voir le tableau, p. 308).

VIRGULE

La virgule indique une pause de courte durée, soit à l'intérieur d'une phrase pour isoler des propositions, soit à l'intérieur des propositions pour isoler certains de leurs éléments. Son emploi est parfois obligatoire, parfois facultatif ou subjectif, parfois interdit ; il faut cependant éviter autant la profusion des virgules, qui morcelle trop la phrase, que leur rareté, source d'ambiguïté. Voici, sur l'emploi de la virgule, quelques principes généraux et quelques cas particuliers.

Propositions ou termes juxtaposés

La virgule s'emploie **entre les propositions ou les termes juxtaposés**, puisqu'il n'y a pas dans ce cas d'autres éléments qui séparent ces termes ou ces propositions.

> **Le présent ouvrage traite de la présentation de la lettre
> et de l'enveloppe, de l'emploi de la majuscule ainsi que de
> celui des signes de ponctuation.**

Propositions coordonnées

La virgule s'emploie **devant les propositions coordonnées** introduites par une conjonction de coordination telle que **mais** ou **car**, à moins que ces propositions ne soient très brèves.

> **La réunion a eu lieu, mais elle a commencé en retard.**
> **Je vais vérifier ce point, car il me semble douteux.**
>
> **Nous avons tenté de vous joindre(,) mais en vain.**
> **C'est un procédé efficace mais coûteux.**

Par contre, on emploie rarement la virgule entre deux propositions coordonnées par **et**, **ou** ou **ou bien**, sauf s'il s'agit de sujets différents ou si la seconde proposition renforce la première, exprime une conséquence ou marque une opposition.

> **M. Meilleur organise la campagne et il espère que les médias la couvriront.** (La conjonction *et* coordonne deux propositions qui ont le même sujet : pas de virgule.)
> **M. Meilleur organise la campagne, et les médias devraient la couvrir.** (La conjonction *et* coordonne deux propositions qui n'ont pas le même sujet : elle est précédée d'une virgule.)
>
> **Ce projet sera réalisé : nous en sommes certains, et nous ferons tout pour cela.** (La seconde proposition renforce la première : virgule devant *et*.)
> **Ce projet sera réalisé, et ce sera une réussite.** (La conjonction *et* coordonne deux sujets différents : elle est précédée d'une virgule.)
> **Ce projet sera réalisé cette année par notre équipe, ou il devra être confié à d'autres.** (La conjonction *ou* marque une opposition : elle est précédée d'une virgule.)

On met cependant une virgule pour séparer deux membres de phrase ou deux propositions qui comprennent déjà la conjonction **et** ; l'usage est le même dans le cas de la conjonction **ou**.

> **Nous avons bien reçu votre facture et la lettre qui l'accompagnait, et nous vous en remercions.** (La conjonction *et* coordonne deux propositions dont la première comprend déjà *et* : virgule devant le second *et*.)

Lorsqu'il y a répétition de **et** devant des mots ou des groupes de mots, pour un effet stylistique, une virgule précède généralement ces conjonctions. Si la conjonction **ou** est répétée, la virgule est facultative ; s'il s'agit d'une alternative, on met une virgule.

> **L'information circule dans les deux sens, et de haut en bas, et de bas en haut.** (La répétition de *et* devant des groupes de mots a un effet stylistique : virgule devant les deux *et*.)
>
> **Il faudra commander un classeur ou une bibliothèque ou une armoire supplémentaire.** (La conjonction *ou* est répétée : virgule facultative.)

> **Le complément déterminatif, ou complément du nom, ou parfois**
> **complément de relation, n'est pas toujours facile à accorder.**
> (La conjonction *ou* est répétée : virgule facultative ; les éléments étant longs,
> il est toutefois préférable de les séparer par des virgules.)
>
> **Ou la présidente, ou le vice-président pourra s'adresser à l'assistance.**
> (Il s'agit d'une alternative : le second *ou* est précédé d'une virgule.)

Il peut évidemment y avoir une virgule après la conjonction **et** lorsque le membre
de phrase qui suit cette dernière est une incise ou un autre élément entre virgules.

> **La demande a été faite dans les délais et, m'a-t-on assuré,**
> **elle a été examinée rapidement.**
>
> **La demande a été faite dans les délais et, fort heureusement,**
> **elle a été examinée rapidement.**

La conjonction **et**, de même que la conjonction **ou**, peut, dans certains contextes et
selon le sens, faire partie d'une incise ; elle est alors précédée d'une virgule.

> **Il est possible, et même certain, que tout sera réglé demain.**
> **Il est arrivé et, même ses adversaires en ont été déçus, il est reparti**
> **aussitôt.** (La conjonction *et* coordonne deux propositions qui ont le même sujet :
> elle n'est pas précédée d'une virgule ; la proposition incise est encadrée de virgules.)
>
> **Le rapport a été remis à la ministre, et, ce qui n'a surpris personne,**
> **celle-ci a souhaité que ses recommandations fassent immédiatement**
> **l'objet d'un large débat.** (La conjonction *et* coordonne des sujets différents
> et est suivie d'une incise : virgule avant et après *et*.)

Et ce, et cela, etc.

Les expressions **et ce** et **et cela**, qui peuvent être des formules d'insistance, sont
généralement suivies d'une virgule ; une virgule les précède aussi, à moins bien sûr
que **et ce** ou **et cela** soient en tête de phrase.

> **L'opération s'est avérée un véritable succès commercial dans toutes**
> **les régions du Québec, et ce, malgré un budget publicitaire**
> **relativement réduit.**
>
> **Le budget a été respecté, et cela, grâce aux efforts de tous.**

La virgule se met également devant **etc.**, et après lorsque cette locution ne termine pas la phrase. Lorsque *etc.* termine la phrase, son point abréviatif se confond avec le point final. Il est toutefois conservé devant les autres signes de ponctuation (*etc.*, *etc.! etc.?*). Par ailleurs, cette abréviation ne doit pas être suivie de points de suspension ni être répétée.

> **La correspondance, les dossiers, la documentation, etc.,
> doivent être reclassés d'urgence.**
>
> **Il est urgent de reclasser la correspondance, les dossiers,
> la documentation, etc.**
>
> **Avez-vous joint toutes les pièces demandées : formulaire,
> attestation, chèque, etc. ?**

Ni, ni

Lorsque deux termes ou deux groupes de mots sont précédés de la conjonction **ni**, on ne met en principe de virgule que si la longueur des éléments le justifie. Lorsqu'il y a plus de deux *ni*, on met des virgules (mais pas devant le premier *ni*).

> **Ce directeur général ne veut ni céder ni démissionner.**
>
> **Ce directeur général ne veut ni procéder à une restructuration générale,
> ni élaborer un nouveau programme.** (La longueur des éléments justifie
> la virgule devant le second *ni*.)
>
> **Ce n'est ni l'argent, ni la célébrité, ni le pouvoir qui la motive
> (ou motivent).**

Comme, ainsi que, de même que

Avec les conjonctions et locutions conjonctives **comme**, **ainsi que** et **de même que**, deux cas peuvent se présenter : si l'idée dominante est la coordination, ce qui équivaut à *et*, on ne met pas de virgules ; si l'idée dominante est la comparaison, on isole le membre de phrase par des virgules.

> **Le microordinateur ainsi que le numériseur sont des appareils fort utiles.**
>
> **Le microordinateur, ainsi que le numériseur, est un appareil fort utile.**

Quoique, puisque, bien que, alors que, de sorte que, même si, tandis que

On emploie la virgule **devant les propositions subordonnées circonstancielles** introduites par **quoique, puisque, bien que, alors que, de sorte que, même si, tandis que**, etc., à moins qu'il ne s'agisse de propositions très brèves, absolument nécessaires au sens. On ne met cependant pas de virgule devant une subordonnée complément direct ou indirect.

> **Je vous suggère de lire cet article, bien qu'il n'aborde pas la question d'un point de vue très original.**
>
> **La couverture mentionnait bien qu'il s'agissait de la version définitive.**
> (Il ne s'agit pas ici de la locution *bien que*, mais de l'adverbe *bien* suivi de la conjonction *que* introduisant une subordonnée complément.)

Afin que, parce que

L'emploi de la virgule est moins fréquent **devant les propositions circonstancielles** introduites par **afin que** et **parce que**. Dans ce cas, c'est l'équilibre et le sens de la phrase qui servent de guide.

> **Je vous transmets cette commande afin que vous y donniez suite.**
>
> **Je vous transmets la commande que j'ai reçue hier, afin que vous y donniez suite.**

Qui, que, dont, propositions relatives

On emploie la virgule **devant les propositions relatives explicatives** (ou qualificatives, ou non déterminatives), c'est-à-dire celles qui ne sont pas indispensables au sens de la phrase, qui ne limitent pas le sens de l'antécédent. De fait, les relatives explicatives sont généralement des incises, écrites entre deux virgules.

> **Ces nouvelles clés de mémoire, que nous venons de recevoir, sont supérieures aux autres.** (relative explicative)
>
> **Le rapport d'activité 2015-2016, dont nous venons de recevoir un exemplaire, est riche en données sur cette question.** (relative explicative)

On n'emploie pas de virgule **devant les propositions relatives déterminatives**, qui sont indispensables au sens de la phrase.

> **Les clés de mémoire que nous venons de recevoir sont inutilisables.** (relative déterminative)
>
> **Le rapport d'activité dont nous vous avons parlé n'est pas celui de 2015-2016.** (relative déterminative)

En principe, on doit mettre une virgule **devant qui** si son antécédent n'est pas le mot qui le précède immédiatement.

> **Nous vous faisons parvenir une copie du document, qui n'est malheureusement pas très nette.**
> **Nous soumettrons ce cas au père de l'élève, qui prendra la décision.**

Compléments

La virgule s'emploie **après les compléments de phrase**, aussi appelés traditionnellement **compléments circonstanciels** de temps, de but, de manière, de lieu, etc., qui se trouvent en tête de phrase, sauf lorsqu'ils sont très courts. On ne met cependant pas de virgule **après le complément indirect** ou **déterminatif en inversion** et on ne sépare pas par une virgule le verbe du complément direct ou indirect.

> **Dans la signalisation routière québécoise, le mot *boulevard* s'abrège en *boul*.**
>
> **Au personnel technique il est demandé de participer activement à ce programme.** (complément indirect en inversion)
>
> **Le personnel a reçu de la Direction des ressources humaines tous les renseignements utiles.** (complément indirect et complément direct)

Sujet et verbe

Il n'y a pas de virgule **entre le sujet et le verbe**, ni même entre le dernier des sujets juxtaposés et le verbe, sauf bien sûr dans le cas où, devant le verbe, est placée une incise ou inséré un autre membre de phrase.

> **Le dernier rapport d'activité de l'entreprise en question est fort intéressant.**
>
> **La lettre que nous avons reçue hier a répondu à nos interrogations.**

Les lettres, les notes et les rapports seront tous reclassés.

Les lettres, les notes, les rapports seront tous reclassés.

Les lettres, les notes et les rapports, à commencer par les rapports mensuels, seront tous reclassés. (incise devant le verbe)

Par conséquent, par exemple, en effet, en l'occurrence

On emploie fréquemment la virgule après les locutions **par conséquent, par exemple, en effet, en l'occurrence**, etc., placées en tête de phrase. À l'intérieur d'une phrase, ces locutions peuvent aussi être encadrées de virgules.

En l'occurrence, la méthode à adopter est la suivante.

La méthode à adopter est en l'occurrence la suivante.

La méthode à adopter est, en l'occurrence, la suivante.

D'une part, d'autre part; d'une part, de l'autre

Les locutions **d'une part** et **d'autre part**, ou **d'une part** et **de l'autre**, sont souvent suivies d'une virgule si elles sont en tête de phrase ou de proposition. Dans les autres cas, la virgule est facultative.

D'une part, la conjoncture est favorable, d'autre part, nous disposons des ressources nécessaires.

Ce candidat possède les qualités recherchées d'une part et l'expérience pertinente de l'autre.

À peine, ainsi, aussi, du moins, en vain, peut-être, à plus forte raison, sans doute

Après les adverbes et locutions **à peine, ainsi, aussi, du moins, en vain, peut-être, à plus forte raison, sans doute**, etc., en tête de phrase, on ne met pas de virgule s'il y a inversion du sujet, mais on en met souvent une si on ne fait pas l'inversion du sujet.

Aussi le rapport a-t-il été accueilli favorablement...

Aussi a-t-il été accueilli favorablement...

Aussi, le rapport a été accueilli favorablement...

Incise, apostrophe, apposition

On encadre de deux virgules les **incises** et les mots mis en **apostrophe** ou en **apposition**, à moins bien sûr qu'ils ne terminent la phrase. Les propositions complétives (à fonction de complément direct), introduites par **que**, ne sont ni précédées ni suivies d'une virgule.

> **La raison, vous le savez, est surtout financière.** (incise)
>
> **Vous savez bien que, comme les journalistes l'ont écrit,
> sa nomination est imminente.** (incise)
>
> **Vous savez bien qu'en annonçant sa nomination imminente
> les journaux ne se trompent pas.** (complétive et mot élidé)
>
> **Veuillez agréer, Madame, mes salutations distinguées.** (apostrophe)
>
> **Le ministre de l'Environnement, M. Jean Levert,
> a donné une conférence de presse.** (apposition)
>
> **De nombreux journalistes ont assisté à la conférence de presse
> de M. Jean Levert, ministre de l'Environnement.** (apposition)

Quand un complément circonstanciel ou un adverbe est précédé d'un **mot élidé**, les deux virgules sont supprimées.

> **Je précise enfin que, en cas de contestation, c'est la version française
> qui prime.** (pas d'élision, complément inséré)
>
> **Je précise enfin qu'en cas de contestation c'est la version française
> qui prime.** (complément précédé d'un mot élidé)

Mot sous-entendu, ellipse

Il est d'usage de substituer une virgule à tout mot sous-entendu. Il s'agit le plus souvent d'une ellipse du verbe.

> **Les chefs de service sont convoqués à 10 h ; les chefs de division, à 11 h.**

PARENTHÈSES

Les parenthèses permettent d'intercaler dans la phrase un élément, une explication, un exemple qu'on ne juge pas indispensable au sens et dont on ne veut pas faire une phrase distincte. On ne met jamais de virgule ni de point-virgule devant la parenthèse ouvrante (ou première parenthèse), mais tout signe de ponctuation est possible après la parenthèse fermante (ou deuxième parenthèse). Le texte entre parenthèses peut avoir sa propre ponctuation, indépendante de celle du reste du texte, et il n'influe pas sur les accords en dehors des parenthèses. L'abus des parenthèses indique toutefois que le texte est mal composé.

> **Le prochain congrès se tiendra à Adelaide (Australie) en octobre 2015.**
>
> **Le générique d'un nom d'entreprise peut désigner, entre autres, le service offert par l'entreprise (exemples : assurance, placement de personnel, publicité).**
>
> **Dans un nom d'entreprise, seule la première lettre du générique et la première lettre du spécifique sont des majuscules. (Évidemment, les mots qui prennent normalement la majuscule la conservent.)**
>
> **Les ouvrages de référence (encyclopédies, dictionnaires, grammaires, codes typographiques, etc.) sont indispensables à tout travail de rédaction.**

Les parenthèses peuvent aussi servir à indiquer deux possibilités ou le choix entre deux lectures possibles (parenthèse d'alternative). Cette façon d'écrire est parfois difficile à lire, et il vaut mieux s'en abstenir dans les textes suivis et même dans les formulaires. Pour indiquer le choix entre le singulier et le pluriel, on peut coordonner l'article singulier et l'article pluriel, et écrire le nom au pluriel, ou opter pour le pluriel uniquement, car il inclut le singulier. Les parenthèses sont aussi déconseillées comme procédé de féminisation (voir p. 826).

> **des après-midi(s)**
> **l'État(-)providence**
> **le prix du (des) bureau(x) qui sera (seront) commandé(s)…**
>
> **Le ou les livres demandés sont arrivés.**
> ou **Les livres demandés sont arrivés.** (de préférence à *Le(s) livre(s) demandé(s) est (sont) arrivé(s).*)
>
> **Les personnes qui désirent…** (de préférence à *La (les) personne(s) qui désire(nt)…*)

Le mot latin *sic*, qui signifie « ainsi » et indique qu'une expression ou un mot est cité textuellement, s'écrit en italique, entre parenthèses (elles aussi en italique) ou entre crochets (lesquels ne sont pas en italique).

> **Il a dit que le ministre n'y était pas allé avec le dos de la main morte *(sic)*.**

Le premier guillemet s'appelle **guillemet ouvrant** et le deuxième, **guillemet fermant**. Dans un texte en français, on doit utiliser les guillemets français, en forme de chevrons doubles (« »), qu'il s'agisse de guillemeter des mots français ou des mots d'autres langues. Si on doit guillemeter un élément à l'intérieur d'un passage déjà entre guillemets, on utilise successivement les **guillemets anglais** (" ") ou les **doubles apostrophes** appelées aussi **petits guillemets** (" "), puis les **apostrophes simples** (' ').

On emploie les guillemets pour encadrer une **citation** ou une **définition**, pour mettre en évidence un mot ou un groupe de mots étrangers, pour signaler un **écart** orthographique ou grammatical, ou encore pour indiquer qu'on émet des réserves sur l'emploi d'un mot. Les guillemets peuvent, comme le soulignement, remplacer l'italique dans certains cas : titres d'œuvres, formes critiquées, mots étrangers, notamment. Dans la **presse** en particulier, les citations sont fréquemment à la fois encadrées de guillemets et écrites en italique pour les distinguer encore davantage du contenu rédactionnel. Pour un traitement plus complet de la mise en relief des mots, voir aussi le chapitre qui y est consacré, p. 374.

> **Au sens de « prospectus, dépliant », le mot *pamphlet* est un anglicisme.**
>
> **Le journaliste avait dit « aréoport » !**
>
> **« Le français au bureau » est un succès de librairie.**

On met entre guillemets les **titres de parties d'œuvres** : poème extrait d'un recueil, article de périodique, etc. (voir aussi p. 377, 380 et 427).

> **« Le vaisseau d'or », d'Émile Nelligan, est publié dans *Poésies complètes*.**
> **« Parlez-vous TI ? » est une chronique terminologique de *Direction informatique*.**

Enfin, le guillemet fermant peut servir à indiquer la **répétition** dans un tableau, une facture, un catalogue, etc. Il faut remarquer que, dans l'usage nord-américain, le guillemet fermant (parfois double apostrophe) indique en effet la répétition, et le tiret indique la nullité, mais que, dans l'usage français, c'est l'inverse. Il en résulte parfois une certaine ambiguïté. Pour indiquer la répétition, on peut reproduire les données ou écrire le mot *idem*, et pour indiquer la nullité on peut préférer le zéro ou les mots *néant*, *rien* ou *non déterminé* (*n. d.*).

Guillemets et ponctuation dans les citations

Il existe différents types de citations, selon lesquels l'usage des guillemets varie ; quant à la ponctuation, il faut distinguer celle qui appartient à la citation de celle qui appartient au texte général. Voici les principaux cas de citations guillemetées.

Lorsqu'on ne cite qu'**un mot** ou qu'**une expression** qui ne comporte pas de signe de ponctuation, la seule ponctuation se place après le guillemet fermant. Si la citation guillemetée comporte un point d'interrogation ou d'exclamation, la phrase conserve généralement sa ponctuation normale après le guillemet fermant. En principe, on place hors des guillemets l'article, l'adjectif possessif ou l'adjectif démonstratif qui précède une expression ou un mot seul. Toutefois, lorsqu'on cite un surnom ou un sobriquet, l'article qui fait partie du surnom est inclus dans les guillemets.

> **Il ponctuait son discours de multiples « n'est-ce pas ? ».**
>
> **A-t-elle vraiment parlé à ce sujet de « priorité des priorités » ?**
>
> **On n'en a pas fini avec l'« excellence » et la « qualité totale ».**
>
> **Ses collègues l'appellent « le prince de la virgule ».**

Lorsque le début d'une citation est fondu dans le texte, mais que cette citation se termine par une phrase complète, le point final est mis à l'extérieur des guillemets.

> **Il importe, selon elle, de « réexaminer le projet. C'est ce qu'indique l'étude de faisabilité ».**

Lorsqu'on cite **une phrase complète** qui commence par une majuscule et est annoncée par le deux-points, le signe de ponctuation final de la phrase citée, qui se place avant le guillemet fermant, termine aussi le texte à l'intérieur duquel se trouve la citation. On n'ajoute donc pas un nouveau point après la citation, même si celle-ci a plusieurs lignes.

> **La recherche vérifie l'hypothèse suivante : « La lecture influe favorablement sur les résultats scolaires des élèves. » Elle ne traite cependant pas de…**
>
> **Et je cite la fin de son discours : « Ce projet est-il vraiment réalisable ? » L'assistance est restée muette pendant un instant.**

Contrairement à cet usage typographique fondé notamment sur l'économie des signes de ponctuation, certains auteurs préconisent toutefois de garder son point final à la phrase qui introduit la citation, respectant ainsi une certaine logique et la notion historique de « période », c'est-à-dire de phrase longue et complexe.

Si une phrase commence par une citation qui est elle-même une phrase complète, la phrase peut se poursuivre sans autre ponctuation après le guillemet fermant.

> **« Que voulez-vous encore ? » demanda-t-il, excédé.**

Lorsque le passage qu'on cite est une proposition amenée par **que** ou **qu'**, les guillemets se placent après ce mot.

> **Ce formulaire atteste que « les renseignements fournis par le signataire sont exacts ».**

Lorsqu'une **incise** brève interrompt une citation, cette dernière n'est pas coupée par d'autres guillemets.

> **« Il ne nous reste plus, ajouta le secrétaire, qu'à transmettre le dossier aux autorités compétentes. »**

Lorsqu'une **citation contient une autre citation**, cette dernière est encadrée de guillemets anglais (" ") ou de doubles apostrophes (" "). Pour une citation à l'intérieur de la deuxième citation, on emploie les apostrophes simples (' ').

> **Le président a clos la séance par ces mots : « Je vous dis à tous et à toutes "bonnes vacances !" et j'espère vous retrouver bien reposés à la rentrée. »**

Une **citation longue** (correspondant à un nombre de lignes variable, allant de quatre à plus de huit lignes) peut se présenter de la même façon qu'une citation courte. Elle est en général introduite par un deux-points suivi d'un retour à la ligne et forme un paragraphe autonome qui peut être mis entre guillemets (ce qui est le plus simple), écrit en italique ou en plus petits caractères, ou mis en retrait. On rencontre aussi des combinaisons de ces procédés.

Lorsqu'une citation se poursuit sur **plusieurs alinéas**, on met un guillemet fermant (dit **guillemet de suite**) au début de chaque alinéa. Toutefois, certains codes préconisent plutôt dans ce cas un guillemet ouvrant.

```
.................................................... :
« .............................................................
.................................................... .
» (ou « ) ..............................................
.............................................................
.................................................... .
» (ou « ) ..............................................
.................................................... . »
```

Lorsqu'on doit indiquer la **référence**, partielle ou complète, de la citation à la suite de celle-ci, on peut le faire de diverses manières, mais il importe d'être uniforme dans un même texte. Cette référence est cependant toujours entre parenthèses.

Si la citation n'a pas de ponctuation finale, la référence entre parenthèses est suivie d'un point final.

> **« Vingt fois sur le métier remettez votre ouvrage » (Boileau).**

Si la citation a un point final ou si elle se termine par un point d'interrogation ou d'exclamation, la référence entre parenthèses comprend aussi un point final avant la parenthèse fermante.

> **« Que faisiez-vous au temps chaud ? »**
> **(Jean de La Fontaine, *La cigale et la fourmi*.)**

Dans ce dernier cas, certains auteurs optent toutefois pour la référence entre parenthèses sans ponctuation finale.

> **« Aimer, c'est agir. » (Victor Hugo)**

TIRET (COURT OU LONG)

Les tirets indiquent, dans les dialogues, le changement d'interlocuteur. Le **tiret unique** peut servir à mettre en relief la conclusion d'une démonstration, mais il est surtout employé pour indiquer la nullité, dans un tableau, une facture, un catalogue, etc. Il faut remarquer que, dans l'usage nord-américain, le tiret indique la nullité, et le guillemet fermant (parfois double apostrophe) indique la répétition, mais que, dans l'usage français, c'est l'inverse. Il en résulte parfois une certaine ambiguïté. Pour indiquer la nullité, on peut préférer le zéro ou les mots *néant*, *rien* ou *non déterminé* (*n. d.*), et, pour la répétition, on peut reproduire les données ou écrire le mot *idem*.

Le tiret peut aussi servir à séparer certains éléments graphiques, dans des titres, des subdivisions, des énumérations, entre deux dates ou deux heures (voir p. 51, 343 et 388), etc.

> **Le présent ouvrage traite des sujets suivants :**
> – signes de ponctuation,
> – majuscules,
> – abréviations.

Le tiret équivaut également à un grand trait d'union (appelé aussi *trait allongé*) dans les **toponymes surcomposés**, c'est-à-dire comprenant un élément déjà composé (avec un ou des traits d'union); dans ce cas, comme le trait d'union, le tiret (toujours court alors) n'est ni précédé ni suivi d'espacement, selon les règles de la Commission de toponymie.

> **le parc marin du Saguenay–Saint-Laurent**
> **l'arrondissement de Rosemont–La Petite-Patrie**

On emploie également le tiret court sans espaces entre deux noms composés de points cardinaux et employés de façon adjectivale.

> **Le Saint-Laurent coule dans un axe sud-ouest–nord-est.**

Les **tirets doubles** servent à isoler ou à mettre en valeur une incise ou un complément inséré (mot, groupe de mots, court passage), notamment quand la phrase contient déjà plusieurs virgules. Ils peuvent aussi remplacer les crochets pour faire ressortir un passage à l'intérieur d'un texte déjà entre parenthèses. Si le groupe de mots ou le passage qu'on veut mettre ainsi en valeur termine la phrase, le second tiret disparaît au profit du point (point d'interrogation, point d'exclamation, deux-points également). On met une espace insécable après le tiret ouvrant et avant le tiret fermant.

> **Voici donc – et ce n'est qu'un début – la liste du matériel nécessaire.**

> **Voici donc la liste du matériel nécessaire – et ce n'est qu'un début :**
> **classeur...**

En principe, on ne met pas de virgule avec les tirets. Toutefois, dans les contextes où une virgule s'impose, elle se place immédiatement après le second tiret, sans espacement.

> **Dans la plupart des mémoires – et ils sont très nombreux –,**
> **cette question est passée sous silence.**

CROCHETS

L'emploi des crochets se rapproche de celui des parenthèses. Ils marquent plus particulièrement, dans un texte donné, des interventions dues à une autre personne que l'auteur du texte en question (coupures, ajouts ou changement d'un pronom personnel, notamment).

> Dans un texte traduit :
> Il s'agit bien de *laisser-faire* [en français dans le texte].
> C'est ainsi que s'écrit l'histoire [Traduction libre].

Les crochets servent aussi à isoler un élément à l'intérieur d'un texte déjà entre parenthèses.

> Des précisions supplémentaires vous sont fournies dans la documentation ci-jointe (voir surtout le catalogue et ses suppléments [2015 et 2016]).

On emploie les crochets pour indiquer la prononciation d'un mot.

> Le sigle REER se prononce correctement [réère].

Le mot latin *sic*, qui signifie « ainsi » et indique qu'une expression ou un mot est cité textuellement, s'écrit en italique, entre parenthèses (elles aussi en italique) ou entre crochets (lesquels ne sont pas en italique).

> Comme il n'y était pas allé avec le dos de la main morte [*sic*],
> les résultats ne se sont pas fait attendre.

Des points de suspension entre crochets indiquent la troncation d'une citation.

> « La virgule est le signe de ponctuation qui exprime le plus la subtilité,
> la finesse d'esprit, l'acuité de l'intelligence, [...] elle marque une pause
> de faible durée à l'intérieur d'une phrase. » (Jean-Pierre Colignon,
> *Un point, c'est tout !*)
>
> « La ponctuation est un système de signes conventionnels [...]. »
>
> « Les signes de ponctuation ne doivent jamais être rejetés au début
> de la ligne suivante. [...] Pour savoir quel espacement accompagne
> les divers signes de ponctuation, consulter le tableau. »

BARRE OBLIQUE

La barre oblique, également appelée *oblique*, *trait oblique*, *barre transversale* ou *barre de fraction*, a de multiples usages.

Elle sert de symbole de **division** dans l'expression d'une fraction ou d'un rapport avec des symboles d'unités de mesure.

> **1/4** ou **¼**
>
> **km/h** (mais non *kilomètre/heure*)
>
> **une carte au 1/200 000** (En cartographie, c'est la barre oblique qui exprime l'échelle, de préférence au deux-points : *1:200 000*. On ne met pas de ᵉ dans les fractions.)

On l'emploie dans certaines **abréviations ou mentions conventionnelles** : pour faire état des références, pour séparer les initiales d'identification, pour indiquer qu'on doit tourner une page, etc.

> **N/Réf.**
>
> **HLC/cp**
>
> **... /...**
>
> **a/s de**

La barre oblique marque également une **relation** ou une **opposition** entre deux éléments, dans divers domaines spécialisés. (En effet, la barre oblique oppose, à la différence du trait d'union qui, comme son nom l'indique, lie deux éléments ou indique une multiplication, comme dans *année-personne*.)

> **l'alternance travail/loisirs**
>
> **ouvert/fermé**
>
> **le doublet** *écouter/ausculter*

On peut employer la barre oblique pour préciser, si besoin est, l'**ordre des pages** d'un document par rapport au nombre total de pages de ce document.

> **2/8, 3/8, 4/8... 8/8** (c'est-à-dire deuxième page d'un document qui en compte huit, troisième page d'un document qui en compte huit, etc.)

On ne doit cependant pas employer la barre oblique pour indiquer un féminin, ni pour séparer les éléments d'une date, pas plus que dans les toponymes surcomposés (voir aussi p. 249).

> **Saguenay–Lac-Saint-Jean** (et non pas *Saguenay/Lac-Saint-Jean*)

PERLUÈTE

La perluète (ou *perluette*, *esperluette*, *esperluète*, *éperluète*, ou encore *et commercial*) est essentiellement employée dans les noms d'entreprises pour lier des patronymes, des prénoms ou des initiales, ou dans des expressions comme **& Fils, & Associés, & C**^{ie}. Elle représente le mot *et*, mais ne doit pas remplacer cette conjonction entre deux noms communs, qu'ils soient écrits en majuscules ou en minuscules.

> **Agence de publicité Allaire & Bédard**
> **P. Girard & Filles**
> **Vêtements et articles de sport Olympe**

ASTÉRISQUE

L'astérisque (nom masculin) indique généralement un **renvoi**. Il peut s'employer après un mot en tant qu'**appel de note** de préférence aux chiffres quand ceux-ci risquent de créer une confusion, dans les ouvrages scientifiques, les tableaux, etc. Dans ce cas, il est, successivement, simple, double, puis triple.

> **… est inférieur à 1000*** (appel de note)
> **Le terrain mesurait 100 m** de long.** (appel de note)

L'astérisque suit immédiatement le mot, sans espace. Dans la note à laquelle l'astérisque renvoie, on met une espace entre l'astérisque et le premier mot de la note.

> *** Cette grandeur peut varier selon les conditions atmosphériques.**

Par ailleurs, dans certains ouvrages spécialisés comme les dictionnaires, il s'emploie devant un mot pour indiquer que le *h* **initial** est **aspiré** (ce qui peut aussi être une fonction de l'apostrophe) ou après un mot pour renvoyer à une entrée.

> ***harcèlement** (*h* aspiré)
> **Solder* un compte** (voir ce mot)

Ponctuation devant et après les éléments d'une énumération

Une énumération peut se présenter sous diverses formes, mais certains principes de base touchant la ponctuation, l'usage des majuscules et des minuscules (voir p. 206) ainsi que la formulation des parties de l'énumération s'appliquent dans tous les cas.

Devant les éléments d'une énumération, on peut utiliser des signes typographiques comme des gros points ronds ou carrés (souvent appelés *puces*), des tirets, des chiffres ou des lettres minuscules italiques : 1), 2), 3)…, 1°, 2°, 3°…, *a*), *b*), *c*)… Voir aussi les règles de division des textes, p. 406.

On fait toujours suivre du **deux-points** la proposition principale ou le membre de phrase qui introduit les éléments d'une énumération.

En principe, on met un **point-virgule** après chacun des éléments complémentaires, quelle que soit la ponctuation interne, et un point après le dernier élément. Si les éléments de l'énumération ne forment qu'un seul alinéa (énumération horizontale) au lieu d'être disposés verticalement, on utilise également un point-virgule. Le point-virgule s'impose si l'un des éléments de l'énumération comporte déjà des virgules.

Par ailleurs, au lieu d'un point-virgule, on se sert parfois : 1° d'une **virgule** si les éléments de l'énumération sont très courts ou dans le cas d'une subdivision ; 2° d'un **point** si chaque élément de l'énumération constitue une phrase.

Si la phrase continue après une énumération verticale, ses éléments se terminent par une virgule. Ce genre de construction n'est cependant pas conseillé et il est préférable de reformuler la phrase ou le paragraphe, ou d'opter pour une énumération horizontale.

> **Le dossier de candidature doit comporter :**
> – **un curriculum vitæ,**
> – **une lettre de présentation,**
> – **deux lettres d'appui,**
> **et parvenir au secrétariat avant le 1er mai.** (Il vaudrait mieux faire deux phrases : une phrase avec l'énumération dont le dernier élément se terminerait par un point, et l'autre phrase qui commencerait par *Ce dossier doit parvenir…*)
>
> **Étant donné que nous avons été en mesure :**
> – **de fidéliser la clientèle,**
> – **de minimiser les pertes financières,**
> – **d'optimiser les ressources,**
> **nous entamons le nouvel exercice avec confiance.**

À l'horizontale, l'énumération s'insérerait dans une phrase ponctuée de virgules et où le dernier élément serait coordonné par *et*. La conjonction de coordination *et* n'a pas sa place dans une énumération verticale.

> **Le dossier de candidature doit comporter un curriculum vitæ, une lettre de présentation et deux lettres d'appui, et parvenir au secrétariat avant le 1er mai.**
>
> **Étant donné que nous avons été en mesure de fidéliser la clientèle, de minimiser les pertes financières et d'optimiser les ressources, nous entamons le nouvel exercice avec confiance.**

Les éléments de l'énumération commencent généralement par une **minuscule**. Toutefois, lorsque ces éléments sont précédés de chiffres arabes ou de minuscules italiques suivis d'une parenthèse, ils peuvent commencer soit par une minuscule, soit par une majuscule. En outre, la **majuscule** s'impose dans les textes dont les subdivisions sont suivies d'un point ou d'un point et d'un tiret : I., A., 1., I. –, A. –, 1. –, etc. Voir aussi l'emploi de la majuscule ou de la minuscule dans les divisions et les énumérations, p. 206, et le chapitre **DIVISION DES TEXTES**, p. 406.

Il est indispensable que chaque élément puisse se lire à la suite de la principale sans qu'il y ait rupture logique ni grammaticale. Les différentes parties de l'énumération doivent donc commencer par un mot d'une **même catégorie grammaticale** (infinitif, ou impératif, ou nom) et être construites de la même façon.

> **Le présent ouvrage traite des sujets suivants :**
> **1° signes de ponctuation et coupure des mots;**
> **2° emploi des majuscules :**
> **– majuscules de position,**
> **– majuscules de signification;**
> **3° usage des abréviations, des sigles et des symboles.**
>
> **Le présent ouvrage traite des sujets suivants :**
> **– signes de ponctuation,**
> **– majuscules,**
> **– abréviations.**
>
> **Le programme a trois grands objectifs :**
> ***a*) informer le public;**
> ***b*) mobiliser les principaux acteurs sociaux;**
> ***c*) obtenir un changement durable.**
>
> **Le présent ouvrage traite des sujets suivants :**
> **1° signes de ponctuation; 2° majuscules; 3° abréviations.**

> **Cette année, il existe trois catégories de prix : prix d'excellence
> et prix d'honneur ; médaille d'or, médaille d'argent et médaille
> de bronze ; attestation de mérite et attestation de réalisation.**

Dans certains **documents publicitaires** (dépliants, prospectus, etc.), on peut adopter une présentation plus libre lorsque les points énumérés ne font pas partie d'une phrase. La ponctuation est alors facultative, et le plus souvent omise, sur le modèle des titres.

> **Services linguistiques**
> * **Traduction**
> * **Adaptation**
> * **Rédaction**
> * **Révision**

Dans les **questionnaires**, il arrive que la première partie de la phrase introduise les divers éléments qui complètent l'interrogation. On peut alors mettre un point d'interrogation après chacun de ces éléments, qui constituent autant de fins de phrase.

> **Ce nouvel appareil vous sert-il surtout à :**
> *a*) **tenir votre comptabilité ?**
> *b*) **faire votre correspondance ?**
> *c*) **suivre l'avancement des travaux ?**

Si les éléments sont courts et qu'ils ne sont pas des propositions, c'est-à-dire qu'ils ne comprennent pas de verbes, on ne met le point d'interrogation qu'à la fin du dernier élément, et les deux-points sont généralement supprimés.

> **Quelles sont les qualités essentielles**
> 1) **des chefs d'équipe,**
> 2) **des gestionnaires,**
> 3) **des spécialistes ?**

Ponctuation et appels de note

Les appels de note prennent le plus souvent la forme de **chiffres supérieurs** (en exposant) sans parenthèses. Ce sont les renvois les plus simples et les plus discrets. Ils s'écrivent en gras ou en italique si les mots qu'ils accompagnent sont écrits ainsi. Les chiffres devant les notes en bas de page peuvent être supérieurs ou non (dans ce dernier cas, ils sont suivis d'un point), et ils sont séparés du texte de la note par une espace.

> **Les majuscules doivent être accentuées[1].**

Il faut toutefois veiller à ce qu'il n'y ait pas de confusion possible avec les exposants, dans les textes techniques ou scientifiques notamment ; il est alors conseillé d'utiliser plutôt l'astérisque, successivement simple, double et triple (voir p. 299).

> **Les majuscules doivent être accentuées*.**
> **Le terrain mesurait 100 m** de long.** (et non *100 m²*)

L'appel de note se place immédiatement après le mot ou le groupe de mots auquel il se rapporte, dont il n'est séparé par aucun espacement. Il précède donc toujours le signe de ponctuation. En fin de phrase, il est suivi du point final, même s'il suit un point abréviatif.

> **… les noms d'États, de provinces, de territoires, etc.[2]**
> **C'est ce qu'on appelle un « toponyme administratif[1] ».**

Dans la note en bas de page à laquelle renvoie l'appel de note, on met une espace entre le signe (chiffre ou astérisque) et le premier mot de la note.

> **1. Lorsque les minuscules correspondantes sont accentuées.**
> *** Lorsque les minuscules correspondantes sont accentuées.**

En fin de citation, il se place avant la ponctuation (mais, selon certains auteurs, après le point d'interrogation, le point d'exclamation ou les points de suspension qui terminent la citation et en font partie) et avant le guillemet fermant.

> **Sa maxime préférée était : « Vingt fois sur le métier remettez votre ouvrage[2]. » Ce vers de Boileau…**

Signes de ponctuation et espacement

Les codes typographiques indiquent l'espacement qui accompagne les divers signes de ponctuation. Ces indications s'appliquent avant tout et intégralement aux textes composés traditionnellement, par photocomposition ou par éditique ; elles prescrivent des espacements appelés, en typographie, espaces fines, espaces fortes, espaces-mots, espaces justifiantes, cadratins, demi-cadratins, etc. Il faut noter que le mot **espace** est traditionnellement du genre féminin en typographie. Dans la langue générale toutefois, au sens de « mesure de ce qui sépare deux points, deux objets », donc aussi bien deux lettres ou deux mots, on emploie **espace** au masculin. On peut aussi employer dans ce sens **blanc** ou **espacement**.

L'espace **sécable**, aussi appelée espace **normale** ou espace **forte** ou encore **espace-mot**, est l'espace par défaut obtenue en appuyant sur la barre d'espacement du clavier. Cette espace autorise le retour à la ligne devant le mot ou le signe qui la suit. Elle peut varier en taille pour permettre la justification du texte.

L'espace **justifiante** est caractérisée par une largeur variable qui permet de justifier les lignes d'un texte, c'est-à-dire de les rendre pleines, le texte se rendant ainsi jusqu'à la marge de droite.

L'espace **insécable** est une espace liante qui empêche de séparer deux mots ou signes indissociables, c'est-à-dire ne devant pas se trouver sur deux lignes différentes. Ce type d'espace est employé avant ou après certains signes de ponctuation, comme les chevrons, les deux-points et les guillemets. On l'emploie aussi avant ou après d'autres signes ou symboles (unités de mesure, unités monétaires, pourcentages, signes arithmétiques, etc.). Voir aussi **Espace insécable** ci-dessous.

L'espace **fine** est une espace insécable réduite utilisée en typographie soignée devant le point d'interrogation, le point d'exclamation, le point-virgule et les appels de note. Cette espace n'est généralement pas facilement disponible dans les logiciels courants de traitement de texte.

Quant aux appellations **cadratin**, **demi-cadratin** et **quart de cadratin**, elles appartiennent à la typographie traditionnelle, et on les utilise de moins en moins. Un cadratin est une unité de mesure représentée par un carré blanc imaginaire dont la dimension d'un côté est la même que celle du corps du caractère. Par exemple, le cadratin d'un texte composé en corps 9 sera un blanc de 9 points.

ESPACE INSÉCABLE

L'espace insécable (du latin *insecabilis* « qui ne peut pas être coupé », dérivé de *secare* « couper ») sert à lier le mot ou le signe qui la précède à celui qui la suit afin d'éviter leur séparation et d'empêcher le rejet du second en début de ligne. Voir aussi le chapitre COUPURE, p. 397.

L'espace insécable sert notamment à ne pas séparer un nombre ou un numéro écrit en chiffres du nom ou du symbole qui le précède ou qui le suit. On l'utilise principalement dans une date, entre le jour écrit en chiffres et le nom du mois, et entre le nom du mois et l'année ; avant et après le symbole de l'heure ; avant les symboles d'unités monétaires ; avant les symboles d'unités de mesure ; avant le symbole de pourcentage ; avant un symbole de degré.

> **p. 311** (ou **page 311**)
> **xxᵉ siècle**
>
> **21 janvier 2015**
> **17 h 15**
> **100 $** (ou **100 dollars**)
> **25 cm** (ou **25 centimètres**)
> **8,5 %** (ou **8,5 pour cent**)
> **25 °C** (ou **25 degrés Celsius**)

Les lettres qui ont une fonction d'identification sont aussi inséparables du nom qu'elles accompagnent, par exemple dans une énumération ou pour désigner une figure géométrique.

> **le rectangle ABCD**

L'espace insécable permet aussi de ne pas séparer des groupes de chiffres ou de lettres qui sont indissociables. On l'emploie plus précisément dans les grands nombres, entre chaque tranche de trois chiffres à partir de la droite (cette espace est toutefois facultative pour les nombres de quatre chiffres, et on ne sépare pas les numéros ni les nombres exprimant une année) ; dans une date, entre l'année, le mois et le jour ; dans une équation, entre les nombres ou les lettres et les signes arithmétiques ; dans les numéros de téléphone ; dans les codes postaux canadiens.

> 1 564 738
> 2015 06 24
> 1 900 565-8899
> 45 + 70 = 115
> x < y
> G6R 9B7

L'espace insécable sert aussi à ne pas séparer en fin de ligne un nom propre d'une abréviation de titre honorifique ou de civilité, ni des initiales qui le précèdent. On ne sépare pas non plus les éléments abrégés d'une expression, d'une locution ni d'une forme complexe.

> **M. Lessard**
> **S. S. le pape François**
> **M.-A. Dauphinais**
> **B. Urb.** (baccalauréat en urbanisme)
> **N. B.** (*nota bene*)

Il est possible d'obtenir une espace insécable en tapant les touches Contrôle + Majuscule + Barre d'espacement sur un clavier PC et, sur un clavier Macintosh, les touches Commande + Majuscule + Barre d'espacement.

ESPACEMENTS ET TRAITEMENT DE TEXTE

On constate que peu de codes typographiques ont prévu d'adapter les règles d'espacement aux textes dactylographiés et à ceux qui sont produits par traitement de texte ou par tout autre moyen électronique. De plus, les codes qui traitent occasionnellement de ces cas ne s'entendent pas toujours.

Au bureau, il faut donc essayer d'adopter un usage qui s'inspire des codes typographiques, mais qui tient compte des possibilités typographiques encore relativement limitées qu'offrent les logiciels de traitement de texte courants (à la différence des logiciels d'éditique et des logiciels professionnels de mise en pages, qui permettent notamment les espaces fines). **Dans le tableau qui suit, on remarque par exemple que les espaces fines typographiques sont généralement supprimées et équivalent à une absence d'espacement** (c'est le cas pour le point-virgule, le point d'exclamation et le point d'interrogation); si on dispose de l'espace fine, il est toutefois conseillé de l'utiliser. Toute autre espace est rendue par un espacement, ou blanc.

Pour des publications soignées, on s'en remettra évidemment aux codes typographiques classiques et à leurs règles plus nuancées, auxquelles se conforment les maisons d'édition. C'est bien sûr le cas du présent ouvrage.

Espacement avant et après les principaux signes de ponctuation et d'autres signes ou symboles courants

Avant	Signe	Après
	VIRGULE *(Dans les textes)*	
pas d'espacement	,	un espacement
	Les microordinateurs, les photocopieurs, les numériseurs… *(Dans les nombres)*	
pas d'espacement	,	pas d'espacement
	1,5 million **12 535,75 $**	
	POINT	
pas d'espacement	.	un espacement[1]
	La télécopie a longtemps été indispensable. Cette technique…	
	DEUX-POINTS	
un espacement insécable[2]	:	un espacement
	Les étapes sont les suivantes : planification, répartition… *(Dans la notation numérique des heures)*	
pas d'espacement	:	pas d'espacement
	13:52:45	

1. Après le point, le point d'exclamation et le point d'interrogation, un seul espacement suffit, et tous les codes typographiques s'entendent sur ce fait. L'usage dactylographique nord-américain, qui préconise deux espacements, ne se justifie guère, mais il demeure admis. Il présente cependant l'inconvénient de créer de grands blancs dans certains textes justifiés et de faire commencer des lignes par un espacement.

2. Même après une abréviation qui se termine par un point (Tél. : 514 873-1234).

Avant	Signe	Après
	POINT-VIRGULE	
pas d'espacement[1]	;	un espacement
	L'essentiel est résolu; il ne reste plus qu'à…	
	POINT D'EXCLAMATION	
pas d'espacement[1]	!	un espacement[2]
	Félicitations! Nous sommes fiers de votre succès!	
	POINT D'INTERROGATION	
pas d'espacement[1]	?	un espacement[2]
	Pourriez-vous m'en faire parvenir deux exemplaires? Ils enrichiront nos bibliothèques.	
	POINTS DE SUSPENSION *(En début de phrase ou remplaçant le début d'un texte)*	
—	…	un espacement
	… Cette énumération n'est sûrement pas exhaustive.	
	(Au milieu ou à la fin d'une phrase)	
pas d'espacement	…	un espacement
	Inutile d'en dire plus… Je sais que vous avez compris.	

1. Si on dispose de l'espace fine, il est conseillé de l'utiliser (voir p. 304).
2. Voir la note relative au point.

Avant	Signe	Après
	TRAIT D'UNION	
pas d'espacement	-	pas d'espacement

L'Abitibi-Témiscamingue est la région administrative n° 8.

Avant	Signe	Après
	TIRET	
un espacement	–	un espacement

Tout le monde dit – mais je n'en crois rien – que ce sera fait demain.

(Pour joindre des éléments comprenant un ou des traits d'union, les toponymes surcomposés par exemple ; voir aussi p. 249 et 296.)

pas d'espacement	–	pas d'espacement

Saguenay–Lac-Saint-Jean

Avant	Signe	Après
	BARRE OBLIQUE	
pas d'espacement[1]	/	pas d'espacement[1]

Il y avait un faux contact dans le bouton marche/arrêt.

N/Réf. et V/Réf. sont des abréviations conventionnelles.

(Dans une lettre, après la vedette et avant l'objet ; voir aussi p. 522.)

pas d'espacement	/	pas d'espacement

V/Réf. : ABC-123
N/Réf. : XYZ-987

---

1. Il peut toutefois être nécessaire de laisser une espace fine avant et après la barre oblique pour éviter que les éléments ne se touchent et garantir ainsi une bonne lisibilité.

Avant	Signe	Après
	PARENTHÈSE OUVRANTE	
un espacement	(	pas d'espacement
	Les ouvrages de référence (encyclopédies, dictionnaires…	
	(Pour indiquer une alternative ou une double lecture)	
pas d'espacement	(	pas d'espacement
	une salle de bain(s) **pièce(s) jointe(s)**	
	PARENTHÈSE FERMANTE	
pas d'espacement	)	un espacement[1]
	… grammaires, codes typographiques, etc.) sont indispensables.	
	(Pour indiquer une alternative ou une double lecture)	
pas d'espacement	)	pas d'espacement
	un État(-)providence	
	CROCHET OUVRANT	
un espacement	[	pas d'espacement
	CROCHET FERMANT	
pas d'espacement	]	un espacement[1]
	Dans le cas de REER, il faut éviter la prononciation [rir].	

---

1. Il n'y a pas d'espacement entre la parenthèse fermante, le crochet fermant ou le guillemet fermant et la ponctuation qui suit (sauf si c'est un tiret ou un deux-points).

Avant	Signe	Après
	GUILLEMET OUVRANT	
un espacement	«	un espacement insécable[1]
	Le texte précise bien que « tout le personnel...	
	GUILLEMET FERMANT	
un espacement insécable	»	un espacement[2]
	... est visé par cette mesure », et que celle-ci prend effet immédiatement.	
	CHEVRON OUVRANT *(En linguistique, pour indiquer une origine)*	
un espacement	<	un espacement insécable
	aimer < *amare*	
	(Pour introduire une adresse Web)	
un espacement	<	pas d'espacement
	Vous trouverez sur notre site <www.oqlf...	
	CHEVRON FERMANT *(En linguistique, pour indiquer une évolution)*	
un espacement insécable	>	un espacement
	amare > aimer	
	(À la fin d'une adresse Web)	
pas d'espacement	>	un espacement
	... oqlf.gouv.qc.ca> toute l'information utile.	

1. La tradition dactylographique qui voulait qu'on ne laisse pas d'espacement à l'intérieur des guillemets (c'est-à-dire après le guillemet ouvrant et avant le guillemet fermant) était fondée sur l'emploi des guillemets anglais. Ces guillemets sont de plus en plus remplacés, à juste titre, par les guillemets français, qui, eux, demandent des espacements (espaces-mots), conformément à l'usage typographique général. Il n'y a pas d'espacement entre l'apostrophe et le guillemet ouvrant :

> **Le code typographique précise qu'« il n'y a pas d'espace entre l'apostrophe et le guillemet ouvrant ».**

2. Voir note 1, p. 310.

Avant	Signe	Après
	AUTRES GUILLEMETS	
un espacement	" " " " ' '	un espacement
	Pas d'espacement à l'intérieur de ces guillemets	
	Le texte précise que « tout le personnel "staff" est visé par…	
	APOSTROPHE	
pas d'espacement	'	pas d'espacement[1]
	J'ai l'honneur de vous remettre l'insigne…	
	Il ne s'agit pas d'« huile à chauffage ».	
	ASTÉRISQUE *(Placé avant le mot auquel il se rapporte)*	
un espacement	*	pas d'espacement
	Les mots **handicap* et **haricot* commencent par un *h* aspiré. *(Placé après le mot auquel il se rapporte)*	
pas d'espacement	*	un espacement
	Son emploi est traité sous PONCTUATION* et sous ASTÉRISQUE*.	
	POUR CENT	
un espacement insécable	%	un espacement
	Des augmentations respectives de 8 % et de 7,25 %	

---

1. Il n'y a pas d'espacement entre l'apostrophe et le guillemet ouvrant (voir l'exemple de la note 1 de la page précédente).

Avant	Signe	Après
	UNITÉ MONÉTAIRE	
un espacement insécable	$ M$ $ CA $ US ¢ €	un espacement[1]
	Il y a une espace insécable entre $ et CA ou US.	
	25,75 $ CA **10 ¢**	
	SYMBOLE SI OU AUTRE SYMBOLE	
un espacement insécable	kg s cm A l h °F °C	un espacement[2]
	58 kg **14 h 30** **1,5 l** **37 °C**	
	SIGNE ARITHMÉTIQUE	
un espacement	+ − × ÷ =	un espacement
	12 × 12 = 144	
	FRACTION	
un espacement insécable	½ **1/2** ¾ **3/4** **2**½ **2 1/2** **5**¾ **5 3/4**	un espacement

....

1.   Voir aussi p. 347.
2.   Voir aussi p. 336.

Abréviations, sigles, acronymes et symboles

L'**abréviation** est la forme réduite d'un mot résultant du retranchement d'une partie des lettres de ce mot. Les **sigles** et les **acronymes** sont des types d'abréviations. Certains **symboles** alphabétiques s'apparentent aux abréviations.

Un **sigle** est une suite d'initiales de plusieurs mots qui forme un mot unique. Un sigle se prononce alphabétiquement, c'est-à-dire avec les noms des lettres qui le composent, ou syllabiquement, comme un mot ordinaire. Voir p. 332.

Un **acronyme** est un sigle prononcé comme un mot ordinaire (**ACDI**, **Unesco**, **sida**), ou un mot formé de syllabes de mots différents (**AFNOR**, **radar**, **algol**, **pergélisol**). Voir p. 332.

Un **symbole** est un signe conventionnel, qui peut notamment consister en une ou plusieurs lettres, correspondant à une réalité, à un élément, à une unité de mesure, à une opération, etc. (**%**, **$**, **QC**, **km**, **Hz**, **H_2O**). Certains **signes typographiques** s'apparentent à des symboles (**&**, *****, **§**). Voir p. 336.

En règle générale, il faut abréger le moins possible pour ne pas nuire à la clarté et à la compréhension du texte. Les abréviations sont plutôt réservées aux notes, aux commentaires, aux indications de sources bibliographiques, aux index, aux tableaux, aux annuaires, aux manuels techniques et scientifiques. Dans les communications courantes entre collègues, elles sont admises, mais elles dénotent une certaine familiarité. Si un mot possède plusieurs abréviations, il est d'usage d'utiliser toujours la même au sein d'un même document.

Abréviations

SUPPRESSION DES LETTRES

Le retranchement d'une partie des lettres d'un mot peut se faire de trois façons.

1. L'abréviation se fait le plus souvent par la **suppression des dernières lettres d'un mot**, qu'on coupe après une consonne et avant une voyelle. On procède ainsi dans tous les cas où il n'existe pas d'abréviations conventionnelles : **abrév.** (abréviation), **comp.** (composé, composition), **compl.** (complément, complémentaire), **déc.** (décembre), **janv.** (janvier), **prép.** (préposition), **m.** (mois). Voir **Abréviations usuelles et symboles**, p. 350.

   Il faut éviter d'abréger un mot par la suppression d'une seule lettre, ce qui, en outre, n'est guère avantageux ; la suppression de deux lettres est tolérée, mais n'est guère conseillée : au lieu de *pag.* ou de *tom.*, il vaut mieux abréger **page** ou **pages** et **tome** ou **tomes** en **p.** et **t.**, respectivement. Mais on peut écrire **chim.** (chimie, chimique), **civ.** (civil).

2. L'abréviation se fait parfois par la **suppression de certaines lettres intérieures du mot** ; dans ce cas, les lettres qui subsistent après l'initiale sont souvent mises en supérieures, c'est-à-dire surélevées, comme un exposant : **Mlle**, **Mme**, **D^r**, **D^{re}**, **S^t**, **S^{te}**. Si on écrit ces lettres sur la même ligne que l'initiale, il faut que la suite de lettres ainsi obtenue soit imprononçable ; si cette suite de lettres est prononçable et risque d'être confondue avec un mot, il est préférable d'écrire la fin du mot au-dessus de la ligne : **Mgr** (monseigneur), **Pr** (professeur), mais **n^o** (numéro), **Cie** (compagnie), **M^e** (maître), pour éviter *no*, *Cie* et *Me*.

3. L'abréviation peut **ne garder que quelques consonnes du mot** : **qqn** (quelqu'un), **qqch.** (quelque chose), **qqf.** (quelquefois), *cf.* ou **cf.** (*confer*). Ce sont des abréviations dites figées, car on ne peut changer aucun élément de ces abréviations.

L'abréviation de mots composés, de locutions ou d'expressions se fait, en principe, à l'aide d'un élément par mot. En principe aussi, on conserve entre les éléments de l'abréviation les espaces et les signes de ponctuation qui existent entre les mots dont elle est issue, surtout si l'abréviation comporte des minuscules ou si ses éléments comprennent plus d'une lettre. On a ainsi : **c.-à-d.** (c'est-à-dire), **P.-S.** (post-scriptum), **N. B.** (nota bene), **c. c.** (copie conforme), **C. civ.** (Code civil), **p. ex.** (par exemple). Certains usages consacrés (des abréviations de grades et de diplômes universitaires, notamment) font cependant exception à cette règle, d'où l'absence d'espace après le point abréviatif.

POINT ABRÉVIATIF

On met un point abréviatif à la fin de toute abréviation où ne figure pas la dernière lettre du mot : **etc.** (et cetera), **ex.** (exemple), **irrég.** (irrégulier), mais **ltée** (limitée, sans point abréviatif). Si le mot abrégé termine la phrase, le point abréviatif se confond avec le point final ou avec les points de suspension, mais il n'annule aucun autre signe de ponctuation.

> **Le nouveau système de classement s'applique à tous les documents : correspondance, dossiers documentaires et administratifs, formulaires, relevés comptables, etc.**

Les abréviations qui terminent une phrase sont le plus souvent **etc.** et **suiv.** (suivantes, dans « et suivantes »). Si une abréviation se terminant par un point abréviatif est suivie d'un appel de note et qu'elle termine la phrase, on met un point final après l'appel de note (voir aussi p. 303).

> **Veuillez vous reporter au manuel, p. 83 et suiv.**
> **... formulaires, relevés comptables, etc.[3].**

PLURIEL DES ABRÉVIATIONS

La plupart des abréviations ne prennent pas la marque du pluriel. C'est notamment le cas des symboles et des unités de mesure, ainsi que des abréviations qui se terminent par un point abréviatif. Voir aussi la liste des abréviations, p. 350.

> **10 m** (mètres)
> **20 min** (minutes)
> **art. 8, 10 et 13** (articles)
> **p. 120-125** (pages)

Quand la dernière lettre de l'abréviation est aussi la dernière du mot, et qu'il n'y a donc pas de point abréviatif, on lui met un *s* au pluriel :

> **S[rs]** ou **Srs** (sœurs)
> **É[ts]** ou **Éts** (établissements)
> **S[ts]** ou **Sts** (saints)
> **Mmes** ou **Mmes** (mesdames)

1ers ou **1ers** (premiers)

XIIes (douzièmes)

nos (numéros ; ici, les deux dernières lettres doivent être surélevées pour éviter la confusion avec l'adjectif possessif *nos*)

Mes (maîtres ; ici, les deux dernières lettres doivent être surélevées pour éviter la confusion avec l'adjectif possessif *mes*)

Le pluriel de certaines abréviations se marque par le redoublement de consonnes, puis le point abréviatif.

MM. (messieurs)

RR. PP. (révérends pères)

FÉMININ DES ABRÉVIATIONS

Il est possible de mettre la marque du féminin à certaines abréviations quand la dernière lettre de l'abréviation est aussi la dernière du mot et qu'il n'y a donc pas de point abréviatif.

Dre ou **Dre** (docteure)

cple (caporale)

sgte (sergente)

Ces abréviations prennent aussi la marque du pluriel.

Dres ou **Dres** (docteures)

cples (caporales)

sgtes (sergentes)

ITALIQUE OU ROMAIN

Les abréviations latines (donc issues d'une langue étrangère) sont écrites en italique dans un texte en romain, et en romain dans un texte en italique. Il y a deux exceptions à cette règle : **etc.** (*et cetera*, « et les autres choses, et ainsi de suite »), qui est passé dans la langue courante, et **cf.** (*confer*, « se reporter à, voir »), qui peut s'écrire en romain ou en italique. Voir plus loin **LISTES D'ABRÉVIATIONS, DE CODES ET DE SYMBOLES**.

ACCENTS SUR LES MAJUSCULES

Dans les abréviations, comme dans les textes courants, les majuscules prennent les accents, le tréma et la cédille lorsque les minuscules équivalentes en comportent. Seuls les sigles font exception à cette règle pour des raisons de prononciation et parce qu'ils ont un statut autonome par rapport aux mots dont ils reprennent les initiales (voir aussi p. 334).

> **Électr.** (Électricité)
> **Éts** ou **É^{ts}** (Établissements)
> **S. Ém.** (Son Éminence)
> **Î.-P.-É.** (Île-du-Prince-Édouard)
> **N.-É.** (Nouvelle-Écosse)

Emploi de l'abréviation

Même s'il est souhaitable d'abréger le moins possible, il est utile de voir comment et dans quels contextes on peut avoir recours à l'abréviation dans les cas suivants :

– titres de personnes ;
– prénoms ;
– toponymes et odonymes ;
– adjectifs numéraux ordinaux ;
– diplômes et grades universitaires ;
– titres de fonction et appellations d'emploi ;
– grades militaires canadiens.

TITRES DE PERSONNES

Il y a des cas ou des contextes où l'abréviation est déconseillée, notamment lorsqu'on s'adresse directement aux personnes : titres de civilité ou titres honorifiques, appels et suscriptions ne s'abrègent pas (voir p. 525). Dans les faire-part et les cartes d'invitation, on écrit également les titres en toutes lettres (voir p. 693).

> **Madame la Présidente,** (formule d'appel)
> **Monsieur Bruno Salvail, président de Sogenag, a l'honneur**
> **de vous inviter...** (invitation)

On peut cependant, et c'est l'usage le plus fréquent, employer l'abréviation d'un titre de civilité ou d'un titre honorifique (**M.**, **Mme**, **D^r**, **P^r**, **M^e**, etc.) si elle est suivie du nom propre de la personne dont il est question, mais à qui on ne s'adresse pas, ou d'un second titre.

> **M. Dubois arrivera demain.**
> **J'ai transmis votre demande au Dr Simon Spitzberg, qui y donnera suite.**
> **Le discours de Mme la ministre Lise Frenette a été rapporté dans**
> **les médias.**
> **Le président de Sogenag, M. Bruno Salvail, est heureux d'annoncer**
> **la nomination de Mme Caroline Moreau au poste de...** (avis de nomination)
>
> **S. M. la reine Élisabeth est venue au Canada.**
> **Sa Majesté est venue au Canada.**

PRÉNOMS

En cas de besoin (manque d'espace dans une adresse, une liste, etc.), on abrège les prénoms en conservant l'initiale majuscule, qu'on fait suivre d'un point.

> **C.** (Caroline, Colette)
> **J.** (Jean, Joseph)
> **É.** (Émilie, Étienne, Édith)

Si le prénom commence par deux consonnes à valeur unique et représentant un seul son (ce qu'on appelle un digramme), l'abréviation reprend généralement ces deux lettres.

> **Ch.** (Charles, Charlotte)
> **Gh.** (Ghislain, Ghislaine)
> **Th.** (Thérèse, Théodore, Thomas)

Lorsque la consonne initiale ou un digramme sont immédiatement suivis des consonnes *l* ou *r*, ces dernières font normalement partie de l'abréviation.

Chr. (Christian, Christiane, Christine)
Cl. (Claire, Claude)
Fr. (François, Françoise, Francine)

Dans le cas d'un prénom composé, on abrège chaque élément et on lie les initiales par un trait d'union.

J.-P. (Jean-Paul, Jean-Pierre)
M.-C. (Marie-Catherine)
L.-Ph. (Louis-Philippe)
P.-É. (Paul-Émile, Pierre-Étienne)
J.-C. (Jésus-Christ ; il ne s'agit pas d'un véritable prénom composé, et le digramme *Ch* n'est pas repris)

Les prénoms composés étrangers non francisés s'écrivent sans trait d'union ; leur abréviation n'en comporte donc pas. Les initiales sont séparées par une espace.

William Henry Harrison
D. H. Lawrence (David Herbert)
C. P. E. Bach (Carl Philipp Emanuel)

Par ailleurs, selon un usage nord-américain, un prénom peut être suivi de l'initiale d'un prénom juxtaposé : ces deux prénoms ne formant pas un prénom composé, ils ne sont pas liés par un trait d'union (voir aussi p. 749).

Normand P. Beaulieu

TOPONYMES ET ODONYMES

En règle générale, l'élément générique et l'élément spécifique d'un toponyme (nom de lieu géographique) ou d'un odonyme (nom de voie de communication), de même que le point cardinal qui en fait partie, ne s'abrègent pas.

l'hôtel de ville de Notre-Dame-du-Lac (et non *N.-D.-du-Lac*)
le boulevard Édouard-Montpetit
la rue Sherbrooke Ouest

Dans les adresses, en cas de manque de place, l'abréviation du générique de l'odonyme et du point cardinal est tolérée (voir aussi p. 757-761, 771).

> **10785, boul. Henri-Bourassa Est** (ou E)

Les nombres qui font partie des toponymes doivent aussi être écrits en toutes lettres, sauf s'il s'agit d'une date ou de chiffres romains.

> **Trois-Rivières** (et non *3-Rivières*)
> **le chemin des Quatre-Bourgeois** (et non *4-Bourgeois*)
> **la rue du 24-Juin**
> **le boulevard Pie-IX**

Certains noms composés de pays et de provinces ont toutefois des abréviations consacrées (**É.-U., G.-B., T. N.-O.**); il existe aussi des symboles et des codes à deux ou plusieurs caractères réservés à des usages particuliers (**US** et **USA** [États-Unis], **GB** et **GBR** [Royaume-Uni], **CA** et **CAN** [Canada], **CA-NT** [Territoires du Nord-Ouest], **QC, ON**, etc.).

Saint

De la même façon, l'adjectif **saint**, **sainte** s'écrit en toutes lettres dans les noms géographiques.

> **Saint-Georges**
> **Sainte-Thérèse**
> **Saints-Anges**
> **le Saint-Laurent**

En cas de nécessité absolue, l'abréviation de **saint** et de **sainte (St, Ste)** est tolérée dans les noms de voies de communication. Selon les règles de la Commission de toponymie, l'abréviation d'un nom de voie de communication doit porter en premier lieu sur le générique (ex. boulevard, chemin); une fois ce générique abrégé, si on manque encore de place, on peut abréger l'adjectif *saint* ou *sainte*. Ensuite, il est aussi possible d'abréger, le cas échéant, le point cardinal, puis certains titres honorifiques ou de fonction et certains prénoms composés (voir p. 771).

> **3456, boul. St-Jean-Baptiste Est**

Par ailleurs, il faut noter que, dans les patronymes (noms de famille), le mot **Saint** ou **Sainte** ne s'abrège que si l'abréviation figure bien dans la graphie officielle du patronyme en question (c'est-à-dire celle qui est consignée dans les registres de l'état civil); en principe, ou si on ne connaît pas la graphie officielle du nom de la personne en question, ces mots s'écrivent en toutes lettres.

> **Monsieur Simon Saint-Pierre**
> **Mme Anne Sainte-Marie**

ADJECTIFS NUMÉRAUX ORDINAUX

On abrège les expressions ordinales en faisant suivre le chiffre arabe ou romain d'une, de deux ou de trois lettres minuscules surélevées : ^e, er, ers, es, re, res. Les séries *ème, èmes, ième, ièmes* sont à éviter. On n'emploie la finale **-ième** ou ^-ième que dans le cas des adjectifs numéraux ordinaux formés avec les lettres n et x : **N^ième, N^ième, n^ième, n^ième, n-ième** ou **énième**, et **Xième, Xième, xième** ou **ixième**. Certains logiciels ne permettent cependant pas de surélever les lettres; il est alors admis de les écrire sur la ligne : **1er, 2e, 3e**, etc.

> **1er** ou **Ier** (premier)   **1ers** ou **I^ers** (premiers)
> **1re** ou **Ire** (première)   **1res** ou **I^res** (premières)
> **2^d** (second)   **2^ds** (seconds)
> **2de** (seconde)   **2des** (secondes)
> **2e** ou **IIe** (deuxième)   **2es** ou **IIes** (deuxièmes)
> **XXe** (vingtième)   **XXes** (vingtièmes)

DIPLÔMES ET GRADES UNIVERSITAIRES

Dans le corps d'un texte, les mots désignant les diplômes et les grades universitaires s'écrivent en toutes lettres et en minuscules.

> **Il a un baccalauréat avec majeure en sociologie**
> **et mineure en anthropologie.**
> **Elle est titulaire d'un doctorat en mathématiques.**
> **Cet homme d'État a été nommé docteur *honoris causa***
> **de l'Université Laval.** (grade honorifique)

Il est cependant admis d'abréger les noms de diplômes et de grades universitaires dans certains écrits, tels que curriculum vitæ, annuaires, notices biographiques, signature d'articles et de rapports, ou annonces professionnelles.

La mention des diplômes et des grades universitaires, que ce soit en toutes lettres ou sous forme d'abréviations, est toutefois déconseillée sur les cartes de visite et les cartes professionnelles, sauf pour les jeunes travailleurs et travailleuses autonomes (voir aussi **Carte professionnelle**, p. 701).

Les mots **certificat, baccalauréat, licence, maîtrise** et **doctorat** s'abrègent en ne conservant que la première lettre du mot, qui devient une majuscule, suivie d'un point abréviatif : **C.** (certificat), **B.** (baccalauréat), **L.** (licence), **M.** (maîtrise), **D.** (doctorat). L'abréviation de **diplôme** est **dipl.** ou **D.**

L'abréviation du mot ou de l'expression qui désigne la discipline ou la spécialité se fait selon les règles habituelles : suppression des dernières lettres du ou des mots, coupure avant une voyelle, point abréviatif. Cette abréviation commence par une majuscule. Si le nom de la discipline ou de la spécialité se compose de plus d'un mot, en principe seul le premier prend la majuscule : **Serv. soc.** (service social).

Les différents éléments composant l'abréviation du grade ou du diplôme universitaire sont en principe séparés par un espacement et prennent les accents nécessaires (**B. Éd.**, par exemple), à moins que l'abréviation ne prenne la forme d'un sigle, c'est-à-dire de majuscules initiales uniquement; en ce cas, comme dans tout sigle, il n'y a pas d'accents (**DEC**, par exemple). Certains usages consacrés font cependant exception à cette règle, d'où l'absence d'espace après le point abréviatif.

Certaines abréviations anciennes d'origine latine, toujours en usage, présentent également des particularités : **LL. L.** (licence en droit), **LL. B.** (baccalauréat en droit), **LL. M.** (maîtrise en droit), **LL. D.** (doctorat en droit), **Ph. D.** et **M.D.** (*Medicinæ Doctor*). Le redoublement de l'initiale **LL.** indique le pluriel (en latin, *legum* est le génitif pluriel de *lex*).

L'abréviation anglaise **MBA** ou **M.B.A.** (*Master of Business Administration*) de même que certaines autres comme **FCA** (*Fellow Chartered Accountant*) sont admises en français.

Les abréviations suivantes et celles qui sont formées sur le même modèle correspondent à la fois aux grades et aux diplômes universitaires (bachelier, bachelière et baccalauréat, maître et maîtrise, docteur, docteure et doctorat, etc.).

B.A.	**baccalauréat ès arts**[1]
B.A.A.	**baccalauréat en administration des affaires**
B. Arch.	**baccalauréat en architecture**
B. Éd.	**baccalauréat en éducation**
B. Inf.	**baccalauréat en informatique**
B. Mus.	**baccalauréat en musique**
B. Pharm.	**baccalauréat en pharmacie**

---

1. La préposition **ès** est une contraction de *en les*; elle doit donc être suivie d'un pluriel, sans trait d'union. Elle est maintenue dans certaines abréviations.

B. Ps.	baccalauréat en psychologie
B. Sc.	baccalauréat ès sciences
B. Sc. (nutrition)	baccalauréat ès sciences en nutrition
B. Sc. appl. ou B. Sc. A.	baccalauréat en sciences appliquées
B. Sc. inf.	baccalauréat en sciences infirmières
B. Sc. pol.	baccalauréat en sciences politiques
B. Sc. soc.	baccalauréat en sciences sociales
D. ès L.	doctorat ès lettres
D.M.D.	doctorat en médecine dentaire
D.M.V.	doctorat en médecine vétérinaire
D. Th.	doctorat en théologie
L. Ph.	licence en (ou de) philosophie
LL. B.	baccalauréat en droit
LL. L.	licence en (ou de) droit (de *Legum Licentiatus*)
LL. M.	maîtrise en droit (de *Legum Magister*)
M.A.	maîtrise ès arts
M.A. (théologie)	maîtrise ès arts en théologie
MBA ou M.B.A.	maîtrise en administration des affaires (*Master of Business Administration*)
M.D.	*Medicinæ Doctor* (« docteur en médecine »)
M. Sc. éd.	maîtrise en sciences de l'éducation
M. Urb.	maîtrise en urbanisme
Ph. D.	*Philosophiæ Doctor* [1]
Ph. D. (études françaises)	Ph. D. en études françaises
Ph. D. (aménagement)	Ph. D. en aménagement

Autres diplômes

C. Comm.	certificat en communication
DEC ou D.E.C.	diplôme d'études collégiales
DESS ou D.E.S.S.	diplôme d'études supérieures spécialisées

---

1. Ce grade latin signifie « docteur en philosophie », avec le sens ancien de *philosophie* qui englobait toutes les disciplines autres que l'histoire et la poésie.

TITRES DE FONCTION ET APPELLATIONS D'EMPLOI

Dans le corps d'un texte, il est préférable d'écrire en toutes lettres les mots désignant les titres de fonction et les appellations d'emploi. Il est cependant admis d'abréger ces noms dans certains écrits, comme dans un annuaire, un répertoire, une liste ou un document destiné à un public restreint qui est familier de ces abréviations.

La première liste ci-dessous présente des titres de fonction et leurs abréviations correspondantes ; la seconde, une liste d'appellations d'emploi courantes et leurs abréviations correspondantes.

Ces abréviations respectent les règles habituelles d'abrègement (suppression des dernières lettres du mot, qu'on coupe après une consonne et avant une voyelle, et présence du point abréviatif). Les mots composés abrégés conservent les espaces ou signes de ponctuation qui existent entre leurs différents éléments (*vice-président* : *v.-p.* ; *ingénieur civil* : *ing. civ.*), sauf s'ils sont présentés sous forme de sigles (*président-directeur général* : *PDG* ; *comptable agréé* : *CA*). Il arrive parfois que certaines abréviations soient formées par la suppression de lettres intérieures du mot.

Certaines appellations peuvent avoir plus d'une abréviation : une forme courte et une forme longue. Lorsque la forme courte risque de ne pas être reconnue ou d'être confondue avec une autre abréviation semblable, la forme plus longue est préférable.

Titres de fonction

Titre de fonction	Abréviation	Titre de fonction	Abréviation
adjoint administratif	adj. admin. adjt admin.	député	dép.
administrateur	adm. admin.	directeur	dir.
		directeur des communications	dir. comm. dircom
ambassadeur	ambass.	directeur général	DG
associé	assoc.	directeur général adjoint	DGA
chargé de projet	ch. de pr.		
chef de service	ch. de serv.	gérant	gér.
collaborateur	coll. collab.	gestionnaire	gest.
		gouverneur	gouv.
commissaire	commiss.	haut-commissaire	ht-commiss.
conseiller	cons.		
coordonnateur	coord. coordonn.	intérimaire	intérim.

Titre de fonction	Abréviation
lieutenant-gouverneur	lieut.-gouv.
ministre	min.
porte-parole	p.-par.
premier ministre	prem. min.
premier vice-président	prem. v.-p.
président	prés. Pdt
président-directeur général	PDG P.-D. G. pdg p.-d. g.
recteur	rect.
représentant	représ.

Titre de fonction	Abréviation
responsable	resp.
scrutateur	scrut.
secouriste	secour.
secrétaire-trésorier	secr.-trés.
sénateur	sén.
sous-gouverneur	ss-gouv.
sous-ministre	ss-min.
superviseur	superv. supervis.
vérificateur général	vérif. gén.
vice-premier ministre	v.-prem. min.
vice-président	v.-p.

Appellations d'emploi

Appellation d'emploi	Abréviation
actuaire	act.
acupuncteur	acup.
agent immobilier	ag. immob. ag. imm.
agronome	agron.
ambulancier	ambul.
analyste financier	anal. fin. AFA (agréé)
anthropologue	anthrop. anthropol.
antiquaire	antiq.
apiculteur	apic.
arboriculteur	arbor. arboric.
archéologue	archéol.
architecte	archit.

Appellation d'emploi	Abréviation
archiviste	arch. archiv.
arpenteur-géomètre	arp.-géom.
assureur	assur.
astronome	astron.
audiologiste	audiol.
avocat	avoc.
bactériologiste	bactér. bactériol.
bibliothécaire	bibl.
bijoutier	bij. bijout.
biochimiste	biochim.
biographe	biogr.
biologiste	biol.

Appellation d'emploi	Abréviation	Appellation d'emploi	Abréviation
botaniste	bot.	cuisiniste	cuis. cuisin.
caméraman	camér.	décorateur	décor.
cardiologue	cardiol.	démographe	démogr.
carreleur	carrel.	dentiste	dent.
cartographe	cartogr.	denturologiste	dentur.
catalogueur	catalog.	dessinateur	dessin.
céramiste	céram.	détective	dét.
charpentier	charp. charpent.	didacticien	didact.
chimiste	chim.	diététiste	diét.
chiropraticien	chiropr.	directeur d'école	dir. d'école
chirurgien	chir.	documentaliste	docum.
chorégraphe	chorégr.	dramaturge	dram.
compositeur	compos.	ébéniste	ébén.
comptable	compt.	éclairagiste	éclair.
comptable professionnel agréé	CPA	écologiste	écol.
		économiste	écon.
concepteur publicitaire	concept. publ.	écrivain	écriv.
		édimestre	édim.
confectionneur	confect.	éditeur	édit.
conseiller d'orientation	c. o.	éducateur spécialisé	éduc. spéc.
conseiller en relations industrielles	CRI CRIA (agréé)	électricien	électr.
		enquêteur	enquêt.
conseiller en ressources humaines	CRH CRHA (agréé)	enseignant	enseign.
		entrepreneur	entrepr. entr.
consultant	consult.	ergonome	erg. ergon.
correcteur	corr.		
courtier immobilier	court. imm. CI c. i.	ergothérapeute	erg. ergothér.
		esthéticien	esthét.
criminologue	criminol.	estimateur	estim.

Appellation d'emploi	Abréviation	Appellation d'emploi	Abréviation
évaluateur	éval. EA (agréé)	ingénieur civil	ing. civ.
expéditeur	exp.	ingénieur-conseil	ing.-cons.
expert-comptable	exp.-compt.	inhalothérapeute	inh.
fiscaliste	fisc.	inspecteur	insp.
fleuriste	fleur.	installateur	install.
généticien	gén. génét.	instructeur	instr.
géographe	géogr.	interprète	int. interpr.
géologue	géol.	joaillier	joaill.
géophysicien	géophys.	journaliste	journ. journal.
gérontologue	gérontol.	juriste	jur.
grammairien	gramm.	législateur	législ.
graphiste	graph.	lexicographe	lexicogr.
graveur	grav.	libraire	libr.
guide touristique	g. tour.	linguiste	ling.
gynécologue	gynécol.	logisticien	logist.
herboriste	herbor.	massothérapeute	massothér.
historien	hist.	médecin	méd.
homéopathe	homéop.	menuisier	menuis.
horticulteur	hort. hortic.	météorologue	météor. météorol.
huissier	huiss.	microbiologiste	microb. microbiol.
hygiéniste dentaire	hyg. dent. HD	modéliste	modél.
illustrateur	ill. illustr.	muséologue	muséol.
imprimeur	impr. imprim.	naturaliste	natural.
infirmier auxiliaire	inf. aux. IA	naturopathe	naturop.
infographiste	infogr.	nettoyeur	nett.
informaticien	inform.	notaire	not.
		nutritionniste	nutr. nutrit.

Appellation d'emploi	Abréviation	Appellation d'emploi	Abréviation
obstétricien	obst. obstétr.	procureur	procur.
œnologue	œnol.	producteur	prod.
oncologue	oncol.	producteur agricole	prod. agric.
ophtalmologiste	ophtalm.	professeur	P^r Pr Prof. prof.
opticien	optic.		
optométriste	optom.		
orthésiste	orthés.	programmeur	progr.
orthodontiste	orthod.	promoteur immobilier	prom. immob. prom. imm.
orthopédagogue	orthop.		
orthopédiste	orthop.	psychanalyste	psychan.
orthophoniste	orthoph.	psychiatre	psych.
ostéopathe	ostéop.	psychologue	psychol.
otorhino-laryngologiste	ORL	publicitaire	publ. public.
paysagiste	pays. paysag.	radiologiste, radiologue	radiol.
pédiatre	péd.	réalisateur	réalis.
pharmacien	pharm.	réceptionniste	récept.
phonéticien	phon. phonét.	recherchiste	rech.
		rédacteur	réd.
photographe	phot. photogr.	régisseur	régiss. rég.
physicien	phys.	registraire	registr. rég.
physiothérapeute	pht. physiothér.	relieur	rel.
planificateur financier	plan. fin. planif. fin.	reporteur	report.
		réviseur	rév. révis.
podiatre	pod.	sage-femme	sage-f.
podologue	podol.	scénariste	scén.
policier	pol.	scénographe	scénogr.
politicien	polit.	sculpteur	sculpt.
politologue	politol.		

Appellation d'emploi	Abréviation	Appellation d'emploi	Abréviation
secrétaire	secr.	thérapeute	thérap.
secrétaire juridique	secr. jur.	toiletteur	toilett.
sergent-détective	serg.-dét. SD	toponymiste	topon.
		traducteur	trad.
sociologue	sociol.	travailleur social	trav. soc. TS
souscripteur	souscr.		
statisticien	stat. statist.	typographe	typogr.
		urbaniste	urb. urban.
styliste	styl.		
sylviculteur	sylvic.	vétérinaire	vétér.
technicien forestier	techn. forest.	vidéaste	vid.
technologue	technol.	vidéo-jockey	VJ
teinturier	teint. teintur.	voyagiste	voyag.
		webmestre	webm.
téléphoniste	tél.	zoologiste	zool.
terminologue	term.	zootechnicien	zootechn.

 GRADES MILITAIRES CANADIENS

Dans le corps d'un texte, lorsqu'on ne s'adresse pas à la personne, mais que l'on parle simplement de quelqu'un, le grade militaire s'écrit en toutes lettres et en minuscules, que le grade soit accompagné ou non du nom de la personne.

> **Vous aurez sans doute l'occasion d'en discuter avec le colonel.**
> **Plusieurs lieutenants ont participé à cette mission.**
> **Le vice-amiral Simard fera certainement partie du projet.**
> **C'est le soldat Lemieux qui a informé le sergent Bouchard.**

La liste qui suit présente les abréviations des grades militaires des forces canadiennes. Bien que ces abréviations ne respectent pas les règles habituelles d'abrègement (absence de points abréviatifs, notamment), elles doivent être reproduites telles quelles, en raison de leur caractère officiel.

Grades de l'armée de terre et de l'armée de l'air, en ordre décroissant

Grade	Abréviation	Grade	Abréviation
général	gén	sous-lieutenant	slt
lieutenant-général	lgén	élève-officier	élof
major-général	mgén	adjudant-chef	adjuc
brigadier-général	bgén	adjudant-maître	adjum
colonel	col	adjudant	adj
lieutenant-colonel	lcol	sergent	sgt
major	maj	caporal-chef	cplc
capitaine	capt	caporal	cpl
lieutenant	lt	soldat	sdt

Grades de la marine, en ordre décroissant

Grade	Abréviation	Grade	Abréviation
amiral	am	premier maître de 1re classe	pm 1
vice-amiral	vam	premier maître de 2e classe	pm 2
contre-amiral	cam	maître de 1re classe	m 1
commodore	cmdre	maître de 2e classe	m 2
capitaine de vaisseau	captv	matelot-chef	matc
capitaine de frégate	captf	matelot de 1re classe	mat 1
capitaine de corvette	captc	matelot de 2e classe	mat 2
lieutenant de vaisseau	ltv	matelot de 3e classe	mat 3
enseigne de vaisseau de 1re classe	ens 1		
enseigne de vaisseau de 2e classe	ens 2		
aspirant de marine	aspm		

Sigles et acronymes

Le **sigle** est une série de lettres initiales de plusieurs mots représentant une expression, ou désignant une société ou un organisme, et formant un mot unique. Un sigle se prononce alphabétiquement, c'est-à-dire en épelant le nom des lettres qui le composent (HLM, FAO, INRS, VSOP), ou syllabiquement, c'est-à-dire en formant des syllabes comme pour un mot ordinaire (CHUL, Unicef, ovni). Dans ce dernier cas, on appelle le sigle **acronyme**; un acronyme peut aussi être un mot formé de syllabes de mots différents (REXFOR, SIDBEC) ou d'une combinaison de lettres et de syllabes de plusieurs mots (AFNOR, sonar).

SIGNIFICATION ET EMPLOI

Pour assurer la clarté de l'énoncé, il est conseillé de donner la signification d'un sigle en clair, la première fois qu'on l'emploie dans un texte, du moins si ce sigle n'est pas très connu. Deux procédés sont admis : employer le sigle, puis indiquer sa signification entre parenthèses, ou employer la dénomination en toutes lettres, puis indiquer le sigle entre parenthèses. Si, dans un texte, on emploie un grand nombre de sigles, il peut être utile d'en dresser la liste au début du texte.

> **Le CRIQ (Centre de recherche industrielle du Québec) vient de publier [...] Il faut s'adresser au CRIQ pour obtenir...**
>
> **L'Université du Québec à Trois-Rivières (UQTR) recherche un professeur ou une professeure de chimie. [...] Le Département de chimie de l'UQTR se compose actuellement de...**

MAJUSCULES ET MINUSCULES

Plus l'usage d'un sigle (ou d'un acronyme) se répand, plus il donne lieu à des graphies diverses, surtout si l'alternance des consonnes et des voyelles en fait un mot qui peut se prononcer syllabiquement. Il est d'abord formé de majuscules initiales suivies des points abréviatifs (mais sans traits d'union), puis de ces majuscules sans points abréviatifs, ensuite de la majuscule initiale et de minuscules, et enfin, s'il ne s'agit pas d'un nom propre, il s'écrit entièrement en minuscules : il devient alors un véritable nom commun qui peut prendre la marque du pluriel et produire des dérivés. On dit qu'il se lexicalise, qu'il est lexicalisé.

> **C.E.G.E.P.** (collège d'enseignement général et professionnel),
> puis **CEGEP**, puis **Cégep** et enfin **cégep**
> **un cégep, des cégeps** (graphie recommandée)
> **cégépien, cégépienne**

On ne laisse pas d'espace entre les lettres d'un sigle et on emploie exclusivement les majuscules, même si l'appellation au long comporte des minuscules.

> **INRS** (Institut national de la recherche scientifique)

À ce sujet, on peut noter par exemple que le sigle de Bibliothèque et Archives nationales du Québec (BAnQ) n'est pas formé selon les règles.

Un sigle peut, pour éviter les répétitions de lettres, ou pour faciliter la lecture ou la mémorisation, ne reprendre que les mots principaux d'une dénomination ou d'une expression (et ne pas doubler les initiales d'appellations au masculin et au féminin, par exemple).

> **FTQ** (Fédération des travailleurs et travailleuses du Québec)

Certains sigles employés en français correspondent à des appellations en d'autres langues.

> **U.N.E.S.C.O.** (United Nations Educational, Scientific and Cultural Organization ;
> Organisation des Nations unies pour l'éducation, la science et la culture)
> **UNESCO**
> **Unesco** (forme la plus courante actuellement)
> **ISO** (International Organization for Standardization ; Organisation internationale de normalisation)

POINTS ABRÉVIATIFS

Pour des raisons de simplification et d'uniformisation, il est désormais admis, voire conseillé, d'écrire d'emblée les sigles sans points abréviatifs. Cet usage ne présente aucun inconvénient, et il est maintenant reconnu dans les codes typographiques récents et pratiqué par les grandes maisons d'édition ainsi que par la presse francophone. L'emploi des points reste évidemment correct.

ACCENTS

Les majuscules qui composent les sigles ne prennent pas d'accents, contrairement aux autres majuscules employées au début des mots, dans les textes écrits tout en majuscules, ainsi que dans les abréviations. En effet, comme les sigles et les acronymes ont une certaine autonomie, en ce qui concerne la prononciation notamment, par rapport aux mots dont ils proviennent, ils ne conservent pas les accents de ces mots : on peut ainsi prononcer les sigles soit alphabétiquement, soit syllabiquement, mais en respectant les règles de la phonétique française.

> **ALENA** (Accord de libre-échange nord-américain, se prononce [alena] [aléna])
>
> **PEPS** (pavillon de l'éducation physique et des sports)
>
> **HEC** (École des hautes études commerciales. Depuis 2002, l'École des hautes études commerciales de Montréal a comme désignation officielle HEC Montréal.)
>
> **REER** (régime enregistré d'épargne-retraite, se prononce [REƐR] [réèr] et non pas [RiR] [rir])
>
> **REA** (régime d'épargne-actions, se prononce [Rea] [réa])
>
> **UQAR** (Université du Québec à Rimouski)
>
> **UQAM**[1] (Université du Québec à Montréal)

ARTICLE, GENRE ET NOMBRE

L'article qui précède le sigle prend le genre et le nombre du premier mot qui le compose.

> **la CSQ** (la Centrale des syndicats du Québec)
>
> **la BDL** (la Banque de dépannage linguistique, de l'Office québécois de la langue française)
>
> **une ONG** (une organisation non gouvernementale)
>
> **un ULM** (un ultra léger motorisé)
>
> **un** ou **une HLM** (une habitation à loyer modéré ou modique ; ce sigle lexicalisé fait exception à la règle, car il est le plus souvent considéré comme masculin)
>
> **un CHU** (un centre hospitalier universitaire), **les CHU** (les centres hospitaliers universitaires ; la forme plurielle *les chus* est à éviter, car ce sigle n'est pas encore lexicalisé, c'est-à-dire qu'il n'est pas encore considéré comme un nom commun)
>
> **le CHUS** (le Centre hospitalier universitaire de Sherbrooke)

---

1. Dans les textes, l'acronyme de l'Université du Québec à Montréal s'écrit bien UQAM (sans accent grave sur le A, conformément à la règle générale d'écriture des sigles). Toutefois, la conception graphique de la signature de l'établissement universitaire comporte un accent sur le A. Cet accent grave est censé évoquer le mortier des diplômés et créer une sorte de symétrie avec la queue de la lettre Q.

Les sigles étrangers ont généralement en français le genre qu'aurait leur mot de base. Par exemple, un sigle formé avec le mot *agency*, *corporation*, *organization* ou *company*, ou leurs équivalents dans d'autres langues, sera féminin; un sigle formé avec *board*, *bureau*, *committee* ou *center*, ou leurs équivalents dans d'autres langues, sera masculin.

> **la BBC** (British Broadcasting Corporation)
> **la CIA** (Central Intelligence Agency)
> **le FBI** (Federal Bureau of Investigation)
> **le KGB** (en russe Komitet Gossoudarstvennoï Bezopasnosti; en français Comité de sécurité de l'État)

Un sigle en majuscules ne prend toutefois pas la marque du pluriel.

> **des VTT** (des véhicules tout-terrains)
> **des PME** (des petites et moyennes entreprises)
> **les OGM** (les organismes génétiquement modifiés)

L'article s'élide normalement devant une voyelle.

> **l'ONU**
> **l'IATA** (l'International Air Transport Association)

Un acronyme devenu nom commun suit les règles habituelles d'accord en genre et en nombre.

> **des radars**
> **les zecs**

 ITALIQUE

Même si les titres d'ouvrages s'écrivent en italique, le sigle qui reprend le titre de l'ouvrage reste en romain.

> **Consultez *Le grand dictionnaire terminologique* (GDT).**
> **Le GDT est une banque de données terminologiques.**

MINISTÈRES ET ORGANISMES

Dans l'administration publique, les termes *ministère* et *organisme*, même s'ils renvoient à des réalités administratives différentes, sont souvent utilisés en coordination dans les expressions **ministères et organismes** et, au singulier, **ministère ou organisme**. L'emploi de ces expressions étant fréquent dans la fonction publique, on a souvent recours à la forme abrégée **MO**, forme qu'on évite toutefois d'employer dans les textes destinés au grand public.

> **Voici la liste des répondants des MO** (ou **ministères et organismes) qui ont collaboré au projet.**
>
> **Chaque MO** (ou **ministère ou organisme) doit adopter une politique linguistique.**

Il est toujours préférable, du moins dans les documents officiels et ceux qui ont un certain prestige, d'écrire en toutes lettres la dénomination des ministères et des organismes de l'Administration, dont il n'existe d'ailleurs généralement pas de dénomination abrégée ni de sigle officiel. Toutefois, si on doit, dans des textes courants ou par manque de place, abréger ces dénominations, il faut s'assurer que le public auquel le texte est destiné comprendra la forme raccourcie ou le sigle utilisé occasionnellement. Il est cependant conseillé, si le contexte le permet, de reprendre le premier nom de la dénomination plutôt que d'utiliser un sigle.

> **l'Office québécois de la langue française**
> **l'Office**
>
> **le ministère de l'Éducation, du Loisir et du Sport**
> **le ministère** ou **le Ministère**
> **le MELS**

Symboles et unités de mesure

Le symbole est une représentation littérale, numérale ou pictographique d'une grandeur, d'une substance ou d'une réalité quelconque. Le symbole est invariable ; on laisse un espacement entre un nombre et le symbole qui le suit.

kW (kilowatt)
H_2O (eau)
°**C** (degré Celsius)
min (minute)
$ (dollar)
14 h

Les symboles et les unités de mesure sont traités successivement dans l'ordre suivant :

– Système international d'unités (SI) ;
– Rapport et proportion ;
– Indication de la date et de l'heure ;
– Symboles d'unités monétaires.

SYSTÈME INTERNATIONAL D'UNITÉS (SI)

Le système international d'unités, connu internationalement sous le sigle SI, est une version moderne du système métrique adopté en France en 1795. La Conférence générale des poids et mesures, autorité internationale en ce domaine, l'a adopté en 1960. Le Canada a suivi, le 16 janvier 1970, se joignant ainsi à la communauté des pays industrialisés qui l'utilisaient déjà.

Le système international d'unités, exploitant la simplicité du système décimal de numération, se compose d'unités qui sont toutes dans un rapport de 1 à 10 ou de multiples de 10. Il permet des calculs commodes : il suffit souvent de déplacer une virgule. On obtient les multiples et les sous-multiples des unités au moyen de préfixes comme *milli* ou *kilo*. L'emploi des unités de mesure impériales et de leurs divisions (*pied, pieds* : **pi** ou ' ; *pouce, pouces* : **po** ou ", ¼ **po** ; *livre, livres* : **lb**, 1½ **lb** ; *once* : **oz**, etc.) se fait maintenant beaucoup plus rare dans les domaines techniques et est déconseillé par le Bureau de normalisation du Québec.

Unités de mesure SI

Les unités de base les plus courantes du système sont :

• le mètre (**m**), unité de longueur ;
• le kilogramme (**kg**), unité de masse, ce qu'on appelle couramment *poids* ;
• la seconde (**s**), unité de temps ;
• l'ampère (**A**), unité de courant électrique.

Préfixes SI

Un préfixe SI est un élément ajouté à une unité pour composer le nom d'un multiple décimal ou d'un sous-multiple décimal. Voici les principaux préfixes SI et les symboles qui les représentent :

Préfixe	Symbole			
téra	T	billion	1 000 000 000 000	(10^{12})
giga	G	milliard	1 000 000 000	(10^9)
méga	M	million	1 000 000	(10^6)
kilo	k	mille	1000	(10^3)
hecto	h	cent	100	(10^2)
déca	da	dix	10	
déci	d	un dixième	0,1	
centi	c	un centième	0,01	
milli	m	un millième	0,001	
micro	µ	un millionième	0,000 001	
nano	n	un milliardième	0,000 000 001	

Formation des symboles des unités de mesure et règles d'écriture

Les symboles normalisés des unités ainsi que ceux des préfixes qui leur sont ajoutés ne peuvent être modifiés. Il ne faut pas interchanger majuscules et minuscules, ni lettres latines et lettres grecques. Les symboles s'écrivent en romain, et non en italique. Qu'ils soient simples ou composés, ils ne comprennent pas de point abréviatif et ne prennent pas la marque du pluriel.

dam	(décamètre)		
GHz	(gigahertz)		
hl	(hectolitre)		
kg	(kilogramme)	et non	*Kg, KG*
km	(kilomètre)	et non	*Km, kM, KM*
kPa	(kilopascal)		
kW	(kilowatt)		
MJ	(mégajoule)		
Mt	(mégatonne)		
ml	(millilitre)		
s	(seconde)	et non	*sec*
ns	(nanoseconde)		
TW	(térawatt)		
l	(litre)	et non	*lit* ni *l*
h	(heure)	et non	*hre, H, Hre, hres*
min	(minute)	et non	*m, mn, min.*

4,5 mm	et non	*4,5 mms*
60 kg	et non	*60 kgs*
4 Mbit	et non	*4 Mbits*

Le litre n'est pas une unité SI, mais il a un symbole international qui est **l**. Le symbole **L** est toléré uniquement lorsqu'il y a risque de confusion entre la lettre *l* et le chiffre 1. Il n'est donc jamais admis dans la formation des dérivés du litre (**dl**, **cl**, **ml**).

Les symboles officiels d'unités de temps **h** et **min** ne font pas partie du système SI, mais ils suivent les mêmes règles. L'heure et la minute ne sont pas des unités décimales.

Les symboles des unités de mesure ne sont jamais suivis d'un point abréviatif (**min**, **h**, **km**). On les emploie après un nombre entier ou fractionnaire écrit en chiffres et ils ne prennent jamais la marque du pluriel. On doit toujours laisser un espacement entre la valeur numérique et le symbole de l'unité. La seule exception est le symbole du degré, qui est collé au chiffre s'il indique un angle ou si, dans le cas d'une température, l'échelle n'est pas précisée par la lettre C, F ou K.

10 m (et non *dix m*)

100 km/h (et non *cent km/h*)

5,75 g (et non *cinq g ¾* ni *cinq ¾ g*, ni *5 g ¾*, ni *5 ¾ g*, mais on peut écrire **5 oz ¾** ou **5 ¾ oz**, car ce n'est pas une mesure SI)

8 kg (et non *8kg*)

90°, 360°

37,5°

20 °C

451 °F

-35 °C

42° 15' 50" N. ou **42°15'50" N.** (ou **de latitude nord**, ou **de latitude Nord**, ou **de lat. N.**)

Le **signe décimal** est une virgule sur la ligne, et non un point.

13,7 km

1,50 m (et non pas *1 m ½*, mais on peut écrire **2 lieues ¾**, car ce n'est pas une mesure SI)

3,05 cl

Si la valeur absolue est inférieure à un, la virgule doit être précédée d'un zéro.

0,6 km

S'il s'agit d'un nombre entier, on n'indique pas de décimales, à moins que le contexte n'établisse une comparaison entre des grandeurs dont certaines ont des décimales, ou que ce soit un tableau.

50 kg

La partie entière et la partie fractionnaire des nombres sont séparées en tranches de trois chiffres par un espacement (insécable), et non par un point ni par une virgule. Cette séparation n'est toutefois pas nécessaire si le nombre ne comprend pas plus de quatre chiffres à gauche ou à droite de la virgule et qu'il n'est pas présenté dans une colonne de chiffres.

21 985 km
La valeur de pi est 3,141 592 653 5.
872,50 g
0,002 l
3500 m ou 3 500 m

On ne sépare pas les numéros ni les nombres exprimant une année.

10985, rue des Érables
(numéro d'immeuble ; on ne sépare pas les chiffres d'un numéro)
le matricule 562498 (numéro)
14 novembre 2015
en 5000 avant Jésus-Christ (ou **av. J.-C.**)

Lorsqu'on utilise une unité à division décimale qui a un symbole littéral, on écrit ce symbole à droite du nombre indiquant la valeur numérique, sur la même ligne et en caractères du même corps. Une espace insécable sépare le nombre du symbole.

35,5 cm (et non *35 cm 5* ni *35^{cm}5* ni *35,5^{cm}*)

Les **divisions** sont indiquées symboliquement par la barre oblique et littéralement par la préposition **par** (ou **à**).

km/h (en toutes lettres, on écrit **kilomètre par heure** ou, couramment, **kilomètre à l'heure** ou **kilomètre-heure**, et non *kilomètre/heure*)
On annonce des vents de 80 km/h. (**kilomètres par heure, kilomètres à l'heure** ou **kilomètres-heure**)

En contexte de mathématiques, le symbole de **division** à utiliser est ÷.

$$5 \times 4 \div 2 = 10$$

Les **dimensions** d'une surface sont données dans l'ordre longueur, puis largeur, ou bien hauteur puis largeur ; celles d'un volume sont généralement données dans l'ordre longueur, largeur, hauteur, ou largeur, profondeur, hauteur. Elles s'expriment en unités de longueur, et on intercale entre les dimensions la préposition **sur** (et non *par*).

> **10 cm × 4 cm × 2 cm**
> **dix centimètres sur quatre centimètres sur deux centimètres**

RAPPORT ET PROPORTION

La notation d'un rapport, qui est une relation entre deux grandeurs appartenant au même ensemble et exprimées sous la forme du quotient des nombres qui les caractérisent, peut se faire de trois façons :

> **a : b**   ou $\dfrac{\mathbf{a}}{\mathbf{b}}$ ou   **a/b**

et se lit ainsi : le rapport de *a* à *b*.

> **Au bureau, le rapport du nombre d'hommes au nombre de femmes est de $\dfrac{1}{5}$.** (se lit : ... de un à cinq)
>
> **Mélanger une solution d'eau de Javel avec de l'eau dans un rapport de 1 : 4.** (se lit : ... de un à quatre)

Une proportion, qui est une égalité entre deux rapports, se note ainsi :

> **a : b :: c : d**   ou $\dfrac{\mathbf{a}}{\mathbf{b}} = \dfrac{\mathbf{c}}{\mathbf{d}}$

et se lit comme suit : *a* est à *b* comme *c* est à *d*, ou le rapport de *a* à *b* est égal au rapport de *c* à *d*.

INDICATION DE LA DATE ET DE L'HEURE

Lettres et textes courants

Dans les lettres et les textes commerciaux et administratifs courants, de même que dans les programmes d'activités, de manifestations, de congrès, etc., la date et l'heure s'indiquent sous forme alphanumérique, c'est-à-dire par des lettres et des chiffres. On la fait précéder de l'article défini **le** dans les textes suivis et dans les cas où elle est précédée d'un nom de lieu (dans la correspondance, par exemple).

> **La prochaine réunion se tiendra le jeudi 18 août 2016, à 14 h 30.**
> (et non pas, de façon générale, pour annoncer un jour quelconque … *jeudi, le 18 août 2016*. Une construction du type « jeudi, le 18 août » ne serait correcte que dans le cas où, parlant de jeudi prochain ou de jeudi dernier, on voudrait en rappeler la date.)
>
> **C'est le vendredi 12 juin dernier que…**
>
> **Vous avez jusqu'au 30 octobre 2015 pour me faire part de votre réponse.**
> (**Jusque** étant une préposition qui marque le terme final, la limite à ne pas dépasser, la journée du 30 octobre est incluse. Pour éviter toute ambiguïté, on écrira : **Vous avez jusqu'au 30 octobre 2015 inclusivement pour me faire part de votre réponse.**)
>
> **Le bail expire le 30 juin.** (Le 30 juin est inclus.)
>
> **Montréal, le 12 février 2015** (dans une lettre)

Dans les programmes d'activités, on omet généralement l'article devant la date. On doit laisser une espace entre le chiffre et le symbole de l'heure (**h**); comme il ne s'agit pas d'unités décimales, on ne fait pas précéder d'un zéro les minutes inférieures à dix et on ne fait pas suivre de deux zéros les heures justes. On note l'heure selon le format de vingt-quatre heures (de 0 h à 24 h). Minuit est l'heure zéro. On représente minuit soit par **0 h** (ou par 00 suivi d'autres zéros, dans une représentation numérique) pour indiquer le début d'un jour, soit par **24 h** (ou 24 suivi de zéros, dans une représentation numérique) pour indiquer la fin d'un jour.

Il faut éviter d'employer les abréviations *a.m.* (du latin *ante meridiem*) et *p.m.* (du latin *post meridiem*) qui sont en usage en anglais dans l'indication de l'heure; on ne doit pas les employer non plus comme abréviations de *matinée* (ou d'*avant-midi*) et d'*après-midi*.

Vendredi 16 janvier 2015 (programme, calendrier d'activités ou lettre où on ne mentionne pas le lieu d'expédition, par exemple)

16 janvier 2015 (mention dans un programme ou un calendrier d'activités, sur une affiche, etc.)

19 h (et non *19 h 00*)

8 h 5 (et non *8 h 05*, car l'heure et la minute ne sont pas des unités décimales)

15 h (et non *3:00 p.m.* ni *15 hrs*, ni *15 h*)

PROGRAMME DU COLLOQUE

Jeudi 21 octobre

8 h 30	Inscription
9 h	Conférence d'ouverture
10 h 15	Pause
[...]	
14 h – 16 h	Ateliers

Dans les textes littéraires, l'heure et la durée s'écrivent le plus souvent sous forme entièrement alphabétique.

La marquise sortit à cinq heures.

 Dates coordonnées

Dans les cas où l'on doit coordonner deux dates et, parfois, préciser les journées correspondant à ces dates, plusieurs façons de présenter l'information sont possibles.

Lorsque le mois et l'année sont identiques, on peut, par souci d'économie, ne pas les répéter.

Le prochain colloque se tiendra le 5 et le 6 mars 2015.

Nous vous attendons le mercredi 14 et le jeudi 15 janvier, dès 19 h.

Si les dates se suivent, si elles correspondent à un même jour de la semaine ou si elles se succèdent à des intervalles réguliers, il est possible de ne pas répéter le déterminant *le*, ainsi que le mois et l'année.

> **Les formations se donneront en soirée, le 13 et le 14 avril 2015.**
> (ou **les 13 et 14 avril 2015**)
>
> **L'activité a lieu la fin de semaine du 29 et du 30 août.**
> (ou **des 29 et 30 août**)
>
> **La bibliothèque sera fermée le 31 mai, le 1er et le 2 juin prochains.**
> (ou **les 31 mai, 1er et 2 juin prochains**)
>
> **Le médecin fait des visites à domicile tous les mercredis**
> **de septembre : le 5, le 12, le 19 et le 26.** (ou **les 5, 12, 19 et 26**)
>
> **Il devra recevoir un traitement le 6, le 9 et le 12 novembre.**
> (ou **les 6, 9 et 12 novembre**)

Dans une phrase, lorsqu'on veut parler de dates qui correspondent à un même jour de la semaine, on évite de répéter le déterminant *le* et le jour.

> **Elles vous feront une démonstration de leur savoir-faire**
> **au soccer les jeudis 7 juillet et 4 août.** (de préférence à : *le jeudi 7 juillet*
> *et le jeudi 4 août*)

Par ailleurs, il est d'usage de répéter le déterminant *le* devant chaque date lorsque :

- les dates sont unies par *ou*, qui indique un choix ;
- les dates ne sont pas immédiatement subséquentes ;
- chacune des dates est précédée d'un nom de jour différent.

> **Il sera de retour le 20 ou le 21 août.** (et non *les 20 ou 21 août*)
>
> **Ces reportages seront diffusés le 22 et le 23 janvier et le 3 février.**
> (ou **les 22 et 23 janvier et le 3 février**, et non *les 22, 23 janvier et 3 février*)
>
> **Ils seront des nôtres le mardi 4 et le mercredi 5 avril.**
> (et non *les mardi 4 et mercredi 5 avril*)

Il arrive parfois que des dates soient en apposition à des jours de la semaine. Elles sont alors encadrées de virgules, ou entre une virgule et un point final, selon le cas.

Cette construction permet de préciser les dates, d'où l'emploi fréquent de *soit*, de *c'est-à-dire* ou de *respectivement*. Si les dates forment une suite logique, il est permis d'utiliser le déterminant *les* devant ces dernières et devant les noms de jours.

> **Les rencontres d'information auront lieu le mardi et le mercredi**
> **de cette semaine, soit le 14 et le 15 juin, à 19 h.** (ou les mardi et mercredi,
> soit les 14 et 15 juin)
>
> **Cette semaine, le médecin peut recevoir ses patients le lundi, le mardi**
> **et le mercredi, c'est-à-dire le 14, le 15 et le 16 novembre.**
> (ou le lundi, le mardi et le mercredi, c'est-à-dire les 14, 15 et 16 novembre ;
> ou les lundi, mardi et mercredi, c'est-à-dire les 14, 15 et 16 novembre)

Le déterminant est souvent facultatif dans l'apposition lorsqu'il n'est pas précédé de termes comme *soit* ou *respectivement*.

> **Il sera à Québec le lundi, le mardi et le mercredi, 14, 15 et 16 novembre.**

Le déterminant est également facultatif devant les noms de jours à venir prochainement.

> **Je serai absente du bureau lundi et mardi, les 18 et 19 août.**

Dans les cas où les dates et les jours sont disjoints, on répète le déterminant singulier.

> **Exceptionnellement, la clinique sera ouverte en soirée, le lundi 14**
> **et le mercredi 16 octobre.** (et non *les lundi et mercredi, les 14 et 16 octobre*)
>
> **Je serai absente du bureau le lundi 18 ou le mardi 19 août.**
> (et non *les lundi ou mardi, les 18 ou 19 août*)

Pour noter des dates qui forment une période, on les présente sous forme d'intervalle.

> **Karina et Éloïse seront en spectacle au Vieux Bureau de poste**
> **du 18 au 21 octobre.**
>
> **La période d'inscription s'étendra du 28 mai au 11 juin.**

Tableaux et usages techniques

Toutefois, on peut indiquer la date et l'heure sous forme entièrement numérique pour répondre à certains besoins techniques : tableaux, horaires, codage, relevés divers. Dans ce cas, on procède de la façon suivante : quatre chiffres représentent l'année, deux chiffres représentent le mois et deux, le jour ou quantième, dans cet ordre, conformément à une norme internationale. Les séparateurs dont on peut faire usage entre l'année, le mois et le quantième sont l'espace ou le trait d'union ; le deux-points et la barre oblique ne sont pas admis dans ce cas. Pour éviter toute ambiguïté entre l'année, les mois et les jours, il est toujours préférable d'écrire les quatre chiffres de l'année.

> **20150624** ou **2015 06 24** ou **2015-06-24**
> (et non *150624* ni *15 06 24*, ni *15-06-24*, ni *2015/06/24*, ni *15/06/24* ;
> les formes *24062015*, *24 06 2015*, *24-06-2015*, *240615*, *24 06 15*, *24-06-15*,
> *24/06/2015* et *24/06/15* sont également à éviter)

Dans des cas exceptionnels, si l'on a à écrire une date incomplète, c'est-à-dire uniquement le mois et l'année, on procède de la même façon, mais l'on omet les jours. Ainsi, si l'on veut écrire **août 2015** :

> **201508** ou **2015 08** ou **2015-08**
> (et non *1508* ni *15 08*, ni *15-08*, ni *2015/08*, ni *15/08* ; ici aussi, les formes *082015*,
> *08 2015*, *08-2015*, *0815*, *08 15*, *08-15*, 08/2015 et *08/15* sont à éviter)

L'heure peut, au besoin, s'ajouter à la date en prolongeant la série de nombres. Seuls les deux-points (ni précédés ni suivis d'un espacement dans ce cas) sont admis comme séparateurs entre les heures et les minutes, et entre les minutes et les secondes, sauf lorsqu'aucun séparateur n'est utilisé, dans lequel cas tout est écrit sans interruption. L'heure doit être indiquée selon le format de vingt-quatre heures.

« Le 24 juin 2015 à 16 heures 30 minutes » s'exprime numériquement de l'une ou l'autre des façons suivantes :

> **201506241630**
> **2015 06 24 16:30**
> **2015-06-24-16:30**

Pour indiquer une durée dans un texte technique ou un texte qui porte principalement sur des données chiffrées, on emploie les symboles **h**, **min** et **s** et on écrit les nombres en chiffres.

> **Le vainqueur a parcouru le circuit en 2 h 24 min 5 s,
> et le deuxième, en 2 h 27 min 59 s.**

Les nombres séparés par le deux-points (dans ce cas, sans espacement ni avant ni après ce signe) sont réservés à l'expression de l'heure, dans les tables d'horaires de moyens de transport notamment; on fait alors précéder d'un zéro le nombre de minutes inférieur à dix pour respecter l'alignement des colonnes de chiffres.

DÉPART DES TRAINS

08:15

12:35

17:05

19:00

Calendrier

Le lundi est la première journée de la semaine; le dimanche en est la dernière. En français, dans un calendrier, la première colonne doit être celle des lundis.

Septembre						
lun.	**mar.**	**mer.**	**jeu.**	**ven.**	**sam.**	**dim.**
						1
2	**3**	**4**	**5**	**6**	**7**	**8**
9	**10**	**11**	**12**	**13**	**14**	**15**
16	**17**	**18**	**19**	**20**	**21**	**22**
23	**24**	**25**	**26**	**27**	**28**	**29**
30						

SYMBOLES D'UNITÉS MONÉTAIRES

Pour noter une somme d'argent accompagnée d'un symbole d'unité monétaire, il est recommandé d'écrire ce symbole, sur la même ligne et en caractères du même corps, à droite du nombre et séparé de ce nombre par un espacement. Pour l'écriture des nombres et des sommes d'argent, voir p. 383. Dans l'usage courant et lorsqu'il n'y a aucun risque de confusion, le symbole du dollar est $.

> **50 000 $**
> **1000 $ CA** ou **1 000 $ CA**
> **2000 $ US** ou **2 000 $ US**
> **3000 €** ou **3 000 €**

Les symboles d'unités monétaires peuvent être précédés des préfixes SI **k** (kilo), **M** (méga), **G** (giga), **T** (téra) dans les tableaux et dans les cas où le manque réel de place l'impose. Cet usage est cependant réservé aux écrits techniques de nature bancaire ou financière. Il n'y a pas d'espace entre le préfixe et le symbole. Voir tous les préfixes SI p. 338.

> **85 000 000 $** ou **85 M$** (et non *85 M$* ni *85 m$*, ni *85M$* ;
> se lit quatre-vingt-cinq millions de dollars ou quatre-vingt-cinq mégadollars)
> **3,5 G$** (se lit trois gigadollars et demi ou trois milliards cinq cents millions de dollars)
> **10 000 €** ou **10 k€** (se lit dix mille euros ou dix kiloeuros)
> **150,25 €**

Lorsqu'on emploie une unité monétaire à division décimale, le symbole s'écrit à droite du nombre décimal. Le signe décimal est toujours la virgule (qui n'est pas suivie d'un espacement dans ce cas).

> **25,50 $**
> **150,25 €**
> **0,01 $** ou **1 ¢**
> **0,25 $** ou **25 ¢** (Le mot **cent** se prononce [sɛnt] [sènnt] au singulier comme au pluriel. Le *s* du pluriel n'est pas sonore, conformément aux règles usuelles de la prononciation française.)

Quelques symboles d'unités monétaires

Nom	Symbole
dollar des **États-Unis** ou, couramment, **dollar américain**	**$ US** (et non *$ É.-U.*)
dollar canadien	**$ CA**
euro	**€**
franc suisse	**FS**
livre sterling	**£**
yen	**¥**

L'expression **dollar américain** est acceptée dans la langue courante, mais l'appellation normalisée est **dollar des États-Unis**.

Le symbole du dollar canadien est **$ CA**. Dans les contextes où il faut trois positions après le symbole **$**, on peut employer **CAN**. Le symbole **$ CAN** est réservé à ces cas-là, et notamment en service international.

De plus, aux monnaies correspondent aussi des codes alphabétiques à trois lettres et des codes numériques à trois chiffres qui sont en usage notamment pour les transferts électroniques de fonds. Le code alphabétique du dollar canadien est **CAD**, où **D** désigne dollar, celui du dollar des États-Unis est **USD** et celui de l'euro est **EUR**. (Pour plus amples renseignements sur cette question, consulter *Unité monétaire canadienne et étatsunienne : désignation et règles d'écriture*, publié par le Bureau de normalisation du Québec ; voir la bibliographie.)

> **46 CAD** (et non *46 $ CAD* ni *46 $CAD*, ni *46 CAD$*)
> **897 USD** (et non *897 $ USD* ni *897 $USD*, ni *897 USD$*)

Listes d'abréviations, de codes et de symboles

Abréviations d'adverbes numéraux latins

primo (« premièrement »)	1º
secundo (« deuxièmement »)	2º
tertio (« troisièmement »)	3º
quarto (« quatrièmement »)	4º
quinto (« cinquièmement »)	5º
sexto (« sixièmement »)	6º
septimo (« septièmement »)	7º
octavo (« huitièmement »)	8º
nono (« neuvièmement »)	9º
decimo (« dixièmement »)	10º

Abréviations usuelles et symboles

A

a	@	adjectif	adj.
a commercial	@	administration	admin.
abréviation	abrév.	adresse	adr.
acompte	ac.	adverbe	adv.

agence	ag^ce
ampère	A
ancien, ancienne	anc.
anglais, anglaise	angl.
année	a
année-personne, années-personnes[1]	a-p.
annexe	ann.
anno Domini (« année du Seigneur »)	*A. D.*
anonyme	anon.
anonyme, inconnu	X…
appartement	app.
appendice	append.
après Jésus-Christ	apr. J.-C.
archives	arch.

arobas, arobase	@
arriéré	arr.
arrondissement	arr.
article	art.
association, associé, associée	assoc.
assurance	ass.
aujourd'hui	auj.
autrefois	autref.
aux (bons) soins de	a/s de
avant Jésus-Christ	av. J.-C.
avenue	av.
avis de paiement	AP
avril	avr.

B

bande dessinée	BD
bas de casse	bdc, bdc., b. d. c.
bibliographie	bibliogr.
bibliothèque, bibliothéconomie	bibl.

billet	b., b^t
billet à ordre	B/
billet à payer	b. à p.
billet à recevoir	b. à r.
billet de banque	B/B

---

1. L'année-personne (et non pas la *personne-année*) est une unité de temps de travail qui représente le travail d'une personne pendant une année. Pour calculer des années-personnes, on multiplie l'unité de temps (qui peut aussi, dans d'autres unités, être l'heure, le jour ou le mois, par exemple) par le nombre de personnes au travail pendant ce temps. Il s'agit donc d'un produit, ce qu'indique, dans ce cas, le trait d'union. Au pluriel, les deux éléments de l'expression prennent un *s* lorsqu'elle est écrite en toutes lettres. Il en va de même pour *heure-personne*, *jour-personne* et *mois-personne* ; ces unités sont formées de l'abréviation ou du symbole de l'unité de temps (donc avec ou sans point abréviatif, selon le cas) et de l'abréviation du mot *personne* (voir ces entrées dans la présente liste). Le cas de *km/h* est différent : il s'agit dans ce cas d'un rapport entre un nombre de kilomètres et une unité de temps. Pour calculer les kilomètres par heure, on fait une division, et c'est ce qu'indique dans ce cas la barre oblique.

biphényle polychloré	BPC
bon chic, bon genre	BCBG
bordereau	b^reau
boulevard	boul.[1]
bouteille	b^lle
brochure	broch.
bulletin	bull.
bureau	bur.

C

c'est-à-dire	c.-à-d.
capitale	cap.
caractère	car.
case postale	C. P.
catégorie	cat.
ce qu'il fallait démontrer	C. Q. F. D., CQFD
cellulaire	cell.
Celsius (degré Celsius)	°C
cent (« monnaie »)	¢
centimètre	cm
centimètre carré	cm^2
centimètre cube	cm^3
chacun, chacune	ch.
chant	ch.
chapitre	chap.
chemin	ch.
chèque	ch.
cheval-vapeur	ch
circonscription	circ.
circulaire	circ.
Code civil	C. civ.
Code de procédure civile	C. proc. civ.
Code du travail	C. trav.
collaborateur, collaboratrice, collaboration	coll., collab.
collection	coll.
colonne	col.
commande	comm., c^de
compagnie	Cie
complément	compl.
complet	compl.
comptabilité	compt.
comptable professionnel agréé, comptable professionnelle agréée	CPA
compte courant	c. c.
compte rendu	c. r.
comté	cté
confer (« reportez-vous à »)	cf., *cf.*
conjonction	conj.
conseil d'administration	C. A., CA
contre	c.

---

1. Le mot *boulevard* peut aussi s'abréger en **bd**, en **Bd** et en **B^d**, mais **boul.** est l'abréviation retenue par la Commission de toponymie. L'abréviation anglaise *Blvd* est à éviter en français.

contre remboursement ...... C. R., CR

copie conforme .... c. c.[1]

copie conforme invisible .... c. c. i.[2]

copyright (« tous droits
réservés »; *copyright* est
un anglicisme à éviter) .... ©

corps consulaire CC

corps diplomatique .... CD

correspondance .... corresp.

coulomb C

courrier d'entreprise
à distribution
exceptionnelle .... CEDEX

crédit .... c[t], Ct, cr.

croix, glaive,
noircissement .... †

curriculum vitæ .... C. V., CV

D

date .... d.

débit .... d[t], Dt

décembre .... déc.

décibel .... dB

décimètre .... dm

décimètre carré .... dm^2

décimètre cube .... dm^3

degré .... °

degré Celsius .... °C

département .... dép., dép[t]

dernier entré,
premier sorti .... DEPS

destinataire .... dest.

deuxième, deuxièmes .... 2e, 2[es]

dictionnaire .... dict.

directeur, directrice,
direction .... dir.

directeur général .... DG

directeur général adjoint .... DGA

divers .... div.

division, signe de division .... ÷

docteur .... D[r], Dr

docteure .... D[re], Dre

docteures .... D[res], Dres

docteurs .... D[rs], Drs

document .... doc.

dollar .... $

dollar canadien .... $ CA

dollar des États-Unis .... $ US

domicile .... dom.

douzaine .... dz, douz.

droit .... dr.

droit pénal .... dr. pén.

---

1. Dans un logiciel de messagerie : cc, Cc, CC.
2. Dans un logiciel de messagerie : cci, Cci, CCI.

E

échéance	éch^ce
édifice	édif.
éditeur, éditrice	édit.
édition	éd.
électricité	électr.
élémentaire	élém.
en ville	E. V., EV
encyclopédie	encycl.
enregistrée	enr.
environ	env.
épître	ép.
équivalent	équiv.
espèce	esp.
est	E.
est-nord-est	E.-N.-E.

et (perluète, esperluette ou et commercial)	&
et autres	*et al.* (*et alii*)
et cetera	etc.
Établissements (dans un nom d'entreprise)	Éts, Éts
étage	ét.
États-Unis	É.-U., USA
étymologie	étym.
exception	exc., except.
exclusif, exclusivement	excl.
exemplaire	exempl.
exemple	ex.
expéditeur, expéditrice	exp.

F

facture	fact.
Fahrenheit (degré Fahrenheit)	°F
faire suivre	F. S., FS
fascicule	fasc.
fédéral	féd.
Fellow Chartered Accountant	FCA[1]
féminin	f., fém.
feuillet	f.
février	févr.
figure	fig.

finance	fin.
fleuve	fl.
foire aux questions	FAQ
folio, folios	f^o, f^os
frais généraux	F. G., FG
franc suisse	FS
français, française	fr., franç.
franco à bord	FAB, f. à b.
franco à quai	FAQ
frère	F.
frères (« religieux »)	FF.

---

1. L'abréviation **FCA**, qui est celle de l'appellation anglaise, est admise en français.

G

gallon	gal
gibioctet (« 2^{30} octets »)	Gio
gigadollar (« milliard de dollars »)	G $
gigaoctet (« 10^9 octets »)	Go[1]
glaive, croix, noircissement	†
gouvernement	gouv.
gouverneur général en conseil	GGC

gramme	g
grand livre	G. L., GL
Grande-Bretagne	G.-B., GB, GBR
graphique	graph.
Greenwich Mean Time (« heure moyenne du méridien de Greenwich »)	GMT, TMG

H

habitants	hab.
habitation à loyer modique (ou modéré)	HLM
hauteur	haut., H.
hectare	ha
hertz	Hz
heure	h
heure avancée de l'Est	HAE
heure normale de l'Est	HNE
heure-personne[2], heures-personnes	h-p.

histoire, historien, historienne	hist.
hors service	HS
hors taxes	HT
hors texte (adjectif et adverbe)	h. t.
hors-texte (nom)	h.-t.
hypothèque, hypothécaire	hyp.

I

ibidem (« au même endroit »)	*ibid.*
id est (« c'est-à-dire » [forme à préférer])	*i. e.*

idem (« le même »)	*id.*
illustration	ill., illustr.
immeuble	imm.

---

1. Les formes *gig* et *giga* sont des abréviations familières non officielles. Voir aussi l'abréviation **Gio** (gibioctet).

2. Voir note relative à *année-personne*.

impôt fédéral	imp. féd.
impôt provincial	imp. prov.
impression	impr.
imprimerie	imprim.
incendie, accidents, risques divers (assurances)	IARD
inclusivement	incl.
inconnu, anonyme	X…
incorporée	inc.
indépendant	ind.
industrie, industriel	ind.

inférieur	inf.
information	inf., info
infra (« ci-dessous »)	*inf.*
ingénieur, ingénieure	ing.
intérêt	int.
international	intern., internat.
introduction	introd.
invariable	invar., inv.
inventaire	inv.
italique	ital.

J

janvier	janv.
Jésus-Christ	J.-C.
joule	J
jour	j, d (*d* vient du latin *dies*, « jour »)

jour-personne[1], jours-personnes	j-p.
judiciaire	jud.
juillet	juill.
juridique, jurisprudence	jur.

K

kelvin	K
kibioctet (« 1024 octets » ou « 2^{10} octets »)	Kio
kiloampère	kA
kilogramme	kg
kilohertz	kHz
kilomètre	km

kilomètre par heure, kilomètre à l'heure	km/h
kilo-octet (« 1000 octets » ou « 10^3 octets »)	ko
kilopascal	kPa
kilovolt	kV
kilowatt	kW

---

1.   Voir note relative à *année-personne*.

L

largeur	larg., l.
latin	lat.
latitude	lat.
lettre de crédit	LC, l/cr
lettre de transport aérien	L.T.A., LTA
lettre de voiture	L.V., LV
Leurs Altesses	LL. AA.
limitée	ltée, l^tée
liquidation	liq.
litre	l[1]
littérature	litt.
livraison	livr.
livre (« ouvrage »)	liv.
livre, livres (« unité de mesure »)	lb
location	loc.
loco citato (« à l'endroit cité »)	*loc. cit.*
locution	loc.
longitude	long.
longueur	long., L.

M

madame	Mme, Mme
mademoiselle	Mlle, Mlle
maître (« avocat », « notaire »)	M^e
maîtres	M^es
manuscrit	ms
manuscrits	mss
marchandise	m^dise
marge brute d'autofinancement	MBA
marque de commerce	MC
marque déposée	MD
masculin	masc., m.
Master of Business Administration	MBA[2], M.B.A.
maximum, maximal	max.
mébioctet (« 2^{20} octets »)	Mio
médecin	méd.
Medicinæ doctor (« docteur en médecine »)	M.D.
mégadollar (« million de dollars »)	M$
mégahertz	MHz
mégajoule	MJ
mégaoctet (« 10^6 octets »)	Mo[3]

---

1. Le symbole SI de litre est **l**; le symbole **L** est toléré uniquement lorsqu'il y a risque de confusion entre la lettre *l* et le chiffre 1. Il n'est donc jamais admis dans la formation des dérivés du litre (**dl**, **cl**, **ml**).

2. L'abréviation **MBA** ou **M.B.A.**, qui est celle de l'appellation anglaise, est admise en français, mais le nom du diplôme est bien **maîtrise en administration des affaires**.

3. Les formes *meg* et *méga* sont des abréviations familières non officielles. Voir aussi l'abréviation **Mio** (mébioctet).

mégavolt	MV
mégawatt	MW
mémoire	mém.
mensuel, mensuellement	mens.
mesdames	Mmes, Mmes
mesdemoiselles	Mlles, Mlles
message	mess.
messeigneurs	M^{grs}, Mgrs
messieurs	MM.
mètre	m
mètre carré	m^2
mètre cube	m^3
mètre par seconde	m/s
métro	M^o
mille (« unité de longueur »)	mi
milliampère	mA
milliard de dollars (« gigadollar »)	G$
milligramme	mg
millilitre	ml

millimètre	mm
millivolt	mV
minimum, minimal	min.
minute	min
minute d'angle	'
modulation d'amplitude	AM[1]
modulation de fréquence	FM[2]
moins, signe de soustraction	–
mois	m.
mois-personne[3], mois-personnes	m.-p.
monseigneur	Mgr, Mgr
monsieur	M.
montant	m^t
montée	mtée
moyenne(s) fréquence(s)	MF
multiplication, signe de multiplication	×
municipalité régionale de comté	MRC

N

newton	N
noircissement, croix, glaive	†
nom	n.
nom inconnu ou caché	N, N..., N***

nombre	n^{bre}
non déterminé	n. d.
non disponible (pour des données dans un tableau)	nd, ND
non paginé	n. p.

---

1. **AM** est l'abréviation anglaise employée internationalement.

2. **FM** est l'abréviation anglaise employée internationalement ;
    MF est déjà l'abréviation de *moyenne(s) fréquence(s)*.

3. Voir note relative à *année-personne*.

nord	N.	note du traducteur	N. D. T., NDT
nord-est	N.-E.	notre compte	n/c
nord-nord-est	N.-N.-E.	notre référence	N/Réf., N/R, N/Référence
nord-nord-ouest	N.-N.-O.	Notre-Dame	N.-D.
nord-ouest	N.-O.	Notre-Seigneur	N.-S.
nota bene (« notez bien »)	N. B., NB	nouveau, nouvelle	nouv.
note de l'auteur	N. D. A., NDA	novembre	nov.
note de l'éditeur	N. D. É., NDE	numéro[1]	N^o, n^o
note de la rédaction	N. D. L. R., NDLR	numéro d'identification du médicament	DIN
		numéros[1]	N^{os}, n^{os}

o

octet	o	organisme non gouvernemental	ONG
octobre	oct.	organisme sans but lucratif	OSBL
offre publique d'achat	OPA	ouest	O., W.[2]
once	oz	ouest-nord-ouest	O.-N.-O.
opere citato (« dans l'ouvrage cité ») ou *opus citatum*	*op. cit.*	ouvrage cité	ouvr. cité
ordre de	o/		

----

1. On doit éviter d'employer en français le symbole # (appelé *croisillon*, *carré* ou *dièse*) pour indiquer un ou des numéros. Par ailleurs, on n'abrège le mot *numéro* que s'il suit immédiatement le nom qu'il détermine. Autrement, on écrit *numéro* en toutes lettres :

   C'est le billet n° 852410 qui a été tiré au sort.
   Le billet gagnant portait le numéro 852410. (et non *Le billet gagnant portait le n° 852410.*)
   Le numéro du billet gagnant est le 852410. (et non *Le n^o du billet gagnant est le 852410.*)

2. Cette abréviation dite internationale n'est admise en français qu'en cas de risque de confusion entre l'abréviation **O.** et le zéro, ce qui est le cas dans les coordonnées géographiques.

P

page, pages[1]	p.	pour cent	p. 100, %
par exemple	p. ex.	pour mille	p. 1000, ‰
par intérim	p. i.	pour prendre congé	P. P. C.
par ordre	p. o.	préférence	préf.
par procuration	p. p.	premier, première	1er, 1re
paragraphe	paragr., §	premier entré, premier sorti	PEPS
parce que	p. c. q.	premiers, premières	1ers, 1res
participe passé	p. p.	président-directeur général, présidente-directrice générale	PDG, P.-D. G., pdg, p.-d. g.,
père	P.		
pères	PP.		
personne	p.	prix courant	p. c^t
pièce jointe, pièces jointes	p. j.	prix de vente	P. V.
pied	pi	prix fixe	P. F., PF
pied carré	pi^2	prix unitaire	prix unit.
pied de mouche (symbole du paragraphe)	¶	procès-verbal	P.-V., PV
		produit intérieur brut	PIB
pixel	px	produit national brut	PNB
place	pl.	professeur	P^r, Pr, Prof., prof.
planche	pl.		
pluriel	pl., plur.	professeure	P^{re}, Pre, Prof., prof.
plus, signe d'addition	+		
port dû	P. D., PD	profondeur	prof., P.
port payé	P. P., PP	proverbe	prov.
post-scriptum	P.-S.	province, provincial	prov.
poste (numéro de poste téléphonique)	p.	psaume, psaumes	ps.
poste restante	PR	pseudo	ps.
potentiel hydrogène	pH	publication	publ.
pouce	po	publicité sur le lieu de vente	PLV

---

1. L'abréviation *pp.* pour « pages » est vieillie.

Q

qualité	qual.
quantité	quant., $q^{té}$
quartier général	QG
Québec	QC^{1}
quelqu'un	qqn

quelque, quelques	qq.
quelque chose	qqch.
quelquefois	qqf.
question	quest., Q.
quintal, quintaux	q

R

rachat d'entreprise par ses salariés	RES
radian par seconde	rad/s
rationalisation des choix budgétaires	RCB
recherche-développement, recherche et développement	RD, R-D, R et D
recommandé	R
recto	r^{o}
reçu	r.
rédaction, rédigé	réd.

référence	réf.
relié, reliure	rel.
rendez-vous	R.-V.
Répondez, s'il vous plaît.	RSVP
réponse	rép., R.
révérend père	R. P.
révérends pères	RR. PP.
rez-de-chaussée	RC, r.-de-ch.
rivière	riv.
route	rte
route rurale	RR
Royaume-Uni	R.-U.

S

s'il vous plaît	SVP, svp, S. V. P., s. v. p.
Sa Majesté	S. M.
Sa Sainteté	S. S.
saint	S^{t}, St
sainte	S^{te}, Ste
saintes	S^{tes}, Stes

saints	S^{ts}, Sts
sans date	s. d.
sans frais	S. F., s. f.
sans lieu	s. l.
sans lieu ni date	s. l. n. d.
sans nom	s. n.
sans objet	S. O., s. o.

---

1. Pour l'emploi de **QC**, voir p. 367, 765 et 774.

sans pagination	s. p.	société	S^té, Sté, s^té
sans valeur	s. v.	société en commandite	SEC, S.E.C.
scène	sc.	société en nom collectif	SENC, S.E.N.C.
science(s)	sc.	sœur	S^r, Sr
science-fiction	S.-F., S. F.	sœurs	S^rs, Srs
second, seconde	2^d, 2^de	Son Altesse	S. A.
seconde	s	Son Éminence (cardinal)	S. Ém.
seconde d'angle	″	Son Excellence (ambassadeur ou évêque)	S. E.
seconds, secondes	2^ds, 2des	succursale	succ., s^le
section	sect.	sud	S.
semaine	sem.	sud-est	S.-E.
semestre	sem.	sud-ouest	S.-O.
septembre	sept.	sud-sud-est	S.-S.-E.
sequiturque (« et suivant »)	*sq.*	sud-sud-ouest	S.-S.-O.
sequunturque (« et suivants »)	*sqq.*	suivant	suiv.
siècle	s.	supérieur	sup.
signe d'addition	+	supplément	suppl.
signe de division	÷	sur (par exemple 3 × 5)	×
signe de multiplication	×	système international d'unités	SI
signe de soustraction	−		
singulier	sing., s.		

T

taxe	T., t.	téléavertisseur	téléav.
taxe de vente du Québec	TVQ	télécopie, télécopieur	téléc.
taxe fédérale	t. féd., t. f.	téléphone	tél.
taxe provinciale	t. prov., t. p.	téléphone cellulaire	tél. cell.
taxe sur la valeur ajoutée	TVA	temps universel	TU
taxe sur les produits et services	TPS	temps universel coordonné	UTC

terminologue agréé
ou agréée .... term. a.

territoire .... terr.

tome .... t.

tonne .... t

tour (« révolution ») .... tr, r

tour par minute .... tr/min, r/min

tour par seconde .... tr/s, r/s

Tournez, s'il vous plaît. .... TSVP

Tous droits réservés
(*copyright* est un anglicisme
à éviter) .... ©

toutes taxes comprises .... TTC, t. t. c.

traducteur agréé,
traductrice agréée .... trad. a.

traduction, traducteur,
traductrice .... trad.

train à grande vitesse .... TGV

traité .... tr.

trimestre .... trim.

U

ultraviolet .... UV

unité d'éducation
continue .... UEC

universel .... univ.

université .... univ.

V

variante,
variable .... var.

vente .... V., v^{te}

vente par
correspondance .... VPC

verbe .... v.

verbi gratia
(« par exemple ») .... *v. g.*

verge .... vg, v

vers (devant une date,
équivalent de *circa*) .... v.

vers (poésie) .... v.

verset .... v.

verso .... v^o

vice-président,
vice-présidente .... v.-p.

vieux vx

virement .... vir^t

voir .... V., v.

voir aussi .... v. a.

volt V

volume .... vol.

votre compte .... v/c

votre référence .... V/Réf., V/R,
V/Référence

W

watt .... W

Abréviations et codes des noms de jours

Il existe quatre façons d'abréger les noms des jours de la semaine :

1) l'abréviation courante, qui respecte les règles usuelles de l'abréviation (suppression des dernières lettres d'un mot, qu'on coupe après une consonne et avant une voyelle) ;

2) l'abréviation à trois lettres, suivie d'un point abréviatif (qui ne respecte pas toujours les règles usuelles : *jeu.*, par exemple) ;

3) le code à un caractère, qui reprend uniquement la première lettre du nom en majuscule, sans point abréviatif ;

4) le code à trois caractères, qui reprend les trois premières lettres du nom en majuscules et qui ne comporte pas de point abréviatif.

Nom	Abréviation courante	Abréviation à trois lettres	Code à un caractère	Code à trois caractères
lundi	—	lun.	L	LUN
mardi	—	mar.	M	MAR
mercredi	mercr.	mer.	M	MER
jeudi	—	jeu.	J	JEU
vendredi	vendr.	ven.	V	VEN
samedi	sam.	sam.	S	SAM
dimanche	dim.	dim.	D	DIM

Abréviations et codes des noms de mois

Les noms de mois peuvent s'abréger de plusieurs façons :

1) l'abréviation courante, qui respecte les règles usuelles de l'abréviation (suppression des dernières lettres d'un mot, qu'on coupe après une consonne et avant une voyelle);

2) le code à un caractère, qui reprend uniquement la première lettre du nom ;

3) le code à deux caractères, qui reprend systématiquement la première et la dernière lettre du nom de mois en français;

4) le code bilingue à deux caractères, qui reprend des lettres communes au nom du mois en français et en anglais ;

5) le code à trois caractères, qui reprend les trois premières lettres du nom du mois, sauf pour *juin* et *juillet*, car ces lettres sont les mêmes.

Les codes s'écrivent en majuscules, sans point abréviatif, et ils prennent les accents.

Les noms *mars, mai, juin* et *août* sont trop courts pour qu'on puisse les abréger selon les règles usuelles.

Nom	Abréviation courante	Code à un car.	Code à deux car.	Code bilingue à deux car.	Code à trois car.
janvier	janv.	J	JR	JA	JAN
février	févr.	F	FR	FE	FÉV
mars	—	M	MS	MR	MAR
avril	avr.	A	AL	AL	AVR
mai	—	M	MI	MA	MAI
juin	—	J	JN	JN	JUN
juillet	juill.	J	JT	JL	JUL
août	—	A	AT	AU	AOÛ
septembre	sept.	S	SE	SE	SEP
octobre	oct.	O	OE	OC	OCT
novembre	nov.	N	NE	NO	NOV
décembre	déc.	D	DE	DE	DÉC

Les noms de mois prennent la marque du pluriel.

des avrils ensoleillés

Noms, abréviations et codes internationaux ISO des provinces et territoires du Canada

Les codes à deux lettres sont utilisés pour certains usages techniques : formulaires informatisés, tableaux statistiques, etc. Il est également possible de les employer dans des adresses (voir p. 765 et 774) lorsque la place est vraiment limitée (étiquettes, enveloppes à fenêtre, fichiers d'adresses informatisés) et qu'il s'agit d'envois massifs de la part de grands usagers, dans le but de faciliter le tri et la distribution du courrier et de profiter de tarifs préférentiels consentis par la Société canadienne des postes.

La dernière colonne du tableau de la page suivante illustre l'emploi de la préposition et de l'article devant les noms des provinces et des territoires. C'est le genre de la province ou du territoire qui détermine la préposition à employer.

La préposition **en** s'emploie devant les noms de provinces de genre féminin.

> **en Alberta**
> **en Colombie-Britannique**
> **en Nouvelle-Écosse**
> **en Saskatchewan**

Devant les noms de provinces qui sont une île, même s'ils sont féminins, on a recours à la préposition **à**.

> **à l'Île-du-Prince-Édouard**
> **à Terre-Neuve-et-Labrador** (Terre-Neuve est une île.)

Lorsque le nom de la province ou du territoire est de genre masculin et qu'il débute par une voyelle, on emploie la préposition **en**, sauf pour *Yukon*, devant lequel on emploie **au**.

> **en Ontario**
> **au Yukon**

Si les noms de provinces ou de territoires de genre masculin débutent par une consonne, c'est **au** qu'on emploie.

au Manitoba
au Nouveau-Brunswick
au Nunavut
au Québec
aux Territoires du Nord-Ouest ou **dans les Territoires du Nord-Ouest**

Nom	Abréviation	Code international ISO	Emploi
Alberta (l') féminin	Alb.	AB	Je visiterai l'Alberta. J'irai en Alberta.
Colombie-Britannique (la)	C.-B.	BC	Je visiterai la Colombie-Britannique. J'irai en Colombie-Britannique.
Île-du-Prince-Édouard (l') féminin	Î.-P.-É.	PE	Je visiterai l'Île-du-Prince-Édouard. J'irai à l'Île-du-Prince-Édouard.
Manitoba (le)	Man.	MB	Je visiterai le Manitoba. J'irai au Manitoba.
Nouveau-Brunswick (le)	N.-B.	NB	Je visiterai le Nouveau-Brunswick. J'irai au Nouveau-Brunswick.
Nouvelle-Écosse (la)	N.-É.	NS	Je visiterai la Nouvelle-Écosse. J'irai en Nouvelle-Écosse.
Nunavut (le)	Nt	NU	Je visiterai le Nunavut. J'irai au Nunavut.
Ontario (l') masculin	Ont.	ON	Je visiterai l'Ontario. J'irai en Ontario.
Québec (le)	Qc	QC[1]	Je visiterai le Québec. J'irai au Québec.
Saskatchewan (la)	Sask.	SK	Je visiterai la Saskatchewan. J'irai en Saskatchewan.
Terre-Neuve-et-Labrador féminin	T.-N.-L.	NL	Je visiterai Terre-Neuve-et-Labrador. J'irai à Terre-Neuve-et-Labrador.

1. C'est bien **QC**, et non pas *PQ*, qui est le symbole (ou code) de **Québec**. En effet, l'initiale du mot *province* n'entre dans aucun autre symbole de cette série. Quant à l'abréviation formelle, c'est **Qc**, et non pas *Qué.*, qu'il faut retenir, selon l'avis de la Commission de toponymie, mais cette forme est d'un usage très rare et cède généralement la place au symbole **QC**.

Nom	Abréviation	Code international ISO	Emploi
Territoires du Nord-Ouest[1] (les)	T. N.-O.	NT	Je visiterai les Territoires du Nord-Ouest. J'irai aux (dans les) Territoires du Nord-Ouest.
Yukon (le)	Yn	YT	Je visiterai le Yukon. J'irai au Yukon.

Noms, abréviations et codes des États et du district des États-Unis

Les codes à deux lettres sont utilisés pour certains usages techniques, notamment pour les formulaires informatisés, les tableaux statistiques et l'adressage (la poste).

La dernière colonne du tableau suivant illustre l'emploi de la préposition et de l'article devant les noms des États américains. C'est le genre de l'État qui détermine la préposition à employer.

Devant un nom d'État américain, trois prépositions peuvent être utilisées : **dans**, **en** ou **à**. La préposition **dans**, suivie d'un article, ou la préposition **en**, sans article, signifient toutes deux « à l'intérieur de ». Ces prépositions permettent d'introduire un lieu vu un peu comme une surface ou comme un volume. La préposition **à** indique qu'un lieu est perçu comme un point, et non comme une surface ni comme un volume.

La préposition **en** s'emploie devant les noms d'États de genre féminin.

Devant les noms d'États qui sont des îles, même s'ils sont féminins, on a recours à la préposition **à**.

Lorsque le nom de l'État est de genre masculin et qu'il débute par une voyelle, on emploie les prépositions **en** ou **dans**.

Au ou **dans** accompagnent les noms des États de genre masculin qui débutent par une consonne.

---

1. Il n'y a pas de trait d'union entre **Territoires** et **du**, car le mot *territoire* est un terme générique qui est conservé dans le nom officiel des territoires du Canada. Dans le nom officiel des provinces du Canada, au contraire, le mot *province* reste sous-entendu (*province de l'***Île-du-Prince-Édouard**).

On écrit et on dit **dans l'État de** si le nom de l'État est également le nom d'une ville. Cette formulation peut être utilisée devant tous les noms d'États américains.

> **J'irai dans l'État de New York.**
> **J'irai dans l'État de Washington.**

Nom américain	Abréviation américaine	Nom en français et genre	Abréviation française	Code international ISO	Emploi
Alabama	Ala.	Alabama (l') masculin	Alab.	AL	Je visiterai l'Alabama. J'irai en Alabama / dans l'Alabama.
Alaska	—	Alaska (l') masculin	—	AK	Je visiterai l'Alaska. J'irai en Alaska.
Arizona	Ariz.	Arizona (l') masculin	Ariz.	AZ	Je visiterai l'Arizona. J'irai en Arizona / dans l'Arizona.
Arkansas	Ark.	Arkansas (l') masculin	Ark.	AR	Je visiterai l'Arkansas. J'irai en Arkansas / dans l'Arkansas.
California	Calif.	Californie (la)	Calif.	CA	Je visiterai la Californie. J'irai en Californie.
Colorado	Colo.	Colorado (le)	Color.	CO	Je visiterai le Colorado. J'irai au Colorado / dans le Colorado.
Connecticut	Conn.	Connecticut (le)	Conn.	CT	Je visiterai le Connecticut. J'irai au Connecticut / dans le Connecticut.
Delaware	Del.	Delaware (le)	Del.	DE	Je visiterai le Delaware. J'irai au Delaware / dans le Delaware.
Florida	Fla.	Floride (la)	Flor.	FL	Je visiterai la Floride. J'irai en Floride.
Georgia	Ga.	Géorgie (la)	—	GA	Je visiterai la Géorgie. J'irai en Géorgie.
Hawaii	—	Hawaï Hawaii féminin (îles)	—	HI	Je visiterai Hawaï / Hawaii. J'irai à Hawaï / Hawaii.

Nom américain	Abréviation américaine	Nom en français et genre	Abréviation française	Code international ISO	Emploi
Idaho	—	Idaho (l') masculin	—	ID	Je visiterai l'Idaho. J'irai en Idaho / dans l'Idaho.
Illinois	Ill.	Illinois (l') masculin	Ill.	IL	Je visiterai l'Illinois. J'irai en Illinois / dans l'Illinois.
Indiana	Ind.	Indiana (l') masculin	Ind.	IN	Je visiterai l'Indiana. J'irai en Indiana / dans l'Indiana.
Iowa	—	Iowa (l') masculin	—	IA	Je visiterai l'Iowa. J'irai en Iowa / dans l'Iowa.
Kansas	Kans.	Kansas (le)	Kans.	KS	Je visiterai le Kansas. J'irai au Kansas / dans le Kansas.
Kentucky	Ky.	Kentucky (le)	Kent.	KY	Je visiterai le Kentucky. J'irai au Kentucky / dans le Kentucky.
Louisiana	La.	Louisiane (la)	Louis.	LA	Je visiterai la Louisiane. J'irai en Louisiane.
Maine	Me.	Maine (le)	Me	ME	Je visiterai le Maine. J'irai au Maine / dans le Maine.
Maryland	Md.	Maryland (le)	Mar.	MD	Je visiterai le Maryland. J'irai au Maryland / dans le Maryland.
Massachusetts	Mass.	Massachusetts (le)	Mass.	MA	Je visiterai le Massachusetts. J'irai au Massachusetts / dans le Massachusetts.
Michigan	Mich.	Michigan (le)	Mich.	MI	Je visiterai le Michigan. J'irai au Michigan / dans le Michigan.
Minnesota	Minn.	Minnesota (le)	Minn.	MN	Je visiterai le Minnesota. J'irai au Minnesota / dans le Minnesota.

Nom américain	Abréviation américaine	Nom en français et genre	Abréviation française	Code international ISO	Emploi
Mississippi	Miss.	Mississippi (le)	Mississ.	MS	Je visiterai le Mississippi. J'irai au Mississippi / dans le Mississippi.
Missouri	Mo.	Missouri (le)	—	MO	Je visiterai le Missouri. J'irai au Missouri / dans le Missouri.
Montana	Mont.	Montana (le)	Mont.	MT	Je visiterai le Montana. J'irai au Montana / dans le Montana.
Nebraska	Nebr.	Nebraska (le)	Nebr.	NE	Je visiterai le Nebraska. J'irai au Nebraska / dans le Nebraska.
Nevada	Nev.	Nevada (le)	Nev.	NV	Je visiterai le Nevada. J'irai au Nevada / dans le Nevada.
New Hampshire	N.H.	New Hampshire (le)	N. H.	NH	Je visiterai le New Hampshire. J'irai au New Hampshire / dans le New Hampshire.
New Jersey	N.J.	New Jersey (le)	N. J.	NJ	Je visiterai le New Jersey. J'irai au New Jersey / dans le New Jersey.
New Mexico	N.M.	Nouveau-Mexique (le)	N.-M.	NM	Je visiterai le Nouveau-Mexique. J'irai au Nouveau-Mexique / dans le Nouveau-Mexique.
New York	N.Y.	New York masculin	N. Y.	NY	Je visiterai l'État de New York. J'irai dans l'État de New York.
North Carolina	N.C.	Caroline du Nord (la)	C. N. ou Car. du N.	NC	Je visiterai la Caroline du Nord. J'irai en Caroline du Nord.

Nom américain	Abréviation américaine	Nom en français et genre	Abréviation française	Code international ISO	Emploi
North Dakota	N.D.	Dakota du Nord (le)	D. N. ou Dak. du N.	ND	Je visiterai le Dakota du Nord. J'irai au Dakota du Nord / dans le Dakota du Nord.
Ohio	—	Ohio (l') masculin	—	OH	Je visiterai l'Ohio. J'irai en Ohio / dans l'Ohio.
Oklahoma	Okla.	Oklahoma (l') masculin	Okl.	OK	Je visiterai l'Oklahoma. J'irai en Oklahoma / dans l'Oklahoma.
Oregon	Ore.	Oregon (l') masculin	Oreg.	OR	Je visiterai l'Oregon J'irai en Oregon / dans l'Oregon.
Pennsylvania	Penn. ou Pa.	Pennsylvanie (la)	Penns.	PA	Je visiterai la Pennsylvanie. J'irai en Pennsylvanie.
Rhode Island	R.I.	Rhode Island (le)	R. I.	RI	Je visiterai le Rhode Island. J'irai au Rhode Island / dans le Rhode Island.
South Carolina	S.C.	Caroline du Sud (la)	C. S. ou Car. du S.	SC	Je visiterai la Caroline du Sud. J'irai en Caroline du Sud.
South Dakota	S.D.	Dakota du Sud (le)	D. S. ou Dak. du S.	SD	Je visiterai le Dakota du Sud. J'irai au Dakota du Sud / dans le Dakota du Sud.
Tennessee	Tenn.	Tennessee (le)	Tenn.	TN	Je visiterai le Tennessee. J'irai au Tennessee / dans le Tennessee.
Texas	Tex.	Texas (le)	Tex.	TX	Je visiterai le Texas. J'irai au Texas / dans le Texas.
Utah	—	Utah (l') masculin	—	UT	Je visiterai l'Utah. J'irai en Utah / dans l'Utah.

Nom américain	Abréviation américaine	Nom en français et genre	Abréviation française	Code international ISO	Emploi
Vermont	Vt.	Vermont (le)	Verm.	VT	Je visiterai le Vermont. J'irai au Vermont / dans le Vermont.
Virginia	Va.	Virginie (la)	Virg.	VA	Je visiterai la Virginie. J'irai en Virginie.
Washington	Wash.	Washington masculin	Wash.	WA	Je visiterai l'État de Washington. J'irai dans l'État de Washington.
West Virginia	W.Va.	Virginie-Occidentale (la)	V.-O.	WV	Je visiterai la Virginie-Occidentale. J'irai en Virginie-Occidentale.
Wisconsin	Wis.	Wisconsin (le)	Wisc.	WI	Je visiterai le Wisconsin. J'irai au Wisconsin / dans le Wisconsin.
Wyoming	Wyo.	Wyoming (le)	Wyom.	WY	Je visiterai le Wyoming. J'irai au Wyoming / dans le Wyoming.
District of Columbia	D.C.	District de Columbia (le)	D. C.	DC	Je visiterai le District de Columbia. J'irai dans le District de Columbia.

Mise en relief

La mise en relief, ou mise en évidence, des mots, des termes et des expressions dans un texte écrit en romain (c'est-à-dire dans le caractère le plus courant, dont le dessin est vertical) fait appel à l'italique, au soulignement, aux guillemets, aux caractères gras et aux majuscules.

Voici les principaux emplois correspondant à ces divers procédés. Il faut cependant y avoir recours avec discernement, car un trop grand nombre de mises en relief diminue l'effet attendu et risque de nuire à la lisibilité. Il faut veiller à l'uniformité dans le choix des procédés et, au besoin, indiquer au début du texte l'emploi réservé à chacun.

ITALIQUE

Mots étrangers

L'**italique** s'emploie pour les mots étrangers non francisés. Il s'emploie aussi pour les citations en d'autres langues.

> L'équivalent français de *factory outlet* est **magasin d'usine**.
>
> Elle a terminé sa conférence en disant : « *Thank you so much!* ».
>
> En anglais, on dit *desktop computer* et *laptop computer*; en français, on dit **ordinateur de bureau** et **ordinateur portatif** ou **ordinateur portable**.
>
> *La fuente de energía diaria* (la source d'énergie quotidienne)

Les mots étrangers qui sont francisés restent toutefois en romain.

> **un leitmotiv** (mot allemand francisé)
> **des sandwichs** (mot anglais francisé)
> **un modus vivendi** (mots latins francisés)
> **vice-versa** (mots latins francisés)
> **et cetera** (mots latins francisés)

Restent également en romain les noms de sociétés ou d'organismes en d'autres langues (tout comme ceux qui sont en français).

> **le Commonwealth**
> **la Bundesbank** (officiellement Deutsche Bundesbank, banque fédérale
> de la République fédérale d'Allemagne)

Latin

L'italique s'emploie pour les locutions et les mots latins non francisés, pour les appellations scientifiques en latin, de même que pour les expressions latines utilisées dans les références et leurs abréviations.

> *Dura lex sed lex* : cette maxime latine ne convient vraiment pas
> dans un tel contexte.
> Le nom scientifique du chien est *Canis familiaris.*
> Voir les ouvrages mentionnés *supra.*
> *Ibid.*, p. 357

Citations longues

On peut utiliser l'italique pour mettre en relief une citation longue qui forme un paragraphe autonome (voir p. 294).

Concours

Les noms de concours s'écrivent en italique.

> L'entreprise a été récompensée dans le cadre du concours
> *J'affiche en français.*

Devises, maximes, proverbes et slogans

Les devises, maximes, proverbes et slogans se composent généralement en italique. Toutefois, certains auteurs les laissent en caractères romains et les guillemettent comme on le ferait pour une citation.

> **La directrice a rappelé qu'*à l'impossible, nul n'est tenu.***
>
> ***Je me souviens*, telle est la devise du Québec.**

Formulaires

On écrit en italique les titres de formulaires cités dans un texte.

> **Remplir, signer et retourner le formulaire *Autorisation de communiquer avec l'employeur.***

Lettres de l'alphabet

Les lettres minuscules qu'on emploie de manière isolée dans un texte s'écrivent généralement en italique.

> **Comparer avec la figure *b*.**
>
> **La formule *a* + *b* = *c* est algébrique.**
>
> **Ne pas oublier de mettre un *s* au pluriel.**

Les lettres données en référence devant les éléments d'une énumération figurent de préférence en italique (voir p. 206).

Mots qui se désignent eux-mêmes et mots ayant un sens particulier

On compose en italique les autonymes, c'est-à-dire les mots qui se désignent eux-mêmes.

> **Le mot *Internet* prend la majuscule.**
>
> **Le verbe *rendre* se termine par un *d* à la troisième personne de l'indicatif présent.**

On utilise notamment l'italique pour mettre en relief les expressions et mots ou termes fautifs.

> **Un immeuble ne doit pas s'appeler une *place*.** (Une place est un espace découvert ; voir aussi p. 213.)

On peut en outre écrire en italique les mots importants sur lesquels on souhaite attirer l'attention. Les mots qui appartiennent à un style différent du texte dans lequel ils s'insèrent peuvent aussi être mis en italique ; néanmoins, il est généralement d'usage de les placer entre guillemets (voir p. 379).

> **Ce qui compte, c'est le *résultat*.** (mot important)
> **Cet employé est reconnu pour sa *parlure* trop directe.** (mot de style différent de celui du texte)

Titres

On emploie l'italique pour les titres d'œuvres d'art, d'émissions, de films, de livres, de journaux, de périodiques, de documents numériques et de publications diverses (voir p. 162, 266 et 421).

Les noms de lois s'écrivent en italique dans une bibliographie, mais en romain dans un texte (voir p. 239 et 431).

Quand on cite conjointement le titre d'une partie d'une œuvre ou d'une publication (article, chapitre, section, fable, chanson, etc.) et le titre complet de l'œuvre ou de la publication, le premier reste en romain et se place entre guillemets ; le second se met en italique. Lorsqu'on cite seulement le titre d'un extrait d'œuvre ou de publication, on emploie alors l'italique.

> **Pour comprendre, il faut lire le chapitre « Féminisation des noms et rédaction épicène » du *Français au bureau*.**
>
> **Il faut consulter la partie *Féminisation* de l'ouvrage.**
>
> **J'aime bien le poème « Accompagnement » de Saint-Denys Garneau, du recueil *Regards et jeux dans l'espace*.**
>
> **De tous les poèmes de Saint-Denys Garneau, celui que je préfère est *Accompagnement*.**

> **Depuis sa célèbre chanson « Quand j'aime une fois, j'aime pour toujours » de l'album *Tu m'aimes-tu*, le succès de Richard Desjardins ne se dément pas.**
>
> **Depuis sa célèbre chanson *Quand j'aime une fois, j'aime pour toujours*, le succès de Richard Desjardins ne se dément pas.**

Le nom des banques de données, comme la Banque de dépannage linguistique de l'Office québécois de la langue française, ou encore la Banque de noms de lieux du Québec de la Commission de toponymie, s'écrit en romain, car ce n'est pas un titre d'œuvre ou de publication (comme *Le grand dictionnaire terminologique*), mais le nom d'un service offert par l'Office et la Commission de toponymie. Par contre, dans les références bibliographiques, les noms de banques de données, tout comme les noms de fichiers ou de sites, sont assimilés à des titres et s'écrivent en italique (alors qu'un nom de logiciel – nom de produit – s'écrit en romain, avec une majuscule initiale uniquement).

Véhicules uniques

On écrit souvent en italique les noms uniques d'avions, de bateaux, d'engins spatiaux et de trains (voir p. 274).

> **l'avion de ligne supersonique le *Concorde* ou le Concorde**
> **le paquebot *Queen Mary 2* ou le paquebot Queen Mary 2**
> **le robot *Opportunity* ou le robot Opportunity**
> **l'orbiteur *Cassini* ou l'orbiteur Cassini**
> **le train *Transsibérien* ou le train Transsibérien**

SOULIGNEMENT

Le **soulignement** (ou **souligné**) joue le même rôle que l'italique lorsqu'on ne dispose pas de ce dernier dans les textes manuscrits ou dactylographiés. Dans les textes imprimés, le soulignement est moins commun. En effet, il rend parfois la lecture plus difficile, car il coupe souvent les jambages des lettres, c'est-à-dire les traits verticaux situés au-dessous de la ligne.

Documents Web et courrier électronique

Dans les documents Web et le courrier électronique, le soulignement indique les liens hypertextes. Dans les textes imprimés, il vaut mieux ne pas souligner les adresses Internet et les adresses électroniques (voir aussi p. 468 et 472).

Double insistance

On emploie quelquefois le soulignement pour mettre en valeur un mot ou un court passage, principalement comme procédé d'insistance de deuxième niveau. Par exemple, on peut souligner une partie de texte importante dans un passage déjà composé en gras.

> **Faire obligatoirement parvenir le chèque à M. Patrice Edmond, et ce, <u>avant le 31 décembre 2014</u>.**

Lettre

De nos jours, on utilise rarement le soulignement pour mettre en relief l'objet d'une lettre. On recourt plutôt aux caractères gras pour ce faire. Par contre, les indications relatives à la nature de l'envoi (*personnel, confidentiel*, etc.) et au mode d'acheminement de la lettre (*recommandé, par exprès*, etc.) sont composées en majuscules soulignées (voir p. 520).

GUILLEMETS

Citations

Les citations se mettent entre **guillemets** (voir p. 292).

Définitions

Le ou les mots qui évoquent la notion que désigne un mot se mettent entre guillemets, de même que l'indication du sens d'un mot ou sa définition.

> **Le mot *programme* ne signifie pas « émission ».**
>
> ***Pamphlet* a le sens de « court écrit satirique qui attaque avec violence le gouvernement, les institutions, etc. ».**

Mots ayant un sens particulier

Les guillemets servent à indiquer les emplois douteux, les écarts orthographiques ou grammaticaux dont la personne qui écrit un texte est consciente, ou les réserves qu'elle émet à l'égard de certains emplois. Voir aussi le chapitre PONCTUATION, p. 277.

> **Ses hypothèses se sont « avérées vraies ».**
> **Il aurait fait un « infractus ».**
> **Sa « maladie » était bel et bien diplomatique.**

Textes manuscrits

Quand on écrit un texte à la main, on peut guillemeter (ou souligner) ce qui figurerait en italique dans un document électronique ou dans un texte imprimé.

Titres

Lorsqu'on cite à la fois le nom d'une partie d'une œuvre ou d'une publication et le titre de l'œuvre ou de la publication en question, on met le premier entre guillemets et le second en italique (voir p. 377).

CARACTÈRES GRAS

Les **caractères gras** sont plus lisibles que l'italique, mais il faut éviter de « noircir » le texte lorsqu'on les utilise. On y recourt souvent pour mettre en valeur un titre. Ils servent notamment à mettre en évidence la mention *Objet* dans une lettre et la mention *Communiqué* (en majuscules) dans un communiqué de presse ou dans un communiqué interne (voir p. 523 et 684). Les caractères gras peuvent également mettre en valeur la mention *Avis de confidentialité* dans un courrier électronique ou dans une télécopie (voir p. 481 et 707).

On utilise de plus le gras pour mettre en relief un mot ou une expression dans un texte où figure déjà l'italique.

> **Il faut préférer heures supplémentaires** *à surtemps.*

Le **gras italique** met en évidence un mot dans un texte en caractères romains gras ; les **capitales** peuvent avoir la même valeur que les caractères gras.

MAJUSCULES ET PETITES CAPITALES

Les textes tout en **majuscules** (ou **capitales**) sont plus difficiles à lire que ceux en minuscules, et la lecture s'en trouve ralentie. L'emploi exclusif des majuscules est réservé aux grands titres (voir p. 409), qui ne devraient pas comprendre plus de quatre ou cinq mots.

Dans certains contextes (signature d'une lettre, liste, couverture ou page de titre d'un ouvrage, par exemple), il peut être utile d'écrire le patronyme en majuscules, particulièrement lorsque celui-ci risque d'être confondu avec le prénom (voir exemple p. 583).

> Robert RICHARD
> Claude ROSE
> Jean PAUL

Les **petites capitales** s'emploient pour certains titres, certains noms propres, les noms d'auteurs dans des bibliographies, le mot ou la fraction de mot qui suit une lettrine, les chiffres romains dans certains cas (nom d'auteur, siècle et pages en chiffres romains, par exemple).

> RACINE, Jean
> le XVIIIe siècle
> p. IX

Dans les articles de lois, décrets, règlements, statuts et circulaires, le nom *article* peut s'écrire en petites capitales, qu'il soit abrégé ou non, sauf pour *ARTICLE PREMIER*, qui s'écrit au long. Les petites capitales peuvent aussi figurer dans un renvoi à une partie de texte.

> ARTICLE 234
> **Voir aussi** CHAPITRE XVII

PONCTUATION ET MISE EN RELIEF

Dans un texte où on utilise divers procédés de mise en relief, il est logique de composer en romain maigre ou ordinaire (dans la même face, c'est-à-dire dans le même type de caractère que le texte) les signes de ponctuation qui appartiennent à la phrase, au texte, et en gras, en souligné ou en italique ceux qui appartiennent aux mots ou aux passages mis ainsi en évidence. C'est la façon de faire la plus normale et celle qu'on devrait préférer.

> Les féminins **directrice, administratrice et réalisatrice ne doivent évidemment pas être remplacés par** *directeure, administrateure et réalisateure.* (La ponctuation appartient à la phrase et est dans le même caractère, en maigre et en romain.)

> **La question *Qui est-ce qui ?* aide à trouver le sujet du verbe.**
> (Le point d'interrogation appartient à la question mise en évidence
> et est donc en italique.)

La plupart des auteurs de codes typographiques préconisent cependant, peut-être pour des raisons de commodité, de laisser la ponctuation basse (point, virgule et points de suspension) dans la même face que le mot qui la précède, mais d'écrire, conformément au principe énoncé ci-dessus, la ponctuation haute (point-virgule, deux-points, point d'exclamation, point d'interrogation, etc.) soit dans la face du mot qui précède, soit dans la face de la phrase, selon que la ponctuation est liée logiquement à l'un ou à l'autre.

> **Les féminins directrice, administratrice et réalisatrice ne doivent évidemment pas être remplacés par *directeure, administrateure* et *réalisateure*.**
> (ponctuation basse dans la face du mot qui précède, c'est-à-dire en gras dans le premier cas et en italique dans le second cas.)
>
> **Les termes conseil, conseiller, consultant, comme on le sait, ne sont pas interchangeables.** (ponctuation basse dans la face du mot qui précède)
>
> **Il ponctue ses phrases de nombreux *n'est-ce pas ?***
> (Le point d'interrogation, ponctuation haute, appartient à l'expression mise en évidence.)
>
> **A-t-elle vraiment prononcé le mot *relocalisation* ?**
> (Le point d'interrogation, ponctuation haute, appartient à la phrase.)

Écriture des nombres

Les nombres s'écrivent en chiffres dans les tableaux, les textes scientifiques, statistiques et techniques, ainsi que dans la langue commerciale en général. Dans la **correspondance** et les autres **écrits administratifs**, les nombres s'écrivent en chiffres dans les cas présentés ci-dessous.

Adresses	**150, rue des Érables** **10235, avenue Jacques-Cartier**
Âges	**interdit aux moins de 18 ans**
Dates (voir aussi p. 342)	**en 400 av. J.-C.** **le 1er ou le 2 janvier 2014** (et non pas *1 janvier*, ni *01 janvier*, ni *02 janvier*) **le 11 février 2015** **le lundi 28 mars 2016** Une construction du type **lundi, le 28 mars** ne serait correcte que dans le cas où, en parlant de lundi prochain ou de lundi dernier, on voudrait en rappeler la date.
Heures (voir aussi p. 342 et 388)	**à 14 h 30**
Numéros de matricules, de billets de loterie, etc.	**NQ 9990-901** **C'est le billet n° 852410 qui a gagné le gros lot.** On n'abrège le mot *numéro* que s'il suit immédiatement le nom qu'il détermine, comme ici. Autrement, on écrit *numéro* en toutes lettres. **Le billet gagnant portait le numéro 852410.** (et non *Le billet gagnant portait le n° 852410.*) **Le numéro du billet gagnant est le 852410.** (et non *Le n° du billet gagnant est le 852410.*)

Pagination ; numéros des paragraphes, des volumes, des chapitres ; numéros d'articles de codes ou de lois	p. 64, nº 7 RLRQ, chapitre P-35, art. 42
Poids et mesures	8,5 cm sur 10,5 cm 20 °C 250 g 360°
Pourcentages, fractions et nombres décimaux	plus de 75 % des réponses le niveau a atteint les 3/4 de la hauteur pi équivaut à 3,141 592 6...
Sommes d'argent	24,95 $

S'il n'y a pas risque d'ambiguïté, on peut, lorsqu'il y a deux ou plusieurs nombres successifs, ne pas répéter la même unité.

> **les jeunes de 14 à 16 ans** (l'unité, *ans*, n'est pas répétée ; mais on pourrait aussi écrire **les jeunes de 14 ans à 16 ans**, en répétant l'unité)
>
> **L'augmentation est passée de 5 à 8 %.** (l'unité, %, n'est pas répétée ; mais on pourrait aussi écrire **L'augmentation est passée de 5 % à 8 %.**)

Conformément aux règles du système international d'unités (SI), on sépare par un espacement les nombres en tranches de trois chiffres, tant dans la partie des entiers que dans celle des décimales. Cette façon de faire demeure cependant facultative pour les nombres de quatre chiffres. On ne sépare pas les numéros ni les dates (voir aussi p. 401 et 403).

> **150 000 $**
>
> **869 314 500 dollars**
>
> **2,718 28**
>
> **2500 $ ou 2 500 $** (nombre de quatre chiffres)
>
> **client nº 4567344** (numéro)
>
> **en 5000 av. J.-C.** (date) (mais **15 000 ans avant notre ère**, car il s'agit là d'un nombre d'années, d'une durée, et non pas d'une date)

NOMBRES EN LETTRES

Dans le corps d'un texte, on écrit généralement en toutes lettres ce qu'on appelle communément les **nombres ronds**, c'est-à-dire les nombres entiers se terminant par un ou plusieurs zéros (cinquante, cent, cinq cents, mille, etc.).

> **Plus de trois cents personnes ont assisté à la conférence.**
> (nombre rond, écrit de préférence en lettres)

On écrit aussi en lettres les **nombres inférieurs soit à dix-sept, soit à vingt et un**, à condition que l'essentiel du texte ne porte pas sur des données chiffrées (ce qui serait le cas d'un texte technique ou scientifique, d'un rapport d'enquête ou de sondage, par exemple). Il y a deux nombres limites présentés ici parce qu'il existe un flottement dans l'usage à ce sujet. En effet, les auteurs d'ouvrages typographiques ne s'entendent pas tous sur le nombre à ne pas dépasser, et chacune de leurs positions peut se justifier : après **seize**, de nombreux noms de nombres sont des noms composés, donc plus longs à écrire en lettres, et **vingt** marque la fin des deux premières dizaines. Certains auteurs fixent même la limite à **neuf**, dernier nombre qui s'écrit en un seul chiffre. L'important est d'adopter une règle et de s'y tenir.

> **Seize terminologues ont assisté à la conférence.**
> (nombre inférieur à dix-sept ou à vingt et un)

Lorsque, dans une même phrase, on cite deux nombres, dont l'un devrait normalement s'écrire en chiffres et l'autre en lettres (nombre rond ou nombre inférieur soit à neuf, soit à dix-sept, soit à vingt et un), on peut les écrire tous les deux soit en chiffres, soit en lettres pour des raisons d'uniformité.

> **Plus de 300 personnes ont assisté à la première conférence,**
> **mais 125 seulement ont assisté à la seconde.**
> **Plus de trois cents personnes ont assisté à la première conférence,**
> **mais cent vingt-cinq seulement ont assisté à la seconde.**

S'il n'y a pas risque d'ambiguïté, on peut abréger un nombre écrit en lettres en faisant l'ellipse d'un élément.

> **De trois (cents) à quatre cents personnes ont assisté à la conférence.**

Les nombres s'écrivent en toutes lettres dans les textes à caractère littéraire ou juridique. Les rectifications de l'orthographe préconisent de lier par des traits d'union les numéraux qui forment tous les nombres complexes, qu'ils soient inférieurs ou supérieurs à cent. Cette nouvelle graphie ne peut désormais être considérée comme fautive. (Voir l'article sur les rectifications de l'orthographe, p. 146.)

RÉPÉTITION DES NOMBRES EN CHIFFRES OU EN LETTRES

Dans les textes courants, on ne répète pas en chiffres, entre parenthèses, le nombre qu'on a écrit en toutes lettres. Cet usage est réservé aux documents qui ont une portée juridique ou financière ; il est fondé sur des raisons de sécurité ou de fiabilité.

> **deux mille six cents dollars (2600 $)** (dans un texte de nature financière ; mais on n'écrit pas *dix (10) des douze (12) candidatures*)

Dans les textes commerciaux, où on écrit les nombres en chiffres, on peut faire suivre ceux-ci des nombres en lettres entre parenthèses pour éviter d'éventuelles erreurs causées par des coquilles.

> **Sur les 27 (vingt-sept) appareils que nous avons commandés le mois dernier, nous n'en avons reçu que 15 (quinze) à ce jour.**

CHIFFRES ROMAINS

Suivant la tradition, certains nombres exprimant le rang d'un élément au sein d'un ensemble s'écrivent encore aujourd'hui en chiffres romains, même si cet usage semble aller en diminuant. Les chiffres romains sont notés au moyen de sept lettres majuscules.

> **I = 1**   **V = 5**   **X = 10**
> **L = 50**   **C = 100**   **D = 500**   **M = 1000**

À partir de ces chiffres, on peut former d'autres nombres par addition et par soustraction. Pour additionner, on place à la droite d'un chiffre romain un autre chiffre de valeur inférieure ou égale.

> **VI = 6** (5 + 1)   **XX = 20** (10 + 10)

Pour soustraire, on place à la gauche du chiffre un autre chiffre de valeur inférieure.

> **IX = 9** (-1 + 10)   **XL = 40** (-10 + 50)

On n'additionne cependant pas le même chiffre plus de trois fois d'affilée. Au-delà de trois fois, on doit soustraire. Font néanmoins exception à la règle le nombre IIII (4) apparaissant sur certains cadrans et le nombre MMMM (4000). Il existe également certains procédés de multiplication pour former des nombres plus grands.

> **CCC = 300** (100 + 100 + 100)
>
> **CD = 400** (-100 + 500) (et non *CCCC*)

De la même manière qu'on le fait pour les chiffres arabes (0 à 9), on écrit les chiffres romains de la gauche vers la droite, en commençant par les milliers. On écrit ensuite les centaines, les dizaines et les unités. Voici une liste d'exemples de nombres écrits en chiffres romains (alignement vertical à gauche, généralement, dans un tableau, mais aussi parfois à droite) et leur équivalent en chiffres arabes (alignement vertical à droite).

Chiffres romains	Chiffres arabes	Chiffres romains	Chiffres arabes	Chiffres romains	Chiffres arabes
I	1	XL	40	DCC	700
II	2	L	50	DCCC	800
III	3	LX	60	DCCCXXIII	823
IV	4	LXX	70	CM	900
V	5	LXXX	80	CMXLIV	944
VI	6	XC	90	M	1000
VII	7	C	100	MCDL	1450
VIII	8	CC	200	MDCCLXV	1765
IX	9	CCC	300	MDCCCLXXIII	1873
X	10	CD	400	MCMLXXX	1980
XX	20	D	500	MCMXCVI	1996
XXX	30	DC	600	MMXIV	2014

Les principaux emplois des chiffres romains sont présentés ci-dessous. Pour respecter le code typographique, on devrait écrire les chiffres romains en **petites capitales** dans certains de leurs emplois particuliers, soit pour les **siècles** ainsi que pour les **divisions** et les **parties introductives** d'un ouvrage. Cependant, comme cette façon de faire est souvent difficilement réalisable, l'écriture en **grandes capitales** est généralement tolérée dans tous les emplois des chiffres romains (voir aussi p. 380).

Siècle et millénaire	**l'histoire de France du XVe siècle** **le IIe millénaire** L'écriture des siècles se fait aussi en toutes lettres ou en chiffres arabes dans les textes courants.
Inscription de date sur un monument ou un bâtiment, sur la page frontispice d'un livre ainsi qu'au générique d'un film ou d'une émission de télévision	**Tous droits réservés ©** **Productions Ciné-OQLF, MMXIV**
Dans un ouvrage de facture traditionnelle : – ordre des divisions principales (tome, volume, acte, etc.) et des divisions secondaires (chapitre, scène, poème, etc.); – ordre des pages introductives (préface, avant-propos, table des matières, etc.); – ordre des éléments hors texte (illustration, tableau, etc.); – ordre des appendices et des annexes.	**La partie IX de l'annexe XIII de cette loi sera bientôt modifiée.** **La réponse se trouve au début du chapitre III du tome II de l'ouvrage.** *Premier* est toutefois généralement écrit en toutes lettres dans les divisions de texte (*Chapitre premier*).
Noms de souverains, d'ordres de dynasties, de conciles, de régimes politiques, d'armées et de régions militaires	**le roi Louis XIV** **le IIIe Reich**
Numéros d'arrondissements ou de divisions territoriales	**le Ve arrondissement de la ville de Paris**
Noms de manifestations culturelles et sportives	**les XXIIIes Jeux olympiques d'hiver** **le XXXVIIe Salon du livre de Montréal**

NOTATION DE L'HEURE

Dans les lettres et les textes commerciaux et administratifs courants, l'heure est notée en chiffres de 0 à 24, suivis du symbole **h**, toujours précédé et suivi d'un espacement, qui précède, le cas échéant, l'indication des minutes. Les minutes sont notées de 1 à 59. (Voir aussi **Lettres et textes courants** et **Tableaux et usages techniques**, p. 342 et 346.)

> **Nos bureaux sont ouverts de 9 h à 16 h 30.**
> **Heures d'ouverture : 8 h 30 – 18 h**
> **L'avion n'a finalement décollé qu'à 0 h 5.** (et non *0 h 05*, car l'heure et la minute ne sont pas des unités décimales)

On peut aussi écrire le mot **heure(s)** en toutes lettres.

> **L'incident s'est produit à 1 heure précise (HNE).**
> **À 19 heures eut lieu l'ouverture de la séance.**

L'heure est notée en lettres lorsqu'elle comporte les mots **quart, demi, trois quarts, midi, minuit.**

> **Le vin d'honneur sera servi à onze heures et quart.**
> **Je dois le rappeler à midi dix.**
> **À minuit et demi, les discussions n'étaient pas terminées.**
> **Le départ est prévu pour neuf heures et demie.**
> (Pour des raisons d'uniformité, on pourrait cependant aussi écrire 11 h 15, 12 h 10, 0 h 30 et 9 h 30 dans un texte où seraient notées d'autres heures.)

Dans les textes juridiques ainsi que dans certains écrits à caractère solennel (invitations notamment), la date et l'heure sont le plus souvent écrites en toutes lettres. Autrefois, il était d'usage d'écrire **mil** devant un autre nombre à partir de l'année 1001, **mil** venant du latin singulier *mille*, et **mille** du pluriel *millia*. Aujourd'hui, l'emploi de *mil* est perçu comme vieilli (même s'il n'est pas fautif). Il est donc préférable d'employer la graphie *mille*, correcte dans tous les contextes, pour exprimer les années 1001 à 1999. Par ailleurs, *mil* ne peut jamais être utilisé dans la notation des années 2000 et suivantes puisqu'il signifie, justement, « un seul millier ».

> **À vingt heures, le trente et un décembre de l'an mil huit cent cinquante...** (usage d'autrefois)
> **Le huit mars mille neuf cent quatre-vingt-seize à onze heures trente...**
> **Le dix-neuf octobre deux mille quinze entre midi et seize heures...**

NOTATION DE L'ANNÉE

À l'exception des textes juridiques et de certains écrits à caractère solennel, l'année s'écrit en chiffres.

> *Rapport d'activités 2014*
> **le Festival du homard 2017**
> **le vingt-quatre juin deux mille dix-huit** (dans un texte à caractère juridique ou solennel)

L'usage admet qu'on abrège l'indication de l'année seulement dans des contextes familiers ou pour les dates historiques (s'il n'y a pas d'ambiguïté). On indique alors les décennies en ne reprenant que les chiffres de la dizaine. Dans ces cas, les deux chiffres retenus pour noter l'année ou les années ne doivent pas être précédés de l'apostrophe utilisée en anglais. Il demeure toutefois préférable de toujours employer les quatre chiffres pour noter les années 2000 et suivantes, puisqu'on prononce [dømil] [deux mille]… dans tous les cas.

> **Il est né en 56.** (contexte familier ; mais non en *'56*)
> **Octobre 70** (date historique)
> **l'an 2021** (se prononce [dømilvɛ̃tœ̃] [deux mille vingt et un])

Pour noter une période qui s'étend sur deux ou plusieurs années consécutives complètes ou partielles, on lie les deux années en chiffres par un trait d'union et non par une barre oblique. La barre oblique n'est utilisée que lorsqu'on veut séparer deux périodes de temps représentées numériquement dans des tableaux, des schémas, des horaires, etc.

> **la guerre de 1914-1918** ou **la guerre de 14-18** (et non *1914/1918* ni *14/18*)
> **l'année financière 2014-2015** (et non *2014/2015* ni *2014-15*, ni *14-15* ; se prononce [dømilkatɔʀzdømilkɛ̃z] [deux mille quatorze deux mille quinze]

Dans des expressions comme **dans les années 1980**, on peut indiquer l'année en lettres ou en chiffres.

> **dans les années 80** (mais pas *années '80*)
> **dans les années 1980**
> **dans les années quatre-vingt** (Quatre-vingt est ici l'adjectif numéral ordinal qui a le sens de « quatre-vingtième ».)

DURÉE

Les nombres exprimant des durées qui ne sont ni très précises, ni complexes, ni comparées et qui ne font pas partie d'une énumération s'écrivent en lettres, de même que les noms des unités de temps.

> **La subvention s'étend sur cinq ans.**
> **Il faut produire un rapport tous les dix mois.**
> **Ce colloque de deux jours et demi a été fructueux.**
> **La réunion a duré plus de trois heures et demie.**
> **Une vidéo d'une heure et quart sera présentée à cette occasion.**

Dans le cas contraire, on les écrit en chiffres, et on peut employer les symboles de temps.

> **L'expérience a duré exactement 2 heures 28 minutes.** (ou 2 h 28 min)
> **La championne a couru l'épreuve en 10 min 35 s 7/100.**

SIÈCLES

Quand ils ne sont pas en toutes lettres, les siècles sont traditionnellement écrits en chiffres romains (petites capitales si possible), mais on les voit aussi écrits en chiffres arabes dans des textes courants.

> **Le vingtième siècle a été marqué par...**
> **la langue des XVIIe et XVIIIe siècles** ou **XVIIe et XVIIIe siècles**
> **au XVe et au XVIe siècle** ou **au XVe et au XVIe siècle**
> **l'économie du 21e siècle**

FRACTIONS

Le dénominateur d'une fraction (second élément) est un nom qui s'accorde avec le numérateur (premier élément). En matière de fractions, il ne faut pas confondre les adjectifs numéraux cardinaux (*un, deux, trois, quatre, cinq, cent, deux cents, trois cents...*) et les noms de dénominateurs de fraction (*demi, tiers, quart, cinquième, centième, deux-centième, trois-centième...*), ni ces derniers avec les adjectifs numéraux ordinaux, qui peuvent aussi être substantivés (*deuxième, troisième, quatrième, cinquième, centième, deux centième, trois centième...*).

> **un centième** (1/100)
> **les trois centièmes** (3/100)
> **un trois-centième** (1/300)
> **deux trois-centièmes** (2/300)
> **Elle est la deux centième sur la liste.** (200e)
> **le trois centième candidat...** (300e)
> **sept dixièmes** (7/10)
> **trente-cinq millièmes** (35/1000)
> **trente cinq-millièmes** (30/5000)
> **cinq cent-millièmes** (5/100 000)
> **cinq cents millièmes** (500/1000)
> **quatre-vingts dix-millièmes** (80/10 000)
> **quatre-vingt-dix millièmes** (90/1000)

> **Voici une carte topographique à l'échelle du cinquante-millième.** (1/50 000)
> **L'échelle d'un plan au cinq-millième est plus grande que celle d'un plan
> au dix-millième.** (1/5 000 ; 1/10 000)

SOMMES D'ARGENT, MILLIONS ET MILLIARDS

Dans un texte suivi, les nombres approximatifs (ou exprimant des valeurs arrondies) de plus de six chiffres s'écrivent avec les noms **million** et **milliard**, qui prennent un *s* au pluriel.

> **Quelque 15 millions de tonnes…**
> **La population mondiale a dépassé sept milliards.**

Dans les textes courants, les unités monétaires s'écrivent en toutes lettres.

> **Les États-Unis ont acheté pour 54 milliards de dollars canadiens
> de matières premières.**

Toutefois, le contexte suffit souvent pour indiquer de quelle unité monétaire il s'agit. On peut alors, pour alléger le texte, omettre le mot **dollar**.

> **Les travaux ont coûté 40 millions à la Ville de Québec.**

Dans les textes de nature financière ou statistique, le nom de l'unité monétaire peut être remplacé par son symbole. Le symbole de l'unité monétaire ne s'emploie pas dans des sommes où les mots **million** et **milliard** sont écrits en lettres sauf dans les tableaux, où cette façon de faire est tolérée.

> **85 000 000 $** (et non *85 millions $*, qui n'est toléré que dans les tableaux)

SOMMES D'ARGENT ET TABLEAUX

Dans les tableaux et les statistiques ainsi que dans les contextes où la place est vraiment limitée, on peut faire précéder les symboles des unités monétaires des éléments **k** (*kilo* « mille »), **M** (*méga* « million ») et **G** (*giga* « milliard »). On aura ainsi **k$** pour *kilodollar*, « millier de dollars », **M$** pour *mégadollar*, « million de dollars », et **G$** pour *gigadollar*, « milliard de dollars » (voir aussi p. 338).

En tête de colonne, dans un tableau, on peut aussi écrire **en milliers de dollars, en millions de dollars** ou **en milliards de dollars** pour indiquer ce que représentent les divers nombres.

ÉTAT DES RECETTES ET DÉPENSES **En milliers de dollars**	
Recettes	100
Dépenses	90

ÉTAT DES RECETTES ET DÉPENSES **En millions de dollars**		**ÉTAT DES RECETTES ET DÉPENSES** **M$**	
Recettes	85	Recettes	85
Dépenses	75	Dépenses	75

GRANDS NOMBRES

Dans certains contextes, notamment dans les domaines de la finance et des sciences, on doit employer les grands nombres pour exprimer des quantités infiniment petites ou infiniment grandes.

Il existe deux systèmes de dénomination des grands nombres. Le premier, utilisé dans plusieurs pays d'Europe, est basé sur les multiples d'un million. Les dénominations françaises des grands nombres y sont liées. Dans ce système, par exemple, un billion équivaut à 10^{12}. Le second système, utilisé notamment aux États-Unis, au Canada anglais et plus récemment en Grande-Bretagne, est basé sur les multiples de mille. Ce second système reprend les mêmes dénominations que le premier, mais avec des valeurs différentes. Dans ce système, par exemple, un billion équivaut à 10^9.

Pour simplifier la notation des grands nombres ou limiter le risque de confusion possible entre les dénominations françaises et les dénominations anglaises correspondantes dans les deux systèmes de notation existants, on peut utiliser les puissances de 10 (notation scientifique). Par exemple, un billiard (mille billions) peut s'écrire 10^{15}, ce qui équivaut au chiffre 1 suivi de 15 zéros.

Le tableau suivant présente les principales dénominations françaises des grands nombres basées sur les multiples du million.

Dénomination française basée sur les multiples du million	Puissance de 10	Dénomination française basée sur les multiples du million	Puissance de 10
Mille	10^3	Mille septillions, septilliard	10^{45}
Million	10^6	Octillion	10^{48}
Milliard	10^9	Mille octillions, octilliard	10^{51}
Billion, mille milliards	10^{12}	Nonillion	10^{54}
Mille billions, billiard	10^{15}	Mille nonillions, nonilliard	10^{57}
Trillion	10^{18}	Décillion	10^{60}
Mille trillions, trilliard	10^{21}	Undécillion	10^{66}
Quadrillion, quatrillion	10^{24}	Duodécillion	10^{72}
Mille quadrillions, mille quatrillions, quadrilliard, quatrilliard	10^{27}	Trédécillion	10^{78}
Quintillion	10^{30}	Quatuordécillion	10^{84}
Mille quintillions, quintilliard	10^{33}	Quindécillion	10^{90}
Sextillion	10^{36}	Googol	10^{100}
Mille sextillions, sextilliard	10^{39}	Googolplex	10^{googol}
Septillion	10^{42}		

RÈGLES GÉNÉRALES D'ÉCRITURE ET DE LECTURE DES NOMBRES

Place

Il faut éviter de commencer une phrase par un nombre en chiffres. On peut l'écrire en lettres (bien que cela puisse nuire à l'uniformité du texte) ou, mieux, reformuler la phrase.

> **Dix pour cent des appareils sont désuets.**
> **Parmi les 30 commerçants touchés par le sinistre, 10 déclarent...**
> (et non *10 des 30 commerçants touchés par le sinistre déclarent...*)

Pluriel

Lorsqu'un nom d'objet ou d'unité est précédé d'un nombre, ce nom prend la marque du pluriel dès que le nombre est égal ou supérieur à deux.

> **1,5 million**
> **1,85 mètre**
> **2 mètres**

Élision

On fait généralement l'élision devant le nombre **un**, surtout quand il est suivi de décimales. Par contre, on ne fait pas l'élision si *un* désigne un chiffre ou un numéro, ou encore si on veut insister sur l'idée de quantité ou de mesure.

> **la somme d'un dollar cinquante**
> **des pièces de un dollar**
> **le un de la rue des Érables**

Huit a un *h* aspiré ; il n'y a jamais d'élision devant ce mot. Dans les nombres composés avec *huit*, on fait la liaison.

> **le huit**
> **toutes les huit heures**
> **dix-huit** (se prononce [dizɥit] [dizuit], ou [dizɥi] [dizui] devant une consonne ou un *h* aspiré)

On ne fait pas l'élision ni la liaison devant **onze**.

> **le onze novembre**
> **une distance de onze kilomètres**
> **Il y en avait onze.** (se prononce [avɛɔ̃z] [avèonz])

Lecture

La façon de lire et la façon d'écrire les nombres ne coïncident pas toujours ; on écrit certains éléments qu'on ne prononce pas, et l'ordre de certains éléments diffère à l'écrit et à l'oral. Pour la lecture des numéros de téléphone, voir p. 793.

Après des grandeurs comme **million** et **milliard** suivies d'une autre unité de mesure ou d'une unité monétaire, on n'écrit pas le **de** qu'on prononce entre la grandeur et l'unité.

> **10 000 000 km** se lit **« dix millions de kilomètres »**

En principe, à la lecture, on ne doit pas prononcer les mots **zéro** et **virgule**, mais dans certains nombres complexes il est difficile de faire autrement. Ainsi, si on dicte ou si on craint d'être mal compris, on peut épeler dans l'ordre de l'écriture.

> **0,003 po** se lit **« trois millièmes de pouce »**
> **1,72 m** se lit **« un mètre soixante-douze »**
> **4,50 m²** se lit **« quatre mètres carrés cinquante »** ou **« quatre mètres carrés et demi »**
> **120,25 m/s** se lit **« cent vingt mètres vingt-cinq par seconde »**
> **1,6 km** se lit **« un kilomètre six cents (mètres) »** ou **« un kilomètre six »**
> **7,425 kg** se lit **« sept kilogrammes (ou kilos) quatre cent vingt-cinq »**
> **0,02 %** se lit **« deux centièmes pour cent »** ou, pour éviter l'ambiguïté, **« zéro virgule zéro deux pour cent »**
> **0,5 %** se lit **« un demi pour cent »** (et non *un demi de un pour cent*) ou **« cinq dixièmes pour cent »**
> **0,8 %** se lit **« huit dixièmes pour cent »**
> **3,5 %** se lit **« trois et demi pour cent »** ou **« trois cinquante pour cent »**
> **5,10 %** se lit, pour éviter l'ambiguïté, **« cinq virgule dix pour cent »**
> **7/10** se lit **« sept dixièmes »**
> **10/7** se lit **« dix septièmes »**
> **1/20 000** se lit **« un vingt-millième »**
> **3,25 $** se lit **« trois dollars vingt-cinq »**
> **81,53 $ US** se lit **« quatre-vingt-un dollars des États-Unis (ou américains) et cinquante-trois cents »**
> **150 009 $** se lit **« cent cinquante mille neuf dollars »**
> **0,414 M$** se lit **« quatre cent quatorze mille dollars »**
> **2,099 M$** se lit **« deux millions quatre-vingt-dix-neuf mille dollars »**
> **2 099 M$** se lit **« deux mille quatre-vingt-dix-neuf millions de dollars »**
> **1,555 M$** se lit **« un million cinq cent cinquante-cinq mille dollars »**
> **1 555 M$** se lit **« mille cinq cent cinquante-cinq millions de dollars »**

Quand on nomme une fréquence radiophonique, on prononce le mot **virgule**.

> **106,3 FM** se lit **« cent six virgule trois »**

Coupure

Coupure des mots en fin de ligne

La coupure (ou division) des mots doit être évitée dans les titres, dans l'affichage et dans les en-têtes de lettres, notamment dans les appellations d'organismes et de sociétés. Elle doit également être évitée autant que possible dans un texte soigné. Certaines coupures sont toutefois indispensables, par exemple dans les lignes courtes et les colonnes. Il convient alors de les faire dans le respect de certaines règles. Voici les plus usuelles, sur lesquelles les codes typographiques ne sont cependant pas unanimes. Voir aussi l'article sur l'espace insécable dans le chapitre sur la ponctuation, p. 305.

On doit éviter de terminer par un mot divisé plus de trois lignes consécutives.

Exemple fautif :

> *La coupure (ou division) des mots doit être évi-*
> *tée dans les titres, dans l'affichage et dans les en-*
> *têtes de lettres, notamment dans les appella-*
> *tions d'organismes et de sociétés. Elle doit égale-*
> *ment être évitée, autant que possible, dans un texte*
> *soigné.*

Même exemple corrigé :

> **La coupure (ou division) des mots doit être évitée**
> **dans les titres, dans l'affichage et dans les en-**
> **têtes de lettres, notamment dans les appellations**
> **d'organismes et de sociétés. Elle doit également être**
> **évitée, autant que possible, dans un texte soigné.**

En général, on divise les mots simples par syllabes, selon la prononciation (division syllabique), mais on doit aussi tenir compte de l'étymologie (division étymologique). La division syllabique est la plus courante. C'est celle qu'on utilise dans le doute. Noter que, dans les exemples qui suivent, le signe [indique une coupure possible ; la barre oblique /, une coupure interdite.

> **tran[sac[tion** (selon la prononciation, la plus courante)
> **trans[ac[tion** (selon l'étymologie)
> **pers[pec[tive** (selon la prononciation)
> **per[spec[tive** (selon l'étymologie)
> **chlo[rhy[dri[que** (selon la prononciation)
> **chlor[hy[dri[que** (selon l'étymologie)

La division peut se faire entre deux consonnes, semblables ou non.

> **com[mis[sion**
> **ren[seignement** (avec toutes les coupures permises : **ren[sei[gne[ment**)
> **at[mosphère** (avec toutes les coupures permises : **at[mo[sphère**)

Elle peut également se faire :

entre une voyelle et une consonne

> **sco[la[ri[té**
> **cou[pure**

ou entre une consonne et une voyelle

> **inter[urbain** (avec toutes les coupures permises : **in[ter[ur[bain**)
> **hyper[activité** (avec toutes les coupures permises : **hy[per[ac[ti[vi[té**)

ou encore entre deux voyelles à condition que la division suive un préfixe.

> **ré[union** (*ré* est un préfixe)
> **pré[encollage** (*pré* est un préfixe ; avec toutes les coupures permises : **pré[en[col[lage**)
> **extra[ordinaire** (*extra* est un préfixe ; avec toutes les coupures permises :
> **extra[or[di[naire**)
> **co[opérative** (*co* est un préfixe ; avec toutes les coupures permises : **co[opé[ra[tive**)
> **anti[acide** (*anti* est un préfixe)

Les mots composés qui ne comportent pas de trait d'union se divisent entre leurs composants.

> **pomme[de[terre**
> **chemin[de[fer**
> **fer[à[cheval**

Les mots composés qui comportent un trait d'union ne se divisent qu'après celui-ci.

> **lave-[vaisselle** (et non *lave-vais/selle*)
> **peut-[être**
> **dix-[huit**

Lorsqu'un mot composé a perdu son trait d'union et que les deux éléments sont soudés, la division se fait là où était le trait d'union.

> **porte[monnaie**

Lorsqu'un groupe de mots comprend plusieurs traits d'union, on le divise après le premier trait d'union, sauf exception.

> **arc-[en-ciel**
> **c'est-[à-dire** ou **c'est-à-[dire**

Il faut éviter de diviser un mot de moins de quatre lettres ou un mot abrégé.

> **île** (et non *î/le*)
> **encycl.** (et non *en/cycl.* ni *ency/cl.*)

Il faut conserver toujours en fin de ligne au moins deux lettres et en reporter au moins deux sur la ligne suivante, trois lorsqu'il s'agit d'une syllabe muette ; un mot de trois lettres ou moins ne peut donc pas être coupé. De même, une syllabe dite malsonnante ne peut figurer en fin de ligne. Il ne faut pas non plus couper le dernier mot d'un paragraphe, d'une colonne ou d'une page.

> **école** (et non *é/cole* ni *éco/le*)
> **culti[va[teur** (la première syllabe est malsonnante)
> **consom[ma[tion** (la première syllabe est malsonnante)

Exemple fautif :

> *La coupure des mots doit être é-*
> *vitée dans les titres et dans l'afficha-*
> *ge. Elle doit également être évitée*
> *autant que possible dans un texte soi-*
> *gné.*

Même exemple corrigé :

> **La coupure des mots doit être**
> **évitée dans les titres et dans l'affi-**
> **chage. Elle doit également être**
> **évitée autant que possible dans**
> **un texte soigné.**

Il faut aussi s'abstenir de diviser un mot avant ou après une apostrophe.

> **aujour[d'hui** (et non *aujourd'/hui* ni *aujourd'/hui*)
> **qu'a[vaient** (et non *qu'/avaient* ni *qu'/avaient*)
> **pres[qu'île** (et non *presqu'/île* ni *presqu'/île*)

Il faut également s'abstenir de diviser un mot avant ou après un x ou un y quand ces lettres sont entre deux voyelles, sauf dans le cas du x quand il est prononcé comme un z. On peut toutefois couper un mot après un x ou un y s'ils sont suivis d'une consonne.

> **exa[men**
> **exis[tence**
> **soixante**
> **royal**
> **croyance**
> **frayeur**
> **clair[voyance**
> **deu[xième**
> **pay[sage**
> **ex[por[ta[tion**
> **ly[rique**
> **poly[va[lent**

On ne divise pas non plus un nom propre de lieu, un nom de famille ni un prénom. On tolère la division après un trait d'union dans le cas d'un prénom composé ou d'un patronyme composé. Le prénom peut se trouver en fin de ligne ; le nom de famille, commencer la ligne suivante.

> **Québec**
> **Ladouceur**
> **Marie-[France**
> **Gérin-[Lajoie**
> **Saint-[Germain**
> **Guy[Nadeau**

On tolère également la division après un trait d'union dans le cas d'un toponyme composé, de même qu'après le tiret d'un toponyme surcomposé. Dans le cas des toponymes composés qui ne comportent pas de trait d'union, la division est permise entre leurs composants. Pour ce qui est des odonymes, la division est également admise, lorsqu'on ne peut pas l'éviter, entre le générique et le nom de la rue.

> **Rouyn-[Noranda**
> **Saguenay–[Lac-Saint-Jean**
> **La[Tuque**
> **rue[Rideau**

On ne divise pas non plus les sigles et les acronymes – à moins que ces derniers ne soient devenus des noms communs –, les abréviations, les numéros de téléphone ni les adresses postales.

> **Unicef**
> **SPGQ**
> **ONU**
> **cé[gep**
> **la[ser**
> **s. l. n. d.**
> **suppl.**
> **514 873-6565** (à la rigueur, dans une colonne de texte très étroite :
> **514 [873-6565)**

On ne divise pas les symboles, les formules mathématiques, chimiques ou physiques, ni les nombres écrits en chiffres, qu'ils soient en chiffres romains ou en chiffres arabes.

> $a^2 + b^2 = c^2$
> H_2O

$$E = mc^2$$
150 000
XVIII

La division des mots étrangers employés en français s'effectue selon les règles de chaque langue étrangère.

Il faut aussi être vigilant quant aux coupures automatiques que font les logiciels. Ces coupures, dont les règles varient selon les langues, doivent être programmées pour le français.

Coupure entre les mots

On doit éviter de diviser certains groupes de mots en fin de ligne. Si l'on ne peut faire autrement, voici certaines règles à respecter.

On peut couper avant un *t* **euphonique**, mais pas après, pour ne pas nuire à la prononciation, ni après le *t* ou le *s* sonore d'un verbe devant un pronom personnel, malgré la présence du trait d'union. On évite aussi de diviser avant les pronoms *en* et *y* les verbes comprenant un *s* **euphonique**.

> **va-[t-on** (et non *va-t-/on*)
> **répon[dit-il** (et non *répondit-/il*)
> **sou[tient-elle** (et non *soutient-/elle*)
> **achètes-en** (et non *achètes-/en*)
> **sèmes-en** (et non *sèmes-/en*)
> **vas-y** (et non *vas-/y*)

Avec un verbe suivi d'un pronom inversé, la coupure se fait après le trait d'union.

> **Aurons-[nous besoin de...**

Par ailleurs, on ne doit pas séparer un nom propre des abréviations de titres honorifiques ou de civilité, ni des initiales qui le précèdent.

> **M. Alain [R. Dupuis** (et non *M. / Alain / R. / Dupuis*)
> **Mme Luce [Moreau** (et non *Mme / Luce Moreau*)

> **le [Dr Bélanger** (et non *le D^r / Bélanger*)
> **A.-M. Rousseau** (et non *A.-M. / Rousseau*)

Un prénom écrit en toutes lettres peut cependant être séparé du nom propre qu'il accompagne. Lorsque les titres de civilité sont écrits en toutes lettres, on peut les séparer des noms propres.

> **madame [Marie [Lafortune**
> **le [docteur [Bélanger**
> **Son [Excellence [Monsieur [Abdou [Diouf**

On ne sépare pas non plus les éléments abrégés d'une expression ou d'une forme complexe.

> **N. B.** (et non *N. / B.*)
> **Ph. D.** (et non *Ph. / D.*)

De même, on ne sépare pas un nombre écrit en chiffres du nom, du symbole ou de l'abréviation qui le précède ou qui le suit. Par contre, un nombre écrit en lettres peut être séparé du mot qu'il détermine. On ne divise pas davantage les dates ni les pourcentages. Pour éviter ces divisions dans les textes, on commande une espace insécable (c'est-à-dire qu'on ne peut pas couper) entre les éléments.

> **250 000 habi[tants** (et non *250 000 / habitants*)
> **cha[pitre III** (et non *chapitre / III*)
> **par[tie 6** (et non *partie / 6*)
> **pages 25 [à 30** (et non *pages / 25 à 30*)
> **p. 160** (et non *p. / 160*)
> **Jean-Paul II** (et non *Jean-Paul / II*)
> **XXIe siècle** (et non *XXIe / siècle*)
> **15 h 30** (et non *15 / h / 30*)
> **150 000 $** (et non *150 000 / $*)
> **18 °C** (et non *18 / °C*)
> **250 km** (et non *250 / km*)
> **250 kilo[mètres** (et non *250 / kilomètres*)
> **1575,25 $ CA** (et non *1575,25 / $ / CA*)
> **douze [personnes**
> **cent [trente-[cinq [étu[diants**
> **cinq [mil[liards [de [dol[lars**
> **14 novembre 2016** (et non *14 / novembre / 2016*, mais on admet :
> **lundi [14 novembre 2016)**

> **2015-2016** (et non *2015- / 2016*)
> **2 p. 100** (et non *2 / p. / 100* ; se lit : 2 pour cent)
> **35 %** (et non *35 / %*)

L'abréviation **etc.** ne devrait pas être séparée du mot qui la précède. Autrement dit, une ligne ne devrait pas commencer par *etc.*

Les tirets doubles servant à isoler ou à mettre en valeur une incise ou un complément inséré ne peuvent être séparés du texte qu'ils encadrent.

> **Dans la plupart des mémoires – et ils sont très nombreux –,
> cette question est passée sous silence.**

⊕ Coupure dans les titres et les appellations

Comme on l'a mentionné au début du chapitre, la coupure des mots doit être évitée dans les titres, dans l'affichage, dans les en-têtes de lettres, notamment dans les appellations d'organismes et de sociétés. Par contre, la coupure est permise lorsque, dans un texte, on **cite** un titre.

La coupure entre les mots d'un titre est permise, de même qu'entre les mots de certaines appellations, par exemple l'appellation d'un organisme, d'une société, d'une direction et de toute autre unité administrative. Il faut veiller à couper correctement les titres et les appellations qui ne tiennent pas sur une seule ligne. La coupure doit être exécutée au bon endroit afin de conserver les liens logiques entre les mots du titre ou de l'appellation, de garder ensemble les unités de sens. Par exemple, on ne renvoie pas à la ligne suivante après un article, après une conjonction ni après une préposition.

Exemples de coupures entre les mots d'un titre

Sur la première de couverture de l'ouvrage, on aura :

> **Dictionnaire d'Internet, de l'informatique et des télécommunications**
> ou
> **Dictionnaire d'Internet, de l'informatique
> et des télécommunications**
> ou
> **Dictionnaire d'Internet,
> de l'informatique
> et des télécommunications**

et non pas
Dictionnaire d'Internet, de l'informatique et
des télécommunications
ni
Dictionnaire d'Internet, de
l'informatique et des télécommunications

Exemples de coupures entre les mots d'une appellation

Société de recherche et de développement du multimédia
ou
Société de recherche
et de développement du multimédia
et non pas
Société de recherche et de
développement du multimédia
ni
Société de recherche et
de développement du multimédia

Direction des services à la gestion et des communications
Direction des services à la gestion
et des communications
et non pas
Direction des services à la gestion et
des communications
ni
Direction des services à
la gestion et des communications

Service des ressources humaines et matérielles
Service des ressources humaines
et matérielles
et non pas
Service des ressources
humaines et matérielles
ni
Service des ressources humaines et
matérielles

Lorsqu'on cite un titre dans un texte, la coupure entre les mots peut se faire après n'importe quel mot du titre.

Division des textes

Il importe de structurer un texte de façon claire, cohérente et uniforme. La division d'un texte se fait généralement selon l'un ou l'autre des deux systèmes décrits ci-dessous. La table des matières, s'il y en a une, doit être conforme à cette structuration.

SYSTÈME TRADITIONNEL
(aussi dit CLASSIQUE ou LITTÉRAIRE)

Ce système utilise successivement des chiffres et des lettres dans l'ordre suivant :

chiffres romains	I	II	III
		ou	
	I.	II.	III.
		ou	
	I. –	II. –	III. –
lettres majuscules	A	B	C
		ou	
	A.	B.	C.
		ou	
	A. –	B. –	C. –
chiffres arabes	1	2	3
		ou	
	1.	2.	3.
		ou	
	1. –	2. –	3. –
		ou	
	1)	2)	3)
		ou	
	1°	2°	3°

lettres minuscules	*a.*	*b.*	*c.*
italiques		ou	
	a)	*b)*	*c)*

SYSTÈME NUMÉRIQUE INTERNATIONAL
(aussi dit MODERNE ou SCIENTIFIQUE)

Ce système, plus rigoureux, permet un repérage facile. Le nombre de chiffres à se suivre, tout comme le nombre des niveaux, devrait être limité à quatre afin de préserver la clarté du texte et la mémorisation de sa structure. S'il faut plus de quatre niveaux, les sous-sections de plus grande taille peuvent devenir des sections distinctes. La numérotation commence à 1 et non pas à 0 (c'est-à-dire qu'on n'emploie ni 0.1, 0.2, etc., ni 1.0, 2.0, etc.).

1.					**1.**	
	1.1.				**1.1.**	
		1.1.1.			**1.1.1.**	
			1.1.1.1.		**1.1.1.1.**	
			1.1.1.2.	ou	**1.1.1.2.**	
	1.2.				**1.2.**	
		1.2.1.			**1.2.1.**	
			1.2.2.		**1.2.2.**	
2.					**2.**	
	2.1.				**2.1.**	
	2.2.				**2.2.**	

L'ISO (International Organization for Standardization, Organisation internationale de normalisation) préconise cependant de n'utiliser le point que pour séparer les chiffres et donc de ne pas faire suivre d'un point un chiffre employé seul ni le chiffre qui termine la série.

1					**1**	
	1.1				**1.1**	
		1.1.1			**1.1.1**	
			1.1.1.1		**1.1.1.1**	
			1.1.1.2	ou	**1.1.1.2**	
	1.2				**1.2**	
		1.2.1			**1.2.1**	
			1.2.2		**1.2.2**	
2					**2**	
	2.1				**2.1**	
	2.2				**2.2**	

Dans l'un ou l'autre de ces deux systèmes, on peut en outre utiliser le tiret, le gros point rond ou carré, le losange ou la flèche (signes qu'on appelle aussi *puces*) pour indiquer une subdivision à l'intérieur de n'importe quelle division d'un texte, à condition que la présentation du texte reste claire.

Il importe de ne pas créer de subdivision unique. Si, par exemple, la subdivision 1.1 est créée, il faut nécessairement qu'il y ait une subdivision 1.2.

DIVISION DES TEXTES ET TYPOGRAPHIE

Dans les deux systèmes présentés ci-dessus, le mot qui suit le chiffre ou la lettre indiquant une division du texte commence en principe par une majuscule.

En effet, après un chiffre romain, une lettre majuscule, un chiffre arabe ou une lettre minuscule suivis d'un point ou d'un point et d'un tiret, on met toujours une majuscule.

> **II. Majuscule**
> **II. – Majuscule**
> **B. Majuscule**
> **B. – Majuscule**
> **2. Majuscule**
> **2. – Majuscule**
> ***b*. Majuscule**

Après un chiffre arabe ou une lettre minuscule suivis d'une parenthèse, on met, au choix, une majuscule ou une minuscule.

> **2) Majuscule ou minuscule**
> ***b*) Majuscule ou minuscule**

Après l'abréviation d'un adverbe ordinal (*premièrement* ou *primo* : 1°, *deuxièmement* ou *secundo* : 2°, etc.), on met généralement une minuscule.

> **1° minuscule**
> **2° minuscule**

Rappelons qu'en règle générale, et donc dans les divisions et les énumérations, le point, suivi ou non d'un tiret, commande de commencer le mot qui suit par une majuscule (voir p. 206). Pour la ponctuation devant et après les éléments d'une énumération, voir p. 300.

Voir aussi d'autres exemples de disposition p. 206-207.

HIÉRARCHIE DES TITRES

La typographie des titres et des sous-titres d'un texte doit respecter un ordre constant qui facilite la compréhension de la structure du texte ou du document ; ainsi :

- Les majuscules (ou capitales) viennent avant les minuscules, et on ne revient pas aux majuscules après avoir utilisé les minuscules.
- Les grandes capitales viennent avant les petites capitales.
- Les caractères gras viennent avant les maigres.
- Les titres centrés viennent avant les titres alignés à gauche.
- La taille des caractères, appelée *corps* (le nombre de points), marque aussi l'importance relative du titre ou du sous-titre.
- L'italique n'entre pas toujours en ligne de compte dans la hiérarchie des titres. Si on fait appel à l'italique dans la hiérarchie, il s'intercalera entre le gras et le maigre.

La hiérarchie présentée ci-dessous indique l'ordre général à respecter ; tous les niveaux ne sont évidemment pas présents dans tous les textes. La numérotation ou les lettres qui accompagnent les titres jouent également un rôle dans la hiérarchisation des titres et des sous-titres (voir aussi p. 406).

GRANDES CAPITALES (OU MAJUSCULES) GRASSES
GRANDES CAPITALES (OU MAJUSCULES) ITALIQUES
GRANDES CAPITALES (OU MAJUSCULES) MAIGRES

PETITES CAPITALES GRASSES
PETITES CAPITALES ITALIQUES
PETITES CAPITALES MAIGRES

Minuscules grasses
Minuscules italiques
Minuscules maigres

ESPACEMENT AVEC LES TITRES ET LES SOUS-TITRES

Il est d'usage d'insérer une ligne blanche entre un titre et le texte qui suit, et de ne rien insérer entre le sous-titre et le texte qui suit.

L'espace blanc au-dessus du titre et du sous-titre est plus marqué qu'il ne l'est sous ces derniers, de sorte que le lien logique entre le titre et le texte qui suit est conservé.

Les titres et les sous-titres ne sont pas soulignés ni justifiés (c'est-à-dire lignes pleines alignées à droite et à gauche). Il convient de ne pas centrer un titre ni un sous-titre, à l'exception du titre d'un chapitre. Lorsqu'il est centré, le titre du chapitre ne se termine pas par un point.

⊕ Pagination de documents imprimés

Tout écrit de plus de deux pages devrait être paginé (ou *folioté*, le terme *folio* désignant un numéro de page). La pagination est particulièrement utile pour les documents qui ne sont pas reliés, dont les pages doivent se suivre en ordre numérique. Les paragraphes ci-dessous donnent des renseignements sur la manière correcte de numéroter des pages. (Pour des renseignements supplémentaires sur la pagination de la lettre, voir p. 550.)

ABSENCE DE NUMÉROS SUR CERTAINES PAGES

Toutes les pages d'un document paginé doivent être comptées dans la numérotation. Autrement dit, on compte les pages blanches (sur lesquelles on n'imprime rien du tout) et certaines pages qui, même si elles sont écrites, ne comportent pas de numéro. Ces pages écrites non numérotées sont les pages de titre, de dédicace, d'épigraphe et toute page qui commence par un titre important (*Introduction*, *Premier chapitre*, *Chapitre II*, *Conclusion*, *Index*, par exemple). Par ailleurs, les titres importants devraient, dans la mesure du possible, apparaître en belle page, c'est-à-dire sur une page impaire (située à droite), même s'il faut que cette page soit précédée d'une page blanche dans un document imprimé recto verso.

EMPLACEMENT DES NUMÉROS DE PAGES

En principe, le numéro de page doit être apparent tant lorsque le document est ouvert que lorsqu'il n'est qu'entrouvert. On peut toutefois indifféremment le placer en haut ou en bas de la page.

C'est lorsqu'il est situé près de la marge extérieure du document que le numéro de page est le plus visible. Quand on imprime d'un seul côté d'une feuille, il est ainsi préférable de numéroter les pages dans leur coin droit en alignant, si possible, le numéro sur la limite extérieure du corps de texte. Quand on imprime recto verso, on devrait indiquer le numéro près de la marge de gauche des pages paires et de la marge de droite des pages impaires. Cet emplacement nécessite cependant une composition en miroir. Si ce type de composition n'est pas possible, il vaut mieux centrer le numéro dans la page. Le repérage des numéros est alors un peu moins aisé pour le lecteur, mais la mise en forme du document est plus simple pour le rédacteur.

FORMAT DES NUMÉROS DE PAGES

Pour numéroter des pages, on utilise en général des chiffres suivis, tout simplement : *1, 2, 3*, etc. Cependant, on peut aussi recourir à une numérotation plus élaborée changeant à chaque partie d'un document : *1.1, 1.2* ; *2.1, 2.2, 2.3*, etc. Il faut cependant savoir que ce type de numérotation complexifie un peu le repérage. Par ailleurs, on peut indiquer au besoin l'ordre des pages relativement à leur nombre total, notamment dans les documents à télécopier (et non *à faxer*, voir p. 707). Pour ce faire, on emploie soit la barre oblique, soit les prépositions *de* ou *sur* : *1/6, 2/6* ; *1 de 6, 2 de 6* ; *1 sur 6, 2 sur 6*, etc.

On numérote généralement les pages liminaires (qui précèdent le texte principal) en chiffres romains écrits en petites capitales, à l'exception de la page de titre du document, qui, elle, n'est pas paginée (voir **Absence de numéros sur certaines pages** ci-dessus). Les pages liminaires autres que la page de titre qu'un document peut contenir sont, notamment, celles du sommaire, de la table des matières, de la liste des tableaux, de la liste des figures, de la liste des abréviations et des sigles, de la préface, de la dédicace, de l'épigraphe, des remerciements, de l'avant-propos et de l'avertissement.

On utilise les chiffres arabes à partir de l'introduction, en prenant le chiffre 1 comme point de départ. On numérote aussi en chiffres arabes les pages annexes, à la suite du texte principal, et ce, sans interruption. Les pages annexes qu'un document peut contenir sont, notamment, celles des annexes elles-mêmes ainsi que celles des appendices, de la bibliographie, de l'index et du glossaire.

Les numéros de pages s'écrivent en chiffres et non en lettres. Il est inutile de les faire précéder du mot *page* ou de l'abréviation *p.* Il n'est pas non plus utile d'y ajouter des points ou des tirets (sauf exception, voir p. 550). Pour mettre en forme les numéros de pages d'un document, on utilise la même police et le même corps (taille) de caractères que dans le texte du document lui-même. Ainsi, employer un caractère standard est souvent le meilleur choix à faire (au sujet des polices de caractères, voir p. 419), mais rien n'empêche l'utilisation d'une trame, d'un encadré, ou d'un autre procédé de mise en relief si on le juge souhaitable ; l'important est que la mise en forme soit simple et cohérente.

Classement alphabétique

Un classement alphabétique peut être continu ou discontinu, et, pour être rigoureux et faciliter le repérage de ses éléments, il doit respecter certaines règles.

CLASSEMENT CONTINU

Un classement **continu**, ou absolu, est fait lettre par lettre. Dans ce type de classement, on dispose les éléments d'une nomenclature, d'une liste ou d'un index suivant l'ordre alphabétique, sans tenir compte des blancs ou espaces, des traits d'union, des barres obliques, des accents, des apostrophes ni des parenthèses. Seul intervient le strict caractère alphabétique. Les avantages du classement continu sont surtout l'accès facile et rapide à l'élément désiré ainsi que le rangement aisé des unités complexes, en particulier dans les index. Il présente cependant l'inconvénient d'interrompre certaines séries d'éléments.

appel de note
appel d'offres
(L'apostrophe ne compte pas. La lettre *o* dans *appel d'offres* vient après la lettre *e* dans *appel de note*.)

centre commercial
centre de villégiature
centrer (Le *r* vient avant le *s* ; le verbe interrompt la série des *centre*.)
centre sportif
centre-ville (Le trait d'union ne compte pas.)

LE BLANC
LEBLOND
LE BRETON (L'espace ne compte pas. La lettre *r* vient après la lettre *l*.)
LEBRUN

CLASSEMENT DISCONTINU

Un classement **discontinu**, ou logique, est fait mot par mot. Si un élément comprend plusieurs mots, on tient compte du premier mot, puis du second, et ainsi de suite. Le blanc vient avant le trait d'union ou l'apostrophe, qui eux-mêmes précèdent le caractère alphabétique.

> **appel d'offres** (L'apostrophe précède le caractère alphabétique *e*.)
> **appel de note**
>
> **centre commercial**
> **centre de villégiature**
> **centre sportif**
> **centre-avant**
> **centre-ville**
> **centrer**
> (Le classement tient compte du mot *centre* ; l'espace et le trait d'union viennent avant la lettre *r*.)
>
> **LE BLANC**
> **LE BRETON**
> **LEBLOND** (L'espace précède le caractère alphabétique.)
> **LEBRUN**

NOMS DE PERSONNES

Les noms de personnes suivent les règles des classements continu et discontinu. Voici en outre quelques cas particuliers.

Dans une liste de patronymes composés, les règles générales s'appliquent. Les noms de personnes sont classés selon les noms de famille, et les patronymes identiques sont classés dans l'ordre alphabétique des prénoms. L'espace entre le patronyme et le prénom précède le trait d'union entre les éléments du patronyme composé. Ainsi, les noms composés sont classés après les noms simples.

> **TREMBLAY Andrée**
> **TREMBLAY Michel**
> **TREMBLAY-AUGER Brigitte**
> **TREMBLAY-GAGNON Alain**

Les patronymes qui commencent par la particule **de** ou **d'** se classent au nom qui suit cette particule.

> **ANGLEBERT Jean-Henri d'**
> **CHAMPLAIN Samuel de**
> **MONTCALM Louis-Joseph de**
> **SAINT-DENYS GARNEAU Hector de**
> **SALABERRY Charles-Michel de**

Dans les entrées d'un index, d'un répertoire, etc., on peut marquer l'inversion du prénom et du patronyme par une virgule – ce qui est le cas dans les bibliographies –, ou écrire le prénom entre parenthèses après le patronyme.

> **ALLAIRE, Bernard**
> **BOUCHARD, Geneviève**
>
> **ALLAIRE (Bernard)**
> **BOUCHARD (Geneviève)**

AUTRES PRINCIPES DE CLASSEMENT

Par ailleurs, il faut aussi appliquer les principes suivants :

- La forme plurielle d'un mot, représentée par un **s** ou un **x** final, intervient dans le classement, qu'il soit continu ou discontinu.

> **adjectif**
> **adjectif numéral**
> **adjectifs coordonnés**

- La forme accentuée suit toujours la forme non accentuée.

> **remorque**
> **remorqué**
> **remorque équilibrée**
> (classement continu : lettre par lettre ; le mot *remorqué*, accentué, vient après le mot simple *remorque*, mais précède le syntagme *remorque équilibrée*)
>
> **remorque**
> **remorque équilibrée**
> **remorqué**
> (classement discontinu : mot par mot ; le mot accentué *remorqué* vient après le mot *remorque* sans accent)

- Les symboles non alphanumériques (@, &, par exemple) sont classés avant le *a*, soit en tête de liste s'ils sont employés seuls (classement discontinu), soit avec les mots auxquels ils sont rattachés (classement continu). Voir le tableau qui suit, p. 418.

- Les éléments commençant par une lettre étrangère se classent tout au début de la série d'éléments, ou bien selon la prononciation de la lettre. Si la lettre étrangère se trouve à l'intérieur de l'élément, seul est possible le classement effectué suivant la prononciation de la lettre.

- Les adjectifs numéraux, quand on les exprime en chiffres arabes ou romains, sont classés comme s'ils étaient inscrits en toutes lettres, sauf dans la nomenclature chimique, où ils sont classés en fonction du premier mot qui les suit.

> **alkanna**
> **4-allyl-guaiacol**
> **alun**

TRI ET CLASSEMENT EN INFORMATIQUE

En informatique, le tri et le classement alphabétique des données nominatives ou de données diverses en français suivent les règles générales suivantes, selon le document *Règles du classement alphabétique en langue française et procédure informatisée pour le tri*, d'Alain LaBonté, et la *Version enrichie du standard sur le tri alphabétique et la recherche de chaînes de caractères (SGQRI 004)*. Voir aussi le tableau ci-après.

On ne tient pas compte des signes diacritiques, ni des majuscules et des minuscules, sauf pour les homographes. Le classement s'effectue dans l'ordre continu des lettres de l'alphabet. L'espace a priorité sur le trait d'union.

L'ordre de classement des homographes est déterminé selon les règles suivantes : le caractère non accentué précède le caractère marqué d'un accent aigu, qui vient, dans l'ordre, avant l'accent grave, l'accent circonflexe et le tréma. Il faut noter que c'est la dernière différence dans le mot (quand il y en a plus d'une) qui a préséance. Les minuscules ont priorité sur les majuscules.

a A   à À   â Â
c C   ç Ç
e E   é É   è È   ê Ê   ë Ë
i I   î Î   ï Ï
o O   ô Ô
u U   ù Ù   û Û   ü Ü
y Y   ÿ Ÿ

du
dû (La lettre accentuée est classée après la lettre sans accent.)

pécher
pêcher (L'accent aigu vient avant l'accent circonflexe.)

pêche
péché (La dernière différence a préséance : le *e* final passe avant le *é* final.)

cote
côte
Côte
coté
Coté
côté
Côté
coter

Les digrammes soudés *æ* et *œ* sont classés dans la séquence des lettres qui les forment (ce qui est aussi le cas dans les dictionnaires).

coercition
cœur
coexistence

EXEMPLE D'ORDRE DE TRI NORMALISÉ SELON LES NORMES DE CLASSEMENT CAN/CSA Z243.4.1-98 ET ISO/CEI 14651:2001

@@@@@	COOP	lamé	pêche
0000	CO-OP	les	péché
9999	Copenhagen	LÈS	PÉCHÉ
Aalborg	cote	lèse	pêché
aide	COTE	lésé	pécher
aïeul	côte	L'Haÿ-les-Roses	pêcher
air	CÔTE	MacArthur	pechère
@@@air	coté	MÂCON	péchère
air@@@	COTÉ	maçon	relève
Ålborg	côté	medal	relevé
août	CÔTÉ	meðal	resume
bohème	du	McArthur	resumé
Bohême	dû	Mc Arthur	résumé
Bohémien	élève	Mc Mahon	révèle
caennais	élevé	MODÈLE	révélé
cæsium	gène	modelé	Þorsmörk
çà et là	gêne	Noël	Thorvardur
C.A.F.	gêné	NOËL	Þorvarður
Canon	Größe	notre	vice-president
cañon	Grossist	nôtre	vice-président
casanier	haie	ode	vice-president's offices
cølibat	haïe	œil	vice-presidents' offices
colon	île	ou	vice versa
côlon	Île d'Orléans	OÙ	VICE-VERSA
coop	lame	ovoïde	
co-op	l'âme	pèche	

Polices
de caractères

Les polices de caractères (aussi appelées *fontes*) déterminent le dessin des lettres ; elles sont multiples et leur usage n'est pas normalisé, mais il faut veiller à ne pas en employer plus de deux ou trois dans une même page. Il faut aussi les choisir en fonction de la lisibilité et de l'effet qu'on cherche à obtenir.

La taille (ou corps) des lettres doit être adaptée au type de texte ; elle s'exprime en points. Pour les écrits administratifs et commerciaux, selon la police choisie, la taille peut varier de 10 à 14 points.

On peut les grouper en familles : polices à ou avec empattements (ou avec sérif, c'est-à-dire dont les extrémités des lettres se terminent par un élargissement triangulaire ou rectangulaire), polices sans empattements (ou sans sérif) et polices décoratives ou fantaisie.

abc ABC	(police à ou avec empattements)
abc ABC	(police sans empattements)
abc ABC	(police décorative ou fantaisie)

Le texte principal d'un document professionnel (administratif ou commercial) est généralement composé avec une police à empattements, car ces polices sont très lisibles de près et en petite taille. Les empattements accentuent les différences entre les lettres et les rendent plus faciles à distinguer les unes des autres.

Le Times New Roman est la police à empattements la plus connue.
On dit que le Garamond, police à empattements, convient bien au français.

Traditionnellement, on utilise une police sans empattements pour les titres, les légendes ou les textes courts. Une telle police est facile à lire de loin et agréable en grande taille, mais on évite généralement de s'en servir dans les textes administratifs longs ainsi que dans les cas où il y aurait risque de confusion entre certaines lettres (le pronom *il*, écrit *i* majuscule et *l* minuscule, par exemple, qui donne *Il* en Arial).

> **L'Arial est une police sans empattements très connue.**
> **L'Univers est aussi une police sans empattements.**

Quant aux polices décoratives, il vaut mieux les utiliser avec modération; elles attirent l'attention, mais elles sont parfois difficiles à lire.

> *La Lucida est une police décorative.*
> **La Pritchard est aussi une police décorative.**

Les polices symboles (symboles mathématiques ou chimiques, pictogrammes, motifs décoratifs ou ornementaux, caractères spéciaux, etc.) s'utilisent soit dans des textes spécialisés, soit pour attirer l'attention sur des points importants d'un texte ou pour l'illustrer. Hors des usages techniques, il faut toutefois s'en servir avec discernement.

> ☎ **514 873-1234**
> → **MISE EN GARDE**
> ୯ଷ ଓଠ ଓଠ ୯ଷ ୯ଷ ଓଠ ଓଠ ୯ଷ

Références bibliographiques

Les références bibliographiques ont surtout leur place dans les rapports et les manuels, ainsi que dans les articles et les textes techniques et scientifiques. Même si elles figurent plus rarement dans les documents administratifs et commerciaux, il peut être utile de connaître les règles de base auxquelles elles doivent se conformer. Pour les nombreux cas particuliers qui peuvent se présenter et qu'il est impossible de traiter dans ces pages, on consultera avec profit un ouvrage spécialisé ou un protocole bibliographique plus complet.

Il n'existe pas de norme unique – nationale ou internationale – qui fasse l'unanimité en matière de présentation des références bibliographiques ; divers protocoles ont cours, certains sont traditionnels, d'autres considérés comme plus modernes. Ce qui importe surtout, c'est d'adopter une présentation uniforme et cohérente, adaptée au type de document dont on donne la référence et à celui dans lequel celle-ci figure. Dans une bibliographie qui comprend plusieurs genres de documents, on peut regrouper ceux-ci par catégories, selon les besoins.

Nous proposons ici des principes de base en matière de présentation des références lorsqu'il s'agit de livres et d'articles, ainsi qu'une série d'**exemples, fictifs en tout ou en partie**, qui illustrent divers types de documents, imprimés et numériques (ou électroniques).

En outre, un tableau résume les règles d'écriture que nous proposons pour les références bibliographiques des documents numériques (p. 439), et un autre tableau rappelle les principales formules et abréviations en usage.

LIVRE

La description bibliographique d'un livre se fonde sur les données qui figurent dans le livre et se présente traditionnellement de la façon suivante :

- Nom de l'**auteur** ou de l'**auteure** en majuscules (ou en petites capitales), virgule, prénom en toutes lettres avec majuscule initiale seulement, point. S'il y a deux auteurs, on coordonne les deux noms par la conjonction **et**, précédée d'une virgule; le prénom du second auteur précède son patronyme. S'il y a trois auteurs, on met une virgule entre le prénom du premier et celui du deuxième, et la conjonction **et** non précédée d'une virgule entre le patronyme du deuxième et le prénom du troisième. S'il y a plus de trois auteurs, on indique le nom et le prénom du premier qu'on fait suivre d'une virgule et de la mention **et autres**, de préférence à *et al.*;

- **Titre** et **sous-titre** du livre en italique, virgule (en romain); le sous-titre, qui commence généralement par une minuscule, est précédé d'un deux-points et suivi d'une virgule (pour l'usage des majuscules dans les titres d'œuvres, voir p. 266);

- Mention de l'**édition**, le cas échéant, virgule;

- **Lieu de publication**, virgule; si le lieu n'est pas mentionné, on écrit **s. l.** entre crochets. Lorsque la ville est peu connue, il peut s'avérer nécessaire de préciser l'État ou le pays, le plus souvent entre crochets, mais il n'est pas nécessaire d'ajouter l'État ou le pays si une mention s'y référant figure dans le titre;

- **Maison d'édition**, virgule; si la maison d'édition n'est pas mentionnée, on écrit **s. n.** entre crochets;

- **Date de publication**, virgule; si la date ne figure pas sur la page de titre, on mentionne l'année des droits réservés, en faisant précéder le millésime (l'année) d'un **c**; en l'absence de toute date, on écrit **s. d.** entre crochets;

- **Numéro**, **ou titre** (en italique) **du tome** ou **du volume**, ou **nombre** de tomes ou de volumes, virgule;

- **Nombre de pages**, **p** point abréviatif. Outre les pages indiquées en chiffres arabes, il peut être utile de préciser, le cas échéant, le nombre de pages indiquées en chiffres romains (petites capitales) et, entre crochets, le nombre de pages non paginées, point;

- Titre de la **collection** (comportant ou non le mot *collection*), entre parenthèses, précédé de deux espaces, point-virgule devant le numéro le cas échéant, point après la parenthèse fermante.

La première ligne de la référence est à la marge de gauche, mais la ou les lignes suivantes sont renfoncées. La dernière ligne se termine par un point.

Un auteur

GUILLERON, Gilles. *Écrire pour les nuls*, Paris, First, c2012, xvii, 438 p. (Pour les nuls).

HENRY, Gilles. *Petit dictionnaire des mots qui ont une histoire*, [nouv. éd.], Paris, Tallandier, c2012, 135 p. (Texto).

Deux auteurs

FEISTHAMMEL, Daniel, et Pierre MASSOT. *Comment développer son autorité*, Montréal, Éditions Transcontinental, [Québec], Éditions de la Fondation de l'entrepreneurship, c2011, 137 p. (Collection Entreprendre).

LEMONNIER, France H., et Odette GAGNON. *La qualité du français écrit : comment l'analyser? Comment l'évaluer? : proposition d'une grille multidimensionnelle et d'une démarche*, Québec, Presses de l'Université Laval, c2010, xxii, 245 p.

SABOURIN, Patrick, et Mathieu DUPONT. *État du français comme langue de travail : une analyse comparative des régions de Montréal et d'Ottawa*, Montréal, Institut de recherche sur le français en Amérique, 2011, 15 p.

Trois auteurs

BOURQUE, Gilles L., Éric FORGUES et Bernard LÉVESQUE. *La nouvelle sociologie économique*, Paris, Desclée de Brouwer, 2001, 268 p.

BARTHÉLÉMY, Fabrice, Dominique GROUX et Louis PORCHER. *Le français langue étrangère*, Paris, L'Harmattan, c2011, 210 p. (Cent mots pour).

BOUGIE, Jocelyne, Marie-Claude GARIÉPY et Francis PEDNEAULT. *Disque en jeu*, [Québec], Office québécois de la langue française, c2012, 89 p. Également disponible en ligne : www.oqlf.gouv.qc.ca/ressources/bibliotheque/dictionnaires/20120413_disquevolant.pdf.

Plus de trois auteurs

DESLANDES, Arnaud, et autres. *Le poste de travail Web : portail d'entreprise et accès au système d'information*, Paris, Dunod, c2010, xvii, 190 p. (InfoPro. Management des systèmes d'information).

Sans auteur

L'ABC de la politique linguistique québécoise, [Québec], Secrétariat à la politique linguistique, c2011, 48 p.

Auteur-éditeur ou directeur

LACHAPELLE, Guy, sous la dir. de. *Le destin américain du Québec : américanité, américanisation et antiaméricanisme*, Québec, Presses de l'Université Laval, c2010, xxiii, 344 p. (Collection Prisme).

LE FUR, Dominique, éd. *Dictionnaire d'orthographe et de difficultés du français*, Paris, Le Robert, c2010, v, 1144 p. (Les Usuels).

REY, Christophe, et Philippe REYNÉS, dir. *Dictionnaires, norme(s) et sociolinguistique*, Paris, L'Harmattan, c2012, 358 p.

Article ou chapitre dans un livre

Il est admis, voire conseillé, de remplacer le *in* du latin *intra* par **dans** devant le titre du livre.

« La lecture et ses mystères », dans DARNTON, Robert. *Apologie du livre : demain, aujourd'hui, hier*, [Paris], Gallimard, c2011, p. [21]-45. (NRF essais).

« Fédéralisme et politique linguistique », dans WITTE, Els, et Harry VAN VELTHOVEN. *Langue et politique : la situation en Belgique dans une perspective historique*, Bruxelles, VUB University Press, c1999, p. 197-226. (Balans ; 12).

Livre bilingue ou dont le titre est bilingue

Canadian Guide to Uniform Legal Citation = Manuel canadien de la référence juridique, 7ᵉ éd., Toronto, Carswell, c2010, 545 p.

Colloquium 643: Quebec's English-Speaking Communities: Current Issues and Future Trends = Colloque 643 : communautés d'expression anglaise du Québec : enjeux actuels et tendances, Sherbrooke, Centre de ressources pour l'étude des Cantons-de-l'Est, 2011, 188 p.

Double référence

La deuxième référence est celle d'un extrait d'un autre ouvrage que l'ouvrage d'origine. Quand une référence à un livre, à un périodique ou à un autre document a été prise dans un autre ouvrage que l'original, il faut, si possible, mentionner les deux sources.

BELLIN, Nicolas. *Carte des costes de la Floride françoise suivant les premieres découvertes*, [Document cartographique], 1744; cité dans LITALIEN, Raymonde, Jean-François PALOMINO et Denis VAUGEOIS. *La mesure d'un continent : atlas historique de l'Amérique du Nord, 1492-1814*, Québec, Septentrion; Paris, Presses de l'Université Paris-Sorbonne, 2007, p. 57.

« Gîte touristique », *Gazette officielle du Québec*, partie 1, 125ᵉ année, nº 17, 24 avril 1993, p. 1795; cité dans QUÉBEC. OFFICE DE LA LANGUE FRANÇAISE. *Répertoire des avis terminologiques et linguistiques*, 4ᵉ éd. rev. et augm., Sainte-Foy, Les Publications du Québec, c1998, p. 113.

Double référence avec changement de titre

> CASTONGUAY, Charles. « Le français n'est pas une cause perdue pour les jeunes », [En ligne], *L'aut'journal*, n° 278, avril 2009. [archives. lautjournal.info/autjourarchives.asp?article=3476&noj=278] ; repris sous le titre « Les jeunes et l'anglais », dans CASTONGUAY, Charles. *Le français dégringole : relancer notre politique linguistique*, Montréal, Les Éditions du Renouveau québécois, c2012, p. 103-111.

Présentation auteur-date

Dans des articles techniques ou scientifiques notamment, on peut préférer la présentation suivante, qui rapproche la date du nom de l'auteur et qui facilite les renvois, c'est-à-dire le repérage et la citation des sources documentaires dans le corps du texte. (Voir **Renvois et références en bas de page**, p. 448.)

- Nom en majuscules, puis prénom de l'**auteur** ou des auteurs (comme ci-dessus) ;
- **Année** de publication, suivie des lettres **a**, **b**, **c**, etc., si le même auteur a plusieurs publications la même année, entre parenthèses, point ;
- **Titre** du livre (comme ci-dessus), virgule ;
- **Lieu** de publication, virgule ;
- **Maison d'édition**, virgule ;
- Nombre de **pages**, point ;
- Titre de la **collection**, précédé de deux espaces, entre parenthèses, point.

> CORBEIL, Jean-Claude (2007a). *L'embarras des langues : origine, conception et évolution de la politique linguistique québécoise*, Montréal, Québec Amérique, 548 p. (Dossiers et documents).
>
> HAGÈGE, Claude (2012). *Contre la pensée unique*, Paris, Odile Jacob, 247 p.

PÉRIODIQUE

> *La Presse*, quotidien, Montréal, Québec, [s. n.], n° 1, 20 octobre 1884 –. Accessible en ligne : www.lapresse.ca.
>
> *Magazine littéraire*, 11 numéros, mensuel, [Paris, magazine littéraire], n° 1, 1966 –. Partiellement accessible en ligne : www.magazine-litteraire.com.

> *Plein vol*, bimestriel, Laval, Québec, MG vision, 1997 –.
>
> *Revue d'aménagement linguistique*, semestriel, [Québec], Office québécois de la langue française : Les Publications du Québec, nᵒ 105, hiver 2003 – nᵒ 107, hiver 2004.
>
> *Revue Documentaliste – Sciences de l'information*, bimestriel, Paris, ADBS, 1964 –. Accessible en ligne : www.adbs.fr/site/publications/documentaliste.

ARTICLE

La description bibliographique d'un article de journal ou de périodique se fait traditionnellement de la manière suivante :

- Nom et prénom de l'**auteur** ou des auteurs (comme ci-dessus), point ;

- **Titre** de l'article entre guillemets français, en romain non souligné, virgule ;

- Nom de la **revue** ou du **journal** (non précédé de *dans*), en italique, virgule ;

- Mention du **volume**, du **numéro** (surtout dans le cas des périodiques) et de la **date** de publication, virgule ;

- Mention des première et dernière **pages** de l'article, liées par un trait d'union, ou de la page ou des pages citées, point. Si deux pages citées ne sont pas consécutives, on sépare leurs numéros par une virgule.

> « Bonheur et travail [Dossier] », *Premium*, nᵒ 14, juin-juillet-août 2012, p. 20-[48].
>
> CORMIER, Sylvain. « Le frisson dans leurs chansons », *Le Devoir*, vol. CIV, nᵒ 137, jeudi 20 juin 2013, p. A1, A8.
>
> DEGLISE, Fabien. « Laferrière et Mouawad "panthéonisés" dans *Le Robert* », *Le Devoir*, mercredi 4 juillet 2012, p. A3.
>
> FERRAND, Christine. « L'auteur idéal [Éditorial] », *Livres Hebdo*, nᵒ 913, vendredi 8 juin 2012, p. 5.
>
> « Interventions sociolinguistiques et pratiques langagières : l'Office de la langue française de 1961 à 2001 », *Terminogramme*, nᵒ 101-102, Hors-série, 2001.

> SANTANTONIOS, Laurence. « Réenchanter la bibliothèque [Compte-rendu de : DARTIGUENAVE, Bruno. *Pour une médiathèque de l'imaginaire : une alternative à l'utopie gestionnaire*, Paris, Éditions du Cercle de la librairie, 2012, 121 p. (Collection Bibliothèques)] », *Livres Hebdo*, n° 913, vendredi 8 juin 2012, p. 48.

Dans les articles techniques ou scientifiques, on peut aussi opter pour la présentation suivante, qui rapproche la date de publication du nom de l'auteur et facilite les renvois.

> AUDET, Marie (2005b). « Comment atteindre l'objectif zéro faute ? », *Revue québécoise de grammaire*, vol. 8, n° 4, décembre, p. 35-48.

ACTES

> GERMAIN, Lucienne, et autres, sous la dir. de. *Identités et cultures minoritaires dans l'aire anglophone : entre « visibilité » et « invisibilité » : [colloque international, 12 et 13 juin 2009]*, Paris, L'Harmattan, c2010, 252 p. (Collection « Racisme et eugénisme »).
>
> DÉLÉGATION GÉNÉRALE À LA LANGUE FRANÇAISE ET AUX LANGUES DE FRANCE. *Des compétences clés pour le français : un atout professionnel : table ronde du 4 février 2010, Expolangues, Paris, Porte de Versailles*, Paris, Ministère[1] de la Culture et de la Communication, Délégation générale à la langue française et aux langues de France, [2010], 28 p. (Rencontres).
>
> *Les pratiques linguistiques dans les entreprises à vocation internationale : actes du colloque international tenu à Québec les 9 et 10 juin 2003*, [s. l.], Secrétariat à la politique linguistique, c2004, VIII, 210 p.

---

1. Dans une référence bibliographique, on met une majuscule de position au mot *ministère* qui désigne l'éditeur. C'est le début d'un champ de la référence.

COMMUNICATION EXTRAITE D'ACTES

BOUCHER, France. « Le français dans l'entreprise : l'expérience québécoise », dans *Le français, une langue pour l'entreprise : [actes du] colloque organisé dans le cadre de la rencontre annuelle des Conseils supérieurs et organismes de la langue française : 3-4 décembre 2007, Centre de conférences internationales, Paris*, Paris, Ministère[1] de la Culture et de la Communication, Délégation générale à la langue française et aux langues de France, [2007], p. 60-74.

DELAGE, Gisèle. « De la simplification de la communication écrite à la simplification de l'accès aux services en ligne », dans SERVICE DE LA LANGUE FRANÇAISE et CONSEIL DE LA LANGUE FRANÇAISE ET DE LA POLITIQUE LINGUISTIQUE (dir.). *La communication avec le citoyen : efficace et accessible ? : actes du colloque de Liège, Belgique, 27 et 28 novembre 2009*, Bruxelles, De Bœck :[2] Duculot, c2011, p. 41-54. (Champs linguistiques. Recueils).

 CATALOGUE INDUSTRIEL

CARQUEST PRODUCTS INC. *2008, catalogue des produits, de l'outillage et des accessoires*, New Castle, Ind., Carquest, 2008, pag. multiple. (Catalogue ; FC-278).

MEUBLES NORMALISÉS QUÉBEC INC. *Catalogue Avril 2012*, Québec, MNQ, [2012], 33 p.

FICHE

« Infonuagique », dans OFFICE QUÉBÉCOIS DE LA LANGUE FRANÇAISE. *Le grand dictionnaire terminologique*, [En ligne], 2010. [gdt.oqlf.gouv.qc.ca/ficheOqlf.aspx?Id_Fiche=26505107] (Consulté le 5 septembre 2012).

---

1. Dans une référence bibliographique, on met une majuscule de position au mot *ministère* qui désigne l'éditeur. C'est le début d'un champ de la référence.

2. Ici, le deux-points sépare les deux maisons d'édition.

> **SOCIÉTÉ RADIO-CANADA.** *Fiches terminologiques du Comité de linguistique*, [Montréal, La Société], 1995, nᵒ 798.

NORME

> **ORGANISATION INTERNATIONALE DE NORMALISATION.** *Information et documentation – principes directeurs pour la rédaction des références bibliographiques et des citations des ressources d'information*, [3ᵉ éd.], [Genève], ISO, 2010, v, 42 p. (ISO 690 : 2010F).

THÈSE OU MÉMOIRE

Il n'est généralement pas d'usage d'indiquer le nom de la ville, celui de l'université étant jugé suffisant, même s'il ne comporte pas de nom de ville.

> **BALLERIN, Sophie.** *Approche sociolinguistique de la production terminologique au Québec : application du modèle glottopolitique*, Thèse (Ph. D.), Université de Montréal, 2009, xvii, 537 f.

> **PRESNUKHINA, Yulia.** *Intégration linguistique des immigrants au marché du travail au Québec*, Mémoire (M.A.), Université de Montréal, 2011, xlviii, 80 f.

> **RIDEL, Elisabeth.** *Des Vikings et des mots : l'apport des Vikings au lexique de la langue d'oïl*, Thèse (Ph. D.), Université de Caen, 2007, 571 p.

> **RAJI, Amine.** *Intégration des activités de preuve dans le processus de développement de logiciels pour les systèmes embarqués*, Thèse (Ph. D.), Université de Bretagne Sud, 2012, 178 p.

TEXTES LÉGISLATIFS

Les références bibliographiques des documents juridiques sont présentées de façon complète dans le *Guide des références pour la rédaction juridique* de Didier Lluelles, publié aux Éditions Thémis, ainsi que dans le *Manuel canadien de la référence juridique*, dont la référence est donnée en exemple plus haut, à la page 425.

Dans la référence bibliographique d'un texte de loi, c'est un document qu'on cite :
c'est pourquoi on écrit son titre en italique. Mais lorsqu'il est question d'une loi dans
un texte, il s'agit le plus souvent d'une « disposition prise par le pouvoir législatif »
et non pas du document qui en reproduit le texte ; c'est pourquoi dans ce dernier
cas le nom de la loi s'écrit en romain.

Loi

La description bibliographique d'un texte de loi comprend les éléments suivants :

- **Pays** ou **État** responsable en majuscules, point ;
- **Titre** en italique, virgule ;
- **Chapitre** en toutes lettres, virgule ;
- **Lieu d'édition**, virgule ;
- **Maison d'édition**, virgule ;
- **Année**, virgule ;
- **Page(s)**, point.

> QUÉBEC. *Charte de la langue française : RLRQ, chapitre C-11, à jour au 1er avril 2013*, [Québec], Éditeur officiel du Québec, 2013.
>
> *Charte de la langue française (RLRQ), chapitre C-11 : à jour au 1er avril 2013*, [Québec], Éditeur officiel du Québec, 2013.

Recueil de lois

> CANADA. *Lois révisées du Canada : une révision réalisée sous le régime de la Loi sur la révision des Lois = Revised Statutes of Canada : Prepared Under the Authority of the Statute Revision Act*, Ottawa, Imprimeur de la Reine, 1985, 8 vol.

Règlement d'application d'une loi

> QUÉBEC. *Règlements adoptés en vertu de la Charte de la langue française, chapitre C-11, r. 1 à r. 12, à jour au 7 février 2012*, [Québec], Éditeur officiel du Québec, c2012, pag. multiple.

> « Règlement modifiant le Règlement sur la qualité de l'eau potable »,
> *Gazette officielle du Québec, Partie 2*, 142ᵉ année, nᵒ 47, 24 novembre
> 2010, p. 4645-4662.

Chapitre d'une loi

Le protocole est le même que celui d'un chapitre de livre.

> « La francisation des entreprises », dans QUÉBEC. *Charte de la langue
> française : RLRQ, chapitre C-11, à jour au 14 juin 2011*, [Québec],
> Éditeur officiel du Québec, c2011, chapitre V, art. 135-156.

PUBLICATIONS OFFICIELLES

Il n'est pas nécessaire d'écrire le nom du pays, de l'État ou du gouvernement s'il est
compris dans le nom de l'organisme ou du ministère.

> INSTITUT DE LA STATISTIQUE DU QUÉBEC. *Le Québec chiffres en main,
> édition 2012*, Québec, L'Institut, 2012, 71 p. Également disponible en
> ligne : www.stat.gouv.qc.ca/publications/referenc/pdf2012/QCM2012_
> fr.pdf.
>
> QUÉBEC. OFFICE DE LA LANGUE FRANÇAISE. *Rapport annuel de
> gestion 2000-2001*, Montréal, L'Office, c2010, 109, 29 p.
>
> OFFICE QUÉBÉCOIS DE LA LANGUE FRANÇAISE. *Rapport annuel de
> gestion 2010-2011 : incluant le rapport d'activités de la Commission
> de toponymie*, Montréal, L'Office, c2011, 111, 34 p.

DOCUMENTS NON PUBLIÉS OU À DIFFUSION LIMITÉE

Cette catégorie comprend les documents manuscrits, les documents dactylographiés, les comptes rendus de réunions, les documents préparatoires ou provi-
soires, les documents accompagnant des communications orales (diapositives,
affiches), etc. On les cite comme des monographies et on peut mentionner leur
objet et leur date de diffusion.

BOUCHARD, Pierre, Noëlle GUILLOTON et Pierrette VACHON-L'HEUREUX. *La pratique de la féminisation au Québec en 1998 [: rapport]*, [Montréal], Office de la langue française, 1998, 39 f. [Document interne].

CÉLESTIN, Tina. *La terminologie, un élément clé pour assurer la qualité du processus de gestion des langues*, Québec, Office québécois de la langue française, 2003. [Présentation PowerPoint d'une communication présentée au 2ᵉ Séminaire interaméricain sur la gestion des langues, du 4 au 6 juin 2003, Asunción, Paraguay].

PICOCHE, Jacqueline. *Introduction au dictionnaire français usuel – niveau collège*, Bruxelles, Duculot. (Collection Langues vivantes). [À paraître en septembre 2013].

DOCUMENTS EN ANGLAIS

Pour les documents en anglais figurant dans une bibliographie qui comporte des titres en français, le protocole est le même que celui des documents en français. Quelques éléments sont toutefois écrits différemment : par exemple, on met une majuscule aux mots significatifs et à la mention de l'édition, on ne met pas d'espace avant les deux-points et on emploie les guillemets anglais. Pour ce qui est de la mention du lieu d'édition, il n'y a pas de règle établie, mais il est d'usage de conserver la langue d'origine, donc de l'écrire en anglais.

BOUTET, Josiane. "Language Workers: Emblematic Figures of Late Capitalism", dans DUCHÊNE, Alexandre and Monica HELLER, Eds. *Language and Capitalism: Pride and Profit*, New York: Oxon [Angl.], Routledge, 2012, p. [207]-229. (Routledge Critical Studies in Multilingualism; 1).

MINACORI, Patricia, et Lucy VEISBLAT. "Translation and Technical Communication: Chicken or Egg?", *Meta*, vol. 55, nᵒ 4, décembre 2010, p. [752]-768.

SHAPIRO, S. "The Paperwork Reduction Act: Benefits, Costs and Directions for Reform", *Government Information Quarterly*, vol. 30, no. 2, 2013, p. 204-210.

TAGLIAMONTE, Sali A. *Variationist Sociolinguistics: Change, Observation, Interpretation*, Malden, MA, Wiley-Blackwell, 2012, XXII, 202 p. (Language in Society; 40).

DOCUMENTS AUDIOVISUELS

Pour les documents audiovisuels (films, vidéos, etc.), on indique d'abord le titre, puis le réalisateur ou la réalisatrice, la maison de production, ainsi que la durée et d'autres caractéristiques techniques.

> *Godin : documentaire sur la vie et l'œuvre du député-poète Gérald Godin*, [Enregistrement vidéo], réalisateur : Simon Beaulieu, [Montréal], Les Films du 3 mars, c2011, DVD, 75 min.
>
> *J'ai pas dit mon dernier mot*, [Enregistrement vidéo], réalisateur : Yvon Provost, Montréal, Québec, Office national du film, 1986, vidéo-cassette VHS, 59 min 35 s.
>
> *La Loi 101 : le malaise de René Lévesque et le combat de Camille Laurin*, [Enregistrement vidéo], réalisateur : Jean-Claude Le Floch ; [présentation, Guy Gendron ; journaliste, Richard Fortin], [Montréal], Société Radio-Canada, [2010], DVD, 43 min 40 s.
>
> *Planète yoga = Planet Yoga*, [Enregistrement vidéo], réalisateur : Carlos Ferrand ; producteurs : Nathalie Barton et Ian Quenneville, [Montréal], InformAction ; distributeur, TVA Films, c2012, 87 min.

Vidéo consultée en ligne

On suit le modèle que voici :

> AUTEUR ou PSEUDONYME. *Titre de la vidéo*, [Vidéo en ligne], date. Repéré au www…

> QUEBECBOYZZ. *Charte de la langue française*, [Vidéo en ligne], 2007. Repéré au www.youtube.com/watch?v=n9hyuJLbZHA.

PHOTOGRAPHIE

Si dans un texte on a fait référence à une image, à une photographie ou à une autre œuvre iconographique, et surtout si on la reproduit dans un document, il est d'usage de la citer dans la bibliographie. Les éléments qui doivent y figurer sont l'auteur, la mention de responsabilité (artiste, photographe, etc.), le titre de l'illustration, la date, la source de l'image (collection, établissement, etc.), l'adresse électronique si cette dernière est disponible en ligne et la date de consultation.

GARIÉPY, J.-P. (Photographe). *Commercial and Technical High School,*
125-139, rue Sherbrooke Ouest, Montréal, 1905-1907, [En ligne],
1978.   (Collection Images d'aménagement des bibliothèques de
l'Université de Montréal; PB21868). [calypso.bib.umontreal.ca/
cdm4/item_viewer.php?CISOROOT=/_diame&CISOPTR=
11691&CISOBOX=1&REC=1] (Consulté le 10 août 2012).

HENDERSON, Alexander (Photographe). *Coucher de soleil sur la plage*
à Métis, Québec, 1876. (Musée McCord ; MP-0000.299.4).

Dans certains contextes, la mention de la source (auteur ou propriétaire des droits
de reproduction de l'œuvre reproduite) au plus près de la photographie reproduite
ou en fin d'ouvrage est toutefois jugée suffisante.

DISQUE

12 hommes rapaillés chantent Gaston Miron, [Enregistrement sonore],
Montréal, Spectra Musique, 2008, SPECD-7809.

DALAIR, Hélène. *Mantra*, [Enregistrement sonore], [Sainte-Catherine,
Québec], Yoga Monde, c2011, 1 disque (57 min 5 s), YM2 2011.

Les duos improbables : au profit de l'organisme Les Impatients,
[Enregistrement sonore], [Montréal], La Tribu, 2012, TRICD-7321.

BEETHOVEN, Ludwig van. *Les sonates pour piano*, [Enregistrement
sonore], Daniel Barenboïm, piano, Hambourg, Polydor International,
1984, 2 coffrets de 6 disques (33 t.) (Deutsche Grammophon),
Nº 413766-1.

DAOUST, Lise. *Mozart et les oiseaux*, [Enregistrement sonore], Montréal,
Société Radio-Canada International, 1996.

Plage de disque

VIGNEAULT, Gilles. « Les gens de mon pays », *Chemin faisant : cent*
et une chansons 1960-1990, [Enregistrement sonore], disque 2,
Auvidis-Le Nordet, GVNC-1017.

PERREAU, Yann. « Je marche à toi », *12 hommes rapaillés chantent Gaston Miron*, [Enregistrement sonore], Montréal, Spectra Musique, 2008, SPECD-7809.

Livre audio

COVEY, Stephen R. *La 8ᵉ habitude : de l'efficacité à l'accomplissement*, [Enregistrement sonore], narration, Cédric Noël et Marielle Desbiolles, Carignan, Éditions Alexandre Stanké, c2006, 2 cédéroms. (Collection Coffragants ; COF-275).

ENTREVUE

On ne cite pas les entrevues, ou interviews, de la même façon qu'on cite un ouvrage écrit dans une bibliographie, sauf si cette dernière est publiée dans un périodique. L'important est de donner le plus d'information possible : nom du journaliste, nom de la personne interviewée, sujet et date.

BUREAU, Stéphane. « Daniel Lemire, [Entrevue] », *Les grandes entrevues*, ARTV, vendredi 3 août 2012.

NOËL-GAUDREAULT, Monique. « Comment Maryse Dubuc a écrit certains de ses livres, [Entrevue] », *Québec français*, nº 166, été 2012, p. 92-93.

Entrevue accordée à M. Marcel Langlois par M. Yvon Mercier au sujet du 150ᵉ anniversaire de la municipalité le 22 août 2003.

Inauguration de la salle Maurice Tremblay [Entrevue]. Entretien entre Marcel Langlois et Yvon Mercier le 22 août 2003.

COMMUNIQUÉ

Le modèle en est le suivant :

> ORGANISME ou ENTREPRISE. (Année, date). *Titre*. Localisation, le cas échéant.

> > **OFFICE QUÉBÉCOIS DE LA LANGUE FRANÇAISE. (2013, 18 janvier).**
> > ***Jury des prix Francopub et de la bourse Serges-Tougas 2013.***
> > **Repéré au www.oqlf.gouv.qc.ca/office/communiques/2013/20130118_**
> > **Francopub.html.**

> > **TOURISME MONTRÉAL. (2013, 13 juin). *Chantons-le haut et fort, les***
> > ***Francofolies de Montréal célèbrent leur 25ᵉ anniversaire.* Repéré au**
> > **www.equipespectra.ca/communiques/francos/20130613[2].PDF.**

 DOCUMENTS CARTOGRAPHIQUES

La description bibliographique d'un document cartographique est sensiblement la même que celle d'un autre document. On y ajoute deux éléments particuliers : l'échelle et la dimension.

On aura ainsi :

> NOM, prénom. *Titre en italique*, [Format]. Édition, échelle, lieu de publication, maison d'édition. (titre de la collection ; numérotation dans la collection).

Carte

> > **BOUCHETTE, Joseph. *Carte topographique de la province du***
> > ***Bas-Canada : sur laquelle sont indiquées les limites des districts,***
> > ***des comtés, des seigneuries et des cantons ainsi que les terres de***
> > ***la couronne et celles du clergé, etc.*, [Document cartographique].**
> > **1/250 000, [Montréal], Éditions Élysées, 1980, 1 carte sur 40 f.**
> > **+ 1 br. (8 p.).**

> > ***Coups de pédale autour de Montréal : 10 randonnées, 460 km*, 3ᵉ éd.,**
> > **échelle non déterminée, Montréal, VéloMag, 2006, 35, [1] p.**

Carte dans un livre ou un atlas

> « *Région polaire de l'hémisphère sud*, [Document cartographique] ».
> 1/35 000 000, dans FULLARD, Harold, et B. M. WILLET, éd., *Atlas essentiel du Canada et du monde*, [London, Angl.], Britannica : George Philip and Son, 1986, p. 91.

Photographie aérienne

Pour ce genre de document, il ne faut pas oublier d'inclure le numéro de ligne de vol de la photo.

> LES LEVÉS AÉROSCAN INC. *N° 41*, [Document cartographique]. 1/10 000, Québec, 2005, N° AS05106.

DOCUMENTS NUMÉRIQUES

La référence bibliographique, qu'elle soit de type traditionnel ou numérique, doit permettre au chercheur de trouver facilement le document cité ; il faut donc toujours fournir une information suffisante et la plus complète possible.

Dans la référence du document numérique, il ne faut pas oublier que :

- le **titre** est toujours en italique ;
- le **sujet** du document (que ce dernier soit un courriel, un groupe de discussion, une entrevue, etc.) est inscrit à la place du titre et est en italique ;
- le type de **support** (en ligne, cédérom, logiciel, etc.) est inscrit entre crochets après le titre ou le sujet ; noter que la mention [En ligne] est obligatoire même si la référence comporte une adresse URL ;
- l'**adresse URL (Internet)** ne doit pas, dans la mesure du possible, faire l'objet d'une coupure de ligne (si l'on ne peut faire autrement, voir **Coupure dans une adresse Web**, p. 470) ;
- la **date** de consultation est importante étant donné les modifications fréquentes des sites ou des pages Web, mais on peut l'omettre lorsqu'on fait référence à un site dans son ensemble ou lorsque la source n'est pas susceptible d'être modifiée régulièrement ;
- la **version** des logiciels doit être indiquée si elle est connue.

Voici un tableau récapitulatif du protocole de référence de documents numériques (cédérom, article extrait d'un cédérom, article extrait d'une banque de données sur cédérom, banque en ligne, logiciel, page d'accueil d'un site Web, article extrait d'un site Web, courriel et groupe de discussion), avec exemples à l'appui. Il faut noter l'emploi des parenthèses et des crochets, qu'on peut facilement confondre. D'autres types de documents numériques sont traités dans le chapitre à la suite de ce tableau.

	Cédérom	Art./ CD	Art./ BD/ CD	Banque en ligne	Logiciel	Web accueil	Web article	Courriel	Groupe de discussion
NOM, Prénom de l'auteur.	•	•	•	•	•	•	•	•	•
(Adresse de l'auteur).								•	
« Titre »,		•	•				•		
Titre,	•	•	•	•	•	•	•		
Objet du message,								•	•
édition, version,	•	•			•				
[Support],	•	•	•	•	•	•	•	•	•
(Adresse du destin.),								•	
Date de création.						•	•		
Date d'envoi.								•	•
Lieu,	•	•		•	•	•	•		
Éditeur,	•	•		•	•	•			
Date,			•		•				
Date.	•	•							
Pagination.			•	•					
Collation.					•				
[Adresse URL, etc.]						•	•		•
[Adresse, numéro]			•						
(Date de consult.).			•			•	•		•

Cédérom

Lexique des termes techniques : en 4 langues : français, anglais, allemand, espagnol, Édition juillet 2007, version Windows, [Cédérom], Paris, Techniques de l'ingénieur, 2007.

Le petit Robert de la langue française 2011, version 3.4, [Cédérom], Paris, Dictionnaires Le Robert, c2011.

DALBERA-STEFANAGGI, Marie-Josée, et Marie-Rose SIMONI-AUREMBOU, sous la dir. de. *La langue française : vecteur d'échanges culturels : 133e Congrès national des sociétés historiques et scientifiques*, [Cédérom], [Paris], Éditions du CTHS, 2012, 1 cédérom (190 p.) (Collection Actes des congrès des sociétés historiques et scientifiques).

Article extrait d'un cédérom

« Courriel », *Le petit Larousse 2010*, [Cédérom], [Paris], Larousse, c2009.

FORTIN, Jacques. « La toponymie 1603-1608 : un mode d'appropriation du territoire québécois », dans DALBERA-STEFANAGGI, Marie-Josée, et Marie-Rose SIMONI-AUREMBOU, sous la dir. de. *La langue française : vecteur d'échanges culturels : 133e Congrès national des sociétés historiques et scientifiques*, [Cédérom], [Paris], Éditions du CTHS, 2012, p. [101]-109. (Collection Actes des congrès des sociétés historiques et scientifiques).

« Iliades », *Trésor de la langue française informatisé*, version PC, [Cédérom], [Paris], CNRS Éditions, c2004.

Article extrait d'une banque de données sur cédérom

ROUX, Paul. « Genre des noms de villes », *La Presse*, [Cédérom], dimanche 1er juin 1997, p. A3 [Actualités Québec, nº 970601LA010].

Banque de données bibliographiques

Repère, [En ligne], Montréal, Québec, Services documentaires multimédia, 1980 –. [www.sdm.qc.ca/Produit.cfm?P=9].

Article extrait d'une banque de données en ligne

> TARDY, Cécile. « La photographie documentaire à l'épreuve du dess(e)in informatisé : mise en contexte sur les sites Web du musée », *Documentation et bibliothèques*, vol. 56, nᵒ 1, janv.-mars 2010, p. 15-23. [Repère B083601].

Article de périodique disponible en ligne et sous forme imprimée

> AUGER, Virginie. « Apprendre le français en ligne : la voie de l'avenir pour l'immigration québécoise », *Direction informatique*, vol. 22, nᵒ 6, septembre 2009, p. 21. Également disponible en ligne : www.directioninformatique.com/apprendre-le-francais-en-ligne-la-voie-de-lavenir-pour-limmigration-quebecoise/10037.

> PEDNEAULT, Marjorie. « Réhabiliter le texto », *Metro*, mercredi 8 août 2012, p. 22-23. Également disponible en ligne : journalmetro.com/plus/carrieres/135572/rehabiliter-le-texto.

Web

> COMMISSION DE TOPONYMIE. *Banque de noms de lieux du Québec*[1], [En ligne], 2014. [www.toponymie.gouv.qc.ca].

> FRANCE. BIBLIOTHÈQUE NATIONALE. *Gallica, bibliothèque numérique de la Bibliothèque nationale de France*, [En ligne]. [gallica.bnf.fr] (Consulté le 7 août 2012).

> DUTEIL, Yves. « La langue de chez nous », dans *Soyez les bienvenu(es) chez Hergé*, [En ligne], 1996, mis à jour le 27 novembre 2003. [www.cyberus.ca/~rg/ch_d001.htm] (Consulté le 9 août 2012).

> GOOGLE. *Règles de confidentialité*, [En ligne], mis à jour le 1ᵉʳ mars 2012. [www.google.com/intl/fr/policies/privacy] (Consulté le 24 juillet 2012).

---

1. S'écrit en romain dans un texte ; voir aussi MISE EN RELIEF, p. 378.

OFFICE QUÉBÉCOIS DE LA LANGUE FRANÇAISE. *Eaux à la carte*, [En ligne], 2002, mis à jour le 27 juillet 2011. [www.oqlf.gouv.qc.ca/ressources/bibliotheque/dictionnaires/terminologie_eau/lex_eau.html] (Téléchargé le 23 juillet 2012).

UNIVERSITÉ LAVAL. DÉPARTEMENT DE LANGUES, LINGUISTIQUE ET TRADUCTION. *Trésor de la langue française au Québec*, [En ligne], mis à jour le 23 janvier 2012. [www.tlfq.ulaval.ca] (Consulté le 24 juillet 2012).

Catalogue de bibliothèque

CENTRE DES SERVICES PARTAGÉS. RÉSEAU INFORMATISÉ DES BIBLIOTHÈQUES GOUVERNEMENTALES DU QUÉBEC. *Catalogue cubiq*, [En ligne]. [www.cubiq.ribg.gouv.qc.ca].

Article en ligne avec ou sans système DOI

Les documents numériques peuvent avoir une existence très brève et ils sont en constante évolution (multiples versions, changements d'adresse, etc.). Ce fait peut rendre le repérage assez difficile. Pour pallier cette difficulté, l'International DOI Foundation a créé un système « qui assure l'identification, l'interopérabilité et l'échange de propriété intellectuelle dans le cyberespace », le système DOI ou *identificateur d'objets numériques*.

Ayant la forme d'une séquence alphanumérique, le numéro de système DOI permet à la fois d'identifier le document et de fournir un lien Internet permanent. Le numéro DOI se trouve généralement dans la « zone de copyright » ou à la fin de l'article. Il est recommandé de l'inclure dans la référence de l'article cité de préférence à l'adresse URL. Lorsqu'on utilise le numéro DOI, on n'a pas à inscrire la mention [En ligne].

MARMOT, M., et R. BELL. "Fair Society, Healthy Lives", *Public Health*, 12 July 2012. doi : 10.1016/j.puhe.2012.05.014.

ORBAN, Anne-Marie. « La blog'attitude : rester dans le vent! », *Pensée plurielle*, vol. 1, nᵒ 14, 2007, p. 45-51. doi : 10.3917/pp.014.0045.

Pour trouver ou retrouver un article en ligne, on doit taper l'adresse **dx.doi.org** suivie du numéro DOI.

Le traitement est le même avec un numéro ARK.

> SOUCY, Danielle, et Noëlle GUILLOTON. *Le français, pour agir ensemble :*
> *la Francofête, célébration du français et de la francophonie du 4 au*
> *27 mars 2011*, [Montréal], Office québécois de la langue française,
> Direction des communications, 2011. ark : 52327/2029101.

Pour les articles sans numéro DOI ni ARK, on mentionne l'adresse URL.

> ORBAN, Anne-Marie. « La blog'attitude : rester dans le vent! », [En ligne],
> *Pensée plurielle*, vol. 1, n⁰ 14, 2007, p. 45-51. [www.cairn.info/
> revue-pensee-plurielle-2007-1-page-45.htm#s1n4].

> BOURHIS, Richard Y., et Nicole CARIGNAN. « Le linguicisme au Québec et
> au Canada », [En ligne], *Nos diverses cités*, n⁰ 7, printemps 2010,
> p. 168-175. [canada.metropolis.net/pdfs/ODC_vol7_spring2010_f.pdf].

Article extrait d'une encyclopédie ou d'un dictionnaire en ligne

> CLÉMENT, Jean. « Édition électronique », [En ligne], dans *Universalis*, 5 p.
> [www.universalis-edu.com/encyclopedie/editionelectronique/#titre8]
> (Consulté le 25 juillet 2012).

> « Jeux vocaux inuit », [En ligne], *L'Encyclopédie canadienne*, 2012.
> [www.thecanadianencyclopedia.com/articles/fr/emc/
> jeux-vocaux-inuit].

Article tiré d'un site wiki

Comme ces informations peuvent être modifiées fréquemment, et même plusieurs
fois par jour, il est important d'indiquer la version précise consultée, en mentionnant
la date de la consultation.

> « Document électronique », [En ligne], *Wikipédia*, 18 août, 23 h 46.
> [fr.wikipedia.org/wiki/Document_electronique] (Consulté le
> 21 août 2012).

Courrier électronique

GRANGER, Stéphanie (Stephanie.Granger@oqlf.gouv.qc.ca). *Ligne du temps*, [Message électronique à Chantal Robinson], (Chantal.Robinson@oqlf.gouv.qc.ca), 23 juillet 2012.

Groupe de discussion ou liste de diffusion

Annonces de conférences et séminaires [Groupe USENET], [En ligne]. [fr.announce.seminaires] (Consulté le 23 juillet 2012).

ASSOCIATION DES PROFESSIONNELS DE L'INFORMATION ET DE LA DOCUMENTATION. *ADBS-info*, [En ligne], Paris, ADBS. [https://listes. adbs.fr/sympa/info/adbs-info] (Consulté le 21 août 2012).

LEFEBVRE, Michèle. *Génération automatique des numéros* [Groupe de discussion], [En ligne], 11 juin 2011. [ribg@ribg.mosaico.ca] (11 juin 2011).

Blogue et billet de carnet Web

Il est important d'indiquer la date précise de publication du billet, car un blogue est modifié régulièrement. Comme le billet fait partie d'un blogue, on doit le citer comme s'il s'agissait d'un chapitre de livre. On peut utiliser indifféremment [Blogue] ou [En ligne] pour cette catégorie de document.

ASSOCIATION POUR L'AVANCEMENT DES SCIENCES ET DES TECHNIQUES DE LA DOCUMENTATION. *Les blogueurs experts*, [Blogue], Montréal, ASTED. [www.asted.org/home.php?sid=cms&pid=folder&stid=766] (Consulté le 21 août 2012).

MARSH, James. « La rencontre des encyclopédies », dans *TCE Blog*, [En ligne], 11 juin 2012. [blog.thecanadianencyclopedia.com/blog/posts/la-rencontre-des-encyclopedies] (Consulté le 16 août 2012).

SZABO, Sandrine. « Avantages et inconvénients du Web 2.0 », dans *Le blog profession-web.ch*, [En ligne], 20 août 2008, 11 h 16. [blog.profession-web.ch/index.php/544-avantages-et-inconvenients-du-web-20] (Consulté le 21 août 2012).

Réseaux sociaux (Facebook, Twitter, LinkedIn et autres)

Il existe plusieurs styles bibliographiques pour ce mode de communication. En voici un très simple :

> NOM DE L'AUTEUR, prénom ou AVATAR. *Titre de la page*, [En ligne]. adresse URL (Consulté le ou Page consultée le, date).

> > ÉQUITERRE. *Page Facebook d'Équiterre*, [En ligne]. [www.facebook. com/pages/equiterre/117926081552324?ref=ts] (Page consultée le 15 décembre 2011).

S'il s'agit d'un billet tiré d'une page Facebook ou d'un fil Twitter, on ajoute le titre du billet entre guillemets.

> > GILL, Véronica. « Plus de 2500 photos soumises au concours intercollégial de photo 2011-2012 ! », dans *Fil Twitter du CCDMD*, 14 décembre 2011, [En ligne]. [twitter.com/#!/ccdmd] (Consulté le 15 décembre 2011).

Thèse ou mémoire en ligne

> > BIGOT, Davy. *« Le point » sur la norme grammaticale du français québécois oral*, Thèse (Ph. D.), Université du Québec à Montréal, 2008, 356 p. [En ligne]. [www.archipel.uqam.ca/1305/1/D1705.pdf] (Consulté le 23 juillet 2012).

> > GAGNÉ, Caroline. *La construction discursive de l'identité en contexte migratoire : une étude de cas : « les enfants de la Loi 101 »*, Mémoire (M.A.), Université Laval, 2010, 132 p. [En ligne]. [www.theses.ulaval. ca/2010/27597/27597.pdf] (Consulté le 23 juillet 2012).

Livre numérique

Les livres numériques sont offerts dans une grande variété de formes et de formats. Certains sont accessibles par des catalogues ou dans des banques de données, d'autres doivent être téléchargés sur un ordinateur ou sur des appareils mobiles (téléphone intelligent ou multimédia, tablette, lecteur [ou liseuse] électronique).

Il est conseillé d'en citer la référence comme s'il s'agissait d'un document imprimé, et d'y ajouter le format du support ou du fichier du livre électronique (ePub, PDF, HTML, AZW, Édition Kindle, MP3, etc.), car tous les formats ne s'adaptent pas, du moins pour le moment, à toutes les liseuses ou tablettes disponibles sur le marché. Comme il y a plusieurs formats d'édition (poche, couverture rigide ou souple), qu'il est possible de changer ou de modifier la police et la taille de la police et qu'il n'existe pas encore de fonctionnalité pour établir une corrélation des nouvelles pages avec les numéros de pages réels, il peut y avoir plusieurs numéros de pages différents.

À l'heure où la numérotation exacte des pages est encore très importante, notamment dans les articles de périodiques scientifiques, où la disponibilité du numérique n'est pas généralisée et où il y a encore beaucoup de personnes qui n'ont pas accès à ce type de support, on pourrait préférer la version imprimée lorsque celle-ci est disponible.

> MESLÉ, France, Laurent TOULEMON et Jacques VÉRON, sous la dir. de. *Dictionnaire de démographie et des sciences de la population*, [Fichier ePub], Paris, Collin, 2011.
>
> SLAWENSKI, Kenneth. *J.D. Salinger : A Life*, [Fichier ePub], New York, Random House, c2010.
>
> TERRIEN, Paul. *Les grands discours de l'histoire du Québec*, [Fichier PDF], Québec, Presses de l'Université Laval, c2010, 466 p.
>
> LASSÈGUE, Pierre, Frédérique DÉJEAN et Marie-Astrid LE THEULE. *Lexique de comptabilité*, [Fichier ePub], 7e éd., Paris, Dunod, 2012. (Lexiques et dico).
>
> PROUST, Marcel. *Œuvres complètes de Marcel Proust*, [Format Kindle], Delphi Classics, 2e éd., 2011.

On peut aussi mentionner [Livre numérique] :

> LASSÈGUE, Pierre, Frédérique DÉJEAN et Marie-Astrid LE THEULE. *Lexique de comptabilité*, [Livre numérique], 7e éd., Paris, Dunod, 2012, fichier ePub. (Lexiques et dico).
>
> PROUST, Marcel. *Œuvres complètes de Marcel Proust*, [Livre numérique], Delphi Classics, 2e éd., 2011, format Kindle.

Logiciel

> UNIVERSITÉ DE MONCTON. FACULTÉ DE DROIT. *Juriterm : banque terminologique de la common law*, version 3.1 Windows, [Logiciel], Moncton, Centre de traduction et de terminologie juridiques, 2003, 1 cédérom.
>
> DRUIDE INFORMATIQUE. *Antidote 8*, version 3, [Logiciel], Montréal, Druide informatique, c2012, 1 disque + 1 manuel d'utilisation (120 p.).

 LOGICIELS BIBLIOGRAPHIQUES

Il existe plusieurs logiciels bibliographiques sur le marché, pour ordinateurs et systèmes Windows et Macintosh : Bib Tex, Citavi, EndNote, EndNote Web, Refworks, Zotero (logiciel libre), entre autres.

Le logiciel EndNote est le plus connu et le plus utilisé, du moins au Québec, car les collèges et les universités le mettent gratuitement à la disposition des professeurs, des chercheurs et des étudiants.

Ces logiciels peuvent être installés en mode local sur un poste de travail ou en mode distant sur un serveur. Voici leurs principales fonctions :

- Gérer et entreposer des références bibliographiques (plus de 100 000 pour certains d'entre eux), des fichiers PDF et des fichiers Word ;
- Importer des références provenant de bases de données ou de catalogues de bibliothèques ;
- Insérer des citations dans un texte ;
- Annoter des documents en format PDF ;
- Générer une bibliographie ;
- Choisir son style bibliographique (par exemple, la version X7 de EndNote [2013] offre 5000 styles différents provenant des protocoles bibliographiques utilisés dans les périodiques scientifiques, ainsi que les styles courants [APA, ASA, Chicago, MLA, etc.]).

On peut aussi paramétrer le logiciel bibliographique afin d'y installer un style particulier, comme celui qui est proposé dans le présent chapitre.

RENVOIS ET RÉFÉRENCES EN BAS DE PAGE

Dans le corps d'un texte, les renvois aux sources documentaires peuvent se faire à l'aide d'un chiffre surélevé, ou dans certains cas d'un astérisque, correspondant à une note en bas de page. Les références peuvent aussi figurer dans le texte lui-même, sous une forme abrégée.

À la différence des références bibliographiques regroupées à la fin d'un texte, dans les références en bas de page, le prénom précède le nom de l'auteur, et ce dernier est séparé du titre par une virgule. En principe, la première ligne commence en retrait, et la ou les suivantes sont à la marge de gauche. On indique la ou les pages consultées, et on peut se servir des abréviations latines *id.* (*idem* « le même auteur ») et *ibid.* (*ibidem* « au même endroit »), *op. cit.* (*opere citato* « dans l'ouvrage cité ») et *loc. cit.* (*loco citato* « à l'endroit cité ») pour éviter de répéter certains éléments.

Une référence en bas de page se présente donc de la façon suivante :

> 1. Marie AUDET, *Précis de grammaire française*, Montréal, Québec, Linguator, 2004, p. 25.
>
> 2. *Ibid.*, p. 38.
>
> 3. Marie-Dominique PORÉE, *La grammaire française pour les nuls*, Paris, First, c2011, p. 57.
>
> 4. Olivier SOUTET, *Le subjonctif en français*, Paris, Éditions Ophrys, 2000, p. 69.
>
> 5. C.c.Q., art. 645 et suiv.
>
> 6. *Loi sur les parcs et les jardins publics*, LRC 1978, B-2, art. 39(1)a).
>
> 7. Christian MOLINIER et Françoise LEVRIER, *Grammaire des adverbes : description des formes en -ment*, Genève, Droz, 2000, p. 234.

Lorsque, dans les références bibliographiques, on rapproche la date du nom de l'auteur (voir plus haut **Livre** et **Article**), on évite certaines notes en bas de page, et les renvois aux sources documentaires se font dans le texte, de l'une ou l'autre des façons suivantes :

> **Audet (2004a) présente les...**
>
> **Une étude sur ce sujet précis (Audet 2004b : 38) tend à prouver que...**
>
> **Porée (2011) et Soutet (2000) sont d'avis que...**
>
> **Une description complète de ce phénomène (Soutet 2011) permet de...**

➕ Quelques formules et abréviations en usage dans les références bibliographiques

2ᵉ éd. : seconde édition

accessible en ligne

cité dans (citation secondaire, dans le texte)

coll. : collection

communication présentée à/au

consulté le

copie téléchargée

dans

dir. : directeur, directrice

disponible à l'adresse

éd. : édition

éd. ent. rev. et augm. : édition entièrement revue et augmentée

également disponible en format PDF

également disponible en ligne

en ligne

et autres

et collab. : et collaborateurs

f. : feuillet, feuillets

ibid. : *ibidem*, au même endroit

id. : *idem*, le même auteur

inédit, inédite

loc. cit. : *loco citato*, à l'endroit cité

nº : numéro

non pag. : non paginé

nouv. éd. : nouvelle édition

op. cit. : *opere citato*, dans l'ouvrage cité

p. : page, pages

pag. mult. : pagination multiple

page consultée le

partiellement accessible en ligne

prépublication

publié (ou **publ.**) **aussi en version électronique**

publié (ou **publ.**) **aussi sur cédérom et en version électronique**

repéré à/au

résumé repéré à/au

RLRQ : Recueil des lois et des règlements du Québec

s. d. : sans date

s. é. : sans éditeur

s. l. : sans lieu

s. l. n. d. : sans lieu ni date

s. p. : sans pagination

sous la direction (ou **dir.**) **de**

sous presse

t. : tome, tomes

vol. : volume, volumes

Révision linguistique et correction d'épreuves

 Les différentes interventions faites sur un texte dans le but de l'améliorer peuvent être divisées en deux tâches : la révision linguistique et la correction d'épreuves.

La révision linguistique est une étape qui précède la correction d'épreuves. Elle consiste à vérifier rigoureusement tous les aspects de la langue employée dans un texte. La personne qui révise se penche sur l'orthographe, la grammaire, la syntaxe, la ponctuation, le vocabulaire (par exemple, impropriétés, anglicismes, faux amis, barbarismes, répétitions, pléonasmes) et la typographie (par exemple, majuscules, italique, espacements avec la ponctuation, écriture des nombres, des abréviations et des symboles). Elle s'assure que tous les couples sont complets (par exemple, parenthèses ouvrante et fermante, guillemets ouvrants et fermants). Elle signale à l'auteur les ambiguïtés de certains passages. Elle vérifie aussi l'organisation logique du discours. Elle veille à la simplification des textes. Le réviseur ou la réviseuse effectue ces tâches tout en respectant l'intention de l'auteur.

La correction d'épreuves consiste à vérifier un texte destiné à l'impression, donc déjà révisé et mis en pages, pour s'assurer qu'il sera exempt de fautes d'impression et de coquilles. La correction d'épreuves peut également porter sur d'autres éléments dont les plus courants sont la vérification de la hiérarchie des titres et des sous-titres, la vérification des coupures de mots en fin de ligne, des renvois, de la pagination (par exemple, la concordance avec la table des matières) et de l'uniformité des corps et de la police de caractères des titres. Pour un document imprimé en recto verso, le correcteur ou la correctrice doit s'assurer que le recto des feuilles est impair. De même, il ou elle porte une attention particulière à la première page d'un chapitre, soit celle qui contient le titre, qui devrait commencer sur une page impaire. Ces pages impaires, tout comme les pages blanches, ne doivent pas être paginées.

✚ Révision, correction et rectifications de l'orthographe

Pour un réviseur ou une réviseuse linguistique et un correcteur ou une correctrice d'épreuves, la question se pose : quelle orthographe choisir ? Puisque l'orthographe rectifiée est recommandée et non imposée, les formes rectifiées et non rectifiées sont acceptées. Il est donc permis d'utiliser les deux à l'intérieur d'un même texte. Par exemple, on acceptera, dans un même document, l'accent circonflexe sur le *u* dans le mot *piqûre* et son absence dans *aout*. Toutefois, pour une question d'uniformité, lorsqu'un mot peut s'écrire de deux façons, comme *haut-parleur* et *hautparleur*, on veillera à conserver une seule des deux graphies dans un même texte. En cas de doute, les dictionnaires de langue usuels restent de bonnes sources auxquelles se fier.

Règles générales

La révision linguistique et la correction d'épreuves suivent des règles bien précises. Voici l'essentiel de ces règles qui s'appliquent aux interventions manuscrites. Les fonctions de révision des logiciels procèdent différemment.

Pour la révision linguistique et la correction d'épreuves :

- la correction demandée doit être dépourvue de la moindre ambiguïté. Pour ce faire, il existe un certain nombre de signes conventionnels, qui sont présentés ci-dessous. En cas de besoin, on peut aussi employer d'autres signes, tels que flèches ou ratures, accompagnés des instructions et commentaires voulus ;

- si plusieurs corrections doivent être apportées à un mot, il est préférable de récrire le mot corrigé ;

- on utilise une encre d'une couleur différente de celle du texte à corriger, le rouge généralement, et on veille à écrire très lisiblement.

Pour la révision linguistique :

- en principe, les textes sont présentés à double interligne, ce qui permet d'inscrire toute correction dans les interlignes. Si le texte est en simple interligne, les corrections seront alors inscrites dans la marge (voir ci-dessous **Pour la correction d'épreuves**);

- tout élément de texte à améliorer doit être encadré de crochets ou souligné d'un trait ondulé, et non biffé. La suggestion sera rédigée dans l'interligne, de préférence au crayon, afin qu'elle puisse être effacée si elle n'est pas retenue.

> *recommandation* [Signalons,
> **Nous avons ainsi démontré notre première proposition. [Passons**
> *avant de passer à l'examen de la seconde, que]*
> **à la deuxième, qui concernait plus spécialement]...**

Pour la correction d'épreuves :

- en principe, toute correction comporte :
  - *a)* dans le texte lui-même, un signe spécifique de repérage ;
  - *b)* dans la marge, la reproduction du même signe ;
  - *c)* dans la marge, si le signe n'est pas suffisamment clair par lui-même, l'indication de la rectification à apporter au texte ou un commentaire permettant la rectification ;

- en principe, le signe de repérage renvoyé dans la marge est précédé de la correction ;

- en principe, les corrections se font dans la marge de droite. Si on doit faire deux ou plusieurs corrections pour une même ligne, on les indique les unes à la suite des autres dans le prolongement de ladite ligne, dans l'ordre où les fautes apparaissent à la lecture. Si, pour une raison quelconque, on doit faire les corrections dans la marge de gauche, on indique la première correction le plus près du texte et l'on va à reculons, vers la gauche, pour les corrections subséquentes ;

- tout commentaire que l'on porte dans la marge (et qui ne doit donc pas être reproduit dans le texte) doit être encerclé d'un trait continu.

Principaux signes conventionnels de correction

Même si on se sert de plus en plus des fonctions de révision et de correction qu'offrent les logiciels, la connaissance des signes conventionnels demeure utile.

SUPPRESSION, REMPLACEMENT, AJOUT

En révision linguistique et en correction manuscrite, il existe trois signes principaux.

- ℘ (le deleatur, dont la forme peut varier [℘ ou ℽ]) : pour supprimer une lettre, un mot, un signe de ponctuation;

- ╱ et ├──┤ : pour remplacer une lettre, un mot, un signe de ponctuation;

- ∧ : pour ajouter une lettre, un mot, un signe de ponctuation.

Correction à effectuer	Signe	Correction dans le texte	Annotation dans la marge
Supprimer une lettre ou un signe de ponctuation	℘, ℘ ou ℽ (deleatur)	usines	℘ ╱ ou ℘ ╱ ou ℽ ╱
Supprimer un mot, une partie de mot ou un groupe de mots	├──┤	Les les résultats	℘ ├──┤ ou ℘ ├──┤ ou ℽ ├──┤
Remplacer une lettre, un caractère ou un signe de ponctuation	╱	étais était,	t ╱ › ╱

Correction à effectuer	Signe	Correction dans le texte	Annotation dans la marge
Remplacer un mot	⊢—⊣	~~rendu~~	arrivé ⊢—⊣
Ajouter une ou plusieurs lettres	⅄	il̸isible	ℓ⅄
		exigȩnt	a⅄
		un iş̧me	th⅄
Ajouter un mot	⅄	Je ⅄d'accord	suis ⅄
Ajouter une virgule	⅄̦ ou ⌃	Je suis d'accord⅄dit-il	⸴⅄ ou ⅄̦ ou ⌃
Ajouter un point	⊙	Je suis d'accord⅄	⊙⅄
Ajouter un point-virgule	; ou ⨀	*Le français au bureau* traite des sujets suivants : • la grammaire ; • l'orthographe⅄ • la typographie.	; ou ⨀⅄
Ajouter un deux-points	⨀	*Le français au bureau* traite des sujets suivants⅄ • la grammaire ; • l'orthographe ; • la typographie.	⨀⅄
Ajouter un point d'interrogation	?	Peux-tu me passer le dossier⅄	?⅄
Ajouter un point d'exclamation	!	C'est une excellente idée⅄	!⅄
Ajouter un trait d'union	⊖ ou ⸗	Ils sont invités à ce déjeuner⅄causerie.	⊖⅄ ou ⸗⅄
Remplacer par un tiret court	⎮—⎮	le parc marin du Saguenay⅄Saint-Laurent	⎮—⎮ /

Correction à effectuer	Signe	Correction dans le texte	Annotation dans la marge
Ajouter des guillemets	« »	On l'appelle le prince de la virgule	« ⋀ » ⋀
Ajouter des parenthèses	( )	Le prochain congrès se tiendra à Lyon France) en octobre 2016.	(⋀
Ajouter des crochets	[ ]	Il le ministre de la Santé avait prévu cette réaction.	[⋀] ⋀
Ajouter un astérisque	⋁*	Solder un compte (voir ce mot).	⋁*
Ajouter une apostrophe	⋁	aujourdhui	⋁ ⋀
Ajouter une barre oblique	/	L'alternance singulier pluriel n'est pas possible dans ce contexte.	(barre oblique) ⋀
Ajouter des points de suspension	⌣⋯ ou ⌣ · · ·	Pensons aux grands thèmes de la condition humaine : la vie, l'amour, la mort, la liberté	⌣⋯ ⋀ ou ⌣ · · · ⋀
	⋯ ou · · ·	les noms d'États, de provinces, etc.	⋯ ou · · ·

COMPOSITION DU TEXTE

Correction à effectuer	Signe	Correction dans le texte	Annotation dans la marge
Mettre en bas de casse (minuscule)	bdc.	les journaux Américains ou les journaux Américains	bdc. ou a/
Mettre en majuscule	cap. ou ≡	les américains ou les américains ou les américains	cap. ou A / ou A

Correction à effectuer	Signe	Correction dans le texte	Annotation dans la marge
		(Dans une référence bibliographique)	
Mettre en petites capitales	(p. cap.)	**Agtarap,** Kyla, et Téa **Agtarap.** *Le soccer chez les jeunes* [...]	(p. cap.) (p. cap.)
	ou	ou	ou
	═	**Agtarap,** Kyla, et Téa **Agtarap.** *Le soccer chez les jeunes* [...]	═ ═
Mettre en romain	(rom.)	**il avait** **il sortit son** *revolver*	(rom.) (rom.)
	ou	ou	ou
	mot	**il sortit son** *revolver*	rom.
Mettre en italique	(ital.)	**ce qu'on appelle un** **check-up**	(ital.)
	ou	ou	ou
	mot	**ce qu'on appelle un check-up**	ital.
Mettre en maigre	(m.) ou (maigre)	**Espérant recevoir une réponse favorable à notre invitation avant le 30 mai 2015, nous vous prions [...].**	(m.) ou (maigre)
	ou	ou	ou
	mot	[...] notre invitation **avant le 30 mai 2015,** nous vous prions [...].	m.
Mettre en gras	(gr.) ou (gras)	Il faut préférer *heures supplémentaires* à *surtemps.*	(gr.) ou (gras)
	ou	ou	ou
	mot	Il faut préférer *heures supplémentaires* à *surtemps.*	gras
Souligner	(soul.)	Document à envoyer **avant** le 30 mai 2015.	(soul.)

Correction à effectuer	Signe	Correction dans le texte	Annotation dans la marge
Supprimer le soulignement	℘	Ce texte ne doit pas être souligné.	℘ soul.
Faire une ligature	lig. ou ⌒	œuvre ou œuvre	lig. ou ⌒
Mettre en exposant	∨	Les majuscules doivent être accentuées1.	1
		Mme la ministre…	me
Mettre en indice	∧	CO2	2

ESPACEMENT HORIZONTAL

Correction à effectuer	Signe	Correction dans le texte	Annotation dans la marge
Ajouter une espace	≠	lacorrection des épreuves	≠ λ
Ajouter une espace insécable	#	la correction d'épreuves consiste à	# λ
Joindre	⌒	Peux-tu me passer le dossier ?	⌒
Supprimer et joindre	℘⌒	pique-nique	℘⌒
			piquenique
			On peut préciser ce que l'on désire en écrivant le mot. On lève ainsi toute ambiguïté.
Réduire l'espacement	ꬍ	Il nous a dit : « Venez chez moi. »	ꬍ

ESPACEMENT VERTICAL

Correction à effectuer	Signe	Correction dans le texte	Annotation dans la marge
Diminuer l'interligne	⌐	**Nous avons ainsi démontré notre première proposition.** **Signalons, avant de passer à l'examen de la seconde, que…**	⌐
Augmenter l'interligne ou insérer un interligne	⊣	**Nous avons ainsi démontré notre première proposition. Passons à la deuxième, qui concernait plus spécialement…** **Nous avons ainsi démontré notre première proposition. Passons à la deuxième, qui concernait plus spécialement…** *triple interligne*	⊣ *triple interligne*

DÉPLACEMENT

Correction à effectuer	Signe	Correction dans le texte	Annotation dans la marge
Intervertir deux lettres	∩	**Venons-en à notre deuxième ponit.**	∩/
Intervertir deux mots	⌐⌐	**Le meilleur achat qui puisse se concevoir.**	⌐⌐/
Intervertir deux lignes	⊋	**aisé de prouver le bien-fondé des deux autres. Ayant démontré notre première proposition, il nous sera**	⊋/
Faire suivre	⊋	**L'entrepreneur nous a informés qu'il n'était pas en mesure de poursuivre les travaux. Cette nouvelle nous a consternés, car…** Signifie que la phrase doit suivre immédiatement ce qui précède.	⊋/

Correction à effectuer	Signe	Correction dans le texte	Annotation dans la marge
Déplacer un mot ou un groupe de mots		L'entrepreneur nous a informés qu'il n'était pas en mesure de poursuivre les travaux après avoir terminé la phase 1 du projet.	

DISPOSITION DU TEXTE

Correction à effectuer	Signe	Correction dans le texte	Annotation dans la marge
Ajouter un alinéa	⌐ ou ¶	À la différence des références bibliographiques regroupées… Lorsque, dans les références bibliographiques, on rapproche la date du nom de l'auteur…	en commentaire, on peut écrire : alinéa ou ¶
		Ce qui se trouve à l'intérieur du symbole doit être chassé vers le côté ouvert.	
		Signifie que le deuxième paragraphe doit commencer en retrait.	
		Un sigle est une suite d'initiales de plusieurs mots qui forme un mot unique. Un sigle se prononce alphabétiquement ou syllabiquement, comme un mot ordinaire. Un acronyme est un sigle prononcé comme un mot ordinaire (ACDI, Unesco, sida), ou un mot formé de syllabes de mots différents (AFNOR, radar).	alinéa ou ¶
		Signifie que cette phrase doit commencer en retrait.	

Correction à effectuer	Signe	Correction dans le texte	Annotation dans la marge
Supprimer un alinéa		**À la différence des références bibliographiques regroupées...** Ce qui se trouve à l'intérieur du symbole doit être chassé vers le côté ouvert.	en commentaire, on peut écrire : *pas d'alinéa*
Chasser à la ligne suivante		**Il nous a fait savoir aujourd'hui qu'il n'é-tait pas en mesure de poursuivre les travaux.** La coupure de mot étant fautive, il faut chasser la syllabe *n'é* à la ligne suivante. Ce qui se trouve à l'intérieur du symbole doit être chassé vers le côté ouvert.	
Faire passer à la ligne précédente		**Il nous a dit que tout le travail était fi-ni.** Signifie qu'il faut faire passer la syllabe *ni* à la ligne précédente. Ce qui se trouve à l'intérieur du symbole doit être chassé vers le côté ouvert.	
Faire passer à la page suivante		**Après avoir terminé la phase 1, l'entrepreneur** Ce qui se trouve à l'intérieur du symbole doit être chassé vers le côté ouvert. Signifie que ce début d'alinéa, figurant en bas de page, doit être chassé à la page suivante.	

Correction à effectuer	Signe	Correction dans le texte	Annotation dans la marge
Faire passer à la page précédente		poursuivre les travaux.	
		Ce qui se trouve à l'intérieur du symbole doit être chassé vers le côté ouvert.	
		Signifie que ces trois mots, figurant à la 1re ligne d'une page, doivent passer à la page précédente.	
Aligner le texte sur la droite		Pensons aux grands thèmes de la condition humaine : la vie, l'amour, la mort, la liberté.	
	ou	ou	ou
		Pensons aux grands thèmes de la condition humaine : la vie, l'amour, la mort, la liberté.	en commentaire, on peut écrire : *aligner*
Aligner le texte sur la gauche		Pensons aux grands thèmes de la condition humaine : la vie, l'amour, la mort, la liberté.	
	ou	ou	ou
		Pensons aux grands thèmes de la condition humaine : la vie, l'amour, la mort, la liberté.	en commentaire, on peut écrire : *aligner*
Centrer un mot ou une ligne		Pensons aux grands thèmes de la condition humaine : la vie, l'amour, la mort, la liberté.	
		Signifie que ces lignes doivent être centrées.	

Correction à effectuer	Signe	Correction dans le texte	Annotation dans la marge
Justifier	⌐ ¬	⌐Pensons aux grands thèmes¬ ⌐de la condition humaine :¬ ⌐la vie, l'amour, la mort,¬ ⌐la liberté.¬	⌐ ¬ ⌐ ¬ ⌐ ¬ ⌐ ¬
		Signifie que ces lignes doivent être justifiées à gauche et à droite.	

AUTRES

Correction à effectuer	Signe	Correction dans le texte	Annotation dans la marge
Annuler une correction (ne rien changer au texte)	*bon* ou (bon)	Le gouvernement américain… Le meilleur qui puisse se concevoir… Il est très facile de démontrer que…	A̶ *bon* Ø *bon* ⦸A̸ *bon*
		Dans le texte, on souligne la correction à annuler au moyen d'un pointillé et l'on indique dans la marge le mot *bon*, souligné, lui aussi, d'un pointillé. Pour éviter tout doute, on rature la correction indiquée en marge.	ou A̶ (bon) Ø (bon) ⦸A̸ (bon)
Questionner l'auteur	(?)	Les enfants ont vu un millepatte sur un nénufar	(?) (?)
		Ces marques sont écrites au crayon, afin qu'elles puissent être effacées après vérification de l'intention de l'auteur.	
Ajouter un commentaire	◯	Les employés et les seront	Il manque du texte. V. copie à la p. 10.

Correction à effectuer	Signe	Correction dans le texte	Annotation dans la marge
Suggérer une amélioration	～～	**Les employées et les employés** de l'usine...	*Le personnel*
	ou	ou	ou
	[ ]	**[Les employées et les employés]** de l'usine...	*[Le personnel]*

DIVERS

Pour tous les cas non cités ci-dessus, on donnera en marge ou ailleurs une explication succincte et claire de ce que l'on désire (explication encerclée d'un trait continu).

Dans la mise en pages, il faut éviter les veuves et les orphelines. En typographie, une veuve est la «dernière ligne d'un paragraphe isolée en haut d'une page, le reste du paragraphe se trouvant sur la page précédente». Et une orpheline est la «première ligne d'un paragraphe se trouvant seule au bas d'une page, le reste du paragraphe se trouvant sur la page suivante». De nombreux logiciels de traitement de texte comportent une option prévue pour les éviter.

COMMUNICATIONS PROFESSIONNELLES

DOCUMENTS NUMÉRIQUES • LETTRE • EXEMPLES
DE LETTRES • ÉCRITS ADMINISTRATIFS DIVERS •
FORMULAIRES ADMINISTRATIFS ET COMMERCIAUX •
ADRESSAGE • PROTOCOLE ET ACTIVITÉS
PUBLIQUES • TÉLÉPHONIE

Documents numériques

Le document numérique est une information numérisée stockée sur un support électronique et nécessitant l'utilisation d'une technologie informatique pour qu'on en prenne connaissance. On l'appelle aussi *document électronique*.

Le présent chapitre ne fait pas qu'aborder les documents que sont le courriel et la présentation assistée par ordinateur, il traite également de l'écriture Web et de la typographie des documents Web.

Avant d'aborder le cœur du sujet, voici quelques précisions.

Adresse URL, adresse Web et adresse de courrier électronique

 ADRESSE URL ET ADRESSE WEB

Une adresse URL est une « chaîne de caractères normalisés servant à identifier et à localiser des ressources consultables sur Internet et à y accéder à l'aide d'un navigateur ».

Une adresse Web est également une « chaîne de caractères normalisés servant à identifier et à localiser des ressources consultables sur Internet et à y accéder à l'aide d'un navigateur », mais son concept est plus restreint.

Les termes *adresse URL* et *adresse Web* ne sont donc pas de parfaits synonymes. Une adresse URL permet de consulter des ressources en dehors du Web, par exemple, des sites FTP.

Une adresse Web commence, en principe, par *www* et conduit l'internaute vers une page d'un site Web, alors qu'une adresse URL, plus longue, commence par le nom du protocole (*http*, *ftp*, etc.) et indique le chemin d'accès des ressources dans Internet. Ainsi, une adresse URL n'est pas forcément une adresse Web, mais une adresse Web peut être écrite sous une forme simplifiée ne reprenant qu'une partie de l'URL.

Écriture d'une adresse Web

Pour citer une adresse Web dans un **texte imprimé**, on omet le soulignement de même que le *http://*, et ce, même si l'adresse ne commence pas par *www*. Le soulignement indique un hyperlien dans les documents Web. Il est évident que les liens hypertextes ne sont pas cliquables dans l'imprimé. Qui plus est, si une adresse comporte un trait de soulignement, ce dernier n'est pas visible lorsque toute l'adresse est soulignée. Par contre, avant de supprimer le *http* par exemple, il est suggéré de taper l'adresse dans le navigateur, sans le nom du protocole. Si le site s'affiche, c'est signe que le nom du protocole n'est pas obligatoire et qu'il peut être supprimé dans le document. Si l'adresse termine la phrase, on met un point final.

> **L'adresse du site de l'Office québécois de la langue française est le www.oqlf.gouv.qc.ca.** (et non *http://www.oqlf.gouv.qc.ca*)
>
> **Je vous invite à consulter ce site : rouleaum.wordpress.com.**
>
> **Vous pourrez télécharger les documents de notre site FTP à l'adresse ftp.opera.com/pub/opera.**

Par contre, lorsqu'il s'agit d'une adresse d'un site sécurisé (https), on conserve le nom du protocole, car le *s* de *https* fournit l'indication que le site est sécurisé.

> **Assurez-vous que vous naviguez sur notre site sécurisé dont l'adresse est : https://lanetagence.bnpparibas.net/site-securise.**

Lorsque l'adresse Web ne s'intègre pas dans le texte, on peut opter pour l'un ou l'autre des procédés suivants de mise en évidence : l'écrire en gras, ou la mettre entre parenthèses ( ), entre crochets [ ] ou encore entre chevrons simples < >.

> **Le site www.oqlf.gouv.qc.ca est une vraie mine de renseignements !**
>
> **Dans le site de l'Office (www.oqlf.gouv.qc.ca), on peut consulter la Charte de la langue française.**

> **On trouve facilement la réponse à cette question dans
> la Banque de dépannage linguistique [bdl.oqlf.gouv.qc.ca].**
>
> **Si les technologies de l'information en français vous intéressent,
> consultez le site de l'Office <www.oqlf.gouv.qc.ca>.**

La préposition à utiliser devant une adresse Web qui commence par *www* est **au** (qui correspond à la préposition *à* et à l'article *le*, le nom des lettres en français étant de genre masculin).

> **Vous voulez en savoir davantage ? Visitez le www.oqlf.gouv.qc.ca.**
> **Venez vous inscrire à notre concours au www.oqlf.gouv.qc.ca.**

Si l'adresse Web ne débute pas par *www*, on utilise la préposition **à**. L'adresse Web commence alors par un ensemble de mots, de lettres ou de chiffres qui n'est pas nécessairement de genre masculin. Il s'agit d'une combinaison unique de symboles, et c'est ce caractère unique qui explique qu'on ne fait pas précéder ce type d'adresse d'un article comme *le*.

> **On consulte le dictionnaire *Le trésor de la langue française* à atilf.atilf.fr.**

Il peut arriver, selon le contexte, qu'on n'ait rien à écrire devant l'adresse.

> **J'ai inclus gallica.bnf.fr dans mes signets.**

On peut également écrire une adresse Web en utilisant explicitement le mot **adresse** devant.

> **Consultez *Le grand dictionnaire terminologique* de l'Office québécois
> de la langue française à l'adresse gdt.oqlf.gouv.qc.ca.**

Lorsqu'on veut indiquer à un interlocuteur ou à une interlocutrice où trouver une information dans un site Web, on peut hésiter quant au terme à choisir entre, notamment, *bandeau*, *menu*, *page*, *rubrique*, *subdivision*, *section*, *zone*. La façon la plus simple et la plus claire est d'utiliser un fil d'Ariane, qui est une suite de liens hiérarchiques, chacun représentant une subdivision de la carte d'un site Web. Certains utilisent le **chevron double fermant** (»), le **deux-points** (:), la **barre oblique** (/) ou le **chevron simple fermant** (>). La tendance est à l'utilisation du **chevron simple fermant**, car sa forme de pointe de flèche indique une direction.

> **Sur le site Web de l'Office, vous trouverez l'information demandée dans le menu du haut > Ressources > Testez vos connaissances > Textes à trous.**
>
> **Sur le site Web de l'Office, vous trouverez l'information demandée dans le menu du haut/Ressources/Testez vos connaissances/Textes à trous.**

Selon le contexte, on peut dire, par exemple : **tapez le chemin d'accès suivant, indiquez le chemin d'accès suivant, en utilisant le chemin d'accès suivant, suivez le chemin d'accès, choisissez le chemin d'accès suivant,** ou simplement donner le chemin d'accès entre parenthèses.

> **Vous pouvez télécharger le formulaire de plainte à partir du site Web de l'Office, en suivant le chemin d'accès : menu de droite > Vos droits et obligations > Plaintes.**
>
> **Pour télécharger le formulaire de plainte à partir du site Web de l'Office, utilisez le chemin d'accès suivant : menu de droite > Vos droits et obligations > Plaintes.**
>
> **Vous pouvez télécharger le formulaire de plainte à partir du site Web de l'Office (menu de droite/Vos droits et obligations/Plaintes).**
> (Ici, on donne simplement le chemin d'accès entre parenthèses.)

Coupure dans une adresse Web

Dans le corps d'un texte ou dans une bibliographie, lorsqu'il n'est pas possible de conserver sur une même ligne une adresse Web (ou une adresse URL), on doit la couper en faisant un retour à la ligne **après un point**, **une barre oblique**, **un soulignement** ou **le signe =**. Par ailleurs, il faut prendre garde de ne pas introduire de trait d'union au bout de la ligne, comme on le fait pour couper un mot. Certaines adresses comportent un ou des traits d'union, mais d'autres, non. En ajouter un alors que l'adresse n'en contient pas provoquerait une erreur. Dans une adresse qui contient un trait d'union, on essaie de ne pas diviser à ce trait d'union, et ce, afin d'éviter toute confusion.

> **Ce vocabulaire sportif est téléchargeable au www.oqlf.gouv.qc. ca/ressources/bibliotheque/dictionnaires/20120413_disquevolant.pdf.**
>
> **Pour consulter le glossaire sur les disciplines olympiques d'hiver, aller au www.oqlf.gouv.qc.ca/ressources/bibliotheque/dictionnaires/terminologie_ olympique/index-francais.html.**

> **Pour connaître le vocabulaire du disque d'équipe, on consultera l'ouvrage** *Disque en jeu!* **au www.oqlf.gouv.qc.ca/ressources/bibliotheque/dictionnaires/ 20120413_disquevolant.pdf.**

Lecture d'une adresse Web

La façon de dicter une adresse Web peut poser certains problèmes en raison d'éléments peu utilisés dans d'autres contextes. L'exemple qui suit sert à illustrer la façon de faire. La prononciation est indiquée en alphabet phonétique international, puis en transcription courante.

> **www.oqlf.gouv.qc.ca/bibliotheques/terminologie_olympique/ index-francais.html**

À l'oral, les trois premières lettres d'une adresse Web peuvent se prononcer de deux façons : l'élément **www** se lit « double vé, double vé, double vé » ou « triple double vé ».

Le signe qui suit est un point ; on dit donc [pwɛ̃] [poin], et non le mot anglais *dot*.

Lorsqu'une suite de lettres ne peut pas se prononcer comme un mot, on prononce chacune des lettres. Dans l'exemple, OQLF se dira [o] [o], [ky] [ku], [ɛl] [l], [ɛf] [f].

Lorsqu'une série de lettres peut se prononcer en une syllabe, sans qu'il s'agisse d'un mot, on peut la prononcer ainsi ou prononcer chacune des lettres. On dira [guv] [gouv] ou [ʒe] [jé], [o] [o], [y] [u], [ve] [vé].

Le signe / est une barre oblique ou un trait oblique. On évitera l'emploi du mot anglais *slash* pour désigner ce signe.

Lorsqu'un mot complet fait partie d'une adresse Web, comme *bibliothèques* dans l'exemple ci-dessus, on le dit tout simplement sans l'épeler. Toutefois, puisqu'il n'y pas d'accent sur le premier *e* de ce mot dans cette adresse, il faut le préciser en disant, à la fin du mot, « sans accent », tout comme il faut préciser que le mot est au pluriel.

Par ailleurs, le signe _ est un soulignement ou un trait de soulignement (non pas un *underscore*) ; et le signe - est un trait d'union.

L'adresse donnée en exemple se dira donc ainsi : « triple double vé poin o ku l f poin jé o u vé poin ku c poin c a barre oblique bibliothèques (au pluriel, sans accent) barre oblique terminologie soulignement olympique barre oblique index trait d'union français (sans cédille) poin h t m l ».

ADRESSE DE COURRIER ÉLECTRONIQUE

Une adresse électronique est un identifiant personnel d'un internaute grâce auquel il peut communiquer par courrier électronique avec d'autres internautes.

Écriture d'une adresse de courriel

Une adresse de courrier électronique est constituée d'un ensemble de mots (ou de lettres ou de chiffres) qui n'est pas en soi de genre masculin. Il s'agit en fait d'une combinaison particulière et unique de symboles (lettres ou chiffres) dont fait obligatoirement partie le symbole @ (appelé *a commercial*, *arobas* ou *arobase*). C'est ce caractère d'unicité qui explique sans doute l'absence d'article et le recours à la préposition **à** seule devant une adresse de courriel dans un texte suivi.

> **Vous avez des suggestions à nous faire ? Écrivez-nous à fab@oqlf.gouv.qc.ca.** (et non *Écrivez-nous au fab@oqlf.gouv.qc.ca.*)
>
> **On m'a dit d'envoyer ma plainte à info-plaintes@oqlf.gouv.qc.ca.** (et non *On m'a dit d'envoyer ma plainte au info-plaintes@oqlf.gouv.qc.ca.*)
>
> **Vous pouvez me joindre à m_ladouceur@oqlf.gouv.qc.ca.**

On peut également écrire une adresse de courriel en utilisant explicitement le mot **adresse**, ce qui est préférable lorsque l'adresse commence par un nom propre de personne.

> **Écrivez à l'adresse webmestre@oqlf.gouv.qc.ca.**
>
> **Vous pouvez joindre la bibliothèque à l'adresse suivante : biblio@oqlf.gouv.qc.ca.**
>
> **Écrivez à l'adresse marie.tremblay@oqlf.gouv.qc.ca.**
> **ou encore**
> **Écrivez à Marie Tremblay dont l'adresse est marie.tremblay@oqlf.gouv.qc.ca.**
> (de préférence à *Écrivez à marie.tremblay@oqlf.gouv.qc.ca.*)

Dans les **textes imprimés**, on ne souligne pas les adresses de courrier électronique, car le soulignement indique un hyperlien. Qui plus est, si une adresse comporte un trait de soulignement, ce dernier ne sera pas visible si toute l'adresse est soulignée. (Voir **Adaptation d'un document papier au Web**, p. 511, et **Accessibilité aux personnes handicapées**, p. 512.)

Coupure dans une adresse de courriel

Lorsqu'il est impossible d'écrire une adresse de courriel sur une seule ligne, on ne doit pas la couper en ajoutant un trait d'union comme on le ferait pour une coupure de mot dans un texte ordinaire, afin de ne pas laisser entendre que ce trait d'union fait partie de l'adresse. Il faut faire le retour à la ligne **après un point**, **un soulignement** ou **l'arobas**. Dans une adresse qui contient un trait d'union, on essaie de ne pas diviser à ce trait d'union, et ce, afin d'éviter toute confusion.

> **On m'a dit d'envoyer ma plainte à info-plaintes@oqlf. gouv.qc.ca.**
>
> **Vous pouvez me joindre à l'adresse suivante : marie-noelle_ saint-germain@oqlf.gouv.qc.ca.**
>
> **Pour toute question relative à la Charte, écrivez à info@ oqlf.gouv.qc.ca.**

Lecture d'une adresse de courriel

Pour connaître la façon de dicter une adresse courriel, voir **Lecture d'une adresse Web** ci-dessus.

Courrier électronique

Convivial, pratique, le **courrier électronique**, aussi appelé **courriel** ou **messagerie électronique** – on évitera d'utiliser les anglicismes *e-mail* ou *mail* – permet des échanges rapides, plus courts et moins officiels que le courrier traditionnel. Il est désormais utilisé pour la transmission de notes, de notes de service, d'avis de convocation, d'ordres du jour, etc. Pour ces envois toutefois, surtout pour les notes, il est suggéré de les transmettre dans un fichier joint au courriel afin de respecter les normes de présentation.

Dans un contexte de travail, même si le style d'écriture peut être plus familier et proche de la communication orale, voire télégraphique selon les contextes, le rédacteur ou la rédactrice doit veiller à la qualité de la langue utilisée dans ses courriels. La rapidité de ce mode de communication ne peut, en aucun cas, excuser les fautes de frappe, d'orthographe, de grammaire et de syntaxe. Il faut donc relire tout message avant de l'envoyer, comme on le ferait pour une lettre expédiée par la poste.

Le rédacteur ou la rédactrice doit s'assurer également que le protocole épistolaire et les règles d'étiquette relatives à Internet (qu'on appelle aussi **nétiquette**, voir ci-dessous) sont respectés.

Le courriel professionnel demande un style plus soigné que le courriel personnel. Le style familier n'est donc pas de mise dans les messages à caractère strictement professionnel. Ainsi, l'emploi de binettes (petits dessins réalisés avec des caractères du clavier suggérant la forme d'un visage dont l'expression traduit l'état d'esprit de l'internaute expéditeur) ne convient pas dans ce genre de correspondance en raison de leur nature trop familière. Elles peuvent toutefois figurer dans des échanges détendus entre collègues ou dans des messages à caractère personnel. Il faut noter que l'emploi des termes anglais *smiley* ou *emoticon* au lieu de *binette* est à éviter. On se gardera enfin d'abuser d'abréviations afin de ne pas nuire à la compréhension du message.

 NÉTIQUETTE

Le grand dictionnaire terminologique de l'Office québécois de la langue française définit la nétiquette comme étant l'« ensemble des conventions de bienséance régissant le comportement des internautes dans le réseau, notamment lors des échanges dans les forums ou par courrier électronique ».

La nétiquette (mot-valise formé de *net* et d'*étiquette*) repose sur des valeurs telles que la tolérance, le respect d'autrui, l'écoute et la politesse. En fait, les règles élémentaires de savoir-vivre s'appliquent autant dans l'univers d'Internet que dans celui des communications traditionnelles. Ainsi, les propos haineux, racistes ou sexistes de même que les messages incendiaires, les insultes et les grossièretés sont à exclure.

Les échanges électroniques se rapprochent de la communication orale par leur rapidité et leur concision, mais ils ne s'accompagnent pas des mêmes signes non verbaux, ce qui peut provoquer des malentendus. C'est pourquoi il est recommandé de faire attention à l'humour et à l'ironie qui pourraient être mal interprétés. Cela est particulièrement vrai si l'on communique avec des gens d'un autre pays, dont la culture diffère de la nôtre.

Ainsi, si l'on veut observer la nétiquette, lors des échanges par courrier électronique, il est souhaitable de respecter certaines consignes de nature plus ou moins technique, dont les suivantes :
- utiliser un langage courtois ;
- éviter d'écrire en majuscules, car cela équivaudrait à crier ou à protester avec force. De plus, l'emploi exclusif de majuscules ralentit beaucoup la lecture et gêne la compréhension du texte. Au lieu d'utiliser la majuscule pour mettre en évidence

une information importante, il est préférable d'utiliser le caractère gras (voire la couleur), et ce, avec parcimonie. Il faut noter que le soulignement est réservé aux hyperliens ; et l'italique, aux usages habituels (voir p. 374) ;

- ne conserver que les parties pertinentes d'un courriel auquel on répond plutôt que de renvoyer le message intégral ;

- en raison de la confidentialité très relative des échanges électroniques, ne pas envoyer de messages qui pourraient être compromettants pour autrui (ou pour soi), à moins de les crypter ;

- consulter régulièrement sa boîte de réception et répondre aux messages sans tarder (48 heures idéalement). Il vaut mieux envoyer un accusé de réception mentionnant que l'on a bien reçu le courriel et que l'on va traiter la demande un peu plus tard que de laisser l'interlocuteur sans nouvelles ;

- aviser les interlocuteurs de son absence grâce à la fonction des messageries électroniques qui permet de transmettre une réponse automatique d'absence ;

- ne pas inclure de destinataires en copie conforme qui ne seraient pas concernés par le sujet ;

- aviser l'expéditeur que le courriel qu'on a reçu de lui par erreur n'a pas été transmis au bon destinataire. De même, aviser le destinataire lorsqu'on s'aperçoit qu'on n'a pas envoyé le courriel à la bonne personne ;

- respecter les droits d'auteur de ce que l'on reproduit et citer les sources utilisées ;

- aviser la personne concernée lorsqu'on rapporte ses propos ou que l'on veut transmettre ses coordonnées ;

- éviter d'intégrer un fond d'écran ou un papier à lettres, car ces ajouts nuisent à la lisibilité et alourdissent inutilement le courriel ;

- compresser les fichiers joints lourds, afin d'en limiter le temps de téléchargement ;

- ne pas envoyer de chaînes de courriels ni de publicité par courriel.

EN-TÊTE

Adresse du destinataire, copie conforme et copie conforme invisible

Un message électronique comprend l'adresse électronique du ou des destinataires principaux et, parfois, des destinataires en copie conforme.

Le champ **Copie conforme** (abrégé en **cc**, **Cc** ou **CC** dans les logiciels de messagerie ; s'écrit **c. c.** dans un document) permet d'inclure d'autres destinataires, qui reçoivent le message à titre d'information. Par exemple, si l'on sollicite la collaboration d'un collègue pour un dossier, on met le nom du supérieur pour l'aviser de la situation. Le ou la destinataire en copie conforme n'a pas à répondre au message. Avant d'inclure des personnes dans le champ **Copie conforme**, il faut s'assurer que ces personnes sont toutes concernées par le courriel.

Le champ **Copie conforme invisible** (**cci**, **CCI** ou **Cci** dans les logiciels de messagerie ; s'écrit **c. c. i.** dans un document ; on évite d'employer en français le terme anglais *blind carbon copy* et son abréviation *bcc*) permet de transmettre un message à un ou à des destinataires à l'insu des autres destinataires, car les noms dans ce champ ne figurent pas dans les en-têtes de courriels des destinataires et ne sont donc pas visibles par eux. Cette possibilité technique, qui est l'équivalent de la transmission confidentielle en correspondance traditionnelle (voir p. 550), est utile non seulement pour associer confidentiellement une ou plusieurs personnes à un échange électronique, mais aussi pour éviter de diffuser l'adresse électronique d'une personne à l'ensemble des autres destinataires. Cette fonction est également intéressante, notamment pour faire un rappel, quand plusieurs personnes n'ont toujours pas répondu à un courriel, car elle évite que tous sachent qui est en défaut.

Objet

Tout courriel devrait mentionner un objet le plus représentatif possible du contenu du message. Des mentions telles que *Communiqué*, *Message de X*, *Nouvelles*, *Réunion* ou encore *Bonjour* sont à éviter puisqu'elles n'évoquent en rien le contenu du courriel. Un objet significatif renseignera le ou la destinataire sur l'intérêt de lire (ou non) le message. Il facilitera aussi, ultérieurement, la recherche d'un courriel. Il peut être utile de systématiser la formulation des objets pour faciliter le classement des messages et les retrouver plus facilement par la suite. Il est également souhaitable de se limiter à un sujet par courriel. Si l'on veut aborder ou traiter plusieurs sujets, on transmettra autant de courriels qu'il y a de sujets. Si le contenu du message a changé en cours d'échange et n'a plus de lien avec l'objet initial, on modifie l'objet. Il est permis d'inscrire une date butoir dans l'objet d'un courriel. Ainsi, le destinataire saura rapidement qu'il a un suivi à donner au courriel pour telle date.

Lorsqu'on répond à l'expéditeur en utilisant le bouton **Répondre**, les lettres **RE**, qui signifient « répondre », s'affichent automatiquement devant le texte figurant déjà dans l'objet. Ces mêmes lettres apparaissent lorsqu'on utilise le bouton **Répondre à tous**. Ce bouton permet de répondre à l'expéditeur ainsi qu'à toutes les autres personnes mentionnées dans les champs **Destinataire** et **Copie conforme**.

Lorsqu'on désire faire suivre un message à une personne autre que l'expéditeur et que celles figurant dans le champ **Copie conforme**, on utilise le bouton **Transférer**. Les lettres **TR**, qui signifient « transférer », s'affichent alors devant le texte de l'objet.

DÉBUT DU MESSAGE ET FORMULE D'APPEL

Dans les cas où l'adresse électronique du ou de la destinataire n'est pas explicite et ne comporte pas son nom, il convient de commencer le message en rappelant le nom du ou de la destinataire et son titre, le cas échéant. De plus, il est parfois utile de préciser le lieu d'envoi du message si ce dernier revêt une certaine importance. On emploie ensuite une formule d'appel.

```
✉                                                              ✕

   Exp. :  Francine Côté <francine.cote@redactout.qc.ca>

  Dest. :  quebechistoire@resobec.com

  Objet :  Demande d'abonnement
```

Madame Marie-Claire Bilodeau
Chef du Service de la commercialisation

Bonjour, Madame.

La formule d'appel doit être adaptée au type de relation professionnelle que l'on entretient avec la personne (par exemple, « **Madame,** », « **Monsieur,** », « **Chère Madame,** », « **Cher Monsieur,** ») (voir aussi l'appel de la lettre, p. 525). On peut également commencer le courriel par **Bonjour**, suivi d'un titre de civilité ou d'un prénom, par exemple, « **Bonjour, Madame.** », « **Bonjour, chère Madame.** », « **Bonjour, Céline.** ». L'usage du prénom est toutefois réservé aux échanges avec des collègues ou avec des personnes familières. Par ailleurs, *Bonjour*, en principe, est suivi d'une virgule lorsqu'il accompagne un titre de civilité ou un prénom, mais il est admis d'omettre cette virgule dans l'appel d'un courriel. La formule d'appel commençant par *Bonjour* se termine par un point, car il s'agit d'une phrase non verbale. Cette phrase est indépendante et ne fait pas partie de la phrase qui suit, à la différence des formules « Madame, » ou « Cher Monsieur, », par exemple, qui pourraient être intercalées dans la phrase.

> **Chère Madame, pouvez-vous me faire parvenir trois exemplaires...**
> ou
> **Pouvez-vous, chère Madame, me faire parvenir trois exemplaires...**
>
> et non
> *Bonjour, Madame, pouvez-vous me faire parvenir trois exemplaires...*
>
> mais
> **Bonjour, Madame. Pouvez-vous me faire parvenir trois exemplaires...**

Les formules d'appel avec *Bonjour* se terminent par un point et non par un point d'exclamation (!), car ce dernier indique une expressivité, qu'il est préférable de ne pas avoir en correspondance administrative ou commerciale.

Dans le cas bien particulier où on ne connaît pas le sexe de la personne à qui la lettre est destinée (dont le prénom peut être Claude, Dominique ou Camille, par exemple, ou dont on n'a que l'initiale) et qu'on est dans l'impossibilité de le savoir, on peut écrire « **Madame ou Monsieur,** ».

Quand on écrit à une société ou à un organisme sans connaître le nom de la ou des personnes qui liront la lettre, on utilise la formule d'appel indifférenciée « **Madame, Monsieur,** » ou « **Mesdames, Messieurs,** », les deux mots étant disposés l'un sous l'autre.

> **Madame,**
> **Monsieur,**

On ne doit pas faire suivre le titre de civilité du nom de famille (patronyme) de la personne à qui on s'adresse. Les formes du genre *Madame Villeneuve*; *Cher Monsieur Dubois*; *Docteur Tremblay*; *Bonjour, Madame Bernier* sont donc à éviter. Certaines personnes sont d'avis que les formules d'appel « **Bonjour, Madame.** » ou tout simplement « **Madame,** », sans patronyme, sont des formulations trop froides pour un courriel, mais il n'en est rien. Dans des situations de communication professionnelle, le protocole déconseille l'emploi du patronyme.

Voici une gradation de formules d'appel, du moins familier au plus familier :

Madame,
Bonjour, Madame.
Chère Madame,
Bonjour, Céline.
Chère Céline,

Le premier paragraphe qui suit l'appel commence par une majuscule.

MESSAGE

Le message est découpé sensiblement comme dans une lettre. Il est de préférence court, clair, courtois et va droit au but. Il comporte parfois des détails, s'ils sont jugés essentiels à la compréhension du courriel, notamment lorsqu'il s'agit d'un premier échange. Si le message est une réponse à un courriel, il n'en conserve alors que les parties pertinentes.

Il présente clairement l'action attendue du destinataire.

Le style du message tient compte du destinataire. Un courriel destiné à un client ne sera pas rédigé de la même façon qu'un courriel destiné à un collègue.

Le texte comporte une idée par paragraphe, comme pour tous les types de textes. Les phrases sont préférablement courtes.

Si l'on ajoute des hyperliens dans le message, ceux-ci doivent être accompagnés d'un court texte informant l'internaute du contenu de la page Web où le lien mène. Il est préférable que l'adresse soit visible, et non cachée sous un texte, car si l'hyperlien ne fonctionne pas, le destinataire pourra copier l'adresse dans un navigateur pour tenter d'avoir accès à la page.

> **Consultez les archives de nos chroniques à l'adresse**
> **www.oqlf.gouv.qc.ca/actualites/capsules_hebdo/index.html.**
> (et non *Vous pouvez consulter les archives de nos chroniques*. On note ici que les adresses sont soulignées, car elles sont dans un courriel, et non dans un document imprimé.)

Si, en plus du courriel, une version papier doit être transmise au destinataire, on le précise dans le texte du courriel.

La disposition du message est à un seul alignement, et le message ne doit, de préférence, traiter que d'un seul sujet, ce qui facilite le classement des courriels.

FORMULE DE SALUTATION

Le courriel se termine par une brève formule de salutation. Les formules de salutation sont généralement plus simples que celles d'une lettre, mais rien n'empêche d'utiliser les formules longues d'une lettre, surtout dans un premier échange (voir p. 533). Dans un courriel, on aura par exemple : « **Meilleures salutations,** », « **Salutations distinguées,** », « **Salutations,** », « **Sentiments distingués,** », « **Respectueusement,** », « **Bonne lecture,** », « **Merci de votre collaboration,** », « **Au plaisir de vous voir,** ». Elles sont suivies d'une virgule.

D'autres formules, à caractère plus personnel toutefois, peuvent être utilisées : « **Amicalement,** », « **Toutes mes amitiés,** », « **Amitiés,** », « **Cordialement,** », « **Meilleurs souvenirs,** », « **Affectueux souvenirs,** », « **Bien à vous,** », « **Cordialement vôtre,** », « **Sincèrement vôtre,** ». Ces formules sont elles aussi suivies d'une virgule.

La formule de salutation qui ne comporte pas de verbe est suivie d'une virgule.

> **Cordialement,**
>
> **Simon Dumais**

Dans certains cas, les deux éléments de ponctuation (point ou virgule) sont possibles.

Merci,	ou	**Merci.**
Simon Dumais		**Simon Dumais**

SIGNATURE ET COORDONNÉES

Le protocole veut que le rédacteur ou la rédactrice signe ses messages et donne ses coordonnées postales et téléphoniques au besoin. Le tout doit être fait avec sobriété, sans abuser de la couleur et des polices fantaisistes. Ainsi, les courriels provenant de l'Administration doivent obligatoirement comporter les coordonnées postales et téléphoniques. Contrairement à la façon de faire pour une lettre, la présentation de la signature d'un courriel est identique pour tous. Que le signataire occupe un poste de direction, une fonction unique ou une fonction similaire à celle de ses collègues, la signature commence par le nom du signataire, suivi de sa fonction ou de son titre, mais pas de ses grades ni de ses diplômes universitaires.

Peuvent figurer ensuite, en tout ou en partie, les coordonnées de la personne : nom de l'entité administrative ; nom du ministère, de l'organisme ou de l'entreprise ; adresse postale et numéro de téléphone (et de télécopieur si cela est pertinent). L'adresse de courriel du signataire est plutôt superflue, puisqu'elle figurera dans l'en-tête du courriel, mais elle peut être donnée sous la signature. La mention de l'adresse du site Web de l'entreprise est utile. Parfois, un logo ou une courte phrase peut figurer à la fin du bloc-signature (par exemple, une phrase qui incite les personnes à ne pas imprimer le courriel).

> **Marilou Bilodeau-Nadeau**
> **Directrice générale**
> **Communications XYZ**
> **Complexe Desjardins, tour Est, bur. 3400**
> **150, rue Sainte-Catherine Ouest**
> **Montréal (Québec) H2H 3S6**
> **Tél. : 514 871-4044**
> **www.communications_xyz.com**

Lyne Bélanger
Graphiste
Direction des communications
Office de la protection du consommateur
456, rue Arnaud, bureau 1.05
Sept-Îles (Québec) G4R 3B1

Tél. : 418 964-8070
Téléc. : 418 964-8071
www.opc.gouv.qc.ca

Annie Bordeleau
Linguiste-terminologue
Direction générale des services linguistiques
Office québécois de la langue française
750, boulevard Charest Est, bureau 100
Québec (Québec) G1K 9K4

Devez-vous vraiment imprimer ce courriel ?

Il ne faut jamais insérer sa signature manuscrite numérisée en raison des risques importants de manipulation, à moins que le message soit crypté et qu'on soit assuré de la bonne foi du destinataire. Il ne faut pas oublier que tout courriel peut être lu par d'autres que son ou sa destinataire. La prudence dans les propos transmis par messagerie électronique est donc de rigueur.

La mention *c. c.* au bas de l'envoi n'est pas nécessaire, puisqu'elle apparaît dans l'en-tête du courriel.

Confidentialité

Si l'on veut souligner la confidentialité du message, on pourra rédiger, au bas du courriel, une note sur le modèle des suivantes.

Ce courriel est confidentiel. Que vous en soyez le ou la destinataire ou que vous l'ayez reçu par erreur, vous êtes prié de ne pas en divulguer le contenu.

L'information qui figure dans le présent courriel appartient exclusivement à la Société de gestion ABC. Si ce courriel vous a été adressé par erreur, vous ne pouvez pas l'utiliser ni le reproduire, ni le communiquer à quiconque. Vous devez le détruire et en aviser l'expéditeur.

Le présent courriel peut contenir des renseignements protégés
et confidentiels à l'attention du destinataire. Si ce courriel vous
a été adressé par erreur, vous êtes tenu au secret professionnel et,
par cet avis, vous êtes informé que toute diffusion ou distribution
en est interdite. Veuillez en aviser immédiatement l'expéditeur,
qui vous remercie d'avance.

Le présent message, ainsi que tout fichier qui y est joint, est envoyé
à l'intention exclusive de son destinataire ou du mandataire chargé
de le lui transmettre ; il est de nature confidentielle. Si le lecteur du
présent message n'est pas le destinataire prévu, il est prié de noter
qu'il ne doit ni divulguer, ni distribuer, ni copier ce message et tout
fichier qui y est joint, ni s'en servir à quelque fin que ce soit. Merci
d'en aviser l'expéditeur par retour de courriel et de supprimer ce
message ainsi que tout fichier joint.

Le présent courriel peut contenir des renseignements confidentiels.
Si ce courriel vous est parvenu par mégarde, veuillez le supprimer
et nous en aviser aussitôt. Merci.

Ce courriel et toute information qui y est jointe sont confidentiels
et peuvent être assujettis au secret professionnel. Si vous l'avez reçu
par inadvertance, détruisez-le et communiquez avec nous.

Dans l'avis, il faut éviter d'utiliser l'adjectif *privilégié* (*information privilégiée*), qui est un anglicisme dans ce contexte. Quant à la mention **Avis de confidentialité**, elle ne paraît pas nécessaire si l'avis est bref, car elle ne ferait qu'alourdir le texte. Toutefois, si l'avis est d'une certaine longueur, sa présence, en gras, permet de détacher visuellement le paragraphe du reste du message.

FICHIER JOINT

Le message peut parfois être accompagné d'un ou de plusieurs fichiers. On parle alors de **fichiers joints** (en évitant les calques de l'anglais *fichier attaché* et *attachement*). Lorsque le texte du fichier à joindre est très court, il est préférable d'intégrer son contenu au texte du courriel. Il faut éviter d'envoyer des fichiers trop volumineux ; on peut, le cas échéant, compresser leurs données, ce qui diminue la durée de transmission (ou encore les verser dans un espace partagé dans Internet).

La présence d'un fichier joint est mentionnée dans le corps du message.

Vous trouverez joint au présent courriel l'ordre du jour de la rencontre.
Veuillez trouver ci-joint la lettre révisée.

Lorsque certains documents joints au courriel comportent une section Signature, il est préférable de ne pas y insérer de signature manuscrite numérisée, en raison des risques importants de manipulation. Dans ce cas, il est permis d'ajouter une note dans l'espace réservé à la signature mentionnant que l'original a été signé.

14. Clôture de la séance

La séance se termine à 17 h.

[Original signé]

_____   _____
Jean Ladouceur   **Micheline Dubois**
Porte-parole de…   **Porte-parole de…**

RÉPONSE AUTOMATIQUE D'ABSENCE

Pour bon nombre de logiciels de messagerie électronique, il existe une fonction qui, lorsqu'elle est activée, permet de faire parvenir automatiquement un message électronique à toute personne qui envoie un courriel à un correspondant absent. Concis et de style soigné, le message d'absence doit aviser les correspondants de la durée de l'absence ou de la date de retour au bureau. S'il s'agit d'une absence d'une durée indéterminée, le texte en fera mention. La raison de l'absence n'a pas à figurer dans le message, mais il est sage de fournir les coordonnées d'une personne-ressource. Une brève salutation et une signature terminent le message.

Je serai de retour le 5 avril. En cas d'urgence, vous pouvez communiquer avec le secrétariat au 418 123-4567.

À bientôt,

Jacqueline Hébert
Laboratoire Technor

Veuillez noter que je suis absent du 11 au 29 juillet. Pour toute question urgente, vous pouvez vous adresser à M. Jean Gagnon : Jean.Gagnon@entreprise.com.

Merci et à bientôt,

Pierre Tremblay
Service des achats

Je serai absente du bureau du 30 juillet au 17 août inclusivement. Pendant cette période, pour toute question relative à mes dossiers, je vous invite à communiquer avec Mme Sylvie Trépanier à strepanier@rst. com.

Cordialement,

Éva Proulx
Chargée de projet
RST

Je suis actuellement en congé pour une durée indéterminée. Veuillez communiquer avec le secrétariat, au 819 771-2345, pour toute question relative à mes dossiers.

Merci de votre collaboration,

Édith Julien
Centre Rétro

 COURRIEL BILINGUE

Lorsqu'on doit rédiger un courriel dans deux langues, par exemple en français et en anglais, l'objet est rédigé en français, puis en anglais. De même, il est de mise de commencer le message par la version française, en précisant avant toute chose que la version anglaise suit la version française. On peut même créer un hyperlien vers la version anglaise, ce qui permettra aux destinataires anglophones d'accéder rapidement au texte anglais du message. Par contre, si le message est trop long, il est préférable de joindre au courriel les deux versions. On précise alors dans le courriel, dans les deux langues, que les versions française et anglaise sont annexées au message.

EXEMPLES DE COURRIELS

✉   ✕

Exp. : Denise Biron <communications@societeabc.com>

Dest. : francofete@oqlf.gouv.qc.ca

Objet : Demande d'affiches

Madame Stéphanie Viger
Coordonnatrice de la Francofête

Madame[1],

Sur le site de l'Office québécois de la langue française, on fait mention du matériel promotionnel de la Francofête, dont une affiche très intéressante qui est distribuée depuis la mi-janvier. Pourrais-je obtenir une dizaine d'exemplaires de cette affiche pour les divers établissements de mon entreprise?

Je vous remercie d'avance de l'attention que vous porterez à ma demande.

Meilleures salutations,

Denise Biron
Société ABC
C. P. 200, succursale D
Laval (Québec) H7V 6F6
Tél. : 450 978–1165, p. 577
communications@societeabc.com[2]

Avis de confidentialité
Le présent courriel peut contenir des renseignements confidentiels. Si ce courriel vous est parvenu par mégarde, veuillez le supprimer et nous en aviser aussitôt. Merci.

---

1. Lorsqu'on ne connaît pas le nom de la personne qui lira le courriel, on peut utiliser la formule d'appel impersonnelle **Madame, Monsieur**, dont les éléments sont disposés l'un sous l'autre :

   Madame,
   Monsieur,

2. L'adresse de courriel est soulignée ici, parce qu'elle figure dans un courriel, non dans un texte imprimé.

EXEMPLES DE COURRIELS (suite)

✉	✕

Exp. : francofete@oqlf.gouv.qc.ca

Dest. : communications@societeabc.com

Objet : Envoi d'affiches

Message destiné à Madame[1] Denise Biron

Madame,

En réponse à votre demande d'affiches de la Francofête, j'ai le plaisir de vous informer que nous vous en faisons parvenir aujourd'hui même la quantité souhaitée.

Merci de l'intérêt que vous manifestez pour la Francofête.

Salutations distinguées,

Stéphanie Viger
Coordonnatrice de la Francofête
Office québécois de la langue française
Édifice Camille-Laurin
125, rue Sherbrooke Ouest
Montréal (Québec) H2X 1X4
francofete@oqlf.gouv.qc.ca[2]
514 873-1234

> Sur le site de l'Office québécois de la langue française, on fait mention
> du matériel promotionnel de la Francofête, dont une affiche très intéressante
> qui est distribuée depuis la mi-janvier. Pourrais-je obtenir une dizaine
> d'exemplaires de cette affiche pour les divers établissements de mon entreprise?

---

1. La majuscule est de mise à **Madame** parce que le courriel lui est destiné, on s'adresse à cette dame.
2. L'adresse de courriel est soulignée ici, parce qu'elle figure dans un courriel, non dans un texte imprimé.

EXEMPLES DE COURRIELS (suite)

✉	✕

Exp. :	Francine Côté <francine.cote@redactout.qc.ca>
Dest. :	quebechistoire@resobec.com
Objet :	Demande d'abonnement

Madame Marie-Claire Bilodeau
Chef du Service de la commercialisation

Bonjour[1], Madame.

J'aimerais recevoir un formulaire d'abonnement à la revue *Histoire du Québec*.

Je vous remercie d'avance de l'attention que vous porterez à ma demande.

Meilleures salutations,

Francine Côté
Réviseuse linguistique
Rédactout
850, boulevard René-Lévesque Est, 1er étage
Québec (Québec) G1K 9C4
francine.cote@redactout.qc.ca[2]

---

1. La formule d'appel commençant par **Bonjour** se termine par un point, car il s'agit d'une phrase non verbale. (Voir p. 477.)
2. L'adresse de courriel est soulignée ici, parce qu'elle figure dans un courriel, non dans un texte imprimé.

EXEMPLES DE COURRIELS (suite)

Exp. : Hélène Carbonneau <hcarbonneau@entreprise.com>

Dest. : karsenault@entreprise.com; nhamel@entreprise.com;
mmartineau@entreprise.com; mlachance@entreprise.com;
elambert@entreprise.com; jmorency@entreprise.com

Objet : Réunion du comité de refonte du site Web

Chers membres,
Chères membres,

Vous êtes invités à participer à la première réunion du comité de refonte du site Web de l'entreprise qui aura lieu le 10 avril 2015, à 13 h 30, à la salle 1.2.

Merci de me confirmer votre présence.

Vous trouverez ci joint l'ordre du jour.

Au plaisir de vous revoir,

Hélène
Téléphone : 418 528-1111

Ordre du jour

EXEMPLES DE COURRIELS (suite)

Exp. : Nathalie Bergeron <nathalie.bergeron@entreprise.com>

Dest. : andre.labonte@entreprise.com; benoit.tremblay@entreprise.com;
charles.auger@entreprise.com; louise.trepanier@entreprise.com;
madeleine.nadeau@entreprise.com

Objet : Module de production

Chères collègues,
Chers collègues,

Le développement du module de production pour la saisie de données va bon train. Comme on l'a spécifié à notre dernière réunion, ce module fait partie du plan de développement adopté par la direction pour la prochaine année. Voici un extrait du compte rendu de la réunion de direction du 20 avril :

4.   Plan de développement

Mettre à la disposition de tout le personnel un module de saisie de données convivial d'ici au 31 mai 2015.

Objectif

Terminer le développement de la banque de données Clients, fournisseurs et représentants.

La mise à jour de la planification du module de production pour la saisie de données a permis de fixer l'échéance de ce projet au 31 mai 2015. Par ailleurs, on m'a demandé d'assumer la gestion du projet; ma nomination à titre de chargée de projet entre en vigueur dès maintenant. Comme il s'agit d'un projet d'envergure, je dois m'adjoindre une personne parmi vous. Son mandat sera notamment de veiller à ce que les échéances et les coûts de développement soient respectés. Nous nous réunirons demain à 14 h pour désigner l'heureux élu ou l'heureuse élue.

Afin de vous permettre de consacrer toutes vos énergies à ce travail et pour respecter les délais, je vous signale que vous ne pourrez accepter d'autres mandats. Toute demande d'intervention dans un module autre que celui visé par le présent courriel doit m'être acheminée.

En terminant, je vous informe que vous devrez me faire rapport de l'avancement de vos travaux respectifs tous les mois et que nous nous rencontrerons une fois par mois pour faire le point.

Je sais que je peux compter sur votre collaboration pour assumer pleinement la responsabilité qui vous revient et je vous en remercie.

Nathalie

EXEMPLES DE COURRIELS (suite)

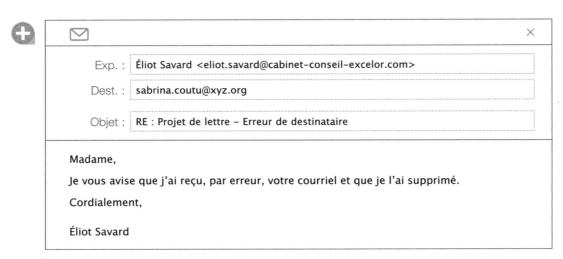

Exp. : Éliot Savard <eliot.savard@cabinet-conseil-excelor.com>

Dest. : sabrina.coutu@xyz.org

Objet : RE : Projet de lettre – Erreur de destinataire

Madame,

Je vous avise que j'ai reçu, par erreur, votre courriel et que je l'ai supprimé.

Cordialement,

Éliot Savard

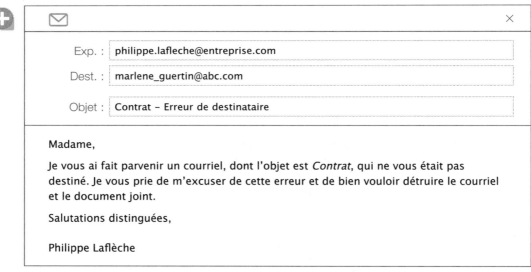

Exp. : philippe.lafleche@entreprise.com

Dest. : marlene_guertin@abc.com

Objet : Contrat – Erreur de destinataire

Madame,

Je vous ai fait parvenir un courriel, dont l'objet est *Contrat*, qui ne vous était pas destiné. Je vous prie de m'excuser de cette erreur et de bien vouloir détruire le courriel et le document joint.

Salutations distinguées,

Philippe Laflèche

EXEMPLES DE COURRIELS (suite)

Exp. :	ghislain.plamondon@info.societe.ide.com
Dest. :	alexandre.poirier@abc.com
Objet :	RE : Plainte – Perte de signal

Monsieur,

J'accuse réception de votre courriel, que j'ai réacheminé à Mme Josiane Bougie, du Service des plaintes. Elle communiquera avec vous sous peu pour donner suite à votre demande.

Je vous prie d'agréer, Monsieur, mes salutations distinguées.

Ghislain Plamondon
Société IDE

Exp. :	france_courteau@ccctq.com
Dest. :	sandra.beaurivage@abc.org
Objet :	RE : Réexamen de mon dossier de crédit

Madame,

J'accuse réception de votre courriel demandant un réexamen de votre dossier.
Je ne pourrai par contre répondre à votre demande avant quelques jours,
mais soyez assurée que j'y donnerai suite le plus tôt possible.

Cordialement,

France Courteau
CCCTQ

[*Extrait du message*[1]]
> À la suite d'une erreur de votre système informatique, erreur reconnue par
> le directeur des services informatiques, j'aimerais que vous réexaminiez mon
> dossier de crédit.

---

1. On conserve ici uniquement la partie pertinente du message de Mme Beaurivage à laquelle répond le courriel de France Courteau.

EXEMPLES DE COURRIELS (suite)

✉	✕

Exp. : | Mélanie Noël <mnoel@abc.com>
Dest. : | Tous@abc.com
Objet : | Rémunération – Nouveaux taux

Mesdames,
Messieurs,

En ce début d'année, je veux porter à votre attention l'entrée en vigueur des nouveaux taux des différentes retenues à la source qui s'appliqueront dès la prochaine paie.

Pour connaître les détails de ces modifications, je vous invite à lire le document dans notre intranet (intranet/ressources_financieres/retenue-salaire.html[1]).

Si vous désirez obtenir de plus amples renseignements, vous pouvez communiquer avec Mme Carolanne Nadon, par téléphone au 514 563-0123, poste 54, ou par courriel à cnadon@abc.com[1].

Cordialement,

Mélanie Noël
Directrice des services financiers par intérim[2]
Entreprises ABC
Rez-de-chaussée
50, boulevard René-Lévesque Est
Québec (Québec) G1R 3S6
Téléphone : 418 653-4044

Devez-vous vraiment imprimer ce courriel?

---

1. L'adresse est soulignée ici, parce qu'elle figure dans un courriel, non dans un texte imprimé.
2. De préférence à *Directrice par intérim des services financiers*.

⊕ Présentation assistée par ordinateur

La présentation assistée par ordinateur, ou présentatique, est une application de l'informatique et du multimédia à la présentation visuelle de documents qui sont créés pour servir de support à une communication orale. Une présentation assistée par ordinateur, c'est aussi le diaporama électronique comme tel, soit la série de diapositives contenant du texte, des images, etc., servant à accompagner ou à illustrer une conférence, un cours ou un exposé.

GÉNÉRALITÉS SUR LE DIAPORAMA

Le diaporama doit être conçu de manière qu'il mette en valeur les propos du présentateur ou de la présentatrice. Il est un complément visuel aux paroles qui seront prononcées, et son rôle est d'aider l'auditoire à fixer son attention sur le message du présentateur, à s'y intéresser, à le comprendre et à le retenir. Pour bien jouer ce rôle, le diaporama doit être cohérent et homogène. Le présentateur, ou le concepteur du diaporama, ne doit pas surcharger les diapositives de texte ni d'animations de toutes sortes. Il doit plutôt se concentrer sur les objectifs de la présentation et sur son plan, lesquels tiendront compte des caractéristiques et des attentes de l'auditoire ainsi que de la durée de la présentation. Avoir une idée précise de ces points permet de créer un lien étroit entre le diaporama et le message à transmettre.

NOMBRE DE DIAPOSITIVES ET TEMPS DE PRÉSENTATION

Chaque présentation étant unique, il est difficile de définir avec précision la durée d'exposition d'une diapositive à l'écran et le nombre de diapositives qu'un diaporama doit contenir. Cependant, dès l'étape de la conception du diaporama, le temps d'exposition prévu pour chacune des diapositives doit être pris en compte. Ce temps varie en fonction du type d'information qui figure sur la diapositive. Par exemple, une diapositive composée d'un titre seul sera moins longuement exposée qu'une diapositive avec un schéma. Au cours de son exposé, le présentateur qui utilise le logiciel PowerPoint peut masquer rapidement l'information présentée à l'écran en appuyant sur la touche N ou B du clavier. En appuyant sur N, l'écran devient noir ; sur B, l'écran devient blanc. Pour réafficher la diapositive, le présentateur n'a qu'à appuyer sur n'importe quelle lettre.

Par ailleurs, tout élément du discours n'a pas à être accompagné d'une diapositive. Idéalement, un diaporama devrait contenir le moins de diapositives possible. Par contre, il ne faut pas non plus surcharger les diapositives pour en réduire le nombre total. La mise en pages du diaporama doit rester aérée.

La première diapositive du diaporama est une page de présentation dans laquelle figurent des mentions comme le titre de l'exposé et le nom du présentateur ou de la présentatrice ainsi que son affiliation (nom de l'entreprise ou de l'organisme). La diapositive suivante peut énoncer les objectifs ou le plan de l'exposé. Viennent ensuite les diapositives qui développent le sujet de l'exposé, puis celle de la conclusion, qui ne devrait pas se résumer à une mention du mot *merci* ni du mot *fin*. Idéalement, elle devrait faire ressortir les éléments à retenir. Pour des communications longues, par exemple des formations, la répétition du plan à quelques occasions permet à l'auditoire de se situer par rapport à l'ensemble de l'exposé.

Il arrive parfois qu'on réutilise un diaporama préparé pour une présentation antérieure ou par une autre personne. Il faut être vigilant avant de faire ce choix, car le risque d'avoir des difficultés à vulgariser certaines diapositives complexes, de devoir passer rapidement des diapositives qu'on ne souhaitait pas voir s'afficher à l'écran, d'être privé d'autres qu'il aurait fallu montrer ou de cliquer sur un hyperlien qui ne mène plus nulle part est bien réel. Toute présentation, recyclée ou non, doit être adaptée aux caractéristiques et aux attentes de l'auditoire, à la durée de la communication et aux objectifs de celle-ci.

MISE EN PAGES DES DIAPOSITIVES

La mise en pages des diapositives doit adopter une certaine logique pour ne pas nuire à la lisibilité ni semer la confusion. Une mise en pages soignée permet à l'auditoire de saisir rapidement et facilement les différents contenus du diaporama.

La lecture de textes et d'images se faisant de gauche à droite, de haut en bas et, dans le cas d'images, dans le sens des aiguilles d'une montre, c'est cette disposition qu'il faut adopter pour favoriser la compréhension.

La taille des différents contenus devrait être hiérarchisée selon leur importance. De plus, de diapositive en diapositive, on devrait autant que possible conserver :
• le même arrière-plan ;
• la même palette de couleurs ;
• le même emplacement, la même police de caractères, la même taille et le même alignement pour un même type de contenu (par exemple, titre, sous-titre, texte).

De plus, il est préférable d'éviter la justification, qui produirait de grandes espaces indésirables par endroits, d'opter pour un interligne aéré et de s'abstenir de couper des mots en fin de ligne.

Pour produire une mise en pages soignée, on peut créer un modèle à l'aide de la grille (quadrillage) du logiciel de conception. Cette façon de faire permet de déterminer facilement la position des éléments dans la diapositive et de procéder à leur mise en forme. Un tel modèle comporte généralement trois parties : une partie pour le titre, en haut ; une autre pour le message, au centre ; une dernière toujours vide, au bas de la page. Cette dernière section doit demeurer exempte de contenu parce qu'elle peut ne pas être visible par tout l'auditoire, par exemple quand des personnes gênent partiellement la vue à d'autres. Le seul élément permis dans cette zone est un logo discret. Dans les ministères et organismes québécois, les présentations avec diaporama électronique doivent être conformes aux règles énoncées dans le Programme d'identification visuelle. Il est également préférable de prévoir des marges autour des diapositives, car certains projecteurs retranchent les bords de ces dernières.

ARRIÈRE-PLAN DES DIAPOSITIVES

Idéalement, l'arrière-plan des diapositives doit être le même dans tout le diaporama (ou peut comporter de légères variations), afin que l'auditoire n'ait pas à traiter constamment de nouvelles informations visuelles. Il doit également comprendre un espace uniforme assez grand pour que les contenus qui y sont placés soient parfaitement visibles. On s'abstient donc de choisir un arrière-plan en dégradé ou à motifs. De tels fonds nuisent à la lisibilité et retiennent inutilement l'attention.

Au lieu d'intégrer des images en petit format dans une diapositive, il peut être avantageux de les placer en arrière-plan ; cela crée un effet visuel plus agréable. On prend soin cependant de laisser assez d'espace pour pouvoir ajouter du texte. Par ailleurs, quand on se permet d'utiliser quelques arrière-plans imagés, on s'assure de conserver l'uniformité du diaporama en choisissant des images de même style et en répétant des éléments identiques d'une diapositive à une autre : couleurs, polices de caractères, etc.

POLICES DE CARACTÈRES

Dans le but de faciliter la lecture de ces textes courts, les polices de caractères à préférer sont les polices sans empattements (Arial ou Verdana, par exemple), et le nombre de polices se limite à trois par diaporama. La taille des caractères varie de 20 à 36 points, en fonction de l'importance accordée aux différents contenus. Pour des raisons d'uniformité, un même type de contenu (un titre ou un texte, par exemple) devrait conserver la même taille de caractères dans tout le diaporama. Si un doute naît quant à la lisibilité de caractères de petite taille, c'est qu'il vaut mieux les grossir.

PROCÉDÉS DE MISE EN RELIEF

On doit utiliser les procédés de mise en relief avec précaution. Ces procédés ne sont pas aussi utiles sur grand écran qu'ils le sont dans les documents papier. Ainsi, afin de ne pas alourdir le diaporama ni de rendre trop difficile la lecture sur grand écran, on évite d'utiliser les mots en majuscules et le soulignement. Le gras s'emploie avec parcimonie. Il est utile pour mettre en évidence un mot mais pas une phrase. De même, l'italique s'utilise avec modération, en suivant les règles qui régissent normalement son emploi, par exemple pour les mots étrangers non francisés et les titres d'œuvres, de formulaires, de guides. La combinaison d'effets d'ombre, de relief ou de perspective est à éviter. Pour mettre en valeur des informations tout en conservant un diaporama simple, il suffit de procéder par hiérarchisation des tailles de caractères.

TEXTE DANS LES DIAPOSITIVES

Le texte d'une présentation avec diaporama électronique est destiné à l'auditoire, non au présentateur. Il ne doit donc pas contenir de notes destinées à l'usage de ce dernier.

Le texte est rédigé de manière concise et ne comporte pas de longues listes ni de paragraphes denses. Trop de texte sur une diapositive nuit à la rétention de l'information. Qui plus est, si le texte reprend mot pour mot le message oral, l'auditoire aura tôt fait de le lire et s'ennuiera en l'entendant dire à haute voix. Par contre, si le texte et le message oral divergent, les gens seront déconcentrés par le manque de cohérence entre les deux. Pour ces raisons, le texte du diaporama doit être un bref complément aux paroles prononcées, afin que l'auditoire puisse le lire d'un coup d'œil, sans effort d'analyse, en le mettant en parallèle avec ce qui est dit.

Idéalement, chaque fois que cela est possible, on favorise l'emploi de mots et d'expressions qui font ressortir les idées les plus importantes du discours. De plus, on présente une idée principale par diapositive. On choisit bien les mots, on supprime les détails pour ne conserver que l'essentiel. Le fait d'insérer un tableau, un graphique, voire une image au lieu d'un paragraphe de texte facilite souvent la rétention de l'information.

Pour simplifier la lecture, il est conseillé d'adopter un style abrégé et une syntaxe homogène. Ainsi, on opte pour :
– la concision des titres et des sous-titres ;
– de courtes citations ;
– des phrases simples, affirmatives et rédigées à la voix active ;
– des listes avec un nombre restreint d'éléments, structurés de la même manière.

L'emploi d'abréviations, de sigles et d'acronymes est permis dans la mesure où ils sont connus de l'auditoire et à condition que le texte demeure intelligible. Il ne faut cependant pas accumuler les abréviations en cherchant à raccourcir les phrases.

Il est préférable d'employer des termes concrets qui peuvent être bien compris et de toujours reprendre les mêmes termes d'une diapositive à l'autre. Dans une présentation avec diaporama électronique, on n'emploie ni synonymes ni paraphrases, et on adopte une syntaxe simple ainsi qu'un vocabulaire concret et uniformisé.

Avec des phrases complètes, les règles habituelles de ponctuation doivent être respectées. Par contre, avec des listes de quelques mots-clés, la ponctuation peut être omise. De plus, on doit veiller à ne pas faire de fautes dans les diapositives (fautes de ponctuation, de grammaire, de syntaxe, d'orthographe) : elles risqueraient de déconcentrer l'auditoire, et le présentateur pourrait perdre sa crédibilité.

EMPLOI DE COULEURS

L'utilisation des couleurs a pour objectif d'améliorer la compréhension des informations présentes dans le diaporama. Par exemple, une couleur peut mettre en évidence un titre, une autre rappelle un thème. On ne doit toutefois pas en abuser. Il est raisonnable de choisir un maximum de quatre couleurs pour une diapositive simple, et de se limiter à cinq ou à six pour une diapositive plus complexe comportant, par exemple, un graphique. Idéalement, on devrait créer des repères pour l'auditoire en associant toujours un même type d'élément à une même couleur choisie. Par exemple : blanc pour le fond, bleu pour le titre, noir pour le texte.

Le contraste entre le texte et l'arrière-plan doit être bien marqué. L'idéal est d'employer des caractères foncés sur un arrière-plan pâle, par exemple noir sur blanc.

Les couleurs très vives ne devraient être utilisées que rarement. Les couleurs chaudes (les rouges, les orangés et les jaunes) ont un pouvoir d'attraction plus grand que les couleurs froides (les verts, les bleus et les violets) ; elles devraient donc être destinées aux éléments servant à attirer l'attention.

Un diaporama d'entreprise devrait avant tout respecter les couleurs de l'organisation dont il fait la promotion.

ANIMATIONS ET IMAGES

Pour rendre un diaporama plus intéressant, il est possible d'y intégrer quelques éléments accrocheurs comme des animations, des images ou des encadrés. Il vaut mieux toutefois éviter d'insérer des animations qui détournent l'attention, comme des effets sonores ou des transitions entre les diapositives, et préférer des animations qui favorisent la compréhension. Par exemple, il serait avantageux d'utiliser des apparitions, des agrandissements ou des déplacements quand on décompose un processus ou lorsqu'on illustre une métamorphose.

Toute animation devrait être discrète et conserver une même fonction dans l'ensemble du diaporama. Il est conseillé de ne pas faire usage du minutage automatique, car le risque de voir les actions enregistrées s'exécuter au mauvais moment est élevé. Par ailleurs, l'ajout d'extraits vidéo et audio aussi concis que possible, de bonne qualité il va sans dire, est envisageable si ceux-ci facilitent la compréhension. Il faut toutefois s'assurer d'en respecter les droits d'utilisation.

On évite d'intégrer des cliparts (petites illustrations numériques prêtes à l'emploi et libres de droits) au diaporama, car les mêmes reviennent souvent d'une présentation à l'autre, ce qui peut avoir pour effet d'ennuyer l'auditoire plutôt que de stimuler son intérêt.

Des illustrations, des photos et des images (autres que des cliparts) pertinentes et évocatrices dynamisent la présentation et rendent les propos plus percutants. Il faut veiller à ce que leur taille et leur résolution soient suffisantes pour qu'elles soient perçues distinctement une fois projetées sur écran, sinon, même si elles sont évocatrices, elles risquent de ne pas être aussi frappantes qu'elles le devraient. Il faut s'assurer de respecter les droits d'utilisation des images qu'on incorpore au diaporama.

AUTRES ÉLÉMENTS VISUELS

Le but des procédés visuels de mise en valeur – bulles, cercles, effets en trois dimensions, encadrés, flèches, logos, puces, etc. – est d'attirer l'attention. Un trop grand nombre de ces procédés donne au diaporama une impression de fouillis et risque de ne pas créer l'effet escompté. Avant de recourir à de tels procédés, il faut en évaluer la pertinence. Par exemple, utiliser des puces peut quelquefois surcharger une diapositive déjà étoffée (dans bien des cas, un changement de ligne peut à lui seul indiquer le passage d'un point à un autre). Encadrer un texte réduit souvent l'espace disponible dans une diapositive. Mettre un logo dans toutes les pages d'un diaporama produit d'ordinaire un effet de publicité envahissante. S'il est nécessaire de le faire, comme dans les ministères et organismes québécois, selon le Programme d'identification visuelle, le logo sera placé discrètement au bas de la page, là où rien d'autre ne peut normalement figurer.

Si l'on décide d'inclure des éléments ou des procédés visuels, ces derniers doivent être constants tout au long de la présentation. Cette façon de faire permet, d'une part, d'en réduire la variété et, d'autre part, de créer des repères qui facilitent la compréhension. Par exemple, si l'on choisit au départ la flèche pour attirer l'attention sur un élément important, on ne doit pas passer de la flèche à l'encadré, puis au cercle en cours de diaporama.

ADAPTATION DE GRAPHIQUES, DE SCHÉMAS ET DE TABLEAUX

L'insertion de graphiques, de schémas ou de tableaux dans un diaporama peut être une option avantageuse, car ces éléments permettent généralement à l'auditoire de saisir plus facilement le sens d'une information parfois complexe. Il faut toutefois veiller à ne pas en incorporer trop, et se limiter à ceux qui sont essentiels à la bonne compréhension du discours. Ceux-ci doivent être simples, c'est-à-dire comporter le plus petit nombre possible de courbes, de points, de colonnes, etc. S'ils sont trop complexes, ils nuisent à la compréhension de l'exposé. Si l'on tient toutefois à ce que l'auditoire prenne connaissance de graphiques, de schémas ou de tableaux plus complexes, il vaut mieux alors les intégrer dans un document imprimé, qu'on remet à l'auditoire.

Les graphiques, les schémas ou les tableaux insérés dans le diaporama doivent être assez grands pour qu'on les voie bien à l'écran. Les indications qu'ils comportent doivent être précises, de bonne taille et écrites à l'horizontale. Idéalement, les informations qui indiquent le nom des différentes parties du graphique figurent directement dans le graphique plutôt que dans une légende. Pour bien mettre en valeur ce que l'on souhaite montrer, on peut, par exemple, colorer une ligne dans un tableau, renforcer l'épaisseur d'une courbe dans un graphique linéaire ou détacher une pointe d'un graphique circulaire.

DOCUMENTS D'ACCOMPAGNEMENT

Toute présentation assistée par ordinateur devrait être accompagnée de deux documents : l'un servant d'aide-mémoire pour le présentateur ou la présentatrice ; l'autre, de référence pour l'auditoire.

Aide-mémoire du présentateur

L'aide-mémoire permet au présentateur d'éviter d'oublier une information, d'en déformer une autre ou de perdre le fil de son diaporama. Il lui permet également de mieux ordonner les notes qu'il aura à consulter durant sa prestation et d'y inscrire des indications sur la façon dont la présentation doit se dérouler.

Certains présentateurs utilisent la copie imprimée du diaporama avec commentaires, ce qui a l'avantage de laisser voir le contenu des diapositives à venir. Si l'on souhaite utiliser la version commentée du diaporama en guise d'aide-mémoire, il faut y appliquer les mêmes principes de rédaction que ceux décrits ici.

L'aide-mémoire ressemble plus à un plan qu'à un texte suivi. Ainsi, il est plus facile pour le présentateur de repérer rapidement l'information dont il aura besoin. L'aide-mémoire contient surtout des mots-clés et des expressions-clés. Le présentateur n'aura qu'à y jeter un coup d'œil pour se rappeler le déroulement de sa présentation. Il comprend aussi quelques précisions sur les points auxquels le présentateur sait qu'il devra faire particulièrement attention. Ces précisions peuvent concerner tant le contenu de l'exposé que la manière de le présenter à l'auditoire. L'aide-mémoire pourrait, par exemple, inclure une citation, des statistiques, une équation, une liste; une petite introduction, deux ou trois formules de transition pour faire de bons enchaînements entre les diapositives, une tournure de phrase devant servir de conclusion; la prononciation d'un nom étranger, des symboles indiquant un changement de diapositive, un rappel d'être attentif à certains gestes nerveux, à certains tics de langage. Il faut toutefois veiller à ne pas surcharger l'aide-mémoire, sans quoi il risque d'être aussi difficile à consulter qu'un texte en continu.

La présentation du contenu de l'aide-mémoire est soignée. Les caractères d'écriture sont bien lisibles et de grande taille, l'interligne est aéré et les titres sont apparents. Les remarques portant sur le contenu de l'exposé figurent de façon distincte de celles qui portent sur son déroulement. Les points auxquels le présentateur doit plus particulièrement prêter attention ressortent bien. Pour que tout y soit clair, on peut y inclure des indications en marge, des passages soulignés ou en gras, des combinaisons de polices de caractères et de couleurs, des symboles, etc. Ces procédés de mise en relief doivent cependant être utilisés avec parcimonie, sinon l'on risque de créer un aide-mémoire trop dense, difficile à interpréter.

L'aide-mémoire doit être facilement consultable, peu importe le format choisi (grandes pages ou petites fiches, rédaction à la main ou à l'ordinateur, version commentée du diaporama). Il expose de façon structurée et concise les idées essentielles qu'on doit se remémorer. Il est généralement segmenté en parties indépendantes. Il contient aussi de l'espace libre. Ainsi, il est plus facile d'y apporter des modifications au besoin : on peut rayer un exemple, insérer un commentaire, corriger une erreur. On peut même remplacer une page ou une fiche par une autre. On prend soin de numéroter les pages ou les fiches de l'aide-mémoire pour ne pas les mélanger. Afin d'éviter les trous de mémoire, on peut aussi indiquer sur chacune un rappel du contenu à venir sur la page ou sur la fiche qui suit.

Document de référence pour l'auditoire

Le document de référence qui sera donné à l'auditoire permet d'alléger le contenu des diapositives. Si l'auditoire a besoin d'en savoir plus sur le sujet de l'exposé, il pourra se reporter à l'imprimé qui lui sera remis. Le document ne devrait pas être simplement une version papier du diaporama, mais plutôt un véritable document de référence, bien rédigé et complet.

Un document de référence bien conçu n'est pas nécessairement long. C'est un document structuré, dans lequel on inclut tous les détails qu'on juge nécessaire de porter à l'attention de l'auditoire : titre de l'exposé, nom du présentateur ou de la présentatrice, date de la présentation, plan de l'exposé, explications, graphiques, bibliographie, etc. On y laisse suffisamment d'espace pour que l'auditoire puisse y intégrer des annotations.

Quand doit-on remettre le document à l'auditoire, au début ou à la fin de la présentation ? Si l'auditoire n'a pas vraiment besoin de consulter le document pendant l'exposé, il vaut mieux le lui remettre à la fin, pour que l'imprimé ne devienne pas une source de distraction. Par contre, si l'on sait que pendant l'exposé l'auditoire aura besoin, par exemple, d'examiner un tableau trop complexe pour être placé dans une diapositive ou de comparer des graphiques, il est préférable que le document soit distribué avant la présentation. Dans un tel cas cependant, il est recommandé de placer les informations les plus importantes au début du document. Ainsi, il ne sera pas nécessaire d'en feuilleter les pages pour trouver l'information voulue.

Typographie des documents Web

Les textes qui figurent dans les sites Web (appelés couramment mais moins précisément *sites Internet*) doivent évidemment posséder des qualités rédactionnelles comparables à celles de tout texte publié (structure, concision, correction lexicale, grammaticale et orthographique, etc.) et être adaptés à la lecture à l'écran. La mise en pages de documents pour le Web peut toutefois poser certaines difficultés d'ordre typographique. Contrairement à une page imprimée qui est en quelque sorte figée, une page Web doit s'adapter à différents environnements : configuration du logiciel de navigation, taille et résolution du moniteur, etc.

Pour s'assurer que le texte d'un document Web ne présente pas d'anomalie sur le plan visuel, il importe de respecter certaines règles typographiques de base qui sont souvent négligées, mais qui sont les mêmes que celles qu'on doit appliquer dans les textes produits par traitement de texte et imprimés (voir la partie sur la typographie, p. 199 et suivantes). Voici un résumé de ces règles ; elles touchent aux erreurs les plus fréquentes relatives notamment aux guillemets, au symbole de pourcentage, à l'écriture des nombres, à la ponctuation et aux espaces (en particulier les espaces insécables, c'est-à-dire « qu'on ne peut pas couper », indispensables pour que certaines configurations d'écran ne séparent pas des éléments indissociables). Pour en connaître davantage sur l'utilisation du gras et de l'italique dans les documents Web, voir **Repères visuels et mise en évidence**, p. 509.

Guillemets

- Dans les textes français, on emploie les guillemets français : « ».
- Le guillemet ouvrant est suivi d'un espacement, et le guillemet fermant est précédé d'un espacement.
- Pour éviter que des guillemets ne soient isolés en début ou en fin de ligne, on prévoit des espaces insécables (entité HTML :). Pour obtenir des espaces insécables, on tape les touches suivantes :
  - sur un clavier PC : Contrôle+Majuscule+Barre d'espacement ;
  - sur un clavier Macintosh : Commande+Majuscule+Barre d'espacement.

Symbole de pourcentage %

On sépare par un espacement le symbole de pourcentage du nombre qui le précède. L'espace insécable permet d'éviter que le signe % ne se trouve seul au début d'une ligne.

Écriture des nombres

- Les nombres de plus de quatre chiffres sont séparés en tranches de trois chiffres à partir de la droite par un espacement. L'espace insécable permet d'éviter que deux tranches ne soient séparées, à la fin d'une ligne.
- On ne sépare pas un nombre écrit en chiffres du nom ou du symbole qui le précède ou qui le suit. L'espace insécable permet d'éviter qu'ils ne soient séparés en fin de ligne.
- On ne divise pas les numéros de téléphone ni les dates. Des espaces insécables entre le jour ou quantième (écrit en chiffres) et le nom du mois, ainsi qu'entre le nom du mois et l'année permettent d'éviter que ces éléments ne soient séparés (voir p. 401 et 403).

Ponctuation

- Il faut veiller à ce que les signes de ponctuation ne soient jamais rejetés au début de la ligne suivante.
- En matière de ponctuation et d'espacement, il faut s'en tenir aux règles générales (voir p. 304-313) et ne pas insérer d'espacement devant le point-virgule, le point d'interrogation ni le point d'exclamation. Certains logiciels de traitement de texte insèrent automatiquement des espaces insécables devant ces trois signes de ponctuation : il est conseillé de désactiver cette fonction. De plus, ces espaces insécables sont souvent remplacées par des espaces sécables lorsque le document est converti en HTML, si bien qu'on peut trouver ces signes de ponctuation isolés, en début de ligne. Les deux-points sont toujours précédés d'un espacement insécable et suivis d'un espacement sécable (voir aussi p. 307).

Lettres supérieures (ou surélevées, comme un exposant)

Dans des documents Web soignés, on surélève la dernière ou les dernières lettres de certaines abréviations, comme on le ferait dans des textes imprimés, le cas échéant (voir p. 315). On a alors recours aux balises HTML .

Coupures

Outre ce qui est mentionné plus haut, il faut faire en sorte de ne pas séparer un nom propre des abréviations de titres honorifiques ou de civilité, ni des initiales qui le précèdent ; un prénom écrit en toutes lettres peut cependant être séparé du nom propre qu'il accompagne. On tolère la coupure après un trait d'union dans le cas d'un prénom composé, d'un patronyme composé ou d'un toponyme composé (voir p. 400-403).

⊕ Écriture Web

L'écriture Web n'est pas une nouvelle façon d'écrire, mais plutôt une façon de présenter l'information qui tient compte des possibilités du Web, dont les hyperliens, la vidéo, le son et les illustrations, ainsi que de ses contraintes.

Le grand dictionnaire terminologique de l'Office québécois de la langue française définit l'écriture Web comme un « style d'écriture propre au Web, proche du multimédia, qui se caractérise par l'hypertexte et l'interactivité, dont le rôle est de maximiser la lisibilité et la perception des informations proposées dans un site Web, en tenant compte des contraintes d'espace et d'affichage qui y sont rattachées ».

L'écriture Web tient aussi compte des comportements de l'internaute. Des recherches ont démontré que, lorsqu'il arrive sur un site, l'internaute survole les contenus ou les lit en diagonale, dans l'ordre de son choix. Le rédacteur Web doit tenir compte de ces comportements s'il veut attirer l'attention et maintenir l'intérêt du lecteur sur son site. Pour ce faire, il rédige des textes courts, indépendants les uns des autres, faciles à lire, sans fautes, qui vont droit au but et qui, bien sûr, répondent aux attentes des visiteurs.

Pour que les internautes trouvent rapidement l'information, il faut que la structure du site Web ait été planifiée.

CONCEPTION DU PLAN D'UN SITE WEB

Une information bien structurée étant gage de succès, la conception du plan d'un site Web est primordiale. Cette étape permet au rédacteur Web de découper en sections l'information qu'il souhaite présenter. En effet, un site Web comprend généralement plusieurs sections qui sont indépendantes les unes des autres. Chaque section possède sa propre page d'accueil appelée ici *page de section*. Le plan permet, notamment, de bien classer les divers contenus, d'établir les différents niveaux d'information et les pages des différentes sections, et de proposer des hyperliens.

Le plan doit faire ressortir le nombre de sections, leur emplacement, leur titre, le titre de chaque page composant les sections ainsi que le niveau de profondeur des pages (c'est-à-dire le nombre de clics à effectuer à partir de la page d'accueil pour arriver à une page précise).

Le plan d'un site Web doit être établi de façon que la structure du site soit intuitive, évidente et facile à utiliser et à mémoriser. L'internaute pourra ainsi naviguer aisément dans le site. Il est donc primordial d'afficher toujours au même endroit, sur chaque page, les différents éléments que sont, par exemple, le menu ou la barre de navigation, le titre, le moteur de recherche, l'aide ou la foire aux questions (FAQ).

CATÉGORISATION DE L'INFORMATION

Le mode de présentation préconisé en écriture Web consiste à découper l'information en sections, selon certaines approches dont les plus connues sont :
- alphabétique,
- chronologique,
- géographique (par exemple, les contenus sont classés par régions),
- typologique (les contenus sont classés par types ; par exemple, produits),
- thématique (les contenus sont classés par thèmes ; par exemple, santé, sport).

Chaque contenu d'une section traite d'un seul et même sujet, et est idéalement composé d'une ou de quelques courtes pages accessibles par des hyperliens à partir d'un sommaire.

HIÉRARCHISATION DE L'INFORMATION

Une information bien hiérarchisée facilite la vie de l'internaute, car il trouve ainsi plus rapidement ce qu'il cherche. L'information devrait se déployer sur trois ou quatre niveaux. Pour les sites ayant beaucoup de contenu, le nombre de niveaux peut être supérieur. Cette façon de procéder permet à l'internaute d'avoir une vue d'ensemble de l'information et de cliquer sur un élément d'information pour en connaître les détails.

Le premier niveau doit attirer l'attention de l'internaute. À ce niveau, qui correspond à la page d'accueil, l'internaute cherche l'information. Pour l'aider dans sa recherche, les titres doivent être clairs, facilement repérables et représentatifs du contenu. La première phrase doit résumer l'idée en ne fournissant que l'essentiel. Quelques phrases suffisent à présenter l'information. Tout doit inciter l'internaute à cliquer pour aller vers les autres niveaux.

Le deuxième niveau de la structure d'un site présente une information plus approfondie, un contenu plus élaboré.

Le troisième niveau contient le détail de l'information. De plus, il peut présenter d'autres références à consulter et offrir des hyperliens vers d'autres pages ou d'autres sites où le contenu est plus étoffé.

Les derniers niveaux de la structure, là où il n'y a plus d'hyperliens pointant vers un niveau inférieur, contiennent les textes de contenu, donc des textes longs (un guide d'utilisation, par exemple). Généralement, les textes de contenu sont dans un format facilement imprimable (en format PDF, par exemple). Par contre, on peut trouver des textes de contenu en format HTML. Dans ce cas, le document long devrait être scindé en plusieurs pages HTML, accessibles par une table des matières qui sera placée en haut de la page ou sur le côté, de façon à faire connaître le contenu du document et à permettre aux internautes de lire uniquement les parties qui suscitent leur intérêt. Lorsque le document est en format HTML et s'étale sur plus d'une page, on offre à l'internaute une version qui lui permet d'imprimer la totalité des pages en une seule fois. On aura pris soin de retirer de cette version, lorsque c'est possible, les images, les photos, les menus de navigation, bref tout ce qui consomme inutilement de l'encre et du papier.

Pour un site de plusieurs niveaux (de gros volume), on recommande d'intégrer un fil d'Ariane dans le haut de chacune des pages. Un fil d'Ariane est un chemin de navigation qui aide l'internaute à comprendre la structure du site. Il est constitué d'une suite de liens hiérarchiques, chacun représentant une subdivision de la carte du site, qui donne à l'internaute un aperçu du chemin parcouru et lui permet de repérer facilement sa position dans l'arborescence du site Web visité. Grâce aux mots cliquables qui composent le fil d'Ariane, l'internaute peut retourner facilement dans les pages de niveaux supérieurs.

Pour illustrer le lien entre les divers éléments d'un fil d'Ariane, certains utilisent le chevron double fermant (»), le deux-points (:), la barre oblique (/) ou le chevron simple fermant (>). La tendance qui se dessine consiste à utiliser le chevron simple fermant, sa forme de flèche indiquant une direction : celle de la navigation.

Voici un exemple de fil d'Ariane tiré de la Banque de dépannage linguistique de l'Office québécois de la langue française :

Le nom > Accord du nom en phrase > Nom complément du nom

PAGE D'ACCUEIL ET PREMIÈRE PAGE DE SECTION

La page d'accueil doit afficher clairement les différentes sections du site, sous la forme d'un menu par exemple, et la première page des sections doit également présenter clairement ses différentes sous-sections. Ces pages comprennent un titre, un texte introductif (chapeau, soit un texte court placé à la suite du titre, qui surmonte un autre texte pour le présenter au lecteur et le résumer) et des hyperliens. Ces derniers gagnent à être accompagnés d'un court texte informant tout de suite l'internaute du contenu de la page Web ou du site en question ; il sait alors s'il vaut la peine de cliquer sur le lien pour poursuivre sa lecture.

Le titre, en gras ou en couleur, est court, accrocheur et représentatif du contenu. Le chapeau fait la synthèse des points importants. Il se limite à quelques lignes et est souvent en caractères gras.

La page d'accueil et la première page des sections doivent être courtes (trois pages-écrans au maximum ; une page-écran est un ensemble de données qui couvrent un écran d'ordinateur) afin de limiter le défilement vertical, de réduire le temps de téléchargement et de permettre au lecteur de repérer rapidement l'information. Le texte de ces pages, comme celui de toutes les pages Web du site, doit entrer dans la largeur de la zone d'affichage afin d'éviter l'apparition d'une barre de défilement horizontale. On doit tenir compte de cet aspect lorsqu'on veut insérer des illustrations ou des graphiques, par exemple.

Pour les pages d'accueil, on suggère d'utiliser un langage universel, peu technique, compris de tous, alors que pour les pages des autres niveaux, on peut avoir recours à une langue plus spécialisée, auquel cas on prend soin d'inclure un lexique, un vocabulaire ou un glossaire définissant les termes techniques.

PAGES DES AUTRES NIVEAUX

Les pages des autres niveaux doivent toutes respecter la présentation visuelle établie au moment de la conception du site, par exemple, la police de caractères, la couleur des titres et l'emplacement du menu.

Les pages autres que la page d'accueil et la première page de section peuvent être plus longues. Elles contiennent un titre, mais aussi des sous-titres et des intertitres, lesquels sont en gras ou en couleur et dans un corps (une taille) de caractère différent du titre.

Les paragraphes sont courts, de préférence. Puisque les internautes lisent souvent uniquement la première ligne d'un paragraphe, celle-ci doit en résumer l'idée. Il est conseillé de n'avoir qu'une seule idée par paragraphe. On préconise l'emploi d'une syntaxe élémentaire (sujet, verbe, complément). Les phrases du paragraphe sont généralement courtes et exemptes d'inversions du sujet, d'adverbes et d'adjectifs inutiles, de sigles et d'acronymes, d'expressions superflues, d'incises et de compléments circonstanciels intercalés. Il faut toutefois préciser que rien n'interdit leur emploi ; c'est plutôt leur abus qu'il faut éviter.

Pour accrocher les lecteurs, l'information la plus importante doit figurer en premier, en haut de la page et au début de la phrase. Écrire pour le Web n'exige pas d'amener le sujet, de le poser et de le diviser. On livre tout de suite l'information, sans détour. Plus le lecteur avance dans sa lecture, plus le contenu du texte contient des détails, des explications, des précisions.

Pour rédiger une phrase qui contient l'essentiel de l'information, le rédacteur doit s'imaginer à la place de l'internaute et se poser les questions suivantes : *qui?* (de qui est-il question?), *quoi?* (de quoi est-il question?), *quand?* (quand cela a-t-il lieu?), *où?* (où cela a-t-il lieu?) et *pourquoi?* (pourquoi cela a-t-il lieu?). Parfois, selon les contextes, le rédacteur a également à répondre aux questions *combien?* et *comment?* ; dans d'autres contextes, il n'a qu'à répondre aux questions *qui?* et *quoi?*. Habituellement, la phrase qui suit le titre répond à ces questions.

En écriture Web, on suggère de réduire le contenu écrit de la moitié de ce qu'il serait s'il s'agissait d'un document publié pour l'imprimé. Le nombre de mots pour les titres se limite à 10. Les introductions peuvent comprendre de 15 à 20 mots, et les paragraphes, de 40 à 70 mots. Pour y arriver, il faut bien choisir les mots, reformuler les phrases, supprimer des détails pour ne conserver que l'essentiel. Le fait d'insérer une liste à puces ou à numéros, un tableau, voire une image légendée, au lieu d'un long paragraphe, facilite la lecture. Il faut toutefois limiter la taille des tableaux et des images pour éviter qu'une barre de défilement horizontale ne s'affiche à l'écran. Il faut également veiller à utiliser des tableaux simples, le cas échéant. Il est à noter que les tableaux servent à présenter des données et non à répartir artificiellement des paragraphes de texte dans des colonnes.

HYPERLIENS

Dans un texte, les hyperliens les plus efficaces sont ceux qui peuvent être repérés facilement (soit ceux qui sont soulignés et d'une couleur différente du texte) et qui comportent quelques mots (de trois à cinq). Le nom associé à un hyperlien doit être le plus représentatif qui soit du contenu vers lequel il pointe. Parfois, il est tout indiqué d'ajouter un court texte descriptif de l'hyperlien. Par ailleurs, la page qui s'affiche lorsqu'on clique sur un lien doit contenir le même titre que celui du lien. De plus, on évite d'ajouter des mots du genre *cliquez ici*, qui ne disent rien. On préfère la formulation « Pour en savoir plus sur le sujet, consulter le Rapport XYZ » à « Pour en savoir plus sur le sujet, consultez le *Rapport XYZ* en cliquant ici ».

Les liens consultés devraient paraître dans une couleur différente des liens non consultés, car le changement de couleur indique à l'internaute les pages du site qu'il a déjà visitées. Ce dernier sait ainsi ce qu'il a vu et ce qu'il lui reste à voir dans le site.

Pour les hyperliens qui pointent vers des supports (par exemple, vidéo ou courriel) et des formats autres que des pages HTML (PDF, Word, PowerPoint, par exemple), on précise leur nature ainsi que la taille des documents.

Télécharger le **rapport annuel de 2015** [PDF – 1569 ko].

La présence de trop d'hyperliens peut nuire à la compréhension d'un texte. La meilleure façon de faire consiste à les présenter tout à la fin du texte ou en retrait, éventuellement dans un encadré, accompagnés d'un court texte descriptif.

Dans un même texte ou sur une même page, on évite de créer des liens qui pointent vers un même document.

Il est fortement recommandé que les liens externes, soit ceux qui pointent vers d'autres sites, s'ouvrent dans la même fenêtre. Ainsi, la fonction de retour en arrière ramènera les internautes vers le site d'origine. Toutefois, on peut faire ouvrir d'autres fenêtres dans des cas particuliers, comme lorsqu'il s'agit d'ouvrir un fichier PDF volumineux.

Par ailleurs, il faut uniformiser une liste d'hyperliens. Par exemple, si le premier hyperlien est une question, les autres hyperliens devront être des questions. De même, il faut s'assurer de l'uniformité linguistique des hyperliens : si un hyperlien commence par un nom commun, les autres hyperliens devront débuter par un nom commun.

On trouve de plus en plus d'hyperliens dont les mots sont écrits dans une couleur différente, sans aucun soulignement. Si cette façon de faire est adoptée, il faut alors éviter de mettre des mots qui ne sont pas des hyperliens dans une couleur différente du texte.

LISTE

Pour présenter une énumération, la liste est tout indiquée, car elle facilite la lecture et améliore la présentation de l'information.

Une bonne liste est introduite par un court texte. Tous ses éléments sont précédés d'un marqueur visuel (puce carrée ou ronde, chiffre, symbole, etc.). Le début de chaque élément est uniforme (par exemple, si le premier mot du premier élément est un nom, les autres éléments débutent aussi par un nom). L'interligne entre chaque élément est suffisant pour faciliter la lecture. Finalement, lorsqu'un élément comporte plus d'une ligne, le début des autres lignes est aligné avec le texte et non avec le marqueur visuel.

REPÈRES VISUELS ET MISE EN ÉVIDENCE

Les repères visuels sont nécessaires dans une page Web, surtout si elle est longue. Ils permettent à l'œil de se replacer au bon endroit pendant le défilement vertical.

Les encadrés font ressortir une information et créent aussi un excellent repère visuel, tout comme les titres et les intertitres.

Dans les documents Web, le soulignement indique les hyperliens. Il faut donc éviter de souligner toute portion de texte qui ne pointe vers rien. (Voir **Adaptation d'un document papier au Web**, p. 511, et **Accessibilité aux personnes handicapées**, p. 512.)

Le gras doit être utilisé avec modération. On l'emploie principalement pour sa fonction d'insistance. Il sert à mettre en évidence un mot ou un groupe de mots. Comparativement à l'italique, qui a lui aussi une fonction d'insistance, le gras est plus facilement perçu par le lecteur, mais on doit éviter d'en abuser pour ne pas noircir ni alourdir le texte.

L'italique s'emploie notamment pour les mots étrangers non francisés et les titres d'œuvres littéraires et artistiques, de formulaires, de guides, d'émissions, ainsi que de journaux et de périodiques. On utilise l'italique à l'écran comme on le ferait pour un document papier ; par conséquent, en rédaction Web, les titres (d'œuvres littéraires et artistiques, de formulaires, de guides, d'émissions, ainsi que de journaux et de périodiques) sont mis en italique, même s'il s'agit d'un hyperlien. Toutefois, lorsqu'il s'agit d'une **liste** de titres (c'est-à-dire une liste qui ne contient aucun texte sauf les titres) d'œuvres, de guides, etc., les titres restent en romain, car les puces (ou les tirets) font fonction de mise en évidence. Tout comme pour le gras, il faut veiller à utiliser l'italique avec modération, car il ralentit la lecture, et l'effet d'accentuation serait dilué s'il y en avait trop dans un texte. Pour les mêmes raisons de lisibilité, il faut évidemment éviter d'écrire tout un texte ou tout un paragraphe en italique.

La taille et la couleur de la police de caractères sont d'autres moyens de mettre en évidence un mot ou une partie de texte. Toutefois, afin d'assurer l'accessibilité du document Web aux personnes présentant un handicap visuel, il faut privilégier des couleurs bien contrastées et éviter d'utiliser la couleur comme élément nécessaire à la compréhension du texte (par exemple, un graphique où chaque couleur correspondrait à un résultat différent).

ESPACEMENT ET CARACTÈRES SURÉLEVÉS

En rédaction Web, on applique les espacements devant ou après les signes de ponctuation de la même façon qu'on le ferait avec une version papier. Ainsi, on fait précéder un deux-points d'une espace insécable. Le point d'interrogation, le point d'exclamation et le point-virgule ne sont précédés d'aucune espace.

Dans des publications soignées, publiées par des maisons d'édition qui utilisent des logiciels sophistiqués pour la mise en pages, le point d'interrogation, le point d'exclamation et le point-virgule sont précédés d'une espace fine insécable. L'espace fine est une espace plus petite qu'une espace faite avec la barre d'espacement du clavier. Cette espace se fait dans Internet, mais elle ne s'affiche pas toujours correctement, car certains navigateurs Web ne la reconnaissent pas. En écriture Web, on remplace donc l'espace fine, difficile à reproduire, par l'absence d'espace.

Pour les sites de l'Administration, il est souhaitable d'employer les caractères surélevés (par exemple, les exposants).

LISIBILITÉ

Puisque la lecture à l'écran est très exigeante pour le lecteur, il faut choisir une police de caractères qui se lit bien, par exemple, Verdana, Arial, Helvetica.

Pour faciliter la lecture, tous les textes sont alignés à gauche, préférablement sur une seule colonne, et couvrent la moitié de la largeur de la page. On évite les phrases écrites entièrement en majuscules, car cela ralentit la lecture, et un texte justifié.

Le nombre de caractères par ligne devrait être de 60. Au-delà de ce nombre, il est difficile pour l'œil de trouver le début de la ligne suivante.

Il faut également que le contraste entre le contenu et le fond de l'écran soit fort. L'idéal est un fond pâle et une écriture foncée.

Il faut éviter les images d'arrière-plan ainsi que les images animées. L'emploi d'imagettes cliquables est conseillé si de nombreuses images ponctuent une page. L'usager décidera lesquelles il veut voir en gros format. Il est à noter que, selon les normes d'accessibilité du Web, tout élément non textuel tel qu'une illustration, une photo, un graphique doit comporter un texte de remplacement. Ce texte, d'au plus 150 caractères, doit présenter une description de l'image ou des données illustrées.

ADAPTATION D'UN DOCUMENT PAPIER AU WEB

Prendre un document papier et le verser intégralement dans Internet sans lui faire subir quelques modifications s'avère un exercice voué à l'échec. En effet, certains caractères soulignés dans le texte ne sont pas destinés à être des hyperliens, ou encore les renvois aux pages ne sont plus pertinents. De même, les expressions du genre *ci-dessous*, *susmentionné*, *à la page suivante* n'ont plus leur place en rédaction Web. Un repère de nature temporelle comme *le mois dernier* ne veut plus rien dire dans Internet si le texte n'est pas daté. À l'étape de l'adaptation d'un document papier au Web, on veille donc à supprimer les soulignements qui ne sont pas des hyperliens et à les remplacer par du gras si nécessaire, à éliminer tous les renvois à des pages et à faire disparaître toutes les expressions devenues inutiles. En outre, on change les repères temporels pour des repères sans équivoque, par exemple *en septembre 2015*.

Dans un même ordre d'idées, il ne faut pas oublier de rendre cliquables les adresses de courriels ou de sites Web citées dans le document papier.

Il n'est pas recommandé de diffuser des textes numérisés, car ils sont souvent très difficiles à lire.

Un autre point à considérer dans l'adaptation d'un document papier au Web : la concision. Un texte pour le Web doit être deux fois plus court qu'un texte en format papier. Pour y arriver, on donne l'essentiel de l'information en premier.

Dans les débuts d'Internet, on découpait un texte Web comme il se présentait dans un document papier. Cette façon de procéder est aujourd'hui désuète. On suggère d'en résumer le contenu dans une page Web et de placer un hyperlien vers le document PDF complet et imprimable. On peut également diffuser le contenu en format HTML; il faut alors tenir compte des façons de faire, qui varient en fonction de la longueur du document.

- Un document papier court (trois pages et moins) peut être contenu dans une seule page Web. On veille à y ajouter un titre et à bien aérer le texte en faisant des paragraphes.

- Pour un document papier moyen (entre trois et dix pages), on ajoute un sommaire avec des hyperliens qui pointent vers des parties précises. Pour faciliter le repérage, on a recours aux intertitres et au gras.

- Le document papier long (plus de dix pages) doit être scindé en plusieurs pages HTML. On peut se servir de la table des matières du document papier pour établir les hyperliens. On crée ainsi une page Web par chapitre, puis, dans cette même page Web, on accède aux différentes sections du chapitre par des liens à partir d'un sommaire. Il ne faut pas oublier d'ajouter un lien qui ramènera le lecteur vers la table des matières. Au besoin, on offre aussi une version PDF imprimable.

RENSEIGNEMENTS DIVERS

Il est souhaitable de donner certains renseignements sur chaque page d'un site, par exemple, le nom de la société (de l'organisme ou de l'entreprise), ses coordonnées, le logo, les coordonnées de la personne-ressource, l'auteur du contenu, un fil d'Ariane ou un lien vers le plan du site. De même, l'indication de la date de la dernière mise à jour des contenus devrait figurer sur chacune des pages du site.

Les fenêtres contextuelles, c'est-à-dire les fenêtres qui apparaissent à l'intérieur d'une autre fenêtre, sans intervention de l'utilisateur, et qui servent à proposer des choix ou à envoyer un message quelconque en rapport avec la situation, ne sont pas à bannir, mais elles peuvent entraîner des problèmes de navigation sur les petits écrans des téléphones intelligents, des tablettes et des mini-ordinateurs portatifs.

ACCESSIBILITÉ AUX PERSONNES HANDICAPÉES

Dans les ministères et organismes québécois, les rédacteurs Web doivent se conformer aux exigences décrites dans les différentes normes sur l'accessibilité du Web à toute personne, handicapée ou non : par exemple, la *Version commentée du standard sur l'accessibilité d'un site Web*, la *Version commentée du standard sur l'accessibilité d'un document téléchargeable* et la *Version commentée du standard sur l'accessibilité du multimédia dans un site Web*.

RÉFÉRENCEMENT

Afin de s'assurer que l'internaute aura les meilleures chances de trouver le site recherché, le rédacteur Web doit employer des mots-clés adéquats (notamment dans les balises *title*, *meta keywords* et *meta description* du code HTML, et dans le contenu des pages, surtout dans les titres et les sous-titres). Ces mots-clés sont requis pour l'indexation des sites dans les moteurs de recherche.

Lettre

La lettre administrative ou commerciale suit des règles bien précises de rédaction, de présentation et de disposition. Elle doit surtout être écrite clairement et simplement ; les services au public de l'Administration québécoise peuvent consulter à ce sujet le guide *De la lettre à la page Web : savoir communiquer avec le grand public* (voir la bibliographie).

La lettre comporte plusieurs parties et divers éléments qui sont résumés ci-après, puis traités en détail (voir p. 517 et suivantes).

Plus de soixante exemples de lettres correspondant à diverses situations de la vie professionnelle sont présentés dans le chapitre suivant (voir p. 552-624).

L'adressage fait l'objet d'un chapitre séparé (voir p. 743).

La lettre en résumé

Pour en savoir davantage sur la lettre et ses différents éléments, on consultera les pages 517 à 551.

1 **En-tête** (voir p. 517)

En plus du nom de l'organisme ou de l'entreprise de l'expéditeur, l'en-tête peut comprendre son adresse municipale ou postale, ses numéros de téléphone et de télécopie, son adresse électronique, l'adresse de son site Web, etc.

2 **Mode d'acheminement et nature de l'envoi** (voir p. 520)

Ces indications, facultatives, s'écrivent à gauche de la page, vis-à-vis des mentions de lieu et de date. Elles sont toujours au masculin, soulignées et en lettres majuscules (accentuées au besoin).

Exemples : PERSONNEL

        CONFIDENTIEL

        RECOMMANDÉ

        URGENT, EXPRÈS

        PAR EXPRÈS

        PAR MESSAGERIE

        SOUS TOUTES RÉSERVES

3 **Lieu** (voir p. 519)

On mentionne le lieu d'origine de la lettre dans le coin supérieur droit. Le nom du lieu est suivi d'une virgule et de la mention de la date. Si le lieu d'origine est clairement spécifié dans l'en-tête de la lettre, on peut l'omettre ici.

4 **Date** (voir p. 519)

On mentionne la date sous forme alphanumérique, immédiatement après le lieu d'origine, dans le coin supérieur droit de la lettre. Le jour de la semaine n'est pas indiqué et on ne met pas de point à la fin de cette mention.

5 **Vedette** (voir p. 521)

La vedette de la lettre figure contre la marge de gauche, un peu plus bas que la mention du lieu et de la date. Elle est rédigée de la même manière qu'une adresse figurant sur une enveloppe (voir aussi p. 743).

6 **Références** (voir p. 522)

Cette mention facultative figure sous la vedette, contre la marge de gauche, et renvoie au numéro ou au code attribué au dossier soit par le destinataire (dans ce cas, on peut utiliser les mentions *Votre référence, V/Référence, V/Réf.* ou *V/R*), soit par l'expéditeur (on utilise alors les mentions *Notre référence, N/Référence, N/Réf.* ou *N/R*). La formulation qui suit cette mention commence par une majuscule et est précédée d'un deux-points.

7 **Objet** (voir p. 523)

La mention *Objet*, qui permet de préciser le contenu de la lettre, figure généralement au centre de la page, sous la vedette et les références, et est en caractères gras ou, plus rarement, soulignée. Le mot *objet*, qui s'écrit toujours, dans ce contexte, au singulier et avec une majuscule initiale, est suivi d'un deux-points et d'une formulation claire et explicite commençant par une majuscule. On doit éviter de remplacer *Objet* par *RE, Concerne* ou *Sujet*.

8 **Appel** (voir p. 525)

L'appel, qui figure contre la marge de gauche, sous l'objet, est une formule de civilité qui varie selon la personne à qui l'on s'adresse. Les formules *Monsieur* ou *Madame* conviennent à toute personne ; elles peuvent être suivies du titre ou de la fonction officielle du ou de la destinataire. Lorsqu'on ignore qui lira la lettre, on peut utiliser la formule impersonnelle *Madame, Monsieur,* ces deux mots étant disposés l'un sous l'autre (on ne doit pas employer *À qui de droit* dans ce contexte). On doit éviter de faire suivre le titre de civilité du nom du destinataire et on ne doit utiliser l'adjectif *cher* ou *chère* que si l'on connaît très bien la personne à qui l'on s'adresse.

9 **Texte** (voir p. 528)

Le texte de la lettre comporte trois parties : l'introduction, le développement et la conclusion. L'introduction commence par une majuscule. Si la lettre est courte, la conclusion se soude à la salutation. Sinon, elle forme un paragraphe autonome.

10 **Salutation** (voir p. 533)

La salutation est une phrase complète qui termine la lettre et qui reprend généralement la formule d'appel. Lorsque la salutation commence par un participe présent (par exemple : *espérant que...*), on doit veiller à ce que la personne à laquelle ce participe se réfère soit le sujet du verbe principal de la phrase.

11 **Signature** (voir p. 541)

Le nom du ou de la signataire figure généralement sous sa signature. Ce nom peut être suivi d'une virgule et, sur la ligne suivante, de la fonction du ou de la signataire, qui commence alors par une minuscule (si l'on omet la virgule, la fonction commence par une majuscule). Lorsque le ou la signataire occupe un poste de direction ou une fonction unique au sein de l'entreprise ou de l'organisme, sa fonction doit figurer au-dessus de sa signature, être précédée d'un article et être suivie d'une virgule.

12 **Initiales d'identification** (voir p. 547)

Ce code facultatif est composé de deux groupes de lettres séparés par une barre oblique, chacun de ces groupes reprenant deux ou trois initiales ou lettres du prénom et du nom d'une personne. Le premier groupe de lettres, en majuscules, identifie la personne qui a écrit la lettre ; le deuxième groupe, en minuscules, identifie la personne qui a tapé la lettre. Les initiales d'identification figurent à gauche de la page, sur la ligne où l'on inscrit le nom du ou de la signataire.

13 **Pièces jointes** (voir p. 547)

Cette mention, qu'on peut écrire au singulier ou au pluriel, selon le cas, et qu'on peut abréger en *p. j.*, permet d'indiquer que des documents sont joints à la lettre. Elle figure sous les initiales d'identification, contre la marge de gauche. La mention complète est suivie d'un deux-points et de la désignation des documents annexés, désignation qui commence par une majuscule. La mention abrégée, elle, est directement suivie soit de la désignation des documents, soit de leur nombre.

14 **Copie conforme** (voir p. 548)

Cette mention, qui figure sous la mention *Pièces jointes* et qu'on peut abréger en *c. c.*, indique qu'une copie de la lettre a été envoyée à une ou à plusieurs autres personnes. Elle est suivie du nom des personnes qui ont reçu une copie de la lettre, ces noms étant précédés de *M.* pour *Monsieur* ou de *Mme* pour *Madame*. Les noms peuvent être présentés dans l'ordre alphabétique ou selon un ordre hiérarchique et, au besoin, être accompagnés des titres de fonction et du nom de l'entreprise ou de l'organisme. La mention complète, *copie conforme*, est suivie d'un deux-points, alors que la mention abrégée est directement suivie du nom des personnes.

Mentions préliminaires

EN-TÊTE

Les entreprises et les organismes se servent généralement de papier à lettres à en-tête (réservé à la première page d'une lettre). L'en-tête est l'indication imprimée de la dénomination sociale ou de l'appellation officielle d'une entreprise ou d'un organisme, qui figure dans la partie supérieure de la feuille. Il comprend généralement un **logo** (ou *symbole social*) et divers renseignements utiles comme :

- l'**adresse municipale** ou l'**adresse postale** (voir ADRESSAGE, p. 768) ;

- les **numéros de téléphone** et de **télécopie** (voir TÉLÉPHONIE, p. 792) ;

- l'**adresse électronique** et **celle du site Web** (voir DOCUMENTS NUMÉRIQUES, p. 467). Pour indiquer une adresse électronique, on peut inscrire le mot *courriel*. Toutefois, une telle mention est généralement superflue étant donné qu'une adresse électronique est une suite de caractères nettement identifiable grâce à la présence du symbole @ (appelé *a commercial*, *arobas* ou *arobase*).

On peut faire précéder ces renseignements de symboles clairs. Pour des raisons graphiques, on peut aussi choisir d'imprimer ceux-ci au bas de la feuille. Différentes dispositions sont possibles : les renseignements peuvent être présentés les uns sous les autres ou en ligne continue. Dans une adresse écrite en continu, on sépare les éléments par des virgules et on laisse un seul espacement entre la province et le code postal, contrairement à deux dans l'adresse dont les éléments sont présentés les uns sous les autres. Les autres éléments (numéro de téléphone et de télécopieur, adresse courriel, site Web) sont séparés par des points-virgules. Le tout peut se terminer par un point.

> **Matériel informatique Micromax, 2345, 10ᵉ Avenue, bureau 230, Québec (Québec) G4A 5B9, CANADA. Téléphone : 418 678-INFO ; télécopieur : 418 692-3456.**

> **Créations multimédias Imagiclic, 158, rue de la Commune, bureau 125, C. P. 762, succursale Centre-ville, Montréal (Québec) H2A 3N6. Téléphone : 514 270-6868 ; télécopie : 514 273-5476 ; courriel : imagiclic@etc.qc.ca ; Internet : www.imagiclic.com.**

Société Protec
200, rue Champlain, bureau 345
Montréal (Québec) H2Y 3N8
Téléphone : 514 837-1234
Télécopie : 514 831-5678

Créations multimédias Imagiclic
158, rue de la Commune, bureau 125
C. P. 762, succursale Centre-ville
Montréal (Québec) H2A 3N6
☎ **514 270-6868 ou, sans frais, 1 888 274-9876**
▤ **514 273-5476**
▣ **imagiclic@etc.qc.ca**
www.imagiclic.com

Il faut veiller à couper correctement les appellations qui ne tiennent pas sur une seule ligne. Par exemple, on ne coupe pas les mots qui forment l'appellation et on ne renvoie pas à la ligne suivante après un article. Pour en savoir davantage sur la manière d'écrire correctement une appellation sur plus d'une ligne, voir **Coupure dans les titres et les appellations**, p. 404.

Société québécoise pour la recherche et le développement du multimédia
Société québécoise pour la recherche
et le développement du multimédia
et non pas
Société québécoise pour la recherche et le dévelop-
pement du multimédia
ni
Société québécoise pour la recherche et le
développement du multimédia

Il faut noter que, dans les en-têtes de lettres, ainsi que sur les cartes professionnelles, on écrit de préférence en toutes lettres **téléphone** et **télécopie**, ou encore **télécopieur**, car les abréviations de ces mots (respectivement **tél.** et **téléc.**) se ressemblent et risquent de prêter à confusion dans un tel contexte. Par ailleurs, il faut éviter de recourir incorrectement aux majuscules *T* et *F* pour abréger *téléphone* et *fax* (anglicisme qui a le sens de « télécopieur » ou de « télécopie »).

Il est possible d'indiquer plusieurs adresses, lorsque le même papier à lettres sert à plusieurs établissements d'une entreprise ou d'un organisme (voir exemple p. 577).

Dans un en-tête qui mentionne plusieurs niveaux hiérarchiques, ceux-ci vont du général au particulier. Dans les ministères et organismes québécois, les en-têtes doivent être conformes aux règles énoncées dans le Programme d'identification visuelle.

Ministère
de la Culture et
des Communications
Québec

Office québécois
de la langue
française
Québec

LIEU ET DATE

Le lieu et la date sont des mentions essentielles dans une lettre administrative ou commerciale. Dans une lettre à trois ou à deux alignements (voir p. 553), ils figurent dans l'angle supérieur droit. Ils ne sont pas abrégés. Le lieu et la date sont séparés par une virgule, la date est précédée de l'article défini *le*, le nom du mois ne prend pas de majuscule et il n'y a pas de point après l'indication de l'année (voir aussi p. 342).

Mont-Saint-Hilaire, le 18 janvier 2016

Dans le cas où un en-tête comporte plusieurs adresses et plusieurs villes, la mention de la ville précise où la lettre a été écrite.

Le nom du lieu peut cependant être omis dans les cas où il est facilement repérable, par exemple si l'en-tête comporte une seule adresse ou si l'entreprise ou l'organisme contient dans sa dénomination le nom du lieu d'origine (exemples : Entreprise de construction de Montmorency, Société de transport de Montréal).

Le 18 janvier 2016

En principe, on n'indique pas le nom du jour de la semaine devant la date. Si, dans d'autres contextes (programme, calendrier d'activités, travaux scolaires, par exemple), il est utile de le faire, on l'indique sans mettre de virgule entre le jour et la date, ni entre le mois et l'indication de l'année (voir p. 342 et suivantes).

Mercredi 28 février 2017 (dans un programme, un calendrier d'activités, etc.)

MODE D'ACHEMINEMENT

L'indication relative au mode d'acheminement de la lettre, comme RECOMMANDÉ, URGENT, EXPRÈS ou PAR EXPRÈS, PAR MESSAGERIE, PAR TÉLÉCOPIE ou PAR TÉLÉCOPIEUR, PAR COURRIEL, se met à gauche de la page, vis-à-vis des mentions de lieu et de date (dans une lettre à un alignement, cette mention s'écrit au-dessus de la date). L'indication relative au mode d'acheminement est en majuscules, avec les accents nécessaires, et soulignée. Il faut distinguer l'adjectif et le nom invariables *exprès* (dont on prononce le *s* final) de l'adjectif et du nom invariables *express* (voir p. 67).

PAR MESSAGERIE

La mention RECOMMANDÉ est toujours au masculin singulier, car on peut sous-entendre les mots *courrier* ou *pli*, ou encore la forme neutre *c'est...* Cette mention, lorsqu'elle figure sur une enveloppe, s'adresse surtout au personnel du service postal. Toutefois, quand on veut sommer quelqu'un de remplir une obligation, une lettre recommandée constitue, dans la correspondance commerciale, une mise en demeure suffisante.

NATURE DE L'ENVOI

L'indication relative à la nature de l'envoi comme PERSONNEL, CONFIDENTIEL, SOUS TOUTES RÉSERVES, se met à gauche, vis-à-vis des mentions de lieu et de date, sous l'indication du mode d'acheminement, s'il y a lieu (dans une lettre à un alignement, cette mention s'écrit au-dessus de la date, voir p. 560). L'indication relative à la nature de l'envoi est en majuscules, avec les accents nécessaires, et soulignée.

CONFIDENTIEL

Les mentions PERSONNEL et CONFIDENTIEL sont toujours au masculin singulier, car on peut sous-entendre les mots *courrier* ou *pli*, ou encore la forme neutre *c'est...* Ces mentions ne sont pas interchangeables et il n'y a pas lieu de les employer simultanément. PERSONNEL indique que la lettre traite d'un sujet de nature personnelle et que l'enveloppe doit être remise au ou à la destinataire en personne sans avoir été ouverte. CONFIDENTIEL indique aux personnes qui s'occupent du courrier et à la ou au destinataire que le document doit rester secret.

La mention SOUS TOUTES RÉSERVES, ou, plus rarement, SOUS RÉSERVE DE TOUS DROITS, écrite en majuscules, indique que le contenu de la lettre ne peut être utilisé contre le ou la signataire. Il faut éviter d'employer dans ce sens l'expression *sans préjudice*, calque de l'anglais.

Lorsqu'on a une mention relative au mode d'acheminement et une mention relative à la nature de l'envoi, on les dispose l'une sous l'autre.

PAR MESSAGERIE
CONFIDENTIEL

VEDETTE

Le nom, le titre, le nom de l'entreprise ou de l'organisme (le cas échéant) et l'adresse du ou de la destinataire constituent, dans la lettre, ce qu'on appelle la vedette. Celle-ci s'écrit contre la marge de gauche, quelques interlignes plus bas que les mentions de lieu et de date. La vedette correspond à la suscription (nom et adresse d'un destinataire figurant sur une enveloppe ; le nom du pays est facultatif). Pour les règles détaillées de l'écriture des adresses, voir le chapitre **ADRESSAGE**, p. 743. Voici comment se présente une vedette :

Madame Hélène Tremblay-Gagnon
Direction des ressources humaines
Société Promatec
10564, rue Saint-Denis, bureau 250
Trois-Rivières (Québec) G8F 9A7

Dans la très grande majorité des cas de correspondance administrative ou commerciale, on s'adresse directement à une seule personne au sein d'un organisme ou d'une entreprise. Dans la vedette, on écrit donc en premier lieu le nom de cette personne, comme dans l'exemple ci-dessus. Toutefois, dans le cas particulier où le contenu de la lettre s'adresserait à un groupe, mais qu'on voudrait charger précisément quelqu'un de transmettre ce message au groupe, on pourrait utiliser la mention **À l'attention de** suivie du nom de la personne à qui on confie cette responsabilité. C'est ce qui explique que, dans ce type de lettre, on utiliserait la formule d'appel **Mesdames, Messieurs,** tous les membres du groupe étant alors visés par le contenu de la lettre ; les deux titres de civilité sont généralement disposés l'un sous l'autre :

Mesdames,
Messieurs,

Cet usage consistant à s'adresser à tout un groupe, établi du temps où tout le courrier d'une société ou d'une communauté était centralisé à un même point de réception, ne se justifie plus guère, car il est toujours possible, voire préférable, d'indiquer, dans le corps de la lettre, à qui le message s'adresse. Si on souhaite tout de même procéder de cette manière pour communiquer avec un groupe, la mention *À l'attention de* suivie du nom de la personne se place en haut à gauche, sous la vedette, et on souligne le tout (voir p. 623).

On doit écrire l'expression en toutes lettres et éviter les abréviations *Attn* et *Att.*, calquées sur l'anglais. L'emploi de *Compétence de* au lieu de *À l'attention de* n'est pas fautif, mais il est peu courant. Quant aux formes *À l'intention de...* et *Attention : Monsieur...*, elles sont à éviter.

Pour savoir comment indiquer la mention *À l'attention de* sur une enveloppe, voir p. 771. Pour en savoir davantage sur la formule d'appel d'une lettre adressée à un groupe, voir p. 527.

Dans le cas d'une lettre circulaire non personnalisée, dont la vedette ne comporte que le nom et l'adresse d'une entreprise ou d'un organisme, on peut écrire, selon le contexte, le nom d'une entité administrative comme **Direction des communications**, **Direction des ressources humaines**, **Service des ventes**, ou encore **À la direction**. La formule d'appel est ensuite **Madame, Monsieur,** généralement disposés l'un sous l'autre.

Pour en savoir davantage sur la formule d'appel d'une circulaire non personnalisée, voir p. 526.

En théorie, la vedette peut occuper un espace illimité dans la lettre. On peut y faire figurer autant de lignes qu'on le souhaite, et ces lignes peuvent être aussi longues que nécessaire. Cependant, lorsqu'on sait que la lettre sera insérée dans une enveloppe à fenêtre, on doit limiter à cinq le nombre de lignes de la vedette. On doit aussi s'assurer que la longueur des lignes n'excède pas la largeur de la fenêtre de l'enveloppe. Pour connaître les règles à suivre pour abréger les adresses en cas de contrainte d'espace, voir p. 771.

RÉFÉRENCES

Les références servent à faciliter le classement et la consultation du courrier, mais elles ne sont pas essentielles pour tous les types de lettres. Elles sont généralement formées d'un groupe de lettres et de chiffres. Ces mentions figurent contre la marge de gauche, au-dessous de la vedette.

La mention **Votre référence**, qu'on abrège en **V/Référence**, **V/Réf.** ou **V/R**, est suivie du numéro ou du code de dossier attribué par le ou la destinataire. **Notre référence**, qu'on abrège en **N/Référence**, **N/Réf.** ou **N/R**, indique le numéro ou le code que l'expéditeur ou l'expéditrice a attribué au dossier; il peut comprendre le nom du fichier de traitement de texte attribué à la lettre.

> **V/Réf. : 123-ABC**
>
> **N/Réf. : FAB.160**

Si destinataire et expéditeur ou expéditrice ont les mêmes références, on peut écrire simplement **Référence**.

> **Référence : 05-538A**

Cependant, s'il est nécessaire de donner la référence du destinataire et celle de l'expéditeur, le protocole épistolaire demande que l'on écrive le numéro de référence du destinataire en premier.

> **V/Réf. : 123-ABC**
> **N/Réf. : FAB.160**

Plus rarement, on utilise la mention **Votre lettre du**, qu'on abrège en **V/Lettre du**, qui renvoie à la lettre à laquelle on répond. On peut aussi donner cette indication dans l'introduction de la lettre : « En réponse à votre lettre du… ».

> **V/Lettre du 22 octobre 2018**

OBJET

L'objet indique brièvement au destinataire ce sur quoi porte la lettre. Cette mention est facultative mais recommandée, car elle facilite la compréhension du message et le classement du courrier.

L'objet tient idéalement sur une ligne. Pour des raisons de précision, cependant, il occupe parfois deux lignes. On écrit la mention **Objet** au centre de la page, sous la vedette et les références, mais au-dessus de l'appel. Dans les lettres à deux alignements, l'objet est soit centré, soit à la marge; dans celles à un alignement, il est à la marge (voir p. 559). Le mot *Objet*, toujours au singulier, est suivi d'un deux-points et d'une formulation qui commence par une majuscule. Cette formulation n'est pas suivie d'un point final. L'ensemble est en caractères gras ou, plus rarement maintenant, souligné.

Objet : Acceptation de votre offre de service

**Objet : Renouvellement de votre police d'assurance
de responsabilité commerciale**

Objet : Déclaration de sinistre
(Le soulignement est correct, mais plus rare que la mise en caractères gras.)

Lorsqu'on choisit d'avoir une mention **Objet** dans une lettre, on doit s'assurer que cette mention est claire, précise, adaptée au contexte et qu'elle résume bien le contenu de la lettre. Parfois, un très court objet peut être suffisamment explicite mais, en général, un objet est composé de deux éléments : un nom, qui renseigne sur la nature de l'action spécifiée dans la lettre (demande, réclamation, acceptation, refus, rappel, invitation, etc.); un complément, qui précise le propos de la lettre (rédaction d'un rapport, obligation de transmettre un document, compte en souffrance, etc.).

Objet : Avertissement

Objet : Mise en demeure

Objet : Acceptation de votre offre de service
(plutôt que *Objet : Acceptation* ou *Objet : Offre de service*)

Objet : Confirmation de votre inscription au concours *Musique en fête*
(plutôt que *Objet : Inscription confirmée*)

Objet : Avis de fermeture du compte bancaire nº 39-139
(plutôt que *Objet : Fermeture de compte*)

Objet : Acceptation de votre offre d'achat
(plutôt que *Objet : Location ou achat de l'immeuble*)

Objet : Refus de votre demande de commandite
(plutôt que *Objet : Votre demande de commandite*)

L'emploi de *RE*, *Concerne* ou *Sujet* est à éviter.

Objet : Réponse à votre demande de renseignements
(et non pas, par exemple, *RE : Votre demande de renseignements*)

Il ne faut pas confondre l'objet d'une lettre et le numéro de dossier ; celui-ci figure dans la mention des références (voir p. 522).

> **Référence : 1234-ZXY-2**
> (et non pas *Objet : 1234-ZXY-2*)

Par ailleurs, il faut éviter de n'indiquer en objet que le nom d'une personne.

> **Objet : Remplacement de M. Pierre Dufour**
> (et non pas *Objet : M. Pierre Dufour*)

On doit également éviter d'y énumérer des informations.

> **Objet : Déclaration de sinistre**
> (et non pas *Objet : Déclaration de sinistre, numéro de police, nom du courtier*
> Le numéro de police et le nom du courtier n'ont pas à être mentionnés dans l'objet ;
> ils le seront dans le corps de la lettre.)

Corps de la lettre

APPEL

L'appel est une formule de civilité qui varie selon la personne à qui on s'adresse. Il s'inscrit à gauche, aligné contre la marge, et il est **suivi d'une virgule**. Comme on s'adresse directement à la personne, les titres de civilité et, parfois, de fonction figurant dans l'appel prennent une majuscule et ne s'abrègent pas.

Madame, Monsieur et Mademoiselle

Dans la correspondance commerciale, les formules d'appel les plus courantes sont **Madame** et **Monsieur**. Quand on s'adresse à une femme, qu'elle soit mariée ou non, on l'appelle **Madame** ; en effet, **Mademoiselle** ne s'emploie plus que si on s'adresse à une toute jeune fille ou à une femme qui tient à se faire appeler ainsi. Par ailleurs, **Madame** convient à toutes les femmes, civiles ou militaires, laïques ou religieuses.

Dans le cas bien particulier où on ne connaît pas le sexe de la personne à qui la lettre est destinée (dont le prénom est épicène, comme Claude, Dominique ou Camille, ou dont on n'a que l'initiale) et qu'on est dans l'impossibilité de le savoir, on peut écrire **Madame ou Monsieur**.

Nom de famille

On ne doit jamais faire suivre le titre de civilité du nom de la personne à qui on s'adresse, de la même façon qu'il n'est généralement pas de mise de saluer les gens en disant leur nom de famille. Les formules d'appel du genre *Madame Villeneuve*, *Cher Monsieur Dubois*, *Docteur Tremblay*, sont donc à éviter. Voir aussi TÉLÉPHONIE, p. 795.

Cher

On n'emploie l'adjectif **Chère** ou **Cher** dans une formule d'appel que si on connaît très bien la ou le destinataire et qu'on entretient avec elle ou lui des liens d'amitié. Dans une circulaire commerciale, il est cependant admis d'employer les formules **Cher client**, **Chère cliente**, ou **Chers clients et clientes**. Dans ce dernier cas, le nom masculin précède le nom féminin parce que l'adjectif qui s'accorde, comme le veut la règle, avec les deux noms est placé près du masculin (voir les règles de rédaction épicène, p. 826). D'autres formules d'appel comportant l'adjectif **Cher** ou **Chère** sont également admises selon les contextes : **Cher collaborateur**, **Chère collaboratrice**, **Cher confrère**, **Chère consœur**, **Chers collègues**, etc. Dans ce type de formule, le nom utilisé pour désigner le destinataire (*client*, *consœur*, *collègue*, etc.) s'écrit avec une minuscule initiale, car ce n'est pas un titre de fonction (voir **Titres de fonction** ci-dessous).

Destinataire dont on ne connaît pas le nom

Quand on écrit à une société ou à un organisme sans connaître le nom de la ou des personnes qui liront la lettre, on utilise la formule d'appel indifférenciée **Madame, Monsieur**, ou **Mesdames, Messieurs**, et non *À qui de droit*. Cette dernière formule ne s'emploie qu'à l'intérieur d'une phrase, par exemple « Je vous saurais gré de transmettre ma demande à qui de droit ». Dans le cas d'une lettre circulaire non personnalisée, on emploie **Mesdames, Messieurs**, si le texte s'adresse à un groupe, et **Madame, Monsieur**, si on ne veut s'adresser qu'à une personne à la fois, sur un ton plus personnel. Dans tous ces cas, **Mesdames, Messieurs**, et **Madame, Monsieur**, sont généralement disposés l'un sous l'autre.

> **Mesdames,**
> **Messieurs,**
>
> **Madame,**
> **Monsieur,**

Destinataires multiples

Si l'on s'adresse à plus d'une personne, il y a différentes façons de faire. Pour un couple, l'appel est généralement **Madame, Monsieur** (souvent sur la même ligne). Toutefois, on peut aussi employer **Monsieur, Madame,** selon l'ordre de désignation des destinataires dans la vedette (et sur l'enveloppe); voir p. 521 et 751-753. Pour un groupe de personnes, on écrit **Mesdames, Messieurs,** généralement disposés l'un sous l'autre. Par ailleurs, si l'on s'adresse à deux femmes ou plus, l'appel est **Mesdames**; à deux hommes ou plus, c'est **Messieurs**.

> **Madame, Monsieur,**
>
> **Madame,**   **Monsieur,**
> **Monsieur,**   ou   **Madame,**
>
> **Mesdames,**
> **Messieurs,**

Titres de fonction

Si le ou la destinataire a un titre ou exerce une fonction officielle, on l'indique dans l'appel : **Monsieur le Premier Ministre, Madame la Ministre, Madame la Sous-Ministre, Monsieur le Vice-Président, Madame la Juge, Monsieur le Député, Monsieur le Directeur,** etc. Lorsque cette personne porte plus d'un titre, on choisit celui qui est le plus directement lié à l'objet de la lettre (voir aussi p. 750-751). Dans le doute cependant, les formules d'appel **Madame** ou **Monsieur** conviennent quel que soit le titre de la personne.

Le titre de **Docteur,** ou **Docteure,** est réservé aux médecins, aux dentistes, aux chiropraticiens et aux vétérinaires considérés dans l'exercice de leur profession. Dans ce cas, l'appel peut être **Docteur,** ou **Monsieur le Docteur,** ou encore **Docteure,** ou **Madame la Docteure** (au sujet de *Docteur*, voir aussi p. 747).

Le titre de **Maître** est donné aux avocats, avocates et notaires dans l'exercice de leur profession. Dans ce cas, l'appel est **Maître** (au sujet de *Maître*, voir aussi p. 747).

D'autres formules plus familières sont possibles quand on connaît personnellement la ou le destinataire ou qu'on a des relations amicales avec elle ou lui : **Madame la Présidente et chère amie, Cher collègue et ami.** Le fait d'ajouter une mention manuscrite à l'appel pour lui donner un caractère de familiarité supplémentaire doit être réservé à des cas exceptionnels. La mention *par intérim* et son abréviation *p. i.* n'ont pas leur place dans l'appel. Voir d'autres exemples p. 543 et 750.

Pour la correspondance destinée à des dignitaires ou à des personnalités officielles occupant des fonctions de premier plan ou possédant des titres particuliers, il peut être utile de consulter un guide du protocole (voir la bibliographie ; voir aussi certains exemples p. 268 et 781).

TEXTE

La clarté, la concision, la précision et la courtoisie doivent être les principales qualités d'une lettre administrative ou commerciale. Avant de commencer la rédaction de la lettre, il faut savoir à qui l'on s'adresse, ce qu'on souhaite communiquer et pourquoi. On doit aussi garder en tête l'objectif de la lettre (informer, guider, expliquer, convaincre, dissuader, par exemple).

Toute lettre comporte trois parties : l'introduction, le développement et la conclusion. Les idées doivent s'y enchaîner naturellement, présentées dans un ordre logique ou temporel. On peut, par exemple, rappeler un événement passé (une lettre, une conversation, un contrat) dans l'introduction ; parler de la situation présente (problèmes, besoins) dans le développement ; et de l'avenir (solutions possibles, mesures à prendre) dans la conclusion.

Pour faciliter la lecture de la lettre, on recommande de rédiger des phrases simples, courtes de préférence, chacune présentant une seule idée.

L'introduction constitue le premier paragraphe de la lettre. Elle commence par une majuscule, même si l'appel, qui la précède immédiatement, se termine par une virgule. Dans ce paragraphe, on établit le contact avec le ou la destinataire et on amène rapidement le sujet. On peut y faire référence à un événement passé (demande de renseignements, lettre reçue, conversation téléphonique, rencontre, etc.), qu'on rappelle brièvement. (Voir les formules usuelles d'introduction ci-après.)

Le développement expose le message : on explique, informe, argumente, etc. Il peut comprendre plusieurs paragraphes, chacun développant une idée principale. C'est cette partie de la lettre qui demande le plus de clarté et de précision. Pour que le ou la destinataire comprenne bien le message qu'on lui adresse, on a intérêt à en présenter les différents éléments dans un ordre logique. On peut d'abord présenter les faits généraux pour en venir ensuite aux faits plus particuliers. On peut les présenter en ordre d'importance, des moins importants aux plus importants. On peut aussi présenter d'abord les difficultés, puis leurs causes et, enfin, les solutions possibles.

Le développement nécessite plus de créativité que les autres parties de la lettre. Pour cette rédaction, on peut s'inspirer des exemples de lettres présentés plus loin (voir p. 552 et suivantes).

La conclusion est une synthèse. Elle incite le destinataire à passer à l'action et, éventuellement, elle présente les conséquences des mesures qui seront prises. Si la ettre est courte, la conclusion se soude à la salutation. Sinon, elle forme un paragraphe à part et est suivie du paragraphe de salutation. (Voir les formules usuelles de conclusion ci-après.)

Formules usuelles d'introduction

Le choix de la formule d'introduction se fait en fonction de l'objet de la lettre, de la raison pour laquelle on écrit et du destinataire.

Réception de documents

En réponse à votre lettre du..., nous avons le plaisir de...

Nous accusons réception de votre proposition...

J'ai bien reçu votre offre de service...

Nous avons pris connaissance du rapport que vous nous avez fait parvenir et nous...

Nous accusons réception de votre lettre du 5 mars dernier... et nous vous en remercions.
(Pour les difficultés d'accord de l'adjectif *dernier*, voir p. 53.)

C'est avec grand plaisir que nous avons reçu votre invitation et nous vous en remercions. ...
(La formule *Il me [nous] fait plaisir de...* est à éviter. Cette construction est critiquée, car le sujet de la locution **faire plaisir** doit être soit un être animé, soit une chose, soit les pronoms *cela* ou *ça*, mais pas le pronom impersonnel *il* : « La présidente nous fait plaisir en acceptant notre invitation... », « Cela me fait plaisir d'y participer... », « Cette nouvelle me fait plaisir. » Dans la correspondance commerciale, il faut remplacer la formule impersonnelle *Il me [nous] fait plaisir de...* par **J'ai [Nous avons] le plaisir de...**, **C'est avec plaisir que je [nous]...** Toutefois, la formule **Je me ferai [nous nous ferons] un plaisir de**, dont le sens est différent, est correcte.)

À la suite d'un appel téléphonique ou d'un entretien

À l'occasion d'une conversation téléphonique avec votre adjoint, j'ai...

Au cours de notre entretien du..., nous...

Nous confirmons les termes de notre entretien téléphonique du...

En confirmation de notre appel téléphonique du...,

À la suite de l'entretien que vous avez eu avec Mme... le...,
nous tenons à préciser les points suivants...

Pour faire suite à nos précédentes lettres vous informant de...
(La formule **Pour faire suite à** est préférable aux formules *Comme suite à* et *Suite à*,
qui relèvent d'un style moins soigné, mais qui sont cependant acceptables.)

Demande de renseignements ou de documentation

Auriez-vous l'amabilité de me faire parvenir la documentation relative à...

À la suite de l'annonce parue dans..., j'aimerais...

Transmission de documents ou de renseignements

C'est avec plaisir que je vous adresse la copie demandée...

Conformément à notre entente, nous vous faisons parvenir copie
du contrat...

À votre demande, je vous envoie la documentation disponible relative
à l'objet ci-dessus...
(Cette formule est préférable à : ... *je vous envoie la documentation disponible relative
à l'objet mentionné en rubrique*; en effet, l'objet ne constitue pas une rubrique de la lettre,
et la préposition qui introduit le mot *rubrique* est plutôt *sous*.)

Vous trouverez ci-joint quelques documents qui répondront
à vos questions sur le produit mentionné dans l'objet de cette lettre.
(Cette formule est préférable à : ... *je vous envoie la documentation disponible relative
à l'objet mentionné en rubrique*. En effet, l'objet ne constitue pas une rubrique de
la lettre, et la préposition qui introduit le mot *rubrique* est plutôt *sous*. De même,
on évitera : ... *le produit mentionné en objet*.)

**En réponse à votre demande de documentation relativement à…,
nous vous faisons parvenir sous ce pli…**
(Le mot *pli* a le sens d'« enveloppe » et ne s'emploie que dans certaines locutions.
L'expression **sous ce pli** signifie donc « dans cette enveloppe ». **Sous pli cacheté**
équivaut à « dans une enveloppe fermée, cachetée »; on trouve aussi **sous pli séparé**
« dans une enveloppe à part », et **sous le même pli** « dans la même enveloppe ».
On n'écrit **sous pli** sans qualificatif que dans la locution **mettre sous pli**. Le mot *pli*
est désuet au sens de « lettre, message ».)

Demande d'emploi

Permettez-moi de vous offrir mes services à titre de…

Permettez-moi de poser ma candidature au poste de…

À la suite de l'annonce parue dans…

Préambule de politesse

C'est avec grand plaisir que j'ai appris votre nomination…

Je me fais un plaisir de vous annoncer…

Je suis au regret de vous annoncer…

Nous avons le regret de vous annoncer…

Nous regrettons vivement de ne pouvoir donner suite à…

Nous sommes actuellement dans l'impossibilité de…

Nous sommes heureux d'apprendre…

Formules usuelles de conclusion
Dénouement favorable souhaité (réponse, décision ou action)

Dans l'espoir que vous voudrez bien accéder à ma demande, je vous prie…

Dans l'attente de votre décision, je vous prie…

Nous attendons impatiemment votre réponse et vous prions de…

Espérant que vous pourrez donner une suite favorable à notre demande, nous vous prions...
(La construction *Espérant le tout à votre entière satisfaction...* est à éviter, car elle est trop elliptique [ellipse de la conjonction *que* et du verbe *être*]. Il vaut mieux la remplacer par **Espérant que le tout sera à votre convenance...** ou **Espérant que le tout vous donnera satisfaction...**, ou encore **Espérant que le tout vous satisfera...** Il faut aussi éviter la formule *Espérant que le tout saura vous satisfaire...*, car le verbe *savoir* suivi d'un infinitif n'est un équivalent de *pouvoir* qu'au conditionnel, à la forme négative, par exemple, dans **Rien ne saurait me faire oublier votre générosité à mon endroit...** La construction *être à la satisfaction de*, calquée sur l'anglais, est également à éviter; on doit lui préférer le verbe *satisfaire*.)

Dénouement souhaité (réception d'une lettre ou d'un renseignement)

Nous vous serions reconnaissants de nous retourner le plus rapidement possible...

Nous vous saurions gré de bien vouloir nous faire parvenir dès que possible...
(Il s'agit de la locution verbale **savoir gré**, qui a le sens d'« être reconnaissant ». On écrit donc **je vous saurais gré**, **nous vous saurions gré**, et non *je vous serais gré, nous vous serions gré*.)

Expression de remerciements

Nous vous remercions de votre collaboration et vous prions...

Avec nos remerciements anticipés, nous vous prions d'agréer...

Vous remerciant de votre accueil, je vous prie de croire...

Expression de regrets

Nous regrettons de ne pouvoir vous fournir toute la documentation...

Nous sommes au regret de ne pouvoir accéder à votre demande...

C'est donc à regret que je...

Regrettant de ne pas être en mesure de donner suite à votre proposition, nous vous prions...

Nous vous prions de bien vouloir nous excuser de ce contretemps...

Invitation à communiquer

Pour (de) plus amples renseignements, vous pouvez vous adresser au...

Je demeure à votre disposition pour vous fournir tout autre renseignement utile et je vous prie de...

N'hésitez pas à communiquer avec moi pour tout renseignement complémentaire...

Divers

Nous espérons que cette documentation vous sera utile et nous vous prions...

J'espère que ces renseignements vous satisferont et vous prie d'agréer...

À la lumière de ces faits, nous avons...

Je vous assure de mon intérêt pour cette initiative et je vous prie de...

Vous félicitant de l'intérêt que vous manifestez pour ce projet, je vous prie de...

SALUTATION

La salutation est la formule de politesse qui termine la lettre. Elle reprend toujours la formule d'appel, entre deux virgules. Si, par exemple, une lettre commence par **Madame la Présidente**, la salutation s'écrira : « Je vous prie d'agréer, Madame la Présidente, l'expression de ma considération distinguée. » La salutation doit être adaptée à la nature des relations qu'on entretient avec le ou la destinataire et au type de document qu'on lui fait parvenir.

Situations

Lorsque signataire et destinataire sont de sexe opposé, il est encore de nos jours préférable d'éviter les formules de conclusion contenant le mot *sentiments*. On parle plutôt de **salutations**, de **considération**, de **respect**, de **souvenir**.

> **Je vous prie d'agréer, Monsieur, mes salutations distinguées.**
>
> **Je vous prie de croire, Madame, à l'expression de ma considération.**
>
> **Je vous prie d'agréer, Madame, l'expression de mon profond respect.**
>
> **Je vous prie de croire, Madame, à mon meilleur souvenir.**

Par ailleurs, une femme n'envoie pas ses hommages (*hommage* est dérivé du mot *homme* et désigne une marque de courtoisie, de déférence adressée à une femme); cette formule est donc réservée aux hommes pour les femmes.

> **Je vous prie de recevoir, Madame, mes hommages les plus respectueux.**

Lorsqu'on s'adresse à un ou une parlementaire, ou lorsque le niveau d'autorité du destinataire est plus élevé que celui du signataire, ce dernier peut lui exprimer son **respect**, le prier de **croire à l'expression de sa (haute) considération**. Il peut aussi lui demander d'**agréer l'expression de sa considération distinguée**.

> **Je vous prie d'agréer, Monsieur le Directeur, l'expression
> de ma considération respectueuse.**
>
> **Je vous prie de croire, Monsieur le Directeur, à l'expression
> de ma haute considération.**
>
> **Je vous prie d'agréer, Monsieur le Directeur, l'expression
> de ma considération distinguée.**

Lorsque les correspondants ont le même niveau d'autorité, le signataire peut prier le destinataire de **recevoir ses salutations distinguées** ou **sa considération distinguée**. Il peut aussi lui demander de **bien vouloir** (et non de *vouloir bien*, voir plus bas) **agréer l'expression** ou **l'assurance de sa considération distinguée**.

> **Je vous prie d'agréer, Monsieur, mes salutations distinguées.**
>
> **Je vous prie d'agréer, Madame, l'assurance de ma considération
> distinguée.**

Lorsque le niveau d'autorité du ou de la destinataire est inférieur à celui du signataire, ce dernier peut aussi donner **l'assurance de sa considération (distinguée, respectueuse)**. En effet, en principe, le mot **assurance** ne s'emploie pas dans une formule de salutation d'inférieur à supérieur hiérarchique. *Assurance* ne s'emploie que d'égal à égal ou de supérieur à subalterne. Un supérieur assure un subordonné de l'attitude favorable qu'il adopte à son égard, et deux égaux peuvent aussi le faire mutuellement.

> **Je vous prie d'agréer, cher collègue, l'assurance de ma considération respectueuse.**

Dans une correspondance commerciale ou une lettre administrative courante, le ou la signataire peut demander au ou à la destinataire d'**agréer** ou de **recevoir ses salutations distinguées** (ou **cordiales**, ou **amicales** s'ils se connaissent bien), ou encore **de croire à son meilleur souvenir**.

> **Je vous prie de recevoir, Monsieur, mes plus cordiales salutations.**

> **Je vous prie de croire, Madame, à mon meilleur souvenir.**

En fonction du degré de considération qu'on souhaite témoigner au destinataire, il est bon de tenir compte de certaines nuances. Ainsi, selon la situation, on a recours à l'une des trois formules suivantes, en ordre croissant de déférence.

> **Agréez**
> **Veuillez agréer**
> **Je vous prie d'agréer**

> **Recevez**
> **Veuillez recevoir**
> **Je vous prie de recevoir**

Par ailleurs, il existe une différence entre *bien vouloir* et *vouloir bien*. C'est la première expression, plus courtoise et déférente, qu'on emploie surtout dans les salutations : « Je vous prie, Madame, de bien vouloir agréer… ». L'expression *vouloir bien* est un ordre d'un supérieur à un subordonné et marque une autorité hiérarchique ou morale : « Je vous prie de vouloir bien désormais vous conformer à cette directive. »

Type de correspondance

Dans les notes courtes et impersonnelles, les courriels et les télécopies, on peut employer les formules brèves telles que **Salutations distinguées, Sentiments distingués**; ces formules n'ont cependant pas leur place dans les lettres à caractère administratif.

Les formules du genre **Amicalement, Toutes mes amitiés, Amitiés, Cordialement, Meilleurs souvenirs, Affectueux souvenirs, Bien à vous, Cordialement vôtre, Sincèrement vôtre** sont réservées aux notes et aux courriels qui ont un caractère personnel.

Les formules *Votre dévoué* ou *Votre tout dévoué* sont désuètes.

Syntaxe

Il faut noter que les formules **l'expression de** et **l'assurance de** ne peuvent être suivies du complément *salutations*. En effet, on peut exprimer des sentiments (d'où *expression de sentiments*) et assurer quelqu'un de ses sentiments (c'est-à-dire lui donner l'assurance de ses sentiments), mais ce n'est pas le cas des salutations (on dit plutôt, directement, qu'on fait, qu'on transmet, qu'on agrée, qu'on reçoit des salutations). On doit donc écrire :

> **Veuillez agréer, Madame, l'expression de mes sentiments distingués.**
>
> **Je vous prie d'agréer, Monsieur, l'assurance de mes meilleurs sentiments.**
> mais
> **Agréez, Mesdames, Messieurs, mes salutations distinguées.**
> (et non *Agréez, Mesdames, Messieurs, l'expression de mes salutations distinguées.*)
>
> **Je vous prie de recevoir, Madame, mes plus cordiales salutations.**
> (et non *Je vous prie de recevoir, Madame, l'assurance de mes plus cordiales salutations.*)

Lorsque la formule de salutation commence par un participe présent, le verbe principal de la phrase doit être à la même personne que celle qui fait l'action exprimée par le participe présent. On peut distinguer le participe présent du gérondif, qui est formé de la préposition *en* et du participe présent; par exemple « En vous confiant ce dossier, nous savons qu'il sera traité avec efficacité. » Dans une formule de salutation, l'emploi du gérondif est moins courant que celui du seul participe présent.

> **Espérant recevoir une réponse favorable, je vous prie d'agréer, Madame, mes salutations distinguées.**
> (et non *Espérant recevoir..., agréez...*)

Formules usuelles de salutation

Formules neutres

Recevez, Monsieur, nos salutations distinguées.
Madame,
Maître,
Docteur,

Veuillez recevoir, Monsieur, mes plus cordiales salutations.

Veuillez agréer, Monsieur, mes salutations distinguées.

Je vous prie de croire, Madame, à mes sentiments les meilleurs.

Nous vous prions d'agréer, Monsieur, nos salutations distinguées.

Agréez, Monsieur, l'expression de mes sentiments distingués.

Veuillez agréer, Madame, l'assurance de mes meilleurs sentiments.

Formules à caractère plus familier

Recevez, cher Monsieur, l'expression de mes meilleurs sentiments.
chère Madame,
chère collègue,
cher confrère,
chère consœur,
cher Maître,
Monsieur le Directeur et cher ami,
Madame la Présidente et chère amie,

Je vous prie d'agréer, chère Madame, mes salutations les plus cordiales.

Je vous prie de croire, cher Monsieur, à mes sentiments les meilleurs.

Veuillez agréer, cher Monsieur, l'assurance de mon meilleur souvenir.

Formules à caractère officiel ou protocolaire

Pour plus amples renseignements sur les différentes formules protocolaires, on consultera un guide du protocole (voir la bibliographie).

Veuillez agréez,	Monsieur le Juge,	l'expression de ma considération distinguée.
	Madame la Ministre,	
	Monsieur le Président,	
	Madame la Députée,	

Je vous prie d'agréer, Monsieur le Premier Ministre, l'expression de ma haute considération.

Je vous prie d'agréer,	Monsieur l'Ambassadeur,	l'assurance de ma considé-
ration respectueuse.	Madame la Consule,	ration respectueuse.
	Monsieur le Curé,	
	Madame la Lieutenante-Gouverneure,	
	Monseigneur,	
	Révérende Mère,	

Formule pour accompagner un envoi

Avec les compliments de...

VEDETTE, APPEL ET SALUTATION : SYNTHÈSE

Le tableau ci-dessous présente une synthèse des recommandations énoncées quant au titre de civilité apposé au nom du destinataire dans la vedette (et sur l'enveloppe), à la formulation de l'appel et à la formule de salutation (voir p. 521, p. 525 et p. 533). D'autres formulations sont également possibles.

Destinataire	Fonction	Lien particulier avec le ou la signataire	Désignation du ou de la destinataire dans la vedette	Formule d'appel	Exemple de salutation
Julie Guay	Inconnue	La destinataire est la cliente du signataire.	Madame Julie Guay	Madame,	Recevez, Madame, mes salutations distinguées.
Nicole Tremblay	Enseignante	L'enseignante est une bonne connaissance de la signataire.	Madame Nicole Tremblay	Chère Madame,	Recevez, chère Madame, mes cordiales salutations.

Destinataire	Fonction	Lien particulier avec le ou la signataire	Désignation du ou de la destinataire dans la vedette	Formule d'appel	Exemple de salutation
Guy Bédard	Graphiste	Le graphiste est un collègue du signataire.	Monsieur Guy Bédard	Cher collègue,	Recevez, cher collègue, mes salutations les plus cordiales.
Julie Lambert	Avocate	L'avocate est la conseillère juridique du signataire.	Maître Julie Lambert	Maître,	Je vous prie d'agréer, Maître, mes salutations cordiales.
Henri Ladouceur	Notaire	Le notaire est l'ami du signataire.	Maître Henri Ladouceur	Cher Maître,	Recevez, cher Maître, mes amicales salutations.
Robert Martel	Juge	La signataire n'entretient aucun lien particulier avec le juge.	Monsieur le juge Robert Martel	Monsieur le Juge,	Je vous prie d'agréer, Monsieur le Juge, l'expression de ma haute considération.
Diane Lacombe	Médecin	La signataire est la patiente de la médecin.	Docteure Diane Lacombe	Docteure,	Je vous prie d'agréer, Docteure, l'expression de mes sentiments respectueux[1].
			ou	ou	ou
			Madame la docteure Diane Lacombe	Madame la Docteure,	Je vous prie d'agréer, Madame la Docteure, l'expression…

---

1. La signataire est du même sexe que la destinataire ; c'est pourquoi elle peut utiliser le mot *sentiments* dans la salutation.

Destinataire	Fonction	Lien particulier avec le ou la signataire	Désignation du ou de la destinataire dans la vedette	Formule d'appel	Exemple de salutation
Richard Latour	Président d'un organisme	Le signataire n'entretient aucun lien particulier avec le président.	Monsieur Richard Latour	Monsieur le Président,	Je vous prie de croire, Monsieur le Président, à l'expression de ma haute considération.
Miguel Velozo	Directeur	Le directeur est l'ami de la signataire ; même si les deux entretiennent des relations amicales, Miguel Velozo est avant tout le supérieur hiérarchique de la signataire.	Monsieur Miguel Velozo	Monsieur le Directeur,	Je vous prie d'agréer, Monsieur le Directeur, l'expression de ma considération distinguée.
Huguette Rivard	Mairesse	La signataire n'entretient aucun lien particulier avec la mairesse.	Madame Huguette Rivard	Madame la Mairesse,	Je vous prie d'agréer, Madame la Mairesse, l'expression de ma considération distinguée.
Bernadette Clair	Ministre	Le signataire n'entretient aucun lien particulier avec la ministre.	Madame Bernadette Clair	Madame la Ministre,	Je vous prie d'agréer, Madame la Ministre, l'expression de mon profond respect.

SIGNATURE

La signature comporte généralement trois éléments : le nom complet du ou de la signataire, sa fonction et sa signature proprement dite.

Dans la lettre à deux ou trois alignements, la signature se met à droite, quelques interlignes plus bas que la salutation. Dans la lettre à un alignement, elle est évidemment contre la marge de gauche. Dans la correspondance administrative et commerciale, le nom est tapé au-dessous de la signature manuscrite. Le nom n'est précédé ni de *Monsieur*, ni de *Madame*, ni de *Maître*, ni de *Docteur*, ni de l'abréviation de l'un ou l'autre de ces titres.

Dans le cas où le ou la signataire occupe des fonctions similaires à celles d'autres personnes, la profession ou le titre est indiqué après la signature et le nom (pour l'écriture du patronyme en majuscules, voir p. 381). Il y a deux présentations possibles : l'une selon laquelle le nom est suivi d'une virgule, et le titre ou la profession est tout en minuscules et figure sur la même ligne que le nom ou sur la ligne suivante ; et l'autre selon laquelle le nom n'est pas suivi d'une virgule, et le titre ou la profession apparaît sur la ligne suivante et prend une majuscule initiale, comme sur une carte professionnelle (voir aussi **MAJUSCULES**, p. 201, et **Carte professionnelle**, p. 701). Le nom de l'entité administrative peut être indiqué ensuite. On peut aussi ajouter les numéros de téléphone et de télécopie, ainsi que l'adresse de courriel du ou de la signataire (voir d'autres exemples p. 557-559, 586, 612).

Normand Bélanger,
terminologue

Carmen Martinez,
notaire

Andrea Marconi
Architecte
Téléphone et télécopie : 450 321-9876

Marie-France Moreau, technicienne
Marie-France Moreau, technicienne
Service de l'informatique
Marie-France.Moreau@courrier.com

Lorsque le ou la signataire a un prénom dont la forme est identique au masculin et au féminin (Camille, Claude, Dominique, par exemple), et que son titre ou sa fonction est épicène (c'est-à-dire que sa forme est la même aux deux genres), il ou elle peut faire suivre son nom de **Monsieur** ou de **Madame** entre parenthèses pour renseigner le ou la destinataire de la lettre.

Claude Lefebvre (Madame)
Infographiste

Si le ou la signataire occupe un poste de direction ou une fonction unique, sa fonction ou son titre, précédé de l'article et suivi d'une virgule, s'écrit au-dessus de la signature. Si le titre du ou de la signataire figure dans l'en-tête, il peut être inutile de le répéter dans la signature. Mais les mentions « Bureau du président », « Cabinet de la sous-ministre », par exemple, qui peuvent figurer dans l'en-tête, ne signifient pas que le ou la signataire est obligatoirement le président ou la sous-ministre.

La vice-présidente aux finances,

Monique Lajoie

Le secrétaire du Comité
de la politique linguistique,

Benoît Rouleau

La chef du Service de la gestion
des documents et des archives p. i.,

Marie-Renée Labrecque

Marie-Renée Labrecque
(de préférence à
*La chef p. i. du Service de la gestion
des documents et des archives.*
L'abréviation **p. i.** signifie « par intérim ».)

Quand il est nécessaire de le faire pour des raisons administratives, on peut ajouter
à la signature la mention de la profession ou de l'appartenance à un ordre professionnel (mais on ne mentionne jamais les grades universitaires). Dans ce cas,
on inscrit cette mention en toutes lettres ou on l'abrège.

La directrice de la recherche,

Pascale Larose

Pascale Larose, cardiologue
(Les membres des professions médicales n'emploient pas le titre de *Docteur* ou *Docteure*
dans leur signature, pas plus qu'il ne convient à quiconque d'employer le titre de *Monsieur*
ou de *Madame* dans ce contexte. Il n'est pas conseillé non plus de faire suivre son nom
de l'abréviation *M.D.*, qui est celle d'un grade universitaire.)

Le vérificateur par intérim,

Michel Lessard

Michel Lessard, ing.
(L'expression **par intérim** peut s'abréger en **p. i.**)

Le chef du contentieux,

Nicolas Popescu

Nicolas Popescu, avocat
(Les membres des professions juridiques n'emploient pas le titre de *Maître*
dans leur signature, pas plus qu'il ne convient à quiconque d'employer le titre
de *Monsieur* ou de *Madame* dans ce contexte.)

SIGNATURE PAR DÉLÉGATION

Il arrive qu'une personne soit autorisée par une autorité supérieure à signer en son nom. Dans ce cas, elle doit écrire **Pour** devant la mention de la fonction ou du titre de cette autorité, mais c'est le nom du ou de la signataire qu'on inscrit. On peut aussi mentionner le titre ou la fonction du ou de la signataire, ainsi que le nom de la personne pour qui on signe.

Pour la mairesse,

Daniel Roy

**Daniel Roy,
secrétaire**

Pour le trésorier, David Farmer,

Julie Mercier

**Julie Mercier,
attachée d'administration**

La disposition est semblable dans le cas où la personne qui a écrit la lettre n'a pas une fonction unique et où c'est un ou une collègue qui signe la lettre.

Pour Stéphane Richard, linguiste,

Emmanuelle Dupré

**Emmanuelle Dupré,
traductrice**

Dans le cas où l'absence de l'expéditeur ou de l'expéditrice n'était pas prévue au moment où la lettre a été tapée, le ou la signataire peut se contenter d'écrire *pour* à la main devant le nom de la personne à la place de laquelle il ou elle signe.

Tuan Nguyen

pour **Diane Lafleur,
professeure de musique**

Si le ou la signataire agit officiellement au nom et à la place de l'autorité qui adresse la communication, la signature est précédée de la mention **par procuration**, abrégée en **p. p.**

> **La greffière,**
>
> *[signature]*
>
> **p. p. Rachid Najem**

> **Le président, Jean Berger,**
> **p. p. La directrice générale,**
>
> *[signature]*
>
> **Ghislaine Léger**

SIGNATURE DOUBLE OU MULTIPLE

Lorsqu'une lettre comporte plus d'une signature, on les dispose l'une à côté de l'autre. Selon l'usage protocolaire, on place de préférence à gauche la signature de la personne qui détient le plus haut niveau d'autorité.

> **La présidente,**   **Le directeur général,**
>
> *[signature]*   *[signature]*
>
> **Marie Auger**   **Jean-Pierre Lemire**

Si les signataires sont à un même niveau hiérarchique, on dispose les signatures l'une sous l'autre, par ordre alphabétique.

> *[signature]*
>
> **Françoise Allard,**
> **rédactrice**

> *[signature]*
>
> **Catherine Delage,**
> **relationniste**

Lorsque les signataires ne sont pas du même niveau hiérarchique et que l'un occupe un poste unique, mais l'autre, non, il vaut mieux respecter les règles relatives à l'indication de la fonction de chaque signataire (voir p. 541-542) plutôt que d'uniformiser la présentation des deux signatures.

**La directrice de la recherche
et de l'évaluation,**

Gisèle Juneau

Gisèle Juneau

Maxime Cochrane

**Maxime Cochrane
Agent de recherche**

Dans le cas où deux signataires travaillent dans deux entreprises ou organismes différents, il peut être utile de le mentionner dans les signatures, à la suite des titres ou fonctions des signataires. On peut alors disposer les signatures selon l'ordre alphabétique du nom des signataires ou du nom des entreprises ou organismes.

**Le directeur général
du Centre Alphatech,**

Denys Lussier

Denys Lussier

**La directrice générale
de l'Institut Multimed,**

Nathalie Lafrance

Nathalie Lafrance

Mentions complémentaires

Ces différentes mentions complémentaires s'écrivent les unes sous les autres, dans l'ordre ci-dessous; on peut laisser un interligne entre elles ou non, selon la longueur de la lettre et le besoin de séparer les blocs de mentions (liste des pièces jointes, liste des personnes auxquelles on envoie une copie).

INITIALES D'IDENTIFICATION

Les initiales d'identification sont facultatives. Elles permettent de savoir qui a rédigé et qui a tapé la lettre. Elles se mettent à gauche au bas de la page, sur la ligne où on a inscrit le nom du ou de la signataire, ou au-dessous dans une lettre à un alignement. Comme il s'agit de codes, les initiales d'identification ne comportent ni espaces, ni points, ni traits d'union, même dans le cas de prénoms ou de patronymes composés. Elles reprennent deux ou trois initiales ou lettres des prénom et nom des personnes en question.

Les initiales de la personne qui a rédigé la lettre, qui est généralement aussi le ou la signataire, sont indiquées par convention en lettres majuscules, et celles du ou de la secrétaire sont écrites en lettres minuscules ; les groupes d'initiales sont séparés par une barre oblique sans espace avant ni après.

HLC/cp

Si la lettre a deux signataires, ou si elle a été rédigée par une personne autre que le ou la signataire, on peut inscrire les initiales de chaque personne. Ces initiales peuvent figurer soit dans l'ordre selon lequel sont prévues les signatures, soit dans l'ordre signataire, puis rédacteur ou rédactrice, et enfin secrétaire.

ASP/CD/ef

Si la même personne rédige la lettre et en assure le traitement, ce qui est de plus en plus courant, la lettre ne comporte généralement pas d'initiales d'identification.

Autres exemples d'initiales d'identification

CP/il (Claude Plante et Isabelle LeBeau)

LFG/mda (Lucie Fortin-Gonzalez et Marie Dubois-Auclair)

PSL/amm (Pierre Saint-Laurent et Anne-Marie Mac Arthur)

GHL/gl (Ghislaine Lortie et Gisèle Lafleur)

ML/sm (Michelle de Loyola et Simon McGill)

PIÈCES JOINTES

Une pièce jointe est un document (dépliant, procès-verbal, facture ou autre) qu'on annexe à une lettre et qui est évoqué dans le corps de la lettre. Il faut noter qu'une enveloppe-réponse n'est pas considérée comme une pièce jointe, car ce n'est pas à proprement parler un document, c'est-à-dire un « écrit servant de preuve ou de renseignement » (*Le petit Robert*). On indique la pièce jointe par la mention **Pièce jointe**, **Pièces jointes**, ou couramment, en abrégé, **p. j.** Cette mention est placée au bas de la page, contre la marge de gauche, sous les initiales d'identification. Elle est suivie de la désignation des documents annexés (avec une majuscule de position), ou de leur nombre et de leur désignation (avec une minuscule, car il ne peut y avoir de majuscule de position dans ce cas puisqu'un chiffre précède le nom), ou encore de leur nombre seul, si, dans ces deux derniers cas, la lettre les a déjà annoncés ou s'ils sont nombreux. Cette mention permet de vérifier rapidement si l'envoi est complet.

> **Pièce jointe : Curriculum vitæ**
> **Pièces jointes : 8**
> **p. j. 1 dépliant**
>   **10 autocollants**
> **p. j. Formulaire d'inscription**
> **p. j. 5**

Pour des raisons d'uniformité dans la présentation d'une même lettre, si on écrit *pièce jointe* en toutes lettres, on écrit *copie conforme* en toutes lettres. De même, si on utilise l'abréviation *p. j.*, on utilise également l'abréviation *c. c.*

COPIE CONFORME

Cette mention, qui figure sous les initiales d'identification et les pièces jointes, contre la marge de gauche, indique au destinataire qu'une copie de la lettre originale signée a été envoyée à d'autres personnes. On peut écrire en toutes lettres **Copie conforme** (mention qui est toujours au singulier, qui comprend une majuscule initiale et qui est suivie d'un deux-points) ou employer l'abréviation courante **c. c.** (en minuscules, sans le deux-points). Il est par ailleurs inutile de préciser le mode d'acheminement (par courriel, par télécopie, etc.) de la copie conforme.

> **Copie conforme : M. Carl Paré**
>
> **c. c. M. Claude Rocher**

Le nom de la ou des personnes peut être accompagné de leur titre ou de leur fonction, du nom du service auquel elles sont rattachées ou encore du nom de l'organisme ou de la société où elles travaillent.

> **Copie conforme : M. Jean Dubuc, chef du Service de traduction**
>
> **c. c. M. Carl Paré, ministère des Finances**
>
> **Copie conforme : M. Claude Rocher**
>   **Président-directeur général, Agence ABC**

Quand on envoie une copie de la lettre à plusieurs personnes, on peut inscrire les noms dans l'ordre alphabétique, sans nécessairement mentionner les femmes en premier, ou selon un ordre hiérarchique.

> **c. c. Mme Maria Papadopoulos**
>   **M. Gaston Simard**
>   **Mme Huguette Tremblay**
>   (ordre alphabétique)
>
> **c. c. Mme Huguette Tremblay**
>   **Mme Maria Papadopoulos**
>   **M. Gaston Simard**
>   (ordre hiérarchique)

Le nom des personnes de l'extérieur figure cependant avant celui des personnes de l'intérieur.

> **c. c. M. Carl Paré, ministère des Finances**
>   **M. Claude Arbour, Office québécois de la langue française**
>   (le nom des personnes de l'extérieur figure en premier lieu)

On peut aussi faire parvenir une copie conforme à un groupe sans spécifier le nom des personnes qui le composent.

> **Copie conforme : Membres du comité de rédaction**

Pour des raisons d'uniformité dans la présentation d'une même lettre, si on écrit *pièce jointe* en toutes lettres, on écrit *copie conforme* en toutes lettres. De même, si on utilise l'abréviation *p. j.*, on utilise également l'abréviation *c. c.*

TRANSMISSION CONFIDENTIELLE

Cette mention, qui s'écrit de préférence en toutes lettres, se met non pas sur l'original, bien sûr, mais sur la copie seulement, lorsqu'on envoie celle-ci à un tiers à titre confidentiel et à l'insu du ou de la destinataire de la lettre. Elle figure sous la mention **copie conforme** ou à la place de celle-ci (voir exemple p. 560).

> **Transmission confidentielle : M. Paul Germain**
> (sur la copie uniquement)

POST-SCRIPTUM

Le post-scriptum est une note brève qu'on ajoute au bas d'une lettre, immédiatement après la signature (voir exemples p. 603 et 622). Il ne sert pas à réparer un oubli, mais plutôt à attirer l'attention sur un point particulier. Surtout réservé à la correspondance privée, il vaut mieux l'éviter dans une lettre commerciale ou administrative, et intégrer toute l'information au texte de la lettre. En cas de besoin, on peut néanmoins l'indiquer par l'abréviation **P.-S.**, suivie d'un tiret.

> **P.-S. – En arrivant, veuillez indiquer si vous désirez dîner sur place.**

Il ne convient pas d'employer la mention *Nota bene* (dont l'abréviation est *N. B.*) dans la correspondance commerciale ou administrative, car le texte de la lettre doit être complet en soi.

DEUXIÈME PAGE ET SUIVANTES

Il est utile de numéroter la deuxième page et les suivantes (voir exemple p. 567-568). On ne numérote pas la première page, mais si on le juge utile on peut inscrire dans l'angle inférieur droit de la première page l'indication **... 2** (une espace suit les points de suspension) pour dire que le texte se poursuit.

La barre oblique peut aussi figurer en bas et à droite d'une lettre, entre deux séries de points de suspension et sans indication de pagination, pour indiquer que le document se poursuit. D'autres variantes sont aussi possibles : on peut écrire le nombre total de pages précédé d'une barre oblique et de points de suspension ou seulement d'une barre oblique.

On numérote les pages dans l'angle supérieur droit en indiquant le chiffre seulement, sans aucun signe de ponctuation.

La deuxième page et les suivantes n'ont pas d'en-tête; toutefois, il peut être utile de répéter le nom du ou de la destinataire (dont on peut abréger le titre de civilité) en haut de la deuxième page près de la marge de gauche, d'indiquer le numéro de la page au centre et de mentionner la date à droite, sous forme alphanumérique de préférence.

Pour indiquer que la lettre se continue au verso, on indique **... verso** ou TSVP (« Tournez, s'il vous plaît ») dans le coin inférieur droit du recto (voir p. 575).

Outre ces façons de faire qui s'appliquent à la lettre, on peut, dans d'autres écrits, indiquer la pagination au bas de la page. Dans certains documents, on peut aussi, au besoin, préciser l'ordre des pages par rapport au nombre total de pages. Pour ce faire, on emploie soit la barre oblique, soit les prépositions *de* ou *sur* : *2/4, 3/4*; *2 de 4, 3 de 4*; *2 sur 4, 3 sur 4*, par exemple. On écrit ces mentions en haut ou en bas de chaque page.

Si la lettre a plus d'une page, il faut éviter de ne placer sur la dernière page que la formule de salutation et la signature. Par ailleurs, le dernier paragraphe d'une page doit compter au moins deux lignes au bas de cette page et au moins deux lignes également sur la page suivante. On ne coupe pas le dernier mot d'une page.

Exemples de lettres

Disposition de la lettre

La lettre administrative ou commerciale respecte certaines règles de disposition qui portent sur les marges, l'interligne, la justification et la police de caractères, ainsi que sur l'alignement du texte. Ces règles de disposition sont illustrées dans les exemples des pages suivantes. Il faut noter que, pour que ces exemples demeurent lisibles, les proportions entre le format du papier, la taille (corps) des caractères et les marges ont été modifiées.

MARGES

Les marges supérieure et inférieure, ainsi que les marges latérales, sont généralement de quatre centimètres. Une marge de gauche plus large peut toutefois être utile pour que le ou la destinataire de la lettre puisse y inscrire des annotations. Il faut aussi tenir compte des contraintes du papier à en-tête et de la disposition de celui-ci. Une lettre personnelle, écrite sur du papier sans en-tête, sera centrée verticalement, c'est-à-dire qu'on veillera à équilibrer les marges supérieure et inférieure, et à bien répartir le texte entre celles-ci (voir exemples p. 556-557).

INTERLIGNE

Les lettres sont généralement tapées à simple interligne; toutefois, une lettre très courte peut être tapée (son contenu, pas la vedette) à interligne et demi, voire à double interligne, pour que le texte remplisse mieux la surface de la page. Il faut aussi veiller à répartir harmonieusement les blocs de texte dans la page, en passant au besoin le nombre de lignes qui convient (voir ci-dessous **Espacements de la lettre en résumé**).

JUSTIFICATION

Les lettres peuvent être justifiées à droite ou ne pas l'être ; dans tous les cas, il faut veiller à la bonne répartition des mots et des blancs.

POLICE DE CARACTÈRES

On adopte une seule police de caractères par lettre et on peut adapter sa taille (ou corps) à la longueur du texte : corps entre 10 et 14 points.

ALIGNEMENT

Les lettres peuvent être disposées selon un, deux ou trois alignements.

C'est la disposition à trois alignements qui est la plus équilibrée visuellement, car ses éléments sont répartis sur l'ensemble de la surface de la page : elle est donc préférable aux autres et c'est celle que nous préconisons. La date et la signature sont à droite, l'objet est centré, les autres éléments sont alignés contre la marge de gauche, et tous les paragraphes commencent par un alinéa (voir exemples p. 556-557).

Dans les lettres à deux alignements, tous les éléments sont alignés contre la marge de gauche (pas d'alinéas), sauf la date et la signature, qui sont à droite. La mention de l'objet peut rester centrée (voir exemple p. 558).

Les lettres à un alignement ne demandent aucune tabulation, mais elles sont plus longues, car elles alignent tous les éléments les uns après les autres contre la marge de gauche (voir exemples p. 559-560).

ESPACEMENTS DE LA LETTRE EN RÉSUMÉ

À la page suivante est représenté le nombre de lignes blanches entre les différents éléments d'une lettre. Ces espacements sont des **suggestions**. Les chiffres qui figurent à gauche sont des indications, l'important étant d'atteindre un équilibre visuel entre les divers éléments. Pour rendre la présentation de la lettre harmonieuse, on peut laisser plus de lignes blanches ou moins de lignes blanches entre deux parties. Le texte doit être disposé de façon aérée ; le texte d'une lettre courte doit, dans la mesure du possible, être distribué sur toute la page.

✚ Signataire occupant une fonction unique ou un poste de direction

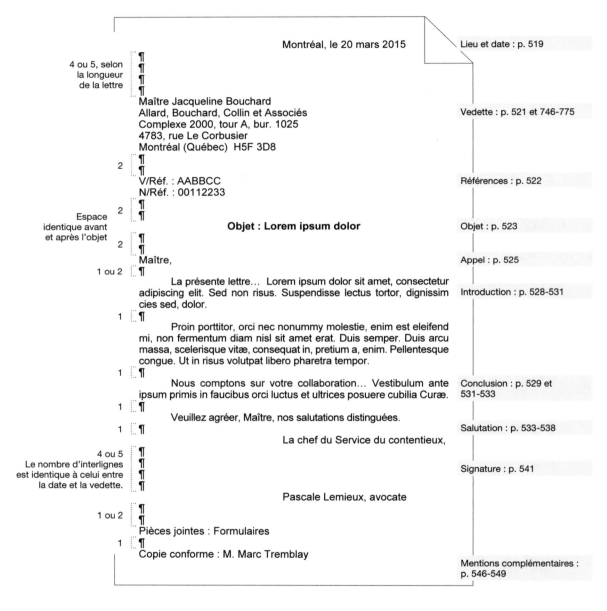

Montréal, le 20 mars 2015   Lieu et date : p. 519

4 ou 5, selon la longueur de la lettre

¶
¶
¶
¶

Maître Jacqueline Bouchard
Allard, Bouchard, Collin et Associés
Complexe 2000, tour A, bur. 1025
4783, rue Le Corbusier
Montréal (Québec) H5F 3D8   Vedette : p. 521 et 746-775

2 ¶

V/Réf. : AABBCC
N/Réf. : 00112233   Références : p. 522

2 ¶

Espace identique avant et après l'objet   2 ¶

Objet : Lorem ipsum dolor   Objet : p. 523

2 ¶
¶

Maître,   Appel : p. 525

1 ou 2 ¶

     La présente lettre… Lorem ipsum dolor sit amet, consectetur adipiscing elit. Sed non risus. Suspendisse lectus tortor, dignissim cies sed, dolor.   Introduction : p. 528-531

1 ¶

     Proin porttitor, orci nec nonummy molestie, enim est eleifend mi, non fermentum diam nisl sit amet erat. Duis semper. Duis arcu massa, scelerisque vitæ, consequat in, pretium a, enim. Pellentesque congue. Ut in risus volutpat libero pharetra tempor.

1 ¶

     Nous comptons sur votre collaboration… Vestibulum ante ipsum primis in faucibus orci luctus et ultrices posuere cubilia Curæ.   Conclusion : p. 529 et 531-533

1 ¶

     Veuillez agréer, Maître, nos salutations distinguées.   Salutation : p. 533-538

1 ¶

     La chef du Service du contentieux,

4 ou 5
Le nombre d'interlignes est identique à celui entre la date et la vedette.

¶
¶
¶
¶   Signature : p. 541

     Pascale Lemieux, avocate

1 ou 2 ¶
¶

Pièces jointes : Formulaires

1 ¶

Copie conforme : M. Marc Tremblay   Mentions complémentaires : p. 546-549

Signataire occupant une fonction similaire à celle d'une autre personne

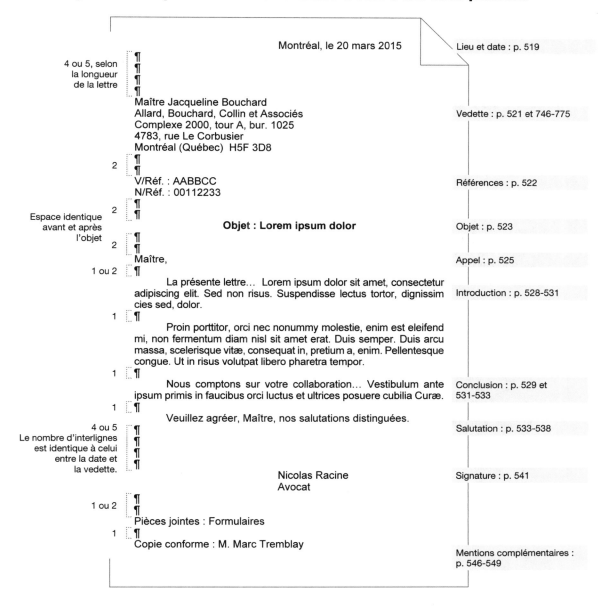

Montréal, le 20 mars 2015

Lieu et date : p. 519

4 ou 5, selon la longueur de la lettre

Maître Jacqueline Bouchard
Allard, Bouchard, Collin et Associés
Complexe 2000, tour A, bur. 1025
4783, rue Le Corbusier
Montréal (Québec) H5F 3D8

Vedette : p. 521 et 746-775

2

V/Réf. : AABBCC
N/Réf. : 00112233

Références : p. 522

2

Espace identique avant et après l'objet

2

Objet : Lorem ipsum dolor

Objet : p. 523

Maître,

Appel : p. 525

1 ou 2

La présente lettre... Lorem ipsum dolor sit amet, consectetur adipiscing elit. Sed non risus. Suspendisse lectus tortor, dignissim cies sed, dolor.

Introduction : p. 528-531

1

Proin porttitor, orci nec nonummy molestie, enim est eleifend mi, non fermentum diam nisl sit amet erat. Duis semper. Duis arcu massa, scelerisque vitæ, consequat in, pretium a, enim. Pellentesque congue. Ut in risus volutpat libero pharetra tempor.

1

Nous comptons sur votre collaboration... Vestibulum ante ipsum primis in faucibus orci luctus et ultrices posuere cubilia Curæ.

Conclusion : p. 529 et 531-533

1

Veuillez agréer, Maître, nos salutations distinguées.

Salutation : p. 533-538

4 ou 5
Le nombre d'interlignes est identique à celui entre la date et la vedette.

Nicolas Racine
Avocat

Signature : p. 541

1 ou 2

Pièces jointes : Formulaires

1

Copie conforme : M. Marc Tremblay

Mentions complémentaires : p. 546-549

Lettres liées à l'emploi

 RÉPONSE À UNE OFFRE D'EMPLOI

Lettre à trois alignements non justifiée

Sherbrooke, le 3 juillet 2016

Monsieur Jacques Lemelin
Directeur du personnel
Éditions François
26, rue Dubreuil
Sherbrooke (Québec) J1H 4Z1

Objet : Réponse à l'offre d'emploi publiée dans *Le Devoir* du 30 juin 2016

Monsieur le Directeur,

Par la présente lettre, je désire poser ma candidature au poste de secrétaire à pourvoir dans votre entreprise.

Ce poste répond à mes goûts, et je crois posséder les qualités et l'expérience nécessaires pour bien faire le travail demandé. Vous pourrez le constater en prenant connaissance du curriculum vitæ que je joins à cette lettre.

J'espère que ma demande d'emploi retiendra votre attention et que vous voudrez bien m'accorder une entrevue lorsque vous le jugerez à propos. Je peux me présenter à vos bureaux n'importe quel jour, du lundi au vendredi, de 8 h à 17 h.

Je vous prie d'agréer, Monsieur le Directeur, mes salutations distinguées.

Pascale Lemieux

80, rue Jacques-Cartier, app. 10
Sherbrooke (Québec) J1H 1Z8

p. j. Curriculum vitæ

DEMANDE D'EMPLOI À LA SUGGESTION D'UNE TIERCE PERSONNE

Lettre à trois alignements justifiée

Montréal, le 9 février 2015

Madame Paule Francœur
Directrice des ressources humaines
Informatiquatout
Bureau 6.124
3, rue Notre-Dame Est
Montréal (Québec) H2Y 1R1

Objet : Candidature au poste de rédacteur technique

Madame,

J'ai appris, par l'intermédiaire de votre associé M. Jacques Bélanger, que votre rédacteur technique avait annoncé sa retraite prochaine. Je désire donc poser ma candidature au poste qu'il laissera vacant et je joins mon curriculum vitæ à la présente lettre.

Je suis titulaire d'un baccalauréat en linguistique ainsi que d'un certificat en rédaction professionnelle. Je possède huit années d'expérience en révision linguistique et trois en rédaction technique. J'ai également suivi une formation intensive en informatique. Nul doute que les connaissances que j'ai acquises au cours de cette formation me permettront de bien comprendre le fonctionnement des applications que vous concevez et de rédiger adéquatement leurs guides d'utilisation, manuels de référence, fichiers d'aide en ligne et tout autre texte destiné aux utilisateurs.

Actuellement réviseur-rédacteur à mon compte, j'aimerais me joindre à une entreprise comme la vôtre pour travailler dans un environnement dynamique et stimulant avec des gens aussi passionnés que moi. Votre entreprise, remarquable par la qualité de ses applications, représente pour moi l'endroit rêvé où poursuivre ma carrière.

Je souhaite vous rencontrer afin de discuter avec vous de mon éventuel apport à Informatiquatout. Vous pouvez m'appeler en tout temps pour fixer un rendez-vous.

Je vous prie d'agréer, Madame, mes salutations distinguées.

Marco Lafleur

Marco Lafleur
3425, rue des Tulipes
Montréal (Québec) H2L 3R3
Téléphone : 514 693-2544
Télécopieur : 514 693-2553
Courriel : marcol@courriel.com

p. j. Curriculum vitæ

CANDIDATURE SPONTANÉE

Lettre à deux alignements justifiée

Gatineau, le 19 octobre 2015

Madame Carmen Lessard
Directrice des ressources humaines
Agence de communication Transtech
4567, 3ᵉ Avenue
Gatineau (Québec) J9A 2H4

Objet : Demande d'attribution de contrat en communication

Madame la Directrice,

Pour faire suite à notre conversation téléphonique, j'ai le plaisir de vous faire parvenir ci-joint mon curriculum vitæ afin que vous puissiez faire appel à mes services comme contractuelle, à titre de conseillère en communication.

Comme je vous l'ai dit la semaine dernière, je suis titulaire d'un baccalauréat en communication et j'ai cinq années d'expérience dans ce domaine. Mes différents mandats m'ont amenée à prendre en charge des projets d'envergure, de la recherche d'idées à la présentation finale selon le support retenu, en passant par les étapes de recherche de documentation, d'analyse et de rédaction en fonction du contexte de communication, et de mise en pages. Si vous le désirez, je serais heureuse de vous faire parvenir quelques exemples de travaux dont je suis particulièrement fière.

Je connais bien votre entreprise pour y avoir fait un stage au cours de mes études universitaires; j'en garde un excellent souvenir, car c'était un milieu de travail très stimulant. Aujourd'hui, l'essor remarquable que Transtech connaît reflète bien la qualité de sa gestion et de son personnel.

Une rencontre avec vous me permettrait de discuter davantage de mes qualifications et de mon éventuelle contribution à votre agence. Je me permettrai de vous téléphoner au début du mois prochain pour connaître vos intentions quant à ma candidature et éventuellement prendre rendez-vous.

Vous remerciant à l'avance de l'attention que vous porterez à mon offre, je vous prie d'agréer, Madame la Directrice, mes salutations distinguées.

Martine Côté

Martine Côté
83, rue de Bergerac, app. 12
Gatineau (Québec) J9A 1M7
Téléphone : 819 772-1111
martine_cote@adresse.com

p. j. Curriculum vitæ

RÉPONSE À UNE OFFRE D'EMPLOI

Lettre à un alignement non justifiée

Québec, le 4 mai 2015

Monsieur Marcel Martineau
Directeur des ressources humaines
Martin & Martinez
12345, rue Laroche, bureau 234
Québec (Québec) G1R 3W3

**Objet : Candidature au poste d'arpenteur-géomètre
ou d'arpenteuse-géomètre**

Monsieur,

C'est avec beaucoup d'enthousiasme que je réponds à votre offre d'emploi dont j'ai pris connaissance par votre site Internet. Les tâches liées au poste que vous offrez m'apparaissent des plus intéressantes et stimulantes. Vous constaterez d'ailleurs, à la lecture de mon curriculum vitæ ci-joint, que mes connaissances et mon expérience répondent très bien aux exigences de ce poste.

J'ai un baccalauréat en sciences géomatiques et trois années d'expérience dans ce domaine. Parmi mes réalisations, je compte la création de nombreuses applications géomatiques. Sans délaisser l'aspect informatique de la profession, j'aimerais maintenant orienter ma carrière vers de grands projets d'arpentage et de levés de terrain en milieu naturel. C'est pourquoi le poste que vous offrez m'intéresse grandement, d'autant plus que votre entreprise vient en tête de liste dans ce secteur d'activité. Très sportive, je jouis d'une excellente condition physique, ce qui sera un atout pour travailler dans les régions montagneuses et boisées.

J'aimerais beaucoup vous rencontrer pour discuter de mon éventuelle collaboration avec Martin & Martinez. Vous pouvez m'appeler en tout temps pour que nous puissions prendre rendez-vous.

Je vous prie de recevoir, Monsieur, mes salutations distinguées.

Sophie Langlois

Sophie Langlois
23, rue des Pommiers
Québec (Québec) G4W 4T5
Téléphone : 418 654-4321
Cellulaire : 418 266-9999
slanglois@courrier.com

p. j. Curriculum vitæ

RECOMMANDATION

Lettre à un alignement justifiée

CONFIDENTIEL

Saint-Jérôme, le 10 mai 2017

Madame Danielle Rivard
Directrice administrative
Laboratoire Homéotech
187, rue De Martigny Ouest
Saint-Jérôme (Québec) J7Y 3R8

Madame,

C'est avec plaisir que nous vous communiquons les renseignements que vous nous demandez dans votre lettre du 26 avril au sujet de M. Pedro Alvarez.

M. Alvarez a effectivement travaillé pendant plus de quatre ans dans notre entreprise, en qualité de technicien de laboratoire. C'était un employé ponctuel, aimable et méthodique. Il faut de plus souligner la grande conscience professionnelle et l'esprit d'initiative dont il a toujours fait preuve chez nous. Aussi sommes-nous persuadés qu'il serait pour votre entreprise un excellent technicien.

Nous vous prions de recevoir, Madame, nos salutations distinguées.

Le chef du Service de la recherche,

Michel Durocher

MD/bv

Transmission confidentielle : M. Pedro Alvarez*

* Sur une copie qui serait destinée à M. Alvarez uniquement.

RECOMMANDATION

Montréal, le 13 juin 2017

Monsieur Jean-Pierre Laurent
Directeur des ressources humaines
Société informatique Logica
5775, boulevard des Sources
Dorval (Québec) H1V 9K7

Objet : Recommandation de M. Louis Dupont

Monsieur,

En réponse à votre demande de renseignements sur M. Louis Dupont, nous avons le plaisir de vous confirmer que, au cours des huit années qu'il a passées dans la société Logica, il nous a donné entière satisfaction.

M. Dupont possède en effet les qualités humaines et professionnelles qui font les meilleurs gestionnaires. Il a su faire face à des situations difficiles en gardant la confiance du personnel dont il avait la responsabilité ainsi que celle de ses supérieurs. Nous avons vivement regretté son départ, motivé par des raisons familiales.

Nous vous recommandons donc sans réserve sa candidature et nous vous prions d'agréer, Monsieur, nos salutations distinguées.

Le directeur commercial,

André Lefrançois

RÉFÉRENCE DÉFAVORABLE

PAR MESSAGERIE   Gatineau, le 20 avril 2015
CONFIDENTIEL

Docteure Jocelyne Daigle
Vétérinaire
Cabinet Daigle & Associés
4315, boulevard Saint-René Ouest
Gatineau (Québec) J8P 3W7

            **Objet : Réponse à votre demande de renseignements
                 au sujet de Mme Trépanier**

Docteure,

     J'ai bien reçu votre lettre du 13 avril dernier dans laquelle vous sollicitez mon opinion au sujet de Mme Camille Trépanier.

     Les renseignements que je peux vous donner ne lui sont guère favorables. En effet, Mme Trépanier a travaillé dans mon cabinet comme vétérinaire pendant six mois, soit la durée de sa période d'essai, avant que je la congédie. J'ai été très satisfait de son travail, mais une enquête menée à la suite de plaintes de certains employés a révélé qu'elle travaillait moins d'heures qu'elle n'en déclarait. Malgré mes avertissements, elle n'a pas modifié son comportement.

     Regrettant de ne pouvoir vous recommander sans réserve Mme Trépanier, je ne peux que vous conseiller une certaine prudence.

     Veuillez agréer, Docteure, mes salutations distinguées.

William Chabot
Vétérinaire

REFUS D'ÉCRIRE UNE LETTRE DE RECOMMANDATION

Montréal, le 13 octobre 2016

Madame Carmen Sioui
Technicienne en documentation
Centre de veille Infoplus
435, rue McGill, 12ᵉ étage
Montréal (Québec) H2Y 8D1

       Objet : Réponse à votre demande de lettre de recommandation

Madame,

    Vous avez récemment exprimé le souhait que j'écrive pour vous une lettre de recommandation en appui à votre candidature au poste de technicienne principale à Infoplus.

    J'ai le regret de vous informer qu'il ne m'est pas possible de donner suite à votre demande. Malgré toute la sympathie que vous m'inspirez, je considère que je connais trop peu votre niveau de spécialisation pour être en mesure de le décrire de façon juste et honnête.

    J'espère que vous comprendrez la raison de mon refus et que vous ne m'en tiendrez pas rigueur.

    Vous souhaitant sincèrement bonne chance pour l'obtention du poste, je vous prie de croire, Madame, à mes sentiments les meilleurs.

Marguerite Lafrenière

Marguerite Lafrenière,
journaliste

CONVOCATION À UNE ENTREVUE

ÉDITIONS FRANÇOIS
26, rue Dubreuil, Sherbrooke (Québec) J1H 4Z1
Téléphone : 514 871-2345
Télécopie : 514 872-2324

Le 19 juillet 2016

Madame Pascale Lemieux
80, rue Jacques-Cartier, app. 10
Sherbrooke (Québec) J1H 1Z8

Objet : Convocation à une entrevue

Madame,

Nous avons reçu votre demande d'emploi du 3 juillet 2016 et nous avons examiné votre curriculum vitæ avec attention. Nous avons le plaisir de vous annoncer que votre nom est inscrit sur la liste des meilleurs candidats et candidates que nous avons sélectionnés.

Nous vous convoquons donc à un entretien pour le mardi 26 juillet à 14 h, dans la salle de conférences de notre entreprise, 26, rue Dubreuil, à Sherbrooke.

Veuillez agréer, Madame, l'expression de ma considération distinguée.

Le directeur du personnel,

Jacques Lemelin

Jacques Lemelin

JL/dm

DEMANDE D'ATTESTATION D'EMPLOI

PAR TÉLÉCOPIE　　　　　　　　Québec, le 12 juin 2015

Monsieur Gabriel Mailloux
Directeur des ressources humaines
Office québécois de la langue française
Édifice Camille-Laurin
125, rue Sherbrooke Ouest
Montréal (Québec) H2X 1X4

Objet : Demande d'attestation d'emploi

Monsieur,

Je prépare en ce moment une demande de prêt hypothécaire. Pour la présentation de cette demande à mon établissement bancaire, je dois avoir en ma possession un document confirmant le nom et l'adresse de mon employeur, le titre des fonctions que j'exerce pour le compte de ce dernier, mon statut d'emploi, la date de mon embauche ainsi que mon salaire annuel. Par conséquent, auriez-vous l'obligeance de me faire parvenir une attestation d'emploi d'ici au 19 juin ?

Consciente du fait que je vous demande une réponse à très brève échéance, c'est avec sincérité que je vous remercie, par avance, pour votre collaboration.

Je vous prie de recevoir, Monsieur, mes salutations distinguées.

Josée Lavoie

Josée Lavoie,
bibliotechnicienne
Téléphone : 418 466-6388
Télécopieur : 418 466-6389

ATTESTATION D'EMPLOI

L'attestation d'emploi prend ici la forme d'une lettre dont le destinataire n'est pas connu ; c'est pourquoi elle ne comporte pas de vedette. L'appel en est **Madame, Monsieur,** disposés l'un sous l'autre (voir p. 526).

CONFIDENTIEL   Montréal, le 19 juin 2015

Objet : Attestation d'emploi pour Mme Josée Lavoie

Madame,
Monsieur,

La présente lettre confirme que Mme Josée Lavoie est bibliotechnicienne à l'Office québécois de la langue française depuis le 6 juillet 2009. Mme Lavoie occupe à l'Office un emploi permanent et exerce ses fonctions dans le bureau de la Capitale-Nationale, dont l'adresse est 750, boulevard Charest Est, Québec (Québec) G1K 9K4. Le salaire annuel de Mme Lavoie est de 48 872 $.

Espérant que ces renseignements vous satisferont, je vous prie d'agréer, Madame, Monsieur, mes salutations distinguées.

Le directeur des ressources humaines,

G. Mailloux

Gabriel Mailloux

ATTESTATION D'EMPLOI

L'attestation d'emploi prend ici la forme d'une lettre faisant état des compétences d'un professionnel. Ses destinataires ne sont pas connus ; c'est pourquoi elle ne comporte pas de vedette. L'appel en est **Mesdames, Messieurs,** disposés l'un sous l'autre (voir p. 526).

Québec, le 15 mars 2017

Objet : Attestation d'emploi pour M. François Larivière

Mesdames,
Messieurs,

À toutes fins utiles, j'ai le plaisir de vous communiquer quelques précisions sur les fonctions que M. François Larivière a exercées dans notre société.

Au cours des douze années pendant lesquelles M. Larivière a travaillé à la Société de gestion Comptablex, c'est-à-dire de janvier 2005 à février 2017, il a occupé successivement deux postes : l'un d'attaché d'administration au Service de la comptabilité, et l'autre de chef du Service des ressources matérielles.

Ainsi, de janvier 2005 à septembre 2009, le poste qu'il occupait l'a amené à exercer des activités spécialisées dans le domaine de la gestion financière.

Les attributions principales et habituelles de ce poste consistent à participer, sous l'autorité des supérieurs immédiat et hiérarchique, à l'application des méthodes comptables. Il importe donc que le ou la titulaire d'un tel poste connaisse parfaitement la réglementation, les directives et les procédures en usage dans l'entreprise.

Ensuite, de septembre 2009 à février 2017, M. Larivière a occupé un poste de gestionnaire après avoir réussi un concours de promotion.

... 2

2

Ce poste de chef de service exige évidemment des aptitudes pour la direction, la planification, l'organisation et les relations humaines. Le ou la titulaire du poste doit aussi posséder des connaissances poussées d'ordre administratif, technique et financier. Une bonne culture informatique est également souhaitable, étant donné l'informatisation généralisée de toutes les fonctions de l'entreprise. C'est bien sûr le ou la chef du Service des ressources matérielles qui a la responsabilité des achats de matériel et de logiciels pour l'ensemble de notre société.

J'espère que ces précisions sur les fonctions que M. François Larivière a exercées dans notre entreprise et sur les responsabilités qu'il y a assumées vous seront utiles. Si toutefois vous désirez d'autres renseignements à ce sujet, n'hésitez pas à vous adresser à moi ; vous pouvez me téléphoner au 418 354-9876.

Veuillez agréer, Mesdames, Messieurs, mes salutations distinguées.

La directrice
des ressources humaines,

Pauline Lacour

PL/nm

OFFRE D'UN POSTE

Magog, le 9 mai 2016

Madame Jacqueline Barbeau
642, 3ᵉ Rang
Saint-Luc-de-Bellechasse (Québec)
G1R 2W9

Madame,

Nous avons le plaisir de vous informer que vous avez réussi l'examen oral qui constituait notre dernière épreuve de sélection : nous vous offrons donc le poste de relationniste dans notre entreprise.

La date de votre entrée en fonction a été fixée au lundi 23 mai, à 8 h 30. Vous serez alors reçue par le directeur adjoint des ressources humaines, M. Pierre Forget, qui vous présentera aux chefs de service ainsi qu'à vos futurs collègues.

Votre assentiment nous est sans doute acquis. Nous vous demandons cependant de nous le confirmer par écrit.

Veuillez agréer, Madame, nos salutations distinguées.

La directrice
des ressources humaines,

Colette Picard

Colette Picard

CP/DL/mp

c. c. M. Pierre Forget

CONFIRMATION DE L'ACCEPTATION D'UN POSTE

Saint-Luc-de-Bellechasse, le 13 mai 2016

Madame Colette Picard
Directrice des ressources humaines
Caravanes BBP
1012, rue des Érables
Magog (Québec) J1X 5A9

Madame la Directrice,

J'ai été heureuse de recevoir votre lettre du 9 mai 2016 m'informant de mon entrée en fonction au Service des relations publiques de votre entreprise.

Conformément à votre demande, je vous confirme que je me présenterai au bureau de M. Pierre Forget à la date et à l'heure que vous m'avez indiquées.

Je vous remercie de la confiance que vous m'accordez et vous assure de mon entière collaboration.

Je vous prie d'agréer, Madame la Directrice, l'expression de mes sentiments distingués.

Jacqueline Barbeau
Jacqueline Barbeau

FÉLICITATIONS

Québec, le 21 septembre 2017

Monsieur Jean-Pierre Leclerc
1045, rue de La Pérade, app. 407
Québec (Québec) G9Z 1J9

Cher Jean-Pierre,

J'ai été heureux d'apprendre ta nomination au poste de vice-président de la nouvelle société Informatique 01.

Tes nouvelles fonctions seront certainement très intéressantes, et je souhaite qu'elles te procurent pleine satisfaction. Je serais par ailleurs ravi qu'elles nous donnent l'occasion de travailler de nouveau en étroite collaboration.

Te félicitant cordialement pour cette promotion bien méritée, je te prie de croire, cher Jean-Pierre, à ma sincère et profonde amitié.

Clément Gagnon

RÉPONSE DÉFAVORABLE À UNE DEMANDE D'EMPLOI

**COMMISSION SCOLAIRE
DES HAUTS-CANTONS**
40, rue Saint-Laurent
East Angus (Québec) J1L 3Z2

East Angus, le 24 novembre 2016

Monsieur Louis Lebrun
26, rue de Hollande, app. 123
Montréal (Québec) H4Z 1J8

Objet : Réponse à votre demande d'emploi

Monsieur,

Nous avons pris connaissance de la demande d'emploi formulée dans votre lettre du 15 novembre. Malheureusement, nous ne pouvons y donner suite, car nous n'avons actuellement aucun poste à pourvoir.

Néanmoins, comme nous avons jugé votre curriculum vitæ digne d'intérêt, nous conserverons votre demande dans nos dossiers pendant un an.

Recevez, Monsieur, nos salutations distinguées.

Le directeur de l'administration
par intérim,

Mario Chénard

MC/JB/dlm

REFUS D'UNE CANDIDATURE

Maison **6ᵉ Gamme**
606, avenue du Sacré-Cœur
Chicoutimi (Québec) A1M 6N6

Le 7 juin 2016

Monsieur François Létourneau
709, boulevard des Franciscaines
Alma (Québec) A2M 3V6

Objet : Refus de votre candidature

Monsieur,

Nous avons le regret de vous informer qu'il nous est impossible de donner suite à votre demande d'emploi comme chef de rayon dans notre établissement.

En effet, votre dossier ne répond malheureusement pas aux exigences que nous avions formulées dans notre offre d'emploi, puisque vous n'avez pas les quatre années d'expérience que nous demandons.

Nous vous remercions de l'intérêt que vous nous avez manifesté et vous prions d'agréer, Monsieur, nos salutations distinguées.

Le directeur du personnel,

Gérard Lemay

GL/ng

ACCUSÉ DE RÉCEPTION

Lévis, le 5 juin 2018

Monsieur Charles Brodeur
1354, avenue du Parc
Donnacona (Québec) J1S 6C8

V/Réf. : AB-804
N/Réf. : 1067-01-CB

Monsieur,

J'accuse réception de votre demande de reclassement du 17 mai ; les renseignements que vous avez fournis semblent complets.

Votre dossier sera transmis aujourd'hui même au comité paritaire qui s'occupe du reclassement du personnel technique. Je peux vous assurer que j'ai pris les mesures nécessaires pour que votre demande soit examinée dans les meilleurs délais.

Veuillez recevoir, Monsieur, mes salutations distinguées.

L'ingénieur en chef,

Jean-Marie Bertrand

JMB/nlg

c. c. Membres du comité paritaire

PLAINTE

Recto

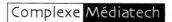

Montréal, le 15 juin 2015

Monsieur Normand Savard
Directeur des relations publiques
Informatiquatout
Tour A, bureau RC 10
10642, rue Monseigneur-Bourget
Laval (Québec) H7T 2Z9

Objet : Plainte relative au service à la clientèle

Monsieur,

Le 4 juin 2015, nous avons acheté vingt ordinateurs de marque ABC et de modèle XYZ. Notre facture, dont vous trouverez copie ci-joint, porte le numéro 05-A-3023.

Depuis l'acquisition de ces ordinateurs, un appareil, dont le numéro de série est ABC 1234 XYZ, ne fonctionne pas correctement : le lecteur de CD ne lit pas la totalité du contenu d'un disque compact. L'appareil étant sous garantie (voir pièce jointe), un de nos employés l'a apporté à deux reprises (les 8 et 10 juin 2015) à votre magasin pour que votre technicien procède à des tests et le répare (voir pièce jointe). Chaque fois que notre employé a repris possession de l'appareil, votre technicien lui a assuré que le problème était réglé, ce qui n'est pas exact, puisque le lecteur de CD ne lit toujours pas le contenu entier d'un disque compact.

Nous sommes un fidèle client de votre magasin depuis des années et nous avons toujours obtenu satisfaction. Nous ne remettons pas en cause ici la qualité de l'appareil, car un défaut de fabrication est toujours possible. Ce que nous déplorons, c'est le fait que votre technicien ait affirmé que l'appareil était réparé, alors que ce n'était pas le cas.

… verso

580, boulevard De La Vérendrye, Montréal (Québec) H6M 2F8
Téléphone : 514 456-7890; télécopieur : 514 456-0987
Courriel : info@mediatech.com
www.mediatech.com

Verso

2

     Comme votre employé n'a pu résoudre le problème et que cet ordinateur ne fonctionne toujours pas bien, nous vous demandons de remplacer le lecteur défectueux. Nous comptons sur votre diligence afin de régler cette affaire dans les plus brefs délais.

     Avec nos remerciements anticipés, nous vous prions d'agréer, Monsieur, nos salutations distinguées.

Le directeur
des ressources matérielles,

Jean-Louis Bergeron

JLB/vm

p. j. Photocopie de la facture
      Photocopie de la garantie
      Photocopie des deux rapports de votre technicien

RÉPRIMANDE

Informatiquatout
www.informatiquatout.com

PERSONNEL   Laval, le 16 juin 2015

Monsieur Jean Fiset
Technicien informatique
Informatiquatout
Tour A, bureau RC 10
10642, rue Monseigneur-Bourget
Laval (Québec) H7T 2Z9

Objet : Avertissement

☐ **SIÈGE SOCIAL**
 MONTRÉAL
 Bureau 6.124
 3, rue Notre-Dame Est
 Montréal (Québec) H2Y 1R1
 ☎ 514 890-1234
 📠 514 890-4567

☑ **LAVAL**
 Tour A, bureau RC 10
 10642, rue Monseigneur-Bourget
 Laval (Québec) H7T 2Z9
 ☎ 450 973-1234
 📠 450 973-4567

☐ **SHERBROOKE**
 Bureau 134
 3201, rue Jean-Drapeau
 Sherbrooke (Québec) J1E 1K1
 ☎ 819 560-1234
 📠 819 560-4567

☐ **QUÉBEC**
 555, boul. René-Lévesque Ouest
 Québec (Québec) G1R 1K1
 ☎ 418 529-1234
 📠 418 529-4567

Monsieur,

   Le 15 juin 2015, nous avons reçu une plainte d'un de nos fidèles clients relative à la qualité de votre prestation de services.

   Vous auriez affirmé, à deux reprises, que le problème d'un lecteur de CD défectueux était réglé, alors que ce n'était pas le cas.

   Nous jouissons d'une excellente réputation et nous ne voudrions pas qu'elle soit ternie à cause d'une négligence. Nous savons qu'actuellement vous avez une surcharge de travail, mais ce n'est pas une raison pour ne pas remplir vos fonctions convenablement. Nous ne pouvons accepter un tel comportement. Nous vous demandons de communiquer avec le client afin que vous puissiez récupérer l'appareil et que vous remplaciez le lecteur défectueux.

   La présente lettre n'est qu'un avertissement. Nous vous incitons à modifier votre comportement de façon qu'un tel incident ne se reproduise plus, à défaut de quoi nous nous verrons dans l'obligation de prendre des mesures disciplinaires à votre endroit.

   Recevez, Monsieur, nos salutations distinguées.

                              Le directeur général,

                              Pierre Sabourin

PS/mg   Pierre Sabourin

Copie conforme : M. Normand Savard,
                 directeur des relations publiques

CONTESTATION D'UN AVERTISSEMENT

PERSONNEL

Laval, le 17 juin 2015

Monsieur Pierre Sabourin
Directeur général
Informatiquatout
Tour A, bureau RC 10
10642, rue Monseigneur-Bourget
Laval (Québec) H7T 2Z9

Objet : Contestation de l'avertissement reçu le 16 juin dernier

Monsieur le Directeur général,

Votre réprimande a suscité chez moi un sentiment d'incompréhension. Je crois deviner l'identité du client contrarié et je vous assure que j'ai déjà corrigé mon « erreur ».

J'ai effectivement affirmé deux fois que le problème du lecteur de CD était réglé. C'est honnêtement ce que je croyais, car j'ai réparé le matériel inutilisable le 6, puis le 9 juin. Si le problème est réapparu, c'est qu'il résultait d'un défaut de fabrication : le 11 juin, notre fournisseur m'a envoyé un avis à ce sujet. Dès réception du message, j'ai discuté avec M. Michel Larose, directeur du service à la clientèle, de ce qu'il convenait de faire et j'ai suivi ses directives. J'ai ainsi téléphoné au client pour lui annoncer qu'un lecteur haut de gamme lui serait gracieusement offert. Au terme de notre conversation, il semblait satisfait. Par conséquent, je ne comprends pas la raison pour laquelle il a porté plainte le lendemain de mon appel.

Étant donné la situation confuse, je souhaiterais vous rencontrer en présence de M. Larose et de M. Normand Savard, directeur des relations publiques. Permettez-moi d'ajouter que je n'ai jamais manqué de professionnalisme depuis que je suis employé par Informatiquatout, même dans les moments où ma charge de travail était considérablement accrue.

Espérant que vous retirerez l'avertissement émis à mon endroit, je vous prie d'agréer, Monsieur le Directeur général, mes salutations distinguées.

Jean Fiset

Jean Fiset,
technicien informatique

c. c. M. Michel Larose, directeur du service à la clientèle
     M. Normand Savard, directeur des relations publiques

RÉPONSE À UNE PLAINTE

....

Recto

Informatiquatout
 www.informatiquatout.com

<u>PAR MESSAGERIE</u>   Laval, le 19 juin 2015
<u>PERSONNEL</u>

Monsieur Jean-Louis Bergeron
Directeur des ressources matérielles
Complexe Médiatech
580, boul. De La Vérendrye
Montréal (Québec) H6M 2F8

N/Réf. : 95-634-QC

           Objet : Réponse à votre plainte relative au service à la clientèle

Monsieur,

     Nous avons bien reçu votre lettre du 15 juin dans laquelle vous attirez notre attention sur ce qui semble être une faute professionnelle dont vous avez été victime de la part d'un de nos techniciens.

     L'enquête que nous avons menée à ce sujet et l'entretien que nous avons eu avec le technicien en question confirment que vous n'avez effectivement pas reçu les services auxquels vous étiez en droit de vous attendre.

     Nous avons découvert que le mauvais fonctionnement du lecteur de CD découlait d'un défaut de fabrication, comme vous l'aviez envisagé. Toutefois, nous aurions dû être en mesure de déterminer la source du problème plus rapidement que nous ne l'avons fait.

     Cela dit, le 11 juin, l'employé de Complexe Médiatech qui s'était présenté à notre magasin a été averti, par téléphone, du fait que le lecteur de CD inutilisable présentait un défaut de fabrication. On l'a également assuré qu'Informatiquatout remplacerait gratuitement ce lecteur défectueux par un lecteur de qualité nettement supérieure. Votre plainte m'indique néanmoins que ces renseignements n'ont pas été transmis au bon destinataire. Pour convenir d'un règlement de l'affaire, nous aurions incontestablement dû communiquer avec vous directement, comme nous le faisons habituellement en ce qui concerne toutes nos transactions avec Complexe Médiatech.

                                                                                    … verso

Verso

2

Soyez persuadé que nous comprenons la contrariété que vous éprouvez. Nous vous prions donc d'accepter nos excuses les plus sincères pour tous les désagréments subis dans les derniers jours, qui, nous pouvons vous en assurer, ne se renouvelleront pas.

Par ailleurs, le responsable du service à la clientèle d'Informatiquatout prendra contact avec vous sous peu pour discuter de vive voix ; malheureusement, il est probable que les lecteurs de CD d'autres ordinateurs que nous vous avons vendus doivent également être remplacés. Nous ferons tout ce qui est en notre pouvoir pour régler le problème dans les plus brefs délais, et ce, à nos frais, évidemment.

Espérant que nos relations se poursuivront désormais dans l'harmonie, nous vous prions d'agréer, Monsieur, l'assurance de notre entier dévouement.

Le directeur
des relations publiques,

Normand Savard

Normand Savard

NS/bg

c. c. Mme Marie Lemieux, directrice des communications,
Office de la protection du consommateur
M. Michel Larose, directeur du service à la clientèle,
Informatiquatout

LICENCIEMENT

Laval, le 17 avril 2015

Madame Andrée Fournier
Infographiste
GraphistArt
12385, boulevard Cartier
Laval (Québec) H7N 2J5

Madame,

Des motifs d'ordre économique m'obligent à mettre fin prématurément à certains contrats. J'ai le regret de vous annoncer que votre nom figure sur la liste des employés contractuels touchés par cette mesure et que, à compter du 11 mai 2015, l'entreprise n'aura plus recours à vos services.

Sachez que j'ai essayé de vous reclasser à l'intérieur de l'entreprise pour éviter votre licenciement, mais en vain.

La semaine prochaine, vous serez convoquée à une réunion au cours de laquelle je vous ferai part des modalités d'application de l'assurance-emploi et vous suggérerai les services d'une agence de placement et d'aide à la transition de carrière.

Si vous désirez obtenir plus de renseignements, n'hésitez pas à communiquer avec moi.

Je vous prie d'agréer, Madame, mes salutations distinguées.

La directrice de la rémunération
et des avantages sociaux,

Annie Lemieux

Annie Lemieux

AL/cd

 **CONGÉDIEMENT**

Sherbrooke, le 4 mai 2015

Monsieur Patrick Gilbert
Programmeur
Groupe TechnoPoint
1085, boulevard Alexandre
Sherbrooke (Québec) J1H 4X9

Monsieur,

L'acquisition d'un système informatique plus performant nécessite la réécriture de tous nos programmes informatiques. Le langage de programmation que nous utilisons maintenant en raison de ce changement exige de nouvelles connaissances, un nouvel apprentissage. Malgré la formation qui vous a été offerte et la période de temps consacrée à la maîtrise de ce nouveau langage de programmation, l'analyse de votre rendement depuis ce virage technologique il y a trois mois nous indique que vous n'avez pas réussi à vous adapter à ces changements. Puisque vous n'avez plus les compétences minimales pour travailler de façon adéquate et rentable pour notre entreprise, nous devrons mettre fin à votre emploi le 22 mai 2015 à 16 h 30.

D'ici à cette date, nous vous demandons de ne pas vous présenter au travail, ce qui vous permettra d'utiliser cette période pour trouver un autre emploi. Les mesures nécessaires seront prises afin que le formulaire *Relevé d'emploi* vous soit expédié au plus tard cinq jours après la fin de votre emploi.

Veuillez agréer, Monsieur, nos salutations distinguées.

Le directeur
des ressources humaines,

André Simard

André Simard

AS/xz

CONTESTATION DE CONGÉDIEMENT

Sherbrooke, le 6 mai 2015

Monsieur André Simard
Directeur des ressources humaines
Groupe TechnoPoint
1085, boulevard Alexandre
Sherbrooke (Québec) J1H 4X9

Monsieur,

J'ai été étonné d'apprendre, par votre lettre du 4 mai 2015, que vous mettiez fin à mon emploi.

Les raisons que vous invoquez m'apparaissent inexactes et non fondées. J'ai suivi les séances de formation sur le nouveau langage de programmation que vous nous avez offertes. Si vous trouvez que je suis lent à assimiler le nouveau code, c'est simplement parce que je n'ai pas pu mettre cette formation en pratique autant que mes collègues. En effet, vous savez très bien que j'ai été en congé de maladie pendant deux mois, période pendant laquelle j'ai bien sûr été dans l'impossibilité de faire état de mes nouvelles connaissances. Comment un employé comme moi, qui travaille pour vous depuis neuf ans avec rigueur et qui n'a aucune tache à son dossier, aurait-il pu devenir subitement incompétent ?

J'aimerais vous rencontrer pour discuter de ma situation et vous montrer ma ferme intention de prendre les mesures nécessaires afin de conserver mon emploi. J'espère que votre décision n'est pas irrévocable. Dans cet espoir, je vous prie d'agréer, Monsieur, mes salutations distinguées.

Patrick Gilbert

Patrick GILBERT,
programmeur

 **DÉMISSION**

Joliette, le 13 juin 2016

Madame Marielle Langlois
Directrice régionale
Ministère de l'Éducation, du Loisir et du Sport
76, rue des Forges
Trois-Rivières (Québec) G9A 4L8

Madame la Directrice,

Par la présente lettre, je vous confirme que je quitterai définitivement mon emploi d'agente de bureau le 30 juin 2016.

Je tiens à vous remercier de la confiance que vous m'avez témoignée et à vous dire la satisfaction que j'ai éprouvée à travailler sous votre direction. Sachez bien que c'est à regret et pour des raisons indépendantes de ma volonté que je mettrai fin à mes activités au bureau régional de Trois-Rivières après plus de quatre ans de service.

Veuillez agréer, Madame la Directrice, l'expression de mes sentiments les meilleurs.

Mireille Hardy

c. c. M. André Aubé
Mᵐᵉ Rachel Lemay

DEMANDE DE CONGÉ DE MATERNITÉ

Québec, le 17 janvier 2014

Madame Josianne Dupré
Directrice des services terminolinguistiques
Office québécois de la langue française
750, boulevard Charest Est, bur. 100
Québec (Québec) G1K 9K4

Objet : Demande de congé de maternité

Madame la Directrice,

Je vous prie de considérer la présente lettre comme une demande de congé de maternité faite conformément à l'article 8-3.09 de la *Convention collective des professionnelles et professionnels : 2010-2015*. Je prévois m'absenter du 28 février au 21 juillet prochains.

Vous trouverez ci-joint un certificat médical qui indique la date prévue de la naissance de mon enfant.

Je vous remercie à l'avance de l'attention que vous porterez à ma demande et vous prie d'agréer, Madame la Directrice, mes salutations distinguées.

Émilie Langlois
Émilie Langlois
Terminologue

p. j. Certificat médical

c. c. M. Matthias Charron, directeur général adjoint de l'administration

DEMANDE DE CONGÉ PARENTAL

Québec, le 3 juin 2014

Madame Josianne Dupré
Directrice des services terminolinguistiques
Office québécois de la langue française
750, boulevard Charest Est, bur. 100
Québec (Québec) G1K 9K4

Objet : Demande de congé parental

Madame la Directrice,

    Par la présente lettre, je vous adresse une demande de congé à temps plein sans solde en prolongation du congé de maternité dont je bénéficie actuellement. Cette demande est faite conformément à l'article 8-3.38 de la *Convention collective des professionnelles et professionnels : 2010-2015*, qui est en vigueur jusqu'au 31 mars 2015. Je prévois être absente du bureau du 23 juillet 2014 au 22 juillet 2016 inclusivement.

    Pendant cette absence, je continuerai à verser la contribution au régime d'assurance maladie qui m'est applicable.

    N'hésitez pas à communiquer avec moi aux coordonnées figurant ci-dessous si vous avez besoin de renseignements supplémentaires relativement à ma demande.

    Avec mes remerciements anticipés, je vous prie d'agréer, Madame la Directrice, l'expression de mes meilleurs sentiments.

Émilie Langlois
Émilie Langlois
Terminologue
581 646-6388
elanglois@personnelle.com

c. c. M. Matthias Charron, directeur général adjoint de l'administration

PRÉAVIS DE RETOUR AU TRAVAIL APRÈS UN CONGÉ PARENTAL

Québec, le 7 janvier 2015

Madame Josianne Dupré
Directrice des services terminolinguistiques
Office québécois de la langue française
750, boulevard Charest Est, bur. 100
Québec (Québec) G1K 9K4

Objet : Préavis de retour au travail

Madame la Directrice,

Comme vous le savez, je bénéficie actuellement d'un congé parental sans traitement à temps plein pouvant se prolonger jusqu'au 22 juillet 2016. J'aimerais toutefois reprendre partiellement mes fonctions à partir du 9 février prochain. Par conséquent, je vous demande de considérer la présente lettre comme un préavis de retour au travail à temps réduit.

Je souhaiterais travailler 28 heures par semaine jusqu'au 5 février 2016. Par la suite, du 8 février au 22 juillet 2016, j'aimerais travailler 32 heures par semaine.

Pouvons-nous fixer un rendez-vous prochainement afin de voir ensemble la façon dont mon horaire de travail pourrait être aménagé ainsi que les dossiers que je devrai prendre en charge à mon retour au bureau ?

Je vous remercie à l'avance de l'attention que vous porterez à ma demande et je vous assure de mon intérêt pour la reprise de mes activités professionnelles.

Veuillez agréer, Madame la Directrice, l'expression de mes meilleurs sentiments.

Émilie Langlois
Émilie Langlois
Terminologue
581 646-6388
elanglois@personnelle.com

c. c. M. Matthias Charron, directeur général adjoint de l'administration

DEMANDE DE CONGÉ À L'OCCASION D'UNE NAISSANCE

Québec, le 6 juillet 2014

Madame Myriam-Cynthia Prévost
Responsable des ressources humaines
Cabinet de services financiers Rubis
180, rue Jeanne-Mance
Québec (Québec) G2B 4L9

Objet : Demande de congé à l'occasion d'une naissance

Madame,

Par la présente lettre, je vous demande de bien vouloir m'accorder un congé de cinq jours à l'occasion de la naissance prochaine de mon enfant, conformément aux dispositions de la Loi sur les normes du travail. La date prévue de cette naissance est le 29 août 2014 (ce que confirme le certificat médical ci-joint).

Évidemment, il est possible que ma conjointe n'accouche pas à la date pressentie et que mon congé doive être avancé ou retardé de quelques jours. Je sais que je peux compter sur votre compréhension et je vous informerai plus précisément de la situation en temps et lieu.

Avec mes remerciements, recevez, Madame, mes salutations distinguées.

Vincent Tanguay
Conseiller en sécurité financière

Pièce jointe : Certificat médical

DEMANDE DE CONGÉ DE PATERNITÉ

Québec, le 3 septembre 2014

Madame Myriam-Cynthia Prévost
Responsable des ressources humaines
Cabinet de services financiers Rubis
180, rue Jeanne-Mance
Québec (Québec) G2B 4L9

Objet : Demande de congé de paternité

Madame,

    Veuillez considérer la présente lettre comme une demande de congé de paternité faite selon les dispositions de la Loi sur les normes du travail. Je désirerais m'absenter du bureau du 22 septembre au 20 octobre inclusivement. Je joins à ma demande une copie de la déclaration de naissance de mon enfant, datée du 30 août dernier.

    Je vous serais reconnaissant si vous pouviez transmettre sans délai ma demande au Service de la rémunération et des avantages sociaux, car j'aurais besoin qu'on me fasse parvenir un relevé d'emploi à brève échéance.

    Vous remerciant à l'avance de votre collaboration, je vous prie de recevoir, Madame, mes salutations distinguées.

Vincent Tanguay

Vincent Tanguay
Conseiller en sécurité financière

Pièce jointe : Copie de la déclaration de naissance

DEMANDE DE CONGÉ D'ADOPTION

Montréal, le 15 août 2014

Monsieur Louis H. Dubuc
Agent de gestion du personnel
Direction des ressources humaines
Cabinet de relations publiques Point de mire
15ᵉ étage, porte 33
414, rue Sherbrooke Est
Montréal (Québec) H3A 2B8

Objet : Demande de congé d'adoption

Monsieur,

Mon conjoint et moi adopterons en octobre prochain un enfant philippin. Je vous demande donc l'autorisation de m'absenter temporairement du bureau pour assumer mes nouvelles responsabilités parentales. Ainsi, en accord avec les termes de mon contrat de travail, je souhaite bénéficier d'un congé pour déplacement à l'extérieur du Québec suivi d'un congé d'adoption.

Je m'absenterai du bureau en raison de mon voyage aux Philippines du 10 au 24 octobre 2014. Je prolongerai ensuite mon absence de trente semaines et je réintégrerai ainsi mon poste le 25 mai 2015.

Veuillez s'il vous plaît noter que je ne contribuerai pas aux régimes d'assurance qui me sont applicables pendant mon congé d'adoption. De plus, je vous saurais gré de me fournir la liste des pièces justificatives dont vous auriez besoin pour traiter ma demande.

Je vous remercie à l'avance de votre collaboration et vous prie de recevoir, Monsieur, mes salutations distinguées.

Juliette Gaudreault

Juliette Gaudreault,
relationniste

DEMANDE DE CONGÉ SABBATIQUE

Saguenay, le 29 septembre 2014

Madame Marlène Cloutier
Présidente par intérim
Cabinet de traduction À coup sûr
545, avenue de Mellon
Jonquière (Québec) G7S 2V6

Objet : Demande de congé sabbatique

Madame la Présidente,

Comme vous le savez, je désire depuis longtemps enrichir mon parcours professionnel de nouvelles compétences en gestion. Le centre d'éducation des adultes de la Marée, situé dans la région de Québec, me propose aujourd'hui un contrat de coordination des services d'aide en français fournis aux élèves qui fréquentent l'établissement. Je vous serais donc reconnaissante si vous pouviez m'accorder un congé sabbatique afin que j'accepte l'offre qui m'est faite.

Le cas échéant, je m'absenterais du 6 janvier 2015 au 5 janvier 2016 inclusivement. Je suis convaincue que je pourrais acquérir à la Marée une expérience de gestionnaire qui me serait très utile dans l'exercice de la fonction de réviseuse en chef que j'occupe actuellement au sein du cabinet de traduction.

Je demeure disponible pour vous transmettre tout renseignement supplémentaire qui vous serait nécessaire à l'évaluation de ma demande.

Espérant recevoir une réponse favorable de votre part, je vous prie de croire, Madame la Présidente, à mes sentiments les meilleurs.

La réviseuse en chef,

Dalilah Ali
Dalilah Ali

DEMANDE DE PRISE DE RETRAITE PROGRESSIVE

Québec, le 5 mars 2016

Monsieur Laurent Chouinard
Directeur du personnel
Assurances Chouinard
1546, rue du Poitou
Lévis (Québec) G7A 5N7

Objet : Demande de prise de retraite progressive

Monsieur le Directeur,

Je vous demande de bien vouloir considérer la présente lettre comme une demande officielle de départ progressif à la retraite. En effet, je souhaite réduire le nombre d'heures de travail que j'effectue hebdomadairement à compter du mois de juillet prochain.

J'aimerais vous rencontrer afin que nous puissions discuter de ce sujet. Je songe à travailler 28 heures par semaine jusqu'en mai 2017. Par la suite, j'envisage de travailler 21 heures par semaine jusqu'au jour où je prendrai ma retraite totale et définitive, soit le 2 octobre 2018. Je sais toutefois que cela pourrait m'amener plus rapidement que prévu à former un nouvel employé ou une nouvelle employée aux tâches qui me reviennent actuellement; je tiens à vous dire que je suis ouverte à cette idée.

Dans l'attente de votre réponse que j'espère favorable, je vous prie de recevoir, Monsieur le Directeur, mes salutations respectueuses.

Gisèle Leblanc

Gisèle Leblanc,
secrétaire

AVIS DE DÉPART À LA RETRAITE

Sherbrooke, le 18 décembre 2017

Monsieur Patrick Bilodeau-Fortin
Chef du service des ressources humaines
Usine Alumimonde de Sherbrooke
567, rue Corbeil, bureau 10
Sherbrooke (Québec) J1G 3F3

Objet : Avis de départ à la retraite

Monsieur,

En conformité avec l'article 6-4.89 de la *Convention collective du personnel de bureau du Groupe Alumimonde*, je vous informe que je prendrai ma retraite le 27 avril 2018.

Je vous serais reconnaissant si vous demandiez à qui de droit de m'expédier rapidement les formulaires que je devrai remplir en prévision de mon départ.

Avec mes remerciements anticipés, je vous prie d'agréer, Monsieur, l'expression de mes sentiments les meilleurs.

Dominique Couture
Dominique Couture (Monsieur)
Comptable

Copie conforme : Mme Antoinette Dallaire, dirigeante syndicale

CONDOLÉANCES

(Voir aussi exemples de formules de condoléances, p. 629.)

La lettre de condoléances devrait être rédigée à la main.

Québec, le 21 janvier 2015

Monsieur Philippe Guérin
2312, rue Cimon, appartement 1
Québec (Québec) G2B 1G4

Monsieur,

C'est avec émotion que j'ai reçu la nouvelle du décès de votre conjointe. Elle était une employée estimée de manière peu commune par tout le personnel de notre agence de voyages. Ses collègues de travail et moi-même partageons respectueusement votre chagrin.

J'aurai l'occasion de vous présenter mes condoléances de vive voix aux funérailles, mais, d'ici là, je vous prie de recevoir, Monsieur, mes salutations attristées.

Clément Boivin

CONDOLÉANCES

(Voir aussi exemples de formules de condoléances, p. 629.)

La lettre de condoléances devrait être rédigée à la main.

> Montréal, le 17 juin 2016
>
> Madame Julie Simard
> 2445, rue Laurendeau
> Montréal (Québec) H4E 1Y4
>
> Chère Julie,
>
> J'ai été bouleversée d'apprendre le décès brutal de votre fille cadette. Dans ces tragiques circonstances, je tiens à vous exprimer, de même qu'à votre conjoint et à votre fils, ma profonde compassion.
>
> Même si je dois vous annoncer avec grand regret que je ne pourrai pas assister aux funérailles, je vous assure que mes pensées accompagnent toute votre famille dans ces moments si pénibles.
>
> Veuillez recevoir, chère Julie, mes plus sincères condoléances.
>
> Claire Riverin

Invitation, remerciements, félicitations, commandite

 INVITATION À UN COLLOQUE

Saguenay, le 14 avril 2015

Madame Marie Brousseau
Professeure agrégée
Département des sciences de l'éducation
Université du Québec à Rimouski
300, allée des Ursulines
Rimouski (Québec) G5L 3A1

Objet : Invitation au IVe Colloque international de mathématiques

Chère collègue,

Nous préparons actuellement le IVe Colloque international de mathématiques, qui aura lieu le jeudi 8 et le vendredi 9 octobre 2015, à l'hôtel Le Gardeur, à Montréal.

Le thème retenu pour ce quatrième colloque est « Mathématiques et génie ». Il y sera principalement question de l'incidence de l'informatique sur l'enseignement des mathématiques dans la formation des ingénieurs.

Nous ne pouvions penser tenir un tel colloque sans vous inviter. Vos nombreuses publications en didactique de l'informatique et votre renommée dans les milieux scientifiques font de vous une conférencière hors pair. Accepteriez-vous d'animer une table ronde portant sur le thème mentionné ci-dessus ?

Espérant recevoir une réponse favorable à notre invitation d'ici au 29 mai 2015, nous vous prions de recevoir, chère collègue, nos très cordiales salutations.

Guy Meunier
Professeur de mathématiques

ACCEPTATION D'UNE INVITATION

Rimouski, le 18 mai 2015

Monsieur Guy Meunier
Département de mathématiques
Université du Québec à Chicoutimi
235, boulevard du Saguenay
Saguenay (Québec) G8F 2V6

**Objet : Acceptation de votre invitation au IVe Colloque international
de mathématiques**

Monsieur,

Je vous remercie de m'avoir invitée au IVe Colloque international de mathématiques qui se tiendra cet automne.

C'est avec plaisir que je serai parmi vous à cette occasion pour animer une table ronde portant sur l'incidence de l'informatique sur l'enseignement des mathématiques dans la formation des ingénieurs.

Je suis très honorée de la confiance que vous me témoignez et je vous saurais gré de me fournir en temps utile les éléments d'information qui me permettront de me préparer à assumer mes fonctions.

Dans cette attente, je vous prie de recevoir, Monsieur, mes salutations distinguées.

Marie Brousseau
Professeure agrégée

REFUS D'UNE INVITATION

Montréal, le 11 mai 2015

Monsieur Guy Meunier
Département de mathématiques
Université du Québec à Chicoutimi
235, boulevard du Saguenay
Saguenay (Québec) G8F 2V6

Monsieur et cher collègue,

Je suis très flattée que vous ayez pensé à moi pour animer une table ronde à l'occasion du colloque international que vous organisez à l'automne prochain.

Il me sera malheureusement impossible de participer à cette manifestation, car je me trouverai à ce moment-là en Europe comme professeure invitée à l'université d'Aix-en-Provence.

Soyez cependant assuré que, même à distance, je suivrai vos travaux avec le plus vif intérêt et que je ne manquerai pas de me procurer les actes du colloque dès leur parution.

Vous souhaitant tout le succès possible, je vous prie d'agréer, Monsieur et cher collègue, mes plus cordiales salutations.

Carole Demers
Carole Demers,
professeure de mathématiques

 **APPRÉCIATION**

Montréal, le 5 octobre 2015

Maître Josée Laplante
Avocate-conseil
Laplante, Larivière, Laroche et Lavigne
Bureau 237
31345, boulevard Rochebelle
Montréal (Québec) H2Y 6U7

Objet : Appréciation de vos services

Maître,

Nous tenons à vous faire part de notre grande satisfaction relativement aux services en matière fiscale que vous offrez à notre entreprise depuis le début de ses activités.

Chaque fois que nous avons fait appel à votre expertise, vous nous avez fourni la solution fiscale la mieux adaptée à nos besoins. Grâce à vos interventions judicieuses et à vos précieux conseils, nous avons pu optimiser la gestion de notre entreprise et obtenir des résultats dépassant nos attentes. C'est avec un immense plaisir que nous vous annonçons avoir déjà atteint nos objectifs commerciaux pour l'année en cours. De plus, nous évaluons qu'ils auront été dépassés d'environ 20 % d'ici à la fin de l'année. Vous avez grandement contribué à ce succès, et nous vous remercions chaleureusement de vos excellents services.

Espérant que notre collaboration avec Laplante, Larivière, Laroche et Lavigne continuera d'être aussi fructueuse, nous vous prions de recevoir, Maître, nos salutations distinguées.

La présidente-directrice générale,

Magalie Fleury
Magalie Fleury

MF/pn

 **REMERCIEMENTS**

Rimouski, le 30 mai 2018

Madame Diane Gattuso
Direction des politiques
de culture et de communication
Ministère de la Culture
et des Communications
225, Grande Allée Est
Québec (Québec) G1R 5G5

Madame,

La conférence que vous avez prononcée jeudi dernier devant les membres de notre association a remporté un vif succès, et nous tenons à vous exprimer nos remerciements les plus chaleureux.

Vos propos, particulièrement stimulants, contribueront à alimenter longtemps notre réflexion sur la condition socioéconomique des artistes de notre région. Ce sont des témoignages tels que le vôtre qui enrichissent véritablement notre pratique et nous permettent de nous ressourcer. Nous nous remémorerons l'excellente soirée que nous avons passée en votre compagnie chaque fois que nous aurons besoin de force morale pour défendre nos stratégies d'intervention.

Espérant que votre projet de publication verra bientôt le jour au bénéfice du plus grand nombre, nous vous prions d'agréer, Madame, l'assurance de notre meilleur souvenir.

La présidente,   La responsable
                                        des communications,

Catherine Bordeleau   Anne Mauger

REMERCIEMENTS

Cas exceptionnel d'une circulaire qu'on a voulu personnaliser

ASSOCIATION LUMIÈRE
2500, rue Champlain
Montréal (Québec) H2N 5M8

Montréal, le 16 juillet 2015

Chère collaboratrice, *Chère Zoé,*
Cher collaborateur,

    Au nom du conseil d'administration et de tous les membres de l'Association Lumière, je vous remercie bien sincèrement de la collaboration si enthousiaste et si efficace que vous avez apportée à notre campagne de souscription. C'est grâce à vos généreux efforts qu'elle a atteint, et même dépassé, les objectifs fixés.

    L'action de l'Association Lumière repose, vous l'avez compris, sur l'engagement actif de dizaines, voire de centaines de bénévoles qui ont foi en sa mission. Les nombreuses personnes que l'Association sera en mesure d'aider cette année encore vous en seront long-temps reconnaissantes.

    Espérant pouvoir compter à nouveau l'année prochaine sur votre si précieuse disponibi-lité, je vous prie d'agréer, ~~chère collaboratrice~~, ~~cher collaborateur~~, mes salutations distinguées.

chère Zoé

Hélène Bolduc,
relationniste

APPUI D'UNE CANDIDATURE

ASSOCIATION QUÉBÉCOISE POUR LA PROMOTION DU FRANÇAIS

1234, rue Germaine-Guèvremont   Téléphone : 514 123-4567   info@assocquebpromfr.org
Montréal (Québec) H2L 4Y5   Télécopie : 514 123-5678   www.assocquebpromfr.org

Le 23 février 2015

Monsieur Marcel Leclerc
30, rue Francis-Hughes
Montréal (Québec) H3H 1G4

Objet : Appui de votre candidature au prix Camille-Laurin

Monsieur,

Vous connaissez l'intérêt que je porte à la cause du français au Québec et à ses défenseurs. Vous êtes, selon moi, celui qui a déployé le plus d'efforts au cours des dernières années pour assurer la qualité et le rayonnement de la langue officielle des Québécois et des Québécoises.

L'engagement dont vous faites preuve relativement à la situation linguistique de notre société tout entière ainsi que votre persévérance à promouvoir l'utilisation du français dans votre sphère d'activité me réjouissent et vous assurent de mon appui pour votre candidature au prix Camille-Laurin.

Je vous souhaite bonne chance pour l'obtention de ce prix et vous prie de croire, Monsieur, à mes sentiments les meilleurs.

Le secrétaire général,

Marc Lemieux

Marc Lemieux

 **FÉLICITATIONS**

Rouyn-Noranda, le 21 mars 2017

Madame Monique Lamer
Directrice des ventes
Importations Multimonde
12098, rue Calixa-Lavallée
Montréal (Québec) H6N 5K7

Madame et chère amie,

C'est avec le plus grand plaisir que j'ai appris par le journal votre nomination au conseil d'administration de la Chambre de commerce de Montréal. Je vous en félicite très chaleureusement ; voilà une nouvelle fonction où vous pourrez mettre à profit votre compétence et votre expérience du commerce international pour l'essor de l'économie montréalaise.

Étant moi-même maintenant présidente de la Chambre de commerce de Rouyn-Noranda, je suis ravie à l'idée de revoir sans doute bientôt mon excellente compagne du temps où nous fréquentions toutes deux l'École des hautes études commerciales. Participerez-vous en juin au congrès de Québec ?

Dans l'espoir que nos chemins se recroiseront bientôt, je vous prie de recevoir, Madame et chère amie, l'expression de mes meilleurs sentiments.

La présidente-directrice générale,

Gisèle Castonguay

Gisèle Castonguay

P.-S. – Si vos activités vous conduisent en Abitibi-Témiscamingue, ne manquez surtout pas de m'en informer : je me ferai un plaisir de vous y accueillir !

DEMANDE DE COMMANDITE

Montréal, le 29 avril 2015

Madame Ève Déry
Présidente
Fédération des producteurs
de fruits et légumes du Québec
920, boulevard Mercure
Drummondville (Québec) J2B 3N7

Objet : Demande de commandite

Madame,

Le Musée de la musique classique est un espace pédagogique et récréatif qui compte près de 3000 pièces de collection venant des quatre coins du monde et couvrant différentes époques. Au cours de la prochaine année, le Musée veut enrichir ses collections d'instruments et acquérir des documents pour son centre de recherche et de documentation.

La quinzième campagne de financement, qui sera lancée le 15 juin prochain, nous permettra, espérons-le, d'atteindre ces objectifs.

Pour nous aider dans cette collecte de fonds, nous vous invitons à participer à notre tournoi de golf annuel qui se tiendra le 17 juillet 2015 et qui vous fournira l'occasion de faire d'excellentes rencontres d'affaires dans une atmosphère détendue.

Outre la participation au tournoi, le forfait comprend la voiturette, le déjeuner, le coquetel et le souper. Pour clôturer la journée, nous attribuerons plusieurs cadeaux par tirage au sort.

Nous vous offrons également la possibilité de bénéficier d'une visibilité accrue et de prendre contact par le fait même avec des représentants du monde des affaires québécois qui participeront à notre tournoi en commanditant un trou du parcours, le souper, le coquetel ou le déjeuner. Une telle commandite offre à votre entreprise une vitrine intéressante, car une affichette sera installée au départ du trou que vous commanditerez. Si vous commanditez le souper, le coquetel ou le déjeuner, des affiches à votre nom seront bien en vue dans la salle de réception. Dans tous les cas de commandites, nous publierons des remerciements dans la presse écrite locale.

... 2

2

Vous trouverez ci-joint les renseignements relatifs aux commandites ainsi que le formulaire d'inscription. Nous aimerions que vous nous confirmiez votre participation à cette activité par courrier au plus tard le 19 juin.

Souhaitant grandement que vous soyez des nôtres, nous vous prions d'agréer, Madame, nos salutations distinguées.

Le conservateur,

Martin Lachance

Martin Lachance

Pièces jointes : Document explicatif
Formulaire d'inscription

ACCEPTATION DE COMMANDITE

Drummondville, le 14 mai 2015

Monsieur Martin Lachance
Conservateur
Musée de la musique classique
15, rue Mozart Est
Montréal (Québec) H2S 5U8

Objet : Octroi d'une commandite pour votre tournoi de golf

Monsieur,

Vous avez sollicité notre organisme pour participer à votre tournoi de golf annuel dans le cadre de votre quinzième campagne de financement.

Nous avons le plaisir de vous annoncer qu'un membre de la Fédération participera au tournoi et que nous acceptons également de commanditer le coquetel. Notre responsable des relations publiques, M. Pierre Samson, communiquera avec vous pour convenir des modalités de cette commandite.

Vous trouverez ci-joint le formulaire dûment rempli ainsi que le chèque couvrant les frais d'inscription au tournoi.

Veuillez agréer, Monsieur, nos salutations distinguées.

La présidente,

Ève Déry

Ève Déry

p. j. 2

REMERCIEMENTS POUR UNE COMMANDITE

Montréal, le 19 mai 2015

Madame Ève Déry
Présidente
Fédération des producteurs
de fruits et légumes du Québec
920, boulevard Mercure
Drummondville (Québec) J2B 3N7

**Objet : Remerciements pour la commandite octroyée
au Musée de la musique classique**

Madame,

Permettez-moi de vous remercier personnellement de votre collaboration à la campagne de financement du Musée de la musique classique par votre participation au tournoi de golf et votre commandite.

Les fonds qui seront recueillis au cours de cette campagne de financement permettront notamment au Musée d'enrichir son impressionnante collection d'instruments et d'acquérir de nouveaux documents pour son centre de recherche et de documentation. Grâce à ces acquisitions, le Musée souhaite mieux répondre aux attentes de son public et de tous ceux et celles qui veulent accroître le rayonnement de la musique classique.

Votre contribution à la campagne de financement est donc très précieuse et je vous remercie chaleureusement d'avoir choisi d'encourager l'établissement culturel qu'est le Musée.

Je vous prie d'agréer, Madame, mes salutations distinguées.

Le conservateur,

Martin Lachance

Martin Lachance

REFUS DE COMMANDITE

Saint-Hyacinthe, le 6 mai 2015

Monsieur Martin Lachance
Conservateur
Musée de la musique classique
15, rue Mozart Est
Montréal (Québec) H2S 5U8

Objet : Réponse à votre demande de commandite

Monsieur,

Vous avez sollicité notre entreprise pour participer à votre tournoi de golf annuel ou vous accorder une commandite dans le cadre de votre quinzième campagne de financement.

Nous avons le regret de vous annoncer que nous ne pourrons malheureusement acquiescer à votre demande, car nous avons déjà atteint les limites de notre budget.

Vous souhaitant bon succès pour votre campagne, nous vous prions de croire, Monsieur, à nos sentiments les meilleurs.

Richard Doré,
comptable agréé

Exigences linguistiques, appel d'offres, demande de renseignements, questionnaire, accusé de réception

EXIGENCES LINGUISTIQUES D'UNE ENTREPRISE ENVERS UN FOURNISSEUR DU QUÉBEC

Montréal, le 7 septembre 2015

Monsieur Alain Leduc
Directeur des ressources matérielles
Société ZYX
Bureau 73
20356, boulevard Labelle
Montréal (Québec) H3Y 7U6

**Objet : Information relative à notre politique
d'approvisionnement en français**

Monsieur,

Notre entreprise a établi et adopté une politique d'approvisionnement en français pour ses établissements et son personnel du Québec. Cette politique affirme notre volonté de faire du français notre langue normale et habituelle de travail, ainsi que la langue habituelle de communication avec nos clients et fournisseurs implantés au Québec.

Nous vous prions donc de faire en sorte que tous les documents que vous expédiez à notre personnel du Québec soient en langue française, notamment les factures, la correspondance, les inscriptions sur le matériel et les notices qui accompagnent vos produits et services. Il est également souhaitable que vous rédigiez ces documents en utilisant une terminologie française appropriée.

Cette demande s'intègre à nos normes de qualité et vise à améliorer notre productivité.

Pour de plus amples renseignements, vous pouvez communiquer avec Mme Carole Maltais, du Service des achats (514 234-5678), qui vous guidera dans l'application de notre politique.

Vous remerciant de votre bienveillante collaboration, nous vous prions d'agréer, Monsieur, nos salutations distinguées.

Le chef du Service des achats,

Vincent Lajoie
Vincent Lajoie

VL/af

EXIGENCES LINGUISTIQUES D'UNE ENTREPRISE
ENVERS UN FOURNISSEUR DE L'EXTÉRIEUR DU QUÉBEC[1]

Montréal, le 15 septembre 2015

Madame Jane Robertson
Directrice des ressources matérielles
Etchoup
2275, rue Slater, bureau 654
Ottawa (Ontario) K1P 5H9

**Objet : Information relative à notre politique
d'approvisionnement en français**

Madame,

Notre entreprise entend appuyer les consommateurs et travailleurs québécois dans leur volonté d'assurer la permanence de l'utilisation du français comme langue normale et habituelle de travail, du commerce et des affaires.

Nous croyons pouvoir accroître la productivité de notre personnel du Québec, et ainsi mieux servir nos clients, en mettant à leur disposition des outils de travail et des documents en français. C'est pourquoi nous avons des exigences linguistiques en matière d'approvisionnement pour nos établissements et notre personnel québécois. Notre politique d'approvisionnement s'applique à tous nos fournisseurs de l'extérieur du Québec.

Nous vous prions de bien vouloir nous envoyer en français (c'est-à-dire en version française ou bilingue ou multilingue comprenant le français) les inscriptions sur le matériel, les catalogues, les modes d'emploi, les certificats de garantie et l'ensemble de la documentation qui accompagne vos produits et services. Il est également souhaitable que vous rédigiez ces documents en utilisant une terminologie française appropriée.

Pour de plus amples renseignements, vous pouvez communiquer avec M. Gilles Ouellet, du Service des achats (514 345-6789), qui vous guidera dans l'application de cette politique et, si vous le jugez utile, vous conseillera dans l'utilisation de la terminologie française.

Nous vous prions d'agréer, Madame, nos salutations distinguées.

La directrice générale adjointe,

Huguette Villeneuve

HV/ab   Huguette Villeneuve

---

1. Les fournisseurs du Québec et les fournisseurs de l'extérieur du Québec n'ont pas les mêmes obligations face à la Charte de la langue française, d'où la nécessité de deux lettres distinctes.

 **APPEL D'OFFRES**

Longueuil, le 2 octobre 2018

Objet : Appel d'offres pour lettrage

Mesdames,
Messieurs,

Veuillez trouver ci-dessous le projet de lettrage que nous vous soumettons pour un kiosque d'exposition à l'usage du Service des relations publiques de notre entreprise.

Les matériaux sur lesquels doit figurer le lettrage sont de deux types : surface de tissu et panneau de plastique. Les dimensions et tous les détails sont précisés sur le devis descriptif ci-joint. Le lettrage doit être en noir ; il reste à en déterminer la nature : peinture, sérigraphie ou lettres collées. Le kiosque est entreposé dans notre garage et les panneaux sont faciles à transporter. Les frais de transport occasionnés par l'exécution du lettrage devront être inclus dans le prix forfaitaire.

Nous souhaitons que vous établissiez un devis estimatif pour ce travail et que votre offre nous parvienne le plus rapidement possible, étant donné que nous prévoyons plusieurs expositions pour le début de 2019.

Pour tout autre détail relatif à cet appel d'offres, vous pouvez vous adresser à la soussignée, au 450 569-7071.

Agréez, Mesdames, Messieurs, nos salutations distinguées.

La directrice technique,

Madeleine Saintonge

Madeleine Saintonge

Pièce jointe : Devis descriptif

DEMANDE DE RENSEIGNEMENTS OU DE DOCUMENTATION

PAR TÉLÉCOPIE   Rouyn-Noranda, le 28 septembre 2017

Madame Louise Doucet
Conseillère en communication
Association générale des locataires
140, rue André-Mathieu, bureau 35
Rouyn-Noranda (Québec) J9X 2B0

Madame,

Votre article fort intéressant paru dans la livraison de juillet du bulletin *Contact* m'a appris l'existence d'un nouveau règlement à la Société canadienne d'hypothèques et de logement. Comme vous le proposez, auriez-vous l'amabilité de me faire parvenir une dizaine d'exemplaires du numéro du *Journal officiel du bâtiment* où est publié ce nouveau règlement ?

Vous en remerciant à l'avance, je vous prie d'agréer, Madame, mes salutations distinguées.

Denis Lafrance
258, boulevard Cartier, app. 19
Rouyn-Noranda (Québec) J9X 4B1

Téléphone : 819 597-2345
Télécopie : 819 597-6789

RÉPONSE À UNE DEMANDE DE RENSEIGNEMENTS OU DE DOCUMENTATION

Rouyn-Noranda, le 9 octobre 2017

Monsieur Denis Lafrance
258, boulevard Cartier, app. 19
Rouyn-Noranda (Québec) J9X 4B1

Monsieur,

J'ai pris bonne note de votre désir de recevoir le texte relatif au nouveau règlement de la Société canadienne d'hypothèques et de logement.

Pour le moment, il m'est malheureusement impossible de répondre aux nombreuses demandes qui me sont adressées à ce sujet puisque je n'ai pas encore le document en main. Je me ferai cependant un plaisir de vous envoyer une dizaine de tirés à part du texte qui vous intéresse dès que je l'aurai moi-même reçu.

Veuillez agréer, Monsieur, mes salutations distinguées.

Louise Doucet,
conseillère en communication

LD/ld

RÉPONSE À UNE DEMANDE DE RENSEIGNEMENTS

Nicolet, le 18 juin 2018

Monsieur Georges Lenormand
Chef du Service des achats
Transports Valmont
10567, boulevard Saint-Laurent
Montréal (Québec) H4Z 1G9

Monsieur,

Nous accusons réception de votre lettre du 28 mai dans laquelle vous nous demandez des renseignements sur différents types de télécopieurs et nous vous remercions vivement de nous avoir consultés.

En réponse à votre demande, nous vous faisons parvenir ci-joint de la documentation sur les appareils que nous croyons susceptibles de répondre à vos besoins. Cette documentation est également disponible dans notre site Web à l'adresse www.telecopiefeuillet.qc.ca, sous l'onglet Modes d'emploi et notices techniques.

Comme il nous est difficile de vous donner davantage de détails par lettre, nous vous proposons d'aller vous rencontrer afin que, sans engagement de votre part, nous puissions étudier efficacement vos besoins et vous suggérer le modèle qui vous conviendra le mieux. Nous vous téléphonerons dans les prochains jours afin de vérifier si notre proposition vous satisfait. Le cas échéant, nous pourrons fixer un rendez-vous à un moment qui vous conviendra.

Espérant avoir le plaisir de vous servir prochainement, nous vous prions d'agréer, Monsieur, nos salutations distinguées.

Louise Robinson
Service des ventes
514 792-3568
lrobinson@simpa.ca

p. j. 3 notices techniques

ENVOI D'UN QUESTIONNAIRE

Magog, le 8 avril 2015

Madame Jacqueline Bilodeau
642, rue Principale
Saint-Alexandre-de-Kamouraska (Québec)
G0L 2X0

**Objet : Invitation à remplir un questionnaire sur la commercialisation
de nouveaux produits**

Madame,

Notre entreprise, toujours soucieuse de répondre le plus adéquatement possible à vos besoins, désire entreprendre la commercialisation de nouveaux produits au Québec. Cependant, afin d'assurer le succès de ce projet, nous aimerions connaître votre opinion sur ces produits. Nous vous invitons donc à répondre au court questionnaire ci-joint. Vos réponses nous seront très utiles.

Nous vous serions reconnaissants de bien vouloir répondre à toutes les questions et de nous retourner le questionnaire dans l'enveloppe-réponse affranchie dans les 30 jours suivant la réception de la présente lettre. Soyez assurée que vos réponses seront traitées de façon anonyme et demeureront confidentielles.

Vous remerciant de votre précieuse collaboration, nous vous prions d'agréer, Madame, nos salutations distinguées.

La directrice
de la commercialisation,

Nicole Saint-Germain
Nicole Saint-Germain

NSG/mp

p. j. Questionnaire

ACCUSÉ DE RÉCEPTION

Magog, le 18 mai 2015

Madame Jacqueline Bilodeau
642, rue Principale
Saint-Alexandre-de-Kamouraska (Québec)
G0L 2X0

        **Objet : Réception du questionnaire sur la commercialisation
            de nouveaux produits**

Madame,

    Nous accusons réception du questionnaire mentionné ci-dessus et nous vous remercions d'avoir pris quelques instants de votre temps pour y répondre.

    Vos réponses ainsi que vos commentaires fort judicieux nous seront d'une grande utilité pour le choix des nouveaux produits que nous entendons commercialiser. Pour vous exprimer notre reconnaissance, nous vous remettons une pièce de monnaie de collection.

    Nous vous remercions chaleureusement de votre précieuse collaboration et vous prions d'agréer, Madame, nos salutations distinguées.

                            La directrice
                            de la commercialisation,

                     Nicole Saint-Germain

NSG/mp   Nicole Saint-Germain

p. j. Pièce de collection

Déclaration de sinistre, réclamation, résiliation, lettres de recouvrement, mise en demeure

 DÉCLARATION DE SINISTRE À UN ASSUREUR

RECOMMANDÉ   Québec, le 25 août 2015

Madame Francine Cyr
Assurances MaxiSécurité
Tour 3, bureau 234
1234, Grande Allée Ouest
Québec (Québec) G1V 2T5

Objet : Déclaration de sinistre

Madame,

Pour faire suite à notre conversation téléphonique relativement au vol de trois ordinateurs portables commis dans nos locaux le 22 août 2015, nous vous faisons parvenir une copie du rapport de police ainsi que les renseignements relatifs à ces appareils. Le numéro de notre police d'assurance est 234-F.

Par ailleurs, nous aimerions savoir si notre police nous assure contre la perte de données et si nous pouvons espérer un règlement rapide ; il nous faut en effet procéder à l'achat de trois nouveaux ordinateurs dans de très brefs délais.

Nous vous prions d'agréer, Madame, nos salutations distinguées.

Le directeur de l'administration,

Serge Bédard

Serge Bédard

SB/cd

p. j. 2

RÉCLAMATION POUR ERREUR DE FACTURATION

*Office québécois
de la langue
française*
Québec ✚✚
✚✚
Service des ressources matérielles

Québec, le 28 octobre 2015

Madame Monique Pelletier
Directrice de la comptabilité
Imprimerie Univers
18904, rue Notre-Dame
Lévis (Québec) G6V 4A4

N/Réf. : ABC-123

Objet : Réclamation pour erreur de facturation

Madame,

L'examen de votre facture datée du 14 octobre dernier, dont le numéro est 05J23, nous a indiqué que le montant qui y figure est erroné (voir ci-joint copie). La facture fait abstraction de la remise sur quantité de 10 % qui devait nous être consentie.

Si vous désirez obtenir des renseignements supplémentaires à ce propos, n'hésitez pas à communiquer avec la responsable de la comptabilité, Mme Nicole Labelle, au 418 646-1234.

Nous vous remercions à l'avance de nous faire parvenir une facture corrigée ; nous la réglerons dès réception.

Veuillez agréer, Madame, nos salutations distinguées.

La chef du Service
des ressources matérielles,

Michèle Labrecque

ML/ng   Michèle Labrecque

p. j. Facture erronée

c. c. M. Francis Allard, directeur de l'administration

Québec
750, boulevard Charest Est
Québec (Québec) G1K 9K4
Téléphone : 418 646-0000
Télécopie : 418 643-0001
www.oqlf.gouv.qc.ca

Montréal
125, rue Sherbrooke Ouest
Montréal (Québec) H2X 1X4
Téléphone : 514 873-0000
Télécopie : 514 873-0001

RÉPONSE À UNE RÉCLAMATION

Lévis, le 3 novembre 2015

Madame Michèle Labrecque
Chef du Service des ressources matérielles
Office québécois de la langue française
750, boulevard Charest Est, bur. 100
Québec (Québec) G1K 9K4

V/Réf. : ABC-123
N/Réf. : XYZ-987

Objet : Réponse à votre réclamation pour erreur de facturation

Madame,

Nous avons bien reçu votre lettre du 28 octobre dernier. Comme vous le mentionnez dans cette lettre, la facture numéro 05J23 a été établie sans que soit prise en considération la remise de 10 % à laquelle l'Office avait droit. Vous trouverez donc ci-joint une facture corrigée.

Nous vous prions d'accepter nos excuses, et soyez assurée que nous prendrons les mesures nécessaires pour éviter qu'une erreur de ce genre ne se répète.

Vous remerciant de votre compréhension, nous vous prions d'agréer, Madame, nos salutations distinguées.

La directrice de la comptabilité,

Monique Pelletier

MP/ab

p. j. Facture corrigée

RÉSILIATION DE CONTRAT

<u>RECOMMANDÉ</u>

La Pocatière, le 29 mars 2016

Madame Adriana Lizcano
Représentante de commerce
Services de télécommunications AAZ
438, avenue de la Gare
La Pocatière (Québec) G0R 2Z3

Référence : 05-7865

Objet : Résiliation de contrat

Madame,

Par la présente lettre, je vous avise que je ne reconduirai pas l'abonnement à Internet de mon entreprise Traduction Audrey Desmarais. Selon le contrat que j'ai signé le 1er mai 2013, cet abonnement doit prendre fin le 2 mai 2016.

Je m'engage à respecter la clause 3.1 de ce contrat qui spécifie que tout le matériel informatique prêté par votre entreprise doit lui être remis sans délai à la fin de l'abonnement. Je vous invite donc à me téléphoner au numéro indiqué au bas de la lettre afin que nous discutions de la façon dont les Services de télécommunications AAZ récupéreront leur équipement.

Vous remerciant de votre collaboration, je vous prie de recevoir, Madame, mes salutations distinguées.

Audrey Desmarais

AD/fc

Audrey Desmarais
Traductrice
Téléphone : 418 306-6761

RÉSILIATION DE CONTRAT AVANT TERME

Éditions Ville neuve
2447, rue Gilbert
Jonquière (Québec) G7S 4N2

RECOMMANDÉ   Le 9 septembre 2015

Téléphonie Marquette
34, rue des Cerisiers
La Baie (Québec) G7B 2H3

Objet : Résiliation de contrat avant terme

Madame,
Monsieur,

Par la présente lettre, je vous demande d'annuler le contrat de téléphonie par câble des Éditions Ville neuve qui devait arriver à expiration le 15 janvier 2016. Je joins à cette lettre un mandat postal de 269,70 $ afin de payer l'indemnité de résiliation (j'ai calculé le montant de cette indemnité selon les dispositions énoncées à l'article 8.2 du contrat).

Je vous remercie à l'avance de prendre toutes les mesures nécessaires à la cessation de mon abonnement, y compris l'arrêt des paiements préautorisés.

Veuillez recevoir, Madame, Monsieur, mes salutations distinguées.

Le directeur,

David Villeneuve
David Villeneuve

p. j. Mandat postal

PREMIÈRE LETTRE DE RECOUVREMENT

RECOMMANDÉ   Québec, le 19 septembre 2016

Madame Marie-France Lafleur
Animalerie Niska
3456, boulevard Laurier
Québec (Québec) G4V 5N8

Notre référence : Facture nᵒ 987-96

Objet : Signalement d'un compte en souffrance

Madame,

Nous sommes fiers de vous compter parmi nos bons clients. Nous présumons par conséquent que votre retard à acquitter la somme de 575,50 $ qui est due depuis maintenant deux mois (voir ci-joint copie de la facture) est indépendant de votre volonté.

Nous vous rappelons donc de bien vouloir effectuer ce paiement dès que possible pour éviter tous frais de recouvrement.

Comptant sur votre diligence habituelle, nous vous prions d'agréer, Madame, nos salutations distinguées.

La chef du Service de la comptabilité,

Manon Auclair

P.-S. – Si vous nous avez déjà fait parvenir votre paiement, veuillez ne pas tenir compte de la présente lettre.

p. j. Copie de facture

c. c. Mᵐᵉ Carole Lajeunesse, directrice commerciale

SECONDE LETTRE DE RECOUVREMENT

RECOMMANDÉ   Québec, le 19 décembre 2016

Laboratoire Mercier
14, rue de l'Esplanade
Rimouski (Québec) G5L 1P3

À l'attention de Monsieur Luc Lafrance

N/Réf. : 1094

Objet : Recouvrement de la facture n° 96-348

Mesdames,
Messieurs,

Selon votre état de compte, vous devez à notre entreprise un solde de 3500 $ pour l'année 2015. Nous vous avons déjà fait parvenir un avis à ce sujet en date du 19 septembre 2016. Bien que nous vous ayons accordé un délai de trois mois pour acquitter cette somme ou nous faire part des modalités de paiement qui vous auraient convenu, nous n'avons reçu aucune explication de votre part.

Nous vous serions obligés de nous faire parvenir la somme de 3500 $ d'ici au 20 janvier 2017. Si nous ne devions pas recevoir de vos nouvelles d'ici cette date, nous nous verrions contraints d'engager la procédure nécessaire au recouvrement de cette créance. Nous devons également vous signaler qu'il vous reviendrait alors d'acquitter tous les frais supplémentaires qu'entraînerait cette procédure.

Nous espérons pouvoir compter sur votre entière collaboration dans le règlement de votre dette et nous vous prions d'agréer, Mesdames, Messieurs, nos salutations distinguées.

Pour le chef du Service
de la comptabilité, Guy Dion,

Denis Marchand,
comptable

DM/bf

MISE EN DEMEURE

RECOMMANDÉ   Saguenay, le 16 juin 2015
SOUS TOUTES RÉSERVES

Monsieur David Villeneuve
Éditions Ville neuve
2447, rue Gilbert
Jonquière (Québec) G7S 4N2

Objet : Mise en demeure

Monsieur,

      Le 10 mars 2014, vous avez signé une reconnaissance de dette pour le prêt de 10 500 $ (voir la pièce ci-jointe) que je vous ai accordé afin que vous démarriez votre entreprise d'édition. Vous m'avez remboursé la totalité du capital dans le temps dont vous disposiez pour le faire. Par contre, selon les modalités inscrites dans le document signé, vous auriez également dû me verser 525 $ en intérêts.

      Entre le 8 mai et le 12 juin derniers, j'ai tenté de communiquer avec vous par courrier électronique et par messagerie vocale une dizaine de fois pour vous rappeler de me verser les intérêts non payés. Or, vous n'avez pas répondu à mes courriels ni ne m'avez retéléphoné.

      Dans les circonstances, je vous mets en demeure de me verser la somme due de 525 $ dans les sept jours ouvrables qui suivront la réception de la présente lettre. Je vous demande d'effectuer le versement par chèque certifié ou par mandat-poste à l'ordre de Louis Chagnon. En cas de non-paiement à la fin du délai imparti, j'engagerai contre vous des poursuites judiciaires sans aucun autre avis.

      Je vous prie de vouloir bien agir en conséquence et de recevoir, Monsieur, mes salutations distinguées.

Louis Chagnon
Louis Chagnon

Pièce jointe : Reconnaissance de dette

Écrits administratifs divers

➕ Formules de vœux

Pour se servir des formules de vœux ci-dessous, il faut bien sûr, le cas échéant, remplacer les points de suspension entre crochets par des éléments pertinents et compléter les millésimes.

VŒUX DES FÊTES

Joyeux Noël et bonne année !

Joyeuses fêtes !

Bonne et heureuse année !

Nous vous souhaitons une bonne et heureuse nouvelle année.

Recevez nos meilleurs vœux de bonheur pour la nouvelle année.

Je vous présente mes meilleurs vœux pour 20XX.

Nous vous adressons nos meilleurs vœux pour 20XX.

Meilleurs vœux pour l'année 20XX !

Que la nouvelle année vous apporte paix, santé et bonheur
et qu'elle comble vos vœux les plus chers !

Que la nouvelle année comble vos vœux les plus chers,
et qu'elle se déroule sous le signe de la paix et du bonheur !

Paix, santé et bonheur pour vous et les vôtres !
Que la nouvelle année comble vos vœux les plus chers et...

Que la nouvelle année vous apporte paix, santé et bonheur !

À vous ainsi qu'à celles et ceux qui vous sont chers,
je souhaite une bonne et heureuse nouvelle année.

Que l'année nouvelle vous apporte, de même qu'aux êtres qui vous
sont chers, succès, santé et sérénité, et qu'elle comble tous vos vœux !

Meilleurs vœux de bonheur pour l'année nouvelle !

En cette nouvelle année, recevez nos meilleurs vœux de paix
et de bonheur.

Que le temps des fêtes soit l'occasion de belles réjouissances
et l'annonce d'une heureuse nouvelle année !

Nous vous souhaitons de belles fêtes et une nouvelle année de paix,
de santé et de bonheur.

En cette période de festivités, recevez nos meilleurs vœux de bonheur.
Nous vous souhaitons de joyeuses fêtes et une heureuse année 20XX.

Avec nos meilleurs vœux de joie en ce temps des fêtes et de bonheur
pour la nouvelle année.

À l'occasion de cette nouvelle année, nous vous adressons
tous nos vœux de santé, de réussite et de bonheur.

Recevez tous nos remerciements pour vos bons vœux.
Que cette nouvelle année soit pour vous aussi porteuse de réussite
et de bonheur !

Amitiés et souhaits chaleureux pour ces fêtes de fin d'année.

Souhaitant que l'année nouvelle nous donne la joie de nous revoir,
je vous prie de recevoir, [...], mes salutations les plus cordiales.

Les membres de l'équipe de direction et moi-même vous remercions
pour vos bons vœux et vous souhaitons également une heureuse
nouvelle année.

Chères collègues,
Chers collègues,

    Le temps des fêtes nous donne l'occasion de marquer une pause dans nos tâches et nos soucis quotidiens, d'accorder un peu plus de place aux valeurs humaines et spirituelles. Solidarité, générosité, paix intérieure, espoir en ce qu'il y a de meilleur…

    Je veux en profiter pour vous remercier sincèrement de la qualité du travail que vous avez accompli à […] tout au long de cette année, dans des circonstances souvent difficiles. Merci aussi pour le soutien constant que vous avez su m'apporter dans mes fonctions.

    C'est de tout cœur que je vous souhaite, ainsi qu'à vos proches, de joyeuses fêtes et une année 20XX heureuse et belle, sereine et chaleureuse.

VŒUX D'ANNIVERSAIRE

Joyeux anniversaire, Claude !
En cette journée toute spéciale pour vous, je tiens à vous féliciter pour votre participation active à la mission de notre organisme et je vous offre mes meilleurs vœux de santé et de bonheur.

Bon anniversaire, André !
Je profite de cette heureuse journée pour vous féliciter de votre bon travail à […] et je vous offre mes meilleurs vœux de bonheur.

Meilleurs vœux, Monique !
Je vous souhaite un très heureux anniversaire et je vous félicite pour votre excellente contribution à la mission de […].
Cordialement,

Tous mes vœux, chère Diane !
Que cette journée qui est la tienne soit le début d'une nouvelle année de bonheur.
Merci pour ton bon travail à […] !
Bien cordialement,

Chère Line,
Je te souhaite un bon anniversaire, avec du soleil au cœur aujourd'hui et toute l'année !
Cordialement,

Joyeux anniversaire, Jean-Marie !
Recevez mes meilleurs vœux de santé et de bonheur, et toutes mes félicitations pour votre excellent travail à […] !

Bon anniversaire, Denis !

En ce grand jour, je t'offre mes meilleurs vœux de bonheur et je t'assure que c'est une chance pour moi de te compter parmi mes collègues.

Salutations cordiales,

En ce 15 novembre, je te souhaite un très joyeux anniversaire, chère Louise.

C'est un plaisir de travailler avec toi !

Avec tous mes vœux de santé et de bonheur,

Le 16 décembre 20XX

En ce grand jour, je t'offre mes meilleurs vœux de bonheur.

Joyeux anniversaire, Jean !

Bien cordialement,

Bon anniversaire, Jacques !

C'est un grand jour pour toi : reçois mes vœux les plus sincères de santé et de bonheur.

Et bravo pour la qualité de ton travail à […] !

VŒUX DE RETRAITE ET REMERCIEMENTS À LA SUITE DE VŒUX

Chère Johanne,

Dire que tu vas me manquer, c'est bien peu. Mais je me consolerai en te sachant heureuse et épanouie auprès des tiens, pour qui tu es tant !

Merci infiniment pour ton travail d'une qualité sans faille, et surtout pour ton humanité, ta grande gentillesse, les étincelles dans tes yeux, le réconfort de ton sourire…

Je t'assure de mon amitié fidèle et j'espère que nous nous reverrons bientôt dans le club des heureuses retraitées ou ailleurs !

Cher Pierre,

En ce moment du départ, je repense, le cœur gros, à ce chemin de trente ans que nous avons parcouru ensemble à […], tantôt de près, tantôt d'un peu plus loin. Travailler avec toi a été un plaisir : compréhension, dévouement à la cause, compétence, disponibilité, modestie ; je pourrais continuer longtemps, mais cela te ferait rougir…

Alors, je te salue bien amicalement en espérant que nos chemins se recroiseront au détour d'une chanson, d'un poème, d'un film, d'une bédé, d'une rencontre entre amis… très bientôt.

Heureuse retraite !

Cher Michel,

J'ai bien reçu ton gentil message d'au revoir. Ta pensée me touche beaucoup.

Si notre [service/dossier] est devenu ce qu'il est, c'est en grande partie grâce à toi. Merci de tout cœur et bravo encore !

Que ta retraite soit belle et te donne l'occasion de réaliser tes projets, sages et fous.

Je serai toujours contente d'avoir de tes nouvelles et je ne t'oublierai jamais.

Chères collègues,

Chers collègues,

Même si mon départ a pour moi quelque chose d'irréel, je tiens à vous saluer, vous toutes et tous avec qui j'ai pu au long de ces vingt années à […] agir et me passionner pour cette belle mission. Je vous remercie chaleureusement pour votre générosité, vos mots du cœur et vos cadeaux somptueux. Ils vont m'accompagner et toujours me rappeler le privilège qui a été le mien : celui de travailler avec vous et de partager mille choses de la vie personnelle et professionnelle.

Avec mon amitié fidèle,

Chers collègues et amis,

Les émotions de mon départ à la retraite s'étant calmées, je tiens à vous redire combien j'ai aimé vous côtoyer à […] au long de toutes ces années. En de multiples circonstances, j'ai pu apprécier votre compétence, votre solidarité et votre bonne humeur communicative. Merci pour vos mots si gentils dans ma carte de départ à la retraite et pour les somptueux cadeaux qui me resteront de précieux souvenirs.

CONDOLÉANCES

(Voir aussi exemples de lettres de condoléances, p. 594-595.)

Chère Madame,

De tout cœur, je vous présente mes plus sincères condoléances pour le deuil qui vous frappe. Je partage votre peine en souhaitant que l'estime de vos collègues de […] et l'affection de vos proches vous apportent un peu de réconfort.

Bien cordialement,

Cher Robert,

Je tiens à vous exprimer toute ma sympathie dans la douloureuse épreuve que vous traversez. Puissent les témoignages d'amitié vous être réconfortants…

De tout cœur avec vous,

Cher Monsieur,

C'est avec beaucoup de tristesse que le personnel de […] et moi-même avons appris le décès de madame […].

Par son immense compétence et par son œuvre, elle restera véritablement la [journaliste, professeure, sociologue…] par excellence. Nous nous souviendrons avec émotion de son amitié pour le Québec et du réel intérêt qu'elle portait au dossier de […] chez nous.

Avec nos plus sincères condoléances, je vous prie d'agréer, cher Monsieur, l'expression de mes sentiments attristés.

Chère Marie,

Nos pensées les plus affectueuses t'accompagnent dans ces moments douloureux.

Tes collègues, amies et amis,

Que les témoignages d'affection et les paroles de réconfort soient un baume sur votre cœur et adoucissent votre peine.

VŒUX DE RÉTABLISSEMENT

Cher collègue,

Nous venons d'apprendre les ennuis de santé que vous éprouvez et nous en sommes sincèrement désolés. De tout cœur, nous vous souhaitons un prompt rétablissement, car votre compétence et votre enthousiasme nous manquent déjà beaucoup. Que ces fleurs vous rappellent notre amitié !

Avec nos salutations les plus cordiales et l'espoir de vous revoir bientôt,

L'équipe des communications

FÉLICITATIONS

(Voir aussi exemples de lettres de félicitations, p. 571 et 603.)

Au nom du conseil d'administration et à titre personnel,
je vous félicite pour votre nomination et vous souhaite, cher confrère
et ami, le plus grand succès dans vos nouvelles fonctions.

Les membres de l'association et moi-même vous félicitons
chaleureusement pour la grande distinction qui vient de vous
être accordée. Elle est largement méritée, et l'honneur en rejaillit
sur nous tous et toutes.

L'Office québécois de la langue française félicite
[...]
pour ses efforts méritoires voués
à parfaire sa maîtrise de la langue française.

Madame et chère collègue,

Je vous félicite très chaleureusement de votre élection à la
présidence de [...]. C'est un honneur que vous méritez, et vous avez
la compétence, la générosité et la vision nécessaires pour assumer
cette haute fonction.

Pour nos deux organismes, je vois dans ces nouvelles responsabilités
qui vous sont confiées une possibilité supplémentaire de rapprochement
afin d'harmoniser encore davantage la promotion de [...] au Québec,
et je m'en réjouis.

Espérant que nous aurons bientôt l'occasion de nous en parler de
vive voix, je vous prie d'agréer, Madame et chère collègue, l'expression
de mes meilleurs sentiments.

Monsieur,

C'est avec grand plaisir que je vous félicite pour le prix [...]
qui vient d'être décerné à votre agence dans la catégorie [...]. En effet,
la réalisation [...] a été retenue, parmi une centaine de candidatures,
par le jury présidé par M. [...].

La qualité générale des candidatures soumises aux prix [...]
témoigne de l'attachement des [...] québécois à [...]. De plus, étant
donné la qualité remarquable de votre réalisation, nous savons que
nous pouvons compter sur votre dynamisme et sur votre créativité
pour continuer à promouvoir [...] dans les travaux de votre agence.

Veuillez agréer, Monsieur, l'expression de ma considération
distinguée.

Curriculum vitæ

Le **curriculum vitæ**, ou **CV**, est un document qui présente le sommaire de la formation, de l'expérience professionnelle, des réalisations, des compétences et des aptitudes qu'un candidat ou qu'une candidate juge utile de faire connaître à un éventuel employeur. Le terme *curriculum vitæ* est un mot latin qui signifie « carrière de la vie » ; il est invariable.

Parce qu'il fait la promotion d'un candidat ou d'une candidate, le curriculum vitæ doit être rédigé de sorte qu'il puisse convaincre la personne qui recrute de rencontrer le postulant ou la postulante en entrevue. Il est donc un document capital dans la recherche d'un emploi.

Les renseignements qu'il contient doivent être véridiques et choisis avec soin. On doit s'assurer d'y mettre en valeur ses principales aptitudes. On doit également faire en sorte que l'employeur y trouve rapidement les renseignements voulus, car il décide bien souvent en moins de trente secondes s'il rejette d'emblée un curriculum vitæ ou s'il l'examinera plus attentivement.

Le curriculum vitæ devrait se limiter à deux pages. Il est donc inutile d'y mentionner tous les emplois occupés. Il faut plutôt mettre l'accent sur les trois derniers ou sur ceux qui sont en relation plus directe avec l'emploi postulé. Aujourd'hui, on ne consigne que les emplois des dix dernières années.

Doivent figurer tout en haut de la première page le nom, l'adresse, le ou les numéros de téléphone et l'adresse de courriel. Si cela est vraiment pertinent (par exemple dans le domaine des communications), on peut ajouter à ces renseignements l'adresse du site Web professionnel ou l'identifiant lié à un réseau social donné (Facebook, LinkedIn, Twitter, etc.).

Outre les indications figurant en haut de la première page, le curriculum vitæ comporte généralement les informations suivantes :
- l'objectif de carrière (Cette section est facultative. Elle répond brièvement, en une ou deux phrases, aux questions *quoi ?*, *où ?*, *avec qui ?* et *à quel niveau ?*.) ;
- un sommaire de la carrière (Cette section est facultative. Elle résume, en une ou deux phrases, les points les plus importants de l'expérience de travail.) ;
- la formation (les diplômes et activités de perfectionnement les plus récents) ;
- les diverses expériences de travail en relation avec le poste convoité ;
- le titre des postes occupés ;
- la période passée à chacun des postes ;
- les entreprises ou organismes employeurs ;
- les réalisations ;

- les associations professionnelles ;
- les langues maîtrisées.

Il peut également mentionner, si cela convient :
- le travail bénévole ;
- les services communautaires ;
- les bourses et les prix reçus ;
- les connaissances techniques particulières ;
- les publications ;
- une brève description des employeurs.

Toutefois, les renseignements personnels ou d'autres informations pouvant causer un préjudice au candidat ou à la candidate ne doivent jamais figurer dans un curriculum vitæ. C'est le cas :
- du numéro d'assurance sociale ;
- de l'âge ;
- de la date de naissance ;
- de l'état matrimonial ;
- de la taille et du poids ;
- de la nationalité ;
- de l'état de santé ;
- de la religion ;
- de l'appartenance à un groupe politique ;
- de la disponibilité ;
- du numéro du permis de conduire ou de la classe de permis de conduire détenu, sauf si on l'exige, par exemple, pour un emploi de camionneur ou de camionneuse.

On recommande également d'éviter :
- d'inscrire la mention *Curriculum vitæ* sur le document, car elle est inutile ;
- d'insérer une page de titre ;
- d'abuser de termes techniques et d'abréviations ;
- d'imprimer sur le verso des feuilles ;
- de réduire la taille des caractères à moins de 10 points ;
- d'ajouter des documents ou sa photo au curriculum vitæ, sauf sur demande ;
- de plier le curriculum vitæ pour l'insérer dans l'enveloppe. Il est préférable d'utiliser une enveloppe de même format que le papier ;
- d'utiliser des photocopies du curriculum vitæ de mauvaise qualité ;
- de signer le curriculum vitæ.

On doit aussi éviter de mentionner, dans le curriculum vitæ, des sujets qu'il est préférable de n'aborder qu'en entrevue, comme les motifs de départ, les attentes salariales, les passe-temps, les loisirs, les intérêts personnels et les références, c'est-à-dire les noms et les coordonnées de personnes pouvant fournir à l'employeur plus de renseignements sur le candidat ou la candidate. Les candidats ou candidates donnent généralement les références à la demande du recruteur ou de la recruteuse ; il est donc inutile de les inclure au curriculum vitæ. Quant aux passe-temps, aux loisirs et aux intérêts personnels, le candidat ou la candidate ne les signale dans son curriculum vitæ que s'ils sont liés au poste convoité. Par exemple, pour un emploi comme horticulteur ou horticultrice, un candidat ou une candidate aurait intérêt à mentionner qu'il ou elle fait du jardinage et lit des revues d'horticulture.

Le curriculum vitæ doit être clair et rédigé dans un style simple, soutenu et concis. Il ne doit contenir aucune faute d'orthographe, de grammaire ni de typographie. Pour y décrire ses expériences de travail, une candidate ou un candidat peut employer des noms d'action ou des verbes à l'infinitif (voir la liste **Verbes utiles à la rédaction de curriculum vitæ**, p. 638).

La présentation matérielle du curriculum vitæ est généralement simple, sobre et soignée, et sa mise en pages est aérée. Plusieurs types de présentation sont possibles, et aucune disposition n'est normalisée. Le profil du candidat ou de la candidate détermine le choix du type de curriculum vitæ à retenir.

TYPES DE CURRICULUM VITÆ

Le type de curriculum vitæ le plus connu est le modèle **chronologique** (voir exemples p. 642-643). On y présente les différentes étapes de sa formation et de son expérience professionnelle en ordre chronologique inversé (du plus récent au plus ancien). Une personne ayant peu d'expérience a avantage à présenter d'abord les renseignements relatifs à sa formation, puis ceux relatifs à ses expériences de travail. À l'inverse, un candidat ou une candidate ayant plus d'expérience devrait présenter d'abord ses expériences professionnelles, puis sa formation (cette façon de présenter l'information est valable pour tous les types de curriculum vitæ). La personne qui a une expérience de travail continue dans un même domaine professionnel et qui veut montrer une progression dans ses emplois et ses responsabilités a tout intérêt à utiliser ce type de curriculum vitæ. Toutefois, si elle a eu des périodes sans emploi, des emplois variés ou de courte durée, ou encore si elle désire changer de domaine professionnel, le recours au curriculum vitæ fonctionnel sera plus approprié.

Le curriculum vitæ **fonctionnel** (voir exemples p. 644-645) met l'accent sur les fonctions exercées par le candidat ou la candidate et sur ses réalisations plutôt que sur la succession de ses divers emplois. Cette présentation, où les réalisations professionnelles et les fonctions sont regroupées par thèmes sans égard à la chronologie, fait valoir ce que le candidat ou la candidate a de plus pertinent à offrir : ses expériences et ses compétences. Le curriculum vitæ fonctionnel a l'avantage de ne pas attirer l'attention sur les périodes d'inactivité ni sur les changements d'emploi fréquents. Il demeure toutefois souhaitable d'y inclure des dates (bien que, par le passé, le contraire ait déjà été suggéré). Ce faisant, on évitera de semer le doute dans l'esprit d'un recruteur ou d'une recruteuse. Il faudra cependant consigner les années sans les mois et inscrire les expériences professionnelles datées à la fin du document pour en minimiser l'importance.

Le curriculum vitæ **mixte**, appelé aussi curriculum vitæ **combiné** (voir exemples p. 647 et 649), reprend des éléments des curriculum vitæ chronologique et fonctionnel. Il attire l'attention à la fois sur les principales réalisations du candidat ou de la candidate et sur ses diverses expériences professionnelles. On y présente, dans une section, ses réalisations, puis, dans une autre, on dresse une liste détaillée et chronologique de ses emplois en soulignant les fonctions associées à chacun. Cette présentation offre l'avantage de mettre en valeur les principales qualités et réalisations dans un ordre chronologique.

Le dernier modèle de curriculum vitæ, le curriculum vitæ **par compétences** (voir exemples p. 651-652), met en évidence les compétences et les réalisations, et non les postes occupés. Le curriculum vitæ par compétences ressemble au curriculum vitæ mixte, mais s'en distingue par une section additionnelle sur les compétences, qui comprend les qualités et les habiletés acquises non pas uniquement au cours des différents emplois, mais également dans des études, des activités de bénévolat ou des activités paraprofessionnelles. En raison de cette section, ce type de curriculum vitæ convient bien aux étudiants et aux étudiantes, aux personnes en réorientation de carrière et à celles qui font un retour sur le marché du travail.

Peu importe le type de curriculum vitæ choisi, ce document ne s'envoie jamais seul. Il doit toujours être accompagné d'une lettre qui explique les raisons pour lesquelles le candidat ou la candidate postule l'emploi qu'il ou elle désire obtenir (voir exemples de lettres d'accompagnement p. 556-559).

LETTRE D'ACCOMPAGNEMENT DU CURRICULUM VITÆ

La **lettre d'accompagnement du curriculum vitæ**, également appelée **lettre de candidature** ou **lettre de motivation**, est un écrit dont le but est de susciter, chez la personne qui recrute, un intérêt tel que cette dernière étudiera attentivement le curriculum vitæ et qu'elle désirera rencontrer le candidat ou la candidate. En réalité, la lettre d'accompagnement n'est pas toujours lue avant le curriculum vitæ ; l'examen initial d'une candidature est souvent très vite effectué. Tout curriculum vitæ (et toute demande d'emploi faite au moyen d'un formulaire) doit cependant être envoyé avec une lettre d'accompagnement. Il s'agit d'une convention dont le non-respect peut constituer un critère de rejet instantané de la candidature soumise. Évidemment, quand un curriculum vitæ retient l'attention d'un recruteur, la lecture de la lettre qui y est jointe peut réellement influencer sa décision de rencontrer un candidat, et ce, peu importe l'ordre dans lequel les documents sont examinés.

La lettre d'accompagnement doit donc faire valoir les qualités, les expériences et les réalisations du candidat ou de la candidate en relation avec les exigences du poste convoité. Elle doit aussi montrer son intérêt pour le poste. Inutile de préciser qu'elle doit être exempte de fautes d'orthographe, de grammaire, de syntaxe ou de typographie, et qu'elle doit suivre les règles de présentation de la correspondance d'affaires décrites à la section portant sur la lettre (voir p. 513 et suivantes).

La lettre d'accompagnement doit être brève et aller droit au but. Elle comprend trois ou quatre paragraphes qui tiennent sur une seule page. Chacun vise des objectifs particuliers.

Le premier paragraphe présente le candidat et précise le but de la lettre : veut-il postuler un emploi, obtenir une entrevue ou prendre un rendez-vous pour obtenir plus d'information sur l'entreprise ? Le candidat mentionne le poste qu'il désire occuper et, si ce poste est vacant, signale la façon dont il a appris la vacance (endroit où il a vu l'offre d'emploi, nom de l'employé qui lui en a parlé, etc.).

Dans le deuxième paragraphe, le candidat ou la candidate expose les principales qualités, connaissances ou compétences qui font de lui ou d'elle la personne idéale pour occuper le poste et les illustre, si c'est possible, par des exemples ou des réalisations démontrant qu'il ou elle serait en mesure de bien remplir ses fonctions. Le candidat peut recourir aux exigences énoncées dans l'offre d'emploi et à la description du poste offert pour faire des liens entre les compétences recherchées et sa formation, son expérience et ses réalisations. On recommande toutefois d'éviter d'énumérer ses réalisations, ce qui est le rôle du curriculum vitæ. Il s'agit plutôt ici de mettre en valeur un ou deux points forts, par exemple, un emploi similaire, un stage, une formation particulière en relation avec le poste.

Dans ce deuxième paragraphe (si la lettre est courte) ou dans un paragraphe additionnel (si elle est plus longue), la personne qui pose sa candidature manifeste l'intérêt qu'elle porte au poste et à l'entreprise ou à l'organisme qui l'offre. Elle prouve sa connaissance de l'entreprise ou de l'organisme ainsi que sa compréhension des caractéristiques précises du poste. Quelques recherches sur l'entreprise ou l'organisme devraient suffire pour trouver les renseignements nécessaires à la personnalisation de sa lettre.

Le dernier paragraphe permet de solliciter une rencontre avec la personne qui recrute. Le candidat peut lui faire part de ses disponibilités et même lui signaler qu'il communiquera avec elle, surtout dans le cas d'une candidature spontanée (candidature soumise sans avoir au préalable vérifié si l'entreprise avait ou non des offres d'emploi dans le champ d'intérêt ciblé). Ce paragraphe est suivi de la salutation d'usage, de la signature, des coordonnées du candidat et de la mention *pièce jointe* (pour en savoir davantage sur cette mention, voir p. 547).

La lettre d'accompagnement ne doit pas être rédigée comme si elle était une circulaire composée de phrases toutes faites. Elle doit laisser transparaître la personnalité du candidat. Pour que ce dernier puisse se démarquer des autres, elle doit être pensée en fonction du poste convoité, mais aussi en fonction de l'entreprise ou de l'organisme qui offre ce poste.

Des exemples de lettres d'accompagnement sont présentés aux pages 556-559.

CURRICULUM VITÆ ET LETTRE D'ACCOMPAGNEMENT EN FORMAT ÉLECTRONIQUE

Envoi de documents par courriel

Lorsqu'il est permis ou demandé de transmettre son curriculum vitæ et la lettre d'accompagnement par courrier électronique, il est préférable d'insérer la lettre sur une page précédant le début du curriculum vitæ et non de l'intégrer dans le message du courriel ni d'en faire un autre fichier. Ainsi, la lettre, qui deviendra alors la première page du document, et le curriculum vitæ ne constitueront qu'un seul fichier. Le texte du courriel précisera le poste en question et mentionnera que la lettre et le curriculum vitæ sont joints au courriel. Par ailleurs, il ne faut en aucun cas insérer sa signature manuscrite numérisée en raison des risques importants de manipulation. Finalement, il est recommandé de nommer le fichier joint de son nom propre (par exemple, CVGuyBergeron) pour permettre au recruteur de le repérer facilement ou pour lui éviter de devoir le renommer.

Un exemple de courriel visant à transmettre un curriculum vitæ et une lettre d'accompagnement est présenté à la page 641.

Mise en mémoire de documents dans une base de données par un employeur

De nos jours, des employeurs gardent dans des bases de données les curriculum vitæ qui leur parviennent par voie électronique. Certains numérisent même ceux qu'ils reçoivent par la poste afin de les conserver informatiquement. Les recruteurs et les recruteuses peuvent ainsi balayer les documents qu'ils reçoivent à l'aide de logiciels et en effectuer un premier tri à partir de mots-clés. Ces mots-clés sont généralement des noms communs qui renvoient à un domaine d'activité ou qui décrivent les qualités requises pour occuper un poste. Ainsi, lorsqu'un candidat ou une candidate sait que son curriculum vitæ sera conservé dans une base de données, il ou elle a avantage à y insérer, à la fin, une liste de mots-clés ou descripteurs susceptibles d'être utilisés au triage. Une telle liste ne doit cependant pas contenir plus d'une trentaine de mots, car le curriculum vitæ doit rester concis. Cette façon de faire permet d'augmenter les chances qu'une candidature soit repérée lors d'une présélection informatisée.

Un exemple de curriculum vitæ présentant une liste de mots-clés figure à la page 646.

 VERBES UTILES À LA RÉDACTION DE CURRICULUM VITÆ

A

Accomplir	Administrer	Animer	Assembler
Accroître	Aider	Anticiper	Assister
Accueillir	Améliorer	Appliquer	Assurer
Acheter	Aménager	Approuver	Atteindre
Adapter	Analyser	Arbitrer	Augmenter

B

Budgéter

C

Calculer	Compiler	Conseiller	Coordonner
Choisir	Composer	Conserver	Créer
Classer	Concevoir	Construire	
Collaborer	Conclure	Contrôler	
Communiquer	Conduire	Convaincre	

D

Décider	Déléguer	Déterminer	Diriger
Définir	Démontrer	Développer	Dynamiser

E

Élaborer	Enseigner	Examiner	Exploiter
Encadrer	Entretenir	Exécuter	Explorer
Engager	Estimer	Expérimenter	Exporter
Enregistrer	Évaluer	Expliquer	

F

Fabriquer	Fixer	Formuler	Fusionner
Faciliter	Former	Fournir	

G

Gérer	Guider

H

Hiérarchiser

I

Illustrer	Inciter	Installer	Interpréter
Imaginer	Informer	Instituer	

J

Juger

L

Lancer

M

Maintenir	Manipuler	Moderniser
Maîtriser	Mettre en œuvre	Motiver

N

Négocier

O

Obtenir	Optimiser	Organiser

P

Participer	Planifier	Présenter	Produire
Persuader	Prédire	Présider	Programmer
Piloter	Préparer	Prévoir	Promouvoir

R

Rassembler	Récupérer	Renforcer	Réviser
Recevoir	Rédiger	Représenter	
Rechercher	Redresser	Résoudre	
Recruter	Rendre compte	Résumer	

S

Servir	Signaler	Superviser	Surveiller

T

Tester	Traduire	Traiter

U

Utiliser

V

Vendre	Vérifier

COURRIEL DE TRANSMISSION D'UN CURRICULUM VITÆ ET D'UNE LETTRE D'ACCOMPAGNEMENT

✉   ✕

Exp. : Jean-Charles Ducharme <jeancharles.ducharme@boitedenvoi.com>

Dest. : Marcel Miller <marcel.miller@boitedereception.com>

Objet : Poste de technologue en radiologie

p. j.   CVJeanCharlesDucharme.PDF

Monsieur,

Je vous envoie le présent message en réponse à l'annonce publiée dans le journal *Le Calepin* du 16 novembre dernier. J'aimerais poser ma candidature au poste de technologue en radiologie à pourvoir dans votre clinique. Vous trouverez ci-joint un fichier contenant mon curriculum vitæ précédé d'une lettre d'accompagnement.

Salutations distinguées,

Jean-Charles Ducharme
2007, 3e Avenue
Québec (Québec) G2E 2E4
Tél. : 456 789-4321
Tél. cell. : 456 789-4322

CURRICULUM VITÆ CHRONOLOGIQUE

Suzanne Lamoureux
46, rue de l'Aigle
Longueuil (Québec) J4G 3B7
Téléphone : 450 345-8851
slamoureux@courrier.com

Adjointe administrative d'expérience souhaitant mettre à profit ses aptitudes
pour la coordination et l'accomplissement de tâches administratives,
et travailler pour une grande entreprise.

Expérience professionnelle

Mirado Canada   depuis mars 2011

Adjointe administrative
- Gérer les comptes des clients
- Préparer les factures et les dépôts
- Superviser une équipe de quatre personnes
- Faire la comptabilité de base
- Transcrire et rédiger des documents

Construction TFP   de septembre 2008 à mars 2011

Adjointe administrative
- Gérer les dossiers des clients
- Préparer les factures
- Traiter les plaintes
- Transcrire et rédiger des documents
- Trier le courrier

Construction TFP   de janvier 2007 à septembre 2008

Réceptionniste
- Utiliser un standard téléphonique recevant en moyenne 150 appels par jour
- Filtrer les appels
- Prendre les messages
- Trier le courrier
- Classer les dossiers
- Accueillir les visiteurs

Compétences techniques et linguistiques

Logiciels maîtrisés : Suite Comptabilité Acomba, Word, Excel, PowerPoint, Outlook, Internet
Explorer.

Très bonne maîtrise du français oral et écrit ; bonne compréhension de l'anglais oral
et écrit.

Formation

Techniques de bureautique   décembre 2006
Cégep André-Laurendeau

CURRICULUM VITÆ CHRONOLOGIQUE

Emma Olivier
333, avenue des Peupliers
Montréal (Québec) H3X 2H9
Téléphone cellulaire : 450 543-1234
Courriel : emmaolivier@adresse.com
Portfolio : emmaolivier.qc.ca
LinkedIn : Emma Olivier

Objectif de carrière

Obtenir un poste de responsable des communications dans un organisme à but non lucratif.

Expérience professionnelle

Fondation québécoise du cancer infantile (FQCI)

Responsable des communications par intérim, depuis janvier 2013
– Encadrer quotidiennement une équipe de trois agents d'information
– Gérer l'organisation du gala-bénéfice annuel et de six conférences en milieu hospitalier
– Coordonner les activités du comité de révision de la stratégie promotionnelle
– Superviser l'élaboration d'une politique de gestion des messages reçus par courriel
  et par l'intermédiaire des réseaux sociaux
– Approuver et vérifier les dépenses liées à la campagne annuelle de recrutement
  de donateurs
– Concevoir une formation sur le protocole téléphonique et la présenter aux agents
  de sollicitation
– Garantir le respect constant des normes graphiques de l'image de marque de la Fondation

Agente d'information, de juin 2011 à décembre 2012
– Animer hebdomadairement la page Facebook de la FQCI (facebook.com/fqci)
  et alimenter son fil Twitter (@FQCI)
– Mettre à jour mensuellement le site Web de la Fondation
– Rédiger du matériel publicitaire, des communiqués, des discours, des lettres,
  des invitations et des rapports
– Concevoir des diaporamas électroniques
– Refondre l'intranet de la Fondation

Formation

Certificat en supervision, depuis septembre 2014
HEC Montréal

Supervision efficace, mars 2013
Faculté de l'éducation permanente, Université de Montréal

Certificat en rédaction-communications, de septembre 2010 à avril 2011
Université du Québec à Chicoutimi

Techniques d'intégration multimédia, d'août 2007 à mai 2010
Cégep de Jonquière

Compétences linguistiques

Excellente maîtrise du français parlé et écrit, anglais fonctionnel

Compétences techniques

SharePoint, Excel, PowerPoint, Word
DreamWeaver, HTML, Illustrator, JavaScript, MySQL, Photoshop

CURRICULUM VITÆ FONCTIONNEL

Bertrand Jolicœur
232, rue Principale
Sept-Îles (Québec) G4R 1M4
Téléphone : 418 962-8411
Courriel : bertrand.jolicœur@domicile.com

Objectif de carrière
Poste de représentant qui me permettrait d'utiliser l'important réseau de relations que j'ai développé au fil des années dans la grande région de la Côte-Nord.

Sommaire
Plus de quinze années d'expérience dans les domaines de la vente, de la représentation et du service à la clientèle. Facilité à établir et à maintenir des relations durables avec la clientèle potentielle. Aptitude à reconnaître les clients les plus intéressés pour planifier des rencontres profitables.

Réalisations et fonctions exercées

Vente et représentation
- Prospection des clients potentiels à l'intérieur d'une région donnée ;
- Recommandation de produits en fonction des besoins des clients ;
- Constitution d'un réseau de relations dans plus de 150 petites et moyennes entreprises ;
- Rédaction de soumissions.

Gestion
- Coordination des activités d'une équipe de 15 représentants ;
- Contrôle et approbation des dépenses d'une équipe de représentants ;
- Formation de nouveaux représentants.

Service à la clientèle
- Traitement des plaintes ;
- Vérification de la satisfaction des clients après la résolution de problèmes.

Expérience professionnelle

Assurances TDT – 2013
Agent de traitement des plaintes

Imprimerie Julius – de 2007 à 2011
Représentant

Publinord – de 2002 à 2006
Représentant

Déco-meubles – de 1996 à 2001
Vendeur

Formation

Technique de comptabilité et de gestion – 1994
Cégep de Sept-Îles

CURRICULUM VITÆ FONCTIONNEL

Emma OLIVIER
333, avenue des Peupliers
Montréal (Québec) H3X 2H9
Téléphone cellulaire : 450 543-1234
Courriel : emmaolivier@adresse.com
Portfolio : emmaolivier.qc.ca
LinkedIn : Emma Olivier

Objectif de carrière

Travailler comme chef d'équipe au sein du service des communications d'une entreprise de taille moyenne qui offre des possibilités d'avancement.

Sommaire de carrière

Poste d'agente d'information suivi d'un poste de responsable des communications par intérim dans un même organisme. Formation polyvalente en communications et en multimédia. Expertise en supervision de personnel. Sens de l'organisation permettant l'atteinte d'objectifs ambitieux.

Expérience professionnelle

Fondation québécoise du cancer infantile (FQCI)

Expérience en gestion

- Encadrer quotidiennement une équipe de trois agents d'information ;
- Conduire l'organisation d'un gala-bénéfice et de six conférences ;
- Coordonner les activités de révision d'une stratégie promotionnelle ;
- Superviser l'élaboration d'une politique organisationnelle de gestion des messages reçus par courriel et par l'intermédiaire des réseaux sociaux ;
- Faire respecter un budget de campagne publicitaire de 10 000 $.

Expérience en communications et en multimédia

- Animer hebdomadairement une page Facebook (facebook.com/fqci) et alimenter un fil Twitter (@FQCI) ;
- Mettre à jour mensuellement le site Web de la Fondation ;
- Rédiger du matériel publicitaire, des communiqués, des discours, des lettres, des invitations et des rapports ;
- Créer des diaporamas électroniques ;
- Concevoir une formation sur le protocole téléphonique destinée à des agents de sollicitation ;
- Garantir le respect constant des normes graphiques d'une image de marque ;
- Refondre un intranet.

Postes occupés

- Responsable des communications par intérim – 2013 et 2014
- Agente d'information – 2011 et 2012 ; depuis 2014

… 2

CURRICULUM VITÆ FONCTIONNEL (suite)

Emma OLIVIER   2

Formation

Certificat en supervision – depuis 2014
HEC Montréal

Supervision efficace – 2013
Faculté de l'éducation permanente, Université de Montréal

Certificat en rédaction-communications – 2010 et 2011
Université du Québec à Chicoutimi

Techniques d'intégration multimédia – de 2007 à 2010
Cégep de Jonquière

Compétences techniques et linguistiques

DreamWeaver, Excel, HTML, Illustrator, JavaScript, MySQL, Photoshop, PowerPoint, SharePoint, Word.

Excellente maîtrise du français parlé et écrit, anglais fonctionnel.

Mots-clés

Administration
Communications
Coordination
Diffusion
Édition
Éditique
Gestion
Information
Marketing
Médias
Multimédia
Nouvelles technologies
Planification
Promotion
Publicité
Rédaction
Relations de travail
Relations professionnelles
Relations publiques
Supervision

CURRICULUM VITÆ MIXTE

François Giguère
851, chemin Sainte-Foy, app. 4
Québec (Québec) G1R 5T2
Téléphone : 418 878-6439
Cellulaire : 418 456-7713
francoisgig@megaoctet.com

Objectif de carrière

Faire partie d'une équipe où l'on pratique le développement guidé par les tests et où l'on utilise la méthode agile.

Résumé de carrière

Analyste-programmeur depuis sept ans, je connais très bien la programmation orientée objet et les bases de données relationnelles. Je suis un travailleur passionné par les nouvelles méthodes de développement et souhaite les utiliser davantage dans mon travail. Je n'hésite pas à faire partager mes connaissances et je sais bien évaluer le temps nécessaire pour mener des projets à terme.

Sommaire des réalisations

- Réduction importante du temps et des opérations nécessaires à la relance des clients et à la communication de promotions à l'aide d'une base de données personnalisée ;
- Création d'une page Web permettant d'informatiser les changements d'adresse des clients d'une grande entreprise ;
- Résolution de problèmes liés à la reconnaissance de subtilités linguistiques par un logiciel de traduction ;
- Intégration d'une solution d'accès sécuritaire à un logiciel traitant des données confidentielles ;
- Gestion d'une équipe de dix programmeurs.

Connaissances particulières

Langages de programmation : C#, Java, PL/SQL, XML.

Environnements de développement intégré : Visual Studio, Eclipse, PL/SQL Developer.

Langues : français et anglais.

Expérience professionnelle

Analyste en informatique

Tradata (concepteur de logiciels de traduction automatique)
Juin 2012 –
- Analyse, en collaboration étroite avec les linguistes de l'entreprise, d'un outil proposant des solutions pour la traduction de mots et de groupes de mots pouvant avoir plusieurs sens selon le contexte ;
- Évaluation du temps nécessaire au développement de cet outil et suivi de l'évolution du projet ;
- Préparation de documents pour guider les programmeurs ;
- Soutien aux programmeurs et révision de leur travail.

… 2

CURRICULUM VITÆ MIXTE (suite)

2

Consultant en informatique

Cosinfo (entreprise de consultants en informatique)
Septembre 2009 – juin 2012
- Analyse et développement d'une base de données de clients sous Oracle ;
- Développement d'une application assurant le suivi des clients potentiels d'une entreprise ;
- Développement d'un formulaire de changement d'adresse en ligne ;
- Mise à jour d'une feuille de présence informatisée.

Analyste-programmeur

Sanitas Technologies (concepteur d'un logiciel de suivi médical)
Juin 2008 – septembre 2009
- Intégration d'une solution de signature unique pour l'accès au logiciel ;
- Raffinement des fonctions de recherche pour le diagnostic et les médicaments prescrits ;
- Correction de bogues ;
- Exécution de tests.

Formation

Méthode agile : développement et automatisation de tests unitaires
Technologia
Avril 2013

Mieux comprendre la gestion de projets en méthode agile
Technologia
Novembre 2012

Baccalauréat en informatique
Université Laval
Mai 2008

CURRICULUM VITÆ MIXTE

Emma OLIVIER
333, avenue des Peupliers
Montréal (Québec) H3X 2H9
Téléphone cellulaire : 450 543-1234
Courriel : emmaolivier@adresse.com
Portfolio : emmaolivier.qc.ca
LinkedIn : Emma Olivier

Excellente maîtrise du français parlé et écrit
Anglais fonctionnel

Objectif de carrière

Je souhaiterais obtenir un poste de chef d'équipe au sein du service des communications d'un organisme à but non lucratif dans lequel je pourrais faire valoir mon sens de l'engagement et exploiter ma capacité à atteindre des objectifs ambitieux.

Sommaire de carrière

Après avoir travaillé pendant trois ans en tant qu'agente d'information à la Fondation québécoise du cancer infantile (FQCI), j'y ai remplacé au pied levé le responsable des communications en titre. J'ai occupé ses fonctions jusqu'à son retour, un an plus tard. J'ai ensuite repris mon poste d'agente d'information tout en commençant des études en gestion.

Réalisations professionnelles

Augmentation de 4 000 $ des dons récoltés au gala-bénéfice dont j'étais la planificatrice.

Hausse de 7 % du nombre de visiteurs du site Web de la Fondation, alors que les mises à jour mensuelles étaient sous ma responsabilité.

Accroissement de 5 % des réponses positives aux demandes de dons faites par le centre d'appels de la Fondation à la suite d'une formation sur le protocole téléphonique que j'ai conçue, puis donnée aux agents de sollicitation.

Réduction de 1,5 % des dépenses engagées dans une campagne promotionnelle d'un budget serré de 10 000 $ que j'administrais.

Réduction du temps consacré à la correspondance de sept heures-personne par semaine grâce à une politique de gestion des messages reçus du public dont j'ai supervisé l'élaboration.

… 2

CURRICULUM VITÆ MIXTE (suite)

2

Chronologie des expériences de travail
Fondation québécoise du cancer infantile

Responsable des communications par intérim
Janvier 2013 – janvier 2014

- Encadrement d'une équipe de trois agents d'information ;
- Organisation de la soirée de bienfaisance annuelle et de six conférences en milieu hospitalier ;
- Coordination des activités du comité de révision de la stratégie promotionnelle de l'organisme ;
- Suivi des travaux d'élaboration d'une politique de gestion des courriels et des messages reçus par l'intermédiaire des réseaux sociaux ;
- Contrôle et approbation des dépenses publicitaires liées à la campagne annuelle de recrutement de donateurs ;
- Enseignement des règles de l'étiquette à observer au téléphone auprès de tous les agents de sollicitation ;
- Vérification du respect constant des normes graphiques de l'image de marque de la Fondation.

Agente d'information
Juin 2011 – décembre 2012 ; janvier 2014 –

- Animation hebdomadaire de la page Facebook facebook.com/fqci et alimentation du fil Twitter @FQCI ;
- Mise à jour mensuelle du site Web de la Fondation ;
- Rédaction de matériel publicitaire, de communiqués, de discours, de lettres, d'invitations et de rapports ;
- Conception de diaporamas électroniques ;
- Refonte de l'intranet de la Fondation.

Formation

Certificat en supervision
HEC Montréal
Depuis septembre 2014

Supervision efficace
Faculté de l'éducation permanente de l'Université de Montréal
Mars 2013

Certificat en rédaction-communications
Université du Québec à Chicoutimi
Septembre 2010 – avril 2011

Techniques d'intégration multimédia
Cégep de Jonquière
Août 2007 – mai 2010

Compétences techniques

DreamWeaver, Excel, HTML, Illustrator, JavaScript, MySQL, Photoshop, PowerPoint, SharePoint, Word.

CURRICULUM VITÆ PAR COMPÉTENCES

Diane SYLVAIN
Comptable professionnelle agréée
563, rue des Forges
Trois-Rivières (Québec) G9A 3P5
Téléphone : 819 371-8854
Courriel : diane.sylvain@comptable.com

Champs de compétence

Administration
- Préparation des états financiers
- Calcul du prix de vente de produits et de services
- Planification, approbation et contrôle de dépenses
- Gestion de comptes clients et de comptes fournisseurs
- Traitement de la paie
- Gestion de l'assurance collective

Ressources humaines
- Embauche et supervision de personnel
- Négociation de révisions salariales
- Rédaction de descriptions de tâches
- Évaluation des besoins de formation

Principales réalisations

- Participation à la restructuration d'une entreprise de plus de 150 salariés
- Réduction de près de 30 % des frais liés à l'achat de fournitures de bureau
- Mise sur pied d'un système d'approbation préalable des dépenses ayant permis de réduire les frais de déplacement de 10 %

Expérience professionnelle

Génipro – Entreprise de consultants en génie civil

2003 –

Transport BDT – Entreprise de transport routier

2001 – 2003

Graphinnove – Entreprise spécialisée en publicité imprimée

1997 – 2001

Voyages Larrivée – Agence de voyages

1995 – 1997

Formation

Baccalauréat en sciences comptables
Université du Québec à Trois-Rivières
Mai 1994

CURRICULUM VITÆ PAR COMPÉTENCES

Emma OLIVIER
333, avenue des Peupliers
Montréal (Québec) H3X 2H9
Téléphone cellulaire : 450 543-1234
Courriel : emmaolivier@adresse.com
Portfolio : emmaolivier.qc.ca
LinkedIn : Emma Olivier

Anglais fonctionnel

Objectif et sommaire de carrière

J'aimerais exercer des responsabilités de gestion de personnel dans un organisme
sans but lucratif. Je possède une expertise en supervision d'équipe ainsi
qu'une formation polyvalente en communications et en multimédia. Mon sens
de l'engagement et ma capacité à atteindre des objectifs ambitieux sont reconnus.

Aptitudes

Aisance à entrer en relation avec les autres ; enthousiasme ; autonomie ; sens
des responsabilités ; facilité à gérer le stress ; capacité de composer avec le changement ;
débrouillardise ; créativité.

Champs de compétence

Gestion
Supervision d'équipe ; gestion de priorités ; planification, coordination et attribution
de tâches ; établissement et respect d'échéanciers ; motivation de personnel ; évaluation
du rendement d'employés ; règlements de conflits ; conception de procédures de travail ;
résolution de problèmes ; élaboration de plans de formation ; création d'exercices,
de mises en situation ; préparation de séances d'évaluation.

Communication et multimédia
Prise de parole en public ; rédaction et révision de textes en tous genres ; mise en pages
de documents ; conception de diaporamas électroniques ; organisation de rassemblements ;
élaboration de stratégies de communication ; animation de réseaux sociaux ; création
et mise à jour de sites Web et d'intranets ; respect de droits de propriété intellectuelle ;
respect des normes graphiques d'une image de marque.

Postes occupés

Responsable des communications par intérim
Fondation québécoise du cancer infantile
De janvier 2013 à janvier 2014

Agente d'information
Fondation québécoise du cancer infantile
De juin 2011 à décembre 2012 ; de janvier 2014 à aujourd'hui

Formation

Certificat en supervision, depuis septembre 2014
HEC Montréal

Supervision efficace, mars 2013
Faculté de l'éducation permanente, Université de Montréal

Certificat en rédaction-communications, de septembre 2010 à avril 2011
Université du Québec à Chicoutimi

Techniques d'intégration multimédia, d'août 2007 à mai 2010
Cégep de Jonquière

Compétences techniques

SharePoint, Excel, PowerPoint, Word, DreamWeaver, HTML, Illustrator, JavaScript, MySQL,
Photoshop.

✚ Organigramme

L'**organigramme** est une représentation graphique de la structure d'une organisation, d'une entreprise. Il en existe plusieurs types. Les deux principaux sont qualifiés de **hiérarchique** et de **fonctionnel**. Le premier représente les relations de subordination à l'intérieur de l'organisation; le second, les relations entre les différentes fonctions d'une organisation. Une fonction est un ensemble d'activités ou de processus d'une entreprise qui lui permettent d'atteindre les mêmes objectifs et qui sont généralement regroupés au sein d'un même service (par exemple : production, ventes, ressources humaines). Quand on représente ces deux types de relations dans un même schéma, on crée un **organigramme hiérarchique et fonctionnel**.

La forme classique de l'organigramme est pyramidale. Plus les fonctions ou les postes qui y figurent sont placés haut dans le schéma, plus ils sont importants dans la structure organisationnelle représentée. Les cases d'un organigramme peuvent être divisées horizontalement en deux sections. On écrit alors les titres des postes dans la partie supérieure et les noms des titulaires de ces postes dans la partie inférieure. Toutefois, s'il n'est pas nécessaire d'inclure les noms des titulaires, on peut n'indiquer que les titres des postes. En fait, la nature et la quantité des informations incluses dans un organigramme dépendent de la complexité de la structure organisationnelle qu'il schématise et de l'utilisation à laquelle il est destiné.

Quand on conçoit un organigramme, il importe d'adopter une terminologie adéquate. Pour ce faire, il peut être utile de consulter *Le grand dictionnaire terminologique* de l'Office québécois de la langue française, à l'adresse gdt.oqlf.gouv.qc.ca.

Ci-après, un exemple d'organigramme.

ORGANIGRAMME

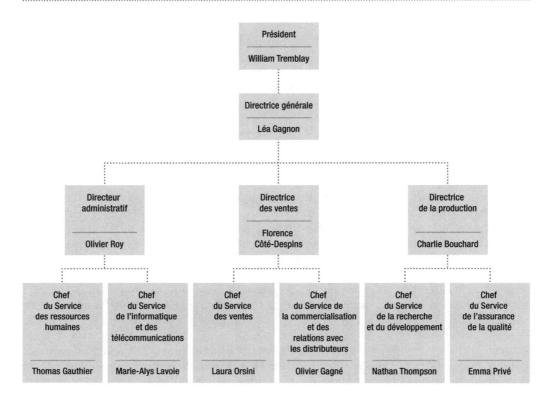

Note et note de service

La **note** est utilisée par les membres d'une même entreprise ou d'une même organisation pour se transmettre des renseignements et des instructions de nature professionnelle. Concise, elle a un caractère moins officiel que la lettre. Elle ne comprend donc ni vedette, ni appel, ni formule de salutation.

L'emploi du mot *mémo* dans le sens de « note » ou de « note de service » est à éviter, car *mémo* est l'abréviation familière de *mémorandum*, qui désigne une note prise pour soi-même dans le but de se rappeler quelque chose.

Autrefois adressée à des égaux ou à des supérieurs, la note est maintenant de plus en plus souvent destinée à des subalternes, rôle qui était auparavant dévolu à la note de service. Aujourd'hui, on fait de moins en moins la distinction entre la note et la note de service, et la note convient dans tous les cas. Quoi qu'il en soit, toutes deux conservent la même présentation. Par ailleurs, l'envoi d'une note par courriel est, de nos jours, de plus en plus courant et admis (voir p. 473).

Les mots indiquant la nature des éléments présentés au début de la note (**destinataire, expéditeur** ou **expéditrice, date** et **objet**) s'écrivent en majuscules, contre la marge de gauche, et sont suivis d'un deux-points précédé d'un espacement. Il est d'usage d'aligner les éléments énumérés, et non les deux-points, pour des raisons d'harmonie et de lisibilité. Il faut éviter d'utiliser les mentions *À* (pour *destinataire*), *De* (pour *expéditeur* ou *expéditrice*), *Sujet* et *Re* (pour *objet*), qui sont copiées sur l'usage anglais.

La note se compose des éléments suivants :

• La mention du, de la ou des **destinataires**, c'est-à-dire le nom (précédé du titre de civilité et suivi ou non du titre ou de la fonction) et, au besoin, la désignation de l'unité administrative ou de la fonction de la ou des personnes à qui la communication s'adresse. S'il s'agit d'un collectif, comme le mot **personnel**, la mention *Destinataire* est évidemment au singulier.

DESTINATAIRE :	**Monsieur Louis Larivière, géologue**
DESTINATAIRE :	**Service des relations publiques**
DESTINATAIRE :	**Le personnel de la Direction des communications**
DESTINATAIRES :	**Les chefs de service et les chefs de division**
DESTINATAIRES :	**Madame Andrée Labelle**
	Monsieur Charles Lemaire

- La mention de l'**expéditeur** ou de l'**expéditrice**, qui précise le nom de la personne (sans titre de civilité, mais accompagné ou non de son titre ou de sa fonction) ou la désignation de l'unité administrative qui envoie la note. Cette mention peut être omise et remplacée, au bas de la note, par la signature de l'expéditeur ou de l'expéditrice, accompagnée de son titre ou de sa fonction. Dans le cas de plusieurs expéditeurs ou expéditrices, cette mention est au pluriel.

> **EXPÉDITEUR :**   **Jean-Claude Duval,**
> **directeur des ressources humaines**
> **EXPÉDITRICE :**   **Anne Langevin**
> **EXPÉDITEUR :**   **Service des communications**

- L'indication de la **date** sous forme alphanumérique.

> **DATE :   Le 8 juin 2015**

- L'**objet** de la note, souvent écrit en caractères gras.

> **OBJET : Rencontre de direction**
> **OBJET : Programme de formation continue**

- Le **texte** de la communication, qui doit être clair, bien structuré et rédigé dans un style neutre. Il ne comporte généralement qu'un seul alignement et peut être justifié ou non. L'introduction est habituellement omise et peut être remplacée par un bref rappel précisant les motifs de l'envoi de la note. Le développement expose les faits, explique la nécessité de la note, propose des solutions ou fait état de décisions nouvellement prises. La conclusion se limite à une phrase succincte, sans formule de salutation.

> **Je vous remercie de votre précieuse collaboration.**
> **N'hésitez pas à communiquer avec moi pour de plus amples renseignements.**
> **Merci de prendre bonne note de ces changements.**

- La **signature** ou les **initiales**. Si le nom de l'expéditeur ou de l'expéditrice est mentionné au début de la note, ce dernier ou cette dernière se contente généralement d'y apposer ses initiales manuscrites, mais il ou elle peut également la signer, sans rappeler toutefois son titre ou sa fonction. Dans le cas où la mention *Expéditeur* ou *Expéditrice* est absente, la note doit porter la signature de l'expéditeur ou de l'expéditrice accompagnée de son nom et, éventuellement, de son titre ou de sa fonction.

Selon la nature et le contenu de la note, celle-ci peut comprendre des mentions de référence, **V/Réf.** ou **N/Réf.**, qui s'écrivent sous l'objet, et des mentions diverses comme **p. j.** (pièce jointe) ou **c. c.** (copie conforme).

Dans les ministères et organismes québécois, les notes et les notes de service doivent être conformes aux règles énoncées dans le Programme d'identification visuelle.

 NOTE DE SERVICE

NOTE DE SERVICE

DESTINATAIRE :   Le personnel professionnel et technique

DATE :   Le 11 mai 2017

OBJET :   **Congés annuels**

Nous vous rappelons que, comme toujours, les congés annuels doivent faire l'objet d'une planification à l'intérieur de chaque service, ainsi que d'une autorisation individuelle préalable.

Pour l'exposé détaillé des règles qui régissent les congés, nous vous prions de vous reporter à votre convention collective et à la directive générale qui en traite.

Toute demande particulière doit être soumise au ou à la gestionnaire du service intéressé et recevoir ensuite l'approbation de la Direction des ressources humaines.

Merci de votre bonne collaboration.

La directrice des ressources humaines,

Lise Lemay

p. j. Directive

NOTE

NOTE

DESTINATAIRE :   Madame Gisèle Smith, directrice des ressources matérielles

EXPÉDITEUR :   Jean Beaumier, chef de bureau

DATE :   Le 28 septembre 2018

OBJET :   **Espace de rangement**

N/Réf. :   DRM.969

Pour faire suite à notre conversation de ce matin, voici des précisions sur l'espace de rangement que j'estime nécessaire.

1. Justification du besoin

Il n'y a actuellement aucun espace de rangement dans les locaux mis à la disposition du personnel de notre bureau. Nous avons supporté cet état de choses depuis notre emménagement ici, mais la situation est devenue intolérable : des dizaines de cartons se trouvent empilés dans différents coins du bureau et posent même des problèmes de sécurité.

2. Demande

Nous avons exposé cette situation au gérant de l'immeuble. Il trouve notre demande parfaitement justifiée et nous a proposé de remédier à cette situation par la construction d'une armoire fixe en bois et garnie, à l'intérieur, de rayonnages métalliques. L'entreprise qui s'occupe régulièrement des travaux d'entretien de l'immeuble pourrait se charger des travaux, qui se dérouleraient sous sa surveillance hors des heures d'ouverture du bureau.

… 2

NOTE (suite)

2

3. Coût des travaux proposés

Armoire fixe en bois   685 $
Rayonnages mé talliques   450 $

Total   1135 $

4. Pièces justificatives

Vous trouverez ci-joint le plan de notre bureau ainsi que celui de l'espace de rangement que nous demandons.

Nous vous remercions de l'attention que vous porterez à cette demande et nous espérons que vous voudrez bien y donner suite dans le plus bref délai possible.

p. j. 2 plans

NOTE

....

NOTE

DESTINATAIRES :   Les chefs de service

EXPÉDITRICE :   Claudette Laviolette, directrice générale

DATE :   Le 9 avril 2015

OBJET :   **Politique relative à l'utilisation des technologies
                   de l'information**

Veuillez noter que le document portant sur la politique relative à l'utilisation des technologies de l'information a été mis à jour dans notre intranet.

Je vous invite à bien relire cette politique, car elle fixe les limites d'utilisation des appareils bureautiques, des logiciels et du lien Internet mis à la disposition du personnel dans l'accomplissement de son travail.

Je vous rappelle que les technologies de l'information doivent être utilisées uniquement pour le travail et que, pour des raisons de sécurité informatique, le téléchargement de logiciels non autorisés par le Service de l'informatique et des télécommunications est interdit.

À ma demande, le Service de l'informatique et des télécommunications pourra, en tout temps, vérifier l'utilisation qui est faite d'Internet et des outils informatiques mis à la disposition du personnel.

Pour toute question, n'hésitez pas à communiquer avec la soussignée.

Claudette Laviolette

c. c. M. Claude Ladouceur, directeur des communications

Avis de convocation, ordre du jour, procès-verbal et compte rendu

AVIS DE CONVOCATION

L'**avis de convocation** (ou simplement la **convocation**, dans un contexte moins officiel) est une communication écrite concise adressée à des personnes pour les inviter à assister à une réunion ou à une assemblée. Il est expédié de préférence au moins une semaine avant la tenue de la réunion ou de l'assemblée.

Présenté sous forme de lettre ou de note, l'avis de convocation peut être utilisé, par exemple, par un directeur ou une directrice pour convoquer son personnel, ou par le ou la secrétaire d'un comité pour convoquer les membres du comité. La convocation peut également être employée, par exemple, pour convoquer des membres d'un conseil municipal (et non *conseil de ville*) à une séance ordinaire ou à une séance extraordinaire (et non *séance spéciale*), pour convoquer les actionnaires d'une entreprise à l'assemblée générale annuelle ou pour convoquer les citoyens et citoyennes à une assemblée publique.

L'avis de convocation contient généralement le lieu, la date et l'heure de la réunion ou de la séance, le nom de la personne qui fait la convocation, le type de réunion (réunion de direction, assemblée générale annuelle, séance extraordinaire, etc.) et l'objet de la réunion.

L'avis de convocation peut également comprendre un **projet d'ordre du jour** ou une énumération des sujets qui seront traités à la réunion, afin de faciliter la préparation des participants et des participantes, ainsi que le déroulement des discussions. Ces renseignements figurent souvent dans le texte même de l'avis.

Toutefois, si le projet d'ordre du jour est long, il peut être joint à la convocation. Il faut noter que, si l'on parle ici de *projet d'ordre du jour*, c'est que l'**ordre du jour** ne devient officiel qu'après son adoption en début de séance par les participants et les participantes à la réunion ou à l'assemblée. Quand il s'agit de réunion extraordinaire, on parle néanmoins vraiment d'*ordre du jour*, et non de *projet*, puisque le contenu du document ne peut être modifié.

On peut par ailleurs annexer à l'avis d'autres documents (procès-verbal de la dernière réunion, états financiers, etc.). Leur nature sera précisée sous la mention *pièce jointe*, *pièces jointes* ou *p. j.* tout en bas de la convocation (à ce sujet, voir p. 547).

Le texte de la convocation peut inviter le participant ou la participante à soumettre des points à ajouter au projet d'ordre du jour ou à la liste des sujets énumérés.

On suggère de terminer l'avis de convocation en incitant la personne à assister à la réunion.

Lorsque l'avis de convocation est rédigé sous forme de lettre, on termine par une formule de salutation complète (voir la section portant sur la salutation, p. 533). Lorsque l'avis prend la forme d'une note, la salutation est remplacée par une courte conclusion (voir la section traitant de la note et de la note de service, p. 655).

L'avis de convocation doit être signé ou paraphé, selon qu'il s'agit d'une lettre ou d'une note, par la personne qui organise la réunion ou par celle qui fait fonction de secrétaire.

Convoquer ou inviter?

Les verbes *convoquer* et *inviter* ayant un sens commun, soit celui de « demander à une ou à plusieurs personnes de se réunir pour prendre part à une activité », il arrive qu'on les confonde.

De manière générale, pour demander, de façon impérative, à des personnes de se réunir, on préfère employer le verbe *convoquer*. C'est le cas lorsque la personne convoquée est subordonnée à la personne qui convoque. Lorsqu'on veut plutôt proposer à des personnes de participer ou d'assister à un événement, à une réunion sans qu'elles y soient obligées, on emploie le verbe *inviter*. Ce dernier verbe peut cependant avoir valeur d'euphémisme.

La même distinction vaut pour les noms *convocation* et *invitation* : on emploie généralement *convocation* lorsqu'on ordonne à des personnes de se réunir ou lorsque la personne qui convoque est un supérieur hiérarchique ; et on emploie plutôt *invitation* lorsqu'on propose à des personnes d'assister ou de participer à une activité.

Des exemples d'avis de convocation sont présentés aux pages 677 et 678.

ORDRE DU JOUR

L'ordre du jour est un document qui donne la liste des **questions**, **points** ou **sujets** qui seront abordés au cours d'une réunion ou d'une assemblée, avec l'accord des participants et participantes.

Il faut éviter d'employer, sous l'influence de l'anglais, le mot *agenda* dans le sens d'« ordre du jour ». En français, *agenda* désigne un carnet prédaté où l'on inscrit des choses à faire, des rendez-vous, etc. Par extension, il désigne aussi parfois un emploi du temps ou un calendrier, mais non le programme d'une réunion. On évitera également d'employer l'anglicisme *item* au sens de « question, point, sujet ».

L'ordre du jour est habituellement annexé à l'avis de convocation ou, s'il est court, intégré dans le texte même de ce dernier. Dans les deux cas, il s'agit plus précisément d'un **projet d'ordre du jour** (à ce sujet, voir p. 661 et 677).

Lors d'une réunion ordinaire, on peut ajouter des sujets au point **Questions diverses** avant que le projet d'ordre du jour ne soit adopté par les personnes présentes. Quand il s'agit d'une réunion extraordinaire, on ne peut modifier l'ordre du jour, et seuls les points qui y sont énumérés sont abordés. Il faut noter que le point **Questions diverses** peut aussi avoir pour appellation **Divers** ou encore **Affaires diverses**, **Sujets divers**, **Autres sujets**, **Autres questions**. On évitera cependant d'employer l'anglicisme *varia* pour le nommer.

On peut joindre à l'ordre du jour et à l'avis de convocation des textes, des documents ou des dossiers liés aux questions qui figurent à l'ordre du jour et qui doivent être portés à l'attention des participants et participantes, de même que le compte rendu ou le procès-verbal de la réunion précédente.

Un ordre du jour comprend généralement les points suivants :

1. Ouverture de la séance ;
2. Nomination d'un président ou d'une présidente de séance, ainsi que d'un ou d'une secrétaire s'ils ne sont pas déjà nommés ;
3. Lecture et adoption de l'ordre du jour (On adopte – d'où *adoption* – un ordre du jour et on approuve – d'où *approbation* – un procès-verbal et un compte rendu.) ;
4. Lecture, s'il y a lieu, et approbation du procès-verbal de la séance ou de la réunion précédente ;
5. Le cas échéant, lecture de la correspondance et de certains documents ou rapports ;
6. Énumération des questions précises à discuter, des sujets à traiter (mention des divers points qu'on numérote alors à la suite des points précédents) ;
7. Questions diverses ou Divers (sujets variés qui, au moment de la lecture et de l'adoption de l'ordre du jour, peuvent être ajoutés à ceux déjà inscrits) ;
8. Choix de la date, de l'heure et du lieu de la prochaine réunion, s'il y a lieu ;
9. Clôture de la séance.

Les sujets de l'ordre du jour doivent être le plus précis possible, car plus l'ordre du jour est détaillé, plus la rédaction du compte rendu en sera facilitée.

Un exemple d'ordre du jour est présenté avec l'avis de convocation à la page 677.

PROCÈS-VERBAL

Le **procès-verbal** (au pluriel, **procès-verbaux** ; formes abrégées dans la langue courante : **P.-V.** et **PV**) est, malgré son nom, un acte écrit qui rapporte le plus objectivement et fidèlement possible ce qui a été discuté et décidé au cours d'une séance, d'une assemblée ou d'une réunion[1].

On doit éviter d'employer l'anglicisme *minutes* dans le sens de « procès-verbal ». En français, le terme *minutes* est réservé à la langue juridique. Il désigne l'original d'un acte notarié ou d'un jugement dont le dépositaire ne peut se dessaisir. De même, on parlera du **registre des procès-verbaux** et non du *livre des minutes*.

La rédaction d'un procès-verbal est souvent une obligation officielle ou réglementaire, soumise à une présentation formelle particulière. Le procès-verbal donne le nom des personnes présentes, des personnes absentes ainsi que celui des personnes invitées, et il rappelle le lieu, la date et l'heure de la réunion ou de l'assemblée. Il reprend chacun des points à l'ordre du jour en relatant l'essentiel des discussions et des décisions, et fait état des engagements, nominations, instructions et résolutions adoptés par les personnes participantes. Le procès-verbal se termine généralement par la mention de la date, du lieu et de l'heure de la prochaine réunion, s'il y a lieu, puis de l'heure à laquelle la séance a été levée.

Le procès-verbal est rédigé au présent par le ou la secrétaire de l'assemblée, qui doit observer l'ordre chronologique du déroulement de la réunion ou de l'assemblée et respecter avec exactitude ce qui s'y est dit. Pour être authentifié, le procès-verbal doit être approuvé par les personnes présentes à l'assemblée ou à la réunion, généralement au cours de la réunion suivante, et être signé par le président ou la présidente et le ou la secrétaire de l'assemblée, ou uniquement par le ou la secrétaire. Dans le cas où les deux signatures sont apposées, elles sont disposées côte à côte, la signature de gauche étant celle de la personne occupant le poste le plus élevé.

---

1.   Un procès-verbal est aussi un acte rédigé par un agent ou une agente de l'autorité dans lequel est consigné ce qu'il ou elle a fait, vu ou entendu dans l'exercice de ses fonctions. Des procès-verbaux de contravention, d'interrogatoire ou d'enquête sont des exemples de ce type. Ils se présentent souvent sous la forme d'un formulaire précis.

Le procès-verbal se fait en deux étapes : une étape préparatoire, au cours de laquelle on prend des notes, et une étape de rédaction, où l'on met en forme les notes prises pendant la réunion ou l'assemblée.

Prise de notes

Il s'agit ici de saisir l'essentiel d'une intervention et de le transcrire en quelques mots. Les discussions peuvent être ramenées au strict minimum, mais le contenu des propositions et des décisions doit être noté intégralement.

Prendre des notes peut être un exercice difficile en soi, et c'est avec le temps qu'on apprend à ne retenir que l'essentiel. Pour se faciliter la tâche, on peut recourir à un formulaire conçu à cet effet (voir les exemples de formulaires utiles à la prise de notes, p. 668-669). On peut aussi utiliser un code personnel d'abréviations et de signes (voir les exemples d'abréviations et de signes utiles à la prise de notes, p. 670).

Mise en forme

Le procès-verbal doit être clair, objectif, concis et complet. Il est rédigé au présent et à la forme impersonnelle. Les propos familiers sont rapportés dans un style plus neutre, sans toutefois modifier l'esprit de la discussion. Les paroles rapportées textuellement sont placées entre guillemets, et c'est uniquement dans ces cas que l'on peut utiliser le *je* et le *nous*. Les votes doivent également être rapportés. On consigne le nombre de personnes qui ont voté pour ou contre une proposition ou l'on précise si la proposition a été adoptée à l'unanimité, à la majorité ou si elle a été rejetée. On fait aussi mention du nom des personnes qui ont proposé et appuyé la proposition.

L'uniformité est de mise dans la présentation d'un procès-verbal pour en faciliter la lecture. Les titres des points à l'ordre du jour sont repris. Pour attirer le regard du lecteur ou de la lectrice, les propositions et les décisions sont mises en évidence par l'utilisation d'encadrés ou de caractères gras (elles peuvent également être mises en retrait), ce qui souligne leur importance. Lorsque des propositions contiennent des prémisses comme *attendu que* ou *considérant (que)*, et que les recommandations qui en découlent commencent par *il est proposé de/que* ou *il est décidé de/que*, ces formules conventionnelles s'écrivent souvent en majuscules. Les juristes, du moins, ont l'habitude de les écrire ainsi. Cette manière de faire est un héritage britannique. On peut toutefois également écrire ces locutions en minuscules.

En général, un procès-verbal comprend les éléments suivants :

- nom du comité, conseil, etc. ;
- titre de la réunion ;
- date, heure et lieu de la réunion ;
- liste des personnes présentes, absentes et invitées (par ordre alphabétique) ;
- vérification du quorum (lorsque cette condition est requise) ;
- nom de la personne qui assume la présidence et celui du ou de la secrétaire (ouverture de la séance) ;
- lecture et adoption de l'ordre du jour ;
- lecture (s'il y a lieu) et approbation du procès-verbal de la dernière réunion ;
- points à l'ordre du jour (correspondance, affaires courantes, affaires nouvelles, etc.) ;
- questions diverses (et non *varia*, voir p. 674) ;
- date, heure et lieu de la prochaine réunion ;
- clôture de la séance.

Le procès-verbal se distingue du compte rendu surtout par son caractère officiel.

Une liste de formes à éviter dans la rédaction d'un procès-verbal se trouve à la page 673. Cette liste est suivie d'une autre liste qui, elle, contient des verbes utiles à la rédaction de procès-verbaux.

Un exemple de procès-verbal est présenté à la page 679.

COMPTE RENDU

Le **compte rendu** (au pluriel, **comptes rendus** ; forme abrégée dans la langue courante : **c. r.** ; variante orthographique : **compte-rendu**, **comptes-rendus**) est un exposé écrit qui s'apparente au procès-verbal lorsqu'il rappelle l'essentiel des discussions tenues et des décisions prises au cours d'une réunion ou d'une assemblée. Même s'il présente un caractère moins officiel que le procès-verbal, il doit demeurer objectif. Comme tout écrit administratif, il doit être rédigé avec exactitude, clarté et concision.

Il faut éviter d'employer l'anglicisme *minutes* dans le sens de « compte rendu ». En français, le terme *minutes* est réservé à la langue juridique ; il désigne l'original d'un acte notarié ou d'un jugement dont le dépositaire ne peut se dessaisir.

Le compte rendu peut aussi être utilisé à d'autres fins qu'à celles d'une réunion. Il peut servir à renseigner sur une situation ou une activité (progression de travaux, d'une recherche ; idées maîtresses d'un colloque, d'une mission, d'une conférence, d'une discussion, etc.).

Le compte rendu se présente sous la forme qui convient le mieux aux faits qui y sont relatés. Si un compte rendu porte sur le déroulement d'une réunion, il se présente généralement comme le procès-verbal ; on y rappelle le nom des personnes participantes ainsi que le lieu et l'endroit de la réunion, et on y rapporte l'essentiel des discussions en suivant l'ordre du jour. S'il n'y a pas d'ordre du jour, on énumère les thèmes abordés avant de les reprendre un à un pour en faire la synthèse. Chaque point discuté fait l'objet d'un paragraphe. Le compte rendu se termine par la mention de l'heure à laquelle la réunion s'est terminée. Il n'a pas à être soumis pour approbation à une prochaine réunion. Il s'agit plutôt d'un aide-mémoire à l'intention des personnes participantes. Le compte rendu est toujours rédigé au présent, dans un style impersonnel. La personne qui rédige un compte rendu ne peut y exprimer son opinion ni porter de jugement sur ce qu'elle rapporte. Elle s'en tient à résumer les faits. Son nom figure au bas du document.

S'il rend compte de la progression des travaux ou d'une recherche, le compte rendu peut se présenter comme un petit rapport avec des titres pour chaque étape technique ou autre. S'il dégage les idées maîtresses d'une conférence, il peut avoir la forme d'un texte suivi.

Le compte rendu est rédigé en fonction de ses destinataires. Selon que ces derniers sont ou non bien renseignés sur les activités dont on rend compte, le contenu sera plus ou moins exhaustif, plus ou moins détaillé.

Tout comme la prise de notes pour un procès-verbal, la prise de notes pour un compte rendu peut être un exercice difficile. Cependant, on peut se faciliter la tâche en utilisant des formulaires que l'on aura élaborés au préalable selon ses besoins et en créant son propre code d'abréviations et de signes. À cet effet, voir aux pages 668-672 des exemples d'abréviations, de signes et de formulaires utiles à la prise de notes. Voir également à la page 673 **Vocabulaire relatif aux réunions**, qui répertorie des formes à éviter, et à la page 674 la liste **Verbes utiles à la rédaction de procès-verbaux ou de comptes rendus**.

Un exemple de compte rendu est présenté à la page 682.

EXEMPLES DE FORMULAIRES UTILES À LA PRISE DE NOTES

L'emploi de ces formulaires est facultatif. Les comptes rendus peuvent être présentés avec les deux premiers formulaires ou sous la forme d'un texte suivi.

Exemple 1

Sujet[1]	Nom	Contenu des interventions	Proposition	Résolution / Mesure à prendre – délai

Exemple 2

Ordre du jour	Résumé des discussions	Suite à donner – délai

---

1.   De préférence, les titres de colonnes s'écrivent au singulier.

Exemple 3

PROPOSITION

Date : _____

Objet : _____

CONSIDÉRANT QUE *ou* **ATTENDU QUE**

_____

_____

_____

_____

Proposition de _____

Appuyée[1] par _____

Décision : _____

_____

_____

Notes : _____

_____

_____

Vote demandé par _____

VOTE :

Participants	Pour	Contre	Proposition :	
			Adoptée à l'unanimité	☐
			Adoptée à la majorité	☐
			Rejetée	☐
Résultat				

....

1. La forme féminine ici s'explique par l'accord avec le mot *proposition*.

EXEMPLES D'ABRÉVIATIONS ET DE SIGNES UTILES À LA PRISE DE NOTES

La prise de notes personnelles n'obéit à aucune norme contraignante. Son objectif est la rédaction, en peu de temps, d'indications facilement déchiffrables. Lorsque l'on prend des notes fréquemment, on développe en général un code personnel d'abréviations et de signes. Certains mots réduits respectent alors les règles habituelles d'abrègement (voir p. 315 et suivantes) tandis que d'autres les enfreignent. Par exemple, on abrège normalement *c'est-à-dire* en *c.-à-d.*, en utilisant les points et en conservant les traits d'union; dans la prise de notes, on supprimera peut-être ces caractères afin d'écrire plus rapidement *cad* ou *c a d*. La liste ci-dessous comprend des exemples d'abréviations et de signes pouvant faire partie d'un code personnel pour la prise de notes; un répertoire d'abréviations et de symboles usuels est présenté à la page 350.

Administration	adm. (abréviation usuelle : admin.)
Aucun, pas de	0, Ø
Augmentation, croissance	↑
Avec	ac
Beaucoup	bp, bcp
C'est-à-dire	cad, c a d (abréviation usuelle : c.-à-d.)
Cependant	cpd
Chose	ch
Comme	c
Conclusion	c^n
Confer (« se reporter à »)	cf (abréviations usuelles : cf., *cf.*)
Corrélation, interaction	↔
Court terme	ct, c.t.
Dans	ds
Découle de	←
Décroissance, diminution	↓
Dedans	dd
Définition	$déf^n$, déf.
Donc, en conséquence	→
Égal	=
Équivalent	~ (abréviation usuelle : équiv.)
Est différent	≠
Et cetera	etc. (abréviation usuelle)

Être	ê
Exemple	ex. (abréviation usuelle)
Externe, extérieur	ext.
Femme	F, ♀
Font	ft
Général	gal
Gouvernement	gv, gouv (abréviation usuelle : gouv.)
Grand	gd
Groupe	gr, grp
Homme	H, ♂
Idem (« identique »)	id (abréviation usuelle : *id.*)
Important	*
Introduction	intro (abréviation usuelle : introd.)
Jour	j, jr (abréviations usuelles : j ou d [latin *dies* « jour »])
Lequel	lq
Long terme	lt, l.t.
Lorsque	lsq
Mais	ms
Même	m, m̂, M
-ment (finale)	^{nt} ou ^{t} ; chang^t, dév^t ou dév^{nt}, évid^{nt}, gouv^t, seul^t, etc.
Moins	–
Moyen terme	mt, m.t.
Nombre	nbre (abréviation usuelle : n^{bre})
Nombreux	nbx
Nous	ns
Observation	obs.
Ordre du jour	OJ
Page	p. (abréviation usuelle)
Parce que	pcq (abréviation usuelle : p. c. q.)
Partie	part.
Pendant	pdt
Personne	P, pers., p.
Petit, point	pt, p^t

Peut-être	pê
Plus	+
Plus grand	>
Plus grand ou égal	≥
Plus ou moins	±
Plus petit	<
Plus petit ou égal	≤
Pour	pr
Pourtant	prtt
Quand	qd
Quantité	qté (abréviations usuelles : quant. ou q^{té})
Que	q
Quelconque	λ
Quelqu'un	qqn (abréviation usuelle)
Quelque, quelques	qq (abréviation usuelle : qq.)
Quelque chose	qqch (abréviation usuelle : qqch.)
Quelquefois	qqf (abréviation usuelle : qqf.)
Quelques-uns	qqu
Question	Q (abréviations usuelles : Q., quest.)
Rendez-vous	rv, RV (abréviation usuelle : R.-V.)
Responsabilité	resp^{té}
Sans	ss
Solution	sol.
Sont	st
Sous	<u>ss</u>
Souvent	svt
Temps	tps
Toujours	tj, tjrs
Tous	ts
Tout	tt
Toute	tte
Toutes	ttes
Vous	vs

VOCABULAIRE RELATIF AUX RÉUNIONS

La liste ci-dessous contient des mots et des expressions qu'il faut éviter d'employer dans la rédaction d'un compte rendu ou d'un procès-verbal.

À éviter	À retenir
Agenda (mettre à l'*agenda*, l'*agenda* de la réunion)	**Ordre du jour** (mettre à l'**ordre du jour**, l'**ordre du jour** de la réunion)
Un règlement *à l'effet que*	Un règlement **selon lequel, voulant que**
L'*assemblée* est levée	La **séance** est levée
Bureau des directeurs, de direction	**Conseil d'administration**
Céduler une réunion	**Prévoir, fixer** une réunion
Être hors d'ordre	**Présenter une proposition non recevable** **Poser une question irrecevable** **Ne pas avoir la parole**
Question *hors d'ordre*	Question **irrecevable**
Ajouter *un item* à l'ordre du jour	Ajouter **une question, un point, un sujet** à l'ordre du jour
Meeting	**Réunion**
Le livre des *minutes*	Le **registre des procès-verbaux**, le livre des **délibérations**
Les *minutes* d'une séance, d'une réunion	**Le compte rendu, le procès-verbal** d'une séance, d'une réunion
Inscrire dans les *minutes*	Inscrire **au procès-verbal**
Question d'*ordre*	Question **relative au règlement** Question **sur un point de règlement** Question **invoquant le règlement**
Passer un règlement	**Adopter, voter, prendre** un règlement
Prendre le vote	**Passer, procéder au** vote **Mettre aux voix**
Référer une question à un comité	**Renvoyer, soumettre** une question à un comité
Assemblée *régulière*	Assemblée **ordinaire**
Seconder une proposition	**Appuyer** une proposition

À éviter	À retenir
Secondeur	**Second proposeur, seconde proposeuse** **Coproposant, coproposante**
Soulever un point d'ordre	**Invoquer le règlement** **Faire appel au règlement** **En appeler d'un règlement**
Assemblée, séance *spéciale*	Assemblée, séance **extraordinaire**
Siéger *sur* le conseil d'administration	Siéger **au** conseil d'administration
Être *sur* un comité	**Faire partie, être membre d'un comité, siéger à un comité**
Varia	**Questions diverses, divers, affaires diverses, sujets divers, autres sujets, autres questions**

VERBES UTILES À LA RÉDACTION DE PROCÈS-VERBAUX OU DE COMPTES RENDUS

Pour exposer des faits

affirmer	indiquer
ajouter	mentionner
apporter des précisions sur	porter à l'attention de
attirer, appeler l'attention sur	préciser
donner son point de vue	présenter
expliciter	signaler
expliquer	souligner
faire apparaître	soumettre
faire mention de	spécifier
faire remarquer	tenir à faire remarquer
faire ressortir	

Pour exprimer son opinion

affirmer	faire valoir
croire nécessaire de	inviter à
défendre	privilégier
demander	proposer
enjoindre à quelqu'un de faire quelque chose	réclamer
	recommander
enjoindre quelque chose à quelqu'un	réitérer une demande
exprimer le souhait	revendiquer
exprimer une préférence pour	suggérer

Pour traduire son accord

abonder dans le sens de	confirmer
acquiescer à	corroborer
adhérer à	donner son accord de principe
admettre	donner son assentiment
adopter (un projet, une décision)	donner suite à
approuver	être d'accord pour
appuyer (une personne ou une proposition)	plaider pour
concéder	s'entendre pour

Pour émettre des réserves

craindre	redouter
critiquer	regretter que
déplorer	reprocher
douter de	s'étonner de
douter du bien-fondé de	s'inquiéter de
objecter	s'interroger sur

Pour marquer son opposition

contester	nier
désapprouver	réfuter
infirmer	rejeter
marquer, exprimer son désaccord	s'élever contre

CONVOCATION SOUS FORME DE LETTRE

Montréal, le 14 janvier 2016

Madame,
Monsieur,

J'ai le plaisir de vous convoquer à la 15e séance ordinaire du conseil d'administration de l'Association des jeunes chambristes du Québec.

Cette séance aura lieu à Montréal le lundi 8 février 2016 à 19 h 30, dans les locaux de l'association, 60, rue Miron, bureau 160.

Je vous propose l'ordre du jour suivant et vous invite à le compléter si vous le jugez à propos :

1. Ouverture de la séance ;
2. Adoption de l'ordre du jour ;
3. Approbation du procès-verbal de la 14e séance ;
4. Lecture de la correspondance ;
5. Rapport des comités ;
6. Projets à l'étude ;
7. Questions diverses ;
8. Date et lieu de la prochaine séance ;
9. Clôture de la séance.

Veuillez agréer, Madame, Monsieur, mes salutations distinguées.

Le président de l'Association
des jeunes chambristes du Québec,

Mathieu Dubois

Pièce jointe : Procès-verbal de la 14e séance

CONVOCATION SOUS FORME DE NOTE

DESTINATAIRE : Le personnel du Service des communications

EXPÉDITRICE : Claudie Lavoie, chef de service

DATE : Le 30 novembre 2017

OBJET : **Réunion de service mensuelle**

Je vous prie de prendre note que notre prochaine réunion de service mensuelle aura lieu le jeudi 7 décembre 2017 à 10 h à la salle 1.2.

Nous ferons le point sur les activités du mois dernier (voir à ce sujet le résumé joint à la présente convocation) et nous discuterons de la possibilité d'embaucher des étudiants et étudiantes à temps partiel pour l'année 2018. La réunion devrait se terminer vers 11 h 30.

Je vous remercie de votre collaboration.

CL

p. j. Résumé des activités d'octobre 2017

PROCÈS-VERBAL

Association des jeunes chambristes du Québec

Conseil d'administration

Procès-verbal
de la 15e séance

Montréal, le 8 février 2016, 19 h 30

Procès-verbal de la 15e séance ordinaire du conseil d'administration de l'Association des jeunes chambristes du Québec tenue à Montréal le lundi 8 février 2016, à 19 h 30, dans les locaux de l'association.

Sont présents :	M. Gérard Blais
	M. Mathieu Dubois
	Mme Isabelle Girard
	Mme Christine Hudon
	M. Denis Lessard
	Mme Carmen Morin
	M. Bernard Parent
	Mme Pierrette Simard
Sont absents :	Mme Lucie Belleau
	M. Stéphane Leblanc

1. Ouverture de la séance

La séance est ouverte à 19 h 40. M. Mathieu Dubois, président, souhaite la bienvenue aux administratrices et administrateurs présents, et particulièrement à M. Denis Lessard, qui participe pour la première fois à une séance du conseil d'administration. M. Bernard Parent fait fonction de secrétaire.

... 2

PROCÈS-VERBAL (suite)

2

2. **Adoption de l'ordre du jour**
   Le président donne lecture de l'ordre du jour figurant dans l'avis de convocation. M. Blais demande qu'on ajoute le point **Campagne de recrutement** après le point 6, et Mme Simard demande de traiter d'un article récent paru dans la presse et de discuter d'un nouveau répertoire de l'association dans les **Questions diverses**. L'adoption de l'ordre du jour ainsi modifié est proposée par M. Gérard Blais, appuyé par M. Bernard Parent; l'ordre du jour est adopté à l'unanimité.

3. **Approbation du procès-verbal de la 14e séance**
   Le président fait la lecture du procès-verbal de la dernière séance tenue le 16 novembre 2015. Mme Christine Hudon indique qu'à la page 4 il faut lire *acceptation* et non pas *acception*. Sur la proposition de M. Blais appuyée par Mme Girard, le procès-verbal est modifié conformément à cette remarque et approuvé à l'unanimité.

4. **Lecture de la correspondance**
   Le secrétaire informe le conseil des lettres reçues des sections régionales en réponse aux diverses demandes relatives à leurs activités.

5. **Rapports des comités**
   Le président invite le ou la responsable de chaque comité à présenter son rapport d'activité. Mme Belleau, du comité des concerts, étant absente, son rapport sera envoyé par la poste ou par courriel aux membres du conseil.

6. **Projets à l'étude**
   6.1. Concours de composition
   M. Blais présente son projet de concours provincial de composition musicale. Mme Simard fait la proposition suivante :

   Qu'un comité formé de trois membres, Mme Girard et MM. Blais et Dubois, soit chargé d'étudier la possibilité de donner suite à ce projet et qu'il en fasse rapport au conseil à la prochaine séance.

   La proposition est appuyée par Mme Hudon et acceptée sans discussion par tous les membres.

   6.2. Création d'un centre musical
   Mme Morin présente son projet de création d'un centre musical pour enfants à Bois-Joli. Il est proposé par Mme Simard, appuyé par M. Lessard, que l'AJCQ présente des demandes de subvention à cet effet au ministère de la Culture et des Communications, ainsi qu'au Conseil des arts de Montréal.

   La proposition est mise aux voix. Elle est adoptée par 6 voix contre 1, et 1 abstention.

... 3

PROCÈS-VERBAL (suite)

3

7. Campagne de recrutement
Le président invite M. Parent à exposer les différentes étapes de la campagne de recrutement. Mme Morin propose l'adoption du programme présenté par M. Parent. Proposition appuyée par M. Blais et adoptée à l'unanimité.

8. Questions diverses
8.1. Article de presse
Mme Simard signale la parution d'un article élogieux portant sur les réalisations de l'AJCQ dans *Les Nouvelles musicales* de décembre 2015. Elle en distribue une photocopie aux membres du conseil.

8.2. Répertoire de l'AJCQ
Mme Simard est d'avis qu'il serait temps de mettre à jour le répertoire de l'association. Ce point pourrait être discuté en détail à la prochaine séance.

9. Date et lieu de la prochaine séance
La prochaine séance du conseil d'administration de l'AJCQ aura lieu le lundi 23 mai 2016 à 19 heures, dans les locaux de l'association.

10. Clôture de la séance
L'ordre du jour étant épuisé, il est proposé à 21 h 30 par M. Parent, appuyé par Mme Simard, que la séance soit levée.

Le secrétaire,

Bernard Parent

Bernard Parent

COMPTE RENDU DE RÉUNION

**Compte rendu de la première réunion de l'équipe
de refonte du site Web de l'entreprise,
tenue à la salle 1.2, le lundi 7 avril 2014 à 13 h 30**

Sont présents : Mmes Karine Arsenault
                Hélène Carbonneau
                Nadine Hamel
                Manon Martineau
        MM. Martin Lachance
                Éric Lambert

Est absente : Mme Josée Morency

La réunion est animée par Hélène Carbonneau.

Ordre du jour	Résumé des discussions	Suite à donner – délai
1 – Adoption de l'ordre du jour	L'ordre du jour est adopté en tenant compte de la modification proposée par Karine : ajout du point « Proposition d'informer le personnel de l'entreprise ».	
2 – Refonte du site : réorganisation de l'information pour certaines sections et ajout de nouvelles sections	Au lieu de parler de refonte, Hélène préfère parler de réorganisation du site, puisque son contenu restera sensiblement le même. Il s'agira essentiellement de déplacer certaines sections du site pour permettre une consultation plus rapide. Il y aura aussi ajout de deux nouvelles sections : une foire aux questions (FAQ) et une section permettant l'achat sécurisé des produits de l'entreprise. Cette dernière section devra satisfaire aux normes de sécurité reconnues pour le Web. Nadine fait remarquer qu'on ne pourra pas mettre toutes les questions des usagers et des usagères dans la FAQ. On ne retiendra que celles qui sont d'intérêt général.	

… 2

COMPTE RENDU DE RÉUNION (suite)

2

3 –	**Rôle des membres de l'équipe**	Hélène propose la répartition suivante : • Josée, Nadine, Éric et Martin s'occuperont de la section sécurisée ; • Karine se joindra à Manon pour la rédaction des questions et réponses de la FAQ. Au préalable, Karine rencontrera les membres du service pour recenser les questions d'intérêt général et les trier par ordre de priorité.	Josée, Nadine, Éric et Martin : section sécurisée Karine : rédaction FAQ et tri des questions Manon : rédaction FAQ
4 –	**Calendrier de travail et étapes à venir**	Hélène propose un tableau d'étapes à plusieurs volets, c'est-à-dire un tableau qui comprendrait les tâches, les responsables et les dates. La fin des travaux pour le site des tests est fixée à juillet 2014, et le lancement officiel du site refondu devrait se faire en septembre 2014.	Hélène : tableau des tâches – 18 avril
5 –	**Proposition d'informer le personnel de l'entreprise**	Manon se charge d'envoyer une note à tous les membres du personnel pour les aviser que le travail en vue de la refonte du site Web est commencé et pour les informer de la composition de l'équipe qui participe à ce projet ainsi que des responsabilités de chaque membre.	Manon : note – 14 avril
6 –	**Prochaine réunion**	La prochaine réunion est fixée au 12 mai.	
7 –	**Clôture de la séance**	La séance est levée à 15 h 30.	

Compte rendu rédigé par Manon Martineau.

Communiqué

Le communiqué est un court texte, clairement formulé, dont le but est de transmettre une nouvelle importante. Il existe deux types de communiqués : le **communiqué** proprement dit, appelé aussi **communiqué de presse**, qui porte une information à la connaissance des médias afin que ces derniers la publient ou la diffusent et la fassent ainsi connaître au grand public, et le **communiqué interne**, qui est diffusé au sein d'une entreprise ou d'un organisme et qui s'adresse au personnel de l'établissement.

Le communiqué comprend généralement les éléments suivants :

- la **provenance** du communiqué, souvent donnée dans l'en-tête du papier utilisé par l'entreprise ou l'organisme ;

- l'**avis de publication**, qui autorise la publication de la nouvelle à partir d'une certaine date. Les exemples suivants illustrent quelques possibilités :

> **Pour publication immédiate**
> **À publier immédiatement**
> **À publier dès réception**
> **À publier le 25 mars 2015**
> **À publier avant le 25 mars 2015**
> **À publier après le 25 mars 2015**
> **Ne pas publier avant le 25 mars 2015**
> **Embargo jusqu'au 25 mars 2015**
> (Un embargo est un délai qu'on doit respecter avant de pouvoir diffuser une information.)

- la mention COMMUNIQUÉ, en majuscules, centrée ou alignée contre la marge de gauche et souvent en caractères gras ;

- le **titre** du communiqué, qui est centré et en majuscules de préférence, indiquant l'objet du texte et incitant à le lire par une formule accrocheuse ;

- le **lieu** et la **date** de l'envoi suivis d'un point et d'un tiret. Certains auteurs suggèrent que le lieu et la date de l'envoi soient indiqués avant le titre, dans l'angle supérieur droit. D'autres disposent ces informations sur la même ligne que celle où commence la première phrase. Plus rarement, d'autres encore les placent à la fin du texte ;

- le **texte** même du communiqué dont le premier paragraphe résume l'essentiel du message, ses points importants ;

- l'**indicatif** – 30 –, qui marque traditionnellement la fin du texte à diffuser. Il se met au centre de la ligne. Cette indication remonterait à l'époque où les télégraphistes signalaient ainsi la fin du texte transmis, qui ne devait pas, en principe, dépasser trente mots ;

- la **source**, c'est-à-dire le nom (et le titre, si on le désire), le numéro de téléphone et l'adresse électronique de la personne qui a rédigé le communiqué ou qui peut fournir des renseignements complémentaires. Si l'on n'utilise pas de papier à en-tête, il faut alors être plus précis et ajouter le nom du service, de la direction, etc., où la personne travaille ainsi que celui de la société ou de l'organisme. La source est placée sous l'indicatif – 30 –, contre la marge de gauche. Le mot *source* peut être remplacé par **Pour (de) plus amples renseignements**.

Le communiqué n'est pas signé et ne comprend pas d'initiales d'identification.

De façon générale, le communiqué interne reprend les mêmes éléments que ceux du communiqué. Toutefois, il ne comprend habituellement pas l'indicatif – 30 – ni la mention de la source, et l'avis de publication est « Pour affichage immédiat » ou « Pour affichage le [jour mois année] ». Il est, par ailleurs, signé et peut comporter les initiales d'identification. Il est souvent transmis par courriel ou publié dans l'intranet de l'entreprise.

Quel que soit le type de communiqué, le texte doit d'abord présenter les points les plus importants. Le premier paragraphe doit entrer dès le début dans le vif du sujet pour susciter l'intérêt des destinataires. Il ne contient donc pas l'introduction en trois parties (sujet amené, sujet posé, sujet divisé). On doit répondre ici aux questions *qui ?* (Qui est concerné par la nouvelle ?), *quoi ?* (De quoi s'agit-il ?), *quand ?* (Quand l'événement aura-t-il lieu ?), *pourquoi ?* (Pourquoi cet événement, cette situation ont-ils lieu ?), *où ?* (À quel endroit cela se passe-t-il ?). Le ou les paragraphes qui suivent fournissent des détails, des circonstances, etc., selon un ordre d'intérêt décroissant, car si le texte doit être raccourci, il le sera généralement par la fin. Idéalement, le communiqué en entier ne devrait pas dépasser une page. Si le texte est long, il est conseillé d'ajouter des intertitres pour guider les lecteurs. Le communiqué ne comporte pas de conclusion, mais il se termine souvent par une phrase ou un court paragraphe rappelant l'organisation qui le publie, sa mission et ses activités.

On suggère une mise en pages aérée, à double interligne lorsque le texte est très court, et des marges assez larges pouvant permettre l'ajout d'annotations ou de commentaires sur le texte même du communiqué.

Dans les ministères et organismes québécois, les communiqués doivent être conformes aux règles énoncées dans le Programme d'identification visuelle.

Un exemple de communiqué de presse et un exemple de communiqué interne sont présentés aux pages 686 et 687.

COMMUNIQUÉ

Association Lumière
2500, rue Champlain
Montréal (Québec) H2N 5M8

À publier immédiatement

COMMUNIQUÉ

DONNONS, AGISSONS, ILLUMINONS !
Campagne de souscription au profit de l'enfance défavorisée

Montréal, le 15 mai 2015. – L'Association Lumière organise une campagne de souscription qui commencera le samedi 30 mai 2015 à 10 h et qui se terminera le jeudi 18 juin 2015 ; son objectif est de recueillir 1 400 000 $.

Cette campagne de souscription a pour but, d'une part, de sensibiliser la population aux multiples besoins de l'enfance défavorisée et, d'autre part, de collecter des fonds nécessaires à l'aménagement d'un centre familial de vacances dans les Laurentides.

L'Association a besoin de l'aide de quelque cent bénévoles pour remplir diverses tâches au cours de cette campagne. Les personnes désireuses d'offrir leur concours sont priées de téléphoner au 514 567-8901. « Elles illumineront la vie des enfants » a déclaré le président de l'Association, M. Jean Gagnon.

L'Association Lumière est un organisme à but non lucratif qui se consacre à des actions communautaires d'éducation et de loisirs auprès des enfants défavorisés et de leur famille. Fondée en 1975, elle est présente et active dans la plupart des régions du Québec.

– 30 –

Source : Hélène Bolduc
          Relationniste
          514 567-8901
          www.lumiere.org

COMMUNIQUÉ INTERNE

Informatiquatout

 www.informatiquatout.com

Pour affichage immédiat

Le 11 mars 2015

COMMUNIQUÉ

UN PRIX POUR INFORMATIQUATOUT

    J'ai le plaisir d'annoncer qu'Informatiquatout s'est vu décerner le Mérite du français dans les technologies de l'information (TI), dans la catégorie Applications logicielles pour son logiciel Budget.

    Les Mérites du français dans les TI rendent hommage aux entreprises, aux ministères et aux organismes qui font rayonner le français dans les applications logicielles et les produits multimédias conçus au Québec. Il existe cinq catégories de Mérites : Sites Internet et extranets – grande organisation ; Sites Internet et extranets – petite et moyenne organisation ; Applications logicielles ; Apprentissage en ligne ; Jeux et divertissement.

    Je tiens à féliciter tous ceux et celles qui ont contribué de près ou de loin à faire de notre logiciel Budget un produit dont la réputation rejaillit sur toute l'entreprise. Il s'agit d'un exemple remarquable de collaboration entre les différentes équipes de notre société.

    D'autres projets sont en cours. Je souhaite qu'ils connaissent le même succès.

    Encore une fois, bravo !

Le président-directeur général,

Antoine Savard

Antoine Savard

☑ **SIÈGE SOCIAL**
MONTRÉAL
Bureau 6.124
3, rue Notre-Dame Est
Montréal (Québec) H2Y 1R1
☎ 514 890-1234
🖷 514 890-4567

☐ **LAVAL**
Tour A, bureau RC 10
10642, rue Monseigneur-Bourget
Laval (Québec) H7T 2Z9
☎ 450 973-1234
🖷 450 973-4567

☐ **SHERBROOKE**
Bureau 134
3201, rue Jean-Drapeau
Sherbrooke (Québec) J1E 1K1
☎ 819 560-1234
🖷 819 560-4567

☐ **QUÉBEC**
555, boul. René-Lévesque Ouest
Québec (Québec) G1R 1K1
☎ 418 529-1234
🖷 418 529-4567

AS/mg

⊕ Avis de nomination

L'**avis de nomination** est un bref texte qui a pour objet d'annoncer l'affectation d'une personne à un poste dans une entreprise ou une organisation. Il prend habituellement la forme soit d'un communiqué interne (annonce au sein même d'une entreprise), soit d'un communiqué de presse (annonce diffusée pour publication dans des journaux ou des revues spécialisées). Pour connaître les règles de rédaction d'un communiqué, voir p. 684.

L'avis de nomination est généralement composé de trois ou de quatre paragraphes.

Il commence par l'annonce en elle-même de l'affectation à un poste donné. Si on annonce la nomination d'une femme, on féminise son titre de fonction (à ce sujet, voir la liste **Professions, métiers, titres, fonctions et appellations de personnes au féminin**, p. 834).

L'annonce de la nomination proprement dite est suivie de renseignements sur le poste qui sera occupé par la personne nommée et sur le rôle qu'elle jouera dans l'organisation.

Le texte de l'avis se continue en un résumé de l'expérience et de la formation de la personne nommée.

Dans le communiqué de presse, il se termine par une description sommaire de l'organisation qui diffuse la nouvelle et de ses réalisations.

L'avis de nomination qui paraît dans un journal contient les mêmes informations que celui qui est présenté sous forme de communiqué. Par contre, sa forme diffère. Il peut, par exemple, comporter une photo de la personne nommée.

Dans l'avis de nomination, les titres de civilité sont généralement abrégés en *M.* et *Mme* ou *Mme*. Les grades et les diplômes peuvent être écrits en toutes lettres ou non (à ce sujet, voir **Diplômes et grades universitaires**, p. 322).

Dans les ministères et organismes québécois, les avis de nomination doivent être conformes aux règles énoncées dans le Programme d'identification visuelle.

Un exemple d'avis de nomination est présenté à la page suivante.

AVIS DE NOMINATION

SERVICES FINANCIERS RUBIS
1000, avenue Champlain
Québec (Québec) G0L 1B0

À diffuser dès réception

COMMUNIQUÉ

AVIS DE NOMINATION

Québec, le 13 mars 2015. – M. Clément Vaillancourt, président-directeur général du Cabinet de services financiers Rubis, est heureux d'annoncer la nomination de Mme Jacinthe Gélinas au poste de directrice de la succursale de Rimouski. Cette nomination sera en vigueur le 16 mars prochain.

Mme Gélinas participera avec dynamisme au développement des services offerts par le Cabinet dans la région du Bas-Saint-Laurent. Elle aura notamment pour responsabilité de former quatre nouveaux conseillers et conseillères, de recruter du personnel de soutien et de moderniser les modes de communication avec la clientèle. Elle respectera de plus ses engagements envers ses clientes et ses clients habituels.

Mme Jacinthe Gélinas est conseillère pour le Cabinet depuis sept ans. Elle est titulaire d'un baccalauréat en services financiers et possède une solide expertise en planification de retraite.

On pourra dorénavant joindre Mme Gélinas en lui téléphonant au numéro 418 765-4333, poste 98.

Le Cabinet de services financiers Rubis est une entreprise québécoise qui propose aux particuliers des stratégies de placement personnalisées depuis 1995. Il gère des actifs de plus d'un demi-milliard de dollars. Il emploie 115 conseillers dans 20 succursales. Son siège social est situé à Québec.

– 30 –

Source : Myriam Granger
Adjointe du président-directeur général
418 322-2223, poste 44
mgranger@rubis.qc.ca

Annonce (offre d'emploi)

L'**offre d'emploi** est une **annonce** provenant d'une entreprise ou d'un organisme, qui vise à faire savoir qu'un poste est vacant et qui invite toute personne répondant aux exigences de l'emploi et intéressée par ce poste à poser sa candidature.

Le texte d'une offre d'emploi est plus ou moins bref, selon que l'offre est publiée dans la presse ou affichée, mais, dans tous les cas, il doit être précis et accrocheur. Il doit s'appliquer à tous, sans discrimination de sexe, d'origine, de religion, de croyance, d'âge ou d'état matrimonial. Des tournures neutres doivent donc être utilisées pour éviter toute discrimination.

Le texte d'une offre d'emploi peut comprendre les éléments suivants :
- le **nom de l'employeur ou de l'agence de recrutement** ; dans ce dernier cas, on indique au moins le type d'entreprise qui a fait appel à l'agence ;
- le **titre du poste offert**, bien en évidence et de préférence écrit en toutes lettres tant au féminin qu'au masculin ;
- les **attributions**, c'est-à-dire les fonctions à remplir ;
- le **profil du candidat ou de la candidate** ;
- les **exigences**, c'est-à-dire les **diplômes**, l'**expérience** demandée et les **compétences** requises (par exemple, les langues et les logiciels maîtrisés) ;
- les **qualités personnelles** recherchées ;
- des **précisions** sur la **rémunération** et les **avantages sociaux**, l'**horaire** et le **lieu de travail** ;
- une brève **présentation de l'entreprise** (sa **mission** et son **domaine d'activité**) ;
- le **nom de la personne ou du service à qui le curriculum vitæ doit être expédié**, la **date limite pour le faire parvenir**, les différentes **façons de l'envoyer** (courriel, poste, télécopie) ainsi que l'**adresse de courriel**, l'**adresse postale** ou le **numéro du télécopieur** ;
- le **numéro de référence** s'il y a lieu.

Dans la rédaction d'une offre d'emploi, il faut employer un verbe actif ayant généralement l'employeur comme sujet : **cherche**, **recherche**, **est à la recherche de**, **recrute**, **demande**, **offre un poste de**, etc. Dans ce contexte, le verbe *requiert* est déconseillé, de même que les tournures adjectivales avec le participe *demandé* (par exemple, *directrice ou directeur demandé*).

Il faut également éviter les anglicismes suivants :

- *bénéfices marginaux* au sens d'« avantages sociaux » ;
- *application* au sens de « demande d'emploi » ou de « candidature » ;
- *formule d'application* au sens de « formule » ou de « formulaire de demande d'emploi » ;
- *faire application* et *appliquer* au sens de « présenter une demande d'emploi », « faire une demande d'emploi », « poser sa candidature », « présenter sa candidature », « postuler un emploi, un poste » (ou « postuler à un emploi, à un poste » ; « postuler pour un emploi, pour un poste »). On ne peut pas non plus dire *appliquer à un poste* ou *pour un poste* ni *appliquer sur un poste*.

On trouvera à la page 171 une liste plus complète de formes à éviter dans un contexte de travail, administratif ou commercial.

ANNONCE : OFFRE D'EMPLOI

Important bureau d'études recherche
CONSEILLER OU CONSEILLÈRE EN GESTION

Poste à pourvoir immédiatement

ATTRIBUTIONS : Conseiller et informer la direction de l'entreprise sur les méthodes propres à l'analyse et à la solution des problèmes auxquels elle fait face dans le domaine de la gestion.

EXIGENCES : Diplôme universitaire de 1er cycle en sciences de l'administration ou dans une discipline connexe ; trois années d'expérience pertinente à titre de conseiller ou de conseillère en gestion. Une ou deux années d'études venant en complément de la scolarité peuvent compenser en tout ou en partie l'expérience exigée. Une expérience exceptionnelle et une compétence reconnue dans le domaine peuvent suppléer à l'absence de diplôme universitaire. Rémunération à déterminer.

Envoyer son curriculum vitæ avant le 8 juin 2015 à l'adresse suivante :

Service de l'administration
Bureau d'études SMD
358, rue Saint-Charles
Longueuil (Québec) H4F 2G7

ANNONCE : OFFRE D'EMPLOI

Importante société d'arpenteurs-géomètres recherche

ARPENTEUR-GÉOMÈTRE OU ARPENTEUSE-GÉOMÈTRE

Concours n° 05-0803

Le cabinet Rodrigue & Rodriguez, arpenteurs-géomètres, spécialisé dans les domaines de l'arpentage foncier (commercial, industriel et municipal) et de la rénovation cadastrale, est à la recherche d'un arpenteur-géomètre ou d'une arpenteuse-géomètre pour pourvoir un poste à temps plein à Sherbrooke.

ATTRIBUTIONS
Les fonctions du ou de la titulaire du poste seront partagées entre les travaux sur le terrain et des tâches administratives. Concrètement, le ou la titulaire du poste devra :
• procéder à des levés de terrain et à la recherche de titres ;
• faire des calculs, des analyses foncières, de la mise en plan ;
• superviser et assurer le suivi des dossiers.

EXIGENCES
Les candidats et les candidates doivent :
• être titulaires d'un baccalauréat en sciences géomatiques ;
• être membres de l'Ordre des arpenteurs-géomètres du Québec ;
• posséder une expérience minimale de trois ans dans les fonctions citées ci-dessus ;
• posséder une bonne connaissance des logiciels de calcul et de traitement des données, de dessin assisté par ordinateur et de traitement de texte ;
• connaître la législation foncière ;
• maîtriser le français à l'oral et à l'écrit.

QUALITÉS PERSONNELLES RECHERCHÉES
• Excellent esprit d'analyse, de synthèse et de décision
• Souci de l'exactitude

CONDITIONS D'EMPLOI
• Poste permanent, à temps plein
• 40 heures par semaine
• Gamme complète d'avantages sociaux

• Salaire concurrentiel selon l'expérience
• Date d'entrée en fonction : mai 2016

Si ce poste vous intéresse et que vous répondiez aux exigences, faites parvenir votre curriculum vitæ, en précisant le numéro du concours, avant le 22 avril 2016 à :
Madame Jocelyne Ladouceur
Directrice des ressources humaines
Rodrigue & Rodriguez, arpenteurs-géomètres
358, rue Saint-Charles
Sherbrooke (Québec) J1H 2G7

Vous pouvez également envoyer votre curriculum vitæ par courriel à rh@rrarpenteurs.com ou par télécopieur au 819 567-7890.

Le cabinet Rodrigue & Rodriguez, arpenteurs-géomètres, applique un programme d'équité en matière d'emploi.

Carte d'invitation

La **carte d'invitation** (ou **carton d'invitation**, ou uniquement **carte** ou **carton** lorsque le contexte est explicite) est une petite carte ou une feuille rigide que l'on envoie à une ou à plusieurs personnes pour les prier d'assister à une activité, à une soirée, à une cérémonie, etc.

TEXTE DE L'INVITATION

Ce texte doit être bref et convaincant. Il indique notamment le nom de la société, de l'organisme ou de la personne qui invite, l'activité organisée, la date, l'heure (selon le format de vingt-quatre heures) et le lieu où elle se déroulera. On peut également y ajouter des détails sur le déroulement de la réception ou sur la tenue à porter pour l'occasion.

On peut commencer une invitation par diverses formulations :

Monsieur Albert Tremblay, directeur général de l'École nationale d'administration publique, vous prie de lui faire l'honneur de venir à...

La présidente de la société XYZ a le plaisir de vous convier à...

Nous sommes heureux de vous inviter à assister à...

Vous êtes cordialement invité à venir célébrer avec nous le lancement de...

Nous serons heureux de vous accueillir à...

À l'occasion de la Francofête, l'Office québécois de la langue française vous invite...

Sur une carte d'invitation, les **titres de civilité** s'écrivent généralement en toutes lettres, avec une majuscule s'il s'agit de la personne invitée, car on considère que l'on s'adresse directement à elle, et avec une minuscule s'il s'agit de la personne qui invite. Si le titre de civilité commence la phrase, il prend alors la majuscule de position.

Toutefois, lorsque l'invitation revêt un caractère protocolaire, notamment par le fait qu'on accueille des dignitaires, des invités et invitées de marque, on pourra avoir recours, exceptionnellement, aux majuscules pour les titres de fonction et de civilité. Voir aussi le chapitre **PROTOCOLE ET ACTIVITÉS PUBLIQUES**.

> **… sous la présidence d'honneur de Monsieur le Maire…**
>
> **… en la présence de la Ministre des Communications, Madame…**
>
> **Le Ministre des Relations internationales a l'honneur d'inviter Madame… à venir à…**
>
> **Madame la Présidente de… prie Monsieur… d'assister à…**

La **ponctuation** suit les règles habituelles. On met notamment un point après une phrase complète ; en revanche, on l'omet après des mentions très courtes et sans verbe. Il arrive que la disposition verticale (ou centrée) permette de supprimer quelques éléments de ponctuation, surtout la virgule en fin de ligne. Dans ce cas, le changement de ligne joue un rôle comparable à celui de la virgule en permettant de détacher ou de séparer des éléments du texte.

Comme formule d'introduction, il faut éviter la tournure impersonnelle *Il nous (me) fait plaisir de…*, car la locution verbale *faire plaisir* ne peut avoir pour sujet le pronom impersonnel *il*. On écrit plutôt : *Nous sommes heureux de…*, *Nous avons le plaisir de…*, *J'ai l'honneur de…*

Il faut noter qu'une invitation peut également prendre la forme d'une lettre. Dans ce cas, on doit ajouter une formule de conclusion du genre :

> **Votre présence nous honorera.**
>
> **Nous serons honorés de votre présence.**
>
> **Nous comptons sur votre présence pour le succès de…**
>
> **Espérant que vous serez des nôtres à l'occasion de…, nous…**
>
> **Nous comptons sur votre participation.**
>
> **Nous souhaitons vivement que vous puissiez être présent à…**

La carte d'invitation peut aussi porter des indications priant les personnes invitées de **répondre à l'invitation**. *RSVP* est une formule abrégée qui signifie « Répondez, s'il vous plaît » ou « Réponse, s'il vous plaît ». Il faut éviter d'employer l'anglicisme *RSVP* *regrets seulement* (de *RSVP regrets only*). Un numéro de téléphone, une adresse de courriel ou la date limite pour répondre suivent généralement cette mention ; il est admis de mentionner un nom de personne, mais cette précision n'est généralement pas nécessaire. L'indication *Pour mémoire* pourra remplacer celle de *RSVP* lorsque l'invitation a déjà été faite verbalement et que les invités et invitées ont donné leur accord ; il ne s'agit alors que d'une confirmation de l'invitation, et aucune réponse n'est à envoyer. Voici quelques exemples de ces mentions :

RSVP avant le 11 février au 514 999-8888

RSVP avant le 25 mars

Téléphone : 819 567-8901

RSVP en cas d'empêchement

Prière de confirmer votre présence

Pour mémoire

Une mention peut préciser la **tenue** qui convient :

Tenue de soirée (synonyme : **cravate blanche**, soit l'habit, c'est-à-dire la queue-de-pie, et le nœud papillon blanc ; la robe longue)

Smoking (synonyme : **cravate noire**, soit le smoking et le nœud papillon noir ; la robe habillée, c'est-à-dire la robe courte, la robe semi-longue ou la robe longue. Généralement, lorsqu'il n'est écrit que *smoking* sur une carte d'invitation, la robe courte est de mise pour les femmes. *Smoking* est le terme retenu. Éviter *tuxedo*.)

Tenue de ville (soit le complet-veston [ou le blazer] de couleur foncée, la chemise blanche, la cravate et, parfois, le gilet ; l'ensemble jupe et chemisier, la robe habillée ou le tailleur. Lorsqu'il n'est pas fait mention de la tenue vestimentaire, on doit porter une tenue de ville.)

Tenue décontractée (soit la chemise à col mou avec ou sans cravate, le polo ou le col roulé, avec ou sans le blazer ou la veste sport ; la jupe ou le pantalon sport, le col roulé, le polo ou le chemisier, avec ou sans le blazer ou la veste sport)

Vêtements chauds (pour une cérémonie qui se déroule à l'extérieur en hiver)

Une autre mention peut préciser les **modalités d'entrée** :

> **Prière de se munir de la présente invitation**
>
> **Carte strictement personnelle et exigée à l'entrée**
>
> **Prière de présenter cette carte à l'entrée**

Si **la personne qui reçoit l'invitation peut être accompagnée**, comme il est préférable d'éviter les termes *époux/épouse* ou *conjoint/conjointe*, qui risquent d'être perçus comme restrictifs dans les circonstances, on peut recourir à une formule plus neutre (voir aussi p. 783) :

> **Invitation pour deux personnes**
>
> **Invitation valable pour deux personnes**
>
> **La présente invitation est valable pour deux personnes.**

On peut aussi préciser **ce qui sera servi** pour l'occasion :

> **Vin d'honneur**
>
> **Vin et fromage** (mais on mettra *vin* et *fromage* au pluriel dans l'expression **dégustation de vins et [de] fromages**)
>
> **Rafraîchissements**
>
> **Buffet léger**
> (mention simple, de préférence à une phrase comme *Un léger buffet sera servi*)

Lorsque le mot *coquetel* (ou *cocktail*) doit être employé dans le texte de l'invitation, il est conseillé d'opter pour la graphie francisée **coquetel**, qui est celle qui est préférable dans les textes plus officiels.

RÉPONSE

Pour répondre par écrit à une invitation, on peut avoir recours à des formulations du type :

C'est avec plaisir que j'accepte votre invitation...

**Nous serons très heureux de nous rendre à votre réception/
à votre lancement/au vernissage que vous organisez...**

**Je me fais une grande joie de vous revoir/de dîner avec vous/
d'assister à...**

**Je vous remercie de m'avoir invitée à...
et serai heureuse d'être parmi vous à cette occasion.**

**Nous vous remercions de votre aimable invitation
que nous avons le plaisir d'accepter.**

J'accepte avec plaisir de...

Si on doit **décliner l'invitation**, on peut employer des formulations telles que :

Je regrette (Nous regrettons) de ne pouvoir assister/être présent(s)...

**Il me (nous) sera malheureusement impossible d'assister
à votre soirée...**

**Nous vous remercions de votre aimable invitation.
Malheureusement, nous ne pourrons nous rendre à... en raison de...**

Je suis au regret de décliner votre aimable invitation...

C'est à regret que je dois décliner votre invitation à...

J'ai le regret de ne pouvoir me rendre à votre...

CARTES D'INVITATION

Monsieur Jean-Michel Dubreuil,
président de la Société québécoise d'information culturelle,
a l'honneur de vous inviter à un coquetel
offert à l'occasion du lancement du nouveau site Web dynamique de la société.

ɢʀ

La réception aura lieu le jeudi 9 octobre 2014 à 11 heures,
dans la salle Renaissance de l'hôtel Chambord,
1540, rue Sherbrooke Ouest, à Montréal,
en présence de madame Élise Allard, ministre de la Culture.

ɢʀ

Tenue de ville
Invitation pour deux personnes

RSVP avant le 26 septembre   *Téléphone : 514 348-1656*
agagnon@sqic.qc.ca

La Ministre de l'Immigration
Madame Marie Lefrançois
et
le Ministre de la Culture et des Communications
Monsieur Martin Racine

vous prient d'assister
à la **cérémonie soulignant le 40e anniversaire**
du Théâtre des Cinq-Continents.

Le mardi 21 octobre 2014 à 18 heures
10, côte de la Fabrique
Québec

Un vin d'honneur suivra.

RSVP
Téléphone : 418 643-1234
Courriel : reception@mcc.gouv.qc.ca

Tenue de ville

INVITATION

Madame Monique Bernier,
présidente-directrice générale de la Chambre de commerce de Sherbrooke,
a le plaisir de vous inviter au gala
qui clôturera le congrès Art et mécénat
le vendredi 15 mai 2015 à 20 heures à l'hôtel des Gouverneurs.

À l'occasion de ce gala, un hommage sera rendu
à monsieur Pierre Vincent,
entrepreneur et mécène,
pour souligner le trentième anniversaire de la Fondation Vincent.

Tenue de soirée
RSVP 819 456-1234

Carte-réponse

La **carte-réponse** (au pluriel, **des cartes-réponses**) est une carte jointe à une invitation qu'il suffit de remplir pour répondre à l'invitation. Elle s'insère généralement dans une enveloppe-réponse affranchie. Son usage n'est toutefois pas très courant dans la correspondance administrative. On préfère le plus souvent demander aux personnes invitées, dans le texte même de l'invitation, de confirmer leur présence par téléphone ou par courriel au moyen de la mention **RSVP avant le**… ou de la formule **Prière de confirmer** votre présence au numéro… (ou **à l'adresse**…).

Une carte-réponse contient généralement les éléments suivants :
* une mention confirmant l'acceptation ou le refus de l'invitation ;
* le nombre de personnes qui seront présentes ;
* le paiement joint à la réponse, s'il y a lieu ;
* le nom de l'invité ;
* la date avant laquelle les personnes invitées doivent la retourner.

CARTES-RÉPONSES

Carte-réponse

Nous serons présents. ☐

Nous ne pourrons être présents. ☐

Nombre de personnes _____

Nom(s) _____

Prière de retourner cette carte-réponse avant le 26 septembre.

Société québécoise d'information culturelle
Carte-réponse

Monsieur ou Madame _____

Nous acceptons l'invitation. ☐   Nous devons décliner l'invitation. ☐

Nombre de personnes présentes _____

RSVP avant le 26 septembre 2014
Télécopie : 514 348-1657

Carte professionnelle

La **carte professionnelle** est une petite carte rectangulaire sur laquelle sont imprimés certains renseignements personnels d'ordre professionnel. On laisse ou on distribue une carte professionnelle à des personnes afin qu'elles puissent nous joindre, principalement dans l'exercice de nos fonctions.

Même si ce type de carte s'utilise dans le monde des affaires ou de l'entreprise en général, on doit éviter de la désigner par *carte d'affaires*, expression calquée sur *business card*. La carte professionnelle s'utilise d'ailleurs aussi dans l'Administration. Lorsqu'une carte de visite ne comporte pas de renseignements d'ordre privé, *carte de visite* est synonyme de *carte professionnelle*.

Les renseignements qui figurent sur la carte professionnelle sont essentiellement les suivants :
- le **prénom** et le **nom de la personne** ;
- son **titre**, sa **fonction** ou sa **profession**. Pour connaître la forme féminine des appellations d'emploi, voir la liste **Professions, métiers, titres, fonctions et appellations de personnes au féminin**, p. 834 ;
- le **nom de l'entreprise** ou **de l'organisme** où elle travaille ;
- l'**adresse postale de l'entreprise** ou **de l'organisme** (voir les règles d'écriture de l'adresse postale, p. 743) ;
- les **numéros de téléphone** (poste, numéro sans frais, numéro de téléphone cellulaire, etc). (voir les règles d'écriture des numéros de téléphone, p. 792) ;
- l'**adresse de courriel**.

La carte professionnelle comprend parfois aussi d'autres renseignements qu'il peut être pertinent de mentionner, comme le numéro de télécopie (et non de *fax*, voir p. 707), l'adresse du site Web professionnel ou, dans certains domaines d'activité, notamment dans celui des communications, le nom d'utilisateur lié à un réseau social donné (Facebook, Google+, Twitter, etc.). Le logo de l'entreprise ou de l'organisme est susceptible d'y apparaître, et le nom de l'unité administrative peut aussi y figurer. On suggère cependant de limiter à une ou à deux le nombre de subdivisions administratives et de les imprimer sur des lignes distinctes. Si l'adresse postale de l'entreprise ou de l'organisme diffère de l'adresse municipale, cette dernière peut également figurer sur la carte. Enfin, si la personne fait partie d'un ordre professionnel, elle peut en faire mention.

Il est déconseillé de mentionner les titres universitaires ou leurs abréviations sur les cartes professionnelles. Toutefois, dans le cas où ces mentions seraient pertinentes (pour de jeunes travailleurs autonomes, par exemple), il faut se limiter au dernier diplôme obtenu ou au plus important. On ne met aucun titre de civilité comme *Madame* ou *Monsieur* devant le nom de la personne ni aucun numéro de téléphone personnel.

La disposition des renseignements qui figurent sur les cartes professionnelles varie d'une carte à l'autre. On doit toutefois respecter la même disposition pour toutes les cartes d'une même entreprise ou d'un même organisme.

Généralement, une majuscule initiale est de mise au premier mot de chaque ligne. Il est par ailleurs conseillé d'abréger le moins souvent possible et de ne pas utiliser de ponctuation en fin de ligne, à l'exception du point abréviatif et de la virgule, qui peut suivre le nom de la personne si sa profession, et non son titre de fonction, est indiquée à la ligne suivante. Le nom de la profession s'écrit alors avec la minuscule. Idéalement, le titre ou la fonction de la personne figure en toutes lettres sur une seule ligne.

Si l'on doit inévitablement abréger des indications qui figurent sur la carte professionnelle, bien qu'il vaille mieux ne pas le faire, il faut savoir que certaines abréviations sont absolument déconseillées. On s'abstiendra ainsi de recourir à la série de majuscules *T*, *F*, *TC*, et *C* pour abréger *téléphone*, *fax* (emprunt à l'anglais à éviter au sens de « télécopieur » ou de « télécopie »), *téléphone cellulaire* et *courriel*. L'abréviation correcte de *téléphone* est *tél.* ; celle de *télécopieur* ou de *télécopie*, *téléc.* ; celle de *téléphone cellulaire*, *tél. cell.* ou encore *cell.* pour *cellulaire*. Quant au mot *courriel*, inutile de chercher à l'abréger. S'il faut économiser de l'espace, on peut simplement le supprimer. L'adresse de courriel est nettement reconnaissable en raison de la présence du symbole @ (appelé *a commercial*, *arobas* ou *arobase*).

Dans les ministères et organismes québécois, les cartes professionnelles doivent être conformes aux règles énoncées dans le Programme d'identification visuelle.

CARTES PROFESSIONNELLES

Organisation de rassemblements
CONGRÈS, EXPOSITIONS, MARIAGES, TOURNOIS DE GOLF, GALAS

—

Anne-Marie Bureau, gestionnaire
Courriel : ambureau@vecteurb.com

525, rue du Prince-Albert
Québec (Québec) G1R 2S6
Tél. : 418 987-6543

PRODUCTIONS VECTEUR B
www.vecteurb.com

Twitter : @vecteurb
Facebook : Productions Vecteur B

CARTES PROFESSIONNELLES (suite)

Société-conseil Expro

12500, avenue des Érables
Sherbrooke (Québec) J1H 4A7
Téléphone : 819 545-7890
Tél. cellulaire : 819 392-4419
Courriel : jlbeaulieu@expro.com
Skype : jlbeaulieu.expro

Jean-Louis Beaulieu
Analyste
Informatique de gestion

Cécile Lajoie
Professeure agrégée
Département de mathématiques

Université de…
C. P. 1234, succ. Centre-ville
Montréal (Québec) H3N 5M8

Téléphone : 514 737-9876
Sans frais : 1 800 364-1227
lajoie@ere.umon.ca

**Office québécois
de la langue
française**
Québec 🏵🏵🏵🏵

**Service de l'assistance
terminolinguistique**

750, boul. Charest Est, bureau 100
Québec (Québec) G1K 9K4
Téléphone : 418 528-1234
Télécopieur : 418 643-3210
Luc.Tremblay@oqlf.gouv.qc.ca

Luc Tremblay
Terminologue

CARTES PROFESSIONNELLES (suite)

Productions internationales Tosca
4567, boulevard des Laurentides, bur. 500
Québec (Québec) G3B 2N4, CANADA
www.tosca.com

Christine Laporte
Avocate
Service du contentieux

Téléphone : 418 765-4321, p. 340
1 800 234-5678
Télécopieur : 418 567-8901

Hôpital pour enfants de...
Affilié à l'Université du...

Henri Ledoux, pédiatre
Directeur des services professionnels

4500, boulevard René-Lévesque
Montréal (Québec) H3D 5M7

Tél. : 514 876-5432, poste 19
Téléavertisseur : 514 273-4567
hledoux@abc.de.fg

Marie-Catherine Bellavance, M. Arch. pays.
Architecte paysagiste et horticultrice

375, chemin des Patriotes Sud
Mont-Saint-Hilaire (Québec) J3D 4N8

Téléphone : 450 467-9123
Marie-Catherine.Bellavance@resobec.ca

CARTES PROFESSIONNELLES (suite)

Patrice Deschamps, trad. a., term. a.

Traduction

Terminologie

Rédaction technique

250, place Royale, bureau 12
Montréal (Québec) H2A 3F5

Téléphone et télécopie :
514 276-4738
deschatra@clico.qc.ca

Lucie Marcoux
Chef de service
Service des communications

VIRAGES

65, 12ᵉ Avenue Ouest, RC
Québec (Québec) G1V 5B2
☎ **418 653-2118**
☎ 1 800 653-2118
🖷 418 653-2119
✍ lmarcoux@virages.com

CARTES PROFESSIONNELLES (suite)

Recto

Société ABC

Service de génie forestier   **Jeanne Bouclair**,
ingénieure

Verso

Adresse postale	**Adresse municipale**
C. P. 200, succursale D	515, avenue des Trembles, bureau 300
Laval (Québec) H7V 6F6	Laval (Québec)

Tél. : 450 978-1165, p. 567
Cell. : 450 566-7612
Téléc. : 450 978-0466
jeanne.bouclair@abc.ca

Informatiquatout

www.informatiquatout.com

Les spécialistes de l'informatique

Vente d'ordinateurs, installation de réseaux informatiques,
développement de logiciels

Yolande Soucy
Directrice des ventes

555, boulevard René-Lévesque Ouest
Québec (Québec) G1R 1K1
Téléphone : 418 529-1234; télécopie : 418 529-4567
Courriel : ysoucy@informatiquatout.com

Télécopie

On appelle **télécopie** le procédé qui permet la transmission et la reproduction d'un document à distance au moyen d'équipements raccordés à un réseau de télécommunication, de même que le document ainsi transmis et reproduit. L'Office québécois de la langue française recommande de ne pas utiliser l'emprunt à l'anglais *fax* comme synonyme de *télécopie*, ni comme synonyme de *télécopieur* lorsqu'il s'agit de désigner l'appareil qui permet la transmission à distance du document (avis de normalisation de l'Office, *Gazette officielle du Québec*, 26 juillet 1997). De même, le verbe *télécopier* est à employer de préférence à l'emprunt à l'anglais *faxer*.

Un document envoyé par télécopieur peut être accompagné d'un bordereau de télécopie sur lequel figurent les renseignements utiles à l'acheminement du document. On trouve généralement sur le bordereau :

- **l'en-tête de la société** ou **de l'organisme** auquel est rattaché l'expéditeur ;
- le **nom du** ou **de la destinataire**, son **numéro de téléphone** et son **numéro de télécopie** ;
- le **nom de l'expéditeur** ou **de l'expéditrice**, son **numéro de téléphone** et son **numéro de télécopie** ;
- le **nombre total de pages envoyées**, bordereau compris ;
- la **date d'envoi**.

On peut aussi prévoir quelques lignes pour la rédaction d'un message. Cet espace est parfois suffisant pour noter toute l'information à communiquer.

On peut également ajouter sur le bordereau un **avis de confidentialité** tel que ceux-ci :

> **Cette télécopie est confidentielle. Que vous en soyez le ou la destinataire ou que vous l'ayez reçue par erreur, vous êtes prié de ne pas en divulguer le contenu.**
>
> **L'information qui accompagne ce bordereau est confidentielle. Si le lecteur de la présente télécopie n'est pas le destinataire prévu ni le mandataire chargé de la lui transmettre, il est prié de noter qu'il ne doit ni divulguer, ni distribuer, ni copier son contenu, ni s'en servir à quelque fin que ce soit. Merci de la détruire et d'en aviser immédiatement l'expéditeur par téléphone, à frais virés au besoin.**

L'information qui accompagne ce bordereau est confidentielle. Elle est destinée à l'usage exclusif du ou de la destinataire dont le nom figure ci-dessus. Si vous n'êtes pas la ou le destinataire visé, ni son mandataire, nous vous signalons qu'il est strictement interdit d'utiliser cette information, de la copier, de la distribuer ou de la diffuser. Veuillez donc la détruire et nous en aviser immédiatement par téléphone, à frais virés au besoin. Merci.

Le présent message transmis par télécopie est confidentiel, et son contenu peut être protégé par le secret professionnel. Il est à l'usage exclusif de son ou sa destinataire. Toute autre personne est par les présentes avisée qu'il lui est strictement interdit de le diffuser, de le distribuer ou de le reproduire. Si la ou le destinataire ne peut être joint ou vous est inconnu, nous vous prions d'en informer immédiatement l'expéditeur ou l'expéditrice et de détruire ce message et toute copie de celui-ci.

Dans les ministères et organismes québécois, les bordereaux de télécopie doivent être conformes aux règles énoncées dans le Programme d'identification visuelle.

Un exemple de bordereau de télécopie est présenté à la page suivante.

BORDEREAU DE TÉLÉCOPIE

Informatiquatout

 www.informatiquatout.com

Bureau 6.124
3, rue Notre-Dame Est
Montréal (Québec) H2Y 1R1
☎ 514 890-1234
🖳 514 890-4567

Télécopie

Date : _____   Nombre de pages, bordereau compris : _____

Destinataire

Nom : _____   Unité administrative : _____

Téléphone : _____   Télécopie : _____

Expéditeur ou expéditrice

Nom : _____   Unité administrative : _____

Téléphone : _____   Télécopie : _____

☐ Urgent   ☐ Comme convenu   ☐ À titre de renseignement

☐ À commenter   ☐ Réponse souhaitée

Message :

_____

_____

_____

_____

_____

_____

_____

Avis de confidentialité
L'information qui accompagne ce bordereau est confidentielle. Si le lecteur de la présente télécopie n'est pas le destinataire prévu ni le mandataire chargé de la lui transmettre, il est prié de noter qu'il ne doit ni divulguer, ni distribuer, ni copier son contenu, ni s'en servir à quelque fin que ce soit. Merci de la détruire et d'en aviser immédiatement l'expéditeur par téléphone, à frais virés au besoin.

Attestation, certificat et plaque commémorative

Une **attestation** est une « déclaration, verbale ou écrite, par laquelle une personne ou un organisme témoigne de l'existence ou de la véracité d'un fait » (avis de normalisation de l'Office de la langue française, *Gazette officielle du Québec*, 12 janvier 1982).

Un **certificat** est un document délivré par une autorité compétente qui atteste officiellement un fait ou un droit. Le certificat, qui est un type d'attestation, revêt un caractère plus officiel que celle-ci.

Les éléments qui peuvent figurer sur une attestation ou un certificat varient en fonction de leur type. On peut donner un titre à ce document, y écrire le nom de la personne qui le reçoit, l'événement qu'on souhaite souligner, le genre de prix décerné, le lieu et la date de la remise ainsi que le nom de la ou des personnes habilitées à le signer.

Par ailleurs, selon le type de fait qu'ils attestent, le certificat et l'attestation peuvent porter un titre plus précis. Il y a des attestations de conformité, de compétence, d'études, de participation, de scolarité, etc., et des certificats d'aptitude, de changement de nom, de formation, de localisation, etc. Dans d'autres cas, on peut ne mentionner qu'un mot exprimant la raison pour laquelle on remet le document. Lorsque l'attestation ou le certificat est remis à la suite d'un concours, il peut porter le nom du prix remis (Premier prix, Prix d'excellence, Prix d'honneur, Mérite sportif, Mention d'honneur, etc.).

Une **plaque commémorative** est une plaque portant une inscription qui rappelle le souvenir d'une personne ou d'un événement. Le texte qu'on y inscrit varie en fonction de l'objet de la commémoration. Selon le cas, on peut y inscrire la date de l'événement, le nom de la personne, son titre ou sa fonction, l'événement qu'on souhaite souligner et le ou les noms des personnalités qui ont procédé au dévoilement de la plaque ainsi que la date du dévoilement.

Il existe de nombreux types d'attestations, de certificats et de plaques commémoratives. Leur formulation et leur présentation ne sont pas standardisées, mais elles doivent respecter les règles typographiques générales. Les titres de civilité y figurent généralement en toutes lettres. En voici quelques exemples.

ATTESTATIONS

Les balcons fleuris

Prix de décoration florale

Nous soussignés attestons que .... a participé au concours des *Balcons fleuris* 2015, pour lequel le jury lui a décerné le

....

À Trois-Rivières, le ....

La présidente du jury,   Le directeur du Service des loisirs,

Marguerite Lafleur   Florent Laplante

Jeux intervilles 2017

Attestation de participation à la finale

Décernée à	*madame Magalie Bilodeau*
Sport	*patinage de vitesse*
Course	*1000 mètres*
Catégorie	*juvénile féminin*

Remise à Montréal, le *13 janvier 2017*

Date

Le président,

Robert Turcotte

Robert Turcotte

CERTIFICAT DE FORMATION

L'**Institut supérieur d'informatique** certifie que

....

a suivi avec succès un cours de perfectionnement en traitement de texte
comprenant dix heures de théorie et de pratique.
Ce cours a une valeur de 1,2 unité d'éducation continue (UEC).

À Québec, le ....

_____   _____
Directrice des programmes   Professeur

CERTIFICATS (suite)

CERTIFICAT D'HONNEUR

L'**Université du Haut-Savoir** certifie que

monsieur Olivier Savard

a reçu ce certificat d'honneur à titre de lauréat
de la Bourse commémorative
Jean-Robert-Bélanger
pour l'année universitaire 2014-2015.

Le 13 janvier 2015
Date

Le recteur de l'Université,

Jasmin Jobin
Jasmin Jobin

Université du
Haut-Savoir

HONNEUR

L'Association québécoise des artisans du livre

rend honneur à la qualité de votre contribution personnelle

pendant les vingt-cinq années

que vous avez consacrées à l'accomplissement de sa mission.

CERTIFICATS (suite)

CERTIFICAT DE RECONNAISSANCE

Nous soussigné attestons que *madame Catherine Fortier*

a contribué au succès de la campagne *Soyons généreux*

au sein de l'entreprise.

À Saint-Prosper, le *30 décembre 2015*

Le président du jury de l'entreprise,

Martin Beauchemin
Martin Beauchemin

RECONNAISSANCE

Le ministère de la Culture et des Communications

reconnaît la qualité du travail que vous avez accompli

pendant vingt-cinq années au sein de la fonction publique québécoise

et vous remercie de vos bons et loyaux services.

PLAQUES COMMÉMORATIVES

Le vingt-quatre juin deux mille cinq,

madame Cécile Lalumière,

présidente de la Société québécoise de musicologie,

a posé ici la première pierre

du Musée québécois de la musique.

Bibliothèque
Cécile-Rouleau
Par la dénomination de cette bibliothèque,
le Gouvernement du Québec rend hommage
à madame Cécile Rouleau (1905-1999).

Tout au long de sa carrière,
notamment à titre de première femme gestionnaire
dans la fonction publique du Québec,
cette enseignante visionnaire et administratrice engagée
a marqué à la fois l'administration publique,
l'enseignement et l'éducation de langue française
au Québec.

Cette plaque commémorative a été dévoilée le 3 juin 2004
par la ministre des Relations avec les citoyens
et de l'Immigration,
madame Michelle Courchesne.

Contrat de service

Le **contrat de service** (ou parfois **contrat de services**) scelle une relation d'affaires par laquelle une personne (le ou la prestataire de services) est liée à une autre (le client ou la cliente), pour une certaine durée, et accepte de fournir un service selon des conditions déterminées et contre une rémunération que le client ou la cliente s'engage à lui verser. Un contrat de service permet d'éviter des surprises et des problèmes éventuels de part et d'autre, car le document contient les spécifications et les attentes respectives de chacune des parties. Le terme *contrat de service* est en usage dans le secteur privé. **Marché de service(s)** appartient au vocabulaire de l'administration publique. On y utilise aussi le synonyme **marché de prestation(s) de service(s)**.

Il faut noter que, dans le contrat de service, il n'existe aucun lien de subordination entre le client et le prestataire de services. De plus, ce dernier est libre d'utiliser les moyens qu'il veut pour exécuter le contrat ; il jouit d'une grande autonomie dans sa prestation de services.

Un bon contrat de service est un contrat qui adopte une approche raisonnable et équilibrée, et où chacune des parties trouve son compte. Il n'existe pas de contrat de service type en raison des différentes clauses possibles. Il est recommandé d'inclure les clauses suivantes dans un contrat de service, l'ordre de présentation pouvant varier d'un contrat à l'autre :

- **objet** du contrat ;
- **durée** et **délai de réalisation** de la prestation ;
- **exécution** de la prestation ;
- **rémunération** et **conditions de paiement** ;
- **propriété intellectuelle** ;
- **engagement de confidentialité** et de **non-divulgation**.

Par ailleurs, lorsqu'un contrat de service comprend une ou des annexes, celles-ci doivent être clairement indiquées dans le contrat et se trouver à la fin du document, dans l'ordre selon lequel elles ont été présentées.

Finalement, il ne faut pas oublier de signer le contrat de service. Il est recommandé de parapher chacune des pages, y compris les annexes, ainsi que tout ajout et toute rature. Cette précaution confirme que toutes les pages ont été lues et que leur contenu a été accepté par les deux parties. Cette mesure rend plus difficile la substitution ou l'ajout de feuilles après la signature. Chacune des parties doit conserver une copie signée du contrat.

Le modèle de contrat de service présenté ci-dessous a une portée très générale et ne couvre pas tous les cas possibles. Il est donné à titre indicatif et ne constitue pas un modèle normalisé.

STRUCTURE D'UN CONTRAT DE SERVICE

CONTRAT DE SERVICE[1]

Le présent contrat [ou **marché** selon le cas] **est conclu entre :**
    [Nom et adresse du client ou de la cliente]

_____

_____

_____

    (ci-après appelé « le client » ou « la cliente »)

ET :   *[Nom et adresse du ou de la prestataire de services]*

_____

_____

_____

    (ci-après appelé « le [ou la] prestataire de services »)
    (le client ainsi que le prestataire de services sont ci-après
    appelés « les parties »)

_____

PRÉAMBULE
    [Le préambule fait partie intégrante du présent contrat. Il est toutefois
    facultatif. Rappeler ici, en quelques lignes, les raisons qui motivent
    l'accord intervenu.]

EN CONSÉQUENCE DE CE QUI PRÉCÈDE, LES PARTIES CONVIENNENT DE CE QUI SUIT :

1. **Objet du contrat** [ou **marché** selon le cas]
    [Décrire le projet en détail, les services qui doivent être rendus.
    Ce peut être un texte suivi ou des phrases détachées.]

2. **Durée et délai de réalisation de la prestation**
    [Décrire les modalités liées à la durée et au délai de réalisation
    de la prestation.]

---

1. Ou **marché de service(s)** si c'est une entente conclue entre un ou une prestataire de services et l'administration publique.

3. **Exécution de la prestation**
   [Décrire le contenu du mandat et donner ses modalités d'exécution.]

4. **Lieu de réalisation de la prestation**
   [Spécifier le lieu où le mandat sera effectué.]

5. **Moyens mis à la disposition du client et du prestataire de services**
   [Indiquer ce que le client met à la disposition de l'autre partie ou ce que le prestataire de services fournit pour accomplir son mandat.]

6. **Rémunération et conditions de paiement**
   [Décrire les modalités relatives au prix des services, au boni de performance s'il y a lieu et au remboursement de dépenses engagées; spécifier les frais qui ne peuvent être facturés au client; indiquer l'adresse postale de facturation; préciser les conditions de paiement.]

7. **Obligations du client**
   [Préciser les obligations du client; par exemple, fournir au prestataire l'information dont il aura besoin, lui signaler sa collaboration ou mettre à sa disposition les moyens nécessaires à l'exécution de ses prestations.]

8. **Obligations du prestataire de services**
   [Préciser les obligations du prestataire de services.]

9. **Propriété intellectuelle**
   [Cette clause assure, s'il y a lieu, le respect de la propriété intellectuelle des tiers par le prestataire de services et par le client. Mentionner tous les éléments d'information fournis par le client. Spécifier ce qu'il adviendra de la technologie d'arrière-plan[1] développée par le prestataire de services et de celle développée par un tiers. Traiter des droits résiduels[2] du prestataire de services et de la protection des droits de propriété intellectuelle dévolus au client.]

---

1. La technologie d'arrière-plan comprend, par exemple, les outils de développement, de migration, d'extraction de données, les outils relatifs à Internet, au multimédia, au réseau, ainsi que la base de données, les données, le système d'exploitation, le logiciel, le programme, les notes, la documentation, l'expertise et le savoir-faire technologique.

2. Doctrine juridique selon laquelle les matières qui ne sont pas expressément prévues dans les contrats appartiennent à celui qui a contracté l'obligation.

10. **Engagement de confidentialité et de non-divulgation**
    [Spécifier que les parties ne peuvent divulguer les informations aux-quelles elles pourraient avoir accès.]

11. **Réception de l'ouvrage**
    [Mentionner la ou les dates de réception de l'ouvrage. Lorsqu'il s'agit d'un ouvrage comportant plusieurs étapes, il est impératif que le client donne son acceptation sur le travail fait, à la fin de certaines étapes, avant que le prestataire de services passe à l'étape suivante.]

12. **Responsabilité**
    [Préciser les limites de la responsabilité du prestataire de services.]

13. **Pénalités**
    [Spécifier les pénalités imposées en cas de manquement à l'exécution du mandat.]

14. **Suspension ou résiliation du contrat** [ou **marché** selon le cas] **et sanctions**
    [Préciser les causes pouvant motiver une suspension ou une résiliation du contrat. Indiquer les sanctions encourues.]

15. **Sous-traitance**
    [Spécifier si le prestataire de services peut recourir à des sous-traitants.]

16. **Cession**
    [Spécifier s'il y a possibilité pour un tiers de se substituer à l'une des parties.]

17. **Attribution de juridiction**
    [En cas de litige, préciser le tribunal qui aura la compétence exclusive.]

18. **Entrée en vigueur du contrat** [ou **marché** selon le cas]
    [Indiquer la date d'entrée en vigueur du contrat.]

19. **Fin du contrat** [ou **marché** selon le cas]
    [Indiquer les causes pouvant mettre fin au contrat, ou écrire sa date de fin.]

20. Signature des parties

[Indiquer la ville où le contrat est signé, le nombre d'exemplaires originaux et mentionner que chaque partie reconnaît avoir signé et reçu son exemplaire.]

_____   _____
Signature du client ou de la cliente   Date

_____   _____
Signature du ou de la prestataire de services   Date

CONTRAT DE SERVICE

CONTRAT DE SERVICE

Le présent contrat est conclu entre :

La société Rédactout, dont les bureaux sont situés au 850, boulevard René-Lévesque Est, 1er étage, Québec (Québec) G1K 9C4, représentée aux fins des présentes par Mme Claudia Normandeau, chef du Service de la traduction et de la terminologie
(ci-après appelée « la cliente »)

ET : Mme Nicole Saint-Germain
123, rue Larue, Lévis (Québec) G1R 2Y2
(ci-après appelée « la prestataire de services »)
(la cliente et la prestataire de services sont ci-après appelées « les parties »)

PRÉAMBULE (Le préambule fait partie intégrante du présent contrat.)

CONSIDÉRANT QUE[1] la cliente souhaite obtenir des services de la part de la prestataire de services ;

CONSIDÉRANT QUE la prestataire de services consent à fournir à la cliente les services ci-après décrits ;

CONSIDÉRANT QUE les parties conviennent de confirmer leur entente par écrit ;

CONSIDÉRANT QUE les parties sont habilitées à exercer tous les droits requis pour la conclusion et l'exécution de l'entente consignée au présent contrat ;

EN CONSÉQUENCE DE CE QUI PRÉCÈDE, LES PARTIES CONVIENNENT DE CE QUI SUIT :

1. Objet du contrat

Le travail de la prestataire de services consiste à effectuer la révision linguistique de 5000 fiches terminologiques de la banque de données de Rédactout, selon les critères orthotypographiques et grammaticaux de la cliente, et à remettre deux rapports faisant état du nombre de fiches contenant des erreurs (nombre de fiches corrigées) et des types d'erreurs les plus fréquentes.

Ce travail sera désigné par « le mandat » dans le présent contrat.

2. Durée et délais de réalisation de la prestation

Sous réserve de commencer le 19 janvier 2015, le mandat prendra fin au plus tard le 31 juillet 2015.

Les étapes de réalisation de la prestation sont les suivantes :
• le 27 avril 2015, la prestataire de services devra présenter à la cliente 2500 fiches révisées (ou plus) ainsi que le premier rapport attendu ;

1/5

---

1. Les juristes ont l'habitude d'écrire la locution *attendu que* en majuscules. Cette manière de faire provient d'un héritage britannique. C'est probablement pour la même raison qu'on écrit *considérant que* souvent en majuscules. Toutefois, on peut également les écrire en minuscules.

CONTRAT DE SERVICE (suite)

- au plus tard le 31 juillet 2015, elle devra présenter à la cliente 2500 fiches révisées (ou moins, selon le nombre de fiches révisées et corrigées pour le 27 avril 2015) ainsi que le second rapport.

Ces délais pourront être modifiés après entente entre les parties dans un avenant au présent contrat.

3. Exécution de la prestation

La révision doit respecter les critères utilisés par Rédactout et décrits dans le *Guide de révision*, qui est annexé au contrat, ainsi que les normes et consignes en vigueur pour la production de fiches terminologiques.

La correction doit être faite à l'aide du logiciel maison que la cliente met à la disposition de la prestataire de services. Cette dernière doit également utiliser le correcteur grammatical déjà installé sur l'appareil que la cliente lui fournira.

Les fiches révisées et corrigées ne doivent contenir aucune erreur orthographique, grammaticale ni typographique.

4. Lieu de réalisation de la prestation

Le mandat sera effectué chez la prestataire de services. À l'occasion, cette dernière pourra venir dans les bureaux de la cliente afin de consulter les ouvrages du centre de documentation.

5. Moyens mis à la disposition de la prestataire de services

Pour la date de début du mandat, la cliente met à la disposition de la prestataire de services un ordinateur portable contenant les fiches à réviser sous forme de fichier texte (anglais et français). La prestataire de services peut emporter cet ordinateur portable chez elle. De plus, la cliente lui fournira une version papier de ces fiches (une fiche par page).

La cliente remettra à la prestataire de services un exemplaire du *Guide de révision*, les normes et consignes à observer pour la production de fiches terminologiques ainsi que la méthode de travail qu'elle devra suivre.

Outre le fichier des fiches à réviser, la prestataire de services aura à sa disposition dans l'ordinateur portable le logiciel maison servant à corriger les fiches terminologiques, un logiciel de traitement de texte et un correcteur grammatical.

6. Rémunération et conditions de paiement

Pour le présent mandat, la prestataire de services recevra un montant de 16 800 $ réparti en deux versements égaux de 8400 $. Ces versements seront effectués sur présentation de deux notes d'honoraires et à la suite d'un rapport favorable de la cliente.

Un premier versement sera fait au plus tard deux semaines après la remise de 2500 fiches révisées (ou plus) prévue pour le 27 avril 2015. Le paiement complet de ce premier versement est conditionnel à l'approbation de la cliente.

Le second versement sera payable au plus tard deux semaines après la remise des 2500 dernières fiches révisées (ou moins, selon le nombre de fiches révisées à l'étape précédente) prévue, au plus tard, pour le 31 juillet 2015. Le paiement complet de ce second versement est conditionnel à l'approbation de la cliente.

Les règlements seront faits par chèque.

2/5

CONTRAT DE SERVICE (suite)

Les notes d'honoraires devront être datées :
- du 27 avril 2015 pour les 2500 premières fiches révisées (ou plus);
- au plus tard, du 31 juillet 2015 pour les 2500 dernières fiches révisées (ou moins, selon le nombre de fiches révisées et corrigées pour le 27 avril 2015).

Les notes d'honoraires devront être adressées à Mme Claudia Normandeau, chef du Service de la traduction et de la terminologie, à l'adresse indiquée au début du présent contrat.

La prestataire de services déclare être un petit fournisseur[1] aux termes de la Loi sur la taxe d'accise de Revenu Canada et de la Loi sur la taxe de vente du Québec. Ainsi, aucune taxe ne sera perçue.

Un paiement est réputé être en retard si la période de paiement excède 30 jours. Dans un tel cas, la cliente doit, à la demande expresse de la prestataire de services, payer des intérêts. Les intérêts payables sont calculés à compter du premier jour de retard, au taux de 18 %.

La prestataire de services n'aura droit à aucuns honoraires pour le travail additionnel qu'elle serait appelée à exécuter pour corriger toute erreur ou toute omission de sa part.

7. Obligations de la cliente

La cliente s'engage à apporter toute sa collaboration à la prestataire de services afin de lui permettre de remplir correctement son mandat, sans retard indu. Elle s'engage notamment à lui fournir tous les renseignements et documents requis ainsi que les autorisations, approbations et instructions spécifiques nécessaires ou utiles.

La cliente s'engage également à mettre à la disposition de la prestataire de services les moyens et outils nécessaires à l'exécution de sa prestation (ordinateur, fiches, logiciels, etc.).

La cliente désigne M. Martin Nadeau comme interlocuteur auprès de la prestataire de services.

8. Obligations de la prestataire de services

La prestataire de services s'engage à réaliser le mandat conformément aux dispositions des présentes.

La prestataire de services s'engage à respecter l'échéancier de réalisation prévu au mandat ou tout autre échéancier dont les parties pourront convenir.

La prestataire de services s'engage à remettre à la cliente, à la fin du présent mandat, toutes les fiches révisées, les rapports ainsi que l'ordinateur portable.

9. Propriété intellectuelle

La prestataire de services cède ses droits d'auteur à la société Rédactout.

10. Engagement de confidentialité et de non-divulgation

La prestataire de services s'engage à traiter de manière strictement confidentielle toute information et tout document appartenant à la cliente dont elle pourrait prendre connaissance au cours de la réalisation du mandat et à ne pas les divulguer ni les utiliser au profit de tiers. La prestataire de services demeure liée par cet engagement deux ans après l'achèvement des tâches.

3/5

---

1. *Petit fournisseur* désigne une personne physique ou morale qui fournit des biens ou des services taxables dont les recettes dans les quatre trimestres civils ne dépassent pas 30 000 $.

CONTRAT DE SERVICE (suite)

11. Réception de l'ouvrage

Le 30 janvier 2015, les parties se rencontreront pour s'assurer que les normes et les critères de Rédactout sont bien appliqués par la prestataire de services. Une fois ce contrôle effectué et jugé satisfaisant par la cliente, un procès-verbal de réception sera signé par les parties.

Le 27 avril 2015, la prestataire de services devra remettre au moins 2500 fiches corrigées et le premier rapport, lesquels seront soumis à l'approbation de la cliente pour que l'étape suivante du mandat puisse se réaliser.

Le 31 juillet 2015, au plus tard, la prestataire de services devra remettre les 2500 dernières fiches corrigées (ou moins, selon le nombre de fiches révisées et corrigées pour le 27 avril 2015) et le second rapport, lesquels seront soumis à l'acceptation de la cliente pour que le mandat soit considéré comme complètement terminé.

Les réceptions de la prestation réalisée s'accomplissent en présence des deux parties.

12. Responsabilité

La prestataire de services sera responsable de toute erreur ou de toute omission de quelque nature que ce soit dans l'exécution de ce mandat. Toutefois, en cas de force majeure, la prestataire de services ne sera pas responsable de la non-exécution ni des retards dans la réalisation d'une obligation du présent mandat.

D'origine extérieure au débiteur, la force majeure est un événement imprévisible, inévitable et irrésistible qui rend absolument impossible l'exécution d'une obligation. Elle est habituellement reconnue par la jurisprudence des tribunaux québécois.

La prestataire de services sera responsable de l'ordinateur portable pendant la durée du mandat.

13. Pénalités

La prestataire de services est responsable envers la cliente de tout dommage découlant de son défaut ou de son retard à accomplir ses obligations. Lorsque la prestataire de services est ainsi en défaut, la cliente peut, selon le cas et à sa discrétion :

a) retenir toute somme due à la prestataire de services jusqu'à ce que cette dernière ait rempli ses obligations ;

b) après en avoir donné avis à la prestataire de services par lettre recommandée, exécuter l'obligation de la prestataire de services, en tout ou en partie, ou retenir les services d'un ou d'une autre prestataire de services pour ce faire, auquel cas les dépenses engagées par la cliente seront retenues et déduites de toutes sommes dues à la prestataire de services à titre de dommages-intérêts liquidés ;

c) aviser la prestataire de services par lettre recommandée que le contrat est résilié, auquel cas la prestataire de services ne sera payée que pour les travaux exécutés jusqu'à la résiliation, sans autre indemnité.

La cliente peut toujours retenir et déduire de toute somme due à la prestataire de services, en vertu d'un contrat, toute somme que la prestataire de services lui doit par ailleurs, lorsque les deux dettes sont également liquides et exigibles.

4/5

CONTRAT DE SERVICE (suite)

14. Suspension ou résiliation du contrat et sanctions

La cliente peut, à tout moment et pour toute raison, suspendre la réalisation de tout ou partie des tâches prévues par le contrat. À la suite d'une suspension, la cliente devra proposer à la prestataire de services une date de reprise des travaux. Les échéances seront prolongées en conséquence. Les travaux et la facturation reprendront à la date convenue par les parties. La prestataire de services ne pourra exiger une indemnisation en cas de suspension de tout ou partie des tâches prévues au contrat.

En cas de manquement à ses obligations, chacune des parties peut mettre l'autre en demeure de respecter ses obligations. Dans le cas où la mise en demeure par lettre recommandée avec accusé de réception reste sans effet, la résiliation de plein droit du présent contrat sera en vigueur 15 jours suivant la réception de cette lettre.

En cas de force majeure, la prestataire de services peut résilier le contrat, mais elle devra proposer à la cliente une solution de remplacement.

15. Sous-traitance

La prestataire de services ne pourra faire exécuter le présent contrat par des tiers.

16. Cession

Les droits et obligations découlant du présent contrat ne pourront être cédés en tout ni en partie par la prestataire de services.

17. Attribution de juridiction

Le contrat est régi par les lois de la province de Québec. Tout litige entre les parties relatif à l'interprétation ou à l'application du contrat et ne pouvant être réglé à l'amiable sera porté devant les tribunaux du district judiciaire de la ville de Québec.

18. Entrée en vigueur du contrat

Le présent contrat entre en vigueur le 19 janvier 2015.

19. Fin du contrat

Le présent contrat prend fin dans l'un ou l'autre des cas suivants :
a) lorsque toutes les obligations des parties ont été remplies ;
b) en cas de résiliation prévue au présent contrat ;
c) au plus tard le 31 juillet 2015.

20. Signature des parties

Fait à Québec, en deux exemplaires originaux. Chaque partie reconnaît avoir signé et reçu son exemplaire.

Claudia Normandeau	19 janvier 2015
Signature de la cliente	Date

Nicole Saint-Germain	19 janvier 2015
Signature de la prestataire de services	Date

5/5

Formulaires administratifs et commerciaux

Le formulaire est un document préétabli qui comporte des espaces dans lesquels une personne inscrit des renseignements qui lui sont demandés. Les formulaires administratifs et commerciaux sont nombreux, aussi bien dans les entreprises que dans les administrations. Ils servent à consigner des données de façon claire, rapide et uniforme.

Peu importe qu'ils soient destinés à être remplis en version papier ou en version électronique, les formulaires doivent être conformes à certaines règles relatives à leur présentation et à leur formulation, et standardisés à l'intérieur d'une même entreprise ou d'un même organisme, bien qu'il existe pour chacun plusieurs présentations possibles. Il importe en tout cas d'en définir précisément les sections et les rubriques, et d'en disposer clairement et logiquement les éléments, qu'ils soient essentiels ou secondaires; les formulaires doivent en effet être aussi fonctionnels que possible.

Les formulaires comportent généralement les éléments suivants :

- le nom de l'entreprise ou de l'organisme, ou son logo; son adresse, ses numéros de téléphone et de télécopie, ses adresses de courriel et de site Web;
- le titre du formulaire et les références utiles à son classement;
- les titres des rubriques qui servent à consigner les renseignements;
- des instructions relatives au mode d'emploi du formulaire.

Avant de préparer un formulaire, on peut consulter la liste des mots et expressions à connaître (p. 171-197), qui comprend un certain nombre de termes et d'expressions en usage dans ce type d'écrits. Voir aussi l'usage du deux-points, p. 279.

Dans les ministères et organismes québécois, les formulaires doivent être conformes aux règles énoncées dans le Programme d'identification visuelle.

Voici des formulaires de divers types, dont il est possible de s'inspirer au besoin : demande d'emploi, bulletin de paie, compte de frais, facture, note d'honoraires, chèque, reçu, bon de commande, demande d'achat ou de service, bon de travail, bordereau de livraison, bordereau de transmission, registre des visites, chèque-cadeau et carte-cadeau.

DEMANDE D'EMPLOI

Un formulaire ou une formule de **demande d'emploi** (qu'on ne doit pas appeler *formulaire d'application*, ni *application*) permet à une entreprise ou à un organisme de recevoir des demandes d'emploi qui répondent à ses exigences et comprennent les renseignements qu'elle ou qu'il considère comme importants. Rappelons qu'on **remplit** un formulaire de demande d'emploi, on ne le *complète* pas.

Société de gestion Perfecta
678, Grande Allée Est
Québec (Québec) G5N 3M4

Téléphone : 418 654-3210
Télécopie : 418 656-7891
Courriel : perfecta@mediatel.ca
Internet : www.perfecta.com

Demande d'emploi

La présente demande vous permet de postuler tous les emplois des divers services de la société Perfecta.

Veuillez remplir ce formulaire en caractères d'imprimerie.

Renseignements personnels

Nom

Prénom

Adresse   Téléphone

Langue   Téléphone cellulaire

Courriel

Études, formation et perfectionnement

Niveau

Date   De   à

Établissement

Champ d'études

Diplôme obtenu

Emplois précédents

Période d'emploi   De   à

Nom et adresse de l'employeur

Fonctions et responsabilités

Raison du départ

DEMANDE D'EMPLOI (suite)

Emploi actuel

Nom et adresse de l'employeur

Date d'entrée en fonction

Fonctions et responsabilités

☐ Actuellement sans emploi

Emploi postulé

Fonction désirée

Disponible le

Accepteriez-vous de travailler

le soir?   ☐ oui   ☐ non

la nuit?   ☐ oui   ☐ non

à temps partiel? ☐ oui   ☐ non

Activités et champs d'intérêt

Références

Nom

Adresse et numéro de téléphone

Titre ou profession

J'atteste que les renseignements qui précèdent sont exacts.

Signature   Date

Année   Mois   Jour

Espace réservé à la société

BULLETIN DE PAIE

Un **bulletin de paie** (*paie* s'écrit aussi *paye*), ou **bulletin de salaire**, ou **feuille de paie**, ou **fiche de paie**, ou encore **bordereau de paie**, fait état de la rémunération d'une certaine période et donne divers renseignements relatifs au salaire ou au traitement et aux retenues diverses. Le salaire est souvent viré au compte bancaire du salarié ou de la salariée. Dans ce cas, le bulletin de paie atteste ce virement. Autrement, il accompagne le chèque de paie.

LOGO

Bulletin de paie

Paie brute
Retenues (*ou* prélèvements *ou* précomptes)
Paie nette
Montant du virement (*ou* du dépôt)
Période finissant le
Période n°

Identité du salarié ou de la salariée
Nom
Adresse
Numéro d'assurance sociale
Fonction
Classification

Établissement financier
Nom
Adresse
Numéro

Gains
Salaire   Prime
Heures supplémentaires

Retenues (*ou* prélèvements *ou* précomptes)
Impôt fédéral   Impôt provincial
Régime de rentes du Québec
Assurance

COMPTE DE FRAIS

Un **compte de frais** ou une **note de frais** est un relevé des dépenses faites, dans l'exercice de ses fonctions, par une personne rémunérée par une entreprise ou un organisme et qui lui sont remboursées.

Productions internationales Tosca
4567, boulevard des Laurentides, bur. 500
Laval (Québec) J2D 3B5, CANADA

Téléphone : 450 567-2345
             1 888 234-5678
Télécopie : 450 568-9123
Courriel : tosca@interbec.com
Internet : www.tosca.com

Compte de frais

Nom

Numéro d'assurance sociale

Lieu de travail   Téléphone

Domicile

Fonction   Service ou direction

Moyen de transport

Raison du déplacement

Lieu   Date du déplacement

Début   Fin

	Année	Mois	Jour		Année	Mois	Jour

Distance parcourue

	km x		$	=		$
Stationnement						
Taxi ou transport en commun						
Repas						
Hébergement						
Forfait quotidien						
Frais divers						
Total						
Avance reçue						
Somme demandée						

Signature de la personne qui fait la demande   Signature du ou de la gestionnaire

Date   Date

732   Communications professionnelles
FORMULAIRES ADMINISTRATIFS ET COMMERCIAUX
Le français au bureau

 FACTURE

Une **facture** est une pièce comptable établie par le fournisseur qui indique la quantité, la nature et le prix des marchandises vendues ou des services rendus, ainsi que les rabais accordés et les conditions de règlement.

LOGO

Sécuritel
3150, rue Calixa-Lavallée
Longueuil (Québec) J3D 4F6

Téléphone : 450 678-9123
Télécopie : 450 689-3456
securitel@reso.com
www.securitel.com

Facture

Nom et adresse du client ou de la cliente _____

N° _____

Date _____

Téléphone _____

Référence	Quantité	Description *ou* Désignation	Prix unitaire

	Prix total	
	Rabais	
	TPS	
	TVQ	
	Total général	

Mode de paiement _____

Conditions de paiement _____

NOTE D'HONORAIRES

Une **note d'honoraires** est un état de la rétribution que demande une personne exerçant sa profession de façon autonome (pigiste, contractuel, conseil, etc.) en échange des services professionnels qu'elle a rendus.

Claude Beauregard
Studio Imagine
1235, avenue du Mont-Royal Est, bur. 100
Montréal (Québec) H5N 7L9

ou nom et adresse de l'expéditeur ou de l'expéditrice :

Claude Beauregard, photographe
1235, avenue du Mont-Royal Est, app. 100
Montréal (Québec) H5N 7L9

Note d'honoraires

Date _____

Destinataire _____

Nom _____

Titre _____

Société _____

Adresse _____

Téléphone _____ Télécopie _____

Courriel _____

Services fournis

Votre référence _____ Notre référence _____

Description des services ou du travail _____

_____

Commande reçue le _____

Honoraires

Tarif   (nombre de photos _____ au prix unitaire de _____)

(ou nombre d'heures à _____ $ l'heure)

_____ $

_____ $

TPS (numéro d'inscription TPS) _____ $

TVQ (numéro d'inscription TVQ) _____ $

Frais divers _____ $

TOTAL _____ $

Prière de faire le chèque à l'ordre
de Claude Beauregard.   _____
                                         Signature

CHÈQUE

Un **chèque** est un écrit par lequel une personne transmet la directive à un établissement bancaire de prélever une somme déterminée dans un compte pour la déposer dans un autre compte ou pour la remettre à un bénéficiaire.

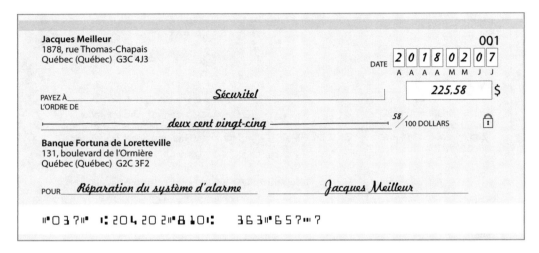

Jacques Meilleur
1878, rue Thomas-Chapais
Québec (Québec) G3C 4J3

001

DATE | 2 0 1 8 0 2 0 7 |
A A A A M M J J

PAYEZ À L'ORDRE DE _____ *Sécuritel* _____   225,58 $

_____ *deux cent vingt-cinq* _____ 58/100 DOLLARS

Banque Fortuna de Loretteville
131, boulevard de l'Ormière
Québec (Québec) G2C 3F2

POUR *Réparation du système d'alarme*   *Jacques Meilleur*

⑈037⑈ ⑆20420 2⑈810⑇ 363⑈657⑈7

 REÇU

Un **reçu** est une pièce justificative par laquelle une personne reconnaît avoir reçu une somme d'argent à titre de paiement, de prêt ou de dépôt.

LOGO

Sécuritel, 3150, rue Calixa-Lavallée, Longueuil (Québec) J3D 4F6

Reçu

Date *7 février 2018*

Reçu de *monsieur Jacques Meilleur*

La somme de *deux cent vingt-cinq dollars cinquante-huit*   (225,58 $)

Pour *réparation du système d'alarme*   Signature   *Alain Vigneault*

BON DE COMMANDE

Un **bon de commande** est un formulaire qui sert à demander une marchandise ou un service à un fournisseur et qui définit les conditions d'achat (par exemple les quantités, les prix, le délai de paiement). L'emploi du terme *réquisition* dans ce sens constitue un anglicisme à éviter. Au pluriel, on écrira **bons de commande**.

Recto

Informatiquatout
www.informatiquatout.com

Tour A, bureau RC 10
10642, rue Monseigneur-Bourget
Laval (Québec) H7T 2Z9

Numéro de commande : _____

Date : _____

BON DE COMMANDE

Fournisseur	**Délai de paiement**	**Destinataire de la commande**
Papeterie XYZ	Un mois après réception	Madame Danielle Hamel
1234, rue Larose	de la facture	Informatiquatout
Montréal (Québec) H2L 4R4		Tour A, bureau RC 10
	Délai de livraison	10642, rue Monseigneur-Bourget
À l'attention de	Un mois après la date	Laval (Québec) H7T 2Z9
Madame Gisèle Lafleur	inscrite sur ce bon	Tél. : 450 973-1234
Tél. : 514 670-0000		Téléc. : 450 973-4567
Téléc. : 514 670-0001		

Article	Quantité	Description	Prix unitaire	Prix total
1	1	Cartouche d'encre Numéro de catalogue : 123-XYZ	147,68 $	147,68 $
2	10	Papillon adhésif Numéro de catalogue : 543-DEG	9,08 $	90,80 $

Frais de livraison :	0,00 $
Total partiel :	238,48 $
TPS :	11,92 $
TVQ :	23,79 $
Total général :	**274,19 $**

Tout texte figurant sur un produit ou sur son emballage et toute documentation relative aux produits ou aux services doivent au moins avoir une version française[1].

Facturation	**Autorisation**
Service des ressources financières	
Informatiquatout	
Bureau 6.124	
3, rue Notre-Dame Est, Montréal (Québec) H2Y 1R1	_____
Tél. : 514 890-1234; téléc. : 514 890-4567	(signature)

1. Si l'on veut attirer l'attention sur le matériel informatique, on inscrira plutôt la note suivante : « Le matériel de bureau, le matériel industriel, informatique ou autre, les services après-vente, l'étiquetage et l'emballage des produits, ainsi que tous les documents ayant trait aux produits et aux services, nous sont fournis au moins en français. »

BON DE COMMANDE (suite)

Verso

Conditions générales

1. Le numéro du bon de commande doit figurer sur les bordereaux de livraison, les factures, les colis et la correspondance.

2. Chaque facture ne doit contenir qu'un seul numéro de bon de commande.

3. Sur toute facture doivent figurer les numéros d'enregistrement de la TPS et de la TVQ ainsi que les montants de chacune d'elles.

4. La facture doit clairement indiquer les articles sous garantie ainsi que la durée de cette dernière.

5. Si plusieurs envois sont nécessaires pour satisfaire à l'engagement, des factures séparées doivent être fournies pour chaque envoi.

6. La description détaillée du matériel expédié doit figurer sur chaque bordereau de livraison.

7. Le délai de paiement des factures commence à la date à laquelle le Service des ressources financières d'Informatiquatout les reçoit.

8. Le fournisseur s'engage à reprendre toute marchandise jugée inacceptable.

9. Informatiquatout peut annuler cette commande si elle n'est pas exécutée selon les consignes données.

Respect des dispositions de la Charte de la langue française

Notre entreprise demande à ses fournisseurs de respecter les dispositions de la Charte de la langue française et ses règlements, notamment en ce qui concerne :

1. L'affichage, les inscriptions sur les produits, le matériel traitant du fonctionnement des appareils et de leur entretien, les touches de fonction et les consignes, les inscriptions sur les contenants et sur les emballages;

2. La documentation de base, y compris les modes d'emploi, les modes d'entretien, les consignes de sécurité et les certificats de garantie;

3. Les manuels de formation et les documents techniques relatifs aux appareils;

4. L'assistance technique et tout document qui y est relié;

5. Le service après-vente.

DEMANDE D'ACHAT OU DE SERVICE

La **demande d'achat ou de service** (ou **demande de fournitures**, ou **demande de matériel**, ou **bon de magasin**, selon les contextes) est un formulaire que remplit un membre du personnel pour toute demande de matériel ou de service à l'intérieur de l'entreprise. Il faut éviter d'employer le mot *réquisition* pour désigner ce formulaire.

Direction des ressources matérielles
Hôpital Jeanne-Mance
565, rue du 24-Juin
Chicoutimi (Québec) J4L 9M8

Téléphone : 418 678-9123
Télécopie : 418 678-4563
Courriel : ressources.materielles@hjm.qc.ca
Internet : www.hjm.qc.ca

Demande d'achat ou de service

Service demandeur _____

Numéro de la demande d'achat _____

Date de la demande _____

Quantité	Désignation *ou* Description	Prix unitaire
	Prix total	

À livrer le ———— ———— ————
           Année   Mois   Jour

Destinataire _____

Gestionnaire _____

BON DE TRAVAIL

Un **bon de travail**, aussi appelé **fiche de travail**, est un document qui indique le travail à effectuer, la machine adéquate, l'outillage nécessaire, le relevé des heures de travail et toute autre information pertinente reliée à l'exécution du travail.

Entreprise d'électricité L'éclair
Chauffage et éclairage
Secteur commercial et industriel
10876, chemin des Quatre-Bourgeois
Québec (Québec) G9B 1S3

Téléphone : 418 543-2198
Télécopie : 418 543-8912
Courriel : chauffage@eclair.com
Internet : www.eclair.com

Bon de travail

Nom et adresse de l'entreprise cliente _____

_____

Date _____   Numéro de commande _____

Description du travail _____

_____

Temps alloué _____ h   Temps d'exécution _____ h

Équipement et matériel

Quantité	Désignation	Prix unitaire	Total
			$
			$
			$
			$

Distance parcourue _____ km × _____ $ = _____ $
Durée totale du travail _____ h × _____ $ = _____ $

Total général _____ $

Technicien ou technicienne   Responsable

BORDEREAU DE LIVRAISON

Un **bordereau de livraison** est un formulaire sur lequel sont énumérés les articles ou les colis qui font l'objet d'une livraison et que le ou la destinataire doit signer pour attester la réception des marchandises commandées.

Imprimerie Univers
1458, rue Samuel-De Champlain
Rimouski (Québec) G4B 6J8

Téléphone : 418 345-6789
                    1 800 432-1987
Télécopie : 418 346-7890
Courriel : livraisons@univers.com
Internet : www.univers.com

Bordereau de livraison

Expéditeur ou expéditrice _____

Destinataire _____

Numéro de compte _____   Numéro de commande _____

Feuille de route _____

Mode d'expédition _____

Date _____ _____ _____   Quantité _____
            Année   Mois   Jour

Description de la marchandise _____
_____
_____
_____
_____
_____

Valeur de la marchandise _____

_____   _____
Nom et signature   Nom et signature
du livreur ou de la livreuse   du ou de la destinataire

BORDEREAU DE TRANSMISSION

Un **bordereau de transmission** est un formulaire qui sert à acheminer des documents administratifs d'un service ou d'une personne à l'autre.

LOGO

Bordereau de transmission

Destinataire(s)

Expéditeur ou expéditrice

Service

Téléphone

☐ Prendre note et classer   ☐ À commenter

☐ Prendre note et faire suivre   ☐ À votre demande

☐ Prendre note et retourner   ☐ Prière de répondre

☐ Prendre note et me voir   ☐ Prière de donner suite

☐ À titre documentaire *ou*   ☐ Préparer réponse pour signature
    À titre de renseignement   ☐ Retourner à

☐ Pour approbation

☐ Pour signature   ☐ Avec nos remerciements

Note

Date   Heure

REGISTRE DES VISITES

Dans une entreprise ou à l'entrée d'un immeuble, un **registre des visites** permet de contrôler les allées et venues des personnes qui ne font pas partie du personnel.

Complexe Médiatech

580, boulevard De La Vérendrye
Montréal (Québec) H6M 2F8

Téléphone : 514 456-7890

Registre des visites

Date	NOM (en majuscules)	Signature	Entreprise ou organisme	Personne visitée	Local	Heure d'arrivée	Heure de départ	Raison de la visite ou remarques

CHÈQUE-CADEAU ET CARTE-CADEAU

Un **chèque-cadeau**, ou **bon-cadeau**, est un bon d'échange d'une certaine valeur offert en cadeau pour l'achat d'un bien ou d'un service dans le commerce qui l'émet. Il faut éviter d'employer le calque de l'anglais *certificat-cadeau* (*gift certificate*) pour **chèque-cadeau**. L'usage de *certificat* est abusif dans ce sens, parce qu'il désigne plutôt un écrit qui émane d'une autorité compétente et atteste un fait, un droit. Au pluriel, on écrira **chèques-cadeaux**, **bons-cadeaux**.

La **carte-cadeau**, ou **carte cadeau**, (au pluriel **cartes-cadeaux** ou **cartes cadeaux**) est une version moderne du chèque-cadeau. C'est une carte magnétique ou à puce émise par un commerce, que l'on offre en cadeau et sur laquelle est enregistré un montant correspondant à une valeur d'achat dans ce commerce.

Adressage

Le présent chapitre traite principalement de l'écriture de l'adresse, ainsi que de l'enveloppe, support d'adresse typique. En effet, les règles d'écriture de l'adresse qui y sont présentées ne sont pas exclusivement valables pour l'enveloppe, car elles revêtent un caractère général (malgré les références à l'expédition du courrier faites dans le chapitre). Ces règles s'appliquent aussi à l'adresse écrite dans un formulaire, une carte d'invitation, un curriculum vitæ, une lettre, etc. En ce qui a précisément trait à la lettre, il faut savoir que les éléments de sa vedette (voir p. 521) sont identiques à ceux d'une suscription (soit le nom et l'adresse du ou de la destinataire sur une enveloppe), et ce, même si la lettre est aujourd'hui bien souvent envoyée par courriel.

Les divers éléments de l'enveloppe sont résumés à la page suivante, puis traités en détail à partir de la page 746.

Pour des précisions sur la ponctuation et l'ordre des éléments dans l'adresse, voir p. 767.

Pour des renseignements relatifs à l'écriture d'une adresse en continu, voir p. 517.

Les exemples qui illustrent le présent chapitre sont fictifs, en tout ou en partie, mais demeurent compatibles avec les directives d'adressage de la Société canadienne des postes. Pour en savoir davantage sur ces directives, voir p. 774.

L'enveloppe en résumé

L'enveloppe d'un envoi administratif ou commercial comporte différents types de renseignements : nom et adresse du ou de la destinataire, nom et adresse de l'expéditeur ou de l'expéditrice et, s'il y a lieu, nature de l'envoi et mode d'acheminement.

Les enveloppes à fenêtre permettent de lire le nom et l'adresse du ou de la destinataire inscrits sur un document à l'intérieur (à ce propos, voir aussi **Vedette**, p. 521).

Pour des renseignements détaillés relatifs aux différents éléments de l'enveloppe, voir p. 746-775.

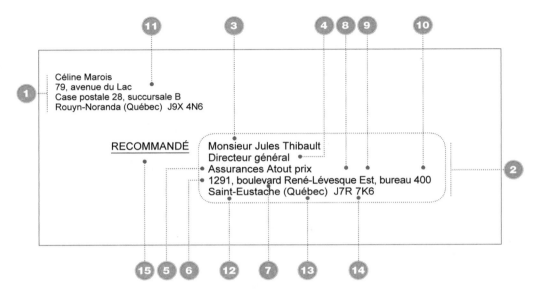

1 Adresse de l'expéditeur ou de l'expéditrice (voir p. 769)
L'expéditeur ou l'expéditrice est la personne qui fait un envoi postal. L'adresse de l'expéditeur figure dans le coin supérieur gauche de l'enveloppe. Elle est souvent imprimée.

2 Suscription ou **nom et adresse du ou de la destinataire**
Le ou la destinataire est la personne qui doit recevoir l'envoi. Son adresse figure approximativement au centre de l'enveloppe.

3 Titre de civilité (voir p. 746)
Le titre de civilité, qui figure devant le nom du destinataire, doit être écrit en toutes lettres.

4 Fonction (voir p. 750)
La fonction du destinataire figure le plus souvent sur la ligne qui suit son nom, mais elle peut aussi figurer sur la même ligne que ce dernier. Dans ce cas, les deux éléments sont séparés par une virgule.

5 Nom de l'entreprise ou de l'organisme (voir p. 754)
Le nom de l'entreprise ou de l'organisme figure sous le nom et la fonction du destinataire. On met une majuscule au premier mot du générique de ce nom, qui désigne la nature ou l'activité de l'entreprise, ainsi qu'au premier mot du spécifique, qui distingue l'entreprise.

6 **Numéro d'immeuble** (voir p. 757)
Le numéro d'immeuble s'écrit en un seul bloc, même s'il est composé de quatre chiffres ou plus. Ce numéro est toujours suivi d'une virgule.

7 **Élément générique du nom de la voie de communication** (voir p. 757)
L'élément générique du nom de la voie (par exemple, *rue*, *avenue*, *chemin*) s'écrit généralement en toutes lettres ; on peut l'abréger si l'on manque d'espace, mais on ne peut le supprimer. On l'écrit avec une minuscule initiale, sauf s'il est précédé d'un nombre ordinal comme *premier*, *deuxième* ; dans ce cas, on l'écrit avec une majuscule initiale (par exemple, *3e Rue*, *14e Avenue*).

8 **Élément spécifique du nom de la voie de communication** (voir p. 757)
Lorsque l'élément spécifique du nom de la voie comprend plusieurs éléments, on lie ces éléments par des traits d'union.

9 **Point cardinal** (voir p. 760)
Le point cardinal, qui s'écrit généralement en toutes lettres, doit figurer après le nom de la voie de communication dont il fait partie, et non après le numéro de l'immeuble. Il s'écrit avec une majuscule initiale et est séparé du nom de la voie par un espacement.

10 **Numéro de bureau ou d'appartement** (voir p. 761)
Lorsque l'espace le permet, on écrit le numéro de bureau ou d'appartement sur la même ligne que le nom de la voie de communication ; lorsqu'on manque d'espace sur cette ligne, on peut l'écrire sur la ligne précédente. On doit éviter d'utiliser le signe # et les mots *chambre* et *suite* dans la désignation d'un appartement ou d'un bureau.

11 **Case postale et succursale** (voir p. 756)
Dans une adresse postale au Canada, on utilise, au besoin, les termes *case postale* (et non *casier postal* ni *boîte postale*) et *succursale* (et non *station*).

12 **Nom de ville, de village ou de municipalité** (voir p. 764)
La graphie de ce nom doit être conforme à sa forme officielle. On écrit le mot *saint* en toutes lettres dans les noms de villes.

13 **Nom de la province** (voir p. 765)
On indique généralement le nom de la province en toutes lettres, entre parenthèses, à côté du nom de la ville. La mention du pays, elle, ne figure que sur les envois à destination de l'étranger.

14 **Code postal** (voir p. 766)

Le code postal figure après le nom de la ville et celui de la province, si possible sur la même ligne. Il est alors séparé du nom de la province par deux espacements. Lorsqu'on manque d'espace sur cette ligne, on peut l'écrire seul sur la ligne suivante. Les codes postaux canadiens sont composés de deux groupes de lettres et de chiffres, séparés par un espacement et non par un trait d'union.

15 **Nature de l'envoi et mode d'acheminement** (voir p. 770)

Les mentions relatives à la nature de l'envoi (comme PERSONNEL et CONFIDENTIEL, deux mentions que l'on n'emploie pas simultanément) et au mode d'acheminement (comme RECOMMANDÉ, URGENT, PAR AVION, EXPRÈS, PAR EXPRÈS, PAR MESSAGERIE) sont écrites l'une sous l'autre, à gauche de l'adresse, au-dessus de ses deux ou trois dernières lignes. On les écrit au masculin, en majuscules (accentuées au besoin) et on les souligne.

Désignation du ou de la destinataire

TITRES DE CIVILITÉ

Le nom du ou de la destinataire doit être précédé d'un titre de civilité (par exemple, Monsieur, Madame, Docteur, Maître). Sur l'enveloppe (ainsi que dans la vedette et dans les formules d'appel et de salutation d'une lettre), les titres de civilité s'écrivent en toutes lettres et prennent la majuscule initiale puisqu'on s'adresse directement aux personnes concernées (voir **Titres et appellations de convenance**, p. 268).

Monsieur, Madame et Mademoiselle

Monsieur et **Madame** sont des titres de civilité qui conviennent à tout le monde, y compris aux députés, aux ministres et aux premiers ministres, qui ne portent pas leurs titres professionnels (Docteur, Maître) dans le cadre de leur activité parlementaire (voir section suivante). D'ailleurs, le titre de député ou de ministre ne doit pas figurer entre le titre de civilité **Monsieur** ou **Madame** et le nom du ou de la parlementaire.

Madame Julie Poulin

Monsieur Edmond Robitaille

Madame Marguerite Charron
Ministre des Transports
   et non
Madame la ministre Marguerite Charron

Dans le cas bien particulier où l'on ne connaît pas le sexe du destinataire (dont le prénom peut être Claude, Dominique ou Camille, par exemple, ou dont on n'a que l'initiale) et qu'on est dans l'impossibilité de le savoir, on peut écrire **Madame ou Monsieur.**

Madame ou Monsieur Dominique Girard

Mademoiselle ne s'emploie plus que si l'on s'adresse à une toute jeune fille ou à une femme qui tient à se faire appeler ainsi.

Docteur et maître

Le titre de **Docteur**, ou **Docteure**, employé seul est en fait réservé aux médecins, aux dentistes et aux vétérinaires considérés dans l'exercice de leur profession. On écrit alors soit **Docteur** ou **Monsieur le docteur**, soit **Docteure** ou **Madame la docteure**, sans faire suivre le nom de l'abréviation *M.D.*

Docteur Sébastien Dutil
   ou
Monsieur le docteur Sébastien Dutil

Docteure Diane Lacombe
   ou
Madame la docteure Diane Lacombe

Le Code des professions du Québec précise que les membres d'un ordre professionnel dont le diplôme de doctorat est requis pour la délivrance du permis d'exercice ou du certificat de spécialité peuvent voir leur nom précédé du titre de docteur, mais que le titre réservé aux membres de l'ordre doit alors être indiqué après le nom.

Docteur Patrice Lemieux
Chiropraticien

La personne dont le diplôme de doctorat n'est pas requis pour la délivrance d'un permis d'exercice peut elle aussi porter le titre de docteur, mais seulement après son nom et son titre professionnel (Responsable du programme : Colette Paradis, inf., docteure en biologie). Cela dit, on évitera d'indiquer une telle mention sur une enveloppe, dans la vedette d'une lettre ou dans une signature. On évitera aussi d'y ajouter l'abréviation *Ph. D.* (*Philosophiæ Doctor*).

Le titre de **Maître** est donné aux avocats, aux avocates et aux notaires dans l'exercice de leur profession.

> **Maître Julie Lambert**
> **Maître Renaud Maillet**

Les députés, qu'ils soient ministres ou non, ne portent pas leurs titres professionnels (Docteur, Maître) dans le cadre de leur activité parlementaire.

> **Monsieur Vincent Giroux**
> **Ministre de la Santé**
>   et non
> *Docteur Vincent Giroux*
> *Ministre de la Santé*
> (le destinataire est médecin, mais on ne s'adresse pas à lui dans le cadre de l'exercice de sa profession)

Juge

Le titre de civilité à employer pour un ou une juge est **Monsieur le juge**, **Madame la juge**. Comme le nom de la personne suit son titre de fonction, celui-ci prend une minuscule initiale. Il faut toutefois noter que dans l'appel ou la salutation d'une lettre, où l'on ne doit pas écrire de nom, le mot *juge* prend une majuscule initiale (voir p. 527 et 538).

> **Madame la juge Estelle Laliberté**
> **Monsieur le juge Robert Martel**

Par ailleurs, il faut savoir qu'*honorable* est un titre honorifique désuet à déconseiller. C'est sous l'influence de l'anglais qu'on donne abusivement le titre d'*honorable* aux ministres, aux députés et aux juges, et de *très honorable* au premier ministre et au gouverneur général. Au Québec, cet usage hérité de la tradition britannique est peu à peu disparu du vocabulaire parlementaire et des usages protocolaires depuis 1968, année où l'Assemblée nationale a été instituée. Il n'a plus cours aujourd'hui, pas plus pour les ministres, députés ou juges québécois que pour ceux des autres provinces et du Canada. Cependant, en politique fédérale, l'emploi du titre *honorable* dans les documents officiels se maintient pour certaines personnes occupant des fonctions officielles, conformément au protocole du gouvernement canadien. C'est le cas notamment pour les ministres du cabinet fédéral, ainsi que pour les lieutenants-gouverneurs des provinces (voir exemples p. 776 et 785-786).

NOM DU OU DE LA DESTINATAIRE

Prénom

Le prénom du ou de la destinataire d'un envoi devrait idéalement être écrit au long. Lorsqu'on est contraint d'abréger un prénom composé, il faut prendre en considération ce qui suit : d'une part, les éléments d'un tel prénom sont toujours liés par un trait d'union, qu'ils soient abrégés ou non ; d'autre part, il vaut mieux abréger les deux éléments qui forment un prénom plutôt qu'un seul.

> **Monsieur Jean-Paul Tessier**
>   ou
> **Monsieur J.-P. Tessier**
>   et non
> *Monsieur J.-Paul Tessier*
>   ni
> *Monsieur Jean-P. Tessier*

Quand un prénom est suivi d'une initiale, ce qui est un usage nord-américain, il ne s'agit pas là d'un prénom composé, mais de deux prénoms juxtaposés dont le second est abrégé. Ces éléments ne sont donc pas liés par un trait d'union.

> **Monsieur Normand P. Beaulieu**
>   et non
> *Monsieur Normand-P. Beaulieu*

Nom de famille

Les deux noms formant un patronyme (ou nom de famille) composé sont générale-ment liés par un trait d'union. En effet, selon le Directeur de l'état civil du Québec, le nom de famille qu'on attribue à un enfant à sa naissance peut comporter deux parties, qui sont alors liées par un trait d'union. Il faut toutefois respecter la graphie de patronymes existants qui ne comporteraient pas de trait d'union. On évite par ailleurs d'abréger le nom de famille.

> **Claude Girard-Lajoie**
> **Marie-Soleil Adam-Cartier**
> **Jérôme Bélanger-St-Pierre**

On ne fait pas suivre le nom du ou de la destinataire de ses titres honorifiques ni de ses grades universitaires.

> **Christine Lavoie**
> **Conseillère pédagogique**
>   et non
> *Christine Lavoie, B. Éd.*
> *Conseillère pédagogique*
> (B. Éd. : baccalauréat en éducation)
>
> **Michel Simard**
> **Réalisateur**
>   et non
> *Michel Simard, C. Q.*
> *Réalisateur*
> (C. Q. : chevalier de l'Ordre du Québec)

FONCTION DU OU DE LA DESTINATAIRE

La désignation de la fonction officielle du ou de la destinataire, lorsqu'il est nécessaire de l'indiquer, se met le plus souvent sur la ligne qui suit le nom et s'écrit avec une majuscule initiale de position. Elle peut aussi être apposée au nom, auquel cas elle est précédée d'une virgule et commence par une minuscule.

> **Madame Madeleine Patenaude**
> **Présidente de la Chambre de commerce de Montréal**
>
> **Monsieur Pierre Rocher**
> **Directeur général**
> **Société Consultex**
>
> **Monsieur Jean Duval, président**
> **Association québécoise des constructeurs aéronautiques**

Dans les cas où l'on souhaite signaler que le ou la destinataire occupe une fonction par intérim, on peut écrire cette mention en toutes lettres ou en abrégé (**par intérim** ou **p. i.**), idéalement à la suite de la désignation complète de la fonction.

> **Madame Christine O'Neil**
> **Directrice des communications par intérim**
> (de préférence à *Directrice par intérim des communications*)

Lorsqu'une personne cumule des responsabilités lui conférant plus d'un titre (par exemple, ministre et député, ou encore directrice des communications et secrétaire générale), on s'en tient au titre qui est le plus pertinent dans le contexte de l'envoi qui lui est adressé. Il arrive parfois qu'on puisse mentionner deux titres qu'on pourrait qualifier de composés et qui sont étroitement liés, pratiquement lexicalisés, par exemple, *président-directeur général*, *secrétaire-trésorier*, voire *vice-présidente et directrice générale*.

CORRESPONDANCE ADRESSÉE À PLUS D'UN OU D'UNE DESTINATAIRE

Dans la très grande majorité des cas de correspondance administrative ou commerciale, on s'adresse directement à une seule personne. Dans la suscription (ou dans la vedette d'une lettre), on écrit donc un seul nom. Toutefois, dans quelques cas particuliers, un envoi peut être expédié à plus d'une personne. Il existe alors différentes façons de mentionner les noms des destinataires de cet envoi. Ces manières sont présentées ci-dessous.

Correspondance adressée à un couple

Si l'on adresse un envoi à un couple, on n'écrit généralement pas de titre de fonction. Cela peut cependant se justifier à l'occasion – dans une invitation officielle, par exemple (voir aussi p. 783).

> **Madame Line Lafleur et Monsieur Sébastien Roy**
>   ou
> **Monsieur Sébastien Roy et Madame Line Lafleur**
> (formules actuelles présentant les nom et prénom des deux conjoints)
>
> **Monsieur et Madame Guy et France Morin**
> (formule pour un couple marié dont la femme utilise le nom de famille de son conjoint)
> (Au Québec, depuis le 2 avril 1981, une épouse conserve son nom de famille après son mariage ; toutefois, elle peut utiliser le nom de son conjoint avec les membres de son entourage si elle le souhaite. Par ailleurs, une femme qui s'est mariée avant cette date peut encore utiliser le nom de son époux pour exercer ses droits civils.)
>
> **Monsieur et Madame Paul Meunier**
> **Monsieur le juge et Madame Roger Leblanc**
> (formules anciennes ne présentant que les nom et prénom du mari)

Correspondance adressée à deux personnes

Quand un envoi est destiné à deux personnes au sein d'une même entreprise ou d'un même organisme, on écrit le nom des destinataires sur des lignes distinctes. Si c'est possible, on précise la fonction de chaque destinataire à côté de son nom, afin de limiter le nombre de lignes de la suscription (ou de la vedette). On écrit d'abord le nom de la personne détenant le plus haut niveau d'autorité. Si les deux destinataires ont le même niveau d'autorité, qu'ils soient de même sexe ou non, on écrit leurs noms en ordre alphabétique de patronymes.

> **Madame Renée Giguère, directrice**
> **Monsieur Bastien Mercier, conseiller en formation professionnelle**
>
> **Monsieur Marc Therrien**
> **Directeur du développement commercial**
> **Madame Marthe Saint-Hilaire**
> **Agente de recherche et de planification**
>
> **Madame Anne Frigon, statisticienne**
> **Monsieur Bastien Prescott, démographe**

Correspondance adressée à un groupe

Dans le cas où un envoi s'adresse à un groupe, mais qu'on veut qu'une personne en soit responsable, on indique généralement sur l'enveloppe le nom de la personne à qui l'envoi s'adresse plus précisément. On peut aussi utiliser la mention **À l'attention de**, suivie du nom de la personne à qui on confie la responsabilité. Cet usage, établi du temps où tout le courrier d'une société ou d'une communauté était centralisé à un même point de réception, tombe en désuétude, mais n'est pas incorrect. Pour savoir comment indiquer correctement l'inscription **À l'attention de** sur l'enveloppe, voir **Mentions complémentaires** du présent chapitre, p. 769.

Dans le cas de l'envoi d'une lettre circulaire non personnalisée, ou lorsqu'on écrit à une entreprise ou à un organisme sans connaître le nom de l'interlocuteur, on peut écrire, selon le contexte, le nom d'une entité administrative comme **Direction des communications**, **Direction des ressources humaines**, **Service des ventes**, ou encore **À la direction** (au sujet de l'appel d'une lettre adressée à un groupe, voir p. 526).

Direction des ressources financières
Entreprise ABC
    et non
Madame,
Monsieur,
Entreprise ABC

Il est également possible d'indiquer un titre ou une fonction.

Madame la Présidente-Directrice générale
ou Monsieur le Président-Directeur général
Entreprise ABC

Madame la Directrice des communications
ou Monsieur le Directeur des communications
Entreprise ABC

Renseignements divers précédant l'adresse

On peut ajouter divers renseignements à une suscription : le nom de l'unité administrative et de l'entreprise ou de l'organisme où le ou la destinataire travaille, le nom d'un immeuble, le numéro d'un étage, un numéro de case postale. Ces renseignements sont facultatifs, excepté le numéro de case postale dans le cas où l'envoi doit être livré dans un bureau de poste. Quand on inclut de tels renseignements à la suscription (ou à la vedette), on les présente du plus particulier au plus général (comme tous les autres éléments de l'adresse, d'ailleurs, voir p. 767), au-dessus des éléments de l'adresse municipale (voir p. 768). Les renseignements divers qui précèdent l'adresse peuvent occuper plusieurs lignes de la suscription.

UNITÉ ADMINISTRATIVE

On peut spécifier, si on le juge utile, le nom de l'unité administrative (voir p. 271) dans laquelle travaille le ou la destinataire de l'envoi. Si on a précisé la fonction de la personne à qui on s'adresse et que cette fonction inclut une partie du nom d'une unité administrative (c'est souvent le cas lorsqu'une personne occupe un poste de cadre), cette spécification devient superflue.

> **Madame Denise Sansfaçon**
> **Agente de recherche**
> **Direction des ressources financières**
>
> **Monsieur Laurent Masson**
> **Directeur de l'infrastructure technologique**
>   et non
> *Monsieur Laurent Masson*
> *Directeur*
> *Direction de l'infrastructure technologique*

NOM DE L'ENTREPRISE OU DE L'ORGANISME

Le nom de l'entreprise ou de l'organisme où travaille le ou la destinataire figure sous la mention de l'unité administrative, si cette dernière est spécifiée; sinon, elle figure sous le nom ou la fonction du ou de la destinataire.

> **Madame Léonie Poirier**
> **Réviseuse linguistique**
> **Direction des communications**
> **Ministère de l'Enseignement supérieur, de la Recherche**
> **et de la Science**
>
> **Madame Julianne Forest**
> **Quincaillerie Saint-Étienne**
>
> **Monsieur Fabrice Contant**
> **Historien**
> **Société historique de Montréal**

NOM DE L'IMMEUBLE

Certains immeubles ou ensembles immobiliers ont un nom qu'on peut mentionner dans l'adresse. Cette mention s'écrit alors au-dessus de la ligne où est indiqué le nom de la voie de communication. Dans le cas d'un ensemble immobilier, la mention qui précise la partie de l'ensemble (tour, aile, bâtiment, etc.) et qui peut être accompagnée d'un numéro, d'une lettre ou d'un point cardinal suit, normalement, le nom de l'ensemble.

Monsieur Albert Garneau
Agence de voyages Thalassa
Immeuble Cartier

Monsieur Jacques Beaulieu
Agence de placement Éclairage
Complexe Saint-Laurent, aile 1 (et non pas *1, complexe Saint-Laurent*)

Madame Johanne Laliberté
Boutique Artech
Laurier Québec, aile 2

Monsieur Gérald Deschamps
Société Innovatex
Complexe industriel du Nord, bloc A

ÉTAGE

Si l'on doit préciser un numéro d'étage dans l'adresse, on le mentionne soit après le nom de l'immeuble, soit après le nom de la voie de communication, sur la même ligne que ceux-ci. Si la place manque, on l'écrit sur la ligne précédente.

Monsieur Alexandro Carlos
Aubry, Bélanger et Associés
Tour de la Bourse, 15e étage

Madame Flora Lachance
Division des moyens d'évaluation
Direction de la dotation
Secrétariat de la fonction publique
Édifice Marie-Guyart, RC, section B

Madame Liliane Paul
Société québécoise d'urbanisme
1980, rue des Érables, 8e étage

Monsieur Lucien Vaillancourt
Centre d'aide en français
Centre d'études collégiales du Marais
4e étage
1582, boulevard des Anciens-Combattants Ouest

CASE POSTALE

Si un envoi doit être livré à un bureau de poste, on indique la **case postale**, qui peut s'abréger en **C. P.**, et son numéro. Dans ce cas, on n'indique pas l'adresse géographique, même si l'expéditeur la mentionne dans son en-tête (voir aussi p. 768).

Il ne faut pas confondre **case** et **casier**. Ce dernier mot désigne un ensemble de cases et ne convient pas dans le contexte de l'écriture de l'adresse. Par ailleurs, pour des raisons d'uniformisation, la Société canadienne des postes demande d'éviter le terme *boîte postale*, ainsi que son abréviation *B. P.*, dans une adresse au Canada. Ce terme et son abréviation sont cependant corrects et en usage dans la francophonie.

Le mot **succursale** (qui peut s'abréger en **succ.**) doit remplacer le mot *station* pour désigner certains bureaux de poste. L'élément spécifique d'une succursale postale commence par une majuscule. Dans le cas du nom commun composé **centre-ville**, on met donc un *c* majuscule. Si cet élément spécifique est l'appellation officielle d'un quartier, on en reproduit la graphie exacte, qui comporte généralement une majuscule à chacun des composants liés par un trait d'union, comme dans les autres toponymes et odonymes ; on écrit ainsi : **succursale Haute-Ville**.

> **Société Saint-Jean-Baptiste**
> **Case postale 240**
> **Succursale Centre-ville**
>
> **Agence commerciale Mercator**
> **C. P. 5000, succ. Anjou**
>
> **Association québécoise d'escrime**
> **C. P. 360, succ. Terminus**

Composantes de l'adresse

Au Québec, certains éléments de l'adresse doivent toujours s'écrire dans la langue dans laquelle ils sont officialisés par la Commission de toponymie, qui est généralement le français ; il s'agit de la rue ou des autres génériques de voies de communication, du point cardinal qui leur est rattaché, de la ville et de la province. Ces éléments ne devraient pas se traduire en anglais. Les ministères et les organismes de l'Administration sont tenus de n'employer que le français dans les adresses au Québec. Beaucoup de grandes entreprises ont aussi adopté ce principe. (Pour les adresses à l'étranger, voir p. 766.)

Pour savoir comment écrire correctement un nom de lieu officiel, on peut consulter le répertoire toponymique aux pages 870 et suivantes ou la Banque de noms de lieux du Québec à l'adresse **www.toponymie.gouv.qc.ca**.

NUMÉRO ET RUE

On met une virgule entre le numéro (qu'on peut appeler **numéro d'immeuble**, mais pas *numéro civique*, qui est un calque de l'anglais *civic number*) et le nom de la voie de communication, ou odonyme.

> **36, rue du Petit-Bonheur**

Dans un numéro, à la différence d'un nombre, on ne sépare pas les chiffres en tranches de trois; on évite donc de mettre un espacement dans les numéros comprenant plus de trois chiffres.

> **5588, rue Frontenac Ouest**
> **12670, avenue des Pins**

Le numéro d'immeuble est parfois suivi d'un élément qui permet de différencier, par exemple, deux jumelés portant un seul numéro. Lorsque cet élément est une lettre (toujours majuscule), cette dernière suit immédiatement le numéro, sans espacement ni trait d'union. Cependant, lorsque le numéro d'immeuble est suivi d'une fraction, il y a un espacement entre ces deux éléments, afin qu'on les distingue bien.

> **234A, rue Lemieux**
> **91 $\frac{1}{2}$, chemin Fleury ou 91 ½, chemin Fleury**

Les mots **rue**, **boulevard**, **avenue**, **place**, **côte**, **chemin**, **rang** et autres génériques de voies de communication précèdent, en principe, le nom spécifique de la voie. Ces génériques s'écrivent en toutes lettres et gardent une minuscule initiale lorsqu'ils sont à l'intérieur d'une adresse (ou d'un énoncé). Les éléments significatifs du spécifique de la voie de communication, eux, prennent la majuscule.

> **789, route de l'Église**
> **200, chemin Sainte-Foy**
> **3600, côte d'Abraham**
> **1400, boulevard Talbot**
> **1650, rang Melançon**

75, place Royale (Pour connaître le sens précis du mot *place* employé
en toponymie, voir p. 213.)
150, rue Principale
11, côte de la Montagne

Il est permis d'abréger les génériques de voies de communication par manque
d'espace (voir la liste des abréviations, p. 350-363), mais il est incorrect de
les supprimer.

4567, boul. de l'Assomption
300, rue Lajoie (et non pas *300, Lajoie*)

La syntaxe française veut qu'on lie l'élément générique et l'élément spécifique d'un
nom de voie de communication par la préposition **de** lorsque cet élément spécifique
est un toponyme.

2250, chemin de Chambly (et non pas *chemin Chambly*)
725, rue de Normandie (de préférence à *rue de la Normandie*; éviter *rue Normandie*)
1234, boulevard de Rome
10870, avenue d'Orléans
1789, rue de Paris
25, montée d'Aiguebelle

Lorsque l'élément spécifique d'un nom de rue comprend lui-même plusieurs
éléments (patronyme précédé d'un prénom, d'un titre; nom accompagné d'un
adjectif; appellation composée), on joint tous ces éléments par des traits d'union.

141, avenue Sir-Adolphe-Routhier
782, avenue des Canadiens-de-Montréal
850, chemin du Vieux-Quai
11, rue de Cannes-Brûlées
45, rue Monseigneur-De Laval

Lorsque les éléments du spécifique constituent un nom de personne et qu'ils
contiennent un article (*le, la*) ou une préposition (*de*), ces derniers ne doivent pas être
suivis d'un trait d'union; ils constituent, avec le ou les mots suivants, un seul élément.
On les écrit d'ailleurs avec une majuscule initiale.

122, rue De La Chevrotière

Si l'on manque de place, en cas d'absolue nécessité, certains éléments du spécifique peuvent être abrégés, entre autres les mots **Saint, Sainte, Notre-Dame**, ainsi que les titres honorifiques (voir p. 320 pour en savoir davantage sur l'abréviation de toponymes et d'odonymes ; voir p. 771 pour connaître la façon d'abréger dans les adresses).

> **7564, boulevard Saint-Jean-Chrysostome**
>   ou
> **7564, boul. St-Jean-Chrysostome**
> (On peut ici abréger *Saint*, car *boulevard* est déjà abrégé.)
>
> **1500, avenue Notre-Dame-des-Victoires**
>   ou
> **1500, av. N.-D.-des-Victoires**

Il y a des cas où l'élément spécifique du nom de la voie de communication précède l'élément générique, conformément aux règles de la syntaxe ; par exemple, un adjectif qualificatif comme **grand, beau** ou **vieux** doit précéder le nom auquel il se rapporte. Dans ce cas, la partie de l'élément spécifique qui précède le générique prend une majuscule initiale. L'élément générique, lui, garde sa minuscule initiale, à moins qu'il ne constitue le dernier élément de l'odonyme ; dans ce cas précis, le générique prend également une majuscule initiale, et ce, même s'il est suivi d'un point cardinal.

> **108, Petit chemin du Lac-à-la-Pêche**
> **8, Vieux chemin d'Oka**
> **36, Petite montée du 4e-Rang**
> **250, Grande Allée Est**
> (*Allée* constituant le dernier élément du générique, il prend une majuscule initiale.)

Lorsque l'élément spécifique d'un nom de rue est un nombre ordinal, il s'écrit le plus souvent en chiffres. Il peut aussi s'écrire en toutes lettres, avec une majuscule, mais cet usage est rare.

> **1244, 1re Avenue**
> **1475, 54e Rue**
> **1244, Première Avenue** (rare, mais correct)

L'élément générique du nom de rue qui suit un nombre ordinal prend une majuscule initiale (même s'il est suivi d'un point cardinal), puisqu'il s'agit du dernier élément de l'odonyme.

> **1358, 2e Avenue Ouest**

On doit éviter de désigner un rang par un nombre cardinal dans une adresse ; on doit recourir à un nombre ordinal.

> **642, 3ᵉ Rang** (et non pas *rang Trois* ni *rang 3*)

Lorsqu'une route ou une autoroute porte un nom, c'est celui-ci qu'il faut employer plutôt que son numéro. En principe, le mot **autoroute** ne devrait pas servir de générique à une voie de communication dans une adresse, car les constructions qui la bordent sont situées le long de voies de desserte. C'est donc le nom de la voie de desserte que l'on doit employer. Toutefois, si la voie de desserte n'a pas de nom officiel et que c'est le nom de l'autoroute qu'on emploie pour la désigner elle aussi, c'est celui qu'on utilise dans l'adresse. Il faut noter par ailleurs que l'appellation *route rurale* ne désigne pas une voie de communication ; c'est un terme qui a trait au service postal et qui n'est d'ailleurs plus en usage au Québec.

> **1210, autoroute Duplessis**
> **24355, route Marie-Victorin** (plutôt que *route 132*)
> **720, route 132** (à L'Isle-Verte, où l'odonyme officiel est bien **route 132**)

Sur les envois à destination des autres provinces et territoires du Canada, on emploie le nom officiel de la rue, qu'il soit en français ou en anglais.

> **Monsieur Peter Walker**
> **Vice-président aux communications**
> **Sonotech Canada Ltd.**
> **125 Gordon Baker Road**
> (pas de virgule entre le numéro et le nom de la rue en anglais)

POINTS CARDINAUX

Conformément à ce que préconise la Commission de toponymie, les points cardinaux **Nord**, **Sud**, **Est** et **Ouest** s'écrivent avec une majuscule et sans trait d'union dans un nom de voie de communication ou de partie d'ensemble immobilier (immeuble, bâtiment, tour, aile…). Ils s'écrivent en toutes lettres à la fin du nom.

> **740, boulevard Charest Ouest** (et non pas *740 Ouest, boulevard Charest*)
> **1575, rue Sherbrooke Est**

L'abréviation du point cardinal est tolérée si le manque de place l'impose, à condition qu'on ait déjà dû abréger le générique de l'odonyme (nom de la voie de communication) ou que ce dernier soit très court (*rue*, par exemple, ne s'abrège pas ; voir p. 320 les règles d'abréviation des toponymes et odonymes).

> **12987, boul. Armand-Frappier O.**

Lorsque le point cardinal fait partie intégrante d'un odonyme ou d'un toponyme, il est lié, dans ce cas précis, aux autres éléments du spécifique par un trait d'union. Le point cardinal prend ici aussi la majuscule initiale, mais ne peut par contre être abrégé.

> **220, boulevard du Versant-Nord**

NUMÉRO D'APPARTEMENT OU DE BUREAU

Si un envoi doit être livré à l'endroit où demeure le destinataire et que ce dernier habite dans un immeuble comprenant plusieurs appartements, on mentionne le numéro de celui qu'il occupe, et cette mention est précédée d'une virgule. La présence, devant le numéro, du croisillon (#), qu'on appelle souvent *carré* ou *dièse* par analogie de forme, est à éviter. Le croisillon n'a pas le sens de « numéro » en français. L'abréviation *no.* ou *No.*, en usage en anglais, est également à éviter.

> **Monsieur Marcel Gagné**
> **134, rue de la Rivière, appartement 2**

On peut écrire **appartement** en toutes lettres ou en abrégé (**app.**, et non *apt.*).

> **Madame Élisabeth Mertens**
> **1224, chemin de la Brunante, app. 3**

S'il n'y a pas assez de place pour l'écrire sur la même ligne que le nom de la rue, on l'écrit de préférence en toutes lettres sur la ligne précédente.

> **Monsieur Jean-Louis Guillou**
> **Appartement 222**
> **2050, chemin de la Côte-des-Neiges**

Dans le cas d'immeubles de bureaux, on mentionne le numéro du bureau ou de la porte du ou de la destinataire. Dans ce contexte, les mots *chambre* et *suite* (qui désignent respectivement une pièce où l'on dort et un appartement de plusieurs pièces dans un hôtel) sont à éviter.

> **Monsieur Hubert Delalande**
> **Édifice Cyrille-Duquet**
> **Porte B, 1ᵉʳ étage, bureau 1.12**
> **1500D, rue Cyrille-Duquet**
>
> **Madame Line Thomas**
> **Productions Roseau**
> **1800, avenue Durand, bureau A.150**
>
> **Centre de documentation**
> **Association québécoise d'information culturelle**
> **450, avenue des Pins, porte 125**

On peut écrire **bureau** en toutes lettres ou en abrégé (**bur.**).

> **Monsieur Djamel Mouallem**
> **Groupe Sauvageau**
> **3477, boulevard Saint-Philippe, bur. 100**

S'il n'y a pas assez de place pour écrire le numéro du bureau ou de la porte sur la même ligne que le nom de la rue, on écrit cette mention sur la ligne précédente, en toutes lettres de préférence.

> **Madame Marie-Hélène Plamondon**
> **Publicité Univox**
> **Bureau G-150**
> **12850, boul. Henri-Bourassa Est**
>
> **Madame Nicole Floréal**
> **Créations Artex**
> **Le Cartier, RC, bureau 125**
> **6789, avenue des Érables**
>
> **Madame Constance Li**
> **Office des ressources humaines**
> **Complexe Desjardins, tour Est, bur. 1400**
> **150, rue Sainte-Catherine Ouest**

> **Monsieur David Campbell**
> **Agence Interpub**
> **Rez-de-chaussée, bureau 5, porte 3**
> **Le Montcalm**
> **325, rue Saint-Jean-Baptiste**

Dans le cas de centres commerciaux, on mentionnera plutôt le numéro du local (on évitera d'employer le terme *unité* dans ce contexte).

> **Librairie Noir sur blanc**
> **Centre commercial du Carrefour**
> **240, boulevard Gaudet, local M6**

L'usage qui consiste à inscrire le numéro de l'appartement ou du bureau immédiatement devant le numéro de l'immeuble et de lier ces deux éléments par un trait d'union peut être source de confusion, même s'il est recommandé dans les *Directives d'adressage* de la Société canadienne des postes. Il reste préférable d'indiquer l'appartement ou le bureau après le nom de la rue.

> **250, rue Tremblay, app. 150** (de préférence à *150-250, rue Tremblay*)

QUARTIER ET ARRONDISSEMENT

Dans une adresse postale, on n'indique généralement pas le nom du quartier ni celui de l'ancienne municipalité (Lachine, Chomedey, L'Île-des-Sœurs, etc.). Cette mention peut cependant être utile dans une adresse municipale, lorsqu'il faut livrer de la marchandise ou se rendre à un rendez-vous, par exemple (voir p. 768).

Par ailleurs, tant que l'harmonisation des noms de rues des municipalités québécoises fusionnées n'est pas terminée, il faut continuer d'écrire les noms des anciennes municipalités dans les adresses (voir les noms d'arrondissements des municipalités du Québec et leurs règles d'écriture, p. 885). En cas de doute sur la nécessité d'indiquer ou non la dénomination d'une ancienne municipalité dans une adresse, on peut faire une recherche dans la Banque de noms de lieux du Québec de la Commission de toponymie.

VILLE, VILLAGE OU MUNICIPALITÉ

Le nom de la ville s'écrit le plus souvent en lettres minuscules (sauf l'initiale). Il n'est pas souligné. La graphie de ce nom doit être conforme à la forme officielle qui figure dans le *Répertoire toponymique du Québec* et dans la Banque de noms de lieux du Québec (voir la bibliographie, p. 920, et la liste des toponymes, p. 870).

> **400, boulevard Laurier**
> **Saint-Jean-sur-Richelieu**

Lorsque le nom de lieu est composé de plusieurs éléments, on les lie par un trait d'union, y compris les points cardinaux qui en font partie. Cependant, lorsque le nom composé est entièrement en anglais, ou encore dans une langue amérindienne ou en inuktitut, il s'écrit sans trait d'union, sauf s'il provient d'un nom de personne ou encore d'un terme ou d'un toponyme qui comporte déjà un trait d'union. Lorsque le nom comprend des éléments en français et en une autre langue, on doit les lier par un trait d'union.

> **Baie-Saint-Paul** (ville)
> **Saint-Louis-du-Ha! Ha!** (municipalité)
> **East Angus** (ville)
> **Thetford Mines** (ville)
> **Kitigan Zibi** (réserve indienne)
> **Saint-Louis-de-Blandford** (municipalité)
> **Durham-Sud** (municipalité)
> **Gagnon-Siding** (hameau)

Pour un envoi à destination d'une autre province ou d'un territoire du Canada, ou encore d'un pays étranger, on s'assure de respecter le nom officiel de la ville, qu'il soit en français, en anglais ou dans une autre langue. Dans certains pays, on recommande d'écrire le nom de la ville en majuscules; on prend soin de respecter ce type d'usage typographique pour les envois à destination de ces pays.

> **Fredericton**
> **PARIS**
> **BRUXELLES**

Normalement, le nom de la ville ne doit pas être abrégé. Si son abréviation est nécessaire en raison de contraintes techniques, il est recommandé de s'adresser à la Commission de toponymie pour savoir comment le raccourcir de façon correcte (voir p. 773).

COMTÉ

On n'indique pas le nom du comté dans une adresse. En outre, le terme *comté* ne doit plus être utilisé pour désigner un type de découpage administratif actuel. En effet, les municipalités de comté, appelées familièrement *comtés*, n'existent plus depuis leur remplacement par les municipalités régionales de comté (M. R. C. ou MRC) que la Loi sur l'aménagement et l'urbanisme a établies. Quant aux autres types de découpage administratif, ils portent des noms distincts : circonscription judiciaire, circonscription électorale, circonscription foncière, division de recensement, etc.

PROVINCE, TERRITOIRE, ÉTAT

On écrit le nom de la province ou du territoire en toutes lettres, entre parenthèses, à côté du nom de la ville.

> **Saint-Jean-Port-Joli (Québec)**
> **Québec (Québec)**

Sur les enveloppes à destination des autres provinces et territoires du Canada, on écrit le nom de la province ou du territoire en français, puisque cette indication est lue au départ du Québec.

> **Saint-Boniface (Manitoba)**
> **Halifax (Nouvelle-Écosse)**
> **Iqaluit (Nunavut)**
> **Vancouver (Colombie-Britannique)**

L'Office québécois de la langue française a normalisé le symbole **QC** (et non pas *PQ*) pour **Québec** dans le cas où une forme abrégée est nécessaire. L'emploi de ce symbole est réservé à certains usages techniques : formulaires informatisés, tableaux statistiques, etc. Toutefois, il est possible de l'utiliser dans une adresse lorsque la place est vraiment limitée (étiquettes, enveloppes à fenêtre, fichiers d'adresses informatisés) et qu'il s'agit d'envois massifs, comme cela est d'ailleurs recommandé dans les *Directives d'adressage* de la Société canadienne des postes. Ce symbole est alors séparé du nom de la ville par un espacement, et du code postal par un espace équivalant à deux caractères ; il n'est pas entre parenthèses. Voir un exemple à la page 774 et le tableau des noms, des abréviations et des codes internationaux ISO des provinces et territoires du Canada à la page 366.

Pour un envoi à destination des États-Unis, on utilise l'indicatif à deux lettres qui désigne l'État. On trouve la liste de ces indicatifs à la page 368.

CODE POSTAL

Au Canada, le code postal termine l'adresse. Il doit figurer après la ville et la province, de préférence sur la même ligne que ces deux mentions, et être séparé d'elles par un espace équivalant à deux caractères. Cependant, si, faute de place, on ne peut pas écrire le code postal sur la même ligne que la ville et la province, on peut l'écrire seul sur la dernière ligne de l'adresse.

Les trois lettres du code postal doivent être en majuscules. Le code postal n'a ni point, ni trait d'union, ni aucun autre signe de ponctuation, et il n'est pas souligné. Les deux groupes (lettres et chiffres) du code doivent être séparés par un espace équivalant à un caractère.

> **Monsieur Jean Harel et Madame Lise Poisson**
> **34, rue des Commissaires**
> **Lévis (Québec) G1V 2N3**

Les codes postaux américains, eux, sont composés de cinq ou de neuf caractères. Lorsque le code compte neuf caractères, un trait d'union lie les cinq premiers caractères aux quatre derniers.

> **Naomi Richards**
> **24377 Corporate Court**
> **Port Charlotte FL 33948**

> **William Smith**
> **3355 Benning Road NE**
> **Washington DC 20019-1502**

NOM DU PAYS

Pour les envois à destination de l'étranger, on doit écrire le nom du pays en toutes lettres, en majuscules, seul sur la dernière ligne de l'adresse. Lorsque l'adresse n'est pas en français, on la recopie telle qu'elle a été donnée, en suivant les usages du pays de destination afin qu'elle soit bien comprise par les préposés du service postal de ce pays. Toutefois, le nom du pays doit être écrit en français, puisque cette indication s'adresse aux personnes qui font le tri au point d'expédition. Pour les symboles des États américains, voir p. 369.

Public Relations
ABC Company
Post Office Box 13456
Phœnix AZ 85002
ÉTATS-UNIS

Madame Bénédicte Durand
Éditions Franjeu
14, rue Gît-le-Cœur
75321 PARIS CEDEX 6
FRANCE

Herrn
Wolfgang Baumgartner
Heinestrasse 38
A-1020 Wien
AUTRICHE

Monsieur Didier Clerens
Boulevard Léopold II, 56
B-1080 BRUXELLES
BELGIQUE

Profesora Maria Segura
Instituto de Investigaciones Eléctricas
Matias Romero 99
Col. del Valle
03100 Mexico, D. F.
MEXIQUE

Ponctuation et ordre des éléments

On ne met ni point ni virgule à la fin des lignes de l'adresse sur une enveloppe (ni dans la vedette d'une lettre). Les éléments de la suscription vont du particulier au général, ligne après ligne, conformément aux recommandations de la Société canadienne des postes.

> **Madame Camille Hippolyte**
> **Urbaniste**
> **Direction régionale de l'Outaouais**
> **Ministère des Transports**
> **Bureau 5.130**
> **725, boulevard Saint-Joseph**
> **Gatineau (Québec) J8X 4C2**
>
> **Monsieur Marcel Auger**
> **Directeur des services judiciaires**
> **Ministère de la Justice**
> **Centre commercial Laflèche**
> **625, boul. Laflèche, bureau 250**
> **Baie-Comeau (Québec) G5C 1C5**
>
> **Madame Pierrette Dessureault**
> **Service des ressources humaines**
> **Provitech**
> **2345, avenue du Parc, 2ᵉ étage**
> **Montréal (Québec) H3P 8A2**

Noter que, dans un en-tête ou un bas de page où les éléments de l'adresse sont présentés en continu, on sépare les lignes par des virgules et on peut terminer le tout par un point. (Voir exemples p. 517.)

Distinction entre adresse municipale et adresse postale

L'**adresse municipale** (aussi appelée **adresse géographique**) d'une personne physique ou morale peut différer de son **adresse postale**. La première sert à situer précisément un lieu, un établissement ; la seconde sert à indiquer le point de livraison du courrier. Dans le cas où ces deux adresses existent, c'est l'adresse postale qu'on inscrit sur une enveloppe. On n'indique pas l'adresse géographique, même si le destinataire l'a mentionnée dans son en-tête de papier à lettres. L'adresse postale mentionne par exemple une case postale, une succursale postale ou un autre mode de livraison du courrier. Il faut éviter d'écrire les deux adresses sur l'enveloppe ; si, exceptionnellement, les deux adresses doivent y figurer, c'est l'adresse postale qui doit occuper les deux ou trois dernières lignes.

**Monsieur Jean-Claude Germain
Président du comité de francisation
Réseautech
1234, rue Marie-Curie
Case postale 1525
Saint-Jean-sur-Richelieu (Québec) J0J 1A0**

Adresse municipale	*Adresse postale* (sur l'enveloppe)
Monsieur Guy Bernier	**Monsieur Guy Bernier**
Société Informex	**Société Informex**
2135, rue Laurier	**C. P. 350, succ. Haute-Ville**
Québec	**Québec (Québec) G4L 8M9**

Il est toutefois utile, le cas échéant, de faire figurer les deux adresses sur une carte professionnelle ou sur le papier à lettres.

Mentions complémentaires

ADRESSE DE L'EXPÉDITEUR

L'adresse de l'expéditeur figure dans le coin supérieur gauche de l'enveloppe ; dans la correspondance administrative et commerciale, elle est souvent imprimée.

**Conseil québécois de la musique
2345, rue du Concerto
Shawinigan (Québec) G9N 1A2**

Si cette adresse (parfois appelée, à tort, *adresse de retour*) n'est pas déjà imprimée sur l'enveloppe, l'expéditeur ou l'expéditrice doit inscrire son nom, sans le faire précéder d'un titre de civilité, et son adresse complète. L'adresse peut être précédée du mot **Expéditeur** ou de l'abréviation **Exp.** (et d'un deux-points), mais il faut éviter dans ce contexte l'emploi de la préposition *De*, calque de l'anglais *From*.

La mention de pays **CANADA** dans l'adresse de l'expéditeur ne figure que sur une enveloppe à destination de l'étranger. Elle s'écrit en majuscules sur la ligne suivant le code postal.

> **Michel Lussier**
> **Société Avel**
> **876, rue Champlain**
> **Boucherville (Québec) J3F 4B6**
> **CANADA**

NATURE DE L'ENVOI ET MODE D'ACHEMINEMENT

Les mentions relatives à la nature de l'envoi, comme PERSONNEL, CONFIDENTIEL, de même que celles qui précisent le mode d'acheminement et s'adressent aux préposés du service postal, comme RECOMMANDÉ, URGENT, PAR AVION, EXPRÈS ou PAR EXPRÈS, PAR MESSAGERIE, sont en majuscules (avec les accents nécessaires) et, de préférence, soulignées. Elles s'inscrivent à gauche de l'adresse, au-dessus des deux ou trois dernières lignes, pour ne pas nuire à la lecture optique lors du tri du courrier par les services postaux.

Les mentions PERSONNEL, CONFIDENTIEL, RECOMMANDÉ et URGENT sont au masculin singulier, car on peut sous-entendre les mots *courrier* ou *pli*, ou encore la forme neutre *c'est...* Par ailleurs, il faut distinguer l'adjectif et le nom invariables *exprès* (dont on prononce le *s* final) de l'adjectif et du nom invariables *express* (voir p. 67).

> <u>**CONFIDENTIEL**</u>   **Docteur Pierre Roy**
> **70, rue des Patriotes**
> **Sherbrooke (Québec) J1N 4H2**
>
> <u>**RECOMMANDÉ**</u>   **Madame Colette Paradis**
> <u>**PERSONNEL**</u>   **Directrice régionale**
> **Ministère des Forêts,**
> **de la Faune et des Parcs**
> **100, rue Laviolette, bureau 125**
> **Trois-Rivières (Québec) G9A 5S9**

On peut écrire la mention EN MAIN PROPRE ou EN MAINS PROPRES sur une enveloppe qui doit être remise en personne à sa ou son destinataire (par un service de messagerie, le plus souvent).

Dans une entreprise, un organisme, un ministère, une association, l'enveloppe est adressée directement à une personne, dont le nom figure en premier lieu dans la suscription. C'est pourquoi la mention **À l'attention de** est de moins en moins utilisée et ne se justifie plus guère. Elle était surtout d'usage autrefois lorsque tout le courrier d'une société ou d'une communauté était centralisé à un même point de réception. On l'utilise encore parfois dans le cas où un envoi s'adresse à un groupe et qu'on veut qu'une personne en particulier en soit responsable. Cette mention se met alors soit au-dessus de l'adresse, soit à gauche au-dessus des deux ou trois dernières lignes de l'adresse, pour ne pas nuire au fonctionnement des lecteurs optiques. Il est préférable de la souligner entièrement (y compris le nom de la personne).

> **À l'attention de**   **Bibliothèque des études**
> **Sœur Anne Lavoie**   **Couvent de Neuville**
> **14, rue des Érables**
> **Neuville (Québec) G2A 4H7**

Lorsque l'on confie à quelqu'un le soin de remettre un envoi à son ou sa destinataire, on indique sous le nom du ou de la destinataire la mention **Aux bons soins de**... ou **Aux soins de**... (qui peut s'abréger en **a/s de**...; la mention *c/o* [abréviation de *care of*] est réservée aux adresses rédigées en anglais). Cette pratique, qui est réservée à la correspondance privée, devient désuète cependant.

> **Monsieur Peter Eisenberg**
> **a/s de Madame Gisèle Arseneault**
> **60, rue du Ruisseau**
> **Longueuil (Québec) J3D 4M5**

Lorsqu'on présume que le ou la destinataire a changé de domicile et qu'on ignore sa nouvelle adresse, on indique sur la partie gauche de l'enveloppe la mention, soulignée de préférence, **Prière de faire suivre**, au-dessus des deux ou trois dernières lignes de l'adresse.

Abréviations dans les adresses

En principe, **les éléments d'une adresse ne s'abrègent pas**, mais, dans certains cas (contraintes informatiques, enveloppes à fenêtre, etc.), le manque d'espace oblige malgré tout à recourir à certaines abréviations. Voici un rappel de la façon d'abréger les éléments d'une adresse lorsque c'est absolument nécessaire.

Le **titre de civilité** s'abrège en **M.**, **Mme** ou **Mme**; **M^e**; **D^r**, **Dr**, **D^{re}** ou **Dre** selon le cas (voir p. 318). On évite toutefois de le supprimer.

Monsieur Yvan Plamondon	M. Yvan Plamondon
	(et non *Yvan Plamondon*)
Madame Marie-Soleil Hamelin	Mme Marie-Soleil Hamelin
Docteur Jacques Saint-Hilaire	Dr Jacques Saint-Hilaire
Maître Marjorie Côté	Me Marjorie Côté

On peut employer l'**initiale** ou les **initiales** du ou des **prénoms** (voir p. 319). Les éléments d'un prénom composé sont toujours liés par un trait d'union, même s'ils sont abrégés; lorsqu'on abrège un tel prénom, il vaut mieux en abréger les deux éléments plutôt qu'un seul. Lorsqu'il s'agit de deux prénoms juxtaposés dont seul le second est abrégé, il n'y a pas de trait d'union. On ne peut toutefois pas abréger les **patronymes**; ainsi, dans un patronyme, le mot **Saint** ou **Sainte** ne s'abrège que si l'abréviation figure bien dans la graphie officielle (voir aussi p. 321).

Monsieur Yvan Plamondon	Monsieur Y. Plamondon
	(et non *Monsieur Yvan P.*)
Madame Marie-Soleil Hamelin	Madame M.-S. Hamelin
	(et non *Madame M. S. Hamelin*
	ni *Madame M.-Soleil Hamelin*)
Docteur Jacques Saint-Hilaire	Docteur Jacques Saint-Hilaire
	(et non *Docteur Jacques St-Hilaire*)

Pour l'**odonyme** (ou **nom de voie de communication**), on commence par abréger le générique lorsque c'est possible de le faire : **boul.**, **av.**, **pl.**, etc. (voir p. 320). Il est cependant incorrect et contraire aux *Directives d'adressage* de la Société canadienne des postes de supprimer le générique.

4567, boulevard Jean-Lesage	4567, boul. Jean-Lesage
75, place Royale	75, pl. Royale
91 ½, chemin du Lac	91 ½, ch. du Lac

Lorsqu'on a abrégé le générique de l'odonyme et si l'on manque encore de place, on peut aussi abréger certains éléments du spécifique : **St**, **Ste**, **N.-D.**, **Mgr**, **Dr**, **prénoms**, etc. (voir aussi p. 321). Lorsqu'on abrège *Saint, Sainte, Monseigneur* ou *Docteur*, on peut mettre les dernières lettres du mot en exposant (*S^t, S^{te}, Mgr, D^r*), mais on peut également les laisser telles quelles (*St, Ste, Mgr, Dr*) pour en faciliter la lecture.

14, rue Saint-Jean-Baptiste	**14, rue St-Jean-Baptiste** (parce que le mot *rue* ne s'abrège pas, on permet tout de même l'abréviation *St*)
1500, avenue Notre-Dame-des-Champs	**1500, av. N.-D.-des-Champs**
4567, boulevard Jean-Lesage	**4567, boul. J.-Lesage** (et non *4567, boulevard J.-Lesage*)

On peut également abréger le point cardinal, toujours si l'on a d'abord abrégé le générique de l'odonyme : N., S., E., O. (voir aussi p. 321 et 760). Cependant, si le point cardinal détermine seulement l'élément spécifique, il est lié à celui-ci par un trait d'union, prend aussi la majuscule et ne peut être abrégé.

1289, boulevard Armand-Frappier Ouest	**1289, boul. Armand-Frappier O.**
	1289, boul. A.-Frappier O. (et non *1289, boulevard Armand-Frappier O.*)
2777, boulevard du Versant-Nord	**2777, boul. du Versant-Nord** (et non *2777, boulevard du Versant-N.*)

Les mots **bureau**, **appartement**, **porte**, etc., peuvent s'abréger : **bur.**, **app.**, **p.** (voir aussi p. 761).

24B, rue de l'Église, appartement 3	**24B, rue de l'Église, app. 3**
5ᵉ étage, porte A	**5ᵉ étage, p. A**
Le Cartier, rez-de-chaussée, bureau 4	**Le Cartier, rez-de-chaussée, bur. 4**
	Le Cartier, RC, bureau 4
	Le Cartier, RC, bur. 4

On peut abréger les termes **case postale** en C. P., et **succursale** en **succ.** (voir aussi p. 756).

Case postale 8000, succursale Anjou	**C. P. 8000, succ. Anjou**

Le **toponyme** (nom de ville, de village ou de municipalité), normalement, ne doit pas être abrégé. Si, en raison de contraintes techniques, on ne peut éviter de le faire, il est recommandé de s'adresser à la Commission de toponymie, qui peut proposer, si le besoin le justifie, des abréviations à 13, 18, 28, 30 et 37 caractères.

Au lieu du nom de la **province**, on tolère l'emploi du symbole **QC** pour Québec, **ON** pour Ontario, etc. (voir p. 367 et 765). Le symbole, qui n'est pas entre parenthèses, est alors séparé du nom de la ville par un espacement et il est séparé du code postal, si celui-ci n'est pas reporté sur la dernière ligne de l'adresse vu le manque de place, par un espacement qui équivaut à deux caractères.

> **Saint-Augustin-de-Desmaures QC**
> **G3A 2C5**
>
> **Prince Albert SK   S6V 0Y7**

Exceptionnellement, lorsque la longueur des lignes et leur nombre sont trop restreints, on tolère la suppression des points abréviatifs et des signes de ponctuation.

Écriture des adresses et *Directives d'adressage* de la Société canadienne des postes

Les règles d'écriture des adresses énoncées dans le présent ouvrage sont compatibles avec le document intitulé *Directives d'adressage* de la Société canadienne des postes. Certaines de ces règles ne sont pas mises en évidence dans le document, mais elles y sont acceptées. Voici quelques points importants à noter.

On écrit les adresses en employant des majuscules et des minuscules (avec signes diacritiques : accents, tréma et cédille), ainsi que les signes de ponctuation qui conviennent.

Les éléments de l'adresse devant aller du particulier au général, le nom du ou de la destinataire, son titre et le nom de son service doivent figurer au-dessus du nom de l'entreprise ou de l'organisme.

La mention de l'étage, du bureau ou de l'appartement figure normalement sur la même ligne que le nom de la rue. En cas de manque d'espace, pour que les éléments de l'adresse soient présentés du particulier au général ligne après ligne, on écrit cette mention sur la ligne qui précède le nom de la rue.

Pour des raisons d'uniformisation, le terme *boîte postale*, ainsi que son abréviation *B. P.* ou *BP*, est à éviter dans une adresse au Canada. On utilise **Case postale** ou **C. P.**

Dans le cas d'envois massifs, le symbole **QC** est admis sur des étiquettes ou dans des fichiers d'adresses informatisés où la place est limitée.

Le code postal figure de préférence sur la même ligne que le nom de la ville et de la province. En cas de manque d'espace, on peut l'inscrire sur la ligne suivante.

Les mentions **À l'attention de**, PERSONNEL, CONFIDENTIEL, etc., lorsqu'elles sont nécessaires, doivent figurer soit au-dessus de l'adresse, soit à gauche de celle-ci au-dessus du niveau des deux ou trois dernières lignes de l'adresse. Il est préférable de les souligner.

La Société canadienne des postes a établi des directives précises permettant à ses équipements de déchiffrer automatiquement les adresses. Suivre ces directives peut éviter des étapes de traitement supplémentaires ou des tentatives réitérées de livraison. Quelques-unes de ces directives contredisent toutefois certaines des règles d'écriture formulées ici. En effet, la Société canadienne des postes recommande d'écrire l'ensemble de l'adresse en majuscules, alors que l'emploi des majuscules et des minuscules est préférable, conformément aux règles typographiques générales. De plus, la Société canadienne des postes demande qu'on évite les signes de ponctuation qui ne font pas partie d'un nom propre, alors qu'elles sont d'usage dans certains contextes, notamment devant le générique du nom de la voie et devant le numéro d'appartement ou de bureau. Enfin, la Société canadienne des postes recommande l'emploi du code à deux caractères pour désigner la province, alors que l'Office québécois de la langue française préconise l'écriture du nom de la province au long, entre parenthèses.

Les clients commerciaux de la Société canadienne des postes qui utilisent des options de préparation du courrier mécanisé doivent suivre ses directives d'adressage afin que leurs envois obtiennent des taux de lisibilité optimaux. Les autres utilisateurs du service postal canadien sont invités à suivre les indications proposées dans le présent ouvrage, parce qu'elles respectent mieux l'usage typographique et syntaxique de la langue française.

Exemples d'adresses

Les exemples de cette section sont fictifs en tout ou en partie et compatibles avec les *Directives d'adressage* de la Société canadienne des postes.

> **Monsieur Michel Gagnon**
> **Premier ministre du Québec**
> **Cabinet du premier ministre**
> **885, Grande Allée Est**
> **Québec (Québec) G1A 1A2**

Madame Maëlle Lafleur
Ministre de l'Éducation, du Loisir et du Sport
1035, rue De La Chevrotière, 16ᵉ étage
Québec (Québec) G1R 5A5

<u>CONFIDENTIEL</u>   Madame Pierrette Royer
Députée de Champlain
Assemblée nationale
Hôtel du Parlement[1]
Québec (Québec) G2B 3H0

Son Honneur l'honorable[2] Louis Therrien
Lieutenant-gouverneur du Québec
Cité parlementaire
1050, rue Saint-Augustin
Québec (Québec) G1A 1A1

Monseigneur Jean Duchêne
Archevêque de Montréal
2000, rue Sherbrooke Ouest
Montréal (Québec) H3H 1G4

Son Excellence Madame Sonia Domingo
Ambassadrice du Guatemala
1234, rue Rideau
Ottawa (Ontario) K1N 0B4

Monsieur Thierry Chatel
Consul général de France à Québec
25, rue Saint-Louis
Québec (Québec) G1R 3Y8

Monsieur Pierre Tremblay
Maire de Québec
Hôtel de ville
2, rue des Jardins
Québec (Québec) G1R 4S9

1. *Hôtel du Parlement* a ici une majuscule de position. Dans un texte suivi, l'appellation *hôtel du Parlement* s'écrit avec un *h* minuscule, sur le modèle de *hôtel de la Monnaie*, *hôtel des Ventes*, etc. (voir aussi p. 237).

2. Dans le milieu politique provincial québécois, l'emploi du titre *honorable* est à éviter. Il se maintient cependant dans le protocole du gouvernement canadien pour certaines personnes occupant des fonctions officielles, notamment pour les lieutenants-gouverneurs des provinces (voir p. 785). Ici, la combinaison de *Son Honneur* et d'*honorable* dans la désignation du destinataire s'explique par le fait que les deux titres sont sanctionnés de manière distincte par les autorités fédérales. *Honorable* est un titre permanent accordé aux lieutenants-gouverneurs, qui se substitue aux titres de civilité *monsieur* ou *madame* ; *Son Honneur* est un titre supplémentaire qui leur est attribué pendant leur mandat.

Monsieur Yves Legendre
Maire de l'arrondissement de Ville-Marie
17ᵉ étage
800, boulevard De Maisonneuve Est
Montréal (Québec) H2L 4L8

Madame Isabelle Laplante
Conseillère municipale
Hôtel de ville
1325, place de l'Hôtel-de-Ville
Trois-Rivières (Québec) G9A 8N2

**PRIÈRE DE
FAIRE SUIVRE**
Révérend père Gérald Fontaine
École secondaire Saint-Luc
104, rue de Montmorency
Granby (Québec) J1B 6S4

Sœur Yvonne Roy
Collège du Saint-Nom-de-Marie
670, chemin de la Côte-de-Liesse
Montréal (Québec) H2N 4M8

Madame Marie-Louise Lavigueur
Présidente-directrice générale
Société de transport de Montréal
1250, place Alphonse-Desjardins
Montréal (Québec) H2K 3S9

Monsieur le docteur Daniel Lemay
et Madame Geneviève Gagné
Le Renoir, app. 32
600, boulevard Queen Nord
Windsor (Québec) G9S 2H6

Madame Lyne Moreau et Monsieur Jean Dumas
24B, rue de la Cathédrale, app. 5
Saint-Hyacinthe (Québec) J3F 4B6

Maître Jacqueline Bouchard
Allard, Bouchard, Collin et Associés
Complexe 2000, tour A, bur. 1025
4783, rue Le Corbusier
Montréal (Québec) H5F 3D8

Monsieur Erwann Demers
Professeur agrégé
École d'architecture
Université de Montréal
C. P. 6128, succ. Centre-ville
Montréal (Québec) H3C 3J7

Madame ou Monsieur Claude Bergeron
542, 2e Avenue, app. 30
Sainte-Agathe-des-Monts (Québec)
J2D 4G9

Madame Christine Larivière
Chef du Service des communications
Ministère des Affaires municipales
et de l'Occupation du territoire
Édifice Jos-Montferrand, 6e étage
170, rue de l'Hôtel-de-Ville
Gatineau (Québec) J8X 4E2

Docteur Jacques Langevin
Clinique médicale des Érables
1250, chemin Sainte-Foy, bureau 101
Québec (Québec) G2D 3L8

Madame Line Villeneuve
Direction des ressources humaines
Société informatique Ordiciel
345, 10e Avenue Ouest
Lévis (Québec) G4K 2D3

Monsieur André Tanguay
156, rue de l'Église, app. 3
Sainte-Catherine-de-la-Jacques-Cartier (Québec)
G5F 8P9

Mr. Peter Johnson
Sales Manager
Fashionable Products Inc.
PO Box 4015, Main Station
Calgary (Alberta) T7H 1A6

> **Mrs. Jane Smith**
> **Marketing Dept.**
> **International Design Co.**
> **Jefferson Building Suite 500**
> **1234 NW Montgomery Ave.**
> **New York NY 10025-9876**
> **ÉTATS-UNIS**

Dans le cas de contraintes techniques, abréviation à 18 caractères d'un nom de ville très long, selon les recommandations de la Commission de toponymie :

> **Madame Léa Dion**
> **123, rue des Pins**
> **St-Jean-sur-Richel[1] QC**
> **J4G 5Y7**

Étiquette, fenêtre ou autre espace limité (voir **Abréviations dans les adresses** ci-dessus).

> **Monsieur Antoine Legrand**
> **5675, av. St-Pierre N.**
> **Sainte-Anne-de-la-Pérade QC**
> **G7A 6H8**

---

1.   Ce toponyme s'écrit normalement Saint-Jean-sur-Richelieu.

● Protocole et activités publiques

DÉFINITIONS

Le **protocole** (avec un *p* minuscule) est l'ensemble des règles à observer dans les relations entre les États (préséance, communications, négociations, entretiens, représentation, accueil et accompagnement, notamment) et, de façon plus générale, l'ensemble des règles relatives à la vie publique officielle.

> **Le protocole règle les rapports institutionnels, et l'étiquette règle les rapports personnels.**
>
> **En cas de doute, il est bon de consulter un guide du protocole.**
>
> **Les cérémonies officielles doivent se dérouler dans le respect du protocole.**
>
> **Le conférencier est un expert reconnu en matière de protocole.**
>
> **À la Ville de Québec, c'est le Bureau des relations internationales qui est responsable du protocole.**
>
> **Pour cette question, il faut consulter le Bureau de l'accueil et du protocole de la Ville de Montréal.**
>
> **la Direction des relations interparlementaires et internationales et du protocole de l'Assemblée nationale**
>
> **le Service du protocole**
>
> **le Bureau du protocole**

Au Québec, le **Protocole** (avec un *p* majuscule) désigne une entité administrative rattachée soit au pouvoir exécutif, soit au pouvoir législatif.

> **Le Protocole conseille le gouvernement sur les questions touchant…** (pouvoir exécutif)
>
> **Les membres de l'équipe du Protocole de l'Assemblée nationale s'assurent que les députés…** (pouvoir législatif)

Dans la vie en société, il importe de respecter un certain nombre de conventions, linguistiques et autres, qui règlent les comportements de chacun : c'est le savoir-vivre, l'étiquette, la bienséance, qu'on nomme aussi couramment *protocole*. Ces codes de comportement facilitent les relations interpersonnelles et contribuent à l'harmonie sociale. Ils définissent ce qui est attendu, permis ou interdit dans certaines situations, dictent les obligations de chacun dans un contexte hiérarchique, ou entre hommes et femmes. L'ignorance de certaines formes, de certains usages plus ou moins protocolaires indique un manque dans l'éducation, et, à l'inverse, leur connaissance révèle des qualités appréciées.

Comme le respect d'un protocole s'impose dans de nombreuses activités publiques qui possèdent une dimension linguistique, le présent chapitre traite de quelques situations officielles qui touchent à la langue écrite ou à la langue orale. Pour davantage de précisions ou des cas particuliers, on peut se reporter à des guides spécialisés (voir la bibliographie).

CARTES D'INVITATION

La rédaction des cartes d'invitation est également traitée dans ÉCRITS ADMINISTRATIFS DIVERS, et des exemples y sont donnés (voir p. 693-700). Sauf exception, ci-dessous ne sont présentés – ou rappelés – que les points qui diffèrent de l'usage courant dans des situations protocolaires.

Ponctuation

À la fin des lignes d'un texte centré, la ponctuation devient facultative. En effet, on considère que le découpage des lignes peut dans ce cas remplacer les virgules.

**Le président de la Société d'information culturelle
monsieur Jean-Michel Dubreuil
a l'honneur de vous inviter**

ou

**Le président de la Société d'information culturelle,
monsieur Jean-Michel Dubreuil,
a l'honneur de vous inviter**

Titre de fonction

Si l'hôte veut mettre en évidence le fait que l'invitation se situe dans le cadre de ses fonctions, son titre de fonction précède son nom, ce qui est généralement le cas dans un contexte protocolaire.

**Le maire de Trois-Rivières
monsieur Jean Bordeleau**

**La présidente-directrice générale de Buromontel
madame Martine Gagnon
vous prie de lui faire l'honneur**

Il est possible de marquer par une majuscule la première lettre du titre des personnalités qui y sont mentionnées. Il en va de même pour l'ensemble des documents relatifs aux activités protocolaires.

**La Présidente-Directrice générale de Buromontel
Madame Martine Gagnon
vous prie de lui faire l'honneur**

Invitation nominale et invitation courante

L'invitation nominale est le type d'invitation le plus formel, celui dont on se sert, entre autres, pour les invitations à des repas. Sur le carton, on inscrit à la main, sur une ligne, le nom de l'invité.

**La mairesse de Gatineau
madame Sylvie Lafleur
prie
monsieur Jean Tremblay
d'assister à l'inauguration**

La carte d'invitation courante, qui est moins formelle, est utilisée pour les activités où l'on prévoit inviter un grand nombre de personnes. On n'y indique pas le nom de l'invité.

Dans l'invitation nominale, la façon de faire la plus protocolaire consiste à inscrire, à la main, sur la carte le titre de l'invité plutôt que son nom. S'il s'agit d'un ministre, notamment, on écrit son titre et son nom.

... a l'honneur d'inviter
le ministre des Finances
monsieur Pierre Duchamp
à la cérémonie...

Dans une perspective moins officielle, on n'écrit que le nom de la personne invitée précédé de **madame** ou de **monsieur**.

... a l'honneur d'inviter
madame Jeannette Lafortune
à la cérémonie...

Invitation destinée à un couple

Si l'invitation vaut pour le titulaire d'une fonction et son conjoint ou une personne qui peut l'accompagner, la carte d'invitation en fait mention, et plusieurs formules sont possibles.

... prie
le ministre des Transports
monsieur Jean-Charles Marion
...

... prie
la ministre des Finances
madame Marie Tremblay
...

... prie
madame Marie Unetelle
et monsieur Jean Untel
...

... prie
monsieur Jean Untel, accompagné
...

Invitation valable pour deux personnes

Renseignements divers

Les renseignements d'ordre pratique, comme ceux qui sont relatifs au stationnement, aux documents à présenter et à la tenue figurent, le cas échéant, au bas de la carte.

> **Tenue de ville**
> **Invitation pour deux personnes**
> **RSVP avant le 22 mai**

Lorsqu'un droit d'entrée est exigé pour participer à l'événement qui fait l'objet de l'invitation, l'emploi de l'expression *solliciter votre présence* ou *solliciter votre participation*, plutôt que du verbe *inviter*, est plus juste. On peut mentionner ou non le montant demandé.

> **… sollicite votre participation**
> **au gala de bienfaisance de l'Association Arts du monde**
>
> **Entrée : 100 $**

Enveloppe

On utilise une enveloppe d'un papier assorti à la carte.

Dans la mesure du possible, on adresse les enveloppes à la main, surtout s'il s'agit d'une invitation nominale. L'adressage par traitement de texte – sur étiquette ou directement sur l'enveloppe – est admis ; on utilise alors de préférence le même caractère que celui de l'invitation.

Envoi d'une invitation par courriel

En raison des différences de configuration des logiciels, il est préférable d'envoyer l'invitation sous forme de fichier joint PDF ou, en tout cas, dans un format compatible avec les logiciels de traitement de texte courants.

On s'assure, en indiquant les adresses de tous les destinataires en copie conforme invisible (CCI), qu'aucun de ceux-ci ne pourra voir les adresses des autres.

Enfin, au début d'un courriel envoyé à une seule adresse à la fois (sans CCI), il peut être bon d'indiquer à qui est destinée l'invitation, car la personne qui lira le message n'est pas nécessairement la personne invitée : il peut s'agir d'un collaborateur ou d'une collaboratrice. Voir aussi **Courrier électronique**, p. 473.

> **Invitation destinée à Madame Lise Lajoie**

LANGUE DE CORRESPONDANCE

Conformément à la Politique gouvernementale relative à l'emploi et à la qualité de la langue française dans l'Administration, les ministères et les organismes de l'Administration québécoise adressent leurs communications en français aux gouvernements et aux organisations internationales. Lorsque ces derniers n'ont pas le français comme langue officielle ou langue de travail, on peut joindre à une lettre officielle en français une traduction de courtoisie dans la langue du destinataire ou dans une langue utilisée par les deux parties dans le cadre de leurs relations.

La traduction de courtoisie n'est pas signée et le papier ne comporte pas d'en-tête ; on y appose, de préférence dans la partie supérieure de la page, contre la marge de droite et en majuscules (soulignées ou non), la mention TRADUCTION ou son équivalent dans la langue de la traduction.

FÉMINISATION

La féminisation est officialisée au Québec, mais n'est pas en usage au même degré dans toute la francophonie. On doit respecter l'appellation adoptée par l'interlocutrice visée, même si celle-ci a choisi une forme masculine pour son titre de fonction, à moins de savoir pertinemment qu'elle accepte la forme féminisée. Voir le chapitre sur la féminisation et la liste des appellations au féminin, p. 823 et 834.

TITRES HONORIFIQUES

Au Canada, les titres honorifiques reconnus sont ceux qui sont octroyés par le gouverneur général : *honorable*, *très honorable*, *Son Honneur* et *Son Excellence*, attribués à diverses personnalités politiques et juridiques.

Au Québec, le titre *honorable* s'applique à vie aux lieutenants-gouverneurs ; il s'applique aussi aux juges pour la durée de leurs fonctions à ce titre. Au Canada, le gouverneur général, le premier ministre et le juge en chef de la Cour suprême portent pour le reste de leur vie le titre de *très honorable*. Avec *honorable* et *très honorable*, on n'emploie pas le titre de civilité (*Monsieur* ou *Madame*). Les mots *honorable* et *très honorable* s'écrivent avec des minuscules initiales.

> **L'honorable Frédéric Mathieu**
> (mais pas *L'honorable Monsieur Frédéric Mathieu*)
> **Le très honorable Michel Gagnon**

Quant à *Son Honneur*, qui s'écrit avec deux majuscules, il est réservé aux lieutenants-gouverneurs, uniquement au cours de leur mandat. Il s'ajoute alors à leur titre d'*honorable* (même si on peut y déceler une certaine redondance).

> **Son Honneur l'honorable Marie Tremblay**

Après *Son Excellence*, qui s'écrit aussi avec deux majuscules, on emploie le titre de civilité *Monsieur* ou *Madame*. Ce titre s'applique au gouverneur général du Canada (et à sa conjointe) pendant la durée de son mandat, ainsi que, par courtoisie, aux ambassadeurs et aux chefs d'État ou de gouvernement en visite au Canada.

> **Son Excellence Monsieur Jean Lapierre**
> **Son Excellence le très honorable John Smith**

PRÉSÉANCE

La préséance, c'est-à-dire l'ordre protocolaire qui détermine une hiérarchie parmi les dignitaires, est fixée par décret du Gouvernement du Québec. Il y a également un ordre protocolaire à respecter pour les membres du Conseil des ministres du Québec. Ces ordres sont applicables aux cérémonies publiques organisées par le Gouvernement du Québec. On peut consulter ces listes complètes et à jour, ainsi qu'un tableau de la préséance pour le Canada, dans les sites des ministères responsables de ces questions au Québec et Canada.

Au Québec, lorsque, dans une activité officielle sont présents des représentants de deux ordres de gouvernement (fédéral et provincial), plusieurs cas sont possibles. Généralement, un ministre fédéral prend place après son homologue du Québec dans une cérémonie publique organisée par le Québec. Certaines situations sont cependant complexes et nécessitent de consulter le Protocole du Gouvernement du Québec. Pour ce qui est des membres de l'Assemblée nationale, c'est l'ordre alphabétique du nom de leur circonscription électorale qui détermine leur préséance (voir cette liste dans le site de l'Assemblée nationale et, au besoin, consulter son Protocole).

Une personne qui en représente une autre ne reçoit pas le même traitement que celle-ci, à moins qu'elle n'occupe un rang identique.

Dans la prise de parole

La personne la moins importante parmi les orateurs s'exprime d'abord, et la plus importante en dernier. Toutefois, c'est l'hôte qui parle en premier, même si une personne d'un rang hiérarchique inférieur doit prendre la parole. Celle-ci parle alors tout de suite après l'hôte.

Pour l'inauguration d'une statue, successivement
1. **Président-directeur général de l'organisme sur le terrain duquel est érigée la statue**
2. **Représentant de l'entreprise qui apporte son soutien financier**
3. **Représentant de la famille de la personnalité dont on inaugure la statue**
4. **Maire**

Pour une cérémonie de remise de prix, successivement
1. **Animateur ou maître de cérémonie**
2. **Dirigeant de la société ou de l'organisme responsable du ou des prix**
3. **Porte-parole de la manifestation**
4. **Sous-ministre**
5. **Lauréat**
6. **Animateur ou maître de cérémonie**

Dans les salutations

Au début d'une allocution, on salue d'abord la personne qui occupe le niveau hiérarchique le plus élevé, en poursuivant par ordre décroissant. Pour ce faire, on ne mentionne que son titre, sans son nom. Cette façon de procéder permet d'abréger les salutations. Cependant, on désigne l'invité d'honneur, s'il y a lieu, par son nom et son titre.

Pour une cérémonie de remise de prix, successivement
Madame la Députée,
Monsieur le Maire,
Madame la Présidente du jury,
Mesdames les lauréates et Messieurs les lauréats,
Mesdames et Messieurs,

On veille autant que possible à ne pas faire plus de cinq salutations, *Mesdames et Messieurs* compris. On peut alors regrouper les personnes occupant les mêmes fonctions. On peut ainsi dire, le cas échéant :

Mesdames et Messieurs les Ministres,
Mesdames et Messieurs les dignitaires,
Mesdames et Messieurs les invités,

Mesdames et Messieurs, chers invités,

Il est préférable d'éviter l'expression *Distingués invités*, qui est un calque de l'anglais *Distinguished guests*.

On peut introduire en cours d'allocution la mention des personnes qu'on n'a pas pu saluer au début de celle-ci, ou alors laisser cette tâche au maître de cérémonie.

Tous les orateurs n'ont pas à saluer toutes les personnalités, ce qui serait répétitif, long et lassant. Les derniers à prendre la parole peuvent se contenter de formulations englobantes comme celles qui sont suggérées ci-dessus.

PRÉSENTATIONS

Les premières présentations se font à l'arrivée sur les lieux d'une réception, lorsque les invités saluent l'hôte. Puis, tout au long de la réception, l'hôte veille à ce que les invités puissent faire connaissance. Afin de mener cette tâche à bien, il peut faire appel aux agents du protocole ou au personnel lié à l'organisation de l'activité.

Il n'est plus d'usage de faire une présentation réciproque dans le cas de personnes qui n'ont pas le même niveau hiérarchique. Cela évite de répéter le nom de la personne présentée et celui de la personne à qui on la présente, en reprenant la phrase à l'inverse. On se contente de dire :

> **Monsieur le Député, permettez-moi de vous présenter le président de l'Association québécoise de l'industrie touristique, monsieur Daniel Blouin.**

Ou encore, plus simplement, en faisant un geste de la main en direction de la personne que l'on veut présenter, on dit :

> **Le président de l'Association québécoise de l'industrie touristique, monsieur Daniel Blouin.**

Il est même admis de mentionner seulement le titre de la personne que l'on présente.

Toutefois, lorsqu'on présente officiellement deux personnalités de même niveau ou deux personnes de même importance, on garde la formule des présentations réciproques.

> **Monsieur Auger, (je vous présente) le président de la Fondation Lumière, monsieur André Boutin.**
>
> et
>
> **Monsieur Boutin, (je vous présente) le président de la Fondation Arts vivants, monsieur Michel Auger.**

Ordre dans les présentations

Habituellement, on présente la personne la moins importante à celle qui l'est le plus, la plus jeune à la plus âgée, les invités locaux aux visiteurs, les gens qui arrivent à ceux qui sont déjà sur place, un entrepreneur à un client. La tradition voudrait qu'on présente toujours – ou presque – un homme à une femme. Ces principes doivent toutefois être adaptés à chaque situation ; par exemple, on présenterait une personne âgée à un jeune ministre.

La personne à qui l'on souhaite présenter quelqu'un est celle à qui l'on s'adresse en premier. On peut aussi se présenter soi-même si l'occasion ne nous a pas été donnée d'avoir été présenté. On peut alors dire :

> **Bonjour, Madame** (ou **Monsieur), je crois que nous n'avons pas été présentés.**

Puis on tend la main en disant son titre et son nom :

> **Je suis la conseillère de monsieur Jean Gagnon. Je m'appelle Nicole Lajoie.** (sans ajouter *monsieur* ou *madame*)
>
> ou tout simplement
>
> **Je suis la directrice des communications, Catherine Martin.**

Normalement, notre interlocuteur se présente à son tour. On peut ensuite engager la conversation.

On se présente aussi à une personne qui ne semble pas se souvenir de nous, en lui rappelant les circonstances dans lesquelles nous avons déjà fait connaissance.

Réponses consécutives à une présentation

Les formules de circonstance doivent être constituées de phrases complètes.

Je suis ravi de faire votre connaissance.
Je suis enchantée.
C'est un plaisir de vous rencontrer.

On doit éviter les formules abrégées du genre : *Ravi de…* ou *Enchanté.*

Poignée de main

Si l'on est présenté à quelqu'un, il est préférable d'attendre que cette personne vous tende la main pour la saluer.

CARTE DE VISITE

Il est déplacé de remettre sa carte de visite (ou carte professionnelle) dans une activité à caractère mondain. On peut toutefois le faire si on a eu avec une personne une conversation qui ouvre la voie à d'autres échanges ; on lui donne alors sa carte avant de prendre congé d'elle. De même, on donne sa carte après un repas, sauf dans le cas d'un repas d'affaires, où on le fera au début, comme pour toute rencontre professionnelle. Cela permet d'être renseigné sur le niveau hiérarchique de son interlocuteur, ce qui se révèle utile pour guider la conversation qu'on aura avec lui, de même que pour de futures présentations.

Lorsqu'on est en déplacement à l'étranger, il est recommandé d'avoir des cartes de visite écrites dans la langue du pays où l'on séjourne. Dans la fonction publique du Québec, les cartes professionnelles sont en français, mais, dans le cadre d'activités internationales, elles peuvent être en français d'un côté et, de l'autre, dans une autre langue.

VOUVOIEMENT ET TUTOIEMENT

Vouvoiement

Le vouvoiement est une marque de politesse, mais aussi un indicateur de hiérarchie sociale qui permet de montrer son respect. En général, on vouvoie les personnes qu'on rencontre pour la première fois, ses supérieurs hiérarchiques, les personnes plus âgées que soi. Dans certains cas, une personne peut tutoyer, tandis que son interlocuteur emploie le *vous* : un professeur qui s'adresse à un jeune élève, un adulte à un enfant, une personne âgée à une personne beaucoup plus jeune, par exemple. Cette situation n'autorise cependant pas la personne qui est tutoyée à tutoyer son interlocuteur à son tour.

Tutoiement

Le tutoiement marque plus de proximité, plus de familiarité ou d'intimité, moins de formalité dans la communication et les sujets de conversation. Les adolescents et les jeunes adultes se tutoient spontanément, tout comme généralement les membres d'une même famille, membres par alliance exceptés. Le tutoiement spontané est aussi d'usage dans des milieux de travail, des clubs, des associations; il a pour effet de renforcer le sentiment d'égalité et d'appartenance au groupe.

Dans certaines aires francophones, au Québec notamment, dire *tu* dès la première rencontre est beaucoup plus fréquent que dans d'autres, où le tutoiement spontané peut être ressenti comme une familiarité déplacée, voire une agression. Il faut être sensible à cet état de fait.

Du vouvoiement au tutoiement

Dans une première rencontre, le choix entre le vouvoiement et le tutoiement n'est pas toujours facile, et on hésite parfois. Même si le premier contact est cordial, il est plus prudent d'utiliser le *vous* jusqu'au moment où la question est abordée, car le passage du *vous* au *tu* marque l'évolution d'une relation. Dans des contextes protocolaires très officiels, il est conseillé d'attendre la quatrième rencontre avant de penser se tutoyer. En général, c'est la personne la plus âgée, ou celle qui se trouve dans une position hiérarchique supérieure, ou encore celle qui reçoit, qui en décide.

> **On pourrait peut-être se dire *tu*?**
>
> **Voulez-vous qu'on se tutoie?**
>
> **Nous pourrions nous tutoyer si vous le voulez bien…**
>
> **Me permettriez-vous de vous tutoyer?**
>
> **Ça vous dérangerait si on se tutoyait?**

Téléphonie

Numéros de téléphone

ÉCRITURE DES NUMÉROS DE TÉLÉPHONE

Longtemps, l'**indicatif régional** (ou *code régional*, forme parfois critiquée) des numéros de téléphone et de télécopie s'est écrit entre parenthèses, parce qu'il n'était pas toujours obligatoire dans la composition d'un numéro de téléphone. Cependant, depuis quelques années déjà, la composition locale à dix chiffres est obligatoire, et l'indicatif régional en fait partie intégrante. Il s'écrit donc sans parenthèses et il y a un espacement entre les trois premiers chiffres et les trois suivants, et un trait d'union entre ceux-ci et les quatre derniers.

> **514 876-5432**
> **418 123-5678, poste 43** (et non *extension 43* ni *# 43*)

Cette notation est cohérente avec celle des numéros de téléphone sans frais :

> **1 800 567-1234**

Par ailleurs, les présentations avec points, ou sans trait d'union devant les quatre derniers chiffres, ou avec trait d'union après l'indicatif régional comme 418.123.4567, 418 123.4567, 418 123 4567, 418.123.45.67 et 418-123-4567 sont à éviter.

Selon le contexte, la désignation d'un numéro de téléphone et de télécopie se fait avec l'article défini masculin **le** ou la forme contractée **au** (préposition *à* et article défini masculin *le*), parce qu'ils introduisent un élément de genre masculin. En effet, lorsqu'ils sont employés comme noms, les chiffres sont tous de genre masculin.

> **En cas d'urgence, faites le 0.**
> **Composez le 1 888 873-6202.**
> **Vous pouvez me joindre au 418 666-5432 ou au 1 800 666-5432.**

Il arrive parfois qu'un numéro de téléphone soit écrit de manière alphanumérique. Les derniers chiffres sont remplacés par des lettres qui forment un mot facile à retenir.

> **1 800 361-DÉFI**

Le mot s'écrit en majuscules et est séparé du numéro par un trait d'union, sauf si le mot contient sept lettres. Cette façon de faire n'est pas à proscrire, mais il est préférable de faire suivre, entre parenthèses, les chiffres associés aux lettres ou de récrire le numéro de téléphone en entier.

> **1 800 361-DÉFI (3334)** ou **1 800 361-DÉFI (1 800 361-3334)**
> **514 6-CANCER (514 622-6237)**
> **1 800 CAISSES (1 800 224-7737)**

LECTURE D'UN NUMÉRO DE TÉLÉPHONE

Selon une habitude bien établie en Amérique du Nord, la plupart des numéros de téléphone se lisent chiffre par chiffre, ce qui est plus court et souvent plus clair. Il arrive cependant parfois qu'on énonce des dizaines et des centaines, ce qui est également correct. L'usage en la matière est différent dans d'autres aires de la francophonie, tout comme la notation des numéros de téléphone eux-mêmes.

> **418** se lit **« quatre un huit »**
>
> **873-9876** se lit **« huit sept trois neuf huit sept six »**, plus couramment que **« huit cent soixante-treize quatre-vingt-dix-huit soixante-seize »**
>
> **270-1113** se lit **« deux sept zéro onze treize »** ou **« deux sept zéro un un un trois »**

1 800 se lit **« un huit cents »**

1 888 se lit **« un huit huit huit »**

911 se lit **« neuf un un »**

511 se lit **« cinq un un »** ou parfois **« cinq cent onze »**

 ## ÉCRITURE DES NUMÉROS QUI SE TERMINENT PAR 11

Les numéros de téléphone à trois chiffres, dont les deux derniers sont des 1 (211, 311, etc.), permettent l'accès à divers services offerts à la population québécoise, et parfois aussi ailleurs au Canada et aux États-Unis. Ces numéros de téléphone s'écrivent sans trait d'union. Cette règle vaut également pour la désignation des services : le service 211, ou le 211.

> **Le numéro 211 permet notamment aux citoyens de la Capitale-Nationale et de la Chaudière-Appalaches d'obtenir de l'information sur les services qui leur sont offerts. Pour accéder à un service semblable à Montréal, c'est le 311 qu'on doit composer.**
>
> **Pour connaître l'état du réseau routier québécois, faire le 511.**

Le numéro de service d'urgence **911** peut s'écrire avec ou sans traits d'union (**9-1-1** ou **911**). On peut expliquer cette exception par le fait qu'il a été le premier numéro à trois chiffres à être utilisé et que sa graphie avec traits d'union mettait en évidence chacun de ses chiffres. Cette norme particulière vaut également pour la désignation du service : **le service d'urgence 911** (ou **le service d'urgence 9-1-1**), **le 911** (ou **le 9-1-1**).

> **Pour demander du secours, composer le 911 (ou 9-1-1).**
>
> **Le 911 (ou le 9-1-1) joue un rôle primordial dans l'organisation des services d'urgence sur le territoire.**

Protocole téléphonique

Le téléphone est un outil indispensable à la bonne marche d'une entreprise ou d'un organisme.

Pour que le téléphone soit un allié efficace, on doit connaître quelques procédures simples qui aident à bien communiquer. Il faut toutefois noter qu'il n'y a pas de règles strictes en ce qui a trait au protocole téléphonique. Les règles présentées ici sont d'ordre général et peuvent ne pas convenir à tous les contextes. Elles sont accompagnées d'une liste de formules usuelles à utiliser en téléphonie (p. 809) ainsi que d'une liste de mots et d'expressions à connaître (p. 811).

COURTOISIE

En raison de l'absence de contact visuel, les bonnes manières doivent s'entendre au téléphone. La sincérité, l'intérêt et le sourire doivent se refléter dans la voix.

Voici certaines façons de faire qui dénotent de la courtoisie :

- appeler en dehors des heures de repas, après 9 h, et avant 21 h, sauf si l'interlocuteur a précisé qu'il était possible de le faire à d'autres moments ;

- utiliser des formules usuelles de politesse (**s'il vous plaît, merci, ç'a été un plaisir de…, je vous en prie, excusez-moi, puis-je faire quelque chose pour vous, bonne journée, bonne fin de journée**) ;

- vouvoyer l'interlocuteur. L'emploi du *tu* est plus familier que l'emploi du *vous*. On tutoie habituellement les personnes que l'on connaît bien ou celles avec qui l'on veut nouer des liens de familiarité. Ainsi, de façon générale, on utilise le tutoiement lorsque l'on peut appeler son interlocuteur par son prénom, et le vouvoiement, lorsque l'on s'adresse à son correspondant ou à sa correspondante en disant *monsieur* ou *madame*. (Pour l'accord de l'adjectif ou du participe passé avec le *vous* de politesse, voir p. 170) ;

- personnaliser la conversation au besoin en prononçant le nom de l'interlocuteur ou de l'interlocutrice une ou deux fois au cours de la communication, en le faisant précéder de **monsieur** ou de **madame**, selon le cas (cette façon de faire qui n'est pas de mise lorsqu'on est en présence de la personne se justifie au téléphone pour remplacer le contact visuel) ;

- ne pas corriger la prononciation ou le vocabulaire de l'interlocuteur ;

- demander à l'interlocuteur la permission de mettre son appel en garde, le cas échéant, et lui expliquer pourquoi, car quand on connaît la raison de l'attente, on patiente plus volontiers ;

- éviter de faire du bruit (par exemple, des bruits de papier, le déclic d'un stylo à bille ou le son des touches du clavier d'un ordinateur peuvent être interprétés comme un manque d'intérêt) ;

- éviter de tousser, d'éternuer, de s'esclaffer ou de crier dans le combiné, ou encore de mâcher, de boire ou de manger en parlant au téléphone ;

- rappeler l'interlocuteur lorsqu'on s'est engagé à le faire.

RÉCEPTION D'UN APPEL

Les premières secondes d'une communication téléphonique sont primordiales puisqu'elles laissent une impression qui peut influencer les relations futures de l'appelant avec l'entreprise ou l'organisme. Pour donner une bonne image, on recommande de répondre avec un ton accueillant et de façon agréable, de s'exprimer clairement en demeurant poli et courtois, et de s'intéresser aux propos de l'interlocuteur.

L'usage veut qu'on réponde au téléphone après la deuxième sonnerie pour que la personne qui appelle ne s'impatiente pas et qu'elle ne pense pas qu'on la néglige.

Dès le début de la conversation, la personne qui répond doit donner, selon le cas, le nom de l'établissement, de la direction, du service, du bureau où elle travaille (afin que la personne qui appelle soit assurée qu'elle est au bon endroit) et elle peut ou non se nommer. Cette pratique est recommandée pour personnaliser les communications. Elle peut également terminer sa phrase d'accueil par **Bonjour**, surtout si celle-ci est courte. Même si certains en ont critiqué l'emploi dans le passé malgré son usage bien ancré tant en France qu'au Québec, *bonjour* peut être utilisé dans des phrases d'accueil pour établir une communication courtoise ou ouvrir la communication.

— **Laboratoire Technor, Direction des communications**
(D'autres formulations sont possibles, par exemple **Laboratoire Technor.
Ici Louis Dumais. En quoi puis-je vous être utile ?**
C'est à l'entreprise de trouver la phrase d'accueil qui convient.)

— **Service des communications, Sylvie Blondeau**

> — **Bureau du président, Hélène Delorme à l'appareil**
>
> — **Daniel Rodriguez, service après-vente**
>
> — **Agence Modex, bonjour !**
>
> — **Service des ressources humaines, bonjour !**

Lorsqu'il s'agit d'un appel qu'on reçoit à la maison, on peut répondre plus simplement en disant :

> — **Allô ?** (s'écrit aussi *allo*)
> — **Oui, allô ?**

Dans d'autres situations, la personne qui répond peut simplement se nommer ou faire précéder son nom de **ici** :

> — **Marc Durand**
> — **Ici Jean Poirier**
> — **Marie Larose à l'appareil**
> — **Marco Lafleur, bonjour !**

Lorsqu'on se nomme, on ne fait pas précéder son nom d'un titre de civilité, que ce soit *monsieur*, *madame*, *docteur* ou *maître*.

Si la personne qui répond ne s'est pas nommée et si c'est elle qu'on demande, elle répond simplement :

> — **C'est moi-même.** (et non *c'est elle-même, c'est lui-même*)
> — **Oui, c'est moi.**

Appels simultanés

Si le téléphone sonne alors qu'on est déjà en communication avec un correspondant et qu'il faut répondre au second appel, on doit s'excuser auprès de ce dernier, lui expliquer que le téléphone sonne, s'assurer qu'il a compris la situation, puis répondre à l'appel. On demande alors au deuxième interlocuteur de vouloir patienter un instant, puis on revient au premier correspondant en le remerciant d'avoir attendu et on essaie d'abréger l'entretien afin de ne pas faire patienter indûment le second interlocuteur.

Exemple de formule pour le premier correspondant :

> — **Madame Lajoie, voulez-vous m'excuser ?**
> **Je dois répondre à un autre appel, je vous reviens tout de suite.**

Exemple de formule pour le second interlocuteur :

> — **Puis-je vous demander d'attendre un moment ?**
> **Je suis déjà en ligne avec quelqu'un. Je vous reviens.**

Exemple de formule quand on revient au premier correspondant :

> — **Madame Lajoie ? Je vous remercie d'avoir patienté.**

Si on sait qu'on ne pourra mettre fin rapidement à la communication avec le premier correspondant, on propose au second interlocuteur de le rappeler dès que l'appel en cours sera terminé, puis on revient au premier correspondant.

> — **Puis-je vous rappeler dans un instant ? Je suis déjà au téléphone.**

Une fois la conversation terminée, on rappelle tout de suite le deuxième interlocuteur et on le remercie d'avoir permis de le rappeler.

> — **Bonjour, madame**[1]**. Ici Jean Bertrand. Je vous remercie d'avoir**
> **accepté que je vous rappelle. Que puis-je faire pour vous ?**

Appel et entretien simultanés

Il peut arriver qu'on s'entretienne avec quelqu'un et que le téléphone sonne, ou, à l'inverse, qu'on soit au téléphone et qu'une personne se présente.

Dans la première situation, on doit répondre au téléphone aussi rapidement qu'à l'habitude, parce qu'une réponse tardive peut être synonyme de négligence. On s'excuse d'abord auprès de la personne présente, puis on répond au téléphone. Si on peut satisfaire rapidement à la demande de l'appelant, on le fait et on met fin à la communication téléphonique. Si l'entretien téléphonique risque d'être long, on propose à l'appelant de le rappeler et on le remercie. On s'adresse ensuite à la personne présente en la remerciant d'avoir attendu.

---

1. Puisqu'on transcrit ici une conversation, des propos d'un dialogue, *monsieur* ou *madame* s'écrit avec une minuscule initiale, car on n'est pas dans un contexte épistolaire. La majuscule est de mise dans l'appel et la salutation d'une lettre, ou sur une carte d'invitation.

Exemple de formule pour la personne présente :

> — **Veuillez m'excuser, monsieur[1], je vous reviens dans un instant.**
> — **Excuse-moi, Jean, je te reviens.**

Exemple de formule pour l'appelant :

> — **Je ne peux pas vous répondre actuellement, car j'ai quelqu'un dans mon bureau. Puis-je vous rappeler ?**

Exemple de formule quand on revient à la personne présente :

> — **Merci d'avoir attendu, monsieur Leblanc.**

Si une personne se présente alors qu'on est au téléphone, il faut lui signifier, par un signe de tête ou un sourire, qu'on l'a vue ; on peut également lui faire signe de s'asseoir. Ainsi, même si l'on est occupé, elle se sentira bien accueillie. Il s'agit par la suite d'écourter la conversation téléphonique et d'y mettre fin.

APPELANT

La personne qui appelle demande la personne à qui elle veut parler et, si elle le désire, peut faire précéder sa demande de **Bonjour**, **Bonjour, madame** ou **Bonjour, Martine**. Il est de plus en plus admis de dire *bonjour* seul, mais il reste préférable, dans un contexte professionnel, d'ajouter un titre de civilité ou un prénom.

> — **Pourrais-je parler à monsieur Tremblay, s'il vous plaît ?**
> — **Bonjour, madame, puis-je parler à monsieur Tremblay, s'il vous plaît ?**
> — **Bonjour, est-ce que je peux parler à monsieur Tremblay, s'il vous plaît ?**

---

1. Puisqu'on transcrit ici une conversation, des propos d'un dialogue, *monsieur* ou *madame* s'écrit avec une minuscule initiale, car on n'est pas dans un contexte épistolaire. La majuscule est de mise dans l'appel et la salutation d'une lettre, ou sur une carte d'invitation.

Dès qu'il a obtenu la communication, l'appelant se nomme, mentionne s'il y a lieu le nom de l'entreprise ou de l'organisme qu'il représente et expose le motif de son appel :

> — **Bonjour, monsieur. Jean Dugré du Laboratoire Technor.**
>   **Je vous appelle pour...**
> — **Ici Jean Dugré du Laboratoire Technor. Bonjour, monsieur.**
>   **Je vous appelle pour...**

Si la personne à qui il veut parler est absente ou ne peut répondre à son appel, l'appelant laisse son nom, son numéro de téléphone ainsi qu'un bref message de manière que la personne qu'il a appelée puisse se préparer (prendre connaissance de son dossier, par exemple) avant de le rappeler.

ACHEMINEMENT D'UN APPEL

Dans certaines entreprises ou dans certains organismes, la première personne qui répond peut ne pas être la personne à qui l'appel est destiné ou ne pas être en mesure de répondre à la demande de l'appelant. Elle doit alors acheminer l'appel à la personne demandée ou à la personne la mieux placée pour donner les renseignements. Dans certains cas de transfert d'appel, il faut dire à l'appelant qu'on va diriger son appel vers un autre service ou une autre personne en lui fournissant la raison, s'il y a lieu, puis on lui demande de patienter un moment. Les formules à utiliser dans ce cas sont :

> — **Si vous voulez attendre quelques instants, je vais acheminer**
>   **votre appel au Service à la clientèle.**
> — **Je vous mets en communication avec M. Bergeron.**
>   (et non *Je vous transfère* ; mais on peut dire **Je transfère votre appel**)
> — **Ne quittez pas, je vous passe Mme Lajoie.**
> — **Restez en ligne, je transmets votre appel à M. Guérin.**
> — **Mme Fradette est à l'extérieur pour la journée, mais M. Paquet,**
>   **qui connaît bien le dossier, pourra vous renseigner. Restez**
>   **en ligne, je vous le passe.** (et non *Je vous communique*)

à quoi on peut ajouter :

> — **Vous êtes en communication.**
> — **Vous êtes en ligne.**

Avant d'acheminer l'appel, on peut également donner à l'appelant le nom et le numéro du poste de la personne à laquelle on passe la communication. Ainsi, lorsqu'il voudra parler de nouveau avec cette personne, l'appelant connaîtra déjà ses coordonnées.

> — **Je vous mets en communication avec M. Bergeron.**
> **Le numéro de son poste est le 234.**
> (On peut également dire : **Le numéro de son poste est 234** ou **Son poste est le 234.**)

Si l'on ne sait pas à qui acheminer la communication, on note les coordonnées de l'appelant, on prend un court message, puis on cherche la personne qui pourrait lui répondre et on lui transmet le message afin qu'elle le rappelle.

Absence connue

Si l'on doit quitter son bureau, même pour une courte période, il est préférable d'aviser la réceptionniste ou la secrétaire de son absence et, si possible, de lui donner l'heure approximative de son retour.

Lorsqu'elle sait qu'une personne demandée est absente ou occupée, la réceptionniste ou la secrétaire peut utiliser une formule du genre :

> — **Mme Duchêne est en conférence (ou en réunion).**
> **Désirez-vous qu'elle vous rappelle ?** (et non ... *qu'elle retourne votre appel*)
> — **M. Mercier est à l'extérieur ce matin. Puis-je prendre un message ?**
> — **Mme Laliberté sera absente jusqu'à lundi. Puis-je vous être utile ?**
> — **M. Dupont n'est pas au bureau aujourd'hui. Je peux vous passer**
> **son adjointe, si vous le désirez.**
> — **M. Tremblay sera de retour demain.**
> **Désirez-vous laisser un message dans sa boîte vocale ?**
> (Il vaut mieux utiliser la préposition **dans**, plutôt que *sur* ou *à*, dans les constructions formées à partir du terme *boîte vocale* ; par exemple : **laisser, acheminer** ou **déposer un message dans une boîte vocale ; messages reçus, enregistrés** ou **recueillis dans une boîte vocale.**)

Il faut éviter les formules du genre *M. Leblanc a quitté* ou *M. Leblanc a déjà quitté*, car le verbe *quitter* ne s'emploie sans complément direct que dans la formule *Ne quittez pas*. Il est préférable de dire : **M. Leblanc vient de partir.**

Absence inconnue

Si l'on ignore que la personne demandée est occupée ou absente, on peut utiliser, lorsqu'on revient à l'appelant, une formule comme :

— **Je regrette, le poste de Mme Larose est occupé.**
  Voulez-vous patienter ou **Désirez-vous patienter ?**
— **M. Leblanc est actuellement au téléphone.**
  Désirez-vous attendre ou préférez-vous qu'il vous rappelle ?
  (Il est préférable de proposer à la personne qui appelle de se faire rappeler et non qu'elle rappelle ultérieurement.)
— **Mme Laliberté n'est pas à son bureau pour le moment.**
  Désirez-vous laisser un message ?
— **Mme Laliberté n'est pas à son bureau en ce moment.**
  Est-ce qu'elle peut vous rappeler ?
— **M. Lebrun est absent pour le moment.**
  Voulez-vous parler à sa secrétaire ?
— **Mme Ladouceur est déjà au téléphone.**
  Puis-je lui demander de vous rappeler ?
— **Mme Fortier est déjà au téléphone.**
  Désirez-vous laisser un message dans sa boîte vocale ?
  (Il vaut mieux utiliser la préposition **dans**, plutôt que *sur* ou *à*, dans les constructions formées à partir du terme *boîte vocale* ; par exemple : **laisser, acheminer** ou **déposer un message dans une boîte vocale** ; **messages reçus, enregistrés** ou **recueillis dans une boîte vocale**.)

Il convient également de lui demander si on peut lui être utile :

— **M. Laplante est absent pour le moment.**
  Peut-être pourrais-je vous être utile ?
— **M. Laplante n'est pas disponible en ce moment.**
  Puis-je vous être utile ? (de préférence à *Puis-je vous aider ?*)

ATTENTE

Lors de l'acheminement d'un appel ou dans d'autres situations où l'on doit faire attendre l'interlocuteur, par exemple pour faire une recherche, on doit prévenir ce dernier, s'excuser et, s'il y a lieu, justifier cette attente. Voici quelques formulations possibles :

— **Ne quittez pas.** (et non *Gardez la ligne*)
— **Restez en ligne.** (et non *Restez sur la ligne*)
— **Un moment, s'il vous plaît.**
— **Un instant, je vous prie.**

> — **Excusez-moi un instant. Ne quittez pas.**
> — **Pouvez-vous patienter un instant ?**
> — **Merci de rester en ligne.**
> — **Voulez-vous attendre quelques instants ? Je vais aller chercher votre dossier. Merci. Je reviens tout de suite.**
> — **J'essaie de joindre** (et non *rejoindre*) **Mme Ladouceur. Veuillez patienter.**
> — **Cela va prendre quelques minutes. Souhaitez-vous attendre ou préférez-vous que je vous rappelle ?**
> — **Puis-je vous demander d'attendre quelques instants pendant que je cherche ce renseignement ?**

Lorsqu'on reprend l'appel :

> — **Monsieur Tremblay ? Excusez-moi de vous avoir fait attendre. Voici les renseignements que vous demandiez…**
> — **Merci d'avoir patienté.**

Si l'on sait que l'attente risque de se prolonger, on propose à la personne de la rappeler. Il ne faut pas oublier que le temps semble toujours long à la personne qui attend.

On peut employer des formules comme les suivantes :

> — **Mme Larose est toujours en communication. Désirez-vous patienter encore un peu ou préférez-vous laisser un message ?**
> — **Mme Larose est toujours au téléphone. Désirez-vous patienter encore ? Puis-je vous être utile ?**

FILTRAGE DES APPELS

Le filtrage des appels est une opération délicate, en ce sens que la personne qui répond doit agir avec tact et circonspection pour choisir une formule qui ne froissera pas l'interlocuteur. Les personnes qui ne veulent pas être dérangées ou qui n'acceptent d'être dérangées que par certains interlocuteurs doivent informer la réceptionniste de leur disponibilité et des noms des personnes à qui elles veulent bien parler. En cas d'oubli de leur part d'informer la réceptionniste, les formules ci-dessous pourraient être utiles pour annoncer à l'interlocuteur que la personne demandée ne peut pas ou ne désire pas lui parler :

> — **Je vais voir si M. Tremblay est disponible.**
> — **Je vérifie si M. Tremblay est libre.**

Lorsque l'on sait que la personne demandée ne peut ou ne veut répondre à l'appelant, plusieurs formules sont possibles :

> — **Je regrette, madame, mais M. Tremblay n'est pas disponible actuellement.**
> — **Je regrette, madame, mais M. Tremblay est déjà au téléphone.**
> — **Je regrette, madame, mais M. Tremblay vient d'entrer en réunion.**
> — **Je regrette, madame, mais M. Tremblay est en entrevue.**

On peut alors proposer une solution à l'interlocuteur :

> — **Désirez-vous laisser un message ?**
> — **Puis-je prendre vos coordonnées pour qu'il vous rappelle ?**
> (et non… *qu'il retourne votre appel*)

Lorsque l'on doit filtrer les appels, il faut éviter de poser des questions trop directes et familières comme :

> — *Qui parle ?*
> — *Qui l'appelle ?*
> — *Qui êtes-vous ?*
> — *C'est quoi votre nom ?*
> — *C'est pourquoi ?*

On doit plutôt adopter les formules suivantes, plus courtoises :

> — **Puis-je lui dire qui l'appelle ?**
> — **Qui dois-je annoncer ?**
> — **Vous êtes monsieur… ? ou madame… ?**
> — **C'est de la part de madame… ? ou de monsieur… ?**
> — **C'est de la part de qui, s'il vous plaît ?**
> (Cette formule peut cependant être ambiguë, laissant entendre que la personne téléphone de la part d'une autre.)
> — **De la part de qui, s'il vous plaît ?** (même remarque que ci-dessus)

PRISE DE MESSAGES

Il arrive que l'on doive suggérer à l'appelant de laisser un message pour un collègue absent ou occupé. Les formules utilisées peuvent être :

— **Puis-je prendre** ou **Puis-je lui faire un message ?**
— **Est-ce que je peux prendre un message ?**
— **Désirez-vous** ou **Voulez-vous laisser un message ?**

Lorsque l'on prend un message, il faut s'assurer que tous les points notés sont exacts, surtout lorsqu'il s'agit d'une adresse, d'un numéro de téléphone ou d'un appel qui doit avoir lieu à une date ou à une heure précises. On pourra poser les questions suivantes :

— **Pouvez-vous me rappeler votre nom ?** (Dans les cas où la personne s'est déjà nommée.)
— **Vous êtes madame… ?**
— **Qui doit-il demander ?**
— **De quelle entreprise ?** ou **De quel organisme ?**
— **À quel numéro peut-il vous joindre ?**
— **Quel est votre numéro de téléphone ?**
— **Y a-t-il un numéro de poste ?**
— **Quel est l'indicatif régional ?**
— **Est-ce le 450 ?** (La formulation *Est-ce dans le 450 ?* est de style familier.)
— **C'est à quel sujet, je vous prie ?**

On ne doit pas hésiter à demander à la personne d'épeler son nom (mais pas plus de deux fois) si on a un doute sur la graphie du nom :

— **Pouvez-vous m'épeler votre nom, je vous prie ?**

On peut répéter le numéro de téléphone pendant qu'on le note ; cela permet à l'interlocuteur de le corriger si on ne l'a pas bien compris. On peut utiliser une formule comme :

— **Vous avez bien dit le 418 234-1112 ?** (Pour connaître la façon de prononcer les chiffres d'un numéro de téléphone, voir p. 793.)
— **Pourriez-vous répéter le numéro, s'il vous plaît ?**

Pour conclure la prise du message, on suggère de le reformuler afin d'éviter toute erreur, puis on poursuit avec une formule du genre :

— **C'est bien noté.**
— **Je vais lui transmettre votre message dès son retour.**

MESSAGE TÉLÉPHONIQUE

Il est possible de combiner le formulaire de message téléphonique avec le bordereau de transmission (voir p. 740).

(voir p. 740)

IMPRIMERIE ENCRE-À-TOUT

19, rue Hébert, Québec (Québec) G0A 1N0
Téléphone : 418 571-2837
Télécopie : 418 571-0509

Message téléphonique

Pour

De la part de

Entreprise ou organisme

Téléphone   Poste

Téléphone cellulaire

☐ A téléphoné   ☐ Prière de rappeler

☐ A rappelé   ☐ Meilleur moment pour rappeler :

☐ Rappellera

☐ Urgent

Objet de l'appel ou commentaires

Reçu par

Heure   Date

MESSAGE TÉLÉPHONIQUE

Québec 🟦🟦

Message
☐ Urgent

Pour :

De la part de :

Entreprise ou organisme :

Tél. :

Poste :

Téléc. :

☐ Prière d'appeler   ☐ A rappelé

☐ Rappellera   ☐ Désire vous voir   ☐ Autre

☐ Prendre note et classer   ☐ Retourner avec plus de détails   ☐ Prière de répondre

☐ Prendre note et faire suivre   ☐ À titre de renseignement   ☐ Préparer réponse pour signature

☐ Prendre note et retourner   ☐ Pour approbation   ☐ Pour enquête et rapport

☐ Prendre note et me voir   ☐ Pour signature   ☐ Donner suite

☐ Retourner avec commentaires   ☐ Comme convenu   ☐ Avec nos remerciements

Commentaires :

Reçu par :   Heure :   Date :

CONCLUSION D'UNE COMMUNICATION

À la fin d'une conversation téléphonique, on doit remercier la personne de son appel et lui dire : **Au revoir** (et non *Bonjour*) suivi d'un titre de civilité. On peut également, s'il y a lieu, lui exprimer sa reconnaissance pour l'intérêt manifesté à l'égard de l'entreprise.

> — **Merci de votre appel. Au revoir, monsieur.**
> (Dans des situations de communications téléphoniques professionnelles, il est préférable d'ajouter un titre de civilité. Par ailleurs, puisqu'on transcrit ici une conversation, des propos d'un dialogue, *monsieur* s'écrit avec une minuscule initiale, car on n'est pas dans un contexte épistolaire. La majuscule est de mise dans l'appel et la salutation d'une lettre, ou sur une carte d'invitation.)
>
> — **Merci de nous avoir fait part de cette situation. Au revoir, monsieur.**
> — **Merci de faire confiance à... Au revoir, madame.**
> — **Je vous remercie. Bonne journée !**

Si l'appelant remercie la personne consultée de l'aide apportée, l'usage veut que cette dernière lui dise le plaisir qu'elle a eu à lui être utile, ou qu'elle demeure à sa disposition.

> — **Je vous en prie.** (et non *Bienvenue*. Le terme *Bienvenue*, dans ce contexte, est un anglicisme à éviter.)
> — **Il n'y a pas de quoi, monsieur le Maire.** (Le titre Maire prend la majuscule initiale parce qu'il remplace le nom de la personne.)
> — **De rien, madame.**
> — **Ce fut un plaisir de vous rendre service, monsieur.**
> — **N'hésitez pas à nous rappeler si nous pouvons vous être utiles.**

Qui doit raccrocher en premier, l'appelant ou l'appelé ?

La personne qui appelle raccroche généralement en premier. Si l'appelant s'attarde et ne veut pas mettre fin à la conversation, on peut essayer de mettre un terme à l'appel de diverses façons :

> — **Je vous prie de m'excuser, je dois maintenant raccrocher.**
> — **Excusez-moi, je vais devoir vous quitter, on m'appelle sur une autre ligne.**
> — **Veuillez m'excuser, mais je vais devoir mettre fin à la conversation, je dois aller en réunion.**

FORMULES USUELLES EN TÉLÉPHONIE

La liste ci-dessous contient des formules dont l'emploi est à éviter lorsqu'on est au téléphone et les formules correctes qui doivent les remplacer.

À éviter	À retenir
Pour se présenter	
Service des communications, *madame* Line Blondeau! (Lorsqu'on se nomme, on ne fait pas précéder son nom d'un titre de civilité.)	**Service des communications, Line Blondeau!** ou **Service des communications, Line Blondeau à l'appareil.**
Pour connaître le nom de l'appelant	
Qui êtes-vous? *Qui l'appelle?* *Qui parle?* (formules trop directes et familières)	**Puis-je lui dire qui l'appelle?** **Qui dois-je annoncer?** **Vous êtes monsieur...?** (ou **madame...?**) **C'est de la part de monsieur...?** (ou **de madame...?**)
C'est quoi votre nom? (construction fautive)	**C'est de la part de qui, s'il vous plaît?** **De la part de qui, s'il vous plaît?** (Ces formules peuvent cependant laisser entendre que la personne téléphone de la part d'une autre.)
Pour connaître le motif de l'appel	
C'est pourquoi?	**C'est à quel sujet, je vous prie?**
Puis-je vous aider?	**En quoi puis-je vous être utile?** **Que puis-je faire pour vous?** **Puis-je vous être utile?**
Pour faire patienter l'interlocuteur	
C'est occupé, vous patientez?	**M. Leblanc est déjà au téléphone. Désirez-vous attendre ou préférez-vous qu'il vous rappelle?** (Il est préférable de ne pas employer les mots *patience* et *patienter* lorsque l'appelant est impatient.)
Gardez la ligne. *Restez sur la ligne.* *Tenez la ligne.* *Demeurez en ligne.*	**Ne quittez pas.** **Restez en ligne.** **Un instant, s'il vous plaît.** **Un moment, je vous prie.**

À éviter	À retenir
Un instant.	**Un instant, s'il vous plaît.** **Excusez-moi un instant, ne quittez pas.**
Un moment.	**Un moment, je vous prie.**
Pour acheminer un appel	
Je vous communique. *Je vous transfère.*	**Je vous le/la passe.** **Je vous mets en communication avec...** **Je transfère votre appel.**
Pour justifier l'absence de la personne appelée	
Elle est à son dîner. *Elle est en congé.* *Elle est malade.* *Elle n'est pas encore arrivée.* *Elle est aux toilettes.*	**Elle est absente.** **Elle n'est pas à son bureau** **en ce moment.**
Il n'est pas encore revenu de manger.	**Il est sorti. Désirez-vous laisser** **un message?**
Il a quitté. *Il a déjà quitté.* (Le verbe *quitter* ne s'emploie sans complément direct que dans la formule *Ne quittez pas.*)	**Il vient de partir.** **Il a déjà quitté le bureau.**
Pour laisser un message dans une boîte vocale	
Voulez-vous sa boîte vocale? *Je vous transfère à sa boîte vocale.*	**Voulez-vous laisser un message** **dans sa boîte vocale?**
Divers	
Bienvenue. (en réponse à *Merci*)	**De rien.** **Je vous en prie.** **Il n'y a pas de quoi.**
Bonjour. (à la fin d'une conversation)	**Au revoir, madame** (ou **monsieur**).
C'est lui-même. C'est elle-même. (dans le cas où la personne qui répond ne s'est pas nommée et que c'est elle qu'on demande)	**C'est moi-même.** **C'est moi.**
Comment ça s'écrit?	**Pouvez-vous épeler votre nom/le nom** **de la rue, s'il vous plaît?**
Je ne peux pas vous parler, *j'ai quelqu'un.*	**Excusez-moi, mais j'ai déjà quelqu'un** **dans mon bureau. Puis-je vous** **rappeler dans quelques minutes?**

À éviter	À retenir
O.K.	**D'accord.**
	Entendu.
	Certainement.
	Très bien.
Comment?	**Pardon?**
Quoi?	
Qu'est-ce que vous dites?	**Pouvez-vous répéter, s'il vous plaît?**

MOTS ET EXPRESSIONS À CONNAÎTRE EN TÉLÉPHONIE

La liste ci-dessous contient, par ordre alphabétique, des formes dont l'emploi est à éviter en téléphonie et propose des mots et expressions pour les remplacer dans ce contexte. Voir aussi la liste p. 171.

À éviter	À retenir
# 43	**Poste** 43
A	
Acoustique	**Combiné**
Appel conférence	**Conférence téléphonique**
Assistance immédiate (Dans le cas d'un message d'accueil d'un répondeur ou d'une boîte vocale. Cette forme est à éviter, car il ne s'agit pas à proprement parler d'assistance.)	**Urgence** (Exemple : **Pour joindre le secrétariat ou en cas d'urgence, faites le 0.** [Et non pas *Si vous avez besoin d'assistance, faites le 0.*])
Avoir en ligne	Avoir **au bout du fil, au téléphone ; être en communication**
B	
Boîte téléphonique	**Cabine** téléphonique
C	
Canceller un appel	**Annuler** un appel
Charger un appel	**Porter au compte, facturer** un appel
Acceptez-vous les *charges?*	Acceptez-vous les **frais?**
Appel à *charges renversées*	Appel à **frais virés**

À éviter	À retenir
E	
Rappeler *en dedans de* quinze minutes	Rappeler **d'ici à** quinze minutes; rappeler **avant** quinze minutes
La ligne est *engagée*.	La ligne est **occupée**.
Être sur la ligne	**Occuper** la ligne, **utiliser une** ligne; la ligne **est occupée, la personne est au téléphone**
Extension 24	**Poste 24**
F	
Fermer la ligne	**Raccrocher (le combiné); mettre fin à la communication**
G	
Gardez la ligne.	**Ne quittez pas.** **Restez en ligne.** **Un instant, s'il vous plaît.** **Un moment, je vous prie.**
H	
Mettre *sur le hold*	Mettre **en garde**, mettre **en attente**
I	
Information	**Assistance-annuaire** (nom d'un service de certaines entreprises de téléphonie, permettant d'obtenir le nom, l'adresse et le numéro de téléphone d'une personne [d'une entreprise, etc.] abonnée à un service téléphonique)
L	
La *ligne* a été coupée.	La **communication** a été coupée.
Local 37	**Poste 37**
Loger un appel (téléphonique)	**Téléphoner, appeler, faire** un appel (téléphonique)
Un appel *longue distance*, un *longue distance*	Un appel **interurbain, un interurbain, une communication interurbaine**

À éviter	À retenir
M	
Vous avez fait un *méchant numéro*.	Vous avez fait un **mauvais numéro**, un **faux numéro**. Vous **n'avez pas composé le bon numéro**. **C'est un faux numéro.**
P	
Placer un appel	**Appeler, téléphoner, faire** un appel
R	
Rejoindre quelqu'un par téléphone	**Joindre** quelqu'un par téléphone
Faire *renverser les charges*	**Appeler à frais virés** ou, plus rarement, faire **virer les frais**
Retenue	**Garde, bouton de garde, bouton de mise en attente**
Faire un *retour d'appel*	**Rappeler ; rendre** un appel **Répondre à** un appel **Répondre à** un message **téléphonique**
Retourner un appel	**Rappeler ; rendre** un appel **Répondre à** un appel **Répondre à** un message **téléphonique**
S	
Signaler un numéro	**Composer, faire** un numéro
Signalez 9.	**Faites le** 9.
Il y a du *statique* sur la ligne.	Il y a du **brouillage** sur la ligne.
Restez *sur la* ligne.	**Ne quittez pas.** Restez **en ligne. Un instant, s'il vous plaît. Un moment, je vous prie.**
Téléphoner *sur* semaine	Téléphoner **en** semaine
T	
Recevoir un *téléphone*	Recevoir un **appel (téléphonique)**, un **coup de téléphone**
Téléphone *Touch-Tone* (*Touch-Tone* est une marque déposée.)	Téléphone **à clavier**

CODE D'ÉPELLATION

Le code d'épellation permet d'épeler les noms propres ou les noms communs difficiles, ou encore de distinguer des lettres dont la prononciation se ressemble et d'éviter ainsi la confusion. On épelle soit en énumérant les noms du code les uns après les autres, soit certaines lettres seulement qui risquent d'être mal comprises. Par exemple : « G comme Georges, O, N comme Nicolas » ou, s'il s'agit d'un code postal, « J comme Jacques, 3, M comme Marie, 2, P comme Pierre, 8 », et non pas *G comme dans Georges*, ni *G pour Georges*.

Il existe plusieurs codes d'épellation ; on suggère celui qui suit, composé principalement de prénoms.

A	comme	Alice	J	comme	Jacques	S	comme	Samuel
B		Berthe	K		Kilo	T		Thomas
C		Charles	L		Louis	U		Ursule
D		David	M		Marie	V		Victor
E		Édouard	N		Nicolas	W		William
F		François	O		Olivier	X		Xavier
G		Georges	P		Pierre	Y		Yvonne
H		Henri	Q		Québec	Z		Zoé
I		Isabelle	R		Robert			

SYSTÈME DE RÉPONSE VOCALE INTERACTIF, RÉPONDEUR ET BOÎTE VOCALE

Dans bon nombre d'entreprises et d'organismes, la personne qui appelle est accueillie par un système de réponse vocale interactif. Un tel système permet, à partir d'un téléphone, d'établir une communication dans les deux sens entre un utilisateur et un serveur vocal. L'utilisateur peut communiquer oralement avec le serveur (le serveur est alors doté d'un système de reconnaissance vocale) ou au moyen des touches du clavier de son téléphone.

Au Québec, conformément à la Charte de la langue française, les messages d'accueil de ces systèmes doivent être en français, et peuvent être à la fois en français et en une ou plusieurs autres langues si on le juge nécessaire. Dans ce dernier cas, il est d'usage dans les entreprises et obligatoire dans les organismes publics de commencer les messages par la version française et d'accorder la prédominance au français.

Pour les services téléphoniques centralisés, notamment pour les services à la clientèle, le message débute en français, se poursuit en anglais ou dans une autre langue avec une brève consigne sur la façon d'obtenir le service de renseignements dans cette langue, puis revient en français. Par exemple :

> **Ici le Laboratoire Technor. Si vous connaissez le numéro du poste de la personne que vous désirez joindre, faites-le maintenant. Si vous souhaitez l'aide de notre téléphoniste, faites le 0. For information service in English, press 1. Nos heures normales de bureau sont de 8 h 30 à 12 h et de 13 h à 16 h 30.**

Un message d'accueil doit être concis : plus il est court, plus l'attente est acceptable pour la personne qui appelle. Un message efficace confirme à l'appelant qu'il est au bon endroit.

> **Bienvenue chez Corbeil & Associés et merci de votre appel. Nous sommes désolés de ne pouvoir vous répondre en ce moment, mais laissez-nous un message et nous vous rappellerons le plus tôt possible. À bientôt !**
>
> **Ici Multimédia Imagiclic. Si vous connaissez le numéro du poste de la personne que vous voulez joindre, composez-le maintenant. Pour obtenir la liste des postes téléphoniques, faites le 2. Pour parler à notre réceptionniste, faites le 0 ou restez en ligne.**
>
> **Merci d'avoir appelé le Laboratoire Technor. Toutes nos lignes sont occupées. Nous allons prendre votre appel dans quelques instants. Veuillez rester en ligne pour conserver votre priorité d'appel. Nous sommes désolés de vous faire attendre.**
>
> **Bienvenue au Laboratoire Technor. Nos bureaux sont actuellement fermés. Merci de rappeler durant les heures d'ouverture, soit du lundi au vendredi, de 8 h 30 à midi et de 13 h 30 à 17 h ; vous pouvez aussi laisser un message après le signal sonore.**
>
> **Vous êtes en communication avec le Laboratoire Technor. Restez en ligne, nous allons prendre votre appel dans les plus brefs délais.**
>
> **Bienvenue au Laboratoire Technor. Nous prendrons votre appel dans quelques instants. Merci de rester en ligne. [Après un moment d'attente :] Votre appel est important pour nous. Nous vous prions de bien vouloir nous excuser pour cette attente. Merci. [ou encore :] Nous nous efforçons d'écourter votre attente. Merci de patienter quelques instants.**

> **Bienvenue au Laboratoire Technor. Un préposé prendra votre appel sous peu. Nous vous remercions de bien vouloir patienter quelques instants.**
>
> **Vous êtes bien au Service des achats. Comme nous ne pouvons vous répondre pour l'instant, veuillez nous laisser un message et nous vous rappellerons le plus tôt possible. Merci.**

MESSAGES TÉLÉPHONIQUES D'ABSENCE DU BUREAU

Ce type de messages doit être concis, mais complet, et confirmer à l'appelant qu'il est au bon endroit. Il le renseigne, s'il y a lieu, sur la durée de l'absence de la personne qu'il veut joindre en spécifiant la date de retour ou le moment du départ et le moment du retour. Si l'absence est longue ou d'une durée indéterminée, le message en fera mention. Il propose une solution de rechange (joindre un collègue ou la réception) et invite l'interlocuteur à laisser un message. L'appelé doit respecter son engagement de rappeler l'interlocuteur. Il se termine, par exemple, par **merci**, **à bientôt** ou **au revoir**.

L'enregistrement du message doit se faire dans un endroit silencieux. Un ton de voix accueillant et chaleureux et un texte sérieux témoignent du professionnalisme de l'entreprise ou de l'organisme.

> **Ici Dominique Bélanger. Il m'est impossible de répondre à votre appel pour le moment, mais laissez-moi un message après le bip et je vous rappellerai dès que possible. Merci et bonne journée.**
>
> **Ici Patricia Saint-Germain. Aujourd'hui, le mardi 17 mai, je serai en réunion jusqu'à midi et à mon bureau le reste de la journée. Laissez-moi votre nom, votre numéro de téléphone ainsi qu'un message et je vous rappellerai sans faute. Pour joindre le secrétariat ou en cas d'urgence, faites le 0.** (Et non pas *Si vous avez besoin d'assistance, faites le 0*, car il ne s'agit pas à proprement parler d'assistance.) **Merci.**
>
> **Ici Jean-Claude Paradis. Je serai absent jusqu'au lundi 25 avril inclusivement. Je vous invite à me laisser un message, car je prends mes messages à distance. Vous pouvez aussi vous adresser au secrétariat, au 514 234-5678. Merci.**
>
> **Ici Claire Carrier. Je suis en vacances du 11 au 29 juillet. Pendant mon absence, pour toute question relative à mes dossiers, vous pouvez communiquer avec Mme Jeanne Soulard, au 418 123-4567. Vous pouvez également me laisser un message et je vous rappellerai à mon retour. Si vous désirez joindre le secrétariat, faites le 0. Merci.**

Ici Marie Blanchard. Si vous entendez ce message, c'est que je suis soit déjà au téléphone, soit absente de mon bureau. Laissez-moi votre nom et votre numéro de téléphone et je vous rappellerai sans faute. Pour joindre le secrétariat ou en cas d'urgence, faites le 0. Merci.

Vous avez bien joint la boîte vocale de Gilles Charland. Je suis actuellement en réunion. Vous pourrez toutefois me joindre entre 13 h 30 et 15 h. Vous pouvez aussi me laisser un message après le signal sonore. Je vous rappellerai sans faute. À bientôt.

Bonjour. Vous avez bien joint la boîte vocale d'Aurélie Lapalme. Je suis actuellement en congé de maternité. Pour toute question relative à mes dossiers, je vous invite à joindre le secrétariat en faisant le 0. Au revoir.

MESSAGE LAISSÉ À UN INTERLOCUTEUR

Lorsqu'on téléphone à une personne et qu'on est accueilli par une boîte vocale ou un répondeur, la politesse demande qu'on laisse un court message. On donne son nom, sa fonction, le nom de l'entreprise ou de l'organisme pour lequel on travaille, son numéro de téléphone et l'objet de son appel. On peut également mentionner le jour et l'heure de l'appel ainsi que le meilleur moment pour être joint.

Ici Serge Raymond, directeur des ressources humaines chez Corbeil & Associés. J'ai bien reçu les documents que vous m'avez fait parvenir. N'hésitez pas à m'appeler au besoin. Mon numéro de téléphone est le 514 567-8901, poste 234. Au revoir.

Bonjour, ici Jean Côté, responsable des ressources matérielles au Laboratoire Technor. Nous sommes le 19 septembre. Il est 11 h 45. J'aimerais ajouter des articles à la commande faite hier avant qu'il ne soit trop tard pour la modifier. Pourriez-vous me rappeler aujourd'hui, avant 15 h ? Mon numéro de téléphone est le 418 901-2345. Merci.

Ici Serge Raymond, directeur des ressources humaines chez Corbeil & Associés. Je souhaiterais vous parler d'une candidature intéressante. Comme il m'est difficile de donner plus de détails dans votre boîte vocale, pouvez-vous me rappeler au 514 567-8901, poste 234 ? Merci.

Ici Jean Côté, responsable des ressources matérielles au Laboratoire Technor. Nous sommes lundi en fin d'après-midi. Je voulais vous proposer une date pour la visite de nos installations. Mon numéro de téléphone est le 418 901-2345. Je serai cependant difficilement joignable demain. Si nous n'arrivons pas à entrer en communication d'ici à mercredi, je vous rappellerai. Bonne journée.

> **Bonjour, ici Sylvie Gagnon, secrétaire chez Lemieux et Lachance.
> Le directeur a étudié le curriculum vitæ que vous nous avez envoyé
> et il souhaiterait vous rencontrer. J'aimerais que vous me rappeliez
> pour me dire si vous êtes d'accord et, si c'est le cas, que nous
> prenions rendez-vous pour une entrevue. Vous pouvez me joindre
> au 365 678-9012. Sylvie Gagnon, 365 678-9012. Merci.**

✚ Téléphonie cellulaire

COURTOISIE ET USAGE DU TÉLÉPHONE CELLULAIRE

Le téléphone cellulaire est un outil de communication de plus en plus indispensable :
il peut être utilisé partout, en tout temps. Par contre, il ne peut pas l'être n'importe
comment. Pour une communication efficace et polie, il importe d'être discret quand
on parle au cellulaire. Voici quelques usages qui font preuve de courtoisie dans cette
situation de communication.

- Choisir une sonnerie classique, en régler le volume au plus bas ou, mieux, laisser
  le téléphone en mode vibration. L'éteindre dans les endroits où son utilisation est
  interdite, dans les hôpitaux, par exemple.

- Dans les lieux publics, s'isoler pour discuter afin d'éviter que des bruits
  ambiants ne gênent la conversation, ou que la conversation ne gêne les autres
  personnes. En contexte professionnel, certains sons ambiants, comme des
  rires, peuvent nuire à la réputation de la personne qui parle ou à celle de son
  employeur. Éviter de donner des renseignements confidentiels à haute voix.
  Si l'isolement est impossible, proposer à l'interlocuteur de le rappeler plus tard.

> **Puis-je vous rappeler ? Je suis dans l'autobus.
> Je suis à la cafétéria, il serait préférable que je vous rappelle.**

- Ne pas parler en marchant, car la voix risque d'être haletante et de laisser
  croire à de l'émoi ou à de la précipitation. Proposer de reporter l'entretien en
  précisant la situation.

> **Est-ce que je pourrais vous rappeler ? Je traverse la rue.
> Je me dirige vers le bureau, je vous y rappelle dans dix minutes, d'accord ?**

- Prévenir l'interlocuteur d'une éventuelle rupture de communication et proposer de le rappeler plus tard si la conversation s'arrête brusquement.

> **Je suis dans un ascenseur. Je vous rappelle si je perds le signal.**
> **La pile de mon cellulaire est faible. Si notre conversation est**
> **interrompue, je vous rappelle ce soir.**

Dans le cas où la conversation a été interrompue, présenter des excuses à l'interlocuteur lorsqu'une nouvelle communication est établie.

> **Je suis désolée pour tout à l'heure. Nous en étions à fixer une date**
> **de rencontre.**
> **Excusez-moi pour l'interruption de conversation. Que disions-nous ?**
> **Où en étions-nous ? Nous parlions de….**

- En réunion, par respect, mentionner aux personnes présentes que l'appareil est éteint.

> **J'éteins mon téléphone.**
> **Je laisse mon cellulaire éteint.**

Mettre le cellulaire en mode vibration uniquement si un appel urgent est attendu. Le cas échéant, aviser de la situation la personne qui dirige la rencontre.

> **Ne m'en voulez pas si je m'absente, car je dois recevoir un appel urgent.**
> **J'attends un appel urgent. Excusez-moi si je sors pour y répondre.**

Prendre place près de la porte et quitter la salle dès que l'appareil vibre.

JOINDRE UNE PERSONNE SUR SON CELLULAIRE

En général, on sait qu'une personne qui fait ou reçoit un appel par cellulaire doit se montrer polie envers son interlocuteur tout en se faisant discrète. En contrepartie, on ne pense pas toujours qu'il existe aussi des règles de civilité à respecter quand on tente de joindre quelqu'un qui utilise un cellulaire. Voici quelques usages qui permettent de se montrer courtois en la matière, dans un contexte professionnel.

- Composer un numéro de cellulaire seulement sur autorisation ou s'il figure sur une carte professionnelle. Sinon, téléphoner au bureau ou au domicile de l'interlocuteur.

- Lorsque l'interlocuteur répond, ne pas commencer la conversation par des questions indiscrètes comme *où êtes-vous?*, *que faites-vous?*. De telles questions peuvent l'embarrasser. Ne poser ces questions que si la réponse est nécessaire, et une fois seulement que la conversation est engagée.

- Commencer la conversation en vérifiant si l'interlocuteur est disponible. Dans la négative, demander à l'interlocuteur quel est le meilleur moment pour le rappeler.

- Être aussi bref que possible. Si la conversation tend à se prolonger, proposer à l'interlocuteur de le rappeler à un numéro de téléphone fixe, car l'utilisation d'un cellulaire engendre parfois des frais liés au nombre de minutes de communication ou aux appels interurbains.

- Si on ne répond pas, laisser un message dans la boîte vocale de l'interlocuteur. Éviter les formules peu délicates comme *je n'arrive pas à vous joindre* ou *pourquoi votre cellulaire est-il éteint?*.

4ᵉ PARTIE

FÉMINISATION DES NOMS ET RÉDACTION ÉPICÈNE

FÉMINISATION DES NOMS ET RÉDACTION
ÉPICÈNE • PROFESSIONS, MÉTIERS, TITRES,
FONCTIONS ET APPELLATIONS
DE PERSONNES AU FÉMININ

Féminisation des noms et rédaction épicène

La rédaction épicène permet de rendre visible dans le texte la présence des femmes et des hommes. On l'appelle ainsi, car l'adjectif *épicène* qualifie un mot (nom, adjectif, pronom) qui a la même forme au masculin et au féminin. Selon le contexte, les mots épicènes désignent des êtres de sexe féminin ou des êtres de sexe masculin. Par exemple, les mots *artiste*, *élève*, *brave*, *riche*, *nous*, *on* sont épicènes. Par extension, cet adjectif s'applique donc à une façon d'écrire qui fait place aux deux genres, ce qu'on nomme *rédaction épicène*.

FÉMINISATION DES NOMS

Pour donner de la visibilité aux femmes dans les textes, il faut tout d'abord connaître les noms qui les désignent. Une liste des noms de professions, de métiers, de titres, de fonctions et d'autres appellations de personnes au féminin et au masculin est présentée aux pages 834-864. Le terme *appellation de personne* est très général. Il inclut les noms de professions, de métiers, de fonctions, mais aussi les noms qui désignent les hommes et les femmes engagés dans différentes activités sociales, artistiques, sportives ou autres : *golfeur/golfeuse*, *lecteur/lectrice*, *motard/motarde*, *électeur/électrice*, *exposant/exposante*, *voyageur/voyageuse* ; et des noms qui font référence à l'état ou au statut des personnes : *amateur/amatrice*, *boursier/boursière*, *chômeur/chômeuse*, *cégépien/cégépienne*, *délinquant/délinquante*, *hôte/hôtesse*, *paysan/paysanne*, *tuteur/tutrice*, etc.

Formes existantes et nouvelles formes

Il existe de très nombreuses formes féminines, recensées depuis longtemps dans les dictionnaires sous les entrées des noms masculins correspondants. Ces noms féminins, courants, bien formés et bien établis, sont toujours de mise et il n'y a pas lieu de les remplacer par des formes nouvelles ; ainsi, le féminin de *directeur* est *directrice* et non *directeure*, celui de *coiffeur* est *coiffeuse* et non *coiffeure*.

Parallèlement à ces appellations usuelles se sont développées de nouvelles déno-minations, comme *écrivaine* et *professeure*. D'autres féminins, plus récents, par exemple *commise* et *substitute*, peuvent encore sembler insolites, comme bien des néologismes. L'usage aura cependant tôt fait de les rendre familiers et il ne faut donc pas hésiter à les utiliser. Leur entrée dans les dictionnaires a bien commencé.

La création de nouvelles formes féminines, lorsqu'elle est nécessaire, doit respecter certaines règles. On crée des mots selon des modèles, qui appartiennent eux-mêmes à un système linguistique et qui s'inscrivent dans une évolution historique. À l'exception des noms épicènes, qui, pour la très grande majorité, se terminent déjà par *e*, la règle générale de formation du féminin se fait par l'ajout d'un *e* au nom masculin. Cet ajout s'accompagne souvent d'un changement de prononciation de la fin du mot et parfois d'un redoublement ou d'un changement de la consonne finale. Voici les principaux modèles de formation :

Noms masculins	Noms féminins
un cadre, un notaire	une cadre, une notaire
un juré, un préposé	une jurée, une préposée
un boulanger, un ambulancier	une boulangère, une ambulancière
un boxeur, un camionneur	une boxeuse, une camionneuse
un ingénieur, un proviseur	une ingénieure, une proviseure
un chanteur, un emprunteur	une chanteuse, une emprunteuse
un inspecteur, un administrateur	une inspectrice, une administratrice
un sportif, un veuf	une sportive, une veuve
un général, un contractuel	une générale, une contractuelle
un artisan, un doyen	une artisane, une doyenne
un exposant, un adjoint	une exposante, une adjointe
un tisserand, un second	une tisserande, une seconde
un maire, un bailleur	une mairesse, une bailleresse

Féminins des noms en *-eur* et en *-teur*

Les formes féminines des noms masculins qui finissent en *-eur* peuvent se terminer en *-euse* ou en *-eure*, et celles des noms masculins en *-teur* peuvent se terminer en *-teuse*, en *-teure* ou en *-trice*. La finale dépend de l'origine et de la formation du nom masculin.

L'emploi de la terminaison *-euse* pour former le féminin des noms masculins se terminant en *-eur*, ou de la terminaison *-teuse* pour former le féminin des noms masculins en *-teur*, est régulier en français. Dans ce contexte, *régulier* veut dire « qui suit la règle »; cela signifie que le système de la langue a donné ou devrait donner telle forme plutôt qu'une autre (*un directeur*, *une directrice* et non *une* *directeure*). On constate que les noms qui passent de *-eur* à *-euse* ou de *-teur à -teuse* viennent, dans la grande majorité des cas, d'un verbe directement lié au nom par le sens. On peut former ces noms à partir du participe présent du verbe, auquel on soustrait la terminaison *-ant* pour la remplacer par le suffixe nominal *-eur* ou *-euse*.

> **annoncer, annonçant, annonceur, annonceuse**
> **réviser, révisant, réviseur, réviseuse**
> **acheter, achetant, acheteur, acheteuse**

On associe parfois un certain caractère péjoratif au suffixe *-euse*. Dans le vocabulaire français, les mots qui se terminent en *-euse* sont souvent des désignations d'objets inanimés (*laveuse, berceuse, faucheuse*, etc.), ce qui peut donner, aux yeux de certains et certaines, une coloration négative aux nouvelles formes féminines en *-euse* (voir ci-dessus). Cette impression ne doit pas faire oublier la régularité du procédé de formation sous-jacent et inciter à rejeter ces formes.

Historiquement, les seules dénominations en *-eur* qui ont un féminin en *-eure* sont des noms qui expriment une comparaison : *inférieur/inférieure* ; *supérieur/ supérieure* ; *mineur/mineure* ; *prieur/prieure*. Ces féminins en *-eure* ont servi de modèles à la formation de nouvelles formes. En effet, certains noms masculins en *-eur* viennent directement de noms latins pour lesquels aucune forme féminine latine n'existait. Pour pallier l'absence de formes féminines et d'après le procédé général de formation, on a formé de nouveaux féminins par l'ajout du e muet au masculin. Il faut noter que ce e étant muet, on doit éviter de le prononcer expressément pour indiquer que l'on utilise le nom féminin. Contrairement aux noms en *-eur* qui ont un féminin en *-euse*, on remarque que ces noms ne viennent pas directement d'un verbe, ou encore que, s'il existe un verbe, il n'y a pas de lien sémantique clair entre ce verbe et le nom. Pour ce qui est des formes en *-teure*, elles sont des exceptions aux règles de formation du féminin, entérinées par l'usage.

> **un auteur, une auteure**
> **un ingénieur, une ingénieure**
> **un docteur, une docteure**

Enfin, certains noms masculins qui ont une terminaison en *-teur* ont leur féminin en *-trice*. Ces noms s'inscrivent souvent dans une famille qui comporte un nom se terminant par *-tion*, *-ture* ou *-torat*.

> **inspecteur, inspection, inspectrice**
> **agriculteur, agriculture, agricultrice**
> **lecteur, lectorat, lectrice**

La création de nouvelles formes féminines par l'ajout du *e* à la forme masculine en *-eur* a permis de combler certaines lacunes lexicales. Ces néologismes, créés au Québec, sont maintenant connus et diffusés dans les autres communautés de la francophonie. Il faut toutefois se garder de proposer de nouvelles formes qui entrent inutilement en concurrence avec des formes régulières et déjà établies. C'est pourquoi des formes comme *administrateure, chauffeure, chercheure, directeure, entraîneure, orienteure, recteure* ne sont pas retenues.

RÉDACTION ÉPICÈNE

Pour pratiquer ce genre de rédaction, il suffit de se familiariser avec deux grands procédés : la féminisation des textes et la formulation neutre. Rédiger de façon épicène présuppose évidemment de connaître les noms qui désignent spécifiquement les femmes (féminisation des noms ; voir la liste, p. 834). Quelques principes généraux de rédaction épicène servent ici de balises. Pour des explications détaillées, on peut consulter le guide *Avoir bon genre à l'écrit : guide de rédaction épicène*, de l'Office québécois de la langue française (voir la bibliographie, p. 924).

Principes généraux

- L'emploi exclusif du masculin, qu'on appelle *masculin générique*, pour désigner les hommes et les femmes n'est plus de mise. Le recours à une note explicative, en début de texte, qui indique que le masculin inclut les deux genres, ne convient pas non plus, puisqu'il constitue en soi un refus de faire une place aux formes féminines.

- On doit concevoir et rédiger le texte en intégrant, dès le départ, les formes féminines. Il est plus facile de rédiger directement de manière épicène que d'ajouter des féminins à un texte déjà rédigé au masculin.

- Pour ne pas nuire à la lisibilité du texte, il faut éviter les formes tronquées et l'emploi des parenthèses : *les ingénieur(e)s* ; de la barre oblique : *les étudiant/e/s inscrit/e/s* ; du trait d'union : *les chirurgien-ne-s* ; ou de la virgule : *les directeurs, trices*. Cette façon de faire est contraire à l'usage et gêne la lecture. Il en va de même de certaines innovations orthographiques, comme l'emploi d'un *e* majuscule : *les commerçantEs* ou de l'abréviation *H/F* : *un ingénieur H/F*.

- Il faut veiller à accorder correctement les adjectifs et les verbes lorsqu'ils se rapportent à la fois à un nom féminin et à un nom masculin.

- Il convient d'évaluer la pertinence du recours aux formes des deux genres. La rédaction épicène n'entraîne pas forcément l'emploi systématique des formes féminines et masculines dans toutes les phrases et dans tous les contextes. Une surabondance est à déconseiller, puisqu'elle alourdit inutilement le texte.

- C'est l'ensemble du texte qui doit comporter des formes féminines et des formes masculines ; on ne doit pas se limiter au premier paragraphe ou à la première mention d'un nom. Une répartition équilibrée et continue des deux genres importe davantage que le nombre total de formes.

- Il existe différents procédés de rédaction qui permettent de rendre visibles les hommes et les femmes. Pour éviter la monotonie, il faut avoir recours à ces divers moyens et ne pas se limiter à un seul, par exemple ne pas employer exclusivement des noms féminins et masculins.

- La rédaction épicène doit s'adapter à chaque texte, car le choix des procédés de féminisation et de formulation peut varier selon le type d'écrits et le contexte.

PROCÉDÉS DE RÉDACTION

Pour rédiger un texte dans lequel sont représentés équitablement les deux genres, on a recours à deux procédés de rédaction : la féminisation des textes et la formulation neutre.

Féminisation des textes

La féminisation des textes consiste à introduire dans le texte des termes désignant spécifiquement les femmes. Pour bien féminiser, il faut connaître les formes féminines (voir la liste, p. 834) et les intégrer correctement dans le texte.

Cette intégration se fait par la coordination de la forme féminine et de la forme masculine. L'ensemble ainsi formé s'appelle *doublet*. L'ordre des noms qui forment le doublet est libre, mais il n'est pas indifférent quant à l'image évoquée. Dans certains cas, le fait de varier cet ordre évite que le doublet ne devienne trop figé ; dans d'autres cas, dans un souci d'uniformité, il peut être préférable de toujours employer le même ordre (masculin-féminin ou féminin-masculin). Il est à noter que, lorsque les noms masculin et féminin ne sont pas accompagnés d'un adjectif ou d'un participe, et qu'il n'y a donc pas d'accord grammatical à faire, on placera indifféremment le nom masculin ou le nom féminin en premier lieu dans la phrase.

> **le directeur ou la directrice**
> **les étudiants et les étudiantes**
> **les agentes et agents de communication**
> **ceux et celles**
> **il ou elle**

Cependant, lorsque les noms masculin et féminin sont accompagnés d'un adjectif ou d'un participe, l'accord devant se faire au masculin, le nom masculin sera placé le plus près du mot à accorder.

> **les nombreux conseillers et conseillères**
> **les conseillères et conseillers présents**

Chaque nom du doublet peut être accompagné de son déterminant et, s'il y a lieu, de son adjectif.

> **les conseillers et les conseillères**
> **les étudiants diplômés et les étudiantes diplômées**

Mais pour les noms de forme simple (*technicien*, par exemple), on peut omettre le déterminant du second nom et, s'il y a lieu, le premier adjectif. Cette omission a pour effet de présenter l'ensemble des personnes désignées comme un seul groupe.

> **les conseillers et conseillères**
> **les étudiantes et étudiants diplômés**

Il est inutile de répéter un nom dont la forme est identique au féminin et au masculin. On se contente de doubler le déterminant.

> **une ou un garagiste**
> **le ou la juge**
> **la ou le psychologue**

Les noms qui désignent des personnes peuvent aussi être des noms de forme complexe (*technicien en informatique*, par exemple). Si le nom comporte un complément, on peut ne pas répéter ce complément.

> **un agent ou une agente de probation**
> **les chargés et chargées de cours**

Par contre, si l'appellation est formée de deux noms liés par un trait d'union, il faut obligatoirement répéter les deux noms. Il en va de même lorsqu'il s'agit d'un nom suivi d'un adjectif, dans une appellation figée.

> **un chirurgien-dentiste ou une chirurgienne-dentiste**
> **le lieutenant-gouverneur ou la lieutenante-gouverneure**
> **le conseiller financier et la conseillère financière**
> **une ingénieure civile ou un ingénieur civil**

La reprise pronominale d'un doublet se fait habituellement par un pronom masculin. L'emploi de deux pronoms, un féminin et un masculin, est également possible, mais déconseillé si le contexte comporte déjà plusieurs doublets.

> **Les enseignants et les enseignantes ont bien accepté les changements proposés. Ils se sont adaptés rapidement aux nouvelles façons de faire.**

Par contre, si l'on emploie un nom épicène pluriel, la reprise par les deux pronoms permet de réintroduire la dualité homme-femme.

> **Les médecins devront être plus mobiles. Ils et elles auront à se déplacer sur un plus grand territoire.**

L'emploi de doublets oblige à porter une attention particulière à l'accord des mots (verbes et adjectifs) en relation avec les éléments du doublet. La forme féminine et la forme masculine sont habituellement liées par une conjonction, *et* ou *ou*.

Quand la coordination est effectuée avec *et*, l'accord du verbe se fait au pluriel, puisque le sens exprime une addition.

> **Le citoyen et la citoyenne pourront se prévaloir de leur droit de vote.**

Quand la coordination est faite avec *ou* et que les éléments coordonnés sont au singulier, le verbe est le plus souvent au singulier : une seule personne, homme ou femme, fait l'action exprimée par le verbe.

> **Le directeur ou la directrice par intérim occupera ce poste pendant un an.**

L'accord au pluriel, bien que rare, n'est cependant pas exclu, en tenant compte du sens et du contexte.

> **L'étudiant ou l'étudiante qui <u>obtiendront</u> la note de passage…**
> (Cet accord est plus rare. Le *ou* a ici a un sens voisin de *et*, car, dans le contexte,
> un étudiant et une étudiante peuvent obtenir la note de passage.)

Si les éléments coordonnés sont au pluriel, l'accord se fait en conséquence : plusieurs personnes font l'action exprimée par le verbe.

> **Les gardiennes ou les gardiens <u>doivent</u> être très vigilants.**

Des adjectifs (et des participes passés employés comme adjectifs) peuvent qualifier les noms formant le doublet. Selon la règle habituelle d'accord de l'adjectif, l'accord se fait au masculin pluriel quand l'adjectif se rapporte à la fois à un nom masculin et à un nom féminin coordonnés par *et*. Dans certains cas, il faut placer le nom masculin près de l'adjectif pour éviter la discordance de genre entre un nom féminin et un adjectif masculin contigus. C'est ce qu'on appelle la **règle de proximité**.

> **L'étudiante et l'étudiant <u>étrangers</u> qui bénéficient d'une bourse
> ont des délais à respecter pour mener à terme leurs études.**

Quand le doublet est formé de deux appellations de personnes au singulier coordonnées par *ou*, l'adjectif reste au masculin singulier si, dans le contexte, il ne peut se dire que d'un seul élément. L'accord au masculin pluriel, bien que rare, n'est cependant pas exclu, en tenant compte du sens et du contexte. La règle de proximité est également valable dans le cas de doublets formés avec *ou*.

> **La députée ou le député <u>élu</u> dans cette circonscription devra reprendre
> ce dossier.** (Le contexte indique qu'il ne peut y avoir qu'une personne élue ;
> donc masculin singulier pour éviter de répéter l'adjectif.)
>
> **L'étudiante ou l'étudiant <u>inscrits</u> à ce cours…** (Cet accord est plus rare.
> Le *ou* ici a un sens voisin de *et*, car, dans le contexte, une étudiante et un étudiant
> peuvent être inscrits au cours.)

L'emploi de doublets doit se faire avec modération, car le recours systématique aux deux formes peut produire des textes maladroits et de lecture ardue.

Dans certains cas, l'introduction des formes féminines n'est pas de mise. En effet, la féminisation des textes ne signifie pas que tout peut ou doit être féminisé. De plus, il faut reproduire fidèlement les appellations officielles de ministères ou d'organismes formulées au masculin (*Bureau du coroner, Directeur de l'état civil*, etc.), les noms d'entreprises, les noms d'associations et d'ordres professionnels, les citations, les textes de loi et les documents juridiques. Voir PERSONNE MORALE, p. 117.

Par exemple, au Québec, le *Directeur général des élections* désigne à la fois une personne et une institution. On ne doit donc pas féminiser cette appellation. Toutefois, si la personne qui occupe ce poste est une femme, elle signera *directrice générale des élections* et elle portera ce titre. Il faut dissocier l'appellation officielle (le nom de l'institution) et la signature ou le titre de la personne occupant le poste : le premier ne se féminise pas, alors que la signature et le titre se féminisent.

Formulation neutre

La formulation neutre consiste à donner la préférence aux formes (noms, adjectifs, pronoms) qui ne sont ni masculines, ni féminines. Les mots choisis désignent donc aussi bien les femmes que les hommes. On peut également neutraliser un texte en adoptant une syntaxe qui évite l'emploi du masculin ou l'emploi systématique des deux formes.

Le choix des noms désignant les personnes est particulièrement important. Pour rendre le texte plus neutre, on peut faire appel à des noms collectifs, c'est-à-dire des noms singuliers qui désignent un ensemble de personnes, hommes et femmes. Les noms suivants sont des noms collectifs : *assemblée, auditoire, autorité, clientèle, collectivité, corps* (*enseignant, médical*, etc.), *effectif, électorat, équipe, foule, gens, lectorat, main-d'œuvre, personnel, population, public.*

> **le personnel**
> (plutôt que *les employés* ou que *les employés et les employées*)
> **le corps professoral**
> (plutôt que *les professeurs* ou que *les professeurs et les professeures*)
> **la population du Québec**
> (plutôt que *les Québécois* ou que *les Québécois et les Québécoises*)

On peut également utiliser, quand le contexte s'y prête, des noms qui désignent la fonction de la personne (*direction, présidence, secrétariat*, etc.) ou son unité administrative (*administration, département, direction, service*, etc.) plutôt que son titre.

la vice-présidence
(plutôt que *le vice-président* ou que *le vice-président ou la vice-présidente*)
le secrétariat
(plutôt que *la secrétaire* ou que *la ou le secrétaire*)
le service technique
(plutôt que *les techniciens* ou que *les techniciens et les techniciennes*)

L'emploi de noms épicènes, c'est-à-dire de noms qui ont la même forme au masculin et au féminin, par exemple *cadre, fonctionnaire, internaute, membre, responsable, scientifique*, permet également la neutralisation du texte. La marque du genre peut alors se faire par le déterminant. Quand cela est possible, l'emploi d'un nom épicène pluriel plutôt que singulier simplifie encore davantage le texte.

le ou la responsable du projet
(plutôt que *le chargé de projet* ou que *le chargé ou la chargée de projet*)
les spécialistes (plutôt que *les experts* ou que *les experts et les expertes*)
Les cadres doivent respecter le code de déontologie.
(plutôt que *Le ou la cadre doit respecter le code de déontologie.*)

Par ailleurs, le recours au nom *personne*, qui, bien que féminin, peut se dire d'un homme ou d'une femme, permet d'éviter les formes marquées en genre. Ainsi, on peut remplacer *le lecteur* ou encore *le lecteur et la lectrice* par *la personne qui lit*. Il ne faut toutefois pas abuser de cette formulation et utiliser le nom *personne* systématiquement pour éviter l'emploi des formes féminines et masculines.

Le recours à des adjectifs dont la forme est identique au féminin et au masculin contribue aussi à une formulation neutre. Ainsi, on pourrait substituer *habile* à *adroit* ou *adroite*, *irremplaçable* à *exceptionnel* ou *exceptionnelle*. De même, certains pronoms désignent aussi bien les hommes que les femmes ; c'est le cas entre autres des pronoms *je, tu, nous, vous, on, personne, quiconque*. Quand le contexte s'y prête, on peut privilégier l'emploi de ces pronoms.

Personne n'a posé de questions.
(plutôt que *Aucun participant n'a posé de questions* ou que *Aucun participant ni aucune participante n'a posé de questions.*)
La formation sera offerte à quiconque en fera la demande.
(plutôt que *La formation sera offerte à tous les employés qui en feront la demande* ou que *La formation sera offerte à tous les employés et employées qui en feront la demande.*)

On peut aussi opter pour des structures de phrase qui font appel à des noms ne faisant pas référence à des personnes.

> **Êtes-vous de citoyenneté canadienne?**
> (plutôt que *Êtes-vous citoyenne canadienne ou citoyen canadien?*)

Enfin, dans certains contextes, comme les descriptions de tâches ou l'affichage de postes, on peut éviter les formes alternantes (*il ou elle*, *le ou la responsable*, *le candidat ou la candidate*) en employant des verbes à l'infinitif ou des participes présents. Dans de tels contextes, le recours à un nom désignant les tâches ou les fonctions peut aussi être une solution. L'exemple suivant et les trois autres formulations illustrent ces différentes possibilités.

> **Le ou la responsable encadrera une équipe de quinze personnes.**
> **Il ou elle supervisera le service à la clientèle. Le ou la titulaire**
> **du poste s'assurera également que les délais de livraison sont respectés.**
>
> **Ses tâches consistent à encadrer une équipe de quinze personnes,**
> **à superviser le service à la clientèle et à s'assurer que les délais**
> **de livraison sont respectés.**
>
> **La personne responsable assume ses fonctions en encadrant**
> **une équipe de quinze personnes, en supervisant le service**
> **à la clientèle et en s'assurant que les délais de livraison sont respectés.**
>
> **Le ou la responsable assume les tâches suivantes : encadrement**
> **d'une équipe de quinze personnes, supervision du service**
> **à la clientèle et respect des délais de livraison.**

En réduisant l'emploi des formes masculines et des formes féminines, les procédés de formulation neutre permettent de rédiger des textes plus courts et de lecture aisée. On ne doit toutefois pas en abuser en éliminant systématiquement toutes les formes où le genre est visible; cela aurait pour effet de rendre le texte impersonnel. La formulation neutre se fait en alternance avec l'emploi des formes féminines et masculines.

Professions, métiers, titres, fonctions et appellations de personnes au féminin

Lorsque deux formes féminines sont indiquées et qu'elles ont le même sens, la première est préférable.

A

abatteur
abatteuse

abbé
abbesse

académicien
académicienne

accessoiriste
accessoiriste

accompagnateur
accompagnatrice

accordeur
accordeuse

acheteur
acheteuse

acousticien
acousticienne

acquéreur
acquéreuse
acquéresse
La forme *acquéresse* appartient
à la langue juridique.

actuaire
actuaire

acuponcteur
acuponctrice

acupuncteur
acupunctrice

adaptateur
adaptatrice

adjoint
adjointe

adjoint administratif
adjointe administrative

adjudant
adjudante

administrateur
administratrice

afficheur
afficheuse

affineur
affineuse

affréteur
affréteuse

affûteur
affûteuse

agent
agente

agent culturel
agente culturelle

agrafeur
agrafeuse

agrandisseur
agrandisseuse

agrégé
agrégée

agresseur
agresseuse

agriculteur
agricultrice

agronome
agronome

aidant
aidante

aide
aide

aide-mécanicien
aide-mécanicienne

aiguilleur
aiguilleuse

aîné
aînée

ajusteur
ajusteuse

alphabétiseur
alphabétiseuse

amateur
amatrice

ambassadeur
ambassadrice

ambulancier
ambulancière

aménageur
aménageuse

aménagiste
aménagiste

amiral
amirale

amuseur
amuseuse

analyseur
analyseuse

analyste
analyste

analyste financier
analyste financière

analyste juridique
analyste juridique

anatomiste
anatomiste

anesthésiste
anesthésiste

animalier
animalière

animateur
animatrice

annonceur
annonceuse

anthropologue
anthropologue

antiquaire
antiquaire

apiculteur
apicultrice

appareilleur
appareilleuse

appariteur
apparitrice

appelant
appelante

applicateur
applicatrice

apprenti
apprentie

apprêteur
apprêteuse

approvisionneur
approvisionneuse

appuyeur
appuyeuse

artilleur
artilleuse

attaché
attachée

aquaculteur
aquacultrice

artisan
artisane

audiologiste
audiologiste

arbitre
arbitre

artiste
artiste

auditeur
auditrice

arboriculteur
arboricultrice

asphalteur
asphalteuse

aumônier
aumônière

archéologue
archéologue

aspirant
aspirante

auteur
auteure

architecte
architecte

assembleur
assembleuse

auteur-compositeur
auteure-compositrice

archiviste
archiviste

assesseur
assesseure

autocaravanier
autocaravanière

armateur
armatrice

assistant
assistante

auxiliaire
auxiliaire

armurier
armurière

associé
associée

aviateur
aviatrice

aromaticien
aromaticienne

assureur
assureuse
assureure
La forme régulière du féminin
de *assureur* est *assureuse*.

aviculteur
avicultrice

arpenteur
arpenteuse

avocat
avocate

arpenteur-géomètre
arpenteuse-géomètre

astrologue
astrologue

ayant droit
ayant droit

arrangeur
arrangeuse

astronome
astronome

artificier
artificière

athlète
athlète

B

bagagiste
bagagiste

bailleur
bailleresse

balayeur
balayeuse

banlieusard
banlieusarde

banquier
banquière

barreur
barreuse

basketteur
basketteuse

bâtisseur
bâtisseuse

bâtonnier
bâtonnière

batteur
batteuse

bédéiste
bédéiste

bénéficiaire
bénéficiaire

bénévole
bénévole

benjamin
benjamine

berger
bergère

bétonnier
bétonnière

bibliothécaire
bibliothécaire

bienfaiteur
bienfaitrice

bijoutier
bijoutière

biochimiste
biochimiste

biologiste
biologiste

blanchisseur
blanchisseuse

blogueur
blogueuse

bobineur
bobineuse

bobinier
bobinière

botaniste
botaniste

bottier
bottière

boucher
bouchère

boulanger
boulangère

boulanger-pâtissier
boulangère-pâtissière

boursier
boursière

boxeur
boxeuse

brasseur
brasseuse

bricoleur
bricoleuse

brigadier
brigadière

briqueteur
briqueteuse

briqueteur-maçon
briqueteuse-maçonne

briquetier
briquetière

brocanteur
brocanteuse

bruiteur
bruiteuse

buandier
buandière

bûcheron
bûcheronne

bureauticien
bureauticienne

c

câbleur
câbleuse

cadet
cadette

cadre
cadre

cadreur
cadreuse

caissier
caissière

cambiste
cambiste

camelot
camelote
camelot
La forme régulière du féminin
de *camelot* est *camelote*.

camionneur
camionneuse

cancre
cancre

candidat
candidate

canoteur
canoteuse

cantinier
cantinière

cantonnier
cantonnière

capilliculteur
capillicultrice

capitaine
capitaine

caporal
caporale

caravanier
caravanière

cardiologue
cardiologue

carillonneur
carillonneuse

cariste
cariste

carnavalier
carnavalière

carreleur
carreleuse

carrossier
carrossière

cartographe
cartographe

cascadeur
cascadeuse

catalogueur
catalogueuse

cavalier
cavalière

cégépien
cégépienne

censeur
censeure

chancelier
chancelière

changeur
changeuse

chansonnier
chansonnière

chanteur
chanteuse
cantatrice
La forme *cantatrice* appartient
au domaine de l'opéra et
du chant classique.

chapelier
chapelière

charcutier
charcutière

chargé
chargée

chargé de cours
chargée de cours

chargeur
chargeuse

charpentier
charpentière

chasseur
chasseuse
chasseresse
La forme *chasseresse* appartient
à la langue poétique.

chasseur de têtes
chasseuse de têtes

chaudronnier
chaudronnière

chauffagiste
chauffagiste

chauffard
chauffarde

chauffeur
chauffeuse

chef
chef

chef de service
chef de service

cheminot
cheminote
cheminot
La forme régulière du féminin
de *cheminot* est *cheminote*.

chercheur
chercheuse

chevalier
chevalière

chimiste
chimiste

chiropraticien
chiropraticienne

chirurgien
chirurgienne

chocolatier
chocolatière

chômeur
chômeuse

chorégraphe
chorégraphe

chroniqueur
chroniqueuse

chronométreur
chronométreuse

cimentier
cimentière

cinéaste
cinéaste

ciseleur
ciseleuse

citoyen
citoyenne

civil
civile

clerc
clerc

client
cliente

clinicien
clinicienne

clown
clown

coconneur
coconneuse

cogniticien
cogniticienne

coiffeur
coiffeuse

collaborateur
collaboratrice

collègue
collègue

colonel
colonelle

colporteur
colporteuse

combattant
combattante

comédien
comédienne

comique
comique

commandant
commandante

commanditaire
commanditaire

commentateur
commentatrice

commerçant
commerçante

commis
commise
commis
La forme régulière du féminin
de *commis* est *commise*.

commis-vendeur
commise-vendeuse
commis-vendeuse

commissaire
commissaire

commissaire-priseur
commissaire-priseuse

communicateur
communicatrice

compagnon
compagne
compagnonne
La forme *compagnonne*
appartient au domaine de la
formation de la main-d'œuvre.

compétiteur
compétitrice

compositeur
compositrice

comptable
comptable

comptable
professionnel agréé
comptable
professionnelle agréée

concédant
concédante

concepteur
conceptrice

concessionnaire
concessionnaire

concierge
concierge

conciliateur
conciliatrice

conducteur
conductrice

confectionneur
confectionneuse

conférencier
conférencière

confiseur
confiseuse

confrère
consœur

conjoint
conjointe

connaisseur
connaisseuse

connecticien
connecticienne

conseil
conseil

conseiller
conseillère

conseiller municipal
conseillère municipale

conservateur
conservatrice

consommateur
consommatrice

constructeur
constructrice

consul
consule

consultant
consultante

conteur
conteuse

contractuel
contractuelle

contremaître
contremaître
contremaîtresse

contrevenant
contrevenante

contrôleur
contrôleuse

contrôleur aérien
contrôleuse aérienne

convoyeur
convoyeuse

coopérant
coopérante

coordonnateur **coordonnatrice**	courtier **courtière**	criminologue **criminologue**
cordonnier **cordonnière**	courtier immobilier **courtière immobilière**	critique **critique**
coroner **coroner**	couseur **couseuse**	croupier **croupière**
correcteur **correctrice**	couturier **couturière**	cueilleur **cueilleuse**
correspondancier **correspondancière**	couvreur **couvreuse**	cuisinier **cuisinière**
correspondant **correspondante**	créancier **créancière**	cultivateur **cultivatrice**
costumier **costumière**	créateur **créatrice**	curateur **curatrice**
cotisant **cotisante**	créatif **créative**	curateur privé **curatrice privée**
coureur **coureuse**	crémier **crémière**	curleur **curleuse**
courrier **courrière**	crêpier **crêpière**	cybernéticien **cybernéticienne**
courriériste **courriériste**	cribleur **cribleuse**	cycliste **cycliste**
coursier **coursière**	crieur **crieuse**	cytologiste **cytologiste**

D

danseur
danseuse

danseur de ballet
danseuse de ballet
ballerine

débardeur
débardeuse

débarrasseur
débarrasseuse

débatteur
débatteuse

débiteur
débiteuse
débitrice
L'appellation *débiteuse* désigne
une personne qui découpe
quelque chose en morceaux.
L'appellation *débitrice* désigne
une personne qui doit quelque
chose à quelqu'un.

débosseleur
débosseleuse

décapeur
décapeuse

décideur
décideuse

déclarant
déclarante

décorateur
décoratrice

découvreur
découvreuse

décrocheur
décrocheuse

défaillant
défaillante

défendeur
défenderesse
La forme *défenderesse*
appartient à la langue juridique.

défenseur
défenseuse

déficient
déficiente

déficient visuel
déficiente visuelle

défricheur
défricheuse

dégraisseur
dégraisseuse

dégustateur
dégustatrice

délateur
délatrice

délégué
déléguée

délégué commercial
déléguée commerciale

délinquant
délinquante

deltiste
deltiste

demandeur
demandeuse
demanderesse
La forme *demanderesse*
appartient à la langue juridique.

démarcheur
démarcheuse

déménageur
déménageuse

demi
demie

demi ailier
demie ailière

démineur
démineuse

démographe
démographe

démonstrateur
démonstratrice

dentiste
dentiste

denturologiste
denturologiste

dépanneur
dépanneuse

dépisteur
dépisteuse

député
députée

désinfecteur
désinfectrice

dessinateur
dessinatrice

détaillant
détaillante

détecteur
détectrice

détective
détective

détenteur
détentrice

détenu
détenue

diacre
diaconesse

didacticien
didacticienne

diététicien
diététicienne

diététiste
diététiste

diffuseur
diffuseuse

diplomate
diplomate

diplômé
diplômée

directeur
directrice

dirigeant
dirigeante

distillateur
distillatrice

distributeur
distributrice

docteur
docteure
Cette appellation désigne
aussi bien la personne qui
est titulaire d'un doctorat que
celle qui pratique la médecine.

doctorant
doctorante

documentaliste
documentaliste

domestique
domestique

domoticien
domoticienne

dompteur
dompteuse

donateur
donatrice

donneur
donneuse

doreur
doreuse

douanier
douanière

doyen
doyenne

dramaturge
dramaturge

dresseur
dresseuse

E

ébéniste **ébéniste**	édimestre **édimestre**	emballeur **emballeuse**
éboueur **éboueuse**	éditeur **éditrice**	embaumeur **embaumeuse**
ecclésiastique **ecclésiastique**	éditorialiste **éditorialiste**	émetteur **émettrice**
échantillonneur **échantillonneuse**	éducateur **éducatrice**	émigrant **émigrante**
échevin **échevine**	élagueur **élagueuse**	empailleur **empailleuse**
éclairagiste **éclairagiste**	électeur **électrice**	empaqueteur **empaqueteuse**
écolier **écolière**	électricien **électricienne**	empereur **impératrice**
écologiste **écologiste**	électromécanicien **électromécanicienne**	employé **employée**
économe **économe**	électronicien **électronicienne**	employeur **employeuse**
économiste **économiste**	élève **élève**	emprunteur **emprunteuse**
économiste-conseil **économiste-conseil**	éleveur **éleveuse**	encadreur **encadreuse**
écorceur **écorceuse**	élu **élue**	encanteur **encanteuse**
écrivain **écrivaine**	élu municipal **élue municipale**	enchérisseur **enchérisseuse**
écuyer **écuyère**	émailleur **émailleuse**	encodeur **encodeuse**

enfant
enfant

enquêteur
enquêteuse
enquêtrice
L'appellation *enquêteuse* désigne
une personne chargée d'une
enquête, alors que l'appellation
enquêtrice est plutôt réservée
au domaine de la statistique.

enseignant
enseignante

ensemblier
ensemblière

entraîneur
entraîneuse

entrant
entrante

entremetteur
entremetteuse

entrepreneur
entrepreneuse
entrepreneure
La forme régulière du féminin de
entrepreneur est *entrepreneuse*.

épicier
épicière

époux
épouse

équarrisseur
équarrisseuse

escrimeur
escrimeuse

espion
espionne

essayeur
essayeuse

esthéticien
esthéticienne

estimateur
estimatrice

étalagiste
étalagiste

étudiant
étudiante

étudiant étranger
étudiante étrangère

évaluateur
évaluatrice

examinateur
examinatrice

exécuteur
exécutrice

expéditeur
expéditrice

expert
experte

expert-comptable
experte-comptable

expert-conseil
experte-conseil

exploitant
exploitante

exportateur
exportatrice

exposant
exposante

externe
externe

F

fabricant
fabricante

facteur
factrice

facturier
facturière

faiseur
faiseuse

farceur
farceuse

fauteur
fautrice

faux-monnayeur
fausse-monnayeuse

ferblantier
ferblantière

fermier
fermière

ferrailleur **ferrailleuse**	fondeur **fondeuse**	fraiseur **fraiseuse**
figurant **figurante**	footballeur **footballeuse**	franchisé **franchisée**
filleul **filleule**	forain **foraine**	franchiseur **franchiseuse**
financier **financière**	forestier **forestière**	frappeur **frappeuse**
finissant **finissante**	foreur **foreuse**	frigoriste **frigoriste**
finisseur **finisseuse**	forgeron **forgeronne**	fripier **fripière**
fiscaliste **fiscaliste**	formateur **formatrice**	fromager **fromagère**
fleuriste **fleuriste**	fossoyeur **fossoyeuse**	fruiticulteur **fruiticultrice**
fonctionnaire **fonctionnaire**	fournisseur **fournisseuse**	fruitier **fruitière**
fondé **fondée**	fourreur **fourreuse**	fumeur **fumeuse**

G

galeriste **galeriste**	garde **garde**	général **générale**
garagiste **garagiste**	garde forestier **garde forestière**	généticien **généticienne**
garçon **fille**	gardien **gardienne**	géniteur **génitrice**
garçon de cuisine **fille de cuisine**	gendarme **gendarme**	géographe **géographe**

géologue
géologue

goûteur
goûteuse

graveur
graveuse

géomètre
géomètre

gouvernant
gouvernante

greffier
greffière

géophysicien
géophysicienne

gouverneur
gouverneure

grutier
grutière

gérant
gérante

graffiteur
graffiteuse

guérisseur
guérisseuse

gériatre
gériatre

grainier
grainière

guichetier
guichetière

gérontologue
gérontologue

graisseur
graisseuse

guide
guide

gestionnaire
gestionnaire

grammairien
grammairienne

gymnaste
gymnaste

glacier
glacière

grand chef
grande chef

gynécologue
gynécologue

golfeur
golfeuse

graphiste
graphiste

H

habilleur
habilleuse

historien
historienne

homme d'équipage
femme d'équipage

handicapé
handicapée

hockeyeur
hockeyeuse

homme de ménage
femme de ménage

handicapé auditif
handicapée auditive

homéopathe
homéopathe

homme-grenouille
femme-grenouille

haut-commissaire
haute-commissaire

homme
femme

horloger
horlogère

haut fonctionnaire
haute fonctionnaire

homme d'affaires
femme d'affaires

horticulteur
horticultrice

hôte
hôtesse
hôte
L'appellation *hôtesse* désigne la femme qui reçoit, et l'appellation *hôte*, la personne qui est reçue.

hôtelier
hôtelière

huileur
huileuse

huissier
huissière

humoriste
humoriste

hygiéniste
hygiéniste

hypnotiseur
hypnotiseuse

I

identificateur
identificatrice

illustrateur
illustratrice

imagiste
imagiste

imitateur
imitatrice

immigrant
immigrante

immigrant investisseur
immigrante
investisseuse

implanteur
implanteuse

importateur
importatrice

imprésario
imprésario

imprimeur
imprimeuse

improvisateur
improvisatrice

indicateur
indicatrice

industriel
industrielle

inférieur
inférieure

infirmier
infirmière

influenceur
influenceuse

infographiste
infographiste

informateur
informatrice

informaticien
informaticienne

ingénieur
ingénieure

ingénieur civil
ingénieure civile

ingénieur forestier
ingénieure forestière

inséminateur
inséminatrice

inspecteur
inspectrice

installateur
installatrice

instituteur
institutrice

instructeur
instructrice

intellectuel
intellectuelle

intendant
intendante

intercesseur
intercesseure

intérimaire
intérimaire

interlocuteur
interlocutrice

interne
interne

interniste
interniste

interprète
interprète

interrogateur
interrogatrice

intervenant
intervenante

intervieweur
intervieweuse

intrapreneur
intrapreneuse
intrapreneure

inventeur
inventrice

investigateur
investigatrice

investisseur
investisseuse

itinérant
itinérante

J

jardinier
jardinière

joaillier
joaillière

jockey
jockey

jointoyeur
jointoyeuse

jongleur
jongleuse

joueur
joueuse

journalier
journalière

journaliste
journaliste

journaliste sportif
journaliste sportive

judoka
judoka

juge
juge

juré
jurée

juriste
juriste

K

kamikaze
kamikaze

karatéka
karatéka

kayakiste
kayakiste

kinésithérapeute
kinésithérapeute

kiosquaire
kiosquaire

kiosquier
kiosquière

**PROFESSIONS, MÉTIERS, TITRES, FONCTIONS
ET APPELLATIONS DE PERSONNES AU FÉMININ**

L

laborantin **laborantine**	lettreur **lettreuse**	livreur **livreuse**
laïc, laïque **laïque**	lexicographe **lexicographe**	lobbyiste **lobbyiste**
laitier **laitière**	libraire **libraire**	locuteur **locutrice**
lamineur **lamineuse**	licencié **licenciée**	logisticien **logisticienne**
lanceur **lanceuse**	lieutenant **lieutenante**	lotisseur **lotisseuse**
langagier **langagière**	lieutenant-gouverneur **lieutenante-gouverneure**	loueur **loueuse**
lauréat **lauréate**	linger **lingère**	ludothécaire **ludothécaire**
laveur **laveuse**	linguiste **linguiste**	lunetier **lunetière**
lecteur **lectrice**	liquidateur **liquidatrice**	luthier **luthière**
législateur **législatrice**	liseur **liseuse**	lutteur **lutteuse**

M

machiniste **machiniste**	magasinier **magasinière**	magnat **magnate**
maçon **maçonne**	magicien **magicienne**	maïeuticien **maïeuticienne**
maestro **maestro**	magistrat **magistrate**	

maire
mairesse
maire
La forme régulière du féminin
de *maire* est *mairesse*.

maître
maître
maîtresse
L'appellation *maître* désigne
aussi bien la personne qui excelle
dans un domaine que celle
qui est titulaire d'une maîtrise.
La forme *maîtresse* demeure
dans certaines expressions
comme *maîtresse d'école*
ou *maîtresse de maison*.

maître chanteur
maître chanteuse

maître d'hôtel
maître d'hôtel

maître d'œuvre
maître d'œuvre

majeur
majeure

major
majore

majordome
majordome

malentendant
malentendante

malfaiteur
malfaitrice

malvoyant
malvoyante

mandataire
mandataire

manipulateur
manipulatrice

mannequin
mannequine
mannequin
La forme régulière du féminin
de *mannequin* est *mannequine*.

manœuvre
manœuvre

manucure
manucure

manutentionnaire
manutentionnaire

maquettiste
maquettiste

maquilleur
maquilleuse

maraîcher
maraîchère

marathonien
marathonienne

marchand
marchande

marchandiseur
marchandiseuse

maréchal
maréchale

maréchal-ferrant
maréchale-ferrante

marguillier
marguillière

marin
marin

marinier
marinière

marionnettiste
marionnettiste

maroquinier
maroquinière

masseur
masseuse

massothérapeute
massothérapeute

matelot
matelote
matelot
La forme régulière du féminin
de *matelot* est *matelote*.

mathématicien
mathématicienne

mécanicien
mécanicienne

mécatronicien
mécatronicienne

mécène
mécène

médecin
médecin

médiateur
médiatrice

médium
médium

membre
membre

meneur
meneuse

mentor
mentore

mentoré
mentorée

mercaticien
mercaticienne

mésadapté social
mésadaptée sociale

messager
messagère

métallurgiste
métallurgiste

météorologue
météorologue

métreur
métreuse

metteur en pages
metteuse en pages

metteur en scène
metteuse en scène

meunier
meunière

militaire
militaire

militant
militante

mime
mime

mineur
mineure
mineuse

L'appellation *mineure* désigne
une personne qui n'a pas atteint
l'âge de la majorité.

L'appellation *mineuse* est utilisée
dans le domaine des mines.

ministre
ministre

mireur
mireuse

modèle
modèle

modiste
modiste

moine
moniale

monarque
monarque

monéticien
monéticienne

moniteur
monitrice

monteur
monteuse

motard
motarde

motomariniste
motomariniste

motoneigiste
motoneigiste

mouleur-fondeur
mouleuse-fondeuse

mouliste
mouliste

musicien
musicienne

musicologue
musicologue

N

nageur
nageuse

navigateur
navigatrice

notaire
notaire

narrateur
narratrice

négociant
négociante

notateur
notatrice

natif
native

négociateur
négociatrice

nourrisson
nourrissonne

naturaliste
naturaliste

nettoyeur
nettoyeuse

novice
novice

naturiste
naturiste

non-résident
non-résidente

nutritionniste
nutritionniste

naturopraticien
naturopraticienne

normalisateur
normalisatrice

O

objecteur
objectrice

officier
officière

opposant
opposante

observateur
observatrice

offrant
offrante

oppresseur
oppresseure

obstétricien
obstétricienne

oiseleur
oiseleuse

opticien
opticienne

occasionnel
occasionnelle

oiselier
oiselière

optoélectronicien
optoélectronicienne

œnologue
œnologue

oncologue
oncologue

optométriste
optométriste

offenseur
offenseuse

opérateur
opératrice

orateur
oratrice

officiel
officielle

ophtalmologiste
ophtalmologiste

orchestrateur
orchestratrice

ordonnateur
ordonnatrice

orfèvre
orfèvre

organisateur
organisatrice

orienteur
orienteuse

ostéopathe
ostéopathe

ostéopraticien
ostéopraticienne

ostréiculteur
ostréicultrice

otage
otage

outilleur
outilleuse

ouvreur
ouvreuse

ouvrier
ouvrière

P

pair
paire

pair aidant
paire aidante

palefrenier
palefrenière

papetier
papetière

parachutiste
parachutiste

parapentiste
parapentiste

parfumeur
parfumeuse

paria
paria

parieur
parieuse

parlementaire
parlementaire

parolier
parolière

parqueteur
parqueteuse

parraineur
parraineuse

partenaire
partenaire

participant
participante

particulier
particulière

partisan
partisane

passeur
passeuse

pasteur
pasteure

patient
patiente

patineur
patineuse

pâtissier
pâtissière

patron
patronne

patronnier
patronnière

patrouilleur
patrouilleuse

payeur
payeuse

paysagiste
paysagiste

paysan
paysanne

péagiste
péagiste

pêcheur
pêcheuse

pédologue
pédologue

photographe
photographe

plasticien
plasticienne

peintre
peintre

physicien
physicienne

plâtrier
plâtrière

pensionnaire
pensionnaire

pianiste
pianiste

plombier
plombière

percepteur
perceptrice

piéton
piétonne

plongeur
plongeuse

perchiste
perchiste

pigiste
pigiste

podiatre
podiatre

percussionniste
percussionniste

pilote
pilote

podologue
podologue

père abbé
mère abbesse

pisciculteur
piscicultrice

poète
poète

perforateur
perforatrice

placeur
placeuse

poinçonneur
poinçonneuse

performeur
performeuse

placier
placière

poissonnier
poissonnière

perruquier
perruquière

plaignant
plaignante

policier
policière

peseur
peseuse

plaisantin
plaisantine

polisseur
polisseuse

pharmacien
pharmacienne

planchiste
planchiste

politicologue
politicologue

philosophe
philosophe

planificateur
planificatrice

politique
politique

phonéticien
phonéticienne

planificateur financier
planificatrice financière

politologue
politologue

photocomposeur
photocomposeuse

planteur
planteuse

pomiculteur
pomicultrice

pompier
pompière

pompiste
pompiste

portageur
portageuse

porte-parole
porte-parole

porteur
porteuse

portier
portière

poseur
poseuse

possesseur
possesseure

postier
postière

postulant
postulante

potier
potière

pourvoyeur
pourvoyeuse

praticien
praticienne

précepteur
préceptrice

précurseur
précurseure

prédateur
prédatrice

prédécesseur
prédécesseure

prédicateur
prédicatrice

préfacier
préfacière

préfet
préfète

premier ministre
première ministre

preneur
preneuse

préparateur
préparatrice

préposé
préposée

présentateur
présentatrice

président
présidente

président-directeur
général
**présidente-directrice
générale**

prestataire
prestataire

prestidigitateur
prestidigitatrice

prêteur
prêteuse

prêtre
**prêtre
prêtresse**
Au féminin, l'appellation *prêtre*
désigne une ministre du culte.

L'appellation *prêtresse* est plutôt
réservée à la ministre des
religions antiques.

prieur
prieure

prince
princesse

principal
principale

procureur
**procureure
procureuse
procuratrice**
L'appellation *procuratrice*,
utilisée comme féminin
de *procureur*, est rare.

Elle désigne une femme
qui a pouvoir d'agir pour
quelqu'un par procuration.

procureur
de la Couronne
**procureure
de la Couronne
procureuse
de la Couronne**

producteur
productrice

producteur agricole
productrice agricole

professeur
professeure

professeur-chercheur
professeure-chercheuse

professionnel
professionnelle

profileur
profileuse

programmateur
programmatrice

programmeur
programmeuse

projeteur
projeteuse

promoteur
promotrice

proposeur
proposeuse

prosateur
prosatrice

prospecteur
prospectrice

prostitué
prostituée

protecteur
protectrice

proviseur
proviseure

psychanalyste
psychanalyste

psychiatre
psychiatre

psychologue
psychologue

publicitaire
publicitaire

puériculteur
puéricultrice

pupitreur
pupitreuse

Q

qualiticien
qualiticienne

quartier-maître
quartier-maître

quidam
quidam

quincaillier
quincaillière

R

rabbin
rabbine

raboteur
raboteuse

raccommodeur
raccommodeuse

radiologiste
radiologiste

radiologue
radiologue

ramancheur
ramancheuse

rameur
rameuse

ramoneur
ramoneuse

randonneur
randonneuse

rapporteur
rapporteuse

réalisateur
réalisatrice

reboiseur
reboiseuse

rebouteur
rebouteux
rebouteuse

recenseur
recenseuse

récepteur
réceptrice

réceptionnaire
réceptionnaire

réceptionniste
réceptionniste

receveur
receveuse

recherchiste
recherchiste

récitant
récitante

recruteur
recruteuse

recteur
rectrice

rectifieur
rectifieuse

recycleur
recycleuse

rédacteur
rédactrice

redresseur
redresseuse

rééducateur
rééducatrice

régisseur
régisseuse

registraire
registraire

régleur
régleuse

régulateur
régulatrice

relieur
relieuse

religieux
religieuse

rembourreur
rembourreuse

remmailleur
remmailleuse

remplaçant
remplaçante

réparateur
réparatrice

répartiteur
répartitrice

repasseur
repasseuse

répétiteur
répétitrice

répondant
répondante

reporteur
reporteuse
reportrice
L'appellation *reporteuse*
est utilisée dans le domaine
de l'imprimerie.
L'appellation *reportrice*
est utilisée dans le domaine
journalistique.

représentant
représentante

repris de justice
reprise de justice

reproducteur
reproductrice

requérant
requérante

réserviste
réserviste

résident
résidente

résident permanent
résidente permanente

responsable
responsable

ressortissant
ressortissante

restaurateur
restauratrice

retoucheur
retoucheuse

retraité
retraitée

revendeur
revendeuse

réviseur
réviseuse
réviseure
La forme régulière du féminin
de *réviseur* est *réviseuse*.

romancier
romancière

rôtisseur
rôtisseuse

routeur
routeuse

routier
routière

s

sableur
sableuse

sacristain
sacristine

sage-homme
sage-femme

salarié
salariée

samouraï
samouraï

sans-abri
sans-abri

sapeur
sapeuse

sapeur-pompier
sapeuse-pompière

saucier
saucière

sauveteur
sauveteuse

sauveur
sauveuse

savant
savante

scaphandrier
scaphandrière

scénariste
scénariste

scientifique
scientifique

scieur
scieuse

scripte
scripte

scripteur
scriptrice

scrutateur
scrutatrice

sculpteur
sculptrice
sculpteure
La forme régulière du féminin
de *sculpteur* est *sculptrice*.

second
seconde

secouriste
secouriste

secrétaire
secrétaire

secrétaire général
secrétaire générale

secrétaire-trésorier
secrétaire-trésorière

sénateur
sénatrice

sergent
sergente

sondeur
sondeuse

stadier
stadière

serriste
serriste

sortant
sortante

stagiaire
stagiaire

serrurier
serrurière

soudeur
soudeuse

standardiste
standardiste

serveur
serveuse

souffleur
souffleuse

statisticien
statisticienne

serviteur de l'État
servante de l'État

soumissionnaire
soumissionnaire

sténotypiste
sténotypiste

shampouineur
shampouineuse

souscripteur
souscriptrice

stylicien
stylicienne

signaleur
signaleuse

sous-ministre
sous-ministre

styliste
styliste

signaleur routier
signaleuse routière

soussigné
soussignée

substitut
substitute
substitut
La forme régulière du féminin
de *substitut* est *substitute*.

signataire
signataire

sous-titreur
sous-titreuse

skieur
skieuse

sous-traitant
sous-traitante

successeur
successeure

soigneur
soigneuse

spécialiste
spécialiste

sujet
sujette

soldat
soldate

spectateur
spectatrice

supérieur
supérieure

solliciteur
solliciteuse

spoliateur
spoliatrice

superviseur
superviseuse
superviseure
La forme régulière du féminin
de *superviseur* est *superviseuse*.

sommelier
sommelière

sportif
sportive

suppléant
suppléante

surintendant
surintendante

sylviculteur
sylvicultrice

supporteur
supportrice

surveillant
surveillante

syndic
syndique

T

tabaculteur
tabacultrice

télématicien
télématicienne

tiers
tierce

tailleur
tailleuse

téléphoniste
téléphoniste

tisserand
tisserande

tanneur
tanneuse

télévendeur
télévendeuse

tisseur
tisseuse

tapissier
tapissière

témoin
témoin

titulaire
titulaire

tarificateur
tarificatrice

teneur de livres
teneuse de livres

toiletteur
toiletteuse

tatoueur
tatoueuse

terminologue
terminologue

tôlier
tôlière

technicien
technicienne

terrassier
terrassière

tondeur
tondeuse

technicien forestier
technicienne forestière

thanatologue
thanatologue

tonnelier
tonnelière

technologue
technologue

thanatopracteur
thanatopractrice

topographe
topographe

teinturier
teinturière

théologien
théologienne

toponymiste
toponymiste

téléenquêteur
téléenquêtrice

thérapeute
thérapeute

tordeur
tordeuse

torero
torero
torera

torréfacteur
torréfactrice

tourbier
tourbière

tourneur
tourneuse

traceur
traceuse

traducteur
traductrice

tragédien
tragédienne

traiteur
traiteuse

transporteur
transporteuse

trappeur
trappeuse

travailleur
travailleuse

travailleur social
travailleuse sociale

trésorier
trésorière

tricoteur
tricoteuse

trieur
trieuse

trompettiste
trompettiste

tronçonneur
tronçonneuse

tuteur
tutrice

tuyauteur
tuyauteuse

typographe
typographe

U

universitaire
universitaire

urbaniste
urbaniste

urgentiste
urgentiste

urgentologue
urgentologue

urologue
urologue

usager
usagère

usineur
usineuse

utilisateur
utilisatrice

V

vagabond
vagabonde

vainqueur
vainqueure
vainqueuse

vannier
vannière

varappeur
varappeuse

veilleur
veilleuse

vendangeur
vendangeuse

vendeur
vendeuse
venderesse
La forme *venderesse* appartient
à la langue juridique.

vérificateur
vérificatrice

vernisseur
vernisseuse

verrier
verrière

vétéran
vétérane

vétérinaire
vétérinaire

veuf
veuve

vice-président
vice-présidente

vice-roi
vice-reine

vidéaste
vidéaste

videur
videuse

vigneron
vigneronne

villégiateur
villégiatrice

vinaigrier
vinaigrière

violoniste
violoniste

visiteur
visiteuse

viticulteur
viticultrice

vitrier
vitrière

voilier
voilière

voiturier
voiturière

volcanologue
volcanologue

volleyeur
volleyeuse

voltigeur
voltigeuse

voyageur
voyageuse

voyagiste
voyagiste

voyant
voyante

vulgarisateur
vulgarisatrice

W, X, Z

wagonnier **wagonnière**	xénophobe **xénophobe**	zingueur **zingueuse**
webmestre **webmestre**	xylophoniste **xylophoniste**	zoologiste **zoologiste**
xénophile **xénophile**	zététicien **zététicienne**	zootechnicien **zootechnicienne**

5ᵉ PARTIE

TOPONYMIE

QUELQUES DÉFINITIONS • NOMS DE VILLES
ET AUTRES NOMS GÉOGRAPHIQUES •
NOMS DE VOIES DE COMMUNICATION,
OU ODONYMES, ET D'ESPACES URBAINS •
NOMS D'ARRONDISSEMENTS ET RÈGLES
D'ÉCRITURE • NOMS D'HABITANTS,
OU GENTILÉS

Toponymie

De nombreuses questions de nature toponymique sont traitées dans les précédentes parties de l'ouvrage, et notamment dans celles qui portent sur les adresses, les majuscules et les abréviations. Il est conseillé de s'y reporter et de consulter l'index pour plus de facilité.

Les toponymes et odonymes des listes que voici sont classés dans l'ordre alphabétique de leur première majuscule, sauf dans les cas où deux formes semblables désignant des réalités différentes ne se distinguent que par une ou des majuscules ; ces deux formes sont alors rapprochées pour faciliter le repérage et la comparaison.

Les noms de municipalités, de quartiers, de secteurs, etc., commençant par les articles *Le*, *La*, *L'* ou *Les* sont classés en tenant compte de cet article.

Certains noms communs désignant des réalités géographiques qui font fréquemment l'objet de consultations sont aussi inclus dans l'ordre alphabétique.

Pour des explications relatives aux règles d'écriture des toponymes, des odonymes, des arrondissements et des gentilés, il est conseillé de se reporter au site [www.toponymie.gouv.qc.ca] et aux publications de la Commission de toponymie qui fournissent en outre une liste complète des toponymes officiels québécois. (Voir la bibliographie, p. 920.)

⊕ Quelques définitions

élément générique, n. m.

Synonyme : générique

Élément du toponyme géographique ou administratif qui désigne de façon
générale la nature de l'entité dénommée.

> **allée, autoroute, baie, barrage, bâtiment, canal, champ, chemin,**
> **érablière, immeuble, lac, mer, mont, municipalité de paroisse,**
> **municipalité régionale de comté, musée, parc de conservation, place,**
> **pont, promenade, quai, réserve faunique, réservoir, rivière, rue,**
> **seigneurie, sentier, vallée, ville, zone d'exploitation contrôlée**

élément spécifique, n. m.

Synonyme : spécifique

Élément du toponyme géographique ou administratif qui désigne de façon
particulière l'entité dénommée.

> **rivière des Outaouais**, où le spécifique est **Outaouais**
> **barrage La Gabelle**, où le spécifique est **La Gabelle**
> **Sept-Îles**, la ville, dont le nom est formé d'un spécifique seul
> **chemin de la Côte-des-Neiges**, où le spécifique est **Côte-des-Neiges**

odonyme, n. m.

Nom de lieu désignant une voie de communication routière (**rue, chemin, autoroute, place, allée, promenade**, etc.), ferroviaire, cycliste, pédestre ou autre.

particule patronymique, n. f.

Synonyme : particule nobiliaire

Particule **de** ou **d'** qui précède un nom de famille noble ou non.

> Jean **de** La Fontaine
> Jeanne **d'**Arc
> Samuel **de** Champlain

En toponymie, la majuscule s'applique à la première lettre de tous les éléments des particules nobiliaires.

> rue **De La Gauchetière**
> (rappelle Daniel Migeon, sieur de La Gauchetière)
>
> boulevard **De Gaulle** (rappelle le général Charles de Gaulle)
>
> cours d'eau **De La Chevrotière**
> (rappelle Joachim-François de Chavigny de La Chevrotière)

toponyme, n. m.

Nom propre employé pour désigner un lieu.

Les quatre catégories principales de toponymes sont les noms d'entités géographiques naturelles (**chaîne de montagnes**, **vallée**, **rivière**, **lac**, **mer**, **tourbière**, **érablière**, **champ**, etc.), les noms d'entités géographiques artificielles (**barrage**, **quai**, **pont**, etc.), les noms d'entités administratives (**ville**, **réserve faunique**, **municipalité régionale de comté**, **municipalité de paroisse**, **zone d'exploitation contrôlée**) et les odonymes ou noms de voies de communication (**rue**, **chemin**, **autoroute**, **place**, **sentier**, **allée**, **promenade**, etc.).

Noms de villes et autres noms géographiques

A

Abitibi-Ouest (MRC d'Abitibi-Ouest)

l'Abitibi-Témiscamingue
(région administrative)

les plaines d'Abraham (parc public)

la rivière de l'Achigan

Akwesasne (réserve indienne)

le parc de l'Amérique-Française

Anjou (arrondissement de la ville
de Montréal)

l'île d'Anticosti (entité naturelle)

L'Île-d'Anticosti (municipalité)

les Appalaches (fém. pl. ; chaîne
de montagnes)

l'océan Arctique, l'Arctique

l'océan Atlantique, l'Atlantique

les provinces de l'Atlantique

la côte atlantique

B

l'île de Bacchus (nom historique
de l'île d'Orléans)

l'île de Baffin (Nunavut)

la baie des Chaleurs (baie)

la Baie-des-Chaleurs (région)

Baie-D'Urfé (ville ; et non pas
Baie d'Urfé ni *Baie-d'Urfé*)

la baie James (baie)

la Baie-James (région ou territoire)

Baie-James
(municipalité de Baie-James)

le Bas-Arctique

le Bas-Canada

le Bas-du-Fleuve (région)

le Bas-Saint-Laurent
(région administrative)

la Basse-Côte-Nord (région)

les basses Laurentides
(entité naturelle)

les Basses-Laurentides (région)

les basses-terres des Grands Lacs

les basses-terres du Saint-Laurent

la basse-ville
(sens général ; voir aussi *haute-ville*)

la Basse-Ville
(secteur de la ville de Québec)

le détroit de Belle Isle

les Bois-Francs (région)

le Bouclier canadien

C

le réservoir de Caniapiscau

les Cantons-de-l'Est (nom de la région
historique et de la région touristique ;
le nom officiel de la région
administrative est Estrie)

Cap-Blanc (quartier de Québec)

l'île du Cap-Breton

Cap-de-la-Madeleine
(secteur de Trois-Rivières)

Cape Dorset (Nunavut)

la Capitale-Nationale (région
administrative ; voir aussi p. 215)

Cap-Rouge (secteur de Québec)

le parc régional du Cap-Saint-Jacques

la réserve nationale de faune
du Cap-Tourmente

Caraquet (Nouveau-Brunswick)

le Centre-du-Québec
(région administrative)

le Centre-Sud de l'île de Montréal
(secteur précis)

la baie des Chaleurs (baie)

le canal de Chambly

le parc des Champs-de-Bataille

la Chaudière-Appalaches
(région administrative)

Chedabucto Bay (Nouvelle-Écosse)

les monts Chic-Chocs

le parc de la Chute-Montmorency

la rivière Coaticook, la Coaticook

le Cœur-du-Québec (région)

la colline du Parlement (Ottawa)

la colline Parlementaire (Québec)

la Côte-de-Beaupré (région)

la Côte-Nord (région administrative)

Côte-Saint-Luc (ville)

l'île aux Coudres (entité naturelle ;
mais L'Isle-aux-Coudres, municipalité)

Crowsnest Pass (Alberta)

D

le ruisseau De Montigny
(*De* est ici une particule nobiliaire ;
dans les toponymes, elle prend
une majuscule)

le lac des Deux Montagnes

le cap Diamant

E

l'île d'Ellesmere (Nunavut)

Essipit (réserve indienne)

l'Est-du-Québec (région)

l'Estrie
(région administrative ;
la région historique, beaucoup
plus vaste, porte le nom
de Cantons-de-l'Est)

F

Fredericton (Nouveau-Brunswick)

la baie de Fundy

G

la Gaspésie–Îles-de-la-Madeleine
(région administrative)

la baie Georgienne

le grand Montréal (préférer
« l'agglomération de Montréal »
ou « l'agglomération montréalaise »)

le Grand-Nord (Nord-du-Québec)

Grande-Baleine
(complexe hydroélectrique)

la Grande Rivière (et non
pas *la rivière la Grande*)

la Grande rivière de la Baleine
(et non pas *la rivière Grande Baleine*)

les Grands Bancs (de Terre-Neuve)

les Grands Lacs

Greenfield Park
(arrondissement de Longueuil)

l'île aux Grues (entité naturelle ;
mais Saint-Antoine-de-l'Isle-aux-Grues,
municipalité)

l'archipel de L'Isle-aux-Grues

H

la rivière Harricana, l'Harricana

le Haut-Arctique

le Haut-Canada

la Haute-Côte-Nord (région)

La Haute-Côte-Nord (MRC)

la Haute-Gatineau

le parc national des
Hautes-Gorges-de-la-Rivière-Malbaie

les hautes Laurentides
(entité naturelle)

les Hautes-Laurentides (région)

les hautes-terres

la haute-ville (sens général ;
voir aussi *basse-ville*)

la Haute-Ville (secteur de Québec)

Hochelaga-Maisonneuve
(quartier de Montréal)

la Hudsonie (Nord-du-Québec)

la Huronie

I, J, K

le parc régional de l'Île-Lebel

le parc national des
Îles-de-Boucherville

les îles de la Madeleine
(entités géographiques)

Les Îles-de-la-Madeleine
(municipalité)

la rivière Jacques-Cartier,
la Jacques-Cartier

la Jamésie (région, territoire
de la Baie-James)

l'île Jésus

Kahnawake (réserve indienne)

Kanesatake
(établissement amérindien)

Kangirsuk
(municipalité de village nordique)

Kuujjuaq
(municipalité de village nordique)

L

La Baie (arrondissement
de la ville de Saguenay)

le lac Beauport (lac)

Lac-Beauport (municipalité)

Lac-Etchemin (municipalité)

Lachine (arrondissement de Montréal)

le canal de Lachine

Lac-Saint-Charles (secteur de Québec)

La Malbaie (ville)

Lanaudière (région administrative)

L'Ancienne-Lorette (ville)

L'Anse-au-Loup
(ville de Terre-Neuve-et-Labrador)

La Petite-Bourgogne
(quartier de Montréal)

La Petite-Italie (quartier de Montréal)

La Petite-Nation (seigneurie, région)

La Petite-Patrie (quartier de Montréal)

La Prairie (ville)

LaSalle (arrondissement de Montréal ;
et non pas *Ville LaSalle*)

la rivière L'Assomption

La Tuque (ville)

les Laurentides (région administrative)

Laval (ville et région administrative)

Le Bic (secteur de Rimouski ;
les habitants du Bic et non de *Le Bic*)

Le Domaine-du-Roy
(la MRC du Domaine-du-Roy)

Le Gardeur (secteur de Repentigny ;
le secteur de Le Gardeur)

Le Haut-Saint-Laurent
(la MRC du Haut-Saint-Laurent)

Le Mille-Carré-Doré
(*The Golden Square Mile* ;
quartier de Montréal)

Le Moyne (secteur de Longueuil ;
et non plus *LeMoyne* ni *Ville LeMoyne*)

Le Nouveau-Bordeaux
(quartier de Montréal)

Le Petit-Champlain
(quartier de Québec)

Le Plateau-Mont-Royal,
Le Plateau
(arrondissement de Montréal)

Le Rocher-Percé
(la MRC du Rocher-Percé)

Les Boules (le secteur des Boules
de la municipalité de Métis-sur-Mer)

Les Cèdres (la municipalité des Cèdres ;
aussi secteur de Gatineau)

Les Éboulements
(la municipalité des Éboulements)

Les Maskoutains
(la MRC des Maskoutains)

Les Méchins
(la municipalité des Méchins)

Les Pays-d'en-Haut
(la MRC des Pays-d'en-Haut)

Le Vieux-Belœil (secteur)

Le Vieux-Longueuil (arrondissement)

Le Vieux-Montréal (secteur)

Le Vieux-Port (secteur de Montréal)

le Vieux-Québec (quartier)

Le Vieux-Terrebonne (secteur)

Le Vieux-Trois-Rivières (quartier)

L'Île-des-Sœurs
(quartier de Verdun, lequel est
un arrondissement de Montréal)

L'Île-Dorval (ville)

L'Isle-aux-Coudres
(municipalité, mais l'île aux Coudres,
entité naturelle)

Listuguj (réserve indienne ;
anciennement Restigouche)

M

Manic-Cinq (hameau)

les Maritimes
(les provinces maritimes)

la rivière Massawippi, la Massawippi

la station touristique
du Massif-du-Sud (centre de ski)

la Mauricie (région administrative)

Mile End (gare de triage ; secteur
de la rue du même nom, Montréal)

la rivière des Mille Îles

Montchâtel
(secteur résidentiel de Québec)

la Montérégie (région administrative)

les collines Montérégiennes

la chute Montmorency

Montréal
(ville et région administrative)

l'agglomération de Montréal,
l'agglomération montréalaise
(de préférence à l'expression
« le grand Montréal » ;
éviter *le Montréal métropolitain*)

l'île de Montréal

Montréal-Ouest (ville)

le mont Royal

Mont-Royal (ville)

le parc du Mont-Royal (parc public)

le mont Saint-Hilaire

Mont-Saint-Hilaire (ville)

le mont Tremblant

Mont-Tremblant
(ville et station de ski)

la Moyenne-Côte-Nord

le Moyen-Nord québécois

N

Natashquan

les chutes Niagara

le Nord-du-Québec
(région administrative)

North Hatley (sans trait d'union,
car graphie entièrement anglaise ;
municipalité de village)

Notre-Dame-de-Grâce
(quartier de Montréal)

le Nunavik
(région du nord du Québec)

le Nunavut
(territoire du nord du Canada)

O

l'île d'Orléans

l'Ouest-de-l'Île (de préférence
à *West Island* dans un contexte
français ; secteur de Montréal)

les provinces de l'Ouest

Oujé-Bougoumou
(village cri ; établissement amérindien ;
l'usage maintient le trait d'union)

l'Outaouais (région administrative)

la rivière des Outaouais, l'Outaouais

la rivière aux Outardes

P

l'océan Pacifique, le Pacifique

les Prairies

Parc-Extension (quartier de Montréal)

la colline du Parlement (Ottawa)

Prince Albert
(ville de la Saskatchewan ;
pas de trait d'union, car graphie
entièrement anglaise)

la colline Parlementaire (Québec)

la Petite rivière de la Baleine

le plateau laurentidien
ou le plateau laurentien

le parc linéaire du P'tit-Train-du-Nord
(graphie élidée traditionnelle)

Q

le Québec (province)

Québec (ville)

R

Regina (ville de la Saskatchewan)

le parc de la Rivière-Batiscan
(parc régional)

la Rive-Nord (région)

le parc de la Rivière-des-Mille-Îles
(parc régional)

la Rive-Sud (région)

les montagnes Rocheuses,
les Rocheuses

la rivière Richelieu, le Richelieu

S

Saguenay
(ville ; et non pas *Ville Saguenay*)

le parc marin du
Saguenay–Saint-Laurent

la rivière Saguenay, le Saguenay

Saint-Antoine-de-l'Isle-aux-Grues
(municipalité ; mais l'île aux Grues,
entité naturelle)

le Saguenay–Lac-Saint-Jean
(région administrative)

Saint-Bruno-de-Montarville (ville)

la rivière Saint-Charles,
la Saint-Charles

Saint-Charles-Borromée
(municipalité)

Sainte-Anne-de-la-Pocatière
(municipalité)

Sainte-Foy (secteur de Québec)

Sainte-Marie, Sainte-Marie
de Beauce, Sainte-Marie (Beauce),
Sainte-Marie en Beauce
(ville; et non pas *Ville-Sainte-Marie*
ni *Sainte-Marie-de-Beauce*)

la rivière Saint-François,
le Saint-François

Saint-Georges, Saint-Georges
de Beauce, Saint-Georges (Beauce),
Saint-Georges en Beauce
(ville; et non pas *Ville-Saint-Georges*
ni *Saint-Georges-de-Beauce*)

le lac Saint-Jean (lac)

le Lac-Saint-Jean (région)

Saint-Jean, Saint John
(ville du Nouveau-Brunswick)

Saint-Jean-Port-Joli (municipalité)

le Saint-Laurent,
le fleuve Saint-Laurent

le golfe du Saint-Laurent

Saint-Laurent
(arrondissement de Montréal;
et non pas *Ville Saint-Laurent*)

Saint-Louis-du-Ha! Ha!
(municipalité et lieu-dit)

la rivière Saint-Maurice,
le Saint-Maurice

Saint-Pierre
(hameau; municipalité; canton;
quartier d'Alma; secteur de Montréal)

Salaberry-de-Valleyfield (ville)

la rivière Saskatchewan Sud

Sault Ste. Marie (ville d'Ontario;
graphie locale officielle)

Sept-Îles (ville)

l'île des Sœurs

L'Île-des-Sœurs
(quartier de Verdun, lequel est
un arrondissement de Montréal)

les îles de Sorel

le square Dorchester

St. John's (ville de Terre-Neuve-
et-Labrador; toponyme entièrement
de langue anglaise)

T

le réservoir Taureau
(et non pas le *lac* Taureau)

The Pas (ville du Manitoba)

l'île de Terre-Neuve (entité naturelle)

Thetford Mines
(ville ; pas de trait d'union,
car graphie entièrement anglaise)

Terre-Neuve-et-Labrador (province)

V

Val-d'Or (ville)

Vanier (secteur de Québec ;
et non pas *Ville Vanier*)

l'île de Vancouver

Victoria Island
(île de l'Arctique canadien)

W, Y

Wendake (réserve indienne)

la rivière Yamaska, la Yamaska

Noms de voies de communication, ou odonymes, et d'espaces urbains

Il faut noter que, lorsqu'ils sont écrits en **chiffres arabes ou romains**, les dénominations des entités cadastrales et les odonymes établis d'après le système numéral sont classés **au début de l'index alphabétique**, suivant l'ordre numérique.

1re Avenue	3e Rang
2e Avenue	rue du 24-Juin

A

côte d'Abraham	place d'Armes
rue Alexandre-DeSève	station Place-d'Armes
boulevard de l'Ange-Gardien (être spirituel)	place de l'Assemblée-Nationale
boulevard de L'Ange-Gardien (nom de municipalité)	rue Aubert-De Gaspé

B

chemin des Bains (et non pas *chemin Les Bains*)	véloroute des Bleuets
côte du Beaver Hall	chemin du Bord-de-l'Eau
chemin Bethany	chemin du Bord-du-Lac
boulevard Bishop-Power	avenue de la Brunante

C

rue Calixa-Lavallée

voie Camillien-Houde

chemin de la Canardière

autoroute des Cantons-de-l'Est

avenue du Cap-Diamant

chemin de Chambly

échangeur Charles-Le Moyne

boulevard de la Cité-des-Jeunes

autoroute de la Côte-de-Liesse

chemin de la Côte-de-Liesse

chemin de la Côte-des-Neiges

chemin de la Côte-Saint-Paul

chemin de la Côte-Sainte-Catherine

boulevard de la Côte-Vertu

boulevard du Curé-Labelle

D

rue De Bleury (*De* est ici une particule nobiliaire ; dans les odonymes, elle prend une majuscule)

rue De Bullion

chemin De Koninck

rue De La Chevrotière

rue De La Gauchetière

rue De Lanaudière

rue De La Roche

boulevard De La Vérendrye

rue De L'Espinay

avenue De Lorimier

boulevard De Maisonneuve Est

boulevard De Maisonneuve Ouest

rue De Saint-Vallier

avenue du Docteur-Penfield

boulevard Don-Quichotte

square Dorchester

rue du Square-Dorchester

place D'Youville

F

rue F.-X.-Garneau

côte de la Fabrique

autoroute Félix-Leclerc

place du Frère-André

G

boulevard des Galeries-d'Anjou

rue Charles-De Gaulle

rue du Général-De Montcalm

place George-V Est

place George-V Ouest

Grande Allée

Grande Allée Est

Grande Allée Ouest

H, J, K

autoroute Henri-IV

avenue de l'Hôtel-de-Ville

avenue Jean-De Clermont

rue Jean-De La Fontaine

boulevard Je-Me-Souviens

rue Juge-Wilson

quai King-Edward

L

chemin Lakeshore

chemin de Lanaudière

boulevard des Laurentides

autoroute Laurentienne

carré Le Barbot

rue Le Corbusier

rue Le Royer

montée de Liesse

pont-tunnel
Louis-Hippolyte-La Fontaine

M

rue du Marais (Québec, secteur de Vanier ; et non pas *rue Marais*)

rue de la Marelle

route Marie-Victorin

autoroute Métropolitaine

rue de Milan

rue Monseigneur-Parenteau

côte de la Montagne

rue de la Montagne

avenue du Mont-Royal Est

avenue du Mont-Royal Ouest

boulevard de Mortagne

N, O

rue de Notre-Dame-des-Victoires

boulevard de l'Ormière

P

avenue du Parc

avenue du Parc-La Fontaine

rue du Parc-Marguerite-Bourgeoys

côte du Passage

boulevard Pie-IX

avenue Pierre-De Coubertin

avenue des Pins

promenade des Premiers-Ministres

rue Prince-Arthur

rue du Prince-Édouard

boulevard des Promenades

Q

chemin des Quatre-Bourgeois

chemin de Québec
(si le nom est emprunté à la ville)

avenue du Québec (si le nom est emprunté à la province)

boulevard Queen

chemin Queen-Mary

R

boulevard René-Lévesque Est	rue de Rome
boulevard René-Lévesque Ouest	chemin du Roy
boulevard de la Rive-Sud	place Royale
rue du Roi-Georges	rue de la Place-Royale

S

chemin Sainte-Foy	rue du Square-Dorchester
rue Samuel-De Champlain	rue du Square-Victoria
avenue Sir-Adolphe-Routhier	

T

rue de la Tourelle	avenue Trans Island
autoroute Transcanadienne (à éviter; à remplacer par autoroute Jean-Lesage ou autoroute Félix-Leclerc, selon le lieu)	montée des Trente

U, V

rue University	chemin du Vieux-Quai
route Verte	autoroute Ville-Marie
Vieux Chemin	rue Vincent-D'Indy
Vieux chemin d'Oka	

Noms d'arrondissements et règles d'écriture

Conformément aux règles d'écriture établies par la Commission de toponymie, on doit utiliser les particules de liaison appropriées entre le mot **arrondissement** et l'élément spécifique qu'il introduit. Le mot *arrondissement* est donc lié à l'élément spécifique :

- par **d'**, si le spécifique commence par une voyelle ;

> **l'arrondissement d'Anjou**

- par **de**, si le spécifique débute par une consonne ;

> **l'arrondissement de La Baie**
> **l'arrondissement de Lennoxville**

- par **du** ou par **des**, si le spécifique débute par **Le** ou **Les**.

> **l'arrondissement du Plateau-Mont-Royal** (le toponyme est Le Plateau-Mont-Royal)
> **l'arrondissement des Rivières** (le toponyme est Les Rivières)

LISTE NORMALISÉE DES NOMS D'ARRONDISSEMENTS DES DIFFÉRENTES MUNICIPALITÉS

Grenville-sur-la-Rouge

Arrondissement de Calumet

Arrondissement de Grenville

Lévis

Arrondissement des Chutes-de-la-Chaudière-Est
(Employé seul, sans le mot *arrondissement*, le toponyme s'écrit <u>Les</u> **Chutes-de-la-Chaudière-Est**.)

Arrondissement des Chutes-de-la-Chaudière-Ouest
(Employé seul, sans le mot *arrondissement*, le toponyme s'écrit <u>Les</u> **Chutes-de-la-Chaudière-Ouest**.)

Arrondissement de Desjardins

Longueuil

Arrondissement de Greenfield Park

Arrondissement de Saint-Hubert

Arrondissement du Vieux-Longueuil
(Employé seul, sans le mot *arrondissement*, le toponyme s'écrit **Le Vieux-Longueuil**.)

Métis-sur-Mer

Arrondissement de MacNider

Montréal

Arrondissement d'Ahuntsic-Cartierville
(Il faut utiliser le trait d'union et non la barre oblique entre **Ahuntsic** et **Cartierville**.)

Arrondissement d'Anjou

Arrondissement de Côte-des-Neiges–Notre-Dame-de-Grâce
(Le trait allongé, appelé aussi *tiret court*, s'utilise dans tous les cas où on lie deux toponymes dont l'un comporte déjà un trait d'union.)

Arrondissement de Lachine

Arrondissement de LaSalle

Arrondissement de L'Île-Bizard–Sainte-Geneviève
(Le trait allongé, appelé aussi *tiret court*, s'utilise dans tous les cas où on lie deux toponymes dont l'un comporte déjà un trait d'union.)

Arrondissement de Mercier–Hochelaga-Maisonneuve
(Le trait allongé, appelé aussi *tiret court*, s'utilise dans tous les cas où on lie deux toponymes dont l'un comporte déjà un trait d'union.)

Arrondissement de Montréal-Nord

Arrondissement d'Outremont

Arrondissement de Pierrefonds-Roxboro

Arrondissement du Plateau-Mont-Royal
(Employé seul, sans le mot *arrondissement*, le toponyme s'écrit **Le Plateau-Mont-Royal**.)

Arrondissement de Rivière-des-Prairies–Pointe-aux-Trembles
(Le trait allongé, appelé aussi *tiret court*, s'utilise dans tous les cas où on lie deux toponymes dont l'un comporte déjà un trait d'union.)

Arrondissement de Rosemont–La Petite-Patrie
(Il faut utiliser le trait allongé de préférence à la barre oblique entre **Rosemont** et **La Petite-Patrie**. De plus, l'article **La** est nécessaire dans **La Petite-Patrie**.)

Arrondissement de Saint-Laurent

Arrondissement de Saint-Léonard

Arrondissement du Sud-Ouest
(Employé seul, sans le mot *arrondissement*, le toponyme s'écrit **Le Sud-Ouest**.)

Arrondissement de Verdun

Arrondissement de Ville-Marie

Arrondissement de Villeray–Saint-Michel–Parc-Extension
(Le trait allongé, appelé aussi *tiret court*, s'utilise dans tous les cas où on lie deux toponymes dont l'un comporte déjà un trait d'union.)

Québec

Arrondissement de Beauport

Arrondissement de Charlesbourg

Arrondissement de La Cité-Limoilou
(Employé seul, sans le mot *arrondissement*, le toponyme s'écrit **La Cité-Limoilou**.)

Arrondissement de La Haute-Saint-Charles
(Employé seul, sans le mot *arrondissement*, le toponyme s'écrit **La Haute-Saint-Charles**.)

Arrondissement des Rivières
(Employé seul, sans le mot *arrondissement*, le toponyme s'écrit **Les Rivières**.)

Arrondissement de Sainte-Foy–Sillery–Cap-Rouge
(Le trait allongé, appelé aussi *tiret court*, s'utilise dans tous les cas où on lie deux toponymes dont l'un comporte déjà un trait d'union.)

Saguenay

Arrondissement de Chicoutimi

Arrondissement de Jonquière

Arrondissement de La Baie

Sherbrooke

Arrondissement de Brompton

Arrondissement de Fleurimont

Arrondissement de Jacques-Cartier

Arrondissement de Lennoxville

Arrondissement du Mont-Bellevue
(Employé seul, sans le mot *arrondissement*, le toponyme s'écrit **Le Mont-Bellevue**.)

Arrondissement de Rock Forest–Saint-Élie–Deauville
(Le trait allongé, appelé aussi *tiret court*, s'utilise dans tous les cas où on lie deux toponymes dont l'un comporte déjà un trait d'union.)

Noms d'habitants, ou gentilés

Le tableau qui suit présente quelques gentilés du Québec. Pour connaître les gentilés des autres provinces canadiennes et de différents pays, on consultera la Banque de dépannage linguistique, le site de la Commission de toponymie ou le *Dictionnaire universel des gentilés en français*.

Les adjectifs relatifs aux noms de lieux ont la même forme que les gentilés, mais ne comportent pas de majuscules (*les paysages gaspésiens, le tourisme baie-saint-paulois, les réalités nord-côtières*, par exemple).

Toponyme	Type d'entité	Gentilé
A		
Abitibi	Région	Abitibien, Abitibienne
Alma	Ville	Almatois, Almatoise
Amos	Ville	Amossois, Amossoise
Arthabaska	MRC	Arthabaskien, Arthabaskienne
Arvida	Secteur de l'arrondissement de Jonquière	Arvidien, Arvidienne
Asbestos	Ville	Asbestrien, Asbestrienne
B		
Baie-Comeau	Ville	Baie-Comois, Baie-Comoise
Baie-James	Municipalité	Jamésien, Jamésienne
Baie-Saint-Paul	Ville	Baie-Saint-Paulois, Baie-Saint-Pauloise
Bas-du-Fleuve	Région	Bas-du-Fleuvien, Bas-du-Fleuvienne
Bas-Saguenay	Région	Bas-Saguenayen, Bas-Saguenayenne
Bas-Saint-Laurent	Région	Bas-Laurentien, Bas-Laurentienne
Basse-Côte-Nord	Région	Bas-Côtier, Bas-Côtière
Batiscan	Municipalité	Batiscanais, Batiscanaise
Beauce	Région	Beauceron, Beauceronne

Toponyme	Type d'entité	Gentilé
Beauceville	Ville	Beaucevillois, Beaucevilloise
Beauharnois	Ville	Beauharlinois, Beauharlinoise
Beauport	Arrondissement de Québec	Beauportois, Beauportoise
Beaupré	Ville	Beaupréen, Beaupréenne
Bellechasse	Région	Bellechassois, Bellechassoise
Blanc-Sablon	Municipalité	Blanc-Sablonnais, Blanc-Sablonnaise
Bois-Francs	Région	Sylvifranc, Sylvifranche
Brome-Missisquoi	MRC	Bromisquois, Bromisquoise
C		
Cabano	Ville	Cabanois, Cabanoise
Cacouna	Municipalité	Cacounois, Cacounoise
Cantons-de-l'Est	Région historique	Cantonnier, Cantonnière
Cap-de-la-Madeleine	Secteur de Trois-Rivières	Madelinois, Madelinoise
Cap-Rouge	Secteur de Québec	Carougeois, Carougeoise
Chambly	Ville	Chamblyen, Chamblyenne
Charlevoix	Région	Charlevoisien, Charlevoisienne
Châteauguay	Ville	Châteauguois, Châteauguoise
Chibougamau	Ville	Chibougamois, Chibougamoise
Chicoutimi	Arrondissement de Saguenay	Chicoutimien, Chicoutimienne
Coaticook	Ville	Coaticookois, Coaticookoise
Côte-du-Sud	Région	Sudcôtois, Sudcôtoise
Côte-Nord	Région	Nord-Côtier, Nord-Côtière
Coudres, Île aux	Île	Coudrien, Coudrienne

Toponyme	Type d'entité	Gentilé
D		
Deschaillons-sur-Saint-Laurent	Municipalité	Deschaillonnais, Deschaillonnaise
Deux-Montagnes	Ville	Deux-Montagnais, Deux-Montagnaise
Disraeli	Ville	Disraelois, Disraeloise
Donnacona	Ville	Donnaconien, Donnaconienne
Drummondville	Ville	Drummondvillois, Drummondvilloise
E		
East Angus	Ville	Angussien, Angussienne
East Broughton	Municipalité	Broughtonnais, Broughtonnaise
Estrie	Région	Estrien, Estrienne
Etchemin	Région	Etcheminois, Etcheminoise
F		
Farnham	Ville	Farnhamien, Farnhamienne
Fermont	Ville	Fermontois, Fermontoise
Fontainebleau	Secteur de Weedon	Bellifontain, Bellifontaine
Forestville	Ville	Forestvillois, Forestvilloise
Fossambault-sur-le-Lac	Ville	Fossambaugeois, Fossambaugeoise
Frontenac	Municipalité	Frontenacois, Frontenacoise
G		
Gaspé	Ville	Gaspésien, Gaspésienne
Gaspésie	Région	Gaspésien, Gaspésienne
Gatineau	Ville et région	Gatinois, Gatinoise
Granby	Ville	Granbyen, Granbyenne

Toponyme	Type d'entité	Gentilé
Grand-Mère	Secteur de Shawinigan	Grand-Mérois, Grand-Méroise
Grande-Vallée	Municipalité de paroisse	Grande-Valléen, Grande-Valléenne
Grosses-Roches	Municipalité	Rochelois, Rocheloise
H		
Haute-Beauce	Région	Haut-Beauceron, Haut-Beauceronne
Haute-Côte-Nord	Région	Haute-Côtier, Haute-Côtière
Haute-Gatineau	Région	Haute-Gatinois, Haute-Gatinoise
Haute-Mauricie	Région	Haut-Mauricien, Haut-Mauricienne
Haut-Richelieu	Région	Haut-Richelain, Haut-Richelaine
Havre-aux-Maisons	Village des Îles-de-la-Madeleine	Maisonnois, Maisonnoise
Havre-Saint-Pierre	Municipalité	Cayen, Cayenne
Honfleur	Municipalité	Honfleurois, Honfleuroise
Hull	Secteur de Gatineau	Hullois, Hulloise
Huntingdon	Ville	Huntingdonnais, Huntingdonnaise
I		
Inverness	Municipalité	Invernois, Invernoise
Irlande	Municipalité	Irlandois, Irlandoise
J, K		
Joliette	Ville	Joliettain, Joliettaine
Jonquière	Arrondissement de Saguenay	Jonquiérois, Jonquiéroise
Kamouraska	Région	Kamouraskois, Kamouraskoise

Toponyme	Type d'entité	Gentilé
L		
La Haute-Côte-Nord	MRC	Haute-Nordcôtier, Haute-Nordcôtière
La Haute-Yamaska	MRC	Yamaskois, Yamaskoise
La Malbaie	Ville	Malbéen, Malbéenne
La Matapédia	MRC	Matapédien, Matapédienne
La Pocatière	Ville	Pocatois, Pocatoise
La Prairie	Ville	Laprairien, Laprairienne
La Sarre	Ville	Lasarrois, Lasarroise
La Tuque	Ville	Latuquois, Latuquoise
Labrador	Région	Labradorien, Labradorienne
Lac-Beauport	Municipalité	Lac-Beauportois, Lac-Beauportoise
Lac-Brome	Ville	Bromois, Bromoise
Lac-Etchemin	Municipalité	Lacetcheminois, Lacetcheminoise
Lachute	Ville	Lachutois, Lachutoise
Lac-Mégantic	Ville	Méganticois, Méganticoise
Lac-Saint-Jean	Région	Jeannois, Jeannoise
Lanaudière	Région	Lanaudois, Lanaudoise
L'Ange-Gardien	Municipalité	Angelois, Angeloise
Lanoraie	Municipalité	Lanorois, Lanoroise
L'Assomption	Ville	Assomptionniste
Laurentides	Région	Laurentien, Laurentienne
Laval	Ville	Lavallois, Lavalloise
Le Bic	Municipalité	Bicois, Bicoise
Le Haut-Saint-François	MRC	Haut-Franciscois, Haut-Franciscoise
Le Haut-Saint-Maurice	MRC	Haut-Mauricien, Haut-Mauricienne
Les Bergeronnes	Municipalité	Bergeronnais, Bergeronnaise

Toponyme	Type d'entité	Gentilé
Les Éboulements	Municipalité	Éboulois, Ébouloise
Les Escoumins	Municipalité	Escouminois, Escouminoise
Les Îles-de-la-Madeleine	Municipalité et MRC	Madelinot, Madelinienne
Les Méchins	Municipalité	Méchinois, Méchinoise
Lévis	Région et ville	Lévisien, Lévisienne
L'Isle-aux-Coudres	Municipalité	Coudrilois, Coudriloise
L'Islet	MRC et municipalité	L'Isletois, L'Isletoise
L'Islet-sur-Mer	Village	L'Isletain, L'Isletaine
L'Isle-Verte	Municipalité	Isle-Vertois, Isle-Vertoise
Longueuil	Ville	Longueuillois, Longueuilloise
Lotbinière	MRC	Lotbiniérois, Lotbiniéroise
Lotbinière	Municipalité et région	Lotbiniérien, Lotbiniérienne

M		
Madeleine, Îles de la	Îles	Madelinot, Madelinienne
Magog	Ville	Magogois, Magogoise
Manicouagan	Région	Manicois, Manicoise
Maniwaki	Ville	Maniwakien, Maniwakienne
Maria-Chapdelaine	MRC	Chapdelainois, Chapdelainoise
Maricourt	Municipalité	Maricourtois, Maricourtoise
Mascouche	Ville	Mascouchois, Mascouchoise
Maskinongé	Municipalité	Maskinongeois, Maskinongeoise
Matane	MRC	Matanois, Matanoise
Matane	Ville	Matanais, Matanaise
Matapédia	Région	Matapédien, Matapédienne
Mauricie	Région	Mauricien, Mauricienne

Toponyme	Type d'entité	Gentilé
Mégantic	Circonscription électorale	Méganticois, Méganticoise
Métis-sur-Mer	Ville	Métissien, Métissienne
Mirabel	Ville	Mirabellois, Mirabelloise
Mistassini	Région	Mistassin, Mistassine
Mistassini	Secteur de Dolbeau-Mistassini	Mistassinien, Mistassinienne
Montérégie	Région	Montérégien, Montérégienne
Mont-Joli	Ville	Mont-Jolien, Mont-Jolienne
Mont-Laurier	Ville	Lauriermontois, Lauriermontoise
Montmagny	MRC	Magnymontien, Magnymontienne
Montmagny	Ville	Magnymontois, Magnymontoise
Montréal	Ville	Montréalais, Montréalaise
Mont-Royal	Arrondissement de Montréal	Montérégien, Montérégienne
Mont-Saint-Hilaire	Ville	Hilairemontais, Hilairemontaise
Mont-Tremblant	Ville	Tremblantois, Tremblantoise

N

Toponyme	Type d'entité	Gentilé
Neuville	Ville	Neuvillois, Neuvilloise
New Richmond	Ville	New-Richmondois, New-Richmondoise
Nicolet	Ville	Nicolétain, Nicolétaine
Nord-du-Québec	Région administrative	Nord-Québécois, Nord-Québécoise
Notre-Dame-du-Lac	Ville	Damelacois, Damelacoise
Nouveau-Québec	Territoire	Néo-Québécois, Néo-Québécoise

Toponyme	Type d'entité	Gentilé
O		
Oka	Municipalité	Okois, Okoise
Orléans, Île d'	Île	Orléanais, Orléanaise
Outaouais	Région	Outaouais, Outaouaise
P		
Papineauville	Municipalité	Papineauvillois, Papineauvilloise
Percé	Ville	Percéen, Percéenne
Péribonka	Municipalité	Péribonkois, Péribonkoise
Pierreville	Municipalité	Pierrevillien, Pierrevillienne
Plessisville	Ville	Plessisvillois, Plessisvilloise
Pohénégamook	Ville	Pohénégamookois, Pohénégamookoise
Pointe-aux-Outardes	Municipalité de village	Outardéen, Outardéenne
Pointe-Calumet	Municipalité	Calumet-Pointois, Calumet-Pointoise
Pont-Rouge	Ville	Pont-Rougeois, Pont-Rougeoise
Port-Cartier	Ville	Portcartois, Portcartoise
Portneuf	Région et MRC	Portneuvois, Portneuvoise
Portneuf	Ville	Portneuvien, Portneuvienne
Q		
Québec	Province et ville	Québécois, Québécoise
R		
Repentigny	Ville	Repentignois, Repentignoise
Richelieu	Ville	Richelois, Richeloise
Richmond	Ville	Richmondais, Richmondaise
Rigaud	Ville	Rigaudien, Rigaudienne

Toponyme	Type d'entité	Gentilé
Rimouski	Ville	Rimouskois, Rimouskoise
Rive-Nord	Région	Nordriverain, Nordriveraine
Rive-Sud	Région	Rive-Sudois, Rive-Sudoise
Rivière-du-Loup	MRC	Louperivien, Louperivienne
Rivière-du-Loup	Ville	Louperivois, Louperivoise
Roberval	Ville	Robervalois, Robervaloise
Rosemère	Ville	Rosemèrois, Rosemèroise
Rouyn-Noranda	Ville	Rouynorandien, Rouynorandienne
S		
Saguenay	Région	Saguenayen, Saguenayenne
Saguenay–Lac-Saint-Jean	Région	Saguenay–Lac-Saint-Jeannois, Saguenay–Lac-Saint-Jeannoise
Sainte-Adèle	Ville	Adélois, Adéloise
Sainte-Agathe-des-Monts	Ville	Agathois, Agathoise
Sainte-Anne-de-Beaupré	Ville	Sainte-Annois, Sainte-Annoise
Sainte-Anne-de-Bellevue	Secteur de Montréal	Annabellevois, Annabellevoise
Sainte-Anne-des-Monts	Ville	Annemontois, Annemontoise
Sainte-Foy	Secteur de Québec	Fidéen, Fidéenne
Sainte-Geneviève	Secteur de Montréal	Génovéfain, Génovéfaine
Sainte-Julie	Ville	Julievillois, Julievilloise
Sainte-Marie	Ville	Mariverain, Mariveraine
Sainte-Thérèse	Ville	Térésien, Térésienne
Saint-Félicien	Ville	Félicinois, Félicinoise
Saint-Georges	Secteur de Shawinigan	Georgeois, Georgeoise
Saint-Georges	Ville	Georgien, Georgienne
Saint-Hyacinthe	Ville	Maskoutain, Maskoutaine

Toponyme	Type d'entité	Gentilé
Saint-Jean-Port-Joli	Municipalité	Port-Jolien, Port-Jolienne
Saint-Jean-sur-Richelieu	Ville	Johannais, Johannaise
Saint-Jérôme	Ville	Jérômien, Jérômienne
Saint-Joseph-de-Beauce	Ville	Joselois, Joseloise
Salaberry-de-Valleyfield	Ville	Campivallensien, Campivallensienne
Sept-Îles	Ville	Septilien, Septilienne
Shawinigan	Ville	Shawiniganais, Shawiniganaise
Sherbrooke	Ville	Sherbrookois, Sherbrookoise

T		
Tadoussac	Municipalité de village	Tadoussacien, Tadoussacienne
Témiscamingue	Région	Témiscamien, Témiscamienne
Témiscouata	MRC et région administrative	Témiscouatain, Témiscouataine
Terrebonne	Ville	Terrebonnien, Terrebonnienne
Thetford Mines	Ville	Thetfordois, Thetfordoise
Trois-Rivières	Ville	Trifluvien, Trifluvienne

V		
Val-d'Or	Ville	Valdorien, Valdorienne
Verdun	Arrondissement de Montréal	Verdunois, Verdunoise
Victoriaville	Ville	Victoriavillois, Victoriavilloise

W		
Westmount	Arrondissement de Montréal	Westmountais, Westmountaise
Windsor	Ville	Windsorois, Windsoroise

VOCABULAIRE TECHNIQUE ILLUSTRÉ

INSTRUMENTS POUR ÉCRIRE · FOURNITURES
DE BUREAU · PÉRIPHÉRIQUE D'ENTRÉE ·
PICTOGRAMMES · DÉNOMINATION DES
CARACTÈRES COMPLÉMENTAIRES DE
L'ALPHABET LATIN

INSTRUMENTS POUR ÉCRIRE

Stylo-bille; stylo à bille

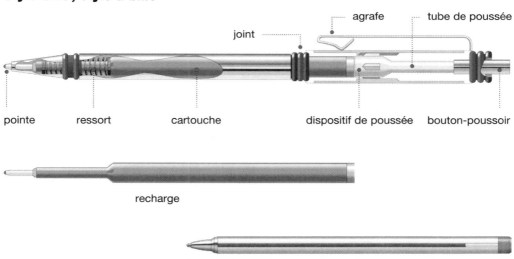

agrafe

tube de poussée

joint

pointe   ressort   cartouche   dispositif de poussée   bouton-poussoir

recharge

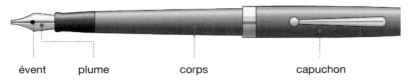

Stylo-bille; stylo à bille

Stylo-plume; stylo à plume

évent   plume   corps   capuchon

Crayon

Portemine; stylomine

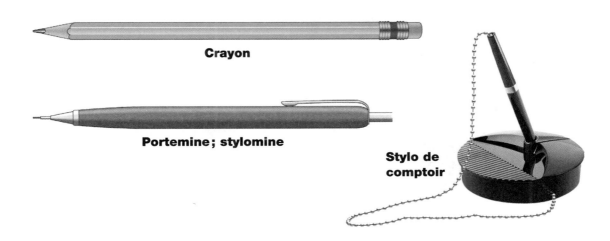

Stylo de comptoir

INSTRUMENTS POUR ÉCRIRE

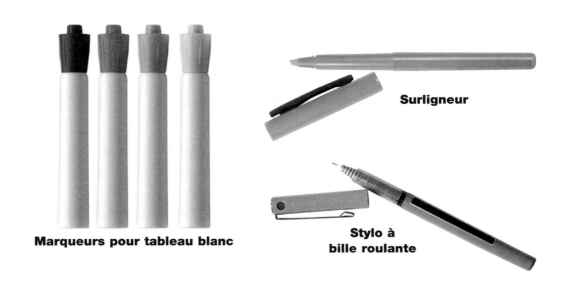

Surligneur

**Stylo à
bille roulante**

Marqueurs pour tableau blanc

Feutre ; crayon-feutre ; stylo-feutre

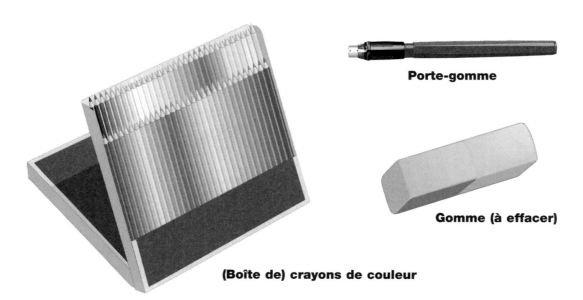

Porte-gomme

Gomme (à effacer)

(Boîte de) crayons de couleur

FOURNITURES DE BUREAU

tampon encreur

**Timbre caoutchouc;
timbre (de caoutchouc)**

**Timbre dateur;
dateur**

Porte-timbres

Timbre autoencreur

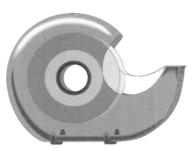

Dévidoir de ruban adhésif

Doigtier

Numéroteur

Mouilleur en plastique

FOURNITURES DE BUREAU

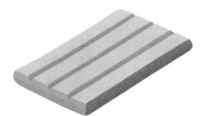

Gomme adhésive

**Distributeur
de trombones
aimanté**

**Bâtonnet
de colle**

**Taille-crayon;
aiguise-crayon**

Coupe-papier; ouvre-lettres

Stylo correcteur

Ruban correcteur

Ruban surligneur

FOURNITURES DE BUREAU

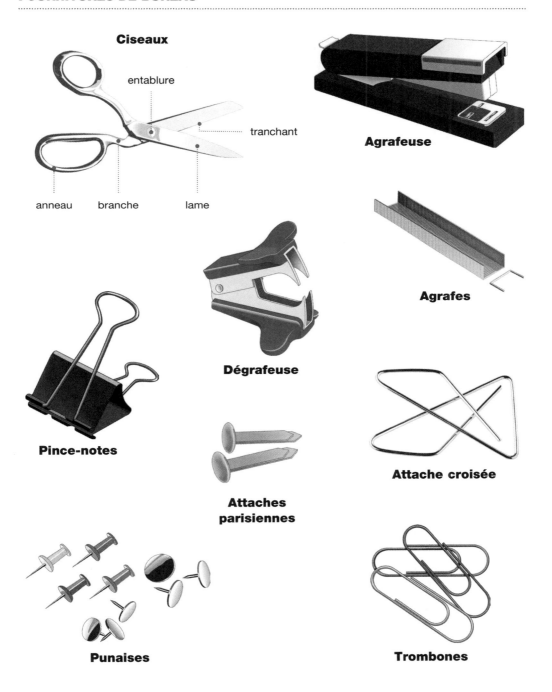

Ciseaux

entablure

tranchant

anneau   branche   lame

Agrafeuse

Agrafes

Dégrafeuse

Pince-notes

Attaches parisiennes

Attache croisée

Punaises

Trombones

FOURNITURES DE BUREAU

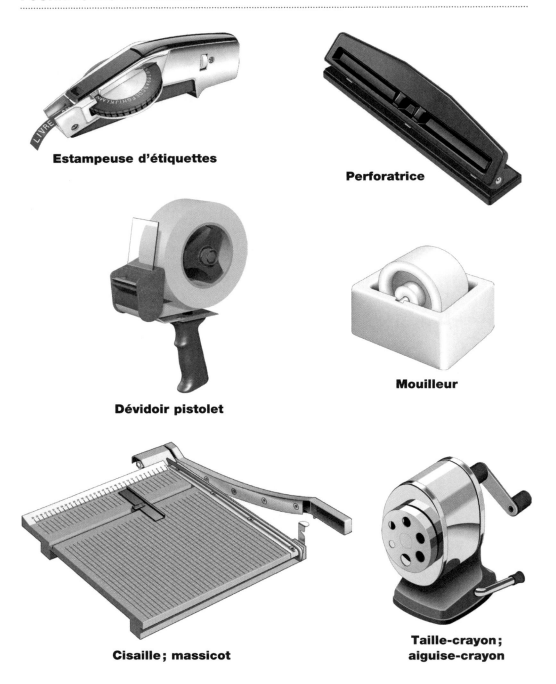

Estampeuse d'étiquettes

Perforatrice

Dévidoir pistolet

Mouilleur

Cisaille ; massicot

**Taille-crayon ;
aiguise-crayon**

FOURNITURES DE BUREAU

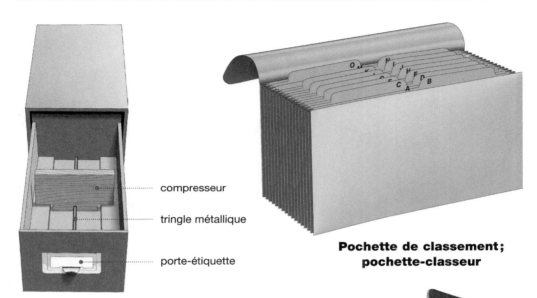

compresseur

tringle métallique

porte-étiquette

Tiroir de fichier

**Pochette de classement ;
pochette-classeur**

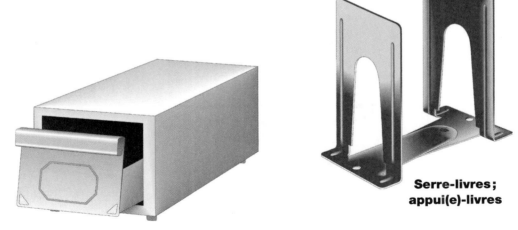

Fichier ; boîte à fiches

**Serre-livres ;
appui(e)-livres**

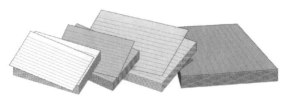

Fiches

FOURNITURES DE BUREAU

Boîte-classeur

**Corbeille à courrier;
boîte à courrier**

**Registre de comptabilité;
registre (comptable)**

Bloc-éphéméride

Agenda

FOURNITURES DE BUREAU

Étiquettes autocollantes

Bloc-notes

Onglet

Onglet à fenêtre

**Papillons adhésifs
(amovibles)**

Languettes adhésives

Œillets

FOURNITURES DE BUREAU

Chemise

Guides de classement

Dossier suspendu

**Planchette à pince ;
porte-bloc**

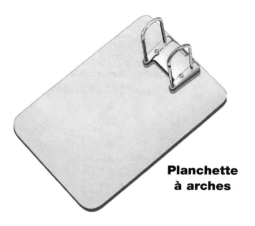

**Planchette
à arches**

FOURNITURES DE BUREAU

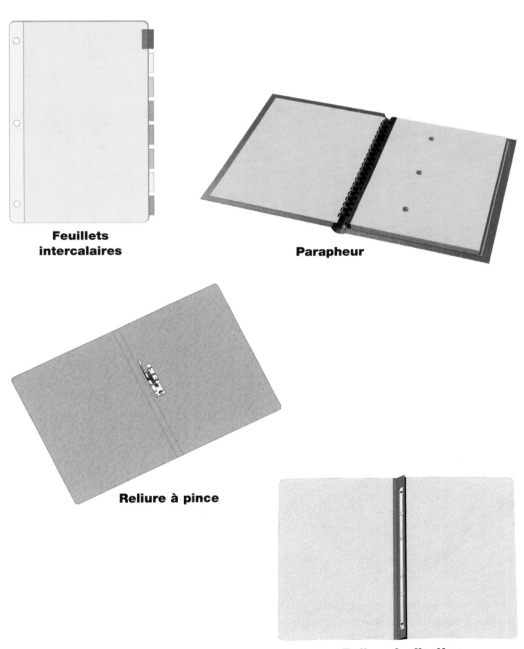

**Feuillets
intercalaires**

Parapheur

Reliure à pince

Reliure à glissière

FOURNITURES DE BUREAU

Reliure spirale

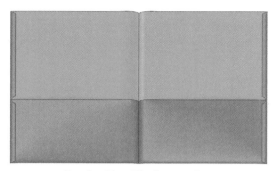

Pochette d'information

**Reliure à anneaux;
classeur (à anneaux)**

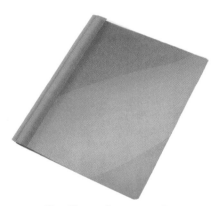

Protège-document

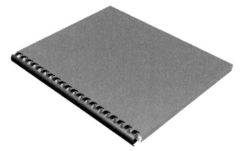

**Reliure à anneaux plastiques;
reliure à boudin; reliure boudinée
(avec feuilles)**

**Couverture de présentation
et baguette à relier**

FOURNITURES DE BUREAU

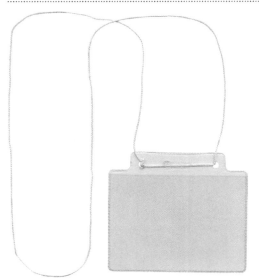

Porte-nom (à cordon)

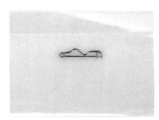

Porte-nom (à épingle)

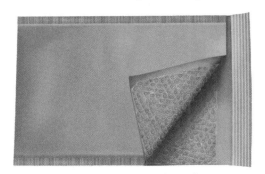

Enveloppe matelassée

**Enveloppes
de courrier interne**

Pèse-lettres

PÉRIPHÉRIQUE D'ENTRÉE

**Clavier normalisé
CAN/CSA Z243.200-92
Pictogrammes ISO 9995-7**

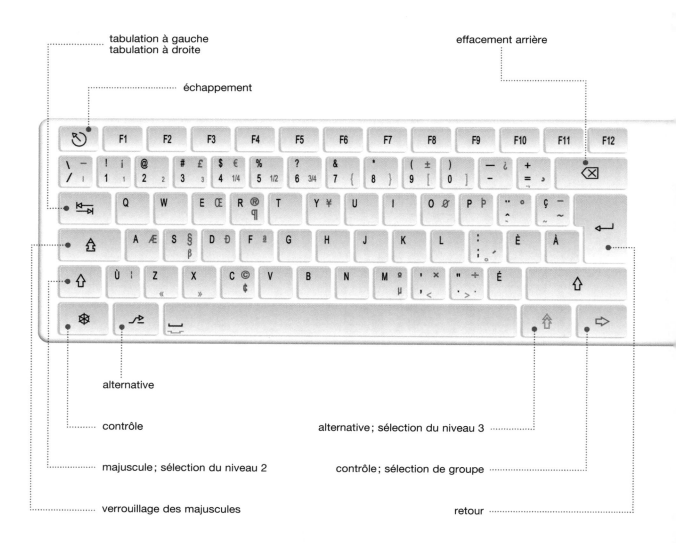

tabulation à gauche
tabulation à droite

effacement arrière

échappement

alternative

contrôle

alternative; sélection du niveau 3

majuscule; sélection du niveau 2

contrôle; sélection de groupe

verrouillage des majuscules

retour

insertion

impression de l'écran

défilement

début

pause

page précédente

verrouillage numérique

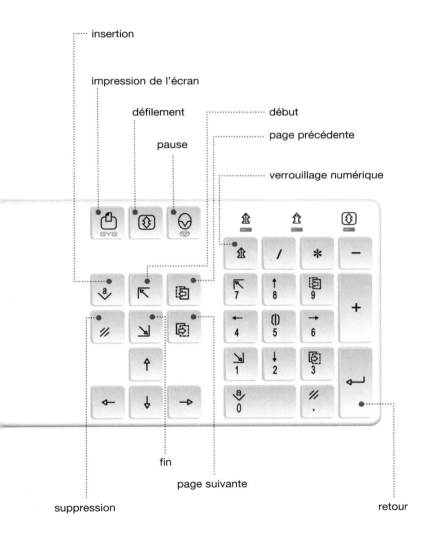

fin

page suivante

suppression

retour

Liste des 14 langues prises en charge par le clavier

1	albanais
2	allemand
3	anglais
4	catalan
5	danois
6	espagnol
7	finnois
8	français
9	islandais
10	italien
11	néerlandais
12	norvégien
13	portugais
14	suédois

PICTOGRAMMES ISO 9995-7

Pictogramme	Français	Abréviation française
	Échappement	Échapp., Éch.
	Impression de l'écran	Impr. écran, Impr. écr.
	Défilement	Défil.
	Pause	Pause
	Interruption	Interr.
	Effacement arrière; Effacement	Effac. arr.; Effac.
	Insertion	Insert.
	Suppression	Suppr.
	Début	Début
	Fin	Fin
	Page précédente	Page préc., P. préc.
	Page suivante	Page suiv., P. suiv.
	Curseur vers le haut	
	Curseur vers le bas	
	Curseur vers la gauche	
	Curseur vers la droite	
	Tabulation à gauche	Tab. gauche, Tab. g.
	Tabulation à droite	Tab. droite, Tab. dr.
	Retour	Retour, Ret.
	Verrouillage des majuscules	Verr. maj.
	Majuscule; Sélection du niveau 2	Maj.; Niv. 2
	Verrouillage numérique	Verr. num.

Pictogramme	Français	Abréviation française
⊛	Contrôle	Ctrl
⤶	Alternative	Alt.
⇧	Alternative; Sélection du niveau 3	Alt.; Niv. 3
⇨	Contrôle; Sélection de groupe	Ctrl; Groupe
⎵	Espace	Esp.
⎵	Espace insécable	Esp. inséc.

DÉNOMINATION DES CARACTÈRES COMPLÉMENTAIRES DE L'ALPHABET LATIN Nº 1

(La liste des caractères reprend la disposition des touches du clavier normalisé.)

\	Barre oblique inverse	$^1/_4$	Fraction un quart
/	Barre oblique	%	Symbole pour cent
—	Trait horizontal	$^1/_2$	Fraction un demi
|	Barre verticale	?	Point d'interrogation
!	Point d'exclamation	$^3/_4$	Fraction trois quarts
¡	Point d'exclamation retourné	&	Perluète
^{1}	Exposant un	{	Accolade ouvrante
@	A commercial	*	Astérisque
^{2}	Exposant deux	}	Accolade fermante
#	Croisillon, carré ou dièse	(	Parenthèse ouvrante
£	Symbole de la livre	±	Signe plus ou moins
^{3}	Exposant trois	[	Crochet ouvrant
$	Symbole du dollar	)	Parenthèse fermante
€	Symbole de l'euro	]	Crochet fermant

_	Trait bas, soulignement	:	Deux-points
-	Signe moins, trait d'union	;	Point-virgule
¿	Point d'interrogation retourné	´	Accent aigu
+	Signe plus	°	Symbole du degré
=	Signe égal	È	E majuscule accent grave
¸	Cédille	À	A majuscule accent grave
¬	Signe de négation	Ù	U majuscule accent grave
Œ	Ligature majuscule œ	¦	Barre verticale interrompue
®	Symbole marque déposée (anglais)	«	Guillemet français ouvrant
¶	Symbole du paragraphe (anglais)	»	Guillemet français fermant
¥	Symbole du yen	©	Symbole tous droits réservés
Ø	O barré majuscule	¢	Symbole du cent
þ	Thorn minuscule	º	Indicateur ordinal masculin
¨	Tréma	µ	Symbole de micro-
^	Accent circonflexe	'	Apostrophe
°	Symbole du degré	,	Virgule
`	Accent grave	×	Signe de multiplication
Ç	C cédille majuscule	<	Signe inférieur à
¯	Macron	"	Guillemet anglais
~	Tilde	.	Point
Æ	Ligature majuscule æ	÷	Signe de division
§	Symbole du paragraphe	·	Point médian
ß	S dur (allemand)	>	Signe supérieur à
Ð	Eth majuscule	É	E majuscule accent aigu
ª	Indicateur ordinal féminin		

Bibliographie sélective

ALBERT, L., et autres. *Le grand livre de votre correspondance*, Paris, Éditions de Vecchi, 2004, 395 p.

BAILLY, Sébastien. *Bien écrire pour le Web : textes, images, publicités*, Paris, Éditions OEM-Eyrolles, 2003, 160 p. (Collection L'Atelier).

BALLE, Francis, et autres. *500 trucs pour mieux communiquer au travail*, 2ᵉ éd. mise à jour, Paris, Larousse, 2002, 447 p. (Guides pratiques).

BARUK, Stella. *Dico de mathématiques : collège et CM2*, [Paris], Seuil Jeunesse, 2008, 851 p.

BOUCHER, Amélie. *Ergonomie Web : pour des sites Web efficaces*, 2ᵉ éd., Paris, Éditions Eyrolles, 2009, 455 p. (Accès libre).

BUREAU DE NORMALISATION DU QUÉBEC. *Dates et heures : représentation entièrement numérique*, 7ᵉ éd., Québec, Bureau de normalisation du Québec, 2011, 7 p. (BNQ 9990-951/2006, R 2011).

BUREAU DE NORMALISATION DU QUÉBEC. *Unité monétaire canadienne et étatsunienne : désignation et règles d'écriture*, 5ᵉ éd., Québec, Bureau de normalisation du Québec, 2011, 12 p. (BNQ 9921-500/2006, R 2011).

CAJOLET-LAGANIÈRE, Hélène, Pierre COLLINGE et Gérard LAGANIÈRE. *Rédaction technique, administrative et scientifique*, 3ᵉ éd. rev. et augm., Sherbrooke, Éditions Laganière, c1997, 468 p.

Canadian Guide to Uniform Legal Citation = Manuel canadien de la référence juridique, 7ᵉ éd., Toronto, Carswell, c2010, 545 p.

CANIVET, Isabelle. *Bien rédiger pour le web... et améliorer son référencement naturel*, Paris, Éditions Eyrolles, 2009, 412 p.

CLÉMENT, Jean-Pierre. *Dictionnaire typographique, ou, Petit guide du tapeur à l'usage de ceux qui tapent, saisissent ou composent textes, thèses ou mémoires à l'aide d'un micro-ordinateur*, Paris, Ellipses, 2005, 255 p.

COLIGNON, Jean-Pierre. *Un point, c'est tout! : la ponctuation efficace*, 3ᵉ éd., Paris, Victoires-Éditions, c2004, 132 [3] p. (Métier journaliste. En français dans le texte ; 2).

COLIN, Jean-Paul. *Dictionnaire des difficultés du français*, Paris, Dictionnaires Le Robert, 2002, 676 p. (Les Usuels).

COMMISSION DE TOPONYMIE. *Banque de noms de lieux du Québec*, [En ligne], 2014. [www.toponymie. gouv.qc.ca].

COMMISSION DE TOPONYMIE. *Guide de l'affichage odonymique*, [En ligne], 2004, 14 p. [www.toponymie.gouv.qc.ca].

COMMISSION DE TOPONYMIE. *Noms et lieux du Québec : dictionnaire illustré*, Québec, Les Publications du Québec, 2006, 1228 p.

CONTANT, Chantal. *Grand vadémécum de l'orthographe moderne recommandée : cinq millepattes sur un nénufar*, Montréal, De Champlain S. F., 2009, 256 p.

CONTANT, Chantal, et Romain MULLER. *Les rectifications de l'orthographe du français*, Bruxelles, De Boeck ; Saint-Laurent, Québec, ERPI, c2010, 64 p.

COUILLARD, Claude. *Écrire pour Internet*, Outremont, Les Éditions Logiques, 2002, 219 p. (NTI&Co).

De la lettre à la page Web : savoir communiquer avec le grand public, Québec, Les Publications du Québec, 2006, 376 p.

DESMARAIS, Bénédicte. *Que dire et écrire en toutes circonstances*, nouv. éd. ent. mise à jour, Paris, Éditions De Vecchi, c2003, 235 p.

Dictionnaire de la correspondance de tous les jours : 400 modèles de lettres, Paris, Larousse, c2010, 390 p.

DOPPAGNE, Albert. *Majuscules, abréviations, symboles et sigles : pour une toilette parfaite du texte*, 4ᵉ éd., Bruxelles, Éditions Duculot, c2007, 96 p. (Entre guillemets).

DUGAS, Jean-Yves. *Dictionnaire universel des gentilés en français*, Montréal, Linguatech, 2006, 536 p.

DUSSAULT, Louis. *Le protocole : instrument de communication*, 2e éd., Montréal, Protos, 2003, 738 p.

EMPLOI-QUÉBEC. *Guide pratique de recherche d'emploi*, [En ligne], 2013, 46 p. [www.emploiquebec.net/guide].

GIRAUDY, Marie-Agnès, et Bettina SOULEZ. *Écrire vite et bien en affaires : la référence de l'écrit professionnel*, 4e éd., Paris, Chiron Éditeur, c2006, 172 p.

GIRODET, Jean. *Dictionnaire des pièges et difficultés de la langue française*, Paris, Bordas, c2007, 1088 p. (Dictionnaires Bordas).

GOUVERNEMENT DU QUÉBEC. *Version commentée du standard sur l'accessibilité d'un document téléchargeable* (SGQRI 008-02), [En ligne], version 1,0 du 10 mai 2011. [www.tresor.gouv.qc.ca/fileadmin/PDF/ressources_informationnelles/AccessibiliteWeb/access_doc_telech_ve.pdf] (Consulté le 24 juillet 2012).

GOUVERNEMENT DU QUÉBEC. *Version commentée du standard sur l'accessibilité d'un site Web* (SGQRI 008-01), [En ligne], version 1,0 du 20 juillet 2012. [www.tresor.gouv.qc.ca/fileadmin/PDF/ressources_informationnelles/AccessibiliteWeb/access_web_ve.pdf] (Consulté le 24 juillet 2012).

GOUVERNEMENT DU QUÉBEC. *Version commentée du standard sur l'accessibilité du multimédia dans un site Web* (SGQRI 008-03), [En ligne], version 1,0 du 20 juillet 2012. [www.tresor.gouv.qc.ca/fileadmin/PDF/ressources_informationnelles/AccessibiliteWeb/access_multimedia_ve.pdf] (Consulté le 24 juillet 2012).

GOUVERNEMENT DU QUÉBEC. *Version enrichie du standard sur l'accessibilité d'un site Web* (SGQRI 008-01), [En ligne], 27 octobre 2010. [www.msg.gouv.qc.ca/documents/standards/access_web_ve.pdf] (Consulté le 10 novembre 2010).

Grand dictionnaire des difficultés et pièges du français, Paris, Larousse, 2004, 788 p.

Le grand Robert de la langue française, 2e éd., nouv. éd. augm. sous la responsabilité d'Alain Rey et de Danièle Morvan, Paris, Le Robert, 2001, 6 vol.

GRÉGOIRE, Mylène, et Mélanie GRÉGOIRE. *Tracez votre destinée professionnelle : guide d'évaluation de carrière et de recherche d'emploi*, Brossard, Un Monde différent, 2007, 255 p.

GREVISSE, Maurice, et André GOOSSE. *Le bon usage*, 15ᵉ éd., Bruxelles, De Boeck-Duculot, c2011, 1666 p. (Grevisse langue française).

GUÉRY, Louis. *Dictionnaire des règles typographiques*, 4ᵉ éd., Paris, Éditions Victoires, 2010, 278 p.

HANSE, Joseph, et Daniel BLAMPAIN. *Dictionnaire des difficultés du français*, 6ᵉ éd., Bruxelles, De Boeck-Duculot, c2012, 729 p.

HORGUELIN, Paul A., et Michelle PHARAND. *Pratique de la révision*, 4ᵉ édition rev. et augm., Montréal, Linguatech éditeur, 2009, 248 p.

JOHNSON, Dominique, Marie-Josée CANUEL et Karole TREMBLAY. *Manuel de typographie*, 2ᵉ éd., Mont-Royal, Québec, Modulo, 2010, 311 p.

KAVANAGH, Éric. *Écrire pour le Web : les principes généraux*, [Montréal], Centre d'expertise des grands organismes, Réseau sur la simplification des communications écrites, [2003], 42 p.

LACHANCE, Ginette. *La révision linguistique en français : le métier d'une passion, la passion d'un métier*, Québec, Les éditions du Septentrion, 2006, 206 p.

LACROUX, Jean-Pierre. *Orthotypo : orthographe & typographie françaises : dictionnaire raisonné*, 2ᵉ éd. [mise à jour], Paris, La Maison du Dictionnaire, 2011, 370 p.

LLUELLES, Didier, en collab. avec Josée RINGUETTE. *Guide des références pour la rédaction juridique*, 7ᵉ éd., Montréal, Les Éditions Thémis, 2008, 257 p.

LOUBIER, Christiane. *Les emprunts : traitement en situation d'aménagement linguistique*, [Québec], Office québécois de la langue française ; Sainte-Foy, Les Publications du Québec, 2003, 105 p. (Langues et sociétés ; 41).

MANIEZ, Dominique. *Courrier électronique : savoir-vivre et savoir-faire*, Les Ulis, France, Microsoft Press, 2001, 356 p.

Mettre au féminin : guide de féminisation des noms de métier, fonction, grade ou titre, [En ligne], 2ᵉ éd., Bruxelles, Service de la langue française, Ministère de la Communauté française, 2005. [www.cfwb.be/franca/femini/feminin.htm].

MOREAU, Thérèse. *Écrire les genres : guide romand d'aide à la rédaction administrative et législative épicène*, Genève, DF-SPPEgalité-CLDE, 2001, 42 p.

OFFICE DE LA LANGUE FRANÇAISE. *Répertoire des avis terminologiques et linguistiques*, 4ᵉ éd. rev. et augm., Sainte-Foy, Les Publications du Québec, c1998, 360 p.

OFFICE QUÉBÉCOIS DE LA LANGUE FRANÇAISE. *Banque de dépannage linguistique*, [En ligne], 2014. [bdl.oqlf.gouv.qc.ca].

OFFICE QUÉBÉCOIS DE LA LANGUE FRANÇAISE. *Le grand dictionnaire terminologique*, [En ligne], 2014. [gdt.oqlf.gouv.qc.ca].

ORGANISATION INTERNATIONALE DE NORMALISATION. *Codes for the Representation of Names of Countries and Their Subdivisions. Part 2 – Country Subdivision Code = Codes pour la représentation des noms de pays et de leurs subdivisions. Partie 2 – Code pour les subdivisions de pays*, 1ʳᵉ éd., [Genève], ISO, 1998, 105 p. (ISO 3166-2).

PÉCHOIN, Daniel, et Bernard DAUPHIN. *Dictionnaire des difficultés du français*, Paris, Larousse, c2001, 659 p. (Expression).

PERCIN, Laurence de. *1000 lettres au quotidien*, Paris, Éditions De Vecchi, 2004, 831 p.

Le petit Larousse illustré en couleurs, sous la direction d'Isabelle Jeuge-Maynard, Paris, Larousse, c2013, 2016 p.

Le petit Robert : dictionnaire alphabétique et analogique de la langue française, nouv. éd. du Petit Robert, texte remanié et amplifié sous la direction de Josette Rey-Debove et Alain Rey, Paris, Le Robert, c2013, 2837 p.

Le petit Robert des noms propres : dictionnaire illustré, sous la direction de Paul Robert, nouv. éd. ref. et augm. sous la direction d'Alain Rey, Paris, Le Robert, c2013, 2470 p.

QUIRION, Christian. « Réussir sa présentation PowerPoint », *Affaires plus*, vol. 31, nᵒ 9, septembre 2008, p. 48-50.

RAMAT, Aurel, et Anne-Marie BENOIT. *Le Ramat de la typographie*, 10ᵉ éd., Montréal, Anne-Marie Benoit éditrice, c2012, 250 p.

«Les rectifications de l'orthographe », *Journal officiel de la République française*, nᵒ 100, 6 décembre 1990, p. 9-19.

Redaction.be : le site des spécialistes de l'information en ligne, [En ligne]. [www.redaction.be/contenu.htm] (Consulté en février 2010).

RÉSEAU POUR LA NOUVELLE ORTHOGRAPHE DU FRANÇAIS. *Le millepatte sur un nénufar : vadémécum de l'orthographe recommandée*, nouv. éd., Maisons-Alfort, France, Renouvo, c2004, 38 p.

REVENU QUÉBEC. *Règles d'écriture en usage au Service des formulaire*s, [Québec, Revenu Québec], 2005, 49 p. [Document interne].

RONEZ, Joël. *L'écrit Web : traitement de l'information sur Internet*, Paris, CFPJ Éditions, 2008, 126 p.

SAVARD, Claire. *Pour qu'on vous lise... tout simplement : techniques de rédaction en langue claire et simple*, Québec, [Québec], Service des formulaires, Ministère du Revenu, c2003, 79 p.

SIMARD, Jean-Paul. *Guide du savoir-écrire*, nouv. éd. rev. et corr., Montréal, Les Éditions de l'Homme, c2005, 534 p.

SOCIÉTÉ CANADIENNE DES POSTES. *Guide des postes du Canada : directives d'adressage*, [En ligne], 2013, 18 p. [www.canadapost.ca/tools/pg/manual/PGaddress-f.asp].

SOCIÉTÉ QUÉBÉCOISE DE LA RÉDACTION PROFESSIONNELLE. *Contrat de services de rédaction professionnelle*, [En ligne], 2004. [www.sqrp.org/pages/ressources/contrattype.aspx?lang=FR-CA].

THIBAULT, Richard. *Osez parler en public*, Québec, Éditions Multimondes, 2006, 247 p.

THOMAS, Adolphe. *Dictionnaire des difficultés de la langue française*, nouv. éd., Paris, Larousse, 2012, 435 p. (Références Larousse).

VACHON-L'HEUREUX, Pierrette, et Louise GUÉNETTE. *Avoir bon genre à l'écrit : guide de rédaction épicène*, Québec, Les Publications du Québec, c2006, 209 p.

VILLERS, Marie-Éva de. *Multidictionnaire de la langue française*, 5e éd., Montréal, Éditions Québec Amérique, c2009, 1707 p. (Collection Langue et culture).

Index

O

NOTES

NOTES

NOTES

NOTES

NOTES

NOTES

Achevé d'imprimer en août 2014
sur les presses de l'imprimerie
TC. Transcontinental Interglobe
à Beauceville